빅토르 세르주 평전

VICTOR SERGE

Copyright ⓒ Susan Weissman, 2001
Korean Translation Copyright ⓒ Silcheon Munhak
Publishing Co., 2006
All right reserved.

This Korean edition was published by arrangement with
Verso(The imprint of New Left books), UK through Yu Ri
Jang Literary Agency, Korea.

이 책의 한국어판 저작권은 유·리·장 에이전시를 통해
저작권자와의 독점계약으로 (주)실천문학에 있습니다.
저작권법에 의해 한국 내에서 보호를 받는 저작물이므로
무단전재와 무단복제를 금합니다.

이 도서의 국립중앙도서관 출판시도서목록(CIP)은 e-CIP홈페이지
(http://www.nl.go.kr/cip.php)에서 이용하실 수 있습니다.
(CIP제어번호 : CIP2006002395)

빅토르 세르주 평전

수잔 와이스만 지음 | 류한수 옮김

실천문학사

나는 너희에게 나의 가장 암울한 침묵,
나의 결의, 나의 탐닉을 빚지고 있다.
텅 비어 보이는 이날을 생각하면,
그리고 내게 남은 긍지는 그 무엇이든지
사막에서 이는 불길을 생각하면 말이다

그러나 이물을 장식하는 이 숭고한 조상^{彫像}에
정적이 있으라!
맹렬한 항해는 계속되고,
항로는 희망행이다

언제 네 차례가 될까? 내 차례는 언제일까?

항로는 희망행이다

__빅토르 세르주

1920년대 초의 빅토르 세르주.

1928년 감옥에서 세르주가 풀려난 뒤, 세르주와 블라디와 류바.

세르주의 처제 아니타 루사코바.

차르 알렉산드르 2세 암살에 가담한 혐의로 처형된 세르주의 숙부 니콜라이 키발치치.

훌리안 고메스 고르킨Julian Gómez Gorkín은 자기 친구 빅토르 세르주Victor Serge를 "이상을 좇는 영원한 방랑자"라고 일컬었다. 세르주의 인생 역정은 이상을 좇았다기보다는 정의를, 즉 소련의 스탈린주의나 자본주의가 허용할 수 있는 것보다 더 높은 인간의 존엄성을 위한 정의를 좇았다. "항로를 희망행으로" 정하면서 그는 진실을 추구하고 특권에 맞서 싸우고 사회 정의와 존엄성을 좇았다. 그는 보통 사람들이 날마다 벌이는 투쟁에 뛰어듦으로써 역사를 만드는 데 참여하는 쪽을 택했다.

세르주와 블라디가 유배되어 세 해를 보낸 오렌부르크 시 기병대 거리 33번지 집, 블라디가 그린 그림.

오렌부르크의 세르주를 그린 블라디의 스케치.
'1936년 3월 20일, 오렌부르크, V. V. 세르주'라는 서명이 들어 있다.
블라디는 이때 열여섯 살이었다.

СЕКРЕТНО

Министерство Государственной Безопасности СССР
Центральный архив

Дело сдано на хранение 1941

ОБЩИЙ СЛЕДСТВЕННЫЙ ФОНД

ДЕЛО по обвинению *Алмаз*
Надежды Моисеевны
и
Кивальчич В. (Серж)

АРХ. № Н-7959

Количество томов „1", том „1"

ОГПУ

Р35567

Год производства 1933 г.

по использовании дело должно быть возвращено
в центральный архив МГБ СССР

오렌부르크에서 나온 엔카베데의 세르주 서류철.

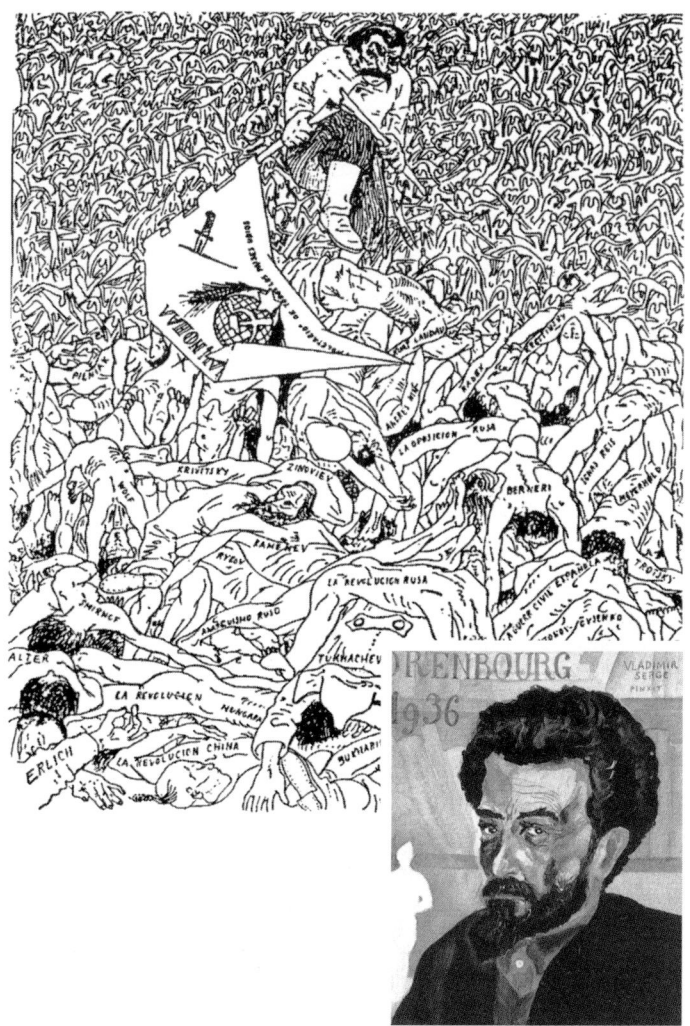

스탈린의 제물이 된 이들을 기념하여 그린 블라디의 스케치(위). 좌익반대파의 주요 인물이자 예카테린부르크 소비에트의 전(前) 의장이었던 보리스 미하일로비치 옐친(아래). 세르주와 함께 오렌부르크에 유배되어 있었을 당시 블라디가 그린 그림.

검열국이 전쟁 전 프랑스에 관한 세르주의 소설 『잃어버린 사람들』을 몰수하고 내준 1934년 10월 29일자 수령증.

세르주와 블라디, 1936년 무렵.

류바, 자닌, 세르주, 블라디. 1936년 브뤼셀. (자닌 키발치치 소장)

자닌을 안고 있는 류바, 프랑스. (자닌 키발치치 소장)

MINISTÈRE DE LA DÉFENSE NATIONALE ET DE LA GUERRE

SAUF-CONDUIT COLLECTIF

Bureau Central Militaire de la Circulation

ALLER

Valable du VINGT HUIT MAI 1940
(¹) au VINGT HUIT JUIN 1940

N° 8576/C

Signature du titulaire:

CHEF DU DÉTACHEMENT
Nom : Monsieur KIBALTCHICHE
Prénoms : Victor, Napoléon
Nationalité : indéterminée
Né le 30/12/1890 à BRUXELLES
Domicilié PRÉ St-GERVAIS, 1 place Sévéri
Profession Écrivain
Pièce d'identité : nature récépissé de C.I
Numéro SN 78 I85897 C.L 5IO438
par ?, valable au 20 Février 1941
est autorisé à se rendre de Paris à PAU (Basses-Pyrénées) -:-:-:-:-:-:-:-:-:-:-:-:-:-:-:-:-
-:-

Mode de locomotion : tous transports publics
Motif du déplacement : Évacuation

M. KIBALTCHICHE est chef du détachement composé des personnes indiquées d'autre part et dont il a la responsabilité.

P⁺ le Général chef du B. C. M. C.
LE CHEF D'ETAT-MAJOR

(¹) Le présent sauf-conduit est à viser à l'arrivée à la Gendarmerie qui indiquera la date de retour en fin de mission. Le titulaire devra au retour le remettre à l'autorité militaire qui le désirera.

빅토르 세르주와 그의 일행을 위해 1940년에 프랑스 정부가 발행한 안전통행증.
세르주의 국적이 '미정'으로 되어 있는 것에 주목하라.

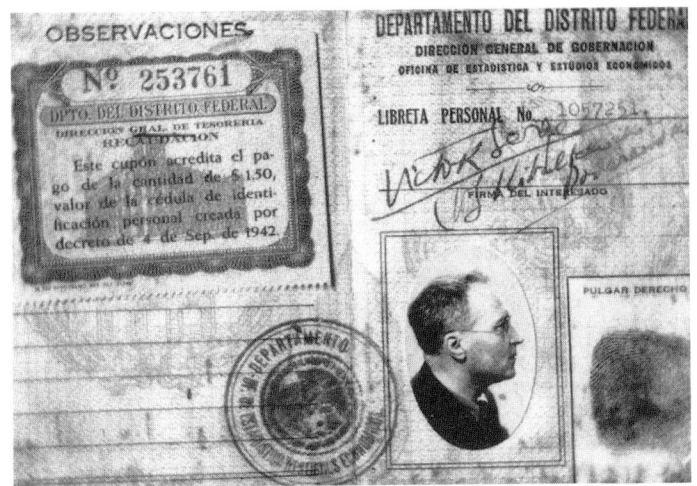

세르주의 멕시코 신분증.

좌익반대파에서 대변인, 역사가, 팸플릿 저자, 혁명 소설가로서 세르주보다 더 역량 있는 사람은 아무도 없었다. 세르주는 비주류 구성원이었지만 좌익반대파는 획일적이지 않았다. 세르주는 유능한 좌익반대파 투사들의 뛰어난 모범이었다.

세르주의 독특한 자질 때문에 그는 좌익반대파에게 소중한 존재가 되었다. 그 자질이란 그의 어학 지식, 이때까지 세 차례에 걸쳐 얻은 국제혁명 경험, 프랑스에서 잘 알려진 지식인으로서의 위상이었다.

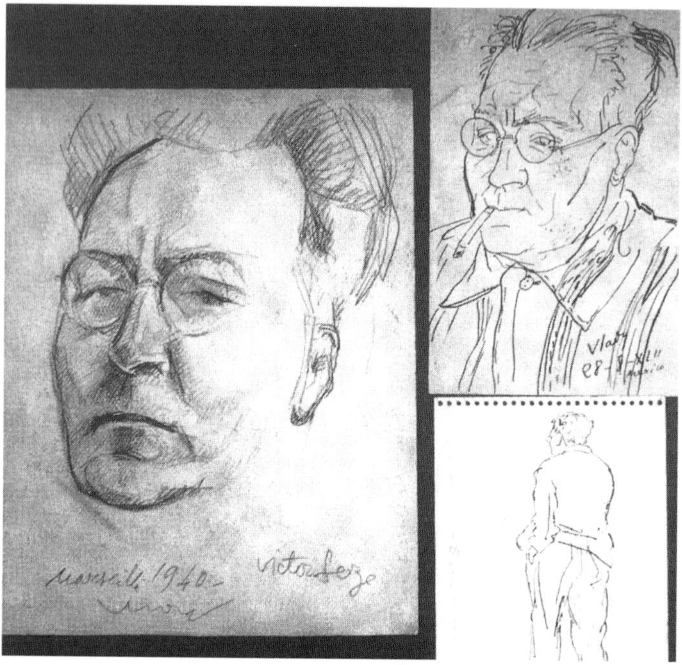

1940년 마르세유의 세르주. 블라디가 그린 스케치.

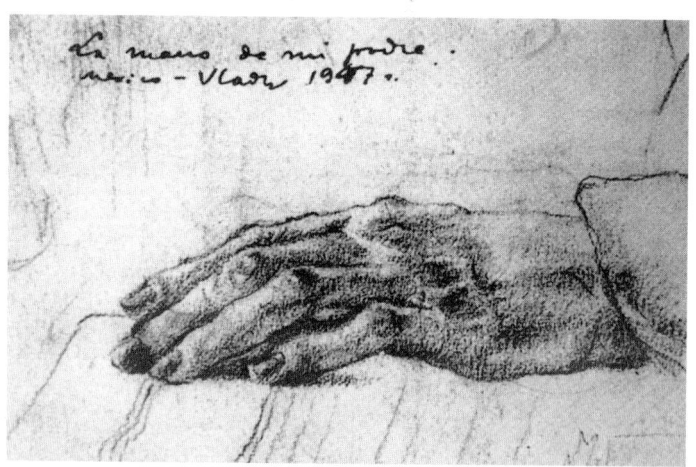

블라디가 스케치한 '내 아버지의 손, 1947년 멕시코'.

1941년 봄에 에르-벨 저택 앞에 선 샤를 볼프, 빅토르 세르주, 방자맹 페레. 〔샹봉(Chambon) 재단 소장〕

에르-벨 저택에 있는 분수에 들어가 선 버라이언 프라이. 빅토르 세르주와 앙드레 브르통(서 있는 사람), 신원이 밝혀지지 않은 여자와 장 주말랭(지팡이를 든 사람)이 지켜보고 있다. 블라디는 카메라를 등지고 있다. 1940년 11월. (샹봉 재단 소장)

빅토르 세르주. 십중팔구 마르티니크에서 산토도밍고로 항해하는 트루히요 대통령호 선상일 것이다. (샹봉 재단 소장)

노동자, 투사, 지식인이었고, 경험과 신념으로 보면 국제주의자, 철저한 낙관론자였으며 언제나 가난뱅이였던 세르주는 1890년부터 1947년까지 살았다. 그는 세 번의 혁명에 참여하고 십 년을 갇혀 지냈고 서른 권이 넘는 책을 펴냈으며 간행하지 못한 원고와 편지와 시론 수천 페이지를 남겼다. 그는 한 정치 망명객 집안에 태어나서 또 다른 정치 망명객이 되어 죽었고 일곱 나라에서 정치 활동을 했으며 언제나 정치적 반대파로 삶을 보냈다.

1940년 멕시코 코요아칸에서 레프 트로츠키. (알렉스 부흐만의 사진)

1982년의 자닌 키발치치 루사코바.
(자닌 키발치치 소장)

멕시코에서 로레트 세주르네. (자닌 키발치치 소장)

1989년 모스크바에서 블라디와 이리나 고구아. 57년 만에 이루어진 첫 재회. (수잔 와이스만의 사진)

멕시코에서 빅토르 세르주. 사진이 긁혀 있다. 화가 나서 그런 것일까?

이제 모두 끝났다. 썩은 이가 뽑혔고 미지의 세계로 뛰어들었다. 암담하고 무시무시하겠지만, 살아남은 자들은 새로 태어난 세계를 볼 것이다. 현대인이 그토록 고생해서 계발하고 있는 이 새로운 인식, 즉 역사 인식을 가진 사람은 아주 소수이다.

_빅토르 세르주

1944년에 멕시코에서 세르주.

▣ 차 례

머리말 · 27
감사의 말 · 33

제1부 혁명의 궤도에서
서문 · 43
제1장 러시아 혁명에 봉사하며, 1917~1921년 · 61
제2장 베를린에서 봉쇄되고, 빈에서 무력해지고 · 139
제3장 소련으로 되돌아가서 · 181
제4장 스탈린주의화, 1928~1933년 · 251
제5장 1933~1936년의 오렌부르크, 심문과 추방 · 315

제2부 또 한 번의 망명, 그리고 두 번 더 : 마지막 시기
서문 · 363
제6장 러시아에서 빠져나와, 유럽에서 구석에 몰려 · 381
제7장 파리에서 마르세유로, 마르세유에서 멕시코로 · 489
제8장 멕시코로부터, 소련은 어디로 가는가? 세계는? · 541

주(註) · 575
연보 · 701
옮긴이의 말 · 707

| 일러두기 |

1. 이 책에 등장하는 고유명사는 교육인적자원부·문화관광부 고시 외래어 표기법에 따랐다. 단, 몇 가지 예외를 두었다.
우선, 러시아어 고유명사에서 모음 'y'는 현행 러시아어 표기규정에 따르면 '이'로 표기하게 되어 있으나, 실제로 러시아어 발음상 음가가 '의'에 가깝다는 역자의 주장에 따라 '의'로 표기하였다. 부존늬, 스몰늬이, 자바로트늬이, 븨스키, 릐코프 등이 이러한 경우에 해당한다. '프라우다'와 '이오시프'도 실제 발음에 가깝게 하자는 역자의 주장에 따라 각각 '프라브다', '요시프'로 표기했다.

2. 원서에 사용된 기호 중 '{ }'는 인용 시에 지은이가 삽입한 내용에 단 기호이다. 이 책의 본문에서는 이를 '〔 〕'로 표기했다.

3. '〔sic.〕'는 인용된 부분에 오류가 있을 때 인용자가 넣는 기호이다. 엄밀함을 기하기 위해 이 책에서도 이를 그대로 살려두었다.

4. 원서에는 지은이의 각주와 미주가 있었으나, 이 책에서는 이를 모두 책 뒤로 몰아 각 장별로 나눠 묶었다. 1), 2), 3)……으로 나타낸 것은 원서상의 각주이고, 1, 2, 3……으로 나타낸 것은 원서상의 미주이다.

머리말

훌리안 고메스 고르킨Julian Gómez Gorkín은 자기 친구 빅토르 세르주Victor Serge를 "이상을 좇는 영원한 방랑자"라고 일컬었다. 세르주의 인생 역정은 이상을 좇았다기보다는 정의를, 즉 소련의 스탈린주의나 자본주의가 허용할 수 있는 것보다 더 높은 인간의 존엄성을 위한 정의를 좇았다. "항로를 희망행으로" 정하면서 그는 진실을 추구하고 특권에 맞서 싸우고 사회정의와 존엄성을 좇았다. 그는 보통 사람들이 날마다 벌이는 투쟁에 뛰어듦으로써 역사를 만드는 데 참여하는 쪽을 택했다. 세르주의 시대에 이런 투쟁은 영웅적이었다.

공식 역사에서는 모습이 거의 보이지 않는 세르주는 자본주의와 타협하거나 스탈린주의에 굴복하기를 거부한 사람들과 함께 패자의 편에 섰다. 타협도 굴복도 받아들일 수 없었다. 대가는 비쌌다. 세르주의 우렁찬 목소리와 힘찬 붓도 그가 역사에 떠밀려 퇴장당하지 못하도록 막을 수 없었다. 이 사람을 대부분—극히 강경한 좌파 동아리와 소련 전문가를 빼고는 모두 다—모른다는 것은 곤혹스럽기도 하고 실망스럽기도 하다.

공식 역사에서 모습이 보이지 않는다는 이 아우라 때문에, 내가 세르주를 발견한 것은 아주 대단한 일이 되었다. 글래스고 대학 소련·동유럽 연구소Glasgow University's Institute of Soviet and East European Studies 대학원에서 나를 가르친 교수들 가운데 한 분이 내가 그의 연구실에서 걸어 나갈 때 나를 보고 세르주의 『한 혁명가의 회상』을 읽어야 한다고 귀띔해주었다. 나지막한 그의 어조가 나의 호기심을 자극했고, 그 주 주말에 나는 세르주의 『한 혁명가의 회상』을 길동무 삼아 런던행 열차를 잡아탔다. 덜컹대는 여섯 시간 동안의 여행이 한순간에 지나갔고 런던에 도착했을 때 나는 열차 좌석에서 역에 있는 벤치로 자리를 옮겼고 거기서 앉아서 그 책을 끝까지 다 읽었다. 나는 더 큰 일을 해냈다.

여기저기 돌아다니는 열차 여행은 길었고 중간에 끊겼으며, 연구를 하려고 스코틀랜드에서 캘리포니아, 뉴욕, 멕시코, 프랑스, 벨기에, 그리고 소련으로 갔다. 내가 이 기획을 시작할 때는 세르주가 죽은 지 거의 마흔 해가 지난 다음이었기 때문에 줄곧 안타깝게도 살짝 어긋나서 기회를 놓치는 경우가 너무나 많았다. 또한 그를 아는 많은 이들이 이제는 고인이 되었다. 어떤 이들은 내가 그들을 찾아내기 겨우 몇 달 전이나 몇 주 전에 죽었다. 한 사람은 우리가 만나기로 약속한 날이 되기 며칠 전에 피살되었다!

세르주의 아들인 블라디Vlady와 그의 아내 이사벨Isabel은 나를 환영하면서 나를 그들이 사는 멕시코시티Mexico City 의 집으로 마치 그곳이 내 집인 양 데려갔고, 나는 간행되지 않은 세르주의 저술이 가득 든 서류함과 서류상자를 아주 많이 찾아낸 다음 기쁨에 겨워 떠났다. 간행되지 않은 그의 노작의 양이 이미 간행된 것과 족히 맞먹는다는 것이 틀림없었으며 앞으로 발견될 것은 더 많았다.

이듬해에 나는 멕시코시티로 되돌아가서 한 학술대회에서 세르주와 트로츠키Trotskii에 관한 발표를 했다. 그 뒤 청중석에 있던 한 여인이 다가와 나를 껴안은 다음 내 귀에 대고 자기가 세르주의 딸 자닌Jeannine이라고 속삭였다. 자닌은 아버지를 쏙 빼닮았다.

나는 정치적 열정 때문에 세르주에 이끌렸고, 어떤 이들이 21세기에 중요한 한 목소리를 역사의 언저리에서 구해내는 사명이라고 부를지도 모를 일을 바로 그의 정치감각 때문에 계속할 수 있었다. 세르주가 관계를 끊은 정치 환경에 낯이 익은 터라 나는 자기들만이 '진리'를 소유한다고 확신하는 조직들에 관한 그의 회의론에 공감했다. 나는 세르주의 이름을 그저 입에 올리기만 해도 적대감을 불러일으킬 수 있다는 데 당황했다. 나는 그 논쟁의 핵심에 다가가는 것, 더 정확하게는 세르주가 중요하다고 본 것이 무엇이었는지 찾아내는 일에 호기심을 느꼈다.

일단 작업에 들어가자 나의 원래 질문은 덜 중요해 보였지만, 내가 세르주에 관한 작업을 하고 있다고 말할 때마다 나는 이런 물음, 즉 과연 세르주는 자기 삶의 끝자락에서 드골de Gaulle을 지지하고 혁명을 저버렸을까 하는 의문에 맞부딪혔다.[1] 세르주는 최초의 냉전자유주의의 우익 멘셰비즘 쪽으로 방향을 확 틀었을까? 이런 물음은 세르주에 관해서보다는 그런 질문을 하는 사람들이 가진 딴 속셈에 관해서 훨씬 더 많은 것을 드러냈다.

빅토르 세르주는 굴복하기를 거부하고 요시프 스탈린Iosif Stalin이 자기들을 없애버리려고 시도했을 때에도 자기 생각을 버리지 않으려고 발버둥 친 얼마 되지 않는 혁명 세대 출신 볼셰비키 가운데 한 사람이었다. 세르주는 스탈린이 입을 틀어막은 사람들을 문예를 통해 자기의 목소리로 대변했다. 놀랍게도 세르주는 그 시대에 소름 끼치는 일들이 일어났는데도 비관론에 빠지지 않았다. 그는 세계 곳곳에서 스탈린이 대표하는 위험에 경계심을 가졌다. 멕시코에서, 세르주는 전쟁이 끝나면 반드시 유럽 혁명이 일어날 것이라고 믿는 "화석화한 교조주의자들"에게 다음과 같이 주의를 주었다.

유럽과 세계 앞에 암흑기가 펼쳐지고 있다. 가장 뛰어난 혁명가들은 지난날의 패배와 전쟁으로 파괴되어버렸다. 틀림없이 새로운 간부층이 만들어지기 전에 시간이 흘러가버릴 것이다. 낡은 사회주의 강령과 사무 절차는 대체되었고, 갱신되어야 한다. 연합국이 조건을 달지 않고 해준 지원과 양보 덕분에 승리를 거둔 스탈린주의는 어느 때보다도 더 위험할 것이다. 우리는 만약 유럽을 구하고 싶다면 생존술을 익히기 위해서라도 자유로운 모든 민주주의 세력을 한데 묶어냄으로써 출발해야만 한다.

세르주가 이 글을 쓴 이후로 세계는 상상하기 힘들 만큼 변해버렸다. 소련은 해체되었고 그 위성국가들은 도미노처럼 쓰러졌다. 스탈린주의는 죽었고, 세르주가 알고 있는 반스탈린주의 좌파는 미미하고 어디에서도 영향력을 행사할 능력이 없다. 그렇지만 세르주의 별은 떠오르고 있다. 예전의 소련에서 그의 사상이 읽히고 논의되며, 그의 이름을 딴 도서관이 세워져 있다. 서유럽에서는 그의 저작이 새로운 주목을 받고 있다. 공식 역사에서 모습이 보이지 않는다는 아우라가 해체되는 듯 보인다.

세르주학이 1991년에 궤도에 오르기 시작했다. 여러 국제 학술대회가 그의 탄생 1백 주년을 기념해서 열리고 그가 쓴 저작의 신판이 출간되고 비판적 논문들이 세르주 특별호를 내는 저널에 나오고 세르주와 체제 저항 세력의 효용에 관한 빌 마셜Bill Marshall의 분석적 연구서가 간행되었다. 소련에 대해 세르주가 쓴 정치·사회·문학·경제 저술에 관한 첫 탐구라 할 수 있는 이 졸고로 다른 이들이 세르주의 삶과 많은 저술에 담긴 풍부한 자산을 캐내도록 고무되었으면 하는 것이 나의 바람이다.

이 책을 쓰는 데 이용한 1차 사료는 간행되었거나 간행되지 않은 세르주의 저술들, 그리고 여러 나라에 생존해 있는 그의 동지와 친척들과 가진 광범위한 인터뷰와 그들과 주고받은 편지였다. 블라디 키발치치Vlady Kibalchich—멕시코의 이름난 예술가이자 오렌부르크Orenburg 유배를 비롯해서 세르주의 경험을 대부분 함께한 세르주의 아들—는 귀중하고도 소중한 자원이었다. 또한 나는 세르주의 딸 자닌 키발치치Jeannine Kibalchich, 그의 세번째 아내 로레트 세주르네Laurette Séjourné, 멕시코와 러시아와 미국에 생존해 있는 좌익반대파 동지들과 인터뷰를 했다. 멕시코에 보관되어 남아 있는 세르주의 자료는 가장 풍부한 자료의 원천이었다.[1] 또한 나는 정보자유법Freedom of Information Act, FOIA을 통해 얻은 미 연방수사국FBI과 미 육군 첩보부Military Intelligence의 두툼한 세르주 관련 서류철,[2] 그리고 보리스 니콜라옙스키Boris Nikolaevsky 문고 안에 있는 후버연구소Hoover Institution 소장 트로츠키 관련 문서를 이용할 수 있었다. 프랑스, 벨기에, 에스파냐, 미국, 우크라이나, 멕시코, 칠레에 있는 스무 군데가 넘는 출판사에서 세르주가 펴낸 막대한 양의 글에서 추가 1차 사료가 나왔다. 세르주의 기사들은 주로 프랑스어로 씌어졌지만 러시아어와 에스파냐어와 영어로도 씌어졌다. 2차 사료로는 세르주와 같은 시대에 살았던 사람들의 저작, 광대한 양의 회고록, 이 책이 다루는 기간의 소련과 코민테른Komintern에 관한 주요 2차 문헌이 있다.

감사의 말

나의 인생에서 이 작업에 들어간 여러 해 동안 소중한 사람들이 나에게 영감을 주고 나를 격려하고 후원했다. 나의 친구이자 스승인 힐렐 틱틴Hillel Ticktin은 여러 해 동안 지적 숙고와 도발적 분석을 제공했다. 마이크 데이비스Mike Davis의 슬기와 동지애는 무척이나 소중했다. 존 암스든Jon Amsden과 리 스미스Lee Smith는 필요할 때는 언제나 기운을 북돋아주고 하소연을 받아주고 좋은 말로 기분을 달래주었다. 나는 마크 쿠퍼Marc Cooper의 올바른 조언과 꾸준한 지원에 자극받아 결승점에 이르게 되었으며, 다니엘 싱어Daniel Singer는 단지 그의 생각만이 아니라 그의 품위 있는 삶 때문에 그치지 않는 영감의 원천이 되었다.

블라디 키발치치는 내게 자신의 시간과 집, 그리고 보관하고 있는 세르주의 문서를 내주었고 자기 아버지에 관한 개인 회상으로 내가 모르던 부분을 밝혀주었으며 발달하지 못한 나의 예술적 감수성을 북돋아주었다. 그의 아내인 이사벨 디아스Isabel Diaz가 세르주에 관해 멋진 회상을 해주고 멕시코시티와 케르나바카Cuernavaca에서 여러 차례 환대해준 데 고마움을 느낀다. 자닌 키발치치가 자기 아버지에 관한 사무치는 어릴 적 기억을 말해주고 가족 사진첩에서 사진을 내준 데 고마움을 느낀다. 자닌은 나를 세르주의 세번째 아내인 로레트 세주르네에게 데려다주었고, 세주르네는 건강이 좋지 않은데도 나의 물음에 답을 해주겠다고 허락했다. 1930년대의 에스파냐 마르크스주의 통합노동당 청년단 지도자였던 윌레발도 솔라노Wilebaldo Solano가 세르주와 만난 경험을 정열적으로 회상해준 데, 그리고 흐리호리 코스튜크가 세르주와 주고받은 사사로운 편지를 내준 데 감사한다. 모스크바에서는 세르게이 자바로트늬이Sergei Zavarotnyi가 블라디와 나를 데리고 가서 세르주의 조카딸이며 보르쿠타Vorkuta와 우흐타Ukhta에서 21년을 보낸 이리나 고구아Irina Gogua를 만나게 해주었다. 고맙게도 이리나는 57년 만에 처음으로 블라디와 재회하는 장면을 녹음하고 사진을 찍도록 허락하고 세르주와 자기 가족과 그 시대의 고통에 관한 기억을 생생하게 말해주었다. 이리나는 우리가 떠난 지 몇 달 되지 않아 죽었다. 격려를 해준 트로츠키의 손자 세바 볼코프Seva Volkov에게, 그리고 멕시코에서 세르주와 벌였던 격렬한 정치 토론을 상세히 말해준 세르주의 친구이자 좌익반대파의 일원인 마누엘 알바라도Manuel Alvarado에게 고마움을 느낀다.

많은 학자들이 자기가 소장한 세르주 문서들을 아낌없이 보여주고 간행되지 않은 자기들의 글이나 인터뷰 녹음테

이프를 나에게 보내주고 여러 해에 걸쳐 나와 활발한 토론을 해주었다. 그런 학자로는 미국의 알란 월드Alan Wald와 피어 소비지Pierre Sauvage와 리처드 그리먼Richard Greeman, 프랑스의 피에르 브루에Pierre Broué와 루악 다밀라빌Loic Damilaville과 장 자크 마리Jean Jacques Marie와 장 리에르Jean Rière, 영국의 데이비드 코터릴David Cotterill과 존 이든John Eden과 빌 마셜과 폴 플류어스Paul Flewers와 리처드 큐퍼Richard Kuper, 멕시코의 알레한드로 갈베스 칸시노Alejandro Galvez Cancino와 파코 타이보 2세Paco Taibo II가 있다. 모스크바에서는 열렬한 관심과 애정과 내 생각에 대한 지적 도전을 찾을 수 있어서 즐거웠다. 알렉산드르 판초프Aleksandr Pantsov와 알렉세이 구세프Aleksei Gusev에게 감사한다. 좌익반대파에 관한 그들의 문서고 작업으로 자극을 주는 토론을 여러 차례 할 수 있었다. 키릴 부케토프Kirill Buketov와 알렉산드르 부즈갈린Aleksandr Buzgalin과 율랴 구세바Iul'ia Guseva와 보리스 카가를리츠키Boris Kagarlitskii와 블라디미르 옙스트라토프Vladmir Evstratov도 마찬가지다. 특히 모스크바의 러시아 학술원 산하 경제연구소의 미하일 보예이코프Mikhail Voeikov에게, 그리고 세르주와 제4인터내셔널에 관한 세미나를 열어 트로츠키 학회를 출범할 수 있도록 나를 초청해준 트로츠키 연구학회에 감사한다. 그 세미나는 크나큰 관심과 비판적인 논평을 불러일으켰다.

개인과 연구소가 소장한 세르주 문서가 없었다면 나는 이 연구를 해내지 못했을 것이다. 문서고 직원인 엘레나

다니엘슨Elena Danielson과 스탠포드 대학 후버 문서고 Hoover Archive at Stanford University의 캐롤 리드넘Carol Leadenham에게 특히 고마움을 느낀다. 이들은 세르주에 관한 자료를 찾아냈을 때 나의 연구를 기억해주었으며 보리스 니콜라옙스키 문서실에서 발견된 세르주-세도프 서신을 내가 맨 처음으로 내람할 수 있도록 해주었다. 러시아 사회정치사 국립문서고RGASPI[1]에서 친절한 도움을 아끼지 않은 유리 투토치킨Iurii Tutochkin에게 감사한다. 파리 경찰청 문서고와 하버드Harvard 대학 휴튼Houghton 도서관 트로츠키 문서고와 예일Yale 대학 스털링Sterling 도서관의 드와이트·낸시 맥도널드 부처Dwight and Nancy Macdonald 문서 보관실에서 자료가 추가로 발견되었다.

나는 캘리포니아 대학 학부 발전기금 산하 세인트 메리 칼리지Saint Mary's College of California Faculty Development Fund에서 연구 지원을 받았다. 나는 (코요아칸Coyoacán에서 트로츠키의 경호원들 가운데 한 사람이었던) 알렉스 부흐만 Alex Buchman에게 끝없는 고마움을 느낀다. 나의 연구 여행 가운데 여러 번은 그의 끊임없는 정신적·물질적·지적 후원으로 가능했다.

싸구려 종이에 러시아어와 프랑스어로 세르주가 손으로 쓴, 때로는 복사 상태가 나빴던 편지와 문서를 해독하고 베껴 쓰고 번역하는 데 나에게 도움을 준 미셸 베일Michel Vale, 로버트 왈Robert Wahl, 타냐 얌폴스키Tanya Yampolsky, 칼 바렐레트Carl Barrelet, 클로데트 비긴Claudette Begin, 미셸

볼지Michel Bolsey, 그레그 잭스Greg Jacks, 조아나 미스닉 Joanna Misnik에게 고마움을 느낀다.

편집 과정에서 도움을 준 마틴 젠킨스Martin Jenkins, 제인 하인들Jane Hindle, 콜린 로빈슨Colin Robinson, 애니 잭슨 Annie Jackson, 미셸 틱틴Michelle Ticktin, 그리고 그 밖의 여러 사람에게 고마움을 표하고 싶다. 나는 리 스미스와 데이브 블레이크Dave Blake의 대단한 편집 전문기술 덕을 보았다.

아주 많이 필요했던 격려, 지적·정신적 후원, 깨달음을 주는 주장을 해준 봅 아노트Bob Arnot, (1999년 10월에 죽은) 에밀리오 브로쟉Emilio Brodziak, 마이클 콕스Michael Cox, 샘 파버Sam Farber, 돈 필처Don Filtzer, 프랭크 프리드 Frank Fried, 올리비아 골Olivia Gall, 아돌포 질리Adolfo Gilly, (1999년 2월에 사망한) 알 글로처Al Glotzer, 로자 키시놉스키Rosa Kischinevzky, 파트리시오 세풀베다Particio Sepulveda, 조랴 세레브랴코바Zorya Serebriakova, (1998년 9월에 사망한) 마크 샤론Mark Sharron, 잔 싱어-케렐Jeanne Singer-Kerel, (2000년 12월 2일에 사망한) 다니엘 싱어, 클레어 스파크 Clare Spark, 에드워드 테일러Edward Taylor, 지미 화이트 Jimmy White에게 감사한다. 나는 고인이 된 마르크 즈보롭스키Marc Zborowski에게는 고맙지 않다고 말하고 싶다. 그는 내가 정보와 설명을 부탁할 때마다 내 전화를 끊어버리고 내 면전에서 문을 닫아서 퇴짜를 놓는 데 성공했다.

나의 어머니 펄 와이스만Perle Weissman과 돌아가신 아버지 모리스 와이스만Maurice Weissman, 동생인 제리Jerry와 어브Irv, 자매인 로렌Lauren과 제부인 마이클 로어Michael Lauer를 비롯한 가까운 친인척에게 큰 빚을 졌다.

마지막으로, 고인이 된 나의 남편 로베르토 나두리스 Roberto Naduris는 나에게 비판적 격려와 정치적 지혜를 주고 사무치게 그리운 사랑의 후원을 해주었다. 나의 아들 엘리Eli와 딸 나탈리아Natalia는 나와 함께 고생하고 그들이 결코 상상하지 못할 만큼 나를 떠받쳐주었다. 둘은 어릴 때 잠을 청하는 침대에서 세르주 이야기를 듣고 나를 따라 연구 여행을 했고, 더 나은 세상을 위해 투쟁하려는 둘의 욕구는 꺾이지 않았다. 둘은 특별한 세대에 속한다. 그 세대는 사려 깊은 지성적인 젊은이의 세대로, 그 세대의 행동은 세르주의 희망행 항로를 확인해준다.

우리의 명백한 오류는 사술詐術도 아니고 회의懷疑도 아니었을 겁니다. (……) 우리의 실수는 영예로웠고요. 심지어는 그리 고상하지 않은 관점에서 보더라도 우리는 그다지 틀리지 않았습니다. 지금은 현실이 혼란스럽다기보다는 관념이 왜곡되었습니다. 왜곡되는 것은 바로 우리의 발견들입니다. 나는 우리가 패했기 때문에 절망하는 사람들만이 창피할 따름이에요. 성공하기 전에 백 번, 천 번 패배하고 실패하는 것보다 더 당연하고 불가피한 게 무엇일까요? 어린아이가 걸음마를 배우기 전에 얼마나 여러 번 넘어집니까? (……) 두둑한 배짱을 가지는 게 중요하고, 만사가 거기에 달려 있어요. 확실합니다.

인간의 운명은 밝을 겁니다.

__빅토르 세르주, 『마지막 시간』에서

제1부
혁명의 궤도에서

서문

해체된 소련의 파편에서는 괜찮은 미래를 위해 건져낼 가치가 있는 것이 거의 없어 보인다. 우리는 그 부스러기를 체질하면서 구할 만한 값어치가 있는 목소리—정치적 목격자이자 신념에 찬 참여자이자 문학적 역사가인 빅토르 세르주의 목소리—를 찾아낸다. 세르주의 개인 경험은 소련의 정치 발전사를 거울처럼 비추며 그의 저술에 자료로 풍부하게 정리되어 담겨 있다. 비록 세르주가 여러 나라 사람들이 읽게끔 프랑스어로 글을 쓰기는 했어도, 그의 소설과 역사서에는 기억을 일깨우는 힘찬 산문으로 역사 서술과 문학을 연결하면서 역사로 이야기를 하는 러시아의 전통이 반영되어 있다. 그의 창의적인 정신은 미래를 보기 위해 과거를 알려고 애썼으며, 그는 건강하면서도 완전히 민주주의적인 집산주의가 미래를 조직하리라고 믿었다. 세르주는 비판정신을 가진 고참 볼셰비키 지식인 집단에 속했다. 세르주는 전체주의에 결연히 저항한 이 대집단이 바로 볼셰비즘의 핵이라고 역설했다.[1]

공리공론에서, 즉 종파성에서 벗어나 정치 문제에 다가가는 데 전념한 세르주는 스탈린뿐만 아니라 니콜라이 부하린Nikolai Bukharin과 블라디미르 레닌Vladimir Lenin과 트로츠키Lev Trotskii도 비판했다. 훗날 그는 자신이 속한 좌익반대파가 당이 정치를 마비시키던 때에 당 최우선주의party patriotism 앞에서 무기력해지는 바람에 자기들이 이길 가망성이 없는 한 장소에서, 즉 당에서 싸워야 하게끔 되었다고 썼다. 그들은 모든 정치적·조직적 표현 형태 위에 있는 스탈린의 요새 때문에 지는 싸움을 했다. 세르주는 소비에트를 자유로운 정치 행위의 장으로 되살리는 데 해결책이 있다고 믿었다. 그러나 그렇게 되는 대신에 고참 볼셰비키의 전체 조류가 일소되고 그들과 더불어 사회주의 부활의 희망이 모조리 사라졌다.

이 패배 경험은 모든 이에게 세르주의 생각과 글쓰기와 활동을 알려준다. 언제나 그는 진실 찾기가 아니라 정치투쟁 수행에 토대를 둔 "전체주의 사고방식"의 내재적 위험을 경고했다. 세르주는 그 전체주의 사고방식이, 너무나도 기괴해서 상상하기 힘들 만큼 생각을 비틀고 사람을 속이고 마구 죽이는 스탈린주의 메커니즘의 무게에 짓눌린 상태에서 개발되었음을 우리에게 일깨워주었다.

세르주는 자기 눈으로 본 것에 관한 예리하고 웅변적인 증언을 남겨놓았다. 지금은 그 역사적 과정들을 아래에서 위로 올려다보는 세르주의 초기 관점을 확인해주는 새로운 사회사들이 씌어져 있다.[2] 이 책에서는 세르주를 우리 시대의 주요 투쟁을 반영하는 시각을 가진 정치 저술가이자 활동가로 분석한다. 우리는 예브게니 프레오브라젠스키 Evgenii Preobrazhenskii가 좌익반대파의 경제학자였다면 빅토르 세르주가 좌익반대파의 역사가였다고 말할 수 있다.

그러나 빅토르 세르주는 어떤 사람이었을까? 노동자, 투사, 지식인이었고, 경험과 신념으로 보면 국제주의자, 철저한 낙관론자였으며 언제나 가난뱅이였던 세르주는 1890년부터 1947년까지 살았다. 그는 세 번의 혁명에 참여하고 십 년을 갇혀 지냈고 서른 권이 넘는 책을 펴냈으며 간행하지 못한 원고와 편지와 시론 수천 페이지를 남겼다. 그는 한 정치 망명객 집안에 태어나서 또 다른 정치 망명객이 되어 죽었고 일곱 나라에서 정치 활동을 했으며 언제나 정치적 반대파로 삶을 보냈다. 그는 처음에는 아나키스트로, 그다음에는 볼셰비키의 일원으로 자본주의에 반대했다. 그는 볼셰비즘의 비민주적 행태에 반대했고, 그런 다음에는 좌익반대파의 일원으로서 스탈린에게 반대했다. 그는 반反스탈린주의 좌파 안에서 트로츠키와 논쟁을 벌였고, 후회하지 않는 혁명적 마르크스주의자로서 파시즘과 자본주의의 냉전에 반대했다.

빅토르 세르주의 삶과 저술은 소련에 관한 정치·학술상의 정설에 도전했다. 그는 소비에트 국가나 자본주의 서유럽에 무릎 꿇기를 거부함으로써 언저리에 머물렀고 핍박과 빈곤을 자초했다. 부귀영화를 누리지는 못했을지라도 세르주의 활동과 삶은 스탈린주의에 대한 교정이며 시장에 대한 대안이었다. 세르주는 속사정을 잘 아는 사람으로서, 그리고 아나키스트의 전력을 지닌 좌익반대파 일원의 관점에서 초창기 소련에 관해 글을 썼다. 혁명 러시아와 소련을 겪었기에 세르주는 사회주의를 비난하기보다는 사회주의의 목표를 인간의 권리선언으로 알차게 만들었다. 그는 1918년에는 일당통치에 반대했고, 1923년에는 비록 위험투성이이더라도 연립정부가 스탈린의 비밀경찰 국가보다는 덜 위험하리라고 선언했다. 세르주는 불평등을 되불러오고 민주주의에 활기를 다시 불어넣지 못한다는 이유로 레닌의 신경제정책(네프NEP : Novaia Ekonomicheskaia Politika)을 비판했다. 세르주는 노동자 민주주의, 그리고 경직된 상명하달 방식의 "계획" 대신 "연합체의 공산주의"를 비롯한 개혁책을 제안했다. 생애 말기에 그는 다음과 같이 썼다.

우리는 참여하고 싶다. 사회주의 본연의 존엄성과 자유인들의 조직을 통해서만 이루어질 수 있는 실질적인 목표를 되찾은 사회주의의 건설에 참여하고 싶다. 우리는 우애어린 경쟁과 자유로운 토론으로 활기를 띠는 건강한 노동자 운동 안에서 솔직하고 뚜렷한 생각을 하고 싶다. 위협받은 민주주의의, 즉 사회주의와 노동자 운동의 핵심으로부터, 무엇보다도 먼저 우리는 견해의 자유와 투사의 인간적 존엄성, 소수자의 권리와 비판정신을 지킨다. 사상 통제, 지도자 숭배, 수동적 복종, 맹목적 규율에 종속된 당의 경멸스러운 계교, 뿐만 아니라 거짓말과 비방과 암살의 체계적 사용에 맞서 가차 없이, 멈추지 않고 계속 싸울 것이다.[3]

이런 정열적이고 솔직한 재평가가 세르주가 쓴 글의 특징이며, 그 글들은 볼셰비키 혁명 세대의 역동성을 반영하면서 1920년대와 1930년대 동안 소련과 공산주의 운동에 조성된 분위기를 강렬하게 되살려놓는다.

이것만으로도 커다란 역사적 가치가 있다. 소비에트 기획 전체가 지금은 경멸, 심지어는 조롱을 받기 때문에 특히 그렇다. 역사가 패자에게 친절했던 적은 드물며, 세르주는 혁명 안의 패자 측 출신이다. 저술을 엄청나게 많이 남겼는데도 그의 존재는 다른 좌익반대파 구성원들과 마찬가지로 소비에트 역사의 연단演壇에서 지워졌다. 소련이 사멸함으로써 흐름이 바뀌기 시작했고, 지금은 중요한 세르주 연구서들과 더불어 세르주의 저작이 더 많이 간행되고 있다.[4] 이 책이 세르주의 생각을 새로 검토하는 데 이바지하리라는 기대, 그리고 뒤따라 새로운 해석과 토론과 설명이 나오리라는 기대가 있다.

벨기에에서 태어난 러시아 사람인 빅토르 세르주는 1919년 1월에 처음으로 모국에 발을 디뎠을 때 스물여덟 살이었다. 그는 이미 두 차례 수형을 마치고, 실패로 끝난 1917년 에스파냐 봉기에서 싸웠던 경험 많은 혁명적 아나키스트로서 소련에서 자기의 정치적 대역정을 시작했다. 그는 1919년 5월에 볼셰비키에 가담해서 공산주의 인터내셔널 집행위원회 초대 임원진에서 일했다. 그는 제1차, 제2차, 제3차 코민테른 대회에 참여했고 내전 동안 페트로그라드Petrograd 공방전에서 싸웠고 오흐라나Okhrana(차르정의 비밀경찰) 자료보존소 총책임자로 근무했고 페트로그라드와 모스크바에서 볼셰비키 동아리와 무정부주의 동아리와 문학 동아리에서 거리낌 없이 섞여 어울렸다. 1923년 독일 혁명 준비를 도우라는 코민테른의 지시를 받고 베를린에 파견된 세르주는 코민테른의 주요 간행물인 『인프레코르』Inprekorr의 프랑스어 판을 편집했다. 세르주는 독일판 10월혁명이 패하자 빈Wien으로 갔고, 그곳에서 코민테른 일을 계속했다. 세르주는 1925년에 소련으로 되돌아가 좌익반대파 편에 섰다.

소련으로 되돌아간 세르주는 다시 다양한 정치·사회·문학 동아리에 끼어 어울렸다. 그는 레닌과 지노비예프 Grigorii Zinov'ev와 트로츠키 등의 저작을 번역해서 생계비를 벌었다. 그는 좌익반대파를 공개 지지하면서 레닌그라드 당조직에서 좌익반대파의 주요 대변인 노릇을 했다. 세르주는 1927년 12월에 제15차 당대회가 열린 뒤 곧바로 당에서 제명되었다. 그는 석 달 뒤 체포되어 8주 동안 감금되었다. 그는 풀려난 직후에 장폐색으로 거의 죽을 뻔했다.

죽음과 살짝 만난 경험은 세르주에게 전환점이 되었다. 이제 그는 "잊을 수 없는 이 시대에 관한" 글을 쏟아내기 시작했다. 세르주는 소련에서 위태위태한 자유를 누리게 되는 다음 다섯 해 동안 소설 세 편과 역사적인 저서 『러시아 혁명의 첫 해』*L'An 1 de la révolution russe*를 비롯해서 책 다섯 권을 써서 외국에서 펴냈다. 소련에서는 그의 저작이 1989년까지 단 한 줄도 간행되지 못했다.

세르주는 1933년에 다시 체포되어 오렌부르크 유형에 처해졌다. 세르주와 그의 아들은 그곳에서 세 해 동안 거의 굶어 죽을 뻔했다. 세르주는 그곳에서 책 네 권을 썼고, 그 책은 1936년 4월에 나라에서 쫓겨날 때 게페우GPU에게 모두 다 압수당했다. 세르주는 저명한 프랑스 지식인들이 국제적인 구명운동을 펼친 결과, 최초의 모스크바 재판으로 "대테러"Great Terror가 시작되기 딱 넉 달 전에 아슬아슬하게 빠져나와서 목숨을 건졌다.

일단 세르주가 서유럽으로 가자 스탈린은 그에게서 국적과 여권을 박탈했다. 유럽의 공산주의자들이 그를 헐뜯었고, 그의 글이 주류 언론에 실리지 못하도록 모스크바가 큰 압력을 넣었다. 그렇지만 세르주는 "광기의 미궁(숙청)을 파헤치"고 소련에서 등장하고 있는 사회적 유기체 구성의 성격을 분석하기 시작했다. 세르주는 인정사정 봐주지 않는 핍박으로 아내가 미쳐버리는 등 개인적·경제적 고초가 엄청났는데도 매일매일 발버둥 쳐서 자기와 가족을 먹여 살리는 한편으로 자기가 사회주의적인 모든 것에 대한 스탈린의 배신이라고 본 것을 폭로하는 글을 썼다.

세르주는 1940년 6월에 독일 국방군Wehrmacht이 들어올 때까지 파리에 머물렀다. 가족과 함께 걸어서 도주한 그는 비시Vichy 정부 치하 프랑스에서 빠져나가는 데 필요한 비자가 나오기를 기다리고 히틀러Hitler의 게슈타포Gestapo와 스탈린의 엔카베데NKVD에게 추적을 당하면서 미쳐버릴 것만 같은 시기를 보냈다. 세르주는 무시무시한 위험 속에서 온 힘을 글쓰기에 쏟았다. 마침내 멕시코 입국이 허용되었다. 그는 멕시코에서 출판사들에게 거의 완전한 배척을 받아서 "오직 서랍에 넣어둘" 글을 쓰며 여생을 보냈다. 세르주는 앞으로 할 기획을 위한 계획을 잔뜩 세워놓은 채 1947년 11월에 빈털터리로 죽었다. 그는 거의 평생 동안 진정한 배고픔이 무엇인지 알았으며, 일생 가운데 10년을 갖가지 형태로 갇혀 지냈다.

그의 저술로는 역사와 정치에 관한 책과 팸플릿 서른 권, 소설 일곱 편, 시집 두 권, 단편소설 세 편, 단편소설집 한 권, 기사와 시론 수백 편, 레닌과 스탈린과 트로츠키의 전기, 사건일지, 회고록, 그리고 레닌, 트로츠키, 지노비예프, 피그네르Figner, 표도르 글라드코프Fedor Gladkov, 블라디미르 마야콥스키Valdimir Maiakovskii의 저작 번역물이 있다. 그가 쓴 책들 가운데 한 권은 파나이트 이스트라티Panaït Istrati의 이름으로 간행되었으며, 그는 알렉산드르 바르민Aleksandr Barmin의 회고록 대필 작가였다. 대개 알려지지 않았고 대다수는 절판되었지만 이것은 굉장한 출판 기록이다. 그리고 세르주는 주고받은 편지와 논쟁과 논박문을 비롯해서 간행되지 않은 자료를 엄청나게 많이 남겼다.

이 책은 세르주의 삶을 서술하고 그의 저작을 통해 그의 견해와 그 견해의 진화를 추적하는 한편 세르주의 활동을 분석한다. 지적 활동과 정치 활동을 다룬 전기인 이 책의 목적은 비교적 알려지지 않고 잊혀진 이 인물의 중요성을 밝혀내는 것이다. 20세기 전반기의 요란한 투쟁 속에서 태어난 세르주의 사상은 21세기로 접어들어서도 세계가 여전히 직면하고 있는 딜레마들을 제기한다. 빅토르 세르주의 혁명적이지만 단연코 독립적인 사고를 되찾는 것은 근본적으로 다른 미래를 만들기에 알맞은 과거를 재구성하는 데 이바지한다. 당면한 주요 사회문제와 세르주가 연관성이 있다는 것은 묻혀버린 소련의 과거를 찾아내는 작업을 하는 새로운 세대의 학자와 활동가들이 구소련에서 등장하는 것으로 아마 가장 잘 측정될 것이다. 헌신적인 열광자 집단이 빅토르 세르주 추모 도서관을 모스크바에 세웠고, 세르주의 저작이 러시아에서 천천히 간행되고 있으며, 절판된 세르주 저작들의 신판이 서유럽 곳곳에서 나오고 있다.

이 연구는 주제넘게 총체적인 세르주 전기를 표방하지는 않는다. 세르주 연구에는 넓디넓은 빈틈이 있으며, 다른 학자들이 그의 아나키즘과 혁명적 소설가로서 그가 한 역할, 그리고 벨기에, 프랑스, 에스파냐, 멕시코에서 그가 한 정치적 실천을 탐구하고 있다. 이런 세르주의 삶과 활동의 양상들이 이 책에서는 주로 그가 혁명 러시아와 소련에서 한 경험과 소련의 변화 발전으로 제기된 골치 아픈 문제들을 껴안고 벌인 씨름이라는 프리즘을 통해서 검토된다. 그 혁명의 약속은 어떻게 해서 파괴되었을까? 스탈린을 우두머리로 하는 사회 집단의 대두를 피할 수는 없었을까? 새로운 체제가 어떻게 해서 본연의 혁명적 미래상과 정치를 짓눌러 지워 없애버렸을까? 이 때문에 세계 전체의 사회주의 정치와 실천에 어떤 충격이 미쳤을까? 혁명 러시아와 소련에서 얻은 경험이 어떻게 소련, 스탈린주의, 사회주의, 미래의 가능성들에 관한 세르주의 무르익은 성찰을 빚어냈을까?

전기는 사회사를 점검하는 데 쓸모 있는 수단이 될 수도 있지만, 그보다는 폭로물 장르로 전락하는 경우가 더 잦다. 이 저작에는 내밀한 삶을 억측해서 드러내려는 시도도, 독자들의 흥미를 돋울 목적을 가진, 애정 행각에 관한 어림짐작도 전혀 없다. 작가인 세르주에게는 인용문 하나, 또는 "수염은 하얗게 세어버렸지만 눈은 맑다"는 식의 간단한 신체 세부묘사로 자기가 아는 혁명가들의 다면적 성격을 요약하는 재능이 있었다. 약간의 세부묘사로 친밀감이 표현되는데, 그 효과는 정치적 동기의 일부를 이루는 개인의 성격을 묘사하는 것이다. 이렇게 해서 일깨워진 그 묘사로 말미암아 서술된 정치 인사에 관한 우리의 지식이 더 충실해진다. 정치 노선을 서술하면서 성격의 특성을 그려냄으로써 세르주는 자기의 렌즈를 통해 굴절된 그 사람 전체를 불러내왔다. 그 합은 러시아 혁명에 등장하는 그 배우들에 대한 이해에, 따라서 혁명 과정 그 자체에 관한 깊은 이해에 보태진다. 그러나 세르주는 사생활을 지키면서 자기 자신에 관해서는 거의 드러내 보여주지 않았다.

세르주를 아는 사람들은 그가 조용한 성실함을 지닌 사람이었다고 힘주어 말한다. 그는 일생을 가난하게 굶주리면서 보냈지만, 지적 경험과 정치 경험에서는 부자였다. 그는 심지어 투옥과 망명 중에도 자신의 품위를 지켰다. 분명히 그는 자기가 직면한 어려움으로 고생했고, 그 어려움은 자신의 정치적 신념 탓에 더 커졌다. 세르주는 자기 세대의 볼셰비키와 마찬가지로 자기의 사생활보다는 사상을 논하는 것이 더 중요하다고 생각했다. 그 두 가지가 교차할 때를 빼놓고는 말이다. 이 사상들, 그리고 그가 이 사상에 헌신한다는 특질은 그것들로 촉발된, 표현되지 않고 기록되지 않은 느낌에 관한 추측보다는 더 비옥하고 더 매력적인 연구 영역을 제공한다.

독립적인 사상가로서 세르주는 혁명의 정통에 자주 도전했다. 러시아 혁명의 건강은 빠르게 나빠지기 시작했고, 세르주는 러시아 혁명이 "체카Cheka를 세우면서 1918년에 죽음을 자초"했다고 주장했다. 그러나 세르주는 볼셰비키와 함께 일을 했으며 기운을 죽 빠지게 만드는 크론시타트Kronshtadt 봉기 진압을 비롯한 볼셰비키의 정책을 지지했다. 그는 1923년에 좌익반대파에 가담했다. 세르주의 관심사는 언제나 정책의 영향을 받는 인민 대중의 삶과 조건이었다. 세르주는 스탈린의 권력 획득을 역사상 가장 잔혹한 반혁명, 즉 혁명이 표방하는 모든 것의 배반으로 보았다. 세르주는 "일국사회주의"一國社會主義의 필연적인 결과는 재앙이라고 주장했고, 농업집산화, 속성 공업화 강행,

극도의 수탈, 기아, 사보타주, 테러가 그런 재앙임을 차근차근 논증했다. 스탈린의 공업화 방식과 통치 방식으로 작동된 내적 역학에서 생겨나는 숙청은 새로운 사회관계, 그리고 강압과 공포에 바탕을 둔 불안정한 새로운 사회를 만들어냈다. 숙청으로 사회의 기본 문제들 가운데 어느 것 하나 해소되지 않았으면서도 수백만 명이 목숨으로 대가를 치렀다. 희생이 크고 낭비가 심한 산업 하부구조는 노예노동의 도움을 받아 만들어졌다. 탈진한 국민이 목숨을 부지하는 데 관심을 가짐에 따라 모든 형태의 집단 저항이 실패했다. 스탈린은 세르주의 동지였던 혁명 세대 볼셰비키를 모조리 없애버렸다. 세르주는 그 새로운 사회에 근본적으로 반사회주의적이고 반민주주의적이고 반인간적인 "집단수용소 우주"라는 이름을 붙여주었다.

세르주는 소련에서 마지막으로 체포되기 직전에 자기가 살아남지 못하리라고 생각하고는 파리에 있는 친구들에게 편지를 몰래 가까스로 보낼 수 있었다. 그 편지는 그의 유서이며, 그 편지에 담겨 있는 사상은 그의 여생 동안 그와 함께 남았다. 그 유서는 인간이 가진 권리의 선언, 진실과 속박되지 않는 사고의 옹호에 해당한다. 그것이 없다면 사회주의 기획은 "허위가 되고 파산하고 망가진다". 세르주가 "계급의 적"을 비롯한 모든 인간을 옹호한 것은 테러와 살인의 스탈린주의 체제에 대한 반응이었다.

세르주의 스탈린주의 분석은 역동적이고 비교조적이었다. 훗날 냉전의 전사들이 불어대는 이데올로기상의 진군

나팔 소리도 아니었고 좌익 분파가 외치는 헛된 구호도 아니었다. 그는 그저 작동하는 과정들을 이해하고 인간의 진보를 위해 의의를 지적하려고 노력했다. 스탈린의 통치는 뒤죽박죽의 임기응변이었지만, 관료 집단과 자기 자신에게 집중된 권력을 보전한다는 일관된 항로를 따랐다. 일단 관료 집단이 노동계급에게서 권력을 찬탈하자, 냉혹한 논리가 테러를 만들어내 모든 도전에 맞서 권력 집중을 보호했다. 이 "관료 집단"의 행동은 거의 반사운동이었으며 자기들이 풀어놓은 힘을 통제할 수 없었다. 통제력이 없었으므로 엄청난 남용이 발생했다. 공업화와 농업집산화와 숙청이 이루어지면서 새로운 노동계급과 새로운 지배 엘리트가 만들어졌다. 두 집단 사이에는 특별한 관계가 있었다. 세르주는 그 새로운 사회 구성체를 분석하고 그 특징을 잡아내면서, 즉 그 본성을 정의하면서 여생을 보냈다.

세르주는 마침내 소비에트 국가를 "집산주의로 기우는 관료제적 전체주의"로 규정했다. 그가 '관료제'와 '집산주의'라는 낱말을 쓴 용법이 "관료제적 집산주의" 학파와 달랐듯이 그가 '전체주의'라는 용어를 쓴 용법은 훗날의 전체주의 분석학파와 달랐다.[5] 자기가 대두하는 스탈린주의 체제를 그 용어를 써서 처음으로 서술한 사람이라고 믿은 세르주에게 소련은 자본주의적이지도 않고 사회주의적이지도 않았으며 독립적인 사고에 대한 두려움에서 작동하고 자국 인민과 끊임없이 갈등을 빚었다. 그의 체제 분석은 칼 프리드리히Carl Friedrich와 즈비그뉴 브레진스키

Zbigniew Brzezinski와 레너드 샤피로Leonard Schapiro의 저작들과 동일시되는 "전체주의 학파"의 접근 방식을 자주 특징짓는 정치 의사결정에 국한되지 않고 경제 형태와 권력 행사 방법과 국민의 적응 방식 사이의 관계를 연구한 더 충실한 사회 분석이었다. 세르주에게는 소련의 스탈린주의와 히틀러의 파시즘 양자로부터 자라났고 제2차 세계대전 이후의 민주주의 발전을 위협하는 새로운 형태를 밝혀내려고 "전체주의적 집산주의"라는 용어를 사용하는 경향이 있었다. 그는 전후의 기간산업 국유화가 테크노크라트 엘리트의 성장과 결합되어 무시무시한 반민주주의적 결과를 빚을 수 있다고 걱정했다.

세르주의 생각은 1930년대에 패한 뒤 소련과 유럽 망명 생활에서 얻은 체험에서 도출되었다. 그는 스탈린주의와 파시즘이라는 쌍둥이 전체주의에서 현대 세계의 본질적인 "집산주의" 경향을 감지했다. 세르주의 견해로는, 이 경향에 역사의식이 있는 집산주의가 맞서고 있었다. 이 집산주의는 썩어 스러져가는 자본주의와 취약해진 스탈린주의로부터 등장할 터였다.

이른바 "수정주의" 학자들의 새로운 연구가 스탈린 시대가 혼돈과 통제 결여의 시대였다고 주장하고 스탈린의 정책으로 일어난 인명 손실이 부풀려졌다고 단언하면서 더 오래된 전체주의 분석 모델에 도전해왔다.[6] 세르주는 만족스럽게 풀릴 수 없는 모순과 씨름하면서 수십 년 전에 논쟁에서 쟁점이 된 문제들을 다루었다. 소비에트 국가는 전체주의적이면서도 경제·정치 사건을 완전히 통제할 능력을 갖추지 못했다. 그가 이 딜레마를 다루는 논법에는 좌익반대파 동아리와 멘셰비키 좌익 동아리에서 벌어진 논쟁—미하일 고르바초프Mikhail Gorbachev 집권기에 "계획 대 시장" 논쟁에서 반향이 일어난 논쟁—이 반영되어 있다.

훗날 고립되어 활동하면서, 세르주는 소련에 존재하는 전체주의적 관료제 통치에 맞서 노동자 민주주의를 요구하는 사회주의적 계획의 본성에 관한 자기 생각을 펼쳤다. 다시, 세르주는 그 모순을 말할 수 있었을 뿐이지 해소할 수는 없었다. 그가 자본주의와 소련 양자에서 작동하는 경향을 보고 그것을 일반화하려고 시도할 때 어려움에 마주친 한편으로, 그의 저작에는 제2차 세계대전의 도중과 직후에 마르크스주의자들이 직면한 엄청난 압력이 반영되어 있다.

세르주는 스탈린주의가 볼셰비즘의 필연적인 결과였는가? 하는 문제를 검토하기도 했다. 세르주는 필연적인 결과가 아니라고 주장했다. 그는 스탈린주의를 볼셰비즘의 타락으로 보았다. 시드니 후크에게 보낸 편지에서 세르주는 "당의 권위주의적 중앙집권화에 전체 스탈린주의의 씨앗이 들어 있었"지만 "혁명과 볼셰비즘에는 다른 씨앗도, 특히 레닌과 다른 이들이 좋은 뜻과 열정을 지니고 1917~1918년에 세우려고 애쓴 새로운 민주주의의 씨앗도 들어 있었습니다"라고 썼다.[7]

세르주의 스탈린주의 비판은 그의 삶과 그의 활동의 고

갱이였다. 세르주는 『한 혁명가의 회상』에서 자기 삶이 "역사로 통합되었다. 우리가 하는 역할을 다른 사람이 할 수도 있었다"고 썼다. 그는 "삶에서 유일한 의미는 역사를 만드는 일에 의식적으로 참여하는 데 있다"고 덧붙였다. 세르주는 사회 분석가이면서 사회 활동가였으며, 그가 우리의 이해력에 이바지한 바는 사회 현실을 뚜렷하고 솔직하게 보고 그것에 관해 시적인 글을 쓰는 능력에서 나왔다.

그의 저술에는 그의 경험, 그의 헌신, 그리고 비관론에 기대지 않고서 20세기 최악의 격변에서 살아남을 수 있도록 해준 미래상이 반영되어 있다. 세르주는 격심한 고통을 서술하면서 스탈린주의가 어떻게 방향을 틀었는지, 그리고 좌익반대파가 만약 스탈린주의의 자리에 있었다면 무엇을 했을 것인지를 설명했다. 따라서 심지어 가장 암울한 그의 서술에도 억누를 수 없는 낙관론과 사회주의적 미래에 대한 희망이 담겨 있다.

세르주는 제힘으로 말할 수 없는 사람들을 대변했다. 그는 기존의 어떤 정치 경향이나 문학 경향에도 들어맞지 않는다. 그의 글쓰기 "형식"은 통상적인 문학과 전통적인 사회과학의 테두리를 뛰어넘는 문학적·자전적·정치적 형식이다. 스탈린주의 체제의 본성에 관한 그의 논의는 60년 동안 좌파 내 토론의 특징이었던 구호를 피하는 논의였다. "퇴보한 노동자 국가"라든지 "국가자본주의" 같은 용어를 찾아내려고 그의 저술을 들여다보는 것은 헛일일 수 있다. 그는 '관료제적 집산주의'라는 용어를 (두 차례) 썼지만 이는 스탈린주의적 전체주의 소련과 나치 전체주의 파시스트 독일 양자를 포함하는 제2차 세계대전기 유럽을 언급하면서였다. 표어 대신에 세르주는 소련을 묘사하기를 더 좋아했다. 즉, 정책이 보통 사람들에게 어떻게 영향을 미치는지를 설명하고 그들의 반응이 정책의 형성과 시행에 어떻게 영향을 미치는지 살펴보기를 더 좋아했다. 세르주는 문학 형태에 기댈 때 정치적·사회적 논쟁을 회피하지 않고 그 논쟁에 표현력이 풍부한 새로운 언어를 가져다주었다. 그는 무엇보다도 명쾌함을 높이 샀고, 그의 한평생 동안 고립을 이겨내고 인간의 진보를 알차게 만드는 집단적 미래를 만들어내는 데 도움을 주려는 투쟁이 벌어졌다. 그 투쟁은 외롭기 일쑤였다. 그 자신이 한 말로 표현하자면, 그는 "묘한 당혹감을 불러일으키는 인물"이었으며, 이 "방랑자"는 결코 멈추지 않고 정의를 좇았다.

제1장

러시아 혁명에 봉사하며, 1917~1921년

페트로그라드로 가는 길에서

1917년 10월의 러시아 혁명은 새 시대가 왔음을 알렸다. 커다란 나라가 세계 자본주의에서 떨어져 나갔고 "대포의 시대"[1]에 관심을 두던 세계 곳곳의 사회주의자들이 최초로 사회주의로 넘어가기 시작한 사회의 발전을 희망과 열정을 품고 지켜보았다. 유럽에서 1917년은 아래 묘사된 것과 같이 제1차 세계대전이 일어난 지 4년째 되는 해였다.

한 대륙의 꽃 같은 젊은이들, 청년 한 세대 전체가 (……) 피로 흠뻑 젖은 국경 지대에 쓰러졌고, 날마다 전투원 수천 명이 죽었다. (……) 금융 제국주의자들 사이에서 지구를 분할하기 위한 전쟁이 터진 지 네 해가 되는 해였다.[2]

10월혁명이라는 사건이 곳곳에 있는 혁명가들의 상상력

을 사로잡았다. 러시아로 모여들기 시작할 수 있었던 사람들은 "빈자리를 남기고 의지의 나라로 들어가고 있었다".

그곳에서는 삶이 새로워지기 시작하고 있고 의식적인 의지, 지성, 변함없는 인류애가 작동하고 있었다. 우리 뒤에서는 전 유럽이 대학살의 연무 속에서 숨이 막혀 거의 빈사 상태에 이른 채 불타고 있다. 바르셀로나Barcelona의 불길이 뿜어 나온다. 독일은 혁명으로 들끓고 있다. 오스트리아-헝가리는 자유로운 여러 국가로 쪼개지고 있다. 이탈리아는 붉은 깃발로 뒤덮여 있다. (······) 이것은 다만 시작일 뿐이다.[3]

빈자리를 남기고서 본 적이 없는 고국에 들어가는 이가 있었으니, 그가 바로 빅토르 세르주였다.

전쟁에 찢기고 지친 유럽의 이미지를 실감나게 묘사하면서 세르주는 영국군 병사들이 꽉 들어차 있는 한 선술집에 동료 죄수들과 함께 들렀던 일을 회고했다. 세르주는 프랑스의 한 포로수용소에서 열다섯 달 동안 갇혀 있다가 풀려난 상태였다. 이 포로수용소의 운영 체제는 먹을 것이 모자라고 전염성 독감이 돌기로 유명했다. 수감자의 4분의 1이 전염성 독감에 걸려 목숨을 잃었다. 세르주는 러시아가 붙잡아두고 있는 프랑스군 장교들과 맞바꿔질 "볼셰비키 혐의자" 마흔 명에 끼어 있었다. 세르주와 그 무리의 꾀죄죄한 모습이 영국군 병사들의 주의를 끌었다. 병사들이 다가와서 물었다. "너희는 누구냐?" 세르주는 궁금해하는 그들의 얼굴에 대고 말했다. "볼셰비키라네. 죄수들이지. 우리는 러시아로 갈 거야."⁴ 자기네가 사회주의 건설을 시작하러 가는 길에 있는 혁명적 국제주의자들이라는 그의 뜻은 이해되었다. 병사들의 반응은 세르주를 놀라게 만들었다. "우리도 그래! 우리도 가겠네! 당신은 나중에 우리를 보게 될 거야!"⁵ 수용소에 고립되어 있었던 터라 세르주는 성공을 거둔 10월혁명이 불러일으킨 자극의 강도를 알아채지 못했던 것이다. 그 강도는 이 지친 병사들의 얼굴에서 또렷했다.

세르주는 세계혁명의 첫 단계에 들어서기를 기대하면서 고국에 이르렀다. 세르주가 출발한 때는 1919년 1월 26일이었고 도착한 때는 2월 초였다. 러시아 혁명은 두 돌을 맞이하고 있었다. 세르주가 그 여행을 마치는 데 열여덟 달이 걸렸다.

세르주는 수용소에서 풀려나 프랑스에서 추방되자마자 1917년 2월에 에스파냐로 갔었다. 봉기와도 같은 1917년 7월의 가두투쟁이 한창일 때 세르주는 러시아라는 저 먼 혁명의 횃불에 자석처럼 이끌려 길을 떠났다. 그는 단지 "쓸쓸히 빈자리를 남기"는 것이 아니었다. 그는 아나키스트였던 자기 과거를 뒤에 남기고 떠날 터였다. 세르주는 아나키스트들이 권력의 문제와 대결하는 데 무능하다는 것에 환멸을 느꼈고,[1] 볼셰비키의 바로 이런 특성에 깊은 인상을 받았다. 그는 프랑스를 거쳐 러시아에 가려고 시도하다가 추방 명령을 어겼다고 체포되어 볼셰비키 혐의자로 1917년 10월에 프랑스 포로수용소에 내동댕이쳐졌다.

볼셰비즘과 마르크스주의와 만나는 세르주

세르주는 아직은 볼셰비키의 일원이 아니었지만 되어가고 있었다. 그는 프레시네Précigné에서 열다섯 달을 지내면서 많이 볼셰비키화되었다.[6] 프레시네에서 세르주는 다른 러시아인 혁명가들과 유대인 혁명가들에 가담해서 토론 모임을 만들었다. 여기서 세르주는 처음으로 마르크스주의를 공부했다. 프레시네에서 유일한 어느 진짜배기 볼셰비키 일원(나머지는 세르주와 마찬가지로 미심쩍은 볼셰비키였다)과 논쟁을 벌이면서 세르주는 자유지상주의적liberatarian 민주주의 혁명의 사고를 제시했고 그 볼셰비키 일원은 무자비한 독재와 권위주의적 혁명을 옹호했다. 세르주는 비록 "인간적 관점에서는" 자기네가 "진실에 지극히 더 가깝"기는 했어도 자기가 자기 관점을 이론상으로는 어설프게, 즉 그 볼셰비키 일원보다 더 나쁘게 제시했다고 인정했다.[7] 『한 혁명가의 회상』과 『우리 권력의 탄생』에 따르면, 죄수들은 마르크스의 『프랑스의 내전』을 공부하고 러시아에서 벌어진 사태를 파악하고 볼셰비키가 직면하고 있는 모든 문제를 논의했다. 세르주에게 집단 연대의 중요성을 가르쳐준 이 두번째 감옥 경험은 혁명을 공부하는

"대학"이었다.[2] 세르주가 죽을 때까지 버리지 않을 마르크스주의적 분석 방법을 터득하기 시작한 곳이 바로 이 프레시네에서였다.

세르주는 볼셰비키와 이미 공통점을 가지고 있었는데, 그것은 바로 실천이었다. 혁명을 실천하는 사람이었던 세르주는 평생 동안 거듭해서 말을 행동으로 옮겼던 것이다. 실행에 옮겨진 혁명 이론, 바로 이것이야말로 세르주가 볼셰비키에게서 깊이 받은 인상이었다. 러시아 혁명 13주년에 지난날을 돌이켜보면서 세르주는 "생각과 행동의 일치"가 볼셰비키의 특징들 가운데 하나이며 그것 때문에 볼셰비키는 같은 견해를 가진 경쟁 정당들보다 본질적으로 우월해졌다고 썼다.[8]

모든 인류의 억눌린 포부를 투쟁으로 표현하는 의지의 나라에서 세르주는 무엇을 찾아냈을까? "얼어 죽은 세계. (······) 추위의, 굶주림의, 미움의, 인내의 메트로폴리스"였다.[9] 혁명이 일어난 지 둘째 해에 반혁명, 적색테러로 대응되는 백색테러, 기아, 질병의 와중에서 세르주는 자기들을 구원해줄 세계혁명을 고대하는 도시에 가까스로 도착할 수 있었다. 그의 낭만적인 희망을 맞이한 것은 가혹한 현실이었고, 세르주는 그 현실을 서술하는 데 주저하지 않았다. 세르주에게 첫 충격은 추위도 아니었고, 그들 가운데 어떤 이도 예전에 먹어본 적이 없어 보이는 최악의 음식도 아니었다. 그것은 "들끓는 대중, 부글부글 뿜어져 나오는 사상들, 클럽과 정당의 경쟁"[10]이 아니라 그리고리

지노비예프의 서명이 들어간 '권력 독점'에 관한 논설기사 한 편이 꽉 차 있는 첫 신문이었다. 세르주는 기억을 더듬어 다음과 같이 인용했다. "우리 당이 혼자서 다스린다. (……) 우리 당은 반혁명이 요구하는 거짓 민주주의적 자유를 (……) 그 누구에게도 허용하지 않을 것이다." 그 신문은 1919년 1월자 『북부 코뮌』*Severnaia kommuna*이었다.

세르주는 나머지 일생 동안 자기가 몰두하게 될 근본 딜레마에 정면으로 부딪쳤다. 그 딜레마란 자유를 희생하지 않고 혁명을 어떻게 지킬 것인가, 그리고-자유의 소멸에 기반을 둔-포위 상태와 "치명적 위험"으로 정당화되는 행위가 하나의 이론으로 격상되지 못하도록 어떻게 막을 것인가였다.[3]

혁명 러시아에서

페트로그라드에 관한 세르주의 첫인상은 러시아 혁명의 초창기에 관해 우리에게 많은 이야기를 해준다.[4] 레닌이 유명한 〈4월 테제〉를 발표했던 핀란드 역에는 인적이 끊겼다. 눈과 얼음에 뒤덮인 도시는 버림받은 듯 보였다. 세르주 일행의 눈에 띈 사람들("몹시 여윈 병사" (……) "숄을 두르고 덜덜 떨고 있는 여인")은 얼어붙고 굶주려 있는 듯 보였다. 권력을 잡은 첫 해에 페트로그라드 인구는 1백만 명에서 "7십만 명이 채 안 되게" 줄어들었다. 그러나 세르주가 만난 사람들은 유럽의 정치 상황에 관한 궁금증을 감추지 않았다. "그들이 우리에게 물어보는 것은 오로지 '프랑스 프롤레타리아트는 권력은 잡지 않고 도대체 뭘 하고 있나요?' 하는 식으로 유럽에 곧 불이 붙을지 여부였다."[11] 세르주는 어디에서든 똑같은 태도를 발견했다. 러시아 혁명은 단지 최초일 뿐이라는 지식으로 교육 받은 그들은 모두 혁명이 다른 나라로 확장되지 않으면 자기들이 망하리라는 것을 알고 있었다. 레닌은 "최초의 사회주의 혁명을 시작하는 영예가 유럽에서 가장 뒤떨어진 인민에게 주어져야만 했던 것은 크나큰 불운"이라고 자주 말했다.

세르주의 견해에 따르면 그들은 유럽 혁명의 도래를 너무 낙관했다. 세르주는 서유럽에서 온 지 얼마 안 된 사람이었고, 서유럽에서 13년 동안 정치 활동을 하면서 그는 대중을 오도하는 사회민주당 지도자들의 의회제 기회주의에 대한 혐오감과 권력 문제에서 아나키스트들이 보여준 근원적인 무책임성에 대한 안타까움으로 가득 찼다. 실제로, 유럽의 사회주의 지도자 대다수가 제1차 세계대전을 지지했었다. 세르주는 유럽의 대중을 혁명으로 이끌 수 있는 혁명정당을 보지 못했다. 더욱이 그는 두 번의 러시아 혁명(1905년 혁명과 1917년 혁명—옮긴이) 사이 기간에 역시 외국에서 살았던 트로츠키와 레닌을 비롯한 주요 볼세비키가 자기들의 낙관론의 토대를 구체적 분석보다는 희망에 두지는 않았을까 의아해하지 않을 수 없었다. 어쨌든 그들도 솟구치는 혁명의 물결에 올라타 성공적인 결말을 향해 가리라고 기대할 수 없는 사회주의 지도자들의 취약점을 알고 있었다. 아마도 레닌과 트로츠키는 객관적 조건이 무르익고 있으니 균열이 일어나서 새로운 지도자들이 만들어지리라는 희망을 품었을 것이다.[5] 세르주는 볼셰비키가 유럽에 혁명이 일어날 태세가 되었다는 과대평가를 했다고 불안해하면서도 볼셰비키의 목표를 받아들였다.

세르주는 당시 페트로그라드 소비에트 의장이었던 그리고리 지노비예프에게 혁명의 전개가 서유럽에서, 특히 프랑스에서 굼뜨다고 말했다. 그는 프랑스에서는 오랜 기간 동안 혁명적 격변을 기대할 수 없다고 믿었다. 지노비예프는 "당신이 마르크스주의자가 아니라고 말이 쉽게 나오겠군요. 역사는 중도에서 멈추지 않습니다"라고 대답했다.[12]

지노비예프의 아내이며 북부 코뮌 사회계획·인민위원인 릴리나Lilina는 세르주에게 가족을 데리고 사정이 더 나은 모스크바로 가라고 말했다. 그는 혁명의 최전선 도시인 페트로그라드에 머무르겠다고 마음먹고는 릴리나의 충고를 받아들이지 않았다. 그는 정치적 기초 소양을 얻으려고 곧바로 모든 사람과 이야기를 나누고 모든 사회·정치 동아리에서 어울리기 시작했다. 민주주의적 지식인에 관해 세르주는 다음과 같이 말했다.

만약 볼셰비키가 봉기해서 권력을 잡지 않았더라면 (……) 틀림없이 대신에 옛 장군들의 도당이 장교 조직의 지원을 받아 권력을 잡았을 것이다. 러시아는 적색테러를 피했겠지만 백색테러를 겪었을 것이며, 프롤레타리아 독재를 피했겠지만 반동 독재를 겪었을 것이다. 결과적으로, 반反볼셰비키 지식인들의 가장 도가 지나친 관측은 내게는 볼셰비즘이 얼마나 필요했는가를 드러내 보여주었을 따름이다.[13]

아나키즘에서……

세르주는 자기가 볼셰비키에 반대하지도 않고 중립도 아니라고 판단했다. 그는 볼셰비키와 함께했다. 그는 러시아에서 보내는 첫 편지에서 자기는 "혁명을 이용해 출세"하지는 않겠으며 "일단 치명적인 위험이 지나가면 (……) 새로운 정권의 악과 싸울 사람들에게 다시 가세하겠다고 썼다."[14]

세르주는 "비판적 방법, 회의, 자신감"으로 무장하고 사회주의자, 아나키스트, 생디칼리스트로서 13년을 보낸 경험을 갖춘 노련한 혁명가로서 러시아에 도착했다. 어린 시절에 세르주는 벨기에사회주의청년단에 가입했지만 그들의 선거 영합 행태와 부패와 기회주의에 넌더리가 났다. 그의 정치적·지리적 여정은 벨기에의 제2인터내셔널 사회주의에서 프랑스의 아나키스트 개인주의로, 에스파냐의 아나르코생디칼리슴에서 볼셰비키의 혁명적 마르크스주의로 옮아갔다.

(1917년에 가서 '세르주'란 이름을 쓰게 될) 어린 키발치치는 열다섯 살에 벨기에 사회당 청소년 단체인 청소년 사회주의 근위대Jeunes Gardes Socialistes 회원으로 첫 대중 연설을 했다. 이때가 1905년이었고, 키발치치의 연설은 러시아에서 진행되는 혁명 과정에 관한 것이었다.[15] 세르주는 어릴 적부터 사귄 오랜 친구인 레몽 칼맹Raymond Callemin 과 함께 졸라Zola, 베벨Bebel, 블랑Blanc, 크로포트킨Kropotkin, 그리고 나중에는 니체Nietzsche와 슈티르너Stirner, 바쿠닌주의자이자 파리 코뮌에 참여한 투사인 엘리제 르클뤼즈Elisée Recluse의 책들을 읽으면서 갖가지 사상을 습득하는 데 열중했다. 두 사람은 벨기에 제국주의가 콩고Congo에서 자행하는 끔찍한 행위에 항의했고 개인 차원의 혁명과 사회 차원의 혁명 양자에 대한 참여를 지지했다. 벨기에 사회주의 운동의 개량주의는 키발치치와 "형제보다도 더 가까운" 그의 친구들이 가진 혁명적 열정과 어울릴 수 없었다.[16] 지도자와 대중에 환멸을 느낀 키발치치와 그의 친구들은 개인주의적 아나키즘과 비합법 행위로 기울었다. 그들은 아나키즘이 그 원칙에 어울리는 생활양식을 제공했기 때문에 아나키즘에 매료되었다.[17]

세르주의 첫 아나키즘 경험은 소년 시절 우정, 벨기에에서 자기가 겪은 의회주의적 사회주의 경험에 대한 크나큰 실망, 젊은이다운 아방가르드적 생활양식 실험의 연장이었다. 자유와 행동에 대한 몰입과 자본주의로부터의 탈출을 추구하면서 키발치치와 칼맹은 아직 벨기에에 있는 동안에 처음으로 아나키즘 코뮌에 들어갔다. 1908년에 세르주는 "우리의 활동은 무엇보다도 먼저 우리의 글쓰기"라고 지적했다.[18] 1909년에 벨기에에서 추방된 키발치치는 프랑스로 가서 처음에는 릴Lille, 그다음에는 파리에서 살았다. 그는 인쇄물 장사를 배웠다가 나중에는 먹고살려고 (러시아어를 프랑스어로) 번역하는 일을 했다. 또한 그는 일련의 여러 아나키즘 코뮌에서 연인 리레트 메트르장Rirette Maîtrejean과 리레트의 어린 두 딸과 함께 살기 시작했다. 키발치치는 아나키즘이 "우리의 모든 것을 요구하고 우리에게 모든 것을 제공했다"고 썼다. 그 모든 것에는 채식주의, 그리고 개인주의적 아나키스트들 사이에서 "비합법" 행동으로 알려진 것에 가담하는 일이 들어 있었다. 키발치치/세르주에게 "아나키스트란 이론상 언제나 비합법이다. '아나키스트'라는 경건한 낱말은 모든 의미에서 반란을 뜻한다."[19]

키발치치는 거리의 연사 비슷하게 되어 알베르 리베르타드Albert Libertad의 "비공인 연속 강의"Les Causeries Populaires에서 정기 강연을 해서 "자유인이 되어 동지애 속에서 살아감으로써 자기 나름의 혁명을 일으키라"[6)]고 다른 사람을 격려했으며 옹고집Le Rétif이라는 필명으로 『아나키』L'Anarchie에 시름에 찬 기사를 썼다. 키발치치/세르주와 메트르장은 비록 제1차 세계대전 이전 프랑스에서 무자비한 탄압을 받은 폭력단이었던 악명 높은 보노Bonnot 갱단의 일원이기는 했어도 폭력배라기보다는 선전원이었다. 영화와 책과 낭만적 주연酒宴의 주제, 심지어는 숭배의 대상이었던 보노 갱단은 보니와 클라이드Bonnie and Clyde, 로빈 후드Robin Hood와 그의 쾌활한 부하들과 비교되었으며 비극적인 폭력배와 멋들어진 혁명가들로 번갈아가며 불렸다.

키발치치는 처음에는 벨기에의 『공산주의자』*Le Communiste*, 그다음에는 『반란』*Le Révolté*에 글을 쓰다가 1911년에 『아나키』의 논설위원 자리를 맡았다. 『한 혁명가의 회상』에서 세르주는 이 시기에 자기가 여러 가지 정치적 경향에 한꺼번에 관여한 것이 개인주의에 대한 애증이 점점 커지고 러시아에서 펼쳐지는 혁명적 격변에 이끌렸음을 보여준다고 설명했다. 그는 자기가 개인주의에서 사회 행동으로 옮아가고 있었다는 주장을 했다. 일찍이 1908년에 세르주는 『공산주의자』에 반도叛徒와 연대하는 것은 "도둑질을 옹호하거나 도둑질을 전술의 차원으로 올리는 것을 뜻하지 않는다"고 썼다.[20] 그는 개인 재산을 존중하지 않았지만, 도둑질과 살인은 무분별한, 심지어는 미친 짓이었다. 세 해 뒤에 키발치치/세르주는 폭력이라는 문제를 놓고 친구들과 갈등을 빚었으며, 펜을 휘둘러 자기가 보노 폭력배의 무익한 전술과 생각을 점점 더 참을 수 없게 되었음을 표현했다.[7] 『한 혁명가의 회상』에서 세르주는 그들이 폭력에 빠져든 것은 "일종의 미친 짓"이며 "집단 자살과 같다"고 서술했다.[8]

스무 명쯤 되는 프랑스와 벨기에의 아나키스트들로 이루어진 보노 갱단은 은행을 털고 총격전을 벌였다. 대중은 처음에는 이 비극적인 폭력배를 동정하다가 등을 돌렸다. 1911년 12월에 그들이 은행 사환 한 명을 쏘면서 강도 행위가 살인으로 바뀌었고, 뒤이은 공격 행위들에서도 사람이 죽었다. 레이몽 칼맹과 또 다른 "폭력배"인 옥타브 가르니에Octave Garnier가 키발치치/세르주의 거처에서 며칠 동안 몸을 숨겼다. 힘에서 밀려 절망에 빠진 무법자 아나키스트들은 운이 다했다. 경찰이 『아나키』 사무실에 와서 무기고를 털어서 입수한 권총 두 자루를 찾아냈다.[21] 빅토르와 리레트 두 사람 다 체포되었다. 나머지 폭력단원들도 붙잡혔고, 다른 사람들은 단지 "연대 책임"으로 검거되었다.[22] 가르니에와 발레Valet는 체포에 저항하다가 죽임을 당했다. 다른 사람들은 1913년 2월에 재판정에 섰고, 이것은 세간의 이목을 끄는 정치 재판이 되었다.

피고석에 선 키발치치/세르주에게는 아나키즘과 "비합법주의"를 구분하면서도 연대를 유지하고 동시에 리레트—페사르Fessart 거리에 있는 거처에서 발견된 브라우닝 권총 두 자루를 가지고 있었다고 인정해버린—를 보호한다는 어려운 과제가 있었다.[23] 판결이 내려졌다. 리레트 메트르장은 풀려나고 레이몽 칼맹은 단두대로 갔다. 에두아르 카루이Edouard Carouy는 재판 도중에 몰래 넘겨받은 청산가리 봉지로 감옥에서 스스로 목숨을 끊었다. 키발치치는 보노단 범죄의 지식인 저자로 선정되어 5년형을 선고받아 1913년부터 1917년까지 독방에서 지냈다. 『한 혁명가의 회상』에서 세르주는 자기도 풀려나리라고 믿었다고 인정했지만, 젊은 러시아인 투사에게 그런 일이 일어날 법 하지 않다는 것을 깨달았다. 재판정에서 다른 사람들은 가장 좋은 외출복을 입은 반면 세르주는 튀어 보이게도 러시아 농민풍 웃옷을 걸치고 있었다.[24] 먼 훗날, 그는 그 악몽 같은 수감 기간 동안 자기의 첫 소설 『감옥에 갇힌 사람들』Les hommes dans la prison을 쓸 때만 자유로울 수 있었다고 썼다. 실상을 보여주는 한 문단에서 그는 "우리는 혁명가이기를 바랐지만, 그저 반도일 뿐이었다"고 인정했다.[25]

감옥에서 세르주는 깊이 생각할 시간, 처음으로 진지하게 공부할 시간을 넉넉하게 가졌다.[26] 감옥 담장 밖에서는 들판을 피로 적시는 세계대전이 벌어지고 있었다. 세르주는 "형제를 죽이는 애국심"을 부추기고 엄청난 속도로 사람을 죽이는 전쟁의 본성을 이해했다. 그는 전쟁에 단호히 반대했지만, 그 속에서 "정화 작용을 하는 폭풍우"를 미리 알려주는 러시아 혁명이라는 한 줄기 빛을 보았다.[27]

세르주는 1917년 1월 31일에 석방되었다. 프랑스에서 추방된 그는 바르셀로나행 특급열차를 타기에 앞서 파리에서 딱 두 주를 지냈다. 세르주는 파리에서 사람들을 만났지만, 에스파냐에서 일어난 사건들이 세르주의 정견 형성에 중요한 역할을 했었다. 1909년에 있었던, 에스파냐의 아나르코생디칼리스트 프란시스코 페레르Francisco Ferrer의 처형이 특히 그랬다. 학교 교사인 페레르는 독립적인 사상가로서 에스파냐의 지역주의에 도전했고, 국가는 몬주익Montjuic에 일어난 대중 봉기를 페레르 탓으로 돌려서 대응했다. 그가 처형되자 국제적인 분노와 항의의 물결이 일었다. 『한 혁명가의 회상』에서 세르주는 페레르가 처형되었다는 소식이 퍼지면서 파리에서 자연발생적으로 터져 나온 시위에 나간 순간이 자기에게 가장 중요한 순간이었으며, 자기의 집단의식이 자라나고 있음을 알려주는 동시에 전체 혁명 운동이 심각한 난국에 처해 있음을 알려주는 순간이었다고 말했다.[28] 8년 뒤인 지금 에스파냐가 다시 들끓고 있었다. 에스파냐만이 아니었다. 차르 니콜라이 2세Nikolai II를 무너뜨린 러시아의 2월혁명이 에스파냐 사태에 엄청난 영향을 미쳤다. 에스파냐 사태는 7월에 가두 투쟁이 벌어지고 8월에 봉기가 실패하면서 절정에 이르렀다.

에스파냐에서 세르주는 참담했던 수감 시기를 자기 마음에서 지웠고, 그러면서 개인주의적 아나키즘을 내버렸다. 그는 인쇄소에서 일하다가 인쇄공 노동조합에 가입했고, 전국 노동자 연합Confederación Nacional del Trabajo, CNT 쪽으로 기울었으며, 에스파냐의 1917년 생디칼리슴 봉기에 참여했다. 그는 『토지와 자유』 Tierra y Libertad에 글을 썼는데, 여기서 자기 이름을 "빅토르 세르주"로 쓰기 시작했다. 권력을 잃은 에스파냐에서 그가 한 경험은 그의 소설 『우리 권력의 탄생』에 기록되어 있다. 유럽의 양 끝에서 대중이 무대에 뛰어들었고, 세르주는 에스파냐 봉기가 진압되기 바로 전에 고국인 러시아로 향했다.

세르주는 러시아로 가는 길에 같은 해 초에 추방된 뒤 입국 금지령을 받은 프랑스를 지나가는 실수를 저질렀다.

그는 파리에서 미술사를 공부하면서 두 달을 보낸 뒤, 러시아에서 10월혁명이 그 모습을 막 드러냈을 때인 1917년 10월, 이번에는 볼셰비키 동조자로 다시 체포되었다. 세르주는 이렇게 해서 두번째 수감 생활을 시작했다. 이번에는 열다섯 달 동안이었다. 1918년 11월에 제1차 세계대전이 끝나자 프랑스와 러시아 사이에 협상이 이루어졌고, 포로 교환이 이루어짐에 따라 세르주도 한 번도 본 적이 없는 땅으로 송환될 수 있었다. 세르주와 다른 "볼셰비키 포로들"이 됭케르크Dunkuerque에서 항해 길에 오른 때는 1919년 1월이었다. 1919년 2월에 핀란드 국경에 도착하면서 세르주는 이 장후을 연 영국군 병사들을 만났다.

……볼셰비즘으로

러시아 프롤레타리아트가 역사의 무대에 등장하자 세르주가 대중에게 품었던 환멸이 말끔히 사라졌고, 그는 볼셰비즘을 받아들였다. 세르주는 중대한 상황에 대한 냉철한 평가에 바탕을 두고 볼셰비키에게 헌신했다. 그는 볼셰비키에게 혁명을 앞으로 밀고 나가는 데 필요한 미래상과 의지가 있다고 판단했다. 그는 볼셰비키의 정치적 입장이 옳다고 믿었다. 그러나 세르주는 그들의 과도한 권위주의적 행태에 이미 비판적 태도를 보였다. 그는 혁명이 치명적인 위험에 처해 있어서 자유의 제한이 정당화된다고 이해하고는 자유의 제한을 비판하지는 않았다. 그는 위원회가 평의회를, 운영진이 위원단을 좌지우지하는 멍청한 구조에 반대했다. 그는 "성실한 업무보다는 겉보기에 요란한 헛짓거리만 하는 수많은 관료"들의 온상을 보았다.[29] 그들은 "멋진 제복"을 입고 사람을 사무실에서 사무실로 빙빙 돌리는 "상류층 인사"였다.

세르주는 1919년 5월에 볼셰비키당에 가입했다.[30] 그는 입당했다고 해서 시인, 작가, 아나키스트, 사회주의자-혁명가와 어울리기를 그만두지는 않았다. 그는 상징주의 소설가 안드레이 벨릐이Andrei Belyi가 이끄는 자유철학협회, 즉 볼필라Volfila의 회원이었다. 세르주는 자유철학협회를 "자유롭게 사고하는 마지막 협회"라고 일컫고 자기가 십중팔구 "유일한 공산주의자 협회원"이리라고 인정했다.[31]

세르주의 마르크스주의는 한 아나키스트의 정신과 사회주의의 국제적 성격에 대한 근원적인 몰입과 융합되었다. 그의 마르크스주의는 매우 인본주의적이었다. 즉, 개인의 발전과 개인의 자유라는 문제에 몰두했던 것이다. 예전에 개인주의적 아나키스트였던 시절에 세르주는 대중에게 짜증을 내고 실망을 느꼈다. 이제는 대중이 그의 핵심 관심사였다. 이렇게 대중의 삶이라는 조건에 몰두하는 것은 세르주가 언제나 민주주의를 사회주의 발전의 필수 구성요소로 보았음을 뜻했다. 세르주의 마르크스주의가 지닌 이러한 측면들은 꼭 그가 예전에 가졌던 아나키즘에서만 유래하지는 않았다. 마르크스주의에는 인본주의가 부족하지 않다. 세르주가 마르크스주의자가 된 까닭은 볼셰비키가 다음에 무엇을 해야 할지 알고 있었기 때문이며, 또한 그가 사회주의를 인간 해방의 수단으로 보는 볼셰비키의 궁극적 견해를 공유했기 때문이기도 했다.

세르주는 일찍이 1913년에, 즉 보노 갱단의 아나키스트 폭력단원들의 목표가 그들을 살인과 강도라는 폭력 행위로 몰고 갔을 때 아나키즘을 막다른 골목으로 보기 시작했었다. 세르주는 이런 행위에 혐오감을 느꼈지만, 그들의 목표에는 공감했다.[32] 그는 프랑스 사법 체계가 이 미묘한 차이를 깨닫지 못하는 바람에 감옥에 갇혔다. 그러나 볼셰비키의 폭력은 목적에 부합했다. 아나키스트들은 앞으로 나아가기보다는 자기들만 올바르다고 우기기를 더 잘하는 듯했다. 세르주는 아나키스트들이 볼셰비키를 지지하지 않는 것을 객관적으로 반혁명을 지지하는 행위로 보았다.[33] 그는 아나키즘을 삶을 영위하는 한 방식으로서 더 중요한 것으로 보았지만, 볼셰비즘은 아나키즘의 사회 해방 이론과 어긋나지 않는 혁명 기술의 구현체였다.[34]

세르주가 자기의 아나키즘에서 내버리지 않고 간직한 것은 권위주의에 대한 건강한 반대였다. 세르주는 심지어는 아나키즘 운동에도 바쿠닌Bakunin에서 마흐노Makhno에 이르기까지 권위주의적인 인물들이 있다고 인정하면서도 아나키즘의 본질을 권위의 부재로 보았다. 그러나 권위주의는 권위에 반대하는 사람 사이에서도 있을 수 있다.[35] 한 학자는 세르주의 초기 저작에는 아나키스트였다가 볼셰비키의 일원이 된 사람이 쓴 글치고는 볼셰비키 통치의 권위주의적 측면에 대한 공개 비판이 두드러지게 부족하다고 비난했다.[36] 세르주는 훗날 이 시기에 관해 쓴 저작들에서, 특히 내전에 관한 소설 『정복된 도시』에서 "혁명이라는 싹에 든 권위주의라는 벌레를 경계"했다.[37] 그러나 그가 1920년대 초기에 쓴 저술에는 그러한 비판이 없다. 소련에서는 세르주가 대두하던 권위주의적 행태에 개인적으로 비판적이었다고 시사하는 증거가 있는 반면 외국에서 간행된 그의 저작에는 그런 비판이 들어 있지 않았다. 피터 세지윅이 넌지시 말하듯, 세르주는 볼셰비키 정치선전원 노릇을 하고 있었던 것일까?[38] 세르주의 아들인 블라디 키발치치는 이것들이 볼셰비키에게 "이른 시기"였다고, 즉 형성되고 있는 사회의 성격에 관해 확정적인 발언을 하기에는 너무 일렀다고 말하면서 그 비판을 받아들이지 않았다.[39] 외국의 간섭과 내전이라는 직접적인 위험이 일단 지나가고 나서 무슨 일이 일어날지를 알아채기란 불가능했다.

세르주는 아나키즘과 볼셰비즘의 혼합을 시도하지 않았다. 그 혼합은 이루어질 성싶지 않은 것이었다. 그는 볼셰비키의 일원이 되었고, 그다음에는 좌익반대파의 일원이 되었으며 결코 아나키즘으로 되돌아가지 않았다. 그가 훗날 반대한 것은 볼셰비즘이 아니라 볼셰비즘의 타락, 즉 스탈린주의였다. 그와 함께 다른 좌익반대파 구성원들, 특히 트로츠키는 대중, 민주주의, 자유의 문제에 몰두했다.

마르크스주의자, 특정하게는 볼셰비키가 대중 조작을 일

삼고 권위주의적이었다는 견해는, 비록 이따금은 맞더라도, 마르크스주의를 왜곡하는 스탈린주의 유산의 일부이다. 세르주는 볼셰비키의 사고 속에 권위주의의 씨앗이 들어 있었고 스탈린 아래에서 잡초로 자라나 우거졌다는 것을 인정했지만, 또한 싹이 트기에 알맞은 상황이 존재했더라면 꽃이 피어 성숙한 민주주의가 될 수도 있었을 다른 씨앗이 많이 있었다고 주장했다.[40]

세르주는 아나키스트들을 설득해서 볼셰비즘으로 넘어가도록 만들려고, 즉 그들이 자기가 내렸던 것과 같은 결론을 이끌어내도록 만들려고 노력했다. 그는 이 목적을 위해 『아나키스트와 러시아 혁명의 경험』 *Les Anarchistes et l'expérience de la révolution russe*이라는 팸플릿을 썼다. 이 책자는 1920년 여름에 씌어져 1921년에 파리에서 간행되었다.[41] 1937년과 1938년에 세르주는 『아나키 고찰』 *Méditation sur l'anarchie*과 『아나키즘 사상』 *La Pensée anarchiste*을 펴냈다. 멕시코 망명 중에 쓴 또 하나의 시론인 『아나키즘』 *L'Anarchisme*은 미간행 문서들 속에 남아 있다. 『아나키스트와 러시아 혁명의 경험』과 『아나키 고찰』과 『아나키즘 사상』에서 세르주는 종합점을 찾으면서 아나키즘과 마르크스주의의 상대적 공과를 논한다. 세르주는 두 이론의 장점과 단점을 모두 알고 있었다. 마르크스주의는 분석과 조직 면에서 더 뛰어나지만 아나키스트들의 인본주의적 이상주의 정신으로 인해 고양될 터였다. 아나키즘 전통의 이 이상주의는, 일종의 도덕 체계로서, 혁명적 민주주의 원칙을 편의주의, 즉 상황의 힘 아래에 두는 볼셰비즘 내 경향을 바로잡는 역할을 할 터였다. 아나키즘은 삶을 영위하는 방식으로서는 더 나았지만, 변혁의 이론으로는 그렇지 못했다. 『아나키즘』에서 세르주는 아나키즘이 수공업자와 소생산자 사이에서는 공업화 이전 국가의 지형에 잘 어울리지만 핵심 공업국에서는 마르크스주의가 아나키즘을 크게 능가하고 제거한다고 썼다.[42]

세르주의 종합점은 볼셰비키의 실천 안에서 인간애와 자유를 청원하는 것 이상이었다. 인간애와 자유, 그 어느 것도 마르크스주의에 이질적인 속성이 아니다. 세르주의 저술은 그가 어떻게 아나키즘을 완성했고 아나키즘을 거부했으면서도 볼셰비키의 실천에 부족한 점이 있음을 깨닫고 볼셰비키의 실천에 들어 있기를 바랐을 속성을 찾아 아나키즘을 되돌아보았는가를 더 많이 보여준다. 세르주는 개인주의적 아나키스트의 문제를 지적했다. 그들은 만사를 자아로 환원한다는 것이었다. 그러나 마르크스주의자는 계급을, 즉 역사 과정 속에 있는 집단 안에서 의식적으로 행동하는 개인들을 이해했다. 계급은 연대해서 행동하는 개인들이 심원한 사회 변화를 이루어낼 수 있도록 해주는 볼셰비키 투쟁 이론이 되었다.[43]

그의 대차대조표인 『아나키스트와 러시아 혁명의 경험』에서 세르주는 러시아의 아나키스트가 혁명의 바깥에 남음으로써 혁명가로서 실패했다고 주장했다. 아나키스트들은 비록 많은 이가 내전에서 싸우기는 했어도 볼셰비키에게 자유지상주의적 대안 강령을 제시하지 않았다. 더 나쁜 것은 그들 일부가 새로운 노동자 국가에 맞서 무기를 들어서 객관적으로 볼 때 반反혁명가가 되었다는 점이다.[9)]

세르주는 볼셰비키가 방식과 강령과 실천에서 더 뛰어나다는 것은 자명하다고 생각했다. 그들의 실패는 그들의 이론에 있는 결함이 아니라 현실 상황이 부과한 난관에서 비롯되었다. "러시아에서 프롤레타리아 독재는 더욱더 권위주의적인 중앙집권주의를 도입해야만 했다. 사람들은 어쩌면 이것을 혐오할지 모른다. 불행하게도 나는 이것을 피할 수 있었으리라고는 믿지 않는다."[44]

아나키스트에게는 볼셰비키가 가진 의지, 그리고 생각과 행동의 일치가 없었다. 가장 중대한 순간에 아나키즘은 정치적으로 파산했다. 즉, 아나키스트들은 에스파냐(1917년)에서는 권력을 포기했고 러시아에서는 권력에 맞서 싸웠던 것이다. 세르주는 『한 혁명가의 회상』에서 아나키스트들이 "이론에 본질적으로 감정적인 접근을 했고 정치경제에 무지했으며 한 번도 권력 문제에 마주쳐 본 적이 없"으며, "무슨 일이 벌어지는지를 이론적으로 이해하기가 사실상 불가능하다는 것을 알았다"고 말했다.[45] 세르주는 아나키스트들 가운데 가장 뛰어난 사람들의 지지를 얻는 것이 중요하다는 견해에서 레닌과 트로츠키와 일치했고, 그들이 대중이 혁명적 제도에 통제력을 행사해야 한다고 역설함으로써 더 큰 자유를 위해 일하면서 혁명이 지닌 이상주의의 수호자로서 혁명 안에서 창조적인 역할을 할 수 있다고 생각하기도 했다.[46] "그들〔아나키스트였다가 공산주의자가 된 사람들〕은 혜안을 가지고 있었기에, 야심가들, 막 나타나기 시작하고 있던 정치적 출세주의자와 코미사르, 형식을 따지는 사람, 즉 당의 교조주의자와 음모가의 적이 되었다."[47]

코민테른과 내전에서 볼셰비키의 일원으로 활약하는 세르주

세르주는 다양한 성향의 정치 분파와 여러 달 동안 논쟁을 한 뒤 볼셰비키에 가담했다. 그는 대부분의 정치 분파가 성실하고 정직하고 아주 뚜렷한 미래상을 지니고 있음을 깨달았다. 지노비예프는 예외였다. 그는 세르주에게 권력의 꼭대기에서 편하게 지내면서 살이 찌고 교만해진 사람이라는 느낌을 주었다.[48] 세르주는 니즈니-노브고로드 Nizhnii-Novgorod에 있는 자기 외가의 친구였던 막심 고리키 Maksim Gor'kii와 사귀었다. 고리키는 볼셰비키 당원이 아닌 비판적 지식인이었다. 세르주는 고리키를 "강직하고 가차 없는 러시아 혁명의 으뜸가는 목격자"로 찬미했다.[49]

고리키는 세르주에게 자기가 운영하는 출판사인 보편문학사Universal'naia literatura의 일자리를 주었지만, 세르주는 고사했다. 그는 비판의식을 유지하면서 혁명 안에서 일하는 것이 자신의 의무라고 느꼈다. 세르주는 중요한 임원직을 피하고 혁명의 밑바닥에 남기로 마음먹었다.[10] 이런 태도는 세르주가 어디에 얽매인 사람이 아니었고 그에게 사사로운 기회주의가 없었음을 보여준다. 세르주는 지도자가 되어 각광을 받기를 바라지 않았지만, 자기가 필요하다고 여기면 그런 지위를 거부하지 않을 터였다. 사적인 바람과 정치적 과제가 자주 상충했다. 볼셰비키형 혁명가는 때때로 당의 필요를 자기의 필요보다 앞에 두라는 요구를 받았다.

빅토르 세르주의 경우에 혁명을 위해 일한다는 것은 자기 재능을 잘 활용해서 혁명의 정치선전 기관에서 일하는 것을 뜻했다. 얄궂게도 그의 첫 일자리는 그가 핀란드 국경을 처음 넘어서 러시아로 들어가자마자 심한 두려움을 느끼며 읽었던 바로 그 신문인 페트로그라드 소비에트 기관지 『북부 코뮌』의 저널리스트 일이었다. 당시의 다른 볼셰비키 대다수와 마찬가지로 세르주는 여러 가지 직업을 가지고 일했다. 그는 대중 교육 클럽의 교사이면서 학교 장학사이면서 페트로그라드 경찰의 보조 강사였다. 그는 이렇게 직업을 여러 개 가져서 "기묘하게 조직화된 혼란 속에서 하루하루 빠듯하게 살아갈 생계비"를 벌 수 있었다.[50] 세르주는 이 무렵에 류바 루사코바Liuba Russakova와 결혼했다. 루사코바의 가족은 세르주와 함께 페트로그라드로 여행을 했었다.

공산주의 인터내셔널은 1919년 3월에 만들어졌고, 지노비예프는 세르주가 아직 볼셰비키 당원이 아니었는데도 그에게 페트로그라드에서 집행위원회 운영진을 조직해달라고 부탁했다.[51] 세르주가 유럽에서 쌓은 경험은 그가 코민테른 업무에 이상적으로 들어맞는다는 의미였다. 볼셰비키에게, 그리고 세르주 자신에게 러시아 혁명은 단지 시작일 뿐이었다. 그들이 역사적으로 해야 할 일의 목록 맨 위에는 사회주의 세계혁명이 있었다. 그들은 세계혁명이 일어나야만 틀림없이 모든 선진국으로 이루어질 사회주의 연방이 세워지리라고 믿었다. 세르주와 볼셰비키는 러시아 혁명가이면서 세계 혁명가였다. 그들은 자기들의 혁명과 사회주의를 위한 전 세계 차원의 투쟁 사이에 본질적인 구분이 있다고 보지 않았다. 둘은 떼려야 뗄 수 없이 연결되어 있었다. 제3인터내셔널, 즉 공산주의 인터내셔널(코민테른)의 창설은 이 정치 원칙을 구체화한 것이었다. 얄궂게도 코민테른의 창설은 독일에서 혁명이 패하고 로자 룩셈부르크Rosa Luxemburg와 카를 리프크네히트Karl Liebknecht가 처형당한 직후에 이루어졌다. 트로츠키가 쓴 공산주의 인터내셔널의 첫 선언문은 『공산당선언』에 있는 마르크스의 역사적 선언을 이어나갔다. 트로츠키는 다음과 같이 썼다.

모든 나라의 프롤레타리아여! 제국주의 야만 행위에 맞선, 군주정에 맞선, 특권 계급에 맞선, 부르주아 국가와 부르주아 재산권에 맞선, 모든 형태와 형식의 국민 탄압과 계급의 폭정에 맞선 투쟁에서 단결하라!

모든 나라의 프롤레타리아여, 노동자 평의회의 깃발 주위에서, 혁명적 권력 투쟁과 프롤레타리아 독재의 깃발 주

위에서, 제3인터내셔널의 깃발 주위에서 단결하라!⁵²

세르주는 제1차, 2차, 3차 코민테른 대회에 참석했고, 자기 직위를 이용해서 자기가 할 수 있을 때 체카의 제물을 대변해주었고, (『한 혁명가의 회상』에서 간략하게 인물 묘사를 한) 국제 혁명운동 지도자들을 만났고, 자기의 모든 동료와 마찬가지로 여러 기능을 수행했다. 그는 로맨스Romance어 부서와 코민테른 출판부를 운영했고, "봉쇄의 철조망 장애물을 뚫고 모험에 찬 경로로" 도착한 외국 대표단을 맞이했고,⁵³ 내전 동안에 러시아와 핀란드 사이에서 무기 밀수에 종사한 제2구 공산당원 대대의 일원이 되었고, 예전의 비밀경찰, 즉 오흐라나의 자료보존소를 담당하는 코미사르가 되었다.

초기의 코민테른은 세르주 같은 사람들로 이루어져 있었다. 세르주와 마찬가지로 그들은 유럽 노동자 운동의 줏대 없고 기회주의적인 사회민주당 의회 지도자들을 미워했다. 그들의 국제주의와 정치 미래상은 세르주의 것과 잘 맞았다. 러시아계 이탈리아 사회주의자이자 수석 간사인 안젤리카 발라바노바Angelica Balabanova, 캐나다의 아나키스트 빌 샤토프Bill Shatov, 미국의 혁명적 저널리스트 존 리드John Reed, 에스파냐의 생디칼리스트 앙헬 페스타냐Angel Pestaña, 이탈리아의 최대한주의자maximalist 아마데오 보르디가Amadeo Bordiga[11], 프랑스의 알프레드 로스메르Alfred Rosmer 등과 같은 많은 사람이 그런 이들이었다. 세르주는 이런 첫 만남들에서 "나는 외국의 혁명가와 비교해서 러시아 사람이 더 뛰어나다는 데 깜짝 놀랐다"고 고백했다.[54] 세르주는 자기의 조수이자 동지인 블라디미르 마진Vladimir Mazin과 친구가 되었는데, 마진의 혁명 경력은 적어도 세르주만큼 길었다.

세르주는 분명히 마진에게 깊은 호감을 가졌고, 그의 이름을 따서 자기 아들에게 '블라디'('블라디미르'의 지소형 — 옮긴이)라는 이름을 지어주었다.[55] 내전이 혁명을 위협할 때, 마진은 세르주가 다음과 같이 쓴 대로 행동했다.

> 그는 자기 지휘관직을 버리고 소총 한 자루를 집어 들고 공산당원을 모아 작은 부대를 만들어 아군의 패주와 적을 동시에 막으려고 시도했다. (······) 조직의 일과 출판, 기타 등등의 일을 하는 것이 〔마진에게는〕 아무 의미가 없었다. 그런 일은 이제부터는 쓸모가 없어졌다. 그리고 그토록 많은 사람이 광야에서 쓸데없이 죽어가고 있던 한 시간 동안에 그는 스몰늬이Smol'nyi(페트로그라드 공산당 조직 청사 — 옮긴이)의 사무실들, 위원회, 인쇄물, 아스토리야Astoriia 호텔(혁명 정부와 페트로그라드 공산당의 고위직 인사가 거처로 쓰게 된 제정 러시아 시절의 호텔 — 옮긴이)의 공포를 느꼈다.[56]

지노비에프는 그를 정치 지도위원에 임명했지만, 마진은 사병용 소총을 한 자루 달라고 요청했다. 그는 반혁명군 손에 죽었다.

멘셰비키의 일원으로 시작해서 볼셰비키의 일원이 된 마진은 민주주의와 자유지상주의라는 이상을 위해 싸우는 유일한 길은 행동에, 즉 혁명 안에 있다는 세르주의 견해를 공유했다. 세르주와 마진은 아스토리야 호텔에서 지내면서 페트로그라드의 스몰늬이 학원에 있는 코민테른 본부에서 일했다. 비록 명목상으로는 발라바노바가 집행위원회 수석 간사이고 지노비예프가 수석 의장이기는 했어도, 발라바노바는 모스크바에서 살았고 지노비예프는 실질적인 권력이 있는 페트로그라드 소비에트의 우두머리로 페트로그라드에서 지냈다. 따라서 둘 다 비판적인 공산주의자인 세르주와 마진이 코민테른의 실권자로서 무에서 조직을 만들어냈다.[57] 이것이 세계혁명 활동을 조정하게 될 조직의 임원진의 규모였다. 두 사람이! 마진이 죽은 뒤에는 세르주가 혼자서 계속했다.[58]

세르주의 어학 지식과 편집자로서의 경험은 코민테른에서 선전가로서 활용되었다.[59] 그는 각종 코민테른 간행물에 기사를 십수 편 썼고 자기 활동을 특사, 기관원, 간사, 편집자, 통역, 인쇄공, 조직가, 소장, "협의체 임원" 등으로 기술했다.[60]

이런 열정적인 코민테른 활동은 내전의 절정기에 영국 군대와 유데니치Iudenich 장군의 반혁명군에게 위협을 받는 페트로그라드에서 이루어졌다. 페트로그라드 전투는 세르주가 쓴 책 두 권, 즉 『내전 동안 : 1919년 5~6월의 페트로그라드』*Pendant la guerre civile : Petrograd, mai-juin 1919*와 『위험에 처한 도시 : 혁명 둘째 해의 페트로그라드』*La Ville en danger: Petrograd, l'an II de la révolution*의 주제였다.[12] 세르주가 코민테른에서 하는 활동은 페트로그라드가 워낙 직접적인 위난에 처해서 자주 중단되었다. 그는 만약 페트로그라드가 함락된다면 오흐라나의 자료보존소가 다시 반동분자의 손에 들어가서 "미래의 망나니와 총살대에게 소중한 무기"를 내주리라고 걱정했다.[61] 세르주는 그 자료보존소 문서를 상자에 꾸려 마지막 순간에 밀반출하거나 불태울 준비가 되어 있도록 조치를 했다. 그는 나중에, 즉 프랑스 잡지 『공산주의 회보』*Bulletin Communiste*의 1921년 11월자 제50호, 51호, 52호에 실린 기사를 쓴 1920년에 이 자료보존소로 되돌아갔다. 이 기사들이 『공공 안보의 내막 : 억압에 관해 혁명가가 알아야 하는 모든 것』*Les Coulisses d'une séreté générale : Ce que tout révolutionnaire devrait savoir sur la répression*이라는 책이 되었다. 이 책의 영어판이 『국가의 억압에 관해 모든 사람이 알아야 할 것』*What Everyone Should Know about State Repression*인데, 이 책은 세르주의 가장 유명한 저작들 가운데 하나이다.[62]

그러나 1919년에 세르주의 관심은 페트로그라드와 혁명의 생존에 있었다. 그는 "우리가 단말마의 고통에 있다는 것은 아주 분명해 보였다"고 말했다.[63] 어린이들이 소개疏開되고, 알려진 투사들은 외모를 바꾸려고 시도했다. 세르주는 공산주의자 부대원들과 밤을 지새웠고, 임신한 그의 부인은 구급차 뒷자리에서 잠을 잤다.

페트로그라드가 포위되자 굶주리고 추위에 떨고 숨이 막히는 혁명의 지구력이 시험대에 올랐다. 세르주가 진정한 지도자로 묘사한 트로츠키가 페트로그라드에서 반혁명군에게 거둔 승리를 이끌었다. 트로츠키는 반혁명군 1만 5천 명이 어떻게 해도 "70만 명이 사는 노동계급의 수도를 정복"할 수 없다는 확신을 노동자들에게 불어넣어서 페트로그라드를 구한, 정력과 조직화와 자신감의 소유자였다.[64] 타브리다Tavrida 저택에 나타난 트로츠키의 모습과 유데니치에게서 페트로그라드를 구하는 데 그가 한 역할에서 30년에 걸쳐 세르주가 트로츠키에게 바치게 되는 헌신이 시작되었다. 세르주는 혁명을 방어하는 트로츠키의 구체적이고 결연한 행동에 매료되었다.

내전 중에 혁명을 위해 싸우는 것은 분명히 세르주에게는 앞으로 시간이 흐를수록 점점 더 큰 영향을 미치게 될 경험이었다. 정치적으로 그것은 그가 볼셰비키에게 진정한 선택들이 열려 있는 것을 보았다는 의미였다. 영웅적인 희생이 볼셰비키에게 요구되었다. 세르주는 내전 세대의 혁명 투사들을 가장 존경했다. 훗날 그는 혁명이 죽음 직전에 이르렀을 때 볼셰비키가 직면했던 위난을 이해하지 않은 채 그들을 성급하게 판단한 유고슬라비아인 좌익반대파의 일원인 안톤 칠리가Anton Ciliga 같은 사람들을 비판했다.[65] 세르주는 이 시기에 레닌과 트로츠키가 한 어려운 선택을 극약 처방이지만 필요했던 조치로 인정하고 그들을 충심으로 지지했다. 세르주가 체카의 창설이라는 가장 심각한 중대 실수가 저질러졌음을 알 수 있었던 것은 오로지 훗날 결과를 아는 상태에서 뒤를 돌이켜보면서였다.

전쟁을 치르는 나라를 기록하면서

1928년에 작가가 되겠다는 의식적인 결정을 내렸을 때 세르주는 이미 작가였다. 내전에 관한 그의 두툼한 저작들은 사건 자체가 일어난 직후에, 그리고 여러 해가 흐른 뒤 이를 되새기면서 쓰어졌다. 내전에 관한 그의 논설기사들은 『노동자의 삶』*La Vie Ouvrière*(1921년 3월~1926년 7월)과 『공산주의 회보』(1921년 4월~1924년 10월)와 『인터내셔널 통신』*La Correspondance Internationale*(1922~1925년)과 『빛』*Clarté*(1920~1926년)에 실렸다. 책으로는 앞에서 언급된 『아나키스트와 러시아 혁명의 경험』과 더불어 1919년 11~12월에 쓴 『위험에 처한 도시: 혁명 둘째 해의 페트로그라드』, 1920년 1월에 쓴 『내전 동안: 1919년 5~6월의 페트로그라드』, 머리말 작성일이 1929년이고 간행일은 1930년인 『혁명가들의 삶』*Vie des révolutionnaires*, 내전과 적색테러에 관한 소설로 1930~1931년에 쓰어지고 1967년에 영어판(*Conquered City*)이 간행된 『정복된 도시』*Ville conquise*가 있다.

세르주의 저술은 당시에 그가 중요하다고 본 공공의 우

선사항들을 드러내주는데 그것은 다음과 같다. '이것은 최초의 사회주의 혁명이며, 혁명가는 그 안에 있어야만 한다. 반혁명군의 테러가 혁명을 파괴하려고 위협한다. 따라서 혁명가는 혁명을 지켜야 한다. 핀란드에서 무슨 일이 벌어졌는가를 보라! 핀란드 노동자들은 사회주의로 평화롭게 이행할 수 있다고 생각했다가 반혁명군에게 당해 피에 빠져 죽었다. 볼셰비키 최악의 창조물인 적색테러 도구인 체카는 레닌과 트로츠키를 암살하려는 시도에서 분명해진 백색테러의 치명적 위협에 대항하는 방어 수단으로 만들어졌다.'

세르주는 러시아 혁명사 서술에 나섰을 때 시작을 혁명 첫 해로 잡았다. 이것은 목격담이 아니며, 자기의 내전 참여기와도 사뭇 다르다. 직접적인 경험에 기반을 둔 그의 내전 참여기들은 훨씬 더 인상주의적이고 일화 위주며 강렬한 기억을 불러일으킨다. 한편, 『러시아 혁명의 첫 해』에서는 세르주가 러시아 땅에 도착하기 전에 일어난 사건들이 다루어진다. 볼셰비키가 직면한 선택들이 한정되어 있었음을 드러내주는 그 책은 혁명적이고 당파적이고 비타협적인 역사서이다.

그가 이용한 사료는 공식문서, 연설문, 회고록, 비망록, 보고서, 단편적인 연구서였다.[66] 세르주는 다른 저작에서처럼 이 저작에서도 기록을 바로잡고 혁명가를 위한 교훈을 이끌어내려고 글을 쓰고 있었다. 이 책은 "객관성"을 가진 체하지 않으면서 "다른 관점은 다 제외하고 오로지 프롤레타리아 혁명가들이 견지하는 관점만"을 표현하지만,[67] 사실을 정확히 제시하려고 노력한다.

볼셰비즘의 초기 역사를 되살려내고 그것을 그 뒤에 일어난 것과 구분하려고 노력하면서 세르주는 볼셰비키가 초기에 벌인 논쟁들에 주의를 돌려서 봉기 자체, 도시 중간계급의 역할, 헌법제정회의, 내전의 첫 불길, 브레스트-리톱스크 조약으로 책을 시작했다. 세르주는 권력 장악에 관한 견해에서 자기는 레닌과 트로츠키에 동조하고 혁명의 순간에 머뭇거린 (지노비예프와 카메네프와 스탈린을 비롯한) 볼셰비키에 반대한다고 선언했다. 세르주는 레닌의 『봉기로 가는 길에서』를 마르크스의 『공산당 선언』과 비교했다. 그는 트로츠키가 레닌과 완전히 일치함을 확인하고 두 사람 다 봉기 시기를 잡는 데에서 옳았다고 판단했다.[68]

볼셰비키의 '쿠데타'라는 견해에 맞서 세르주는 "대중이 바라는 것을 의식적인 차원에서 표현하고 그것을 실행"하는 "프롤레타리아 정당"의 역할에 집중했다.[69] 그는 당이 "노동계급의 신경 체계"이며 "그들[노동계급]이 생각해오고 있는 것을 드러내"주는 "노동계급의 두뇌"라는 레닌의 개념을 받아들였다.[70] 당은 노동계급의 다수파 정당이다. "당은 하나로 통합된 서민 대중이다." 또한 세르주는 1917년의 당에는 관료주의적 기형이 조금도 있지 않았다고 말했다.[13)]

혁명에 관한 이런 견해는 다른 어느 글보다도 세르주가 1920년에 쓴 논설 「모스크바의 10월혁명」La Révolution d'Octobre à Moscou,⁷¹ 세르주가 1925년에 쓴 레닌 전기 『1917년의 레닌』*Lénine, 1917*, 1936년에 쓴 『레닌에서 스탈린까지』*De Lénine à Staline*와 1947년에 쓴 그의 논설 「러시아 혁명 뒤 30년」 Trente ans après la révolution russe에서 되풀이되었다. 세르주는 러시아 혁명을 노동자와 농민의 압도적 다수가 가진 대중 정서의 진정한 표출로 보고, "볼셰비키당은 대중 정서를 가장 잘 표현하는 정치 조직이었다. 이 사실에서 볼셰비키당의 인기와 당 활동의 효율성이 비롯되었다"고 썼다.⁷² 더욱이, "세상에서 미움과 사랑을 가장 많이 받는 사람"⁷³인 레닌의 뛰어난 능력이 으뜸으로 중요했다. 세르주는 레닌의 천재성은 혁명가로서 그가 지녔던 일관성에 있다고 썼다.⁷⁴ "혁명의 둘째 우두머리"인 트로츠키도 혁명의 실현에 없어서는 안 되었다.¹⁴⁾

10월혁명이 하찮은 음모의 소산이라는 생각⁷⁵에 관해서 세르주는 존 리드와 자크 사둘 Jacques Sadoul 같은 목격자들의 이야기를 읽어서 "볼셰비키의 '음모'가 어떻게 해서 솟구치는 대중 정서의 거대한 물결에 실려 말 그대로 권좌에 올랐는지"를 알아야 한다고 촉구했다.⁷⁶

볼셰비키가 직면한 초기의 과업과 결정사항을 보는 세르주의 기본 입장은 레닌과 트로츠키의 입장과 같았다. 그렇기는 해도, 세르주는 볼셰비키가 반혁명 적들에게 관대했다고 비판했다. 세르주는 반혁명군 장교들을 현장에서 총살하는 대신 탈출하도록 내버려둔 한 사례들을 인용하면서 이렇게 단호하지 못한 것을 "멍청한 관대함"이라고 불

렸다. 그는 "가장 큰 인도주의는 극도의 엄격함에 있으며, 봐주기의 대가는 엄청나다"고 덧붙였다.[77]

세르주는 자기가 새로 받아들인 볼셰비즘을 따르면서 볼셰비키의 "당 최우선주의"를 칭찬했다. 당 최우선주의는 "계급 전쟁에서 더없이 소중한 가치를 지닌 애당심, 당을 거스르면서 올바르기보다는 프롤레타리아트 당과 함께하면서 틀리는 것이 더 낫다는 식의, 계급과 당에 대한 애정이었다. 이것보다 더 큰 혁명적 지혜는 없다."[78] 1928년이 되면 세르주는 자기의 입장을 완전히 바꾸어서, 반대파는 "당 최우선주의"에 패했다고 말했다.

> 우리를 파문하고 감옥에 가두고 살해하기 시작하던 당은 여전히 우리 당이었고, 우리는 아직도 모든 것을 당의 은혜로 여겼다. 우리는 오직 당을 통해서만 혁명에 봉사할 수 있었기 때문에 오직 당을 위해서만 살아야 했다. 우리는 당 최우선주의에 패했다. 그것은 우리가 반란을 일으키도록 자극하면서도 우리에게 등을 돌렸다.[79]

"자유를 집어삼킬 (……) 기미를 보이는 다른 모든 문제들이 한꺼번에 터지"는 바람[80]에 "자유"의 문제가 희생된 1918년에 혁명이 포위된 상황에 관한 세르주의 솔직한 묘사는 그가 훗날 골몰한 것과 상반된 듯 보인다. 생애 말기에 세르주는 "혁명 러시아가 1917년부터 1923년까지의 전 기간에 걸쳐 전혀 고려하지 못한 유일한 문제가 자유의 문제였다"고 썼다.[81] 세르주는 이 상충하는 입장들의 모순을 해소하는 데 결코 성공하지 못했다. 그는 혁명이 사방팔방에서 포위되어 옴짝달싹하지 못했음을 분명히 보여주었다. 안에서부터는 아나키스트[15], 사회주의자-혁명가, 멘셰비키, 카데트Kadet[16]가 모두 다 볼셰비키에 반대해서 반혁명의 일부를 이루었으며, 기아와 전염병이 더 기승을 부렸다. 밖에서부터는 콜차크Kolchak과 데니킨Denikin과 유데니치, 나중에는 브란겔Wrangel'의 반혁명 부대들에 14개 자본주의 열강의 군대들[82]이 가세해서 혁명을 봉쇄해서 목을 졸랐다. 이 모든 세력들이 작정하고 볼셰비키를 없애려고 들었는데도 볼셰비키가 어쨌든 살아남은 것은 기적이다. 설득력 있는 사례를 들면서 세르주는 취해진 조치들이 필요했을 뿐만 아니라 너무 관대했다고 주장했다. 훗날 세르주는 필요성 탓에 어쩔 수 없이 취해졌던 대책들을 검토하고는, 그 대책들 가운데 몇몇이 스탈린주의적 전체주의의 기반을 이루었다는 이론을 세웠다.

조약에서 시련으로

시작할 때부터 목숨을 위협받는 어려움에 부딪혔지만 러시아 혁명의 역사는 발전하는 사회주의적 민주주의의 역사였다.[83] 1917년 8월부터 1918년 2월까지의 당 중앙위원회 의사록은 볼셰비키당 안에서, 그리고 여러 정당 사이에서 논쟁이 격렬하면서도 자유분방하게 벌어지는 생생한 분위기를 증언해준다. 처음 몇 달 동안 러시아 혁명은 "들끓는 대중, 부글부글 넘치는 이념, 클럽과 정당과 출판의 경쟁"을 내보여주었다. 이런 것들이 세르주가 1919년 2월에 핀란드에서 국경을 건너 넘어올 때에는 눈에 확 띄게 사라지고 없었다. 만약 세르주가 이 들뜬 첫 몇 달 동안에 때맞춰 러시아에 올 수 있었더라면 그의 비판정신도 뜻을 같이하는 동지들을 만났을 것이다. 세르주가 도착했을 때는 혁명이 일어난 지 단 열다섯 달밖에 되지 않았지만, 볼셰비키는 벌써 사태에 밀려 원칙의 문제에서 후퇴하지 않으면 안 되었다.

러시아 혁명 탄생 30주년에 혁명을 돌이켜보는 글에서 세르주가 깨뜨린 러시아 혁명사 서술의 편향적 신화들 가운데 하나가 국가권력 독점 확립이 볼셰비키의 당면 목표였다는 것이었다.[84] 세르주는 진실은 정반대임을, 즉 볼셰비키는 고립된 집권당이 되는 것을 가장 두려워했음을 보여주었다. 사회주의자-혁명가당 좌파가 볼셰비키와 함께 1917년 11월부터 1918년 7월까지 정부에 참여했다. 그들은 7월 6일에 자기들이 단독으로 통치하여 "독일 제국주의에 대항한 전쟁을 재개"하겠다고 천명하면서 모스크바에서 봉기를 일으켰다. 그들은 패했고 그때부터 볼셰비키가 단독으로 통치하게 되었다. 마르셀 리브망Marcel Liebman은 "레닌주의자들이 (……) 다른 사회주의 정당들에 지분을 주지 않고 모든 국가권력을 자기들 손에 집중한 것은 그들의 의도가 아니었다"고 지적했다.⁸⁵ 그리고 세르주는 "그들의 책임이 커지면서 그들의 심성이 바뀌었다"고 평했다.⁸⁶

이 "심성의 변화"란 볼셰비키가 다른 사회주의자 반대파와 아나키스트 반대파를 억누르는 쪽으로 움직인다는 뜻이었다. 이런 움직임이 향후 사회주의적 민주주의의 발전에 돌이킬 수 없는 결과를 가져왔다는 것이 지금은 명백하다. 그러나 그때에 분명했던 것은 사회주의자-혁명가들이 일련의 테러 공격을 개시해서 처음에는 볼로다르스키Volodarskii를 죽인 다음 우리츠키Uritskii를 죽였고, 레닌을 죽이려고 시도했다는 점이었다.

사회주의자-혁명가들은 혁명 안에 존재한 유일한 초기 비판자가 아니었다. 훗날 공업화 논쟁에서 각각 반대편에 서게 될 프레오브라젠스키와 부하린이 "치욕의 강화"¹⁷⁾에 반대하면서 다른 사람들과 힘을 합쳐 1918년에 "좌익 공산주의자의 테제"를 내놓았다. 토론은 비록 전쟁이냐 아니면 강화냐 하는 문제를 놓고 시작되기는 했어도 곧 공업정책 쪽으로 방향이 바뀌었다.⁸⁷

브레스트-리톱스크 조약을 둘러싼 논쟁은 전성기의 볼셰비즘, 즉 원칙을 지키면서도 유연함과 확고함 사이에서 균형을 유지하는 민주적인 볼셰비즘을 보여준다. 세르주는 이 시기를 "위대한 시절"이라고 불렀다. 그 논쟁에는 열정과 열성이 있었다. 볼셰비키당 중앙위원회 의사록은 중앙위원회 위원들이 모든 문제에서 서로 다른 편에 서 있었다는 점과 볼셰비키가 각 주요 쟁점을 둘러싸고 얼마나 심하게 갈라져 있었는지를 보여준다.[88] 이 국면에서 다른 사회주의 정당들과 벌인 논쟁도 이에 못지않게 활발하고 창조적이었다.

비록 세르주는 러시아에 있지 않아서 이 논쟁에 참여하지는 못했어도 『러시아 혁명의 첫 해』에서 이 논쟁에 한 장章을 할애했다. 세르주는 협상에 현실주의적으로 다가가는 레닌의 접근 방식을 지지하는 편에 섰다. 협상이 좌파 정서가 아닌 확고한 사실에 기반을 두었기 때문이었다. 옛 군대는 사라졌고 새 군대는 이제 막 만들어지고 있었으므로 제국주의에 맞서 혁명전쟁을 수행할 수가 없었다. 세르주는 "좌파가 그토록 남발한 문구가 표현하는 것은 순전히 감상이었다. 그들이 내세운 논거는 그저 측은할 따름이었다"고 말했다.[89] 더욱이 세르주는 "레닌은 적의 힘을 과대평가하는 기본 경향을 보여주지 않았기에" 그의 현실주의가 훨씬 "더 대단하다"는 것을 깨달았다.[90] 세르주는 이 논쟁에서 트로츠키와 견해가 일치하는 점도 있는데, 무릎 꿇지 않고 버텨내겠다는 트로츠키의 욕구가 단독 강화를 독일 제국주의에게 항복하고 전쟁을 연장하는 행위로 보는 서유럽 프롤레타리아트에게 힘을 주었다는 것을 인정했다.[18] 그렇지만 전반적으로 세르주는 항복해야 할 필요가 있다는 레닌에게 동의했다.[19] 그러나 1928년이라는 유리한 시점에서 바라보면서[91] 세르주는 1918년에는 독일 제국주의가 약해서 러시아 혁명을 분쇄하지 못했으리라고 생각했고, 심지어는 독일이 러시아를 점령하는 것이 소비에트 체제의 붕괴를 뜻하지는 않았으리라는 말까지 했다.[20]

세르주는 당 안팎의 모든 반대 분파의 입장을 신중하게 검토해본 다음에야 레닌 편에 섰다. 그는 관료주의에 반대하는 좌익 공산주의자들의 입장에 동조하기는 했어도 강화조약 문제에서는 그들에게 동의하지 않았다. 독일군이 전선에서 전진하자 볼셰비키는 어쩔 도리 없이 강화 조건을 받아들여야만 했다. "프롤레타리아적 현실론"은 이런 사실을 인정하기를 요구했지, 추상적이거나 낭만적이거나 교조적인 개념에 매달리기를 요구하지 않았다. 세르주는 "투쟁을 포기하지 않고 피할 수 없는 패배를 받아들일 때에는 혁명의 명예가 문제시되지 않는다"고 썼다.[92]

세르주는 『러시아 혁명의 첫 해』에서 좌익 공산주의자의 경제 정책과 레닌의 대응을 살펴보았다. 여기서 사람들은 세르주가 실제로 보여준 것보다 좌파의 입장에 더 많이 공감했으리라 예상할 것이다. 그러나 세르주는 그러기는커녕 좌익 공산주의자들이 감정에 휘둘리고 열의가 지나치며 ─세르주가 "죽기 직전에 악을 쓰는" 나라로 묘사한─ 러시아 혁명의 절망적인 실상을 제대로 파악하지 못했다고 비판했다. 레닌은 세르주에 따르면, 실상을 파악하고 있었던 레닌의 말을 되뇌고 레닌의 말투를 사용하는 "중간계급 출신 지식인이 빠져들기 일쑤인 혁명적 주관주의"의 덫에 걸리지 않았다.[93] 분명히 상황은 극렬했고 멀리 내다보는 합리적 정책을 요구했다. 세르주는 레닌이 꼭 필요한 명쾌함과 통찰력을 갖추고 있다고 판단했다. 또한 세르주는 좌익 공산주의자를 다루는 레닌의 기술이 혁명 정치의 모범이며, 볼셰비키당의 분열을 막았다고 썼다.[94]

비록 브레스트-리톱스크 강화의 조건으로—혁명 러시아가 폴란드와 발트^{Balt} 해 연안 지역, 우크라이나의 거대한 땅, 파종 면적의 27퍼센트, 인구의 26퍼센트, 평균 수확량의 3분의 1, 철과 강철의 4분의 3, 철도망의 26퍼센트를 잃는[95]—재앙이 일어나기는 했어도 세르주는 실과 함께 득도 숙고했다. 논쟁을 하면서 권위와 민주주의, 규율과 아량 사이에서 균형을 잡을 수 있는 당의 건강이 과시되었다는 점이 그 득 가운데 하나였다. 세르주는 여러 가지 실, 특히 1918년에 피에 빠져 숨을 거둔 핀란드 혁명의 희생을 설득력 있게 서술했다. 러시아 혁명사가들 사이에서 유일하게 세르주만이 핀란드에서 일어난 비극적 사태를 놓치지 않는 장점을 지닌다.

파괴된 가능성 : 핀란드

세르주는 1919년 1월에 페트로그라드로 가는 길에 핀란드를 거쳤다. 그는 다음과 같이 서술했다.

> 핀란드는 우리를 적으로 맞이했다. 백색테러가 이제야

막 끝났기 때문이었다. (……) 차가운 공기는 오싹한 폭력으로 무거웠다. 우리는 열차에서 한 번도 내리지 않은 채 한적한 숲, 눈에 덮인 호수, 온통 하얗기만 한 벌판, 페인트를 예쁘게 칠한 채 광야에 파묻힌 오두막들이 있는 이 거대한 땅을 가로질러 갔다. 우리는 너무 깨끗하고 조용해서 우리 머릿속에 아이들 장난감이 떠오르도록 만드는 도시를 지나쳐 갔다. 저녁이 되어 열차가 숲 속에 있는 개간지에 멈추고 군인들이 철로변을 따라 정렬했을 때 얼이 다 빠져나가는 순간을 맞이했다. 우리는 엎드리라는 지시를 받았다. 여자들이 "저자들이 우리를 총으로 쏘겠지"라고 중얼거렸다. 우리는 열차에서 멀리 떨어지기를 거부했지만, 차량이 깨끗이 치워지고 연료로 쓸 땔나무가 기관차에 공급되기를 기다리는 동안이 우리가 신선한 공기를 들이쉴 수 있는 유일한 시간이었다. (누구라도 열차에서 벗어나려고 하면 곧바로 사살하라는 지시를 받은) 보초들은 그 지시를 무시하고서 아이들을 사근사근하게 대하기 시작했다.[96]

핀란드를 거쳐 지나는 여행은 세르주의 소설 『우리 권력의 탄생』에서도 자세히 이야기되었다. 세르주는 적대감이 어려 있는 핀란드 경비대원들의 눈에서 핀란드 노동자의 쓰라린 패배를 보았다. 무슨 일이 일어났던 것일까?

브레스트-리톱스크 조약은 러시아 혁명가들이 큰 기대를 걸었던 핀란드 프롤레타리아트의 운명을 정해버렸다.[21] 핀란드는 1809년 이후로 러시아 제국의 일부가 되었고,

대체로 자율성을 누렸다. 핀란드 부르주아지는 독립을 얻겠다는 마음을 굳혔다. 러시아의 10월혁명 뒤에 핀란드인은 볼셰비키의 민족자결 원칙을 거론하면서 자기들에게 독립할 권리가 있다고 소비에트 정부에 주장했다. 핀란드는 러시아 측의 우호적인 결정 없이는 스웨덴, 덴마크, 노르웨이, 독일, 프랑스, 영국, 미국 같은 서구 국가들로부터 인정받을 수 없었다.[97] 비록 볼셰비키의 민족자결 정책이 민족들에게 분리를 허용하기는 했어도, 볼셰비키는 "떨어져나갈 자유"가 이들 작은 자매 민족들이 러시아 사회주의 연방에 자유로이 합류하도록 고무하리라는 희망을 가졌다.[98] 1917년 12월 31일[22)]에 소브나르콤Sovnarkom(인민위원 최고회의)이 핀란드 민족의 독립을 인정하는 결의안을 채택했다. 그러나 이 독립은 핀란드의 노동자들이 아니라 핀란드의 부르주아지에게 자유를 주었다.[99]

핀란드는 러시아 혁명으로 두 쪽으로 갈라졌고, 독립하면서 계급 분할이 확연해졌다. 레닌과 트로츠키는 러시아 혁명이 서쪽으로 퍼지는 첫 사례로서 핀란드 노동자들이 자기들에게 가세해서 혁명을 일으키리라고 기대했다. 그러나 핀란드 사회민주당 지도부는 그러는 대신 핀란드 부르주아지의 독립 청구를 지지했고 혁명을 일으키지 못했다. 이렇게 되어 소비에트는 어쩔 도리 없이 핀란드 노동자 정부 대신 핀란드 부르주아 의회를 인정해야 했다.[100] 러시아 부대원 4만 2천 명이 아직 핀란드 국경에 배치되어 있었다.

스칸디나비아와 독일의 노동자 운동과 마찬가지로 핀란드의 노동운동도 처음부터 정치적이었다. 1899년에 열린 노동당 창당 대회에서 제안된 노동연합이 마침내 1907년에 계급투쟁 성향을 띠고서 생겨났다.[101] 노동연합 지도자들이 스웨덴에 기대를 걸었던 반면, 참정권이 없는 핀란드 노동자들은 상트페테르부르크에서 임시로 일자리를 얻었다. 핀란드 노동자 운동은 러시아 노동자 운동과 나란히 진행되었다. 1905년에 핀란드에 총파업이 있었는데, 그 파업은 그해 내내 러시아를 뒤흔들던 파업의 곁가지였다. 러시아의 파업과 마찬가지로, 모든 계급이 기초적인 공민권과 언론과 결사의 자유와 대중 대표 의회 진출 제도의 개선을 요구하며 핀란드 파업에 참여했다. 1906년에 핀란드 노동자들이 참정권을 얻었고 곧바로 유럽에서 가장 민주적인 선거를 치렀다.[102]

독일 사회민주당을 본떠 만들어진 핀란드 사회민주당은 1916년에 핀란드 의회에서 과반 의석을 획득했다. 그들은 일일 여덟 시간 노동제와 다른 사회 입법에 표결해서, 사회주의가 투표함을 통해서 이루어질 수 있는가 하는 문제를 제기했다.

긴장이 고조되었고, 몇 마일밖에 떨어지지 않은 곳에서 러시아 10월혁명이 일어난 지 몇 주 되지 않은 1917년 11월 27일에 계급투쟁의 기치 아래 아주 정치적인 파업이 선언되었다.[23] 탄압을 두려워하는 핀란드 사회민주당은 오보Åbo와 탐페레Tampere와 비이푸리Viipuri를 비롯한 대도시들과 핀란드 남부 전체를 수세 차원에서 접수했다. 핀란드 사회민주당은 의회를 통하는 수단과 의회를 넘어서는 수단 사이에서 동요했고, 볼셰비키를 본받아서 노동자 산업 관리를 도입하고 은행을 접수했다. 뒤이어 혁명군과 반혁명군 사이에 유혈 충돌이 일어났다. 세르주는 이것을 낙태된 혁명이라고 불렀다. 그는 우유부단한 핀란드 사회민주당 지도자들을 탓했다. 핀란드 사회민주당의 주요 지도자들 가운데 한 사람인 쿠시넨O. W. Kuusinen은 훗날 "우리가 거둔 민주주의의 성과를 위태롭게 만들기를 바라지 않고 의회에서 기량을 발휘해 이 역사의 전환점을 둘러 가기를 바라면서 우리는 혁명을 피해 가기로 결심했다"고 썼다.[24]

상황은 1월까지 한 단계 한 단계 계속 고조되다가 1월에 이르러 의회적 경로가 막다른 골목에 닿았다. 이렇게 되자 핀란드 사회민주주의자들은 권력을 잡으려는 시도를 했다. 그들은 위에서 말한 대로 노동자 산업 관리를 도입했을 뿐만 아니라, 이제는 "부자의 재산을 빼앗지 않고도, 또는 노동의 독재 없이도 프롤레타리아트가 주도 계급이〔될〕의회 민주주의를 세우기"가 가능한지 여부를 논쟁했다.[103] "붉은 핀란드"의 지도자들은 볼셰비키가 아니었고, 사회민주주의식으로 개혁을 통해 사회주의를 도입할 수 있는 의회 민주주의를 만들어내기를 바랐다.[25] "핀란드 코뮌"은 단 몇 달 동안 지속되었을 뿐이지만, 세르주의 말을 빌리자면, 혁명 입법을 가결해서 "이상적 민주주의의 이름으로 수행된 노동자 혁명"을 시도했다가 "부르주아지의 더 큰 현실주의", 그리고 스웨덴인 의용병 1개 여단과 독일인 보안대Schutzkorps로 보강된 만네르헤임Mannerheim 장군 예하 부대에게 급속도로 패했다. 백색테러가 뒤따랐다. 소비에트 부대는 브레스트-리톱스크 조약의 조항에 따라 물러나야 했고, 이 "치욕스러운 조약"의 결과에 완전히 새로운 전망을 부여했다.

핀란드에는 군대도 경찰도 없었다. 그래서 부르주아지는 때로는 "소방대"로 알려진 "국민 근위대"를 만들었다. 만네르헤임은 (주로 독일에서 온) 외부의 도움을 받으며 반혁명 부대를 이용해서 노동 조직이 반혁명 세력과 싸우려고 만든 붉은 근위대를 쳐부쉈다. 반혁명 세력의 목적은 러시아의 힘으로부터 핀란드를 해방하고 차츰차츰 급진화하는 노동운동으로부터 부르주아지를 지키는 것이었다. 혁명 세력 측은 볼셰비키 "형제"에게서 도움을 받기를 희망했으나 이 바람은 이루어지지 못했다. 비록 일부 러시아인이 핀란드의 혁명 세력과 함께 싸우기는 했지만, 그 수는 얼마 되지 않았다. 핀란드인과 독일인과 스웨덴인으로 이루어진 만네르헤임 휘하 부대의 상대가 되려면 핀란드 혁명 세력에게는 소비에트 부대가 필요했지만, 소비에트 부대는 브레스트-리톱스크 조약 조항에 따라 물러나야 했다. 레닌은 소총과 대포를 약속했지만, 그 무기들은 전투가 시작된 뒤에도 도착하지 않았다.

핀란드의 혁명 세력과 반혁명 세력 사이에 벌어진 1918년의 전쟁은 짧았지만 사상자가 많이 나왔다.[26] 만네르헤임의 군대가 주로 여자와 어린이들이 희생자가 된 학살을 자행한 뒤에 헬싱키Helsinki가 4월 초순에 점령되었다.[27] 4월 6일에 탐페레에서 치열한 전투가 벌어졌고, 부활절 주간에 반혁명 세력이 마침내 그 도시를 점령했다. 노동자들은 한꺼번에 체포되어 집단 수용소로 끌려갔으며, 그곳에서 많은 사람이 총살당했다. 혁명 세력에 가담한 사람 8만 명가량이 이런 수용소에 갇혔는데, 조건이 몹시 나빠서 굶주리고 병에 걸려 죽은 사람이 1만 2천 명이었다. 뒤이어서 테러가 자행된 결과 3만 명이 넘는 사람이 목숨을 잃었는데, 이 가운데 2만 5천 명은 혁명 세력에 가담한 사람이었다.[104] 세르주가 필적할 만한 예라고는 파리 코뮌 학살밖에 없다고 지적한 피비린내 나는 대학살이 자행되어 핀란드 노동자 네 명 가운데 한 명이 죽임을 당했다.[28]

세르주는 핀란드의 백색테러에서 이론적 결론을 끌어냈다. 그는 그 백색테러는 "전투의 광기로 설명될 수 없다"면서 다음과 같이 말했다.

> 내전의 정신이상은 순전히 부차적인 역할을 한다. (……) 그 테러는 사실상 계산과 역사의 필연의 결과이다. 승리를 거둔 유산계급은 사회 전투를 한 차례 치른 직후에 향후 노동계급을 수십 년 동안 연약하게 만들기에 족하도록 잔혹하게 살육해야 자기들의 지배를 확보할 수 있음을 너무나도 잘 알고 있다. 그리고 노동계급이 유산계급보다 훨씬 더 수가 많기 때문에 희생자의 수는 아주 커야만 한다.

요컨대, 프롤레타리아트 가운데 의식이 깨인 모든 선진 인자들의 완전한 제거가 백색테러의 합리적 목적이다. 이런 의미에서, 혁명의 승리에 어떠한 희생과 어려움이 요구된다 해도, 그 추세에 상관없이 프롤레타리아트는 혁명이 승리할 때보다는 패배할 때 훨씬 더 큰 대가를 치를 것이다.[29]

끝으로 세르주는 다음과 같이 평했다. 핀란드에서 벌어진 살육은 1918년 4월에 일어났다. 이때까지도 러시아 혁명은 혁명의 적들에게 아주 관대했으며 테러를 사용한 적이 없었다. "유럽에서 가장 계몽된 사회의 축에 드는 한 작은 나라의 승리한 부르주아지"는 러시아의 프롤레타리아트에게 "사회 전쟁의 제1법칙"을 일깨워주었다.[105]

핀란드에서 당한 패배는 러시아 혁명에 복합적인 결과를 가져왔다. 브레스트-리톱스크 조약의 조항으로 말미암아 볼셰비키는 혁명이 서유럽의 자본주의 국가에 퍼져나가는 것을 돕지 못하게 되었다. 부르주아의 잔혹한 대응으로 혁명이 실패하면 사회가 대가를 크게 치른다는 것을 알게 되어서 볼셰비키는 아량을 내버리고 테러를 써서 테러에 대처하게 되었다. 핀란드는 독일과 헝가리와 폴란드에서 잇달아 당하는 패배의 전조가 되었다. 그 결과, 러시아 혁명을 퍼뜨리려는 볼셰비키의 노력은 동쪽으로 방향을 틀어 바쿠Baku에서 동방 피억압·근로자 대회가 열리게 되었다.[30] 바이에른Bayern 코뮌과 바쿠 코뮌과 헝가리 코뮌이 실패했기에 핀란드의 교훈이 절실하게 느껴졌다.

몇몇 다른 귀중한 역사서에서 언급된 핀란드의 패배에 관한 세르주의 서술 방식은 혁명가를 위한 탁월한 설명이다.[106]

내전 : 체카와 테러, 그리고 혁명 측의 억압

세르주는 테러에는 테러로 대응할 필요성을 깨달았으면서도 테러의 사용에 비판적이었고 그것을 두려워했다. 내전에는 끔찍한 일이 가득 차 있었고, 세르주는 그것을 숨기거나 이상화하려고 애쓰지 않았다. 그의 저술은 이해득실이 어떻게 되는지를 이해할 논거를 제시한다. 러시아 혁명이 패했다면 더 많은 피가 흐르고 반동 독재가 수립되었으리라는 것이었다. 러시아 혁명의 승리는 세계를 위한, 문화를 위한, 인류를 위한 승리였다.[107]

1939년에 쓴 『스탈린의 초상』*Portrait de Staline*에서 세르주는 볼셰비키가 저지른 가장 중대한 잘못은 체카(반혁명 · 사보타주 · 투기행위와 싸우는 비상위원회)[31]의 창설이라고 썼다. 체카란 반혁명으로부터 혁명을 지키려고 만들어진 보안 부대였다. 그는 체카를 종교재판소라고 불렀다. 체카는 고발된 사람이나 단지 의심만 가는 사람을 그들의 말을 들어보지도 않은 채, 또는 그들을 보지도 않은 채 재판했다. 변호는 없었다. 체포와 처형은 은밀히 지시되고 은밀히 이루어졌다. 훗날 세르주는 이에 관해 많은 생각을 했다. 『스탈린의 초상』(1939년)과 『한 혁명가의 회상』(1942~1943년), 「러시아 혁명 뒤 30년」(1947년)에서 그는 거의 한결같은 관점에서 체카의 의의에 관해 썼다. 세르주는 격렬한 내전으로 말미암아 비상조치가 필요해지기는 했지만 공개재판이 "독단적이고 부패한 행위를 없앨 유일한 보증"임을 사회주의자가 어떻게 잊을 수 있는지 물었다.[108] 비록 세르주는 제르진스키Dzerzhinskii가 "부패할 수 없는 사람"이며 "성실한 이상주의자"라고 말하기는 했어도, 체카를 위해 차츰차츰 선별된 직원들에게는 "내부 방어"라는 과업에 집요하게 몰두할 태세를 갖추도록 만드는 "심리적 성향", 즉 의심, 울분, 가혹함, 가학증이 있었다.

> 그들은 묵은 사회적 열등감과 차르의 감옥에서 당한 모욕과 고초에 관한 기억 탓에 고집불통이 되었으며, 직업상의 변질이 급속히 나타났기 때문에 필연적으로 체카는 도처에서 음모를 보고 스스로가 항구적인 음모의 한복판에서 사는 경향을 보이는 삐뚤어진 사람들로 이루어지게 되었다.[109]

세르주는 제르진스키가 "그들을 '반쯤 썩은' 자들로 판단했다면서 가장 나쁜 체카 대원들을 총살하고 사형제도를 될 수 있는 대로 빨리 폐지하는 것밖에는 그 해악을 없애는 해결책을 찾지 못했다"고 주장했다.[32]

레닌의 당 중앙위원회에 공정을 기하려고, 세르주는 이

용서 받지 못할 테러를 불러일으킨 정상참작 요인을 지적했다. 지도자들은 패할 경우 당이 학살당하리라는 것을 알고 있었으며 패배가 충분히 일어날 수 있는 일임을 알고 있었다. 세르주가 파리 코뮌과 핀란드의 백색테러에서 인용한 예전의 경험에 비춰보면 패배의 결과가 무엇일지 분명했다. "패배한 프롤레타리아트의 대량 절멸"이었다. 체카는 처음에는 순수했는데, 반혁명 봉기와 볼로다르스키와 우리츠키의 암살과 레닌 살해 기도가 일어난 다음에 바뀌었을 뿐이다.[110] 그렇지만 생애 후기에 세르주는 볼셰비키 혁명은 체카의 창설로 죽음을 자초했다고 말했다.

그러나 세르주는 1919년부터 1921년까지는 체카를 공개 비판하지 않았다. 내전 상황 속에서 체카는 비극적인 필요로 보였다. 세르주는 개인적으로 그 희생자들을 대변해서 빈번하게 중재에 나섰지만, 이 시기에 관한 그의 저술에는 공적인 단죄가 들어 있지 않다.[33] 사실 세르주는 "뒤죽박죽의 싸움 속에서 풀려난 (……) 프티부르주아적 개인주의"의 기회주의와 "체카는 붉은 군대와 보급인민위원회 못지않게 필수 불가결했다"는 점을 고려할 때 억압은 어쩔 수 없는 일이었다는 논거를 제시했다.[111]

세르주 연구자와 혁명사가를 헷갈리게 만들어온 문제 하나가 혁명적 억압에 관한 문제, 즉 혁명이 자행하는 억압을 어떻게 통제하고 언제 끝내고 어떻게 민주주의적 관행으로 되돌아가는가 하는 문제이다. 세르주가 훗날 쓴 저작과 트로츠키와 벌인 논쟁에서 빈번하게 표현한 유보조항들이 혁명적 억압이라는 문제에 관한 1925년의 논의(프랑스어권 독자를 위해 쓰어진 『공공 안보의 내막: 억압에 관해 혁명가가 알아야 하는 모든 것』)에서는 공공연히 나타나지 않았다.

세르주는 볼셰비키가 권력을 독점하는 입장을 취하도록 만든 사건들을 공들여 지적했다. 반대당들 스스로가 볼셰비키와의 경쟁에서 볼셰비키와 혁명에 대한 격렬한 반대로 옮아갔다. 『한 혁명가의 회상』에서 세르주는 정치 활동을 내전과 전시공산주의라는 현실과 떼어놓을 수 없다고 지적했다. 불평이 완강한 반대로 바뀌었고 그 자체로 정권의 권위주의를 강화했다. 볼셰비키 지도부의 관점에서 보자면, 불평이 적대 행위로 바뀌었다.[112] 세르주 스스로가 노동자반대파를 빼고는 반대자들이 정치적으로 파산했음을 깨달았다. 볼셰비키에게는 반혁명적 반대파가 존속하도록 내버려둘 의향이 없었고, 내전과 기아와 전시공산주의가 계속되면서 반대파가 점점 더 반혁명적으로 되었다.

비록 세르주 개인 차원의 활동과 나중의 저술이 그가 꽤 우려를 했음을 입증해주기는 해도, 존재하는 대안들 가운데 볼셰비키가 가장 나았으므로 그는 여전히 볼셰비키 곁을 떠나지 않았다. 세르주는 볼셰비키당을 우세하게 만들어준 특성 네 가지를 열거했다. 그 특성이란 볼셰비키당의 마르크스주의 신념, 혁명 과정에서 프롤레타리아트가 헤게모니를 쥔다는 관점, 비타협적 국제주의, 사고와 행동의 일치였다.[113] 처음에는 전체 사회에서, 그다음에는 당 자체

안에서 정치상의 다원주의가 종식된 이 시기에 **빠져 있는** 것은 특정한 정치적 이유로 특정한 기간 동안 연기된 민주적 자유가 나중에 반드시 복원되도록 보장할 수 있는 **제도**였다. 현실에서 일어난 사태의 비극은 한 가지 속성이 역사의 필연으로 취급되었다는 것이다. 즉, 권위주의적인 반민주적 관행이 제도화된 것이다. 그 비극은 이후 혁명들이 볼셰비키의 경험을 모방해서 전제적 정책이 모종의 더 높은 수준의 정치적 지배 형태라는 삐뚤어진 주장을 하면서 씁쓸한 익살극으로 바뀌었다.[114]

세르주는 억압과 민주주의의 복원이라는 문제를 결코 만족스럽게 풀지 못했다. 경제 위기와 내전과 내부의 반혁명이 한데 맞물려 빚어진 효과는 볼셰비키 독재에 대한 어떤 대안도 혼란이나 더 나쁜 사태가 될 것임을 뜻했다. 민주적 제도는 아직은 현실에서 존재하지 않았다. 소비에트는 1918년 뒤에는 그저 당, 실질적으로는 당 중앙위원회의 보조 기구일 뿐이었다. 당 자체가 출세주의자와 관료배의 침입을 받았다. 이 시기에 세르주는 관료주의화를 제어하고 민주적 관행으로 되돌아갈 유일한 희망은 "정직하고 부패를 모르는 오랜 당원들 (……) 고참 당원의 사려 깊은 독재"에 있다고 생각했다.[34] 세르주는 볼셰비키가 역사에 떠밀려 도리없이 맞부딪힌 딜레마를 해결할 수는 없었지만, 포위된 상태에서 거둔 승리의 쓰디쓴 열매가 혁명적 이상의 패배로 바뀌는 자기의 소설 『정복된 도시』에서 그 비극을 표현할 수는 있었다.[115]

폴란드, 그리고 스탈린의 르부프 진군

내전이 끝나가고 있었기 때문에 1920년 1월에 사형제가 폐지되었다. 훗날 세르주는 "당에서 모든 사람이 체제가 정상으로 되돌아가고 포위 상태가 끝나고 소비에트 민주주의로 되돌아가고 체카를 폐지하지는 않더라도 체카 권력을 제한하기를 기대한다는 느낌"이 들었다고 썼다.[35] 비록 나라는 기진맥진했지만 아직도 "신념과 열정"이 고여 있는 거대한 저수지가 있었다. 피우수트스키Piłsudski의 폴란드군이 우크라이나를 침공한 1920년 여름에 세르주는 러시아 혁명의 미래에 치명적인 순간을 보았다. 데니킨 군대의 잔존 부대를 거느리고 크림Krym에 본거지를 둔 장군 브란겔 백작을 프랑스와 영국이 인정하는 것과 동시에 피우수트스키가 러시아 혁명을 공격했다.

피우수트스키는 키예프Kiev에서 격퇴되었지만, 레닌과 당 중앙위원회는 폴란드에서 소비에트 혁명을 일으킬 시도를 할 기회를 잡았다. 그들은 바르샤바Warszawa를 향한 진군에 나섰다. 그들은 바르샤바 진군이 승리하여 동맹국이 하나 생기고 베르사유 조약이 휴지 조각이 되리라고 상상했다. 레닌은 1년도 더 된 낡은 정보를 가지고 폴란드의 노동자와 농민들이 침략자를 해방자로 환영하리라고 믿었다.[116] 볼셰비키에게 폴란드는 러시아를 혁명이 패한 뒤에도 여전히 들끓고 있는 독일과 이어주는 다리를 뜻했다. 투하쳅스키Tukhachevskii의 군대가 바르샤바로 파견되었다.

세르주는 레닌이 코민테른 제2차 대회에서 투하쳅스키의 진군을 논의하는 동안 기분이 좋아서 폴란드 전선 지도를 가리키는 모습을 서술했다. 세르주는 레닌의 연설이 "승리하리라는 자신감에 차" 있었다고 회상했다.[117]

트로츠키는 그 모험이 위험하다고 크게 걱정했고, 투하쳅스키는 휘하 부대가 기진맥진해 있다고 불평했다. 차리췬Tsaritsyn에서 자기 식대로 혁명적 테러를 수행하고 트로츠키를 상대로 계략을 꾸몄던 스탈린[118]은 투하쳅스키를 지원하라는 명령을 받았다. 명령대로 하는 대신 스탈린과 부존늬이Budennyi와 보로실로프Voroshilov는 개인적인 전승을 확보하려고 르부프L'vov(렘베르크Lemberg)[36]로 진군하기로 결정했다. 스탈린은 르부프에서 패했고, 자기가 그곳에서 한 행동을 비판한 사람들, 즉 투하쳅스키와 (자기가 차리췬에서 한 방식도 비판한) 트로츠키를 결코 잊지 않았다.

『스탈린의 초상』에서 세르주는 스탈린이 차리췬에서 꾸민 계략을 서술했다. 트로츠키가 내전에서 거둔 성공을 시기한 스탈린은 트로츠키가 붉은 군대에서 징병제와 규율과 구 군사전문가(제정 시절의 장교 — 옮긴이)들을 활용하는 데 반발하는 반대파를 지지했다. 이 반대파의 핵이 차리췬에 있는 보로실로프의 사령부에 있었다. 반대파가 군대를 위해 민주주의 차원에서 하는 염려에 대한 스탈린의 기회주의적 지지가 그의 차리췬 통치로까지 확장되지는 않았다. 그는 차리췬에서 현지 체카를 조직하고 탄압을 자행하고 수많은 "음모"를 적발하고 모든 혐의자를 총살하라는 간단한 명령으로 수상쩍은 음모에 관한 일체의 의심을 해소했다.

폴란드의 노동자와 농민들이 봉기하지 않은 탓에 붉은 군대는 바르샤바 코앞에서 패했다. 세르주는 만약 스탈린이 명령에 따라서 투하쳅스키를 지원했더라면 십중팔구 바르샤바에서 패하지 않았으리라고 억측했다.[119] 만약 붉은 군대가 이겼다면 폴란드 노동계급의 대체물 역할을 해서 폴란드 프롤레타리아트의 참여 없이 프롤레타리아트 독재가 세워졌을 것이다. 정복으로 혁명을 실행한다는 것은, 비록 마르크스주의 원칙에 어긋나기는 해도, 고립되어 있다는 볼셰비키의 두려움에서 나온 산물이었다. 세르주는 다음과 같은 교훈을 끌어냈다. "총부리를 들이대서 혁명을 다른 나라로 가져갈 수는 없다. 피우수트스키는 (……) 바르샤바 전투에서 이긴다. 러시아는 독일과 맞닿은 국경을 잃고, 독일은 혁명을 일으킬 기회를 잃는다."[120] 그리고 『한 혁명가의 회상』에서 세르주는 다음과 같은 결론을 내렸다. "이 시점은 우리에게 일종의 경계선이다. 바르샤바 공격 실패는 러시아 혁명이 중유럽에서 패했음을 뜻했다. (……) 혁명은 서쪽으로 퍼져나가는 데 다시 한 번 실패했다. 볼셰비키에게는 방향을 동쪽으로 돌리는 것밖에는 대안이 없다. 부랴부랴 동방 피억압 민족 대회가 바쿠에서 열렸다."[121]

바로 이 시점에서 세르주는 "내부로부터의 위험, 우리 자신 안에, 즉 승리한 볼셰비키의 기질과 성격에 있는 위험을 이렇게 (……) 감지하기 시작했다"고 썼다.[122] 세르주는 특권이 자라나고 불관용이 만연하고 선언된 이론과 현실 사이의 간극이 차츰 넓어지는 데 깜짝 놀랐다. 그는 지노비예프가 아직도 프롤레타리아 혁명이 서유럽에 임박해 있다고 믿을 수 있다는 데, 그리고 레닌이 동유럽에서 봉기가 일어나리라고 믿을 수 있다는 데 경악했다.[123] 세르주는 "명석하기 짝이 없는 이 위대한 마르크스주의자들이 망상에 가까운 이론상의 착각으로 혼미해지기 시작하고 있다. 그리고 그들은 온통 기만과 바보짓에 에워싸이기 시작했다"고 말했다.[124] 그러나 세르주는 여전히 볼셰비즘이 "지극히, 그리고 확연히 옳다"고 보면서 볼셰비즘을 "역사의 새 출발점"으로 삼았다. 문제는 혁명 국가가 이제는 생산을 조직하는 수단으로서보다는 무기로서 더 낫다는 것이었다. 어느 때보다도 세르주는 더 어린 국가가, 예전에 했던 약속을 부정하는 과정 속에서 그 자체로 위험한 존재가 되는 모습을 목격했다. 내전이 끝나갈 즈음 나라는 기운이 다 빠졌고 사람들이 견뎌낼 수 없는 병적인 경제 체제, 즉 전시공산주의 체제로 말미암아 마비되었다.[125]

전시공산주의와 크론시타트의 비극

내전기의 사회경제 체제로서 알려지게 된 전시공산주의를 레닌은 "전쟁과 폐허가 우리에게 떠맡긴 것이다. 그것은 프롤레타리아트의 경제 과업에 상응하는 정책이 아니었으며 그럴 수도 없었다. 한시적인 조처였던 것이다"라고 말했다.[126]

세르주는 부하린이 쓴 『이행기의 경제』 *Ekonomika perekhodnogo perioda*에 나타난 그의 생각을 공격하면서 자기의 전시공산주의 서술을 시작했다. 세르주는 도식적 마르크스주의가 부하린이 가진 사고의 특징이라고 썼다. 부하린은 전시공산주의가 최종 형태이리라고 주장했다.[127] 그러나 세르주가 지적한 대로 전시공산주의 아래서 살아갈 수 있는 사람은 없었다. 전시공산주의에서는 암시장이 판을 쳤다. 모든 사람이, 심지어는 공산주의자도 먹고살려면 암시장을 이용해야만 했다. 노동자는 생산 작업을 하는 대신 암시장에 내다 팔 물건을 만들면서 작업 시간을 보냈다. 공업 생산량은 1913년의 30퍼센트가 채 안 되는 수치로 떨어졌다.

1920~1921년 겨울은 유난히 괴로웠다. 난방을 할 연료가 없어서 파이프가 얼어붙어 위생 조건이 나빠졌다. 굶주리지 않는 곳이 없었고 티푸스가 퍼지기 시작해서 누그러지지 않았다. 세르주는 한때는 사교계의 미녀 모르스카야 Morskaia의 소유였던 저택의 방들에 얼어붙은 배설물이 덕지덕지 달라붙어 있었다고 서술했다. 화장실에서 물이 빠지지 않자 그 저택에 주둔한 병사들이 마루에 임시 변소를 설치했던 것이다. 배설물이 넘쳐흘러서 얼어붙었고, 봄이면 녹아서 병을 퍼뜨릴 참이었다.[128] 위기 상황이었다. 세

르주는 투기 행위를 끝장내고 질서를 회복하는 유일한 길은 힘에 호소하는 것이라고 자기에게 말하는 고참 혁명가를 보았다고 회고했다. 세르주는 20년쯤 뒤에 『한 혁명가의 회상』을 쓰면서 힘은 "다만 문제를 더 악화시켰을 따름"임을 보여주었다.[129] 그는 자기가 전시공산주의를 당시에 어떻게 생각했는가에 관한 기록은 남기지 않았다.[37)]

세르주는 전시공산주의 체제의 구성 요소를 농촌의 징발, 도시의 엄격한 배급, 생산의 전면적 국유화, 이견 억압, 볼셰비키의 권력 독점, 포위 상태, 체카로 정의했다. 생산의 상태가 워낙 파국적이어서 국가의 생산력을 복구하고 정상적인 작업 환경으로 되돌아가는 과감한 대책이 필요했다.

1941년과 1942년에 쓴 『한 혁명가의 회상』에서 세르주는 전시공산주의가 더는 지속될 수 없다고 서술하며 전시공산주의를 비판하면서 그 반대자들에게 동조했지만, 그 해법인 네프도 비판했다. 그러나 세르주는 『러시아 혁명의 첫 해』에서 전시공산주의에 할애한 장에서는 훨씬 덜 비판적이었다. 우선 그는 "전시공산주의"가 잘못된 명칭이라고 하면서, 그 시스템을 "프롤레타리아트의 자연경제의 조직화"로 표현한 레프 크리츠만Lev Kritsman[38)]의 주장에 찬성했다.[130] 세르주는 그 시스템이 "가장 어려운 상황에서 추진된 사회주의 사회 조직화 기획"이었다고 말했다.[131] 덧붙여서 그는 다음과 같이 말했다.

공장위원회가 생산에서 경영 기능을 점점 더 많이 장악하고 있다. 이 과정에서 생산자의 직접적인 생산 경영이 실현되기 시작하고 있으며, 생산의 조직화가 노동계급의 조직화와 결합되기 시작했다.[132]

세르주는 1918년과 1919년의 전시공산주의 체제에 관해서 글을 쓰고 있었지, 더 나중, 즉 더 큰 재앙이 일어난 1920년부터 1921년까지의 기간에 관해서 글을 쓰고 있었던 것이 아니다. 그가 전시공산주의를 생산과 교환이 완전히 무너지지 않도록 버팀목을 대려는 시도로 본 것은 이해가 가는 일이었다. 세르주는 내전과 기아라는 참화 때문에 노동계급이 해체되는 상황 속에서 대안을 찾지 못했기 때문에 볼셰비키의 당 독재를 옹호했다. "프롤레타리아트의 계급의식"을 급속히 계발할 정책을 촉진하는 이런 "사회 전쟁의 시대"에는 볼셰비키가 옳다는 것이었다.[133] 세르주의 추론은 이론적으로는 이치에 맞았지만, 그는 두 해 동안 전시공산주의를 체험한 끝에야 이론과 현실 사이의 간극을 볼 수 있게 되었다.

전시공산주의 체제는 전반적인 불만을 불러일으켰고 반대가 조직화되었다. 세르주는 페트로그라드의 통치집단 구성원들 가운데 멘셰비키와 사회주의자-혁명가 좌파와 아나키스트들과 좋은 관계에 있는 사실상 유일한 인사로서 논의를 따라가기에 좋은 입장에 있었다. 그는 노동자 반대파의 알렉산드르 실랴프니코프Aleksandr Shliapnikov와 여러 차례 긴 논쟁을 벌였다. 세르주가 파산했다고 여기지 않은 반대파 집단은 노동자반대파뿐이었다.[134] 노동자반대파는 만약 당이 진정한 자유와 실권을 노동조합에 원래대로 되돌려주지 않는다면, 즉 노동자 생산관리와 진정한 소비에트 민주주의를 회복하지 못한다면 혁명은 망할 운명에 있다고 믿었다. 세르주는 공감하면서 귀를 기울였지만, 설득되지는 않았다.

나라는 기진맥진해지고 사람들을 좌절하고 불만에 찬 채로 남기면서 고통스럽고 피비린내 나는 내전이 끝나가고 있었다. 아나키스트들은 후원을 얻어 아나키스트 대회를 준비하다가 갑자기 체카에게 대거 체포되었다.[39] 세르주는 화들짝 놀랐다. 그는 이런 "볼셰비키 당국의 터무니없는 태도"가 사기를 크게 떨어뜨리는 결과를 가져왔고 크론시타트 반란에 직접적으로 이바지했다고 말했다.

크론시타트

세르주는 크론시타트 봉기 진압의 의의에 관한 심오한 글을 많이 썼고, 이것이 1938년에 트로츠키와 벌인 논쟁의 심각한 논점이 되었다. 세르주가 『한 혁명가의 회상』에서 크론시타트 사태를 서술한 부분을 런던의 아나키즘 그룹인 '연대Solidarity'가 별도의 팸플릿으로 펴냈고, 크론시타트 논쟁 연구가들은 그의 저작을 널리 인용한다.[135]

세르주에게, 권력의 잘못과 실수는 1921년 2~3월의 크론시타트 반란을 다루는 데에서 드러났다. 그는 볼셰비키가 반란 수병들과 타협을 볼 수 있었다고 믿었지만, 그 반란이 네 해에 걸친 혁명과 내전으로 진이 빠진 나라에 의미하는 위험은 현실이었다. 세르주가 보기에 볼셰비키는 크론시타트 수병들의 불평불만에 귀를 기울이며 그들과 협상을 하기보다는 공황에 빠져 들어갔다.

그 수병들은 전시공산주의의 경제 체제와 당 독재에 항의하고 있었다. 그들은 볼셰비키를 찬탈자, 관료, 체카의 망나니로 보았다.[136] 여러모로 그 반란은 지속될 수 없는 전시공산주의에서 레닌의 신경제정책 아래 체제 완화로 가는 이행을 예고했다. 수병들의 요구 사항에는 그들 자신의 특정한 불만보다는 당 중앙위원회의 권위주의적 지도에 대한 비난이 더 많이 반영되어 있었다. 그들이 표현한 이념은 볼셰비키 자신들이 혁명에서 옹호했던 이념과 똑같았다. 그러나 혁명의 주요 지지층, 곧 노동계급 다수를 죽였던 끔찍한 내전의 끝이 다가오자, 이런 요구의 성격이 바뀌었다. 이제는 그 요구를 들어주면 권력을 쥐고 있는 볼셰비키의 생존이 위태로워질 터였다. 그들의 요구 사항에는 주민이 직접 식량을 찾아 농촌에 들락날락하지 못하도록 막는 경찰 도로검문소의 폐지, 그리고 훨씬 더 위협적인 것으로 "자유로운 소비에트 선거"가 들어 있었다.[137]

크론시타트의 해군기지는 페트로그라드로 가는 서쪽 접근로를 지키는 전략 전초기지였다.[138] 당의 관점에서 볼 때, 크론시타트의 항명 사태는 반소비에트 침공을 또 한 차례 불러오거나 농민의 분노에 불을 댕길 수 있었다. 세르주는 그렇게 되면 "모든 것이 파괴"될 것임을 인정했다. 반혁명 망명 세력이 자기들에게 유리하게 크론시타트 봉기자들을 이용하고 있다는 증거가 있었으며, 이것이 정부의 위기감과 공황에 보태졌다는 데에는 의심의 여지가 없다. 정부가 크론시타트 반란의 위신을 깎아내리려고 반혁명 세력이 연루되었다는 소문을 부풀린 것도 사실이다.[139] 당과 대중의 관계 악화라는 더 큰 쟁점을 배경으로 해서, 비윤리적이고 잔혹한 대응이 러시아 혁명과 그 이상에 크나큰 변화를 가져온 하나의 분수령이 되었다.

나라의 경제 상황이 나락에 빠져 있는 탓에 집권당이 고립되었다. 세르주는 당이 굶주리는 국민을 통치하면서 인기를 유지할 수는 없었기 때문에 당의 의도와 미덕은 사실상 중요하지 않았다고 썼다. 대중은 열성을 잃어버렸고 어려운 상황이 요구하는 헌신이 계속 요구되면서 남아 있는 혁명 활동가들이 지쳐가고 있었다. 페트로그라드 노동자들이 파업에 들어갔고, 크론시타트 항명 사태가 페트로그라드 노동자들과의 연대 운동으로서 시작되었다. 먹을 것이 없고 겨울은 혹독하고 병이 돌고 징발이 끊이지 않아서 모든 곳에 "고통이 퍼져 나갔다". 세르주는 다음과 같이 말했다.

이 절망으로 말미암아 사람들은 빵을 반혁명과 혼동하게

되었다. 만약 이런 상황에서 볼셰비키가 권력의 고삐를 놓아버렸다면, 그 자리를 누가 차지했을까? 붙잡고 있는 것이 그들의 의무가 아니었을까? 그들이 붙잡고 있는 것은 올바른 일이었다. 그들의 실수는 크론시타트 반란에 공황을 일으킨 것이었다. 그곳에, 즉 페트로그라드에 있던 우리가 잘 아는 바대로 볼셰비키는 그 반란을 여러 가지 방법으로 다뤘을 수도 있었다.[140]

당시에 세르주는 페트로그라드 지도부와 체카처럼 아스토리야 호텔에서 살았다. 그는 스몰늬이에서 일을 했으므로 사태를 아주 잘 알고 있었다. 세르주는 당의 지도부 인사들과 당 밖에 있는 반대파 집단 양자와 가깝게 지내는 볼셰비키 당원이라는 독특한 위치에 있었다. 그는 국제 노동계급의 주요 구성원으로서 갈등을 중재하려고 애쓰던 미국인 에마 골드만Emma Goldman과 알릭잔더 버크만Alexander Berkman을 비롯한 아나키스트들과 공식 회합을 가졌다.[40)]

세르주의 사태 설명은 날조와 은폐와 실책의 뒤범벅을 보여준다. 소비에트 집행위원회 의장은 설득과 소통이 필요한 곳에서 위협과 모욕만을 사용했다.

페트로그라드 소비에트에 파견된 크론시타트 대표단은 형제애에 찬 영접을 받는 대신 체카에게 체포되었다. 언론은 그 갈등에 관한 진실을 감추고 당과 나라 전체에 알리지 않았다. 언론은 반혁명 세력의 코즐롭스키Kozlovskii 장군이 크론시타트를 담당하고 있다고 말하면서 처음으로 부끄러움 없이 거짓말을 했다.[141]

의도는 좋았던 골드만과 버크만의 중재는 어떤 까닭에서인지는 몰라도 거부되고 중재 대신에 대포가 포문을 열어 "형제를 죽이는 전투"가 개시되었고 "포로들이 나중에 체카에게 총살당했다". 세르주는 크론시타트 수병들이 러시아 혁명의 전위에 섰던 1917년의 혁명 시기 이후로 변했다는 트로츠키의 주장에 동의했다. 그러나 그들을 "프티부르주아"로 부르는 것은 더 복잡한 실상을 얼버무리는 것이었다. 그 수병들이 이제는 농민의 열망을 더 많이 반영하는 경향을 보였다는 것은 사실이었지만, "이들은 어쩌면 후진적인 인민이겠지만, 혁명 자체의 대중에 속하는 러시아 인민이었다".[142] 그리고 변한 것은 딱히 크론시타트 수병들만이 아니었다. 지배층 인사들도 마찬가지로 변했다. 세르주는 누가 더 많이 변했는지를 지적하기보다는 "서로 다투는 두 세력 가운데 어느 쪽이 일하는 사람들의 더 중요한 이익을 더 잘 대변했는가?"를 물었다.[143]

크론시타트는 비극이었다. 유언비어가 음험한 역할을 했기 때문에 더더욱 그랬다. 세르주는 "선무당처럼 일을 망쳐놓아서 반란을 도발한" 칼리닌Kalinin과 쿠즈민Kuz'min[41]을 비난했다. 수병들의 봉기는 처음에는 비폭력적이었고, 세르주에 따르면 그들의 명분에 공산당원 과반수가 모여

들어서 당의 기반이 불안정하다는 것을 입증해주었다. 칼리닌과 쿠즈민은 첫 순간부터 "강압책 이외에는 어떤 것도" 사용할 의향을 보이지 않았다.

전체 사건이 거짓말 속에 휩싸였다. 당의 여러 부서들과 체카가 시작하고 언론이 키운 비방중상전은 크론시타트 수병들이 제기한 쟁점들에 관한 일체의 토론을 억누르는 결과를 빚었다. 세르주가 "러시아 혁명의 갱신을 위한 강령"이라고 부른 크론시타트 수병들의 강령에는 새로운 소비에트 선거, 모든 혁명 집단을 위한 언론과 출판의 자유, 자유로운 노동조합, 농민들을 위한 행동의 자유, 정치범 석방, 도로검문소의 폐지, 농촌의 징발 종식이 들어 있었다. 그러나 세르주 스스로가 인정했듯이, 정치적 국면은 삶과 죽음이 엇갈리는 투쟁의 국면이었으며, 이 국면에서 패한다는 것은 프롤레타리아트의 피가 엄청나게 흐른다는 뜻이었다. 정치적으로 올바른 추상적 요구는 농민과 수구 세력의 반혁명이라는 논제를 검토하지 않았다. 그러나 그 요구들은 권력의 오용이 혁명의 건강에 주는 위험을 지적했다.

세르주에게 무엇보다도 가장 나쁜 것—권위의 오용보다도 더 나쁜 것—은 당이 거짓말을 했다는 깨달음이었다. 경계선이 허물어져버린 것이다. 언론은 "확신을 가지고 거짓말을 마구 해댔다. (……) 우리의 언론, 우리 혁명의 언론, 최초의 사회주의 언론, 그렇기 때문에 세계 최초로 부패할 수 없고 편견에서 벗어난 언론이 말이다!"[144]

그러나 세르주는, "이루 말할 수 없는 고통과 숱한 망설임" 끝에, 크론시타트 문제에 관해서 당의 노선을 따른다고 선언했다. 그는 마지못해 당을 지지할 것인가, 아니면 이미 사악한 파시즘의 맹아 형태를 띤 반혁명을 풀어놓을 것인가로 자기의 입장을 설명했다. 선택의 여지가 없었다.

정당성이 있는 쪽은 크론시타트였다. 크론시타트는 대중 민주주의를 위해 억압을 푸는 새로운 혁명의 시작이었다. "제3의 혁명!" 머리에 어린애 같은 환상이 가득 찬 어떤 아나키스트들은 크론시타트를 이렇게 불렀다. 그러나 나라는 완전히 진이 다 빠졌고 생산은 사실상 멈추었다. 무엇이든 남은 것이 없었다. 심지어는 대중의 가슴속에 있는 인내력도 일절 남지 않았다. 구체제와 맞서 싸우면서 만들어졌던 노동계급 엘리트는 거의 사라졌다. 권력을 좇는 자들이 흘러들어와 부풀어 오른 당은 신뢰를 얻지 못했다. 다른 정당에는 다만 미미한 핵들만이 존재했으며, 그들의 성격은 심히 의심스러웠다. 이 집단들이 몇 주 뒤에 다시 되살아날 수 있다는 것은 분명해 보였다. 그러나 적의와 불만에 차 있고 선동적인 인자들을 수천 명씩 편입함으로써만 그럴 수 있었다. 1917년과는 달리 어린 혁명을 위한 열광자들이 더는 없었다. 소비에트 민주주의에는 지도부와 제도와 영감이 모자랐다. 그 뒤에는 굶주리고 절망에 찬 대중만이 있었다.

대중의 반혁명은 자유로운 소비에트 선거에 대한 요구를

"공산당원 없는 소비에트"에 대한 요구로 바꾸었다. 만약 볼셰비키 독재가 무너진다면, 얼마 안 가서 혼란이 일어날 것이고 혼란을 거쳐 농민 봉기가 일어나고 공산당원이 학살당하고 망명자가 되돌아오고, 결국에는 순전히 상황에 밀려서 또 다른 독재, 이번에는 반反프롤레타리아트 독재가 나타날 것이다. 스톡홀름Stockholm과 탈린Tallinn에서 온 속보는 망명자들이 바로 이럴 가능성을 염두에 두고 있음을 입증해주었다. 말이 나온 김에 하는 말인데, 그 속보로 말미암아 무슨 일이 있어도 크론시타트를 신속하게 진압하겠다는 볼셰비키 지도자의 의도가 굳어졌다. 우리는 추상 속에서 추론하고 있지 않았다. 우리는 농민 봉기 중심지가 유럽 러시아에서만도 줄잡아 쉰 군데임을 알고 있었다. 모스크바 남쪽에서, 즉 탐보프Tambov 지역에서 소비에트 체제를 없애고 헌법제정회의를 다시 세우겠노라고 선언한 사회주의자—혁명가당 우파 소속 교사 안토노프Antonov가 수만 명을 헤아리는 아주 잘 조직된 농민군을 거느리고 있었다. 그는 반혁명 세력과 협상을 벌였다. (투하쳅스키가 1921년 중반 무렵에 이들을 진압했다.)

이런 상황 속에서 당의 의무는 경제 체제가 견딜 수 없을 만큼 나쁘다는 점을 인정하고 양보를 하면서도 **권력에서 물러나지 않는 것**(지은이의 강조)이었다. 나는 다음과 같이 썼다. "볼셰비키당은 잘못을 저지르고 권력을 잘못 휘두르기는 했지만 현재 매우 잘 조직되어 있고 총명하고 안정된 세력이며, 그 모든 것에도 불구하고 우리의 신뢰를 받을 만한 세력이다. 러시아 혁명은 다른 대들보를 가지고 있지 않고 어떠한 철저한 재생을 할 능력이 더는 없다."[145]

구체적인 조건에 뿌리를 내리고 지나치다 싶을 만큼 솔직한 볼셰비키 당원인 세르주는 외톨이가 아니었다. 조직화된 다른 세력이 사실상 없었기 때문에 다른 비주류 공산당원들이 볼셰비키를 지지하면서 그에게 가세했다. 그러나 세르주의 사기는 전체 사건으로 꺾였다. 붉은 군대가 크론시타트 함대를 공격하고 있던 때와 같은 시기에 모스크바에서 열린 제10차 당대회는 얄궂게도 징발, 즉 전시공산주의 체제를 폐지하고 네프를 선언했다. 크론시타트 수병들은 자기들의 요구가 수용되고 있는 때에 학살당하고 있었던 것이다.

세르주에 따르면, 네프는 정권이 비판에 견디는 힘과 유연성이 떨어졌다는 레닌의 각성에 대한 반응이었다. 바로 전해에 트로츠키가 상황이 위험하며 레닌이 이제 막 선언한 변화가 필요하다고 주장한 적이 있다. 네프는 농촌에서 징발을 폐지하고 상업과 소규모 사업의 자유를 다시 확립하고 외국 자본에 매력적인 조건으로 양보를 했다. "한마디로 그것[네프]은 생산과 교환에 대한 완전한 국가 관리가 나라를 손아귀에 꽉 틀어쥐고 있는 상태를 끝냈다."[146] 네프는 곧 자본주의의 부분적 복원이었지만 그렇게 되었다고 해서 권위의 이완이나 정치적 관용을 가져오지는 않았다.

대신에 숙청이 당을 겨누었고 한편으로 다른 정당이 사실상 불법화되었다. 세르주는 규율 위반에 가해지는 징벌조처들이 "줏대 없는 출세주의자나 고분고분한 신입당원"보다는 "비판적 견해를 가진" 사람들에게 겨누어졌다고 한탄했다.[147] 다른 정당에 관한 한 세르주는 1921년에 볼셰비키당 중앙위원회가 "소비에트 헌법이 설정한 제한을 받아들인" 사람들에게 더 많은 관용을 보이지 않았다는 라파일 아브라모비치Rafail Abramovich의 비판에 공감했다. 화해를 겨냥한 정책이 더 바람직했을 것이다. 세르주는 만약 "이때 연립정부가 구성되었더라면 내부에서 일정한 위험이 일어났겠지만 그 위험은 이런 권력 독점의 위험보다는 덜했으리라"는 점을 인정했다.[148] 이 점은 훌륭하게 입증된다.

대두하는 전체주의

1921년은, 비록 세르주는 테르미도르Thermidor로 여기지 않았지만, 혁명의 갈림길이었다.[149] 흥미롭게도, 세르주는 크론시타트 공격이 한창일 때 레닌이 친우들 가운데 한 사람에게 "이건 테르미도르야"라고 말한 것을 인용했다.[150] 당과 소비에트 민주주의에, 더불어 코민테른에도 1921년은 공세에서 수세로 옮아가는 것을 알리는 전환점이었다.

3월 18일은 얄궂은 날이었다. 크론시타트 수병들은 "세계혁명 만세!"를 외치며 죽음을 맞이했다. 파리 코뮌 50주년에 베를린의 공산주의자들은 열세에 몰리다가 패하고, 세르주는 스몰늬이의 분위기가 긴장되고 우울해서 "가장 친한 친구들을 (……) 빼놓고는" 대화하기를 일절 피하면서 "친한 친구 사이에 오가는 대화에는 비통함이 가득했다"고 서술했다.[151]

비록 "전체주의"라는 용어가 아직은 존재하지 않았어도, 세르주에 따르면, 전체주의가 러시아 혁명을 압살하는 도중이었다. 정치권력 독점과 체카와 붉은 군대는 "코뮌 국가"의 꿈을 아득한 이론상의 신화로 바꿔놓았다. 전시공산주의와 (관료적인 배급 기구와 더불어) 굶주림과 내전과 반혁명이 소비에트 민주주의를 죽여버렸다. 세르주는 자기가 무슨 일이 일어나고 있는지 깨달은 "가여울 만큼 미미한 소수파"에 속한다고 말했다. 평화가 찾아온 상황이니 자연히 소비에트 민주주의가 되살아나리라는 희망이 있었지만, 그런 일이 어떻게 일어날지는 그 누구도 알지 못했다. 세르주는 내부로부터의 재생은 가능하지 않다는, 즉 러시아 혁명이 확장되어야만 공업화를 할 새로운 에너지와 자원이 생기리라는 결론을 내렸다. 그러나 세계혁명이 일어날 기미는 없었다.

세르주는 뒤이어 일어난 사건들에 비추어서 마르크스주의의 일정한 측면에 의문을 품으면서 특히 이 시기를 자기가 '소비에트 전체주의'라고 일컬은 것의 시작으로 보기 시작했다. 전체주의 분석학파가 잘 알려져 있기는 해도, 세르주는 바로 자기가 스탈린주의 체제를 서술하면서 1921년에 이 용어를 처음으로 만들었다고 믿었다. 그는 스탈린주의 체제가 일찍이 1921년에 전시공산주의 시기 동안 "대두"했다고 보았다. 애벗 글리슨Abbott Gleason은 1995년에 펴낸 저작 『전체주의 : 냉전의 은밀한 역사』*Totalitarianism : An Inner History of the Cold War*에서 '전체주의'라는 용어가 이탈리아에서 1923년 5월에, 즉 『세계』*Il Mondo*에 실린 죠반니 아멘돌라Giovanni Amendola의 논설에서 처음으로 사용되었다고 단언했다. 세르주는 1923~1925년부터 빈에서 그람시Gramsci 등과 접촉하면서 이 새 용어를 알게 되었을 수도 있다. 이 용어를 나중에 트로츠키가, 그리고 그다음에는 반공산주의적 자유주의 계열 소련 비판가들이 받아들였다. 중요한 점은 소련을 전체주의 국가로 보는 최초의 분석이 반공산주의 우파가 아니라 좌파에게서 나왔다는 것이다. 인생 말기에 세르주는 자기의 분석을 최초의 사회주의 유토피아 실험에까지 확장했다.[152]

세르주가 의문시하고 있었던 것은 사회주의 목표의 **전체성**이었다. 선진 공업 형태의 자본주의는 사회·경제·정치적 존재의 유무형의 조직에 모든 것을 순응하도록 만들면서 삶의 모든 양상을 지배하는 하나의 세계 체제였다. 따라서 마르크스주의는 모든 것을 재산과 사회관계로부터 세계지도와 인간의 내면생활로 일신하고 변환하는 것을 대응과 목표로 삼았다. 물리적 세계는 국경의 폐지를 통해서 바뀔 것이고 인간의 내면생활은 정신을 종교적 사고로부터 해방함으로써 변할 터였다. 따라서 세르주는 그 기획이 전체적인 변환을 염원한다고 할 때 기획 그 자체가 어원상 전체주의적이라는 결론을 내렸다.[42]

이어서 세르주는 민주주의적이면서도 권위주의적인 양상을 키워나가는 사회주의의 이중적 성격을 지적했다. 세르주가 분석한 그 이중성은 그와 볼셰비키 전체가 유감이지만 너무나도 잘 알고 있는 모순으로 가득 차 있었다. 세르주는 당이 내보이는 불관용의 원천을 당을 "진리의 보유자"로 보는 당의 신념에서 찾았다. 이 신념은 당에게 정신적 에너지를 주는 동시에 "자칫 종교재판을 일으키기 쉬운 (……) 성직자의 심정"을 주었다.[153]

볼셰비키는 자기들의 민주주의적 목적과 권위주의적 방식 사이의 모순을 볼 수 있었다. 그들은 반동이 일어날 가능성이 지극히 높다면서 권위주의적 방식을 정당화했다. 세르주는 그들이 자주 비열한 선동을 통해서만 자기들이 안고 있는 모순에서 헤어날 수 있다고 말했다. 그는 레닌이 "가능한 한 폭넓은 노동자 민주주의"라는 자기의 목적에 성실하지 않았다는 비판을 결코 하지 않았다. 그러나 세르주는 "노동자의 지배는 결코 중단되지 않으리라"고 선언하는, 도처에 붙어 있는 포스터를 언급하면서 "지배"의 뜻이 무엇인가를 물었다.[154] 딱히 답을 기대하고 던진 물음은 아니었다. 당시에 세르주는 이 이론적 문제를 던지기는 했지만 풀지는 못했던 것이다.

중앙집권주의와 네프인가, "연합체 연대의 공산주의"인가?

세르주는 새로운 시장의 나라를 보고 상심했다. 내전에 참여해서 싸운 다른 용사들도 똑같이 혼란에 빠졌다. 그들은 시장이 되돌아오는 것을 보려고 그토록 많은 피를 흘렸단 말인가?[155] 세르주는 민주주의가 말살되어버렸다는 점에 의기소침했지만, 전시공산주의가 끝났다는 점에는 기뻐했다.

세르주는 심지어 자본주의 시장의 제한된 부활에도 반대했고, 대신에 투기와 탐욕과 부패를 불러일으키지 않고 웬만큼 번영을 가져올 대안을 하나 내놓았다. 그는 "국가의 공산주의"에 상반되는 "연합체 연대의 공산주의"를 주장했다. 볼셰비키 지도부가 네프라는 해답에 몰두한다는 것을 알고서 세르주는 소련을 방문 중인 코민테른 대표단과 국제 혁명가들을 류스Liuks 호텔에서 오가다 만나면 그들에게 자기 생각을 의식적으로 이론상의 관심 수준에 제한하면서 자기의 이론적 미래상을 제시했다.[156]

세르주가 보기에 경제 회복은 시장으로 되돌아가지 않고서도 이루어질 수 있었다. 국가가 억눌렀던 협동조합을 풀어주고 상이한 경제 부문의 운영을 떠맡을 연합체 연대의 형태로 밑으로부터의 주도권을 행사하도록 함으로써 이루어질 수 있다는 것이었다. 세르주는 신발 만들기를 예로 삼아 신발과 가죽이 둘 다 모자라지만 농촌 지역에는 가죽이 많다고 설명했다. 세르주의 미래상에서는 구속에서 풀려난 신발제조공 협동조합이 스스로 알아서 하도록 내버려두면 필요한 가죽을 쉽게 얻어서 신발을 만들 수 있을 터였다. 그들은 이 신발에 높은 값을 매기겠지만, 암시장에서 만나는 터무니없는 가격보다는 낮은 값일 것이다. 국가가 값을 규제할 터이고 값을 떨어뜨리는 압력을 행사함으로써 이런 형태의 노동자 관리를 도울 수 있을 것이었다.

다른 생산 부문의 노동자들은 똑같이 자발적으로 협동조합을 조직해서 집단적인 필요를 채울 터였다. 세르주가 국가와 계획을 보는 시각은 "국가가 위에서 명령하기보다는 아래로부터 행사하는 주도권이, 대회와 특화된 회의로, 조화를 이루어 생겨나는 그 무엇"일 터였다.[157] 세르주는 노동자가 생산을 관리하는 이런 협동조합 형태 속에서 국가가 분배에서 맡는 역할을 상세하게 논하지는 않았다. 그러나 이런 식의 생산은 자본주의 시장의 수탈과 무정부 상태, 그리고 "엄중한 관료주의적 중앙집권주의"의 "혼란과 마비"를 둘 다 피할 수 있었다. 세르주가 보기에 경제적 관계는 자연발생적 협조, 즉 60년 이상이 지난 뒤 에르네스트 망델Ernest Mandel이 "마디를 이루며 이어진 노동자 자율경영"[158]이라고 부르게 되는 것의 객관적 기본 형태였다. 이 경제 형태는 거시 수준의 민주적 계획과 결합해서 아직은 화폐와 일정한 시장 형태를 보전하면서도 사회주의를 향해 움직이고 있는 이행기에 딱 맞는 이상을 구성할 터였다. 세르주는 (계획을 밑으로부터의 자발성을 조정하는 것으로 보면서) 자기의 초기 비판에서 계획의 역할에 관해서 모호한 입장을 보였지만, 스탈린의 공업화 경험과 소비에트 경제의 성격을 평가한 뒤에 더 충실하게 다듬었다.[159] 분명히 세르주의 시각은 생디칼리슴의 후렴구를 넘어서는 것이었다.[43] 그것은 사회주의가 연합체를 이룬 생산자의 계획된 자치라는 마르크스주의 개념에 훨씬 더 가까웠다.[44]

환멸과 낭만적 후퇴

세르주는 볼셰비키당이 점점 더 관료화되고 이기적인 기회주의자들이 당의 대오에 들어오는 데 넌더리가 났으며, 크론시타트 사태에 망연자실하고 심리적으로 탈진했다. 그는 두 공산주의자 집단에서, 즉 프랑스어를 쓰는 공산당원 그룹과 페트로그라드의 러시아인 공산당원 그룹에서 활동했다. 이들 가운데 많은 사람과 함께 그는 크론시타트 봉기 진압 뒤에 자기들이 "눈을 감지 않고" 어떻게 혁명에 유용하게 봉사할 수 있는지 알고 싶어했다. 세르주는 관료제의 한직閑職에는 관심을 두지 않았다. 그는 동방 지역의 외교관직을 맡아보라는 제안을 받았지만 거절했다. 그는 동방 지역에는 흥미를 느꼈지만 외교에는 그렇지 않았다.[160]

세르주는 모스크바에서 (1921년 6월과 7월에) 열린 제3차 코민테른 대회에 참석했다. 그는 대회에 감흥이 전혀 없다는 것을 깨달았다. 외국 대표단은 승인하는 데 급급해서 비판적으로 생각할 모든 책임을 저버렸으며, 자기들이 흥청망청 누리는 특권과 굶주리는 주민이 처한 조건 사이에 있는 불일치를 알아차리지 못하는 듯했다. 세르주는 그들이 "재빨리 아부하고 마지못해 생각한다"는 것을 알았다.[161] 세르주는 제3차 코민테른 대회가 끝난 뒤 거의 곧바로 시골로 물러나 은둔했다.

세르주는 자기가 출구를 찾아냈다고 생각했다. 그와 장인 루사코프, 세르주의 프랑스인 공산주의자 친구 한 무리, 헝가리인 전쟁포로 몇 사람이 페트로그라드 북쪽에 있는 한 버려진 영지에 "노바야-라도가Novaia-Ladoga 프랑스 코뮌"을 세웠다. 쩨쩨한 탐욕과 부패와 투기가 네프 아래서 되살아나고 정치적 자유가 없다는 데 기운이 빠진 세르주와 그의 동지들은 땅을 일궈 자기가 먹을 것을 스스로 키우려고 시골로 물러났다.

이 혁명적 낭만주의자들에게 곧 가혹한 현실이 휘몰아쳤다. 이들은 현지의 반유대주의자 농민들에게 배척을 받았다. 그 농민들은 코뮌 성원들에게 물건을 팔기를 거부하면서 곡식과 연장을 훔치기까지 했다. 농민들은 세르주의 집단을 "유대놈", "적그리스도"라고 부르면서 적대감과 혐오감을 비쳤다. 굶주리고 기운이 빠져서 석 달 뒤에 코뮌이 포기되었다.

세르주는 페트로그라드로 돌아와 문예 동아리와 인문학 동아리를 계속 찾아다녔다. 그는 볼필라, 즉 "자유철학협회"의 회원이었다. 이 협회의 지도자는 상징주의 시인 안

드레이 벨릐이였다. 세르주는 유일한 공산주의자 회원이었다.[162]

세르주는 비록 서유럽에서 혁명이 성공할 가망을 볼셰비키 지도부만큼 낙관하지는 않았지만 러시아가 살아남을 유일한 기회는 러시아 혁명의 국제적 확산에 걸려 있다는 데 동의했다. 세르주는 굶주림과 고립과 패배 속에서 허덕이는 혁명 러시아가 만약 버림받아 홀로 남는다면 무너지리라고 확신했다. 그는 "러시아를 지원하고 언젠가는 러시아를 능가할 능력이 있는 서유럽 노동계급 운동"을 일으키려고 "향후 사태의 초점"인 중유럽으로 가겠다고 마음먹었다.[163] 온갖 궁핍을 겪은 뒤 위태로워진 아내 류바의 정신적·육체적 건강과 사태의 전환에 관한 세르주 자신의 걱정도 그를 떠나도록 다그쳤다. 풍광의 변화와 새로운 활동은 반가운 일일 터였다. 그는 1921년 말기에 베를린에서 코민테른 간행물 『인프레코르』의 프랑스어판, 즉 『인터내셔널 통신』을 편집하는 직책을 받아들였다.[164]

1921년 말기에 세르주는 정국을 엄밀하게 분석해서 중대 시점의 필연성과 가능성을 결정한다는 혁명적 입장을 취했기에 비합법 유럽 임무를 맡게 되었다. 같은 논리로 그는 네 해 뒤에 러시아로 되돌아가서 좌익반대파와 함께 서게 되었다. 세르주는 좌익반대파를 대내외의 패배, 부패와 타락 뒤에 혁명을 되살려놓을 유일한 희망으로 보았다.

제2장

베를린에서 봉쇄되고, 빈에서 무력해지고……

베를린의 인상

다른 나라를 한번 여행해보니 러시아가 다른 나라와 대비되는데, 그 대비가 그렇게 극적일 수가 없었다. 세르주는 에스토니야의 탈린에 있는 가족 집에 들렀다.[1] 세르주는 집을 짓고 있는 벽돌공 몇 사람을 보았을 때 감정이 북받쳐 올랐다. 파괴를 그토록 많이 본 뒤인지라 이 단순한 건설 행위에 깊은 감동을 받은 것이다.[2] 상점이 줄지어 늘어선 거리를 본 세르주의 머릿속에는 "러시아 어린이들이 뼈만 남아 산송장처럼 변해가고 있었"던 볼가 지역이 떠올랐다. 세르주는 "러시아 혁명이 봉쇄되어서 철저하게 제기된 것이라고 하더라도" 민족자결주의의 이론과 정치를 이때 이해했다고 말했다.[3]

세르주는 다른 인터내셔널 요원 열두어 명과 함께 "불법으로" 베를린 여행을 했다. 비록 세르주가 날짜를 명확히 밝히지는 않았지만 『인프레코르』 1921년 11월자부터 발

신지가 베를린으로 되어 있는 기사가 실리기 시작했다.[4]

베를린에 도착하자마자 세르주는 베르사유 조약 이후 독일이 붕괴한 것에 곧바로 충격을 받았다. 파산의 와중에 자본주의가 기승을 부렸다. 세르주에 따르면 자본가들은 혁명의 공포 속에서 살았다. 오직 사회민주당만이 자본주의에게 미래가 있다고 믿었다![5] 세르주는 독일의 붕괴 상황을 산업 부르주아지 탓으로 돌렸다. 그들은 전쟁으로 시작되었던 독일 경제의 파괴를 마무리하고 있었다. 이제는 투기 행위로 몰려서 예술, 과학, 대학, 도서관, 그리고 문명의 다른 상징물을 지탱할 능력이 더는 없는 부르주아지는 1848년 이후로 자기들이 개발해온 독일 문화의 적이 되어버렸다.[6]

독일 사회민주당은 이렇게 사회가 해체되는 시기에 집권당이 되는 불운을 안았고, 그 책임을 떠맡아서 그 죄과의 일부를 나누었다. 비록 아주 민주적인 헌법을 가지고 그렇게 하기는 했지만 말이다. 세르주는 개명된 낙관적 태도[7]를 지닌 이 사회민주당 지도자들을 1848년의 자유주의적 부르주아지의 기수旗手로 보았다. 그러나 바이마르Weimar 독일은 자기 파괴 과정에 있는 사회라는 인상을 주었다. "술집에 있는 부르주아지의 딸, 그리고 거리에 있는 서민들의 딸"을 비롯해서 모든 것이 팔려고 내놓은 물건처럼 보였다.[8]

1922년과 1923년 시기 독일의 특징이 된 퇴폐를 지켜보니 세르주의 눈에 소련의 프롤레타리아 혁명의 "스파르타

Sparta 같은" 조건이 상대적으로나마 순결하고 순수하고 건강하게 비쳤다. 심지어는 러시아의 지나치게 권위주의적인 행위조차 이 관점에서 보면 철학적인 전망에 놓일 수 있었다. 독일을 보면서 세르주는 소련에 느꼈던 실망감이 누그러졌고 새로운 활력을 얻을 수 있었다. 코민테른에 있는 그의 동지들이 세르주에게 똑같은 방법으로 충격을 주었다. 그는 『인프레코르』 편집진, 즉 세계 공산주의 운동의 지적·정치적 스승들이 퍽이나 평범하다는 것을 알아챘다.[9]

베를린행

세르주는 『인프레코르』, 즉 『인터내셔널 언론통신』 International Presse-Korrespondenz의 프랑스어판인 『인터내셔널 통신』 LCI의 논설위원이자 코민테른 요원으로서의 임무를 새로 맡아 일하기 시작했다. 『인프레코르』는 독일어판을 기본판으로 해서 3개 언어로 동시에 발간되었다.[10] 세르주는 갖가지 가명으로 글을 썼고, 혼자서 잡지의 모든 기사를 다 쓰는 경우도 잦았다.[11] 그는 기사 발신지를 보통 베를린으로 하는 '독일 단신' Notes d' Allemagne이라는 표제의 난을 쓰면서 "알베르" R. Albert라는 이름을 가장 자주 사용했다.[12] 『한 혁명가의 회상』에서 세르주는 '빅토르 세르주'로 서명을 한 자기 기사들은 발신지가 자기가 한 번도 방문한 적이 없는 도시인 키예프로 되어 있었다고 말했다.[13] 이 기사들은 대개 소련의 문제를 다루었다.

세르주의 활동이 비밀 정치활동의 성격을 띠었기 때문에 그는 『붉은 기』*Rote Fahne*(독일 공산당KPD의 일간지)의 자기 사무실에서는 처음에는 지크프리트Siegfried로, 나중에는 고틀리프Gottlieb로, 도시에서와 자기 기사에서는 알베르 박사로, 논설기사에서는 빅토르 클라인Victor Klein으로, 러시아 여행을 할 때는 알렉세이 베를롭스키Aleksei Berlovskii로 알려졌다.[14] 세르주는 지하요원으로 활동했다. 그가 거리에서 코민테른 독일 특사인 카를 라덱Karl Radek을 지나쳐갈 때, 두 사람은 안다는 눈빛을 주고받았지만 말은 하지 않았다.

필요할 때면 신원과 국적을 바꾸던 세르주는 폴란드인 신분증을 10달러에 샀지만, 그 신분증은 쓸모가 없었다. 폴란드가 오버슐레지엔Oberschlesien을 병합하자 독일에서 반反폴란드 감정이 거세어지는 바람에 세르주가 자기의 폴란드 국적을 리투아니아 국적으로 맞바꾸기 전까지는 거의 살아갈 수가 없었던 것이다.[15]

"러시아를 지원할 능력이 있으며 언젠가는 러시아를 능가할 서유럽 노동계급 운동"을 일으키는 데 도움을 주기 위해 중유럽으로 가겠다고 마음먹는 부분적 동기가 되었던 그의 세계정세 분석은 세르주가 독일에 체류한다고 해서 바뀌지 않았다. 그는 독일 혁명 지도부의 취약성을 너무나 잘 알면서도 유럽의 사회주의 혁명을 여전히 문명을 구원하는 열쇠로 간주했다. 또한 세르주는 힘을 얻고 있는 파시즘의 위험을 경계했다.[1] 이 전망이 이 시기에 그가 쓴 기사들의 지침이 되었다. 그 기사들은 사실상 코민테른의 독일 노선 형성을 촉진했다. 세르주는 때때로 자기가 틀리다고 알고 있는 것을 간행해야 했다고 넌지시 말했으며, 점점 심해지는 코민테른의 출세주의와 부패를 놀란 눈으로 지켜보았다. 지울라 알페리Gyula Alperi와 프란츠 달렘Franz Dahlem같이, 생각하지 않고 예예만 하는 자들이 코민테른의 대오를 채우고 있었다. 그런 인적 자원들이 코민테른의 임원이 되면서 러시아인 지도부가 코민테른을 완전히 지배하는 현상이 가속화되었다.

세르주는 소련에서 일어나는 사건을 계속 주시했고 코민테른 집행부 회의에 참석하려고 모스크바 여행을 했다. 그는 1922년 4월 22일에 베를린의 국회의사당Reichstag에서 열린 세 인터내셔널들의 역사적인 회의에 저널리스트로서 참석했다. 사회주의 인터내셔널과 2.5인터내셔널[16]과 제3인터내셔널이 사회주의자들 사이의 협력의 기반을 놓으려고 한데 모였다. 이 회의는 제2인터내셔널(사회주의 인터내셔널-옮긴이) 대표들이 러시아에서 벌어지는 정치 탄압, 특히 (세르주가 『러시아 혁명의 첫 해』에서 "중농"의 정당이라고 부른) 사회주의자-혁명가당 지도부에 대한 임박한 모스크바 재판을 공격한 끝에 실패로 끝났다. 세르주는 사회민주당이 모스크바 재판을 비판하는 데 공감하는 경향을 보이면서도 동시에 부하린이 사회주의 인터내셔널에 내린 판단에 동의했다. 부하린은 "이 사람들은 사회주의를 위해서는 절대로 싸우지 않겠다고 결심했다"고 말했다. 세르주는 부하린이 "마치 지령인 양 '우리 언론은 그 자들을 무자비하게 공격해야 한다'"고 덧붙여 말했다고 지적했다.[2)]

세르주는 사회주의자-혁명가 재판 절차를 베를린에서 지켜보면서 기운이 죽 빠졌다. 내전이 끝났으므로 그는 "우리는 패배한 당의 피를 뿌릴 터인가? 그 당은 지난 시절에 그토록 많은 영웅을 혁명에 바쳤던 당이었다"고 썼다. 세르주는 당 정치국이 혁명은 "농민층과의 불가피한 위기로 치닫고 있다"고 믿고서 "중요한 이 농민당의 목을 자르겠다는 결정을 내렸다는 말을 듣고 몹시 걱정했다.[17] 세르주는 이 "재난"을 막으려고 클라라 체트킨Klara Zetkin, 자크 사둘, 보리스 수바린Boris Souvarine과 함께 행동에 나섰다. 고리키도 레닌에게 편지를 써 보냈다. 결국은 아무도 목숨을 잃지 않았다. 내전 동안 체카의 희생자들을 대변해서 개인적으로 중재에 나섰던 그 세르주가 베를린에서 같은 길을 계속해서 걷고 있었다.

세르주는 『러시아 혁명의 첫 해』에서 독일 노동자들이 1918년에 겪은 패배에 관해서 썼다.[18] 그는 독일 공산당이 너무 어리고 미숙하며 주도권을 감당할 수 있는 간부나 지도자가 없다고 보았다. 다른 한편으로, 세르주는 독일 프롤레타리아트가 자본주의의 수호자가 되어버린 사회민주당원들에게 지나치게 종속되어 있었다고 보았다. 리프크네히트는 너무 조급해한 나머지 당 중앙위원회의 견해를 묻지 않은 채 에베르트Ebert와 샤이데만Scheidemann을 타도하라고 호소하는 선언문에 서명을 하는 중대한 실수를 저질렀고, 그럼으로써 때를 잘못 잡은 봉기를 개시했다. 그는 그 봉기를 이끌 수 없었다. 룩셈부르크는 처음에는 리프크네히트에게 반대하다가 나중에는 그를 지지했다. 세르주가 지적한 대로 룩셈부르크는 혜안을 지녔지만 무력했다.[19]

1919년 1월에 베를린에서 일어난 스파르타쿠스단 봉기가 실패하자 파국이 찾아왔다. 에베르트의 사회민주당 정부의 정책을 겨눈 봉기는 1월 15일에 가장 유능한 혁명 지도자인 로자 룩셈부르크와 카를 리프크네히트가 붙잡혀 살해되면서 끝이 났다. 스파르타쿠스단 봉기 진압 책임을 맡은 구스타프 노스케Gustav Noske 국방장관이 그 혁명가 둘을 죽이라는 명령을 내렸던 것이다.[20] 두 달 뒤 레오 요기헤스Leo Jogiches, (티슈코Tyszko)가 같은 이유로 살해되고, 나중에 그 뒤를 따라 프란츠 메링Franz Mehring이 죽고 오이겐 레비네Eugen Levine가 암살당했다. 사실상 독일의 어린 공산당의 머리가 잘려나간 셈이다. 독일 공산당 지도부는 로자 룩셈부르크의 변호사였던 젊은 지식인 파울 레비Paul Levi의 손에 남겨졌다. 라덱이 적극적인 지도자 역할을 맡았다. 세르주의 『한 혁명가의 회상』을 빼놓고는, 고찰 대상이 된 어떤 원사료에도 코민테른 선전가로서 쓴 저널의 글 말고 세르주의 역할을 보여주는 증거는 없다.

1919년의 패배로 혁명적 위기가 끝나지는 않았다. 뒤이어 카프Kapp 우익폭동과 1920년 3월의 총파업이 짧은 간격을 두고 일어났다. 어리고 미숙한 독일 공산당은 노동자의 과반수가 당의 주도를 받아들일 각오가 되기 전에 총공세를 개시하려는 시도를 했다.

1920년에 패배를 당하면서 혁명 지도부의 위기와 코민테른 정책의 모순이 드러났다. 부하린과 지노비예프와 라덱은 유럽 정당들이 전개되는 혁명 잠재력에 비추어보아 너무나 몸을 사리는데 공세로 나서야 한다고 믿었다. 러시아에서는 레닌이 혁명이 숨가쁘게 달려왔으니 잠시 숨을 돌릴 틈과 더불어 자본주의와 평화롭게 공존하는 기간을 가져야 한다고 요구하고 있었다. 전시공산주의 대신 네프가 들어섰다. 혁명이 숨을 돌릴 틈과 혁명적 공세 사이의 모순은 독일 공산당에도 나타났다. 독일의 장군들이 지휘하고 독일 노동자들의 총파업으로 제압된 카프 우익폭동이 독일 공산당에게 선택의 순간을 안겨주었다. 당 지도부는 처음에는 파업에 반대하다가 나중에 입장을 바꾸는 등 갈피를 잡지 못했다. 혁명가들은 그 총파업 뒤에 권력 장악 시도를 할, 좀처럼 잡기 힘든 기회를 놓쳐버렸다. 그 결과 독일 공산당은 망가지고 말았다. 코민테른 지도자들은 카프 우익폭동과 독일 공산당의 기회주의적 접근에 대한 분석에서 견해 차이를 보였지만, 레비를 인정사정없이 공격했다. 사태는 빠르게 진행되었고 볼셰비키는 거리를 두고 지켜보았다. 그 싸움터에 더 가까이 있는 사람들은 상황의 어려움을 더 섬세하게 이해했다.

1923년 1월에 프랑스가 루르Ruhr를 점령하자 재앙과도 같은 마르크화 평가절하가 이루어지고 경제 후퇴가 나라를 덮쳤다. 베르사유 조약과 그 결과에 대한 항의가 프랑스의 루르 점령으로 점화되어 거세졌다. 독일 사회가 경제 위기로 더더욱 양극화하면서 독일 공산당의 대오에 들어오는 이들이 빠르게 불어났다.

베를린에서 세르주가 보내는 기사들은 쇠락의 조건에 집중되었다. 그는 통계를 이용해서 대량 실업과 기승을 부리는 인플레이션으로 심지어는 독일의 중간계급마저 노동자들과 함께 빈털터리 신세로 영락했음을 보여주었다. 세르주는 과연 그답게도 한 사람에게 일어난 일을 서술함으로써 그 분위기를 실감나게 보여주었다. 이 경우에는 한 상점에서 지난해, 즉 "발터 라테나우Walter Rathenau 시절"에 나온 1백 마르크짜리 지폐들로 물건 값을 치르는 "옷깃이 검은 레이스로 된 노부인"이었다.[21] 그 노부인은 그 돈이 가치가 없다는 말을 듣자 어리둥절해했다. 세르주는 사태가 눈이 핑핑 도는 속도로 급변하기 때문에 사태를 시간마다 추적할 필요가 있다고 설명했다. 인플레이션은 파국적이었고 덩달아서 환투기가 만연했다. 달러 환율이 하루에 두 번 바뀌는 경우가 잦아서 상업에 엄청난 혼란이 일어났다. 잡화점과 빵가게 밖에서 폭동이 터졌다. 배급이 이루어지지 않았기 때문에 환율이 바뀔 때마다 돈을 든 채 공황에 빠진 구매자들이 상점에 있는 물품을 약탈할 가능성이 있었다. 굶주림과 구걸이 널리 퍼져나갔다.

정치적인 면에서 세르주의 기사에는 코민테른의 대對독

일 정책의 일반노선, 더 특정하게는 볼셰비키당 안에서 대두하는 좌익반대파의 일반 노선이 반영되어 있었다. 세르주는 현지에서 혁명 지도부의 실제 상태를 볼 수 있었기 때문에 그의 독일 상황 평가는 볼셰비키보다 더 신중하고 조심스러웠다. 독일의 혁명 정책은 상당 부분 모스크바에서 결정되었다. 라덱이 자주 들락날락했다. 세르주도 코민테른 업무차 모스크바로 출장을 갔다.

러시아로 돌아가 마음이 놓이고

세르주는 모스크바로 되돌아가서 코민테른 집행위원회 확대회의에 참석했다. 『한 혁명가의 회상』에 있는 그 출장 여행 날짜는 1922년 말, 정확하게는 제4차 코민테른 대회가 열릴 때였다. 그러나 세르주는 페트로그라드에서 분명히 열린 그 코민테른 대회에는 참석하지 않았다.[22] 로스메르는 자기도 참석한 그 집행위원회 회의 날짜가 1923년 6월 12일이었다고 말했다.[23]

네프는 러시아에 이미 상대적 번영을 안겨주었고, 이에 세르주는 유쾌한 놀라움을 느꼈다. 그러나 세르주는 빈부 격차를 다시 들여오고 탐욕을 조장하고 사람들이 러시아 혁명으로 없어지리라고 기대했던 모든 악을 부추기는 네프를 퇴행으로 여겼다. 시장의 귀환이 세르주에게는 내전에서 헛되이 피를 흘리고 고통을 겪었다는 뜻으로 보였던 것이다.

그러나 네프는 도저히 견딜 수 없는 조건인 기아와 공업 붕괴에 대한 대응이었다. 세르주는 시장이라는 해결책에 반대한 것과는 대조적으로 공업을 되살릴 그 어떤 변화에도 기뻐했다.[24]

세르주는 도박, 부패, 절도, "소수의 번영과 다수의 궁핍" 사이의 간극 확대[25]에 절망하면서도 사정이 나아졌음을 인정했다. 이런 점은 예술에서 가장 뚜렷했다. 예전에는 이름 없던 새로운 작가들이 이제는 중요하게 여겨졌다. 그런 작가로는 보리스 필냑Boris Pil'niak과 프세볼로드 이바노프Vsevolod Ivanov와 콘스탄틴 페딘Konstantin Fedin이 있었다.[26] 세르주는 공산당원이 한 명도 없고 아주 "열성적이고 열렬하고 건전한 인도주의와 비판정신으로 충만한"[27] 이 작가들이 출판 허가를 받고 큰 사랑을 받는다는 사실에 아주 신이 났다. 러시아 문학은 혁명과 내전을 여러 해 겪은 뒤 다시 태어나고 있었다. 예술의 상황은 세르주가 다른 분야에서도 관찰한 여러 건강 신호 가운데 하나였다. 한 해 전에 세르주가 떠날 때만 해도 금방이라도 일어날 듯했던 붕괴는 일어나지 않았으며, 비록 여전히 빈곤의 기미가 사라지지 않기는 했어도 사람들이 굶어 죽지는 않고 있었다. 체카의 테러는 기억 속으로 사라져버렸다.

코민테른 집행부의 부패는 가속된 듯했다. 굴종과 관료주의가 판을 쳤다. 세르주는 비록 토론에 관심을 거의 기울이지 않아서 심의의 성격을 기억해낼 수 없다고 『한 혁명가의 회상』에서 밝히기는 했지만 집행부 회의에서 코민테른의 타락을 지켜보았다. 이것은 꽤 놀라운 일이다. 바로 이 회의에서 라덱이 민족주의의 기조 위에서 평범한 독일인에게 호소함으로써[28] 코민테른 대표단을 어리둥절하게 만드는[29] 그 유명한 "슐라게터Schlageter 연설"을 했기 때문이다.

다시 베를린으로 : 코민테른과 1923년의 독일 혁명

세르주는 7~8월 동원과 파업에 때맞춰 1923년 여름에 베를린으로 돌아갔다. 독일은 프랑스의 루르 점령으로 일어난 위기의 와중에 있었다. 세르주는 10월에 혁명이 패배해서 상황이 아주 위험해질 때까지 독일에 머물렀다. 독일에서 벌어진 사태에 관한 세르주의 분석과 설명은 1941년의 『한 혁명가의 회상』에 나온 것과 그보다 15년도 더 앞서 1923년과 1926년 사이에 쓴 기사들이 사실상 똑같다. 『인터내셔널 통신』에 실린 그 기사들은 현장감이 넘치고 1923년의 혁명적 위기 동안 독일 사회민주당이 벌인 책동을 폭로한다. 독일 경제의 붕괴와 이 붕괴가 독일 노동계급의 상황 악화에 미친 영향에 관한 정보도 많이 있다. 세르주가 나중에 쓴 기사들은 좌익반대파의 노선을 제시했지만 직접 관찰한 것이기에 섬세하다.

세르주의 말을 빌리자면, 베르사유 조약이 부과한 조건

은 "독일 국민의 목에 걸린 올가미"[30]여서, 막대한 전쟁배상금 지불이라는 사회적·경제적 대가로 경제가 망가졌다. 부자는 "제 배만 불리는" 투기꾼이 되었고 대중은 점점 빈털터리가 되었다. 주초에 정해진 노동자 봉급액이 봉급날인 주말이 되면 가치가 없어질 만큼 인플레이션이 기승을 부렸다.[31] 1923년 여름이 되자 나라 전체가 파산했고 쿠노Cuno 정부는 더는 배상금을 낼 능력이 없다고 선언했다.

정치와 경제가 무너져서 빈궁과 굶주림이 만연하자 독일 노동자들이 민주주의 정당들을 버렸고, 공산주의자와 파시스트의 대오가 불어났다. 질서정연하기로 이름난 독일 사람들이 비록 규율 잡힌 방식으로이기는 해도 폭동을 일으키기 시작했고 거리를 배회했다. 세르주는 빵 가게 앞에서 일어난 폭동을 서술했지만, 프롤레타리아트가 한 신발 가게를 약탈하면서 지킨 규율도 관찰했다. 신발 가게에서 줄을 서서 자기가 훔칠 차례가 오기를 기다리던 노동자들은 자기에게 맞는 신발이 없으면 "양심에 거리낌 없이 빈손으로" 나왔다.[32]

노동계급이 경제 붕괴에 대응해서 동원되었다. "날마다 파업이 일어났고 밤마다 권총 소리가 불길한 정적을 깨고 메아리쳤다."[33] 노동자 운동이 다시 진군하고 있었다. 세르주는 '혁명의 문턱에서'Au Seuil d'une révolution라는 제목이 붙은 연재기사[34]에서 공산주의자 대중과 민족주의자 학생 대중의 분위기가 "이제는 싸우자"Losschlagen는 분위기였다고 서술했다. 1923년 7월과 8월에는 혁명 상황의 정치적 필수조건 대다수가 존재했다.

라덱이 자기의 "슐라게터 노선"을 밀고 나가 일반 민족주의자에게 공산주의자에 가세하라고 호소한 것은 바로 이런 맥락에서였다.[3] 흥미롭게도, 세르주는 라덱의 슐라게터 노선의 정치적 내용에 반대하지 않았다. 파시스트 일반 대중에 대한 호소는 민족주의에 대한 양보였을까? 세르주는 분명히 슐라게터 노선을 우경화가 아니라 전술적 기동, 그리고 좌파의 혁명적 행위의 일부 바로 그것으로 보았다. 세르주는 슐라게터 전술에 관해서 다음과 같이 말했다. "그것은 불장난이다. 좋아, 불장난을 하자! (……) 로스슐라겐! 이제는 싸우자!"[35]

독일의 위기는 러시아에 있는 코민테른에서 벌어지는 사건들로 말미암아 악화되었다.[4] 1923년 5월부터 8월까지 독일 공산당과 코민테른의 모든 행동은 라덱이 주도했다.[36] 그러나 1923년 8월의 파업이 정치적으로 준비가 되어 있지 않은 독일 공산당과 코민테른을 덮쳤다. 노동자 운동이 여름 내내 치솟다가 8월 파업에서 절정에 이르렀다. 이 절정기에 코민테른이 행동에 들어갔고 퇴조기가 시작되었을 때 사태를 고조시키려고 애썼다. 독일 공산당 지도자인 브란틀러Brandler가 독일 혁명을 준비하기 위해 모스크바로 불려갔는데, 그는 독일 공산당이 대중 작업에서 무력 준비로 전환하는 동안 10월 초순까지 모스크바에서 끝없는 논쟁에서 헤어나지 못했다.

이때 볼셰비키와 코민테른은 공세로 들어갔고, 모스크바

가 독일 공산당 정책을 결정했다. 볼셰비키는 독일 혁명 거사일로 제안된 날짜를 러시아 10월혁명 6주년과 같은 날이 되도록 잡았다. 트로츠키는 이 정책을 '반혁명이나 혁명의 명확한 일정을 잡을 수 있는가?'라는 제목이 붙은 논설기사에서 옹호했다.[37]

세르주는 독일에서 비축된 무기가 날마다 없어지고 대중의 분위기가 긴박한 기대와 "봉기에 대한 열광"에서 "지친 체념"으로 넘어가고 있는 것을 직접 눈으로 보고 있는데 모스크바가 봉기일을 확정하자 깜짝 놀랐다. 세르주는 "당의 주도가 대중의 자연발생적 운동과 합치하지 않으면 실패는 예정되어 있다"는 뜻을 코민테른 집행위원회에게 전하려고 모스크바에 있는 수바린에게 편지를 썼다.[38]

라덱도 독일 대중이 준비가 되지 않았다는 내용의 전보를 모스크바에 보냈다. 지노비예프와 부하린이 독일인들에게 박차를 가했다. 트로츠키는 처음에는 자기에게 정보가 더 필요하다고 말했지만 그다음에는 일을 밀고 나아가 봉기계획을 미리 세워놓자고 제안했다.[5)]

"낙태당한" 독일판 10월혁명

결정된 그 계획은 부자연스러웠다. 외부에서 힘을 가해서 사태를 바꾸려 들었던 것이다. 트로츠키와 라덱은 비록 걱정거리[6)]는 좀 있지만 독일의 혁명을 대담하고 단호한

행동으로 지휘해야 한다고 믿었다.[39]

 코민테른이 반신반의하다가 행동 계획을 밀어붙이는 쪽으로 나아갔다. 독일 공산당원인 브란틀러와 헤케르트Heckert와 뵈트처Böttcher가 코민테른 지령에 따라 혁명의 발디딤판이 될 드레스덴Dresden 주정부 사회민주당 내각에 입각할 터였다.[40] 공산주의자들이 정부 내의 영향력을 이용해서 노동자들을 무장시키고 붉은 작센Sachsen과 튀링엔Thüringen이 봉기를 이끌 터였다. 세르주는 싸울 각오가 되어 있는 노동자와 젊은이들과 함께 살았다. 어떤 이들은 1918년 11월과 1919년 1월의 봉기에 가담했던 용사들, 즉 "카를과 로자의 피살, 살인자 구스타프 노스케의 독재"를 헤치고 살아남은 고참 스파르타쿠스 단원이었다. 그는 이 사람들은 명령만 받으면 무엇이든지 할 태세가 되어 있다고 적었다.[41]

 코민테른의 계획은 엉성했고, 불충분하고 낡은 정보에 기반을 두고 있었다. 조급함과 우유부단함과 서툰 준비가 한데 맞물려서 재앙이 일어났다. 세르주는 혁명 지도부의 위기가 결정적이라는 트로츠키의 견해에 동의했지만, 이미 관료화한 코민테른은 말할 것도 없고 "대중 의식의 위기"도 존재한다고 덧붙였다.[42]

 사태는 코민테른이 분석한 독일의 상황을 앞서 나갔다. 10월의 상황은 7월만큼 유리하지 않았다. 사회적 위기는 덜 심각했고 마르크화가 안정되어 경제 사정이 풀린 것이다. 따라서 정치 상황은, 도이처의 해석에 따른다면, 더 차

분해졌고, 또는 보르케나우Borkenau의 해석에 따른다면 전혀 차분하지 않았다. 공산주의자들이 자기들이 지지를 받지 못한다는 것을 깨닫지 못했다고 책망한 보르케나우가 보기에는 불만을 가진 사회민주당 지지 노동자들이 이리저리 떠돌다가 좌파보다는 우파 쪽으로 흘러갔다. 그는 노동자들이 정치에서 멀어지고 있다는 증거로 노동조합 회원 수의 감소를 들었다. 그루버Gruber에 따르면, 독일 공산당은 특히 파시스트의 힘과 경향에 관해서 상황을 더 잘 알았어야 했다. 그는 러시아인들이 "자기들의 10월혁명의 유추"를 너무나 남발했다고 비판했다. 카는 비록 독일의 상황이 "그 엄중함을 전혀 잃지 않기는 했어도" 혁명적 사회세력의 정치적 근본 신념이 현실적이라기보다는 환상적이었다고 지적했다.[43]

독일 공산당 중앙위원회는 대중을 일깨워 봉기를 일으킬 각오를 하도록 만들지 못했다. 무기고는 텅 비었다. 러시아인 군사 전문가들이 마지막 순간에 봉기를 취소했지만, 그 전갈이 함부르크Hamburg에 가 닿지 않는 바람에 용감하고 규율 잡힌 공산주의자 3백 명이 함부르크시를 접수했다가 고립되는 불운을 맞이했다.[7] 뒤이어 일어난 유혈 사태 속에서 공산당원들이 봉기해 나흘 동안 싸웠다.[44] 세르주는 "우리 가운데 완패했음을 초기에 깨달은 사람은 극소수"였다고 말했다.[45]

히틀러가 11월 9일에 뮌헨München에서 쿠데타를 실행에 옮겼다가 실패했다. 비록 그 우익 폭동은 실패했지만 세르주는 히틀러의 잠재력을 얕잡아보지 않았다. 실제로 세르주가 1923년에 『인터내셔널 통신』과 『공산주의 회보』에 쓴 기사들은 파시즘이라는 위험을 제대로 인식하고 경계했다는 특징이 있다.[46] 세르주는 나중에 『노동자의 삶』에 쓴 기사[47]에서 독일 자본가들은 자기들이 상황을 안정시킬 수 있기 때문에 아직은 히틀러를 필요로 하지 않지만 그를 아껴두었다가 위기가 다시 터져 나오면 써먹을 것이라고 설명했다.

독일 혁명이 패배하면서 스탈린이 승리하는 길이 트였다.[48] 그 패배로 말미암아 권력을 향한 히틀러의 진군을 가로막는 장애물도 없어져버렸다. 유럽에서 또 다른 혁명이 일어나지 않음으로써 볼셰비키가 고립되고 동요했다. 러시아 공산당의 위기가 독일의 논쟁을 지배했다. 그 결과가 코민테른 곳곳에서 느껴졌다. 카가 쓴 용어인 독일 "대실패"에 관한 독일 공산당의 사후 부검 평가는 러시아 공산당 정치국 안에서 트로츠키와 라덱과 퍄타코프를 한 편으로 하고 스탈린과 지노비예프와 카메네프를 다른 한 편으로 하는 두 세력 사이에서 벌어진 투쟁의 싸움터가 되었다. 트로츠키는 7년 뒤에 다음과 같이 썼다.

러시아 공산당에서 벌어진 내부 논쟁은 1923년 가을의 독일 사태 때까지는 여러 분파가 형성되어 체계를 이루는 상태로 이어지지 않았다. 소련의 경제·정치적 과정은 특성상 잘 보이지 않았고 템포가 꽤 느렸다. 1923년에 독일에서 일어난 사태로 말미암아 그 거대한 계급투쟁의 규모에 관한 견해차가 얼마나 크고 작은지가 드러났다. 바로 이 무렵에, 이런 토대 위에서 러시아의 좌익반대파가 형성되었다.[49]

독일 문제에 대한 논의는 코민테른 활동에 스탈린이 참여한 첫 사례가 되었다. 그의 입장은 여섯 해가 지난 뒤 코민테른에서 쫓겨난 브란틀러가 누명을 벗고자 스탈린이 봉기에 반대하던 지노비예프와 부하린에게 보낸 편지를 발표했을 때 드러났다. 그 편지에는 "파시스트들이 먼저 공격하는 것이 우리에게 이롭습니다. (……) 더군다나 모든 정보에 따르면 독일에서 파시스트들은 약합니다"라고 씌어 있었다.[50] 지노비예프는 주저하면서도 봉기를 일으키자는 쪽으로 기울었다. 브란틀러는 반대했지만 어쩔 도리 없이 행동을 지휘해야만 했다. 나중에 스탈린과 지노비예프는 코민테른의 책임을 모면하려고 브란틀러를 탓했다.

패배 직후에 독일 공산당과 코민테른과 볼셰비키 사이에서 맞비난과 희생양 찾기가 진행되었다. 루트 피셔Ruth Fischer와 마슬로우Maslow는 기회주의적으로 스탈린과 지노비예프와 같은 노선에 섰고, 트로츠키는 브란틀러를 지지했으며, 모든 사람이 혁명 지도부가 지독히도 마땅치 않다는 데 동의했다.[8)] 세르주는 동의했지만, 노동계급의 문제, 즉 그들이 혁명적인가 하는 문제를 논의했다. 세르주의 설명에는 노동계급이 혁명적이지 않았다고 우리에게 말해주는 인용이 가득하다. 즉, 노동계급은 너무나 "점잖고" 너무나 얌전했다는 것이다. 과연 그답게도 세르주의 분석은 노동계급의 현실 상황과 정치의식으로 시작하고 끝이 난다.

세르주가 보기에 바이마르 공화국은 대중의 비활성 덕택에 1923년의 10월과 11월 위기를 넘기고 살아남았다. 대다수 대중은 나서지 않았다. 실업자는 입에 풀칠이라도 하려고 나치에게 넘어갔다. 사회민주당 지도자는 허물어지고 있는 사회 체제를 너무 많이 떠맡았고 사회민주당 평당원은 혁명에 겁을 집어먹었다. 그 뒤에 벌어진 희생양 찾기에서 세르주는 "패배에서 양심을 파괴하는 거짓말, 탄압, 사기를 떨어뜨리는 규율이 비롯되었다"면서 "아무도 근본적인 잘못에 관해 이야기하지 않았다. 당 전체가 자기 윗사람의 뜻에 거스르지 않는 것이 첫번째 관심사인 당료의 본의 아닌 속내 감추기로 유지되었다"고 지적했다.[51] 켜켜이 가로놓인 당료와 간사를 거치면서 정보가 쌓이다가 급기야는 독일 공산당 중앙위원회가 코민테른에 자기들이 준비를 마쳤다고 말할 수 있었으나 사실은 서류상으로만 준비를 마친 상황이 벌어졌다.[52] 문제의 일부는 러시아의 당 정치국에서 시작되어 코민테른을 거쳐 독일 공산당에 이르는 명령 계통에서 비롯되었다. 그 결과는 한결 더 심하게 관료주의화하는 것이었다. 『빛』에 실린 자신의 기사에서 세르주는 독일 대실패라는 서툰 실수는 관료주의의 병폐 탓이라고 주장했다. 독일 공산당은 모든 주도권이 모스크바에서 나오는데도 수수방관했을 뿐만 아니라 혁명적 상황이 코앞에서 전개되는데도 수동적 자세에 머물렀다. 독일 공산당원들은 대중 투쟁과의 연계를 강화해야 했을 때 무기를 모으는 데 몰두했고, 그나마도 실제보다는 서류 위에서 더 잘 그랬다.[9] 이런 상황에서 봉기 날짜를 받아들인다는 것은 관료적으로 현실에서 고립되었음을 보여주는 추가 증거였으며, 그 고립으로 말미암아 독일 공산당원들이 결국 패했다.

독일 사태는 격심한 볼셰비키당 내 분파 갈등의 시작과 동시에 일어났다. 러시아 공산당 내 논쟁과 분파 투쟁의 시기를 연 트로츠키의 두 편지와 마찬가지로 46인 강령[10]이 독일의 패배가 발생한 달에 나타났다. 독일 사건은 러시아 공산당과 코민테른의 위기와 밀접하게 얽혀 있었다. (트로츠키와 더불어) 좌익반대파의 일원인 라덱이 지노비예프가 코민테른에서 가진 권력에 맞섰다. 코민테른 지부 회원국들이 이 논쟁에서 취한 입장에 스탈린과 지노비예프와 카메네프는 점점 더 놀라게 되었다. 이 세 사람은 외국 지도자들이 좌익반대파의 편에 설지도 모른다고 걱정했다. 실제로 라덱은 자기가 독일에서 한 행동에 책임을 지는 대상은 러시아 공산당 정치국이 아니라 코민테른 세계 대회라는 점을 당 정치국원들에게 일깨웠다.[53] 러시아 공산당도 다른 공산당과 마찬가지로 코민테른의 1개 지부였다. 스탈린파의 코민테른 지배 문제는 이렇듯 첨예하게 제기되었다.

문서로 잘 정리되어 있는 코민테른 내 독일 혁명 논쟁에서 패배에 관한 상반된 두 가지 평가가 나왔다. 한 평가에서는 권력을 잡는다는 결정이 내려졌을 때 독일 프롤레타리아트는 그럴 각오가 되어 있지 않았다는 견해를 보였다. 다른 편에서는 혁명을 위한 조건이 무르익었지만 혁명 지도부의 위기 때문에 기회를 놓쳤다고 주장했다. 세르주의 평가는 두 평가 사이 어딘가에 있다. 그는 혁명 지도부와 대중 의식에 모두 위기가 있었다고 보았다.[11] 그는 지노비예프나 스탈린의 편에 서지 않았다. 세계혁명을 일으킬 기회를 또 한 번 놓쳤으므로 국내를 중시하는 분파("일국사회주의")가 등장했다. 세르주는 코민테른과 러시아 혁명에 미치는 영향을 잘 알고 있었으며, 『빛』과 『한 혁명가의 회상』에서 그 영향을 언급했다.

세르주는 폰 젝트von Seekt 장군이 권력을 잡아 질서를 회복한 날과 같은 날(1923년 11월 9일)에 아내 류바와 아들 블라디를 데리고 베를린을 떠나 프라하를 거쳐 빈으로 갔다. 마지막 순간에 소련 대사관이 지원을 끊어서 그들은 제힘으로 살아가야 했다. 세르주는 두 해 동안 돈이나 제대로 된 증명서 없이 어려운 환경 속에서 살았다.

빈에서 관망하기 : 1923~1925년

세르주는 빈에서 소련과 코민테른과 들끓는 발칸 반도에서 벌어지는 사태를 주시했다. 이런 사태로는 레닌의 죽음, 지노비예프의 에스토니아 대실수[12], 그루지야 사건[13] 아직도 "혁명을 배태하고 있는" 불가리아가 있었다.

정작 오스트리아는 개명된 사회민주당이 다스리는 평화로운 나라였다. 오스트리아 사회민주당은 노동자 주택을 건설하면서 힘센 이웃 나라들(독일과 이탈리아와 헝가리)의 영향력이 자국의 미래를 결정한다는 것을 알고 기회를 기다리는 데 열중했다. 세르주는 외교 여권을 가지고 도착해서 빈의 감미로운 음악을 즐기며 국제 문제에 몰두했다.

세르주가 빈에 머문 기간, 즉 1923년부터 1925년까지는 코민테른 전체에서, 그리고 소련 자체 안에서 관망하는 기간이었다. 빈은 지도자급 국제혁명가들이 살거나 시간을 보내는, 코민테른의 교차로가 되었다. 세르주는 그들 가운데 여러 사람을 알게 되었고, 자신의 저술을 통해서 그들이 무엇을 생각하고 있는지를, 즉 그들이 공개적으로 표현하지 않으려고 한 생각을 드러낼 기회를 얻었다. 다시 한 번 세르주는 정치 활동의 신경중추에 있었다.

빈에서 세르주는 관료주의라는 암이 소련 공산당과 코민테른에 퍼지는 것을 지켜보았다.[54] 그는 당대의 가장 훌륭한 혁명적 위인들 가운데 일부와 사귀고 『한 혁명가의 회상』에서 간략하게 인물 묘사를 했다. 그는 프로이트Freud와 마르크스를 공부했고 루카치Lukács[14]와 그람시Gramsci[15]와 사귀었다. 세르주는 이 시기의 자기 삶에 관해 다음과 같이 썼다.

우리는 오로지 역사에 통합되는 행동을 위해 살았다. 다른 이가 우리 역할을 대신할 수도 있었다. 우리는 러시아에서 일어나는 사건이 독일과 발칸 반도의 사건에 미치는 반향을 직접 볼 수 있었다. 우리는 우리와 같은 목적을 좇아서 유럽의 다른 쪽 끝에서 스러져갔거나 그렇지 않으면 꽤 성공을 거둔 우리 동지들과 연결되어 있다고 느꼈다. 우리 가운데 어느 누구에게도, 그 낱말의 부르주아적 의미에서 개인 생활이란 일절 없었다. 우리는 당의 필요에 따라 이름과 직무와 일을 바꿨다. 우리는 진정한 물질적 불편이 없을 만큼만 살았으며, 돈을 벌거나 출세를 하거나 문필 유산을 만들어내거나 이름을 남기는 데 관심이 없었다. 우리는 오로지 사회주의에 도달하는 어려운 일에만 관심이 있었다.[55]

한 혁명가의 삶이 이토록 실감나게 묘사된 적은 드물다. 세르주에게는 일상생활이나 한 개인이란 실제 존재의 진실된 분위기를 아주 간결하게 스케치해 포착해내는 독특한 능력이 있었다. 그는 실상을 창조적인 문어체로 기록했다. 무엇보다도 먼저, 그는 정치와 역사가 개개인의 삶에서 벼려지고 이 개개인의 **성격**이 그들의 공적 행동을 형성한다는 것을 결코 잊지 않았다. 한 혁명가의 개인 생활의 부재를 서술하는 문단이 달리 어떻게 그토록 직접적으로 개인적일 수 있었을까?

세르주가 빈에서 알고 지낸 러시아인들은 간신히 "자신들의 순수한 상태와 넘치는 낙관론을 유지"할 수 있었다.⁵⁶ 당에 완전히 쓸모가 없어진 이 혁명가들은 부르주아 세계의 쇠락을 관찰할 수 있었던 외국에서 할 일 없는 직책을 받았다. 그들은 외국에서 지내면서 목소리를 내지 못하게 된다. 이런 혁명가들 가운데 한 사람이 중국과 일본에서 되돌아온 지 얼마 안 되는 아돌프 아브라모비치 요페Adol'f Abramovich Ioffe였다. 그는 세르주에게 "외모에서 부티가 줄줄 흐르고 거의 웃음을 자아낼 만큼 위엄을 부리는 의사, 죽어가는 환자의 병상 머리맡으로 불려온 현명한 의사"처럼 보였다.⁵⁷ 골드시테인Gol'dshtein 박사와 코즐롭스키Kozlovskii "영감"과 유리 코츄빈스키Iurii Kotsiubinskii도 그런 혁명가들이었다. 세르주는 이들과 속내를 터놓고 지냈다. 코츄빈스키는 유리 퍄타고프와 에브게니야 보그다노바 보시Evgeniia Bogdanova Bosh와 함께 내전의 영웅이었다. 세르주는 볼셰비즘의 가장 저명한 인물 가운데 한 사람인 보시에 관해 『러시아 혁명의 첫 해』에서 쓴 바 있다.⁵⁸ 세르주는 안젤리카 발라바노바와도 다시 만났고, "지지리도 못난 인물이며 (……) 모자라는 지력과 미덥지 못한 의지와 권위주의적 부패의 화신"인 벨라 쿤Béla Kun과도 만났다.⁵⁹

그들은 오스트리아의 사회민주당과 공산당과 거의 접촉하지 않았다. 분열된 오스트리아 공산당의 각 그룹은 성원이 단 1백 명이었다. 오스트리아 마르크스주의는 비록 훌륭한 인물을 배출하고 프롤레타리아트 1백만 명을 조직했었다고 해도 "냉정함과 신중함과 부르주아적 온건함" 탓에 권력을 잡는 데 10년 동안 세 차례 실패했다.⁶⁰

세르주는 자기 친구들과 함께 러시아 혁명과 코민테른과 세계정세를 토론하고 글을 쓰면서 시간을 보냈다.[16] 그는 최근에 볼셰비키당에 가입한 새로운 투사 25만 명이 만약 입당하려고 레닌의 죽음을 기다렸다면 그들에게 큰 가치가 있을 수 없다는 데 자기와 그람시의 의견이 일치했다고 지적했다.[61] 그는 사형선고를 받은 혁명가가 자살해야 하는지를 놓고 루카치와 논쟁을 벌였다.[17]

세르주는 1925년에 프랑스어판 『노동자의 삶』에 오스트리아에서 파시즘의 위협이 임박했다는 글을 썼다. 이 글은 러시아에서는 "쓸데없는 팸플릿"이 되었다. 그는 바이마르 공화국이 존재해야만 오스트리아 노동계급이 살아남을 수 있다고 썼다. 즉, 바이마르 공화국이 무너지면 오스트리아도 망한다는 것이었다.[62] 이 시기에 세르주의 저널리즘은 에스파냐에서 세르주의 옛 동지들에게 자행되는 테러와 "칼로 통치되는 불가리아"에서 자행되는 백색테러에 맞선 투쟁 같은 문제를 다루었다.[63]

빈에서 써 보내는 글

소련 공산당과 비굴한 코민테른의 관료주의적 성격과 일국적 시야에 실망한 세르주는 이미 좌익반대파에 가담한 몸이었다. 세르주의 정치적 의심은 비록 이솝Aesop식이기는 해도 이 시기에 그가 쓴 저술에 반영되어 있다. 저술에서 세르주는 정치적 의문을 대놓고 제기하는 일은 피했다. 그렇게 했다가는 볼셰비키당에 대한 충성심을 의심 받게 될 터였다. 세르주는 아직은 볼셰비키 당원이었다.[64]

세르주는 1924년에 레닌이 죽은 뒤 곧바로 1917년의 레닌에 관한 연구서를 썼다. 이 연구서는 겉으로는 레닌이 죽은 뒤 나타난 레닌 숭배의 전형적 소산처럼 보인다. 비록 코민테른이 맡긴 임무이기는 했지만, 세르주는 레닌이 1917년에 취한 정치관을 프랑스 좌익에 권고하는 일에 딱 들어맞았다. 그는 레닌의 『국가와 혁명』*Revoliutsiia i gosudarstvo*을 프랑스어로 옮기고 레닌 연구소에서 『레닌 전집』*Leninskii sbornik*을 번역하는 일을 한 적이 있다.[65] 세르주는 레닌을 개인적으로 알았고, 그의 아내는 1921년에 레닌의 속기사였다.[66] 세르주는 레닌이 죽었다는 소식을 듣고 레닌의 대단한 업적의 범위를 차근차근 생각해보았다.[67] 그는 레닌이 죽으면 사변이 일어나리라는 안드레스 닌Andrés Nin의 예측을 기억했다. 닌은 "당의 단합"이 이렇듯 "단 한 사람의 그늘"에 좌우되었다고 덧붙였다.[68]

세르주의 레닌 연구서의 의의는 내용보다는 그 맥락에 있다. 그 연구서는 독일에서 세계혁명이 패한 뒤에 빈에서 씌어졌다. 스탈린은 러시아 혁명을 고취했던 미래상과는 거리가 먼 수단, 즉 머지않은 장래에 사용될 더 끔찍한 수단을 예고하는 수단을 써서 삼두정치 구성원 위에 올라 으뜸가는 지도자로 우뚝 서기 시작한 상태에 있었다. 그 연구서는 겉으로는 틀에 박힌 그저 그런 설명처럼 보인다.[69]

그러나 세르주는 겉으로는 구태의연해 보이는 정치선전 속에서 은밀히 스탈린의 지도 방식을 비판하는 식으로 레닌의 역할을 분석했다.

세르주는 혁명이 일어난 해의 레닌에 관해 서술하면서 두 가지 점을 강조했다. 그 두 가지란 러시아 혁명을 오로지 "국제 사회주의 운동에 가하는 강한 자극"으로만 보는 레닌의 견해와 그의 국제주의,[70] 그리고 혁명 과정에서 대중이 하는 역할에 대한 레닌의 몰두였다. 스탈린의 일국사회주의 정책을 고려하면, 이 책은 1924년과 1925년에 당이 택한 방향에 가하는 은밀한 공격이다.

세르주는 1917년의 사건들을 좇아가면서 레닌의 결정적 역할을 예증했다. 세르주에게 레닌은 "행동하는 사고"의 구현이며 "지력과 의지 사이의 절대 조화"였다.[71] 세르주는 권력을 잡고 사회주의를 건설하는 데에서 노동자들이 한 역할에 대한 레닌의 이해를 강조했고, 이런 의미에서 책 전체가 독재권력으로 통치한 스탈린과 트로이카troika에 가하는 공격이다. 세르주는 대중 투쟁을 밀고 나아가는 데에서 노동자 민주주의 기구들이 한 역할에 관한 레닌의 이해를 강조하고 레닌이 죽은 다음의 투쟁을 조금도 언급하지 않음으로써, 이 책을 반대파의 문건으로 만들어 레닌의 민주주의적 측면을 역설할 수 있었다.

『1917년의 레닌』은 독일이나 코민테른을 언급하지 않고 1923년 독일 혁명에서 코민테른과 독일 공산당이 취한 정책을 공격했다. 세르주는 사전 계획된 봉기를 비난하려고 레닌을 불러왔던 것이다. 세르주는 "마르크스주의와 봉기"라는 표제 아래 "봉기 기법"에 관한 레닌의 언급을 인용했다. 즉, 혁명은 성공을 거두려면 음모나 당이 아니라 앞선 계급, 그리고 인민의 혁명적 고양에 의존할 수 있다는 것이었다. "봉기는 인민의 선진 대오의 활동이 고조될 때, 그리고 적의 대오에서, 약하고 열의가 없고 우유부단한 혁명의 친구들의 대오에서 동요가 가장 심할 때, 성장하는 혁명의 역사에 있는 그 전환점에 의존해야만 한다."[72]

문학과 혁명

감옥에 갇혀 있거나 이번에는 당 규율에 따라 이루어진 정치검열 때문에 정치 활동이 제한되는 기간 동안 세르주의 행동에 나타나는 하나의 유형은 문학 문제로 관심이 옮아가는 것이었다. 세르주는 무엇보다도 먼저 정치적 동물이었고, 정치 활동을 금지 당했을 때에만 비로소 문학 활동으로 주의를 돌렸다. 빈 체류 시기는 실질적인 정치 활동의 중심이 소련 공산당 내부에 있었기 때문에 관망하는 시기였다. 세르주의 관심은 1928년 이후 다시 문학으로 되돌아갔다. 세르주는 1928년에 볼셰비키당에서 쫓겨나고 나중에 감옥에 갇힌 뒤 소설가가 되었다.

『빛』과 『인터내셔널 통신』에 실린 세르주의 러시아 문화·예술 활동 관련 기사들은 그가 문학비평 영역에 들어섰다는 표시이다. 그는 『문학과 혁명』*Littérature et révolution*이라는 책자를 펴낸 1932년에 문학비평 분야로 되돌아가게 된다.

1922년부터 1926년까지의 기간 동안 세르주는 소련의 문화를 연대순으로 살펴보면서 기사를 스물다섯 편쯤 썼다. 그는 소련의 주요 예술가들의 면모를 소개하고 그들의 작품을 통해 혁명 이후 소비에트 사회의 문화의 추이와 상황을 논했다. 이 기사들에는 내전기와 네프 시기에 이루어진 짧은 문화적 르네상스에 관한 세르주의 인상과 분석이 기록되어 있다. 소련 문학계는 세르주에게 낯선 곳이 아니었다. 비록 아직은 소설가가 아니었지만 세르주는 내전 기간 동안 문학가들과 사귀었고 볼필라 그룹의 일원이었다.[73] 그는 계속해서 그들의 작품을 알리고 1925년 이후 시기에 일어난 그들의 자살에 크게 주목하면서 그들의 운명을 알렸다. 세르주는 프랑스 독자들을 위해 이 초창기 소비에트 러시아 예술가들의 작품을 번역하고 안드레이 벨릐이의 「그리스도께서 부활하셨다」Khristos voskres ; Christ est ressuscité[74]와 표도르 글라드코프의 『시멘트』*Tsement ; Le Ciment*를 번역했다.

세르주는 교제 범위를 혁명을 옹호하는 작가에 국한하지 않고 그리스도교도와 상징주의자와도 어울렸다. 그는 혁명적이든 반혁명적이든, 유물론자이든 신비주의자이든 상관없이 창조적인 천재를 높이 샀다. 세르주는 작가와 예술가들은 특별한 범주에 들어가며 예술가의 자기표현권이 정치 투쟁의 위에 있다고 믿었다.

세르주는 자기가 만든 소련 문학사조 연대기에서 현행 문화계에 있는 혁명 이전 문학 전통의 연속성을 추적했다. 그는 문학이 혁명에서 하는 역할과 혁명이 문학에서 하는 역할을 살펴보았다. 자본주의 착취의 종식은 세르주에게 결코 그 자체로 끝이 아니었다. 그것은 창조적 표현의 꽃이 피어나도록 해주는 수단이었다. 그것은 반드시 있어야 하는 시작이었다. 세르주는 다음과 같이 썼다.

> 혁명가들은 이해하고 사랑해야 한다. 왜냐하면 혁명이 제시하는 문제는 영원한 불만족, 진부한 행복에 대한 경멸을 뜻하고, 아주 많은 노예와 아주 많은 주인의 무료하고 순전히 동물적인 삶의 순환에서 벗어나서 마침내는 인간다운 삶으로 치솟으려는 열망을 뜻하기 때문이다. 우월한 에너지들, 즉 사랑과 지성과 창조 의지를 긍정해야만 인간다운 삶을 얻을 수 있다.[75]

혁명은 경제적 관점이 아니라 인간적·정신적·문화적 관점에서 측정되고 예술가는 자기 작품을 혁명의 맥락 안에 놓는 능력으로 평가 받을 터였다. 세르주는 예술과 혁명을 보는 자기 입장을 정의하고 나서 소설가와 시인을 살펴보았다. 그는 블라디미르 마야콥스키가 형식과 내용에서 모두 새로운 시 「150,000,000」으로 독특한 혁명적 작품을 만들어냈다고 썼다. 세르주는 마야콥스키와 미래주의와 그리스도교 시인들을 찬양했고 이들보다는 못한 칭찬을 공산주의 시인들에게 해주었다. 그는 프롤레트쿨트 Proletkul't[18]의 한계를 논해서, 프롤레타리아 문화가 있을 수 있는지에 관한 1920년대 말과 1930년대 초의 문학 논쟁을 미리 보여주었다. 끝내는 창조성이 스탈린 치하에서 압살되어 소련식 사회주의 리얼리즘이 태어났다.

세르주는 러시아 문화의 상황 및 추이와 "혁명 문화" 문제를 서술하는 「소비에트 러시아의 지적 생활」La Vie intellectuelle en Russie des Soviets을 『빛』에 연재 기사로 썼다. 그는 혁명 이전 시기의 더 오래된 예술가들과 그들의 사상이 지닌 무게가 아직도 새로운 운동을 확립하려고 애를 쓰는 더 새로운 혁명적 예술가들을 지배한다고 지적했다. 새로운 혁명적 예술가들과 국가 소유가 된 새로운 산업 사이에는 비슷한 점이 한 가지 있었다. 둘 다 더 오랜 기존의 방식에 맞서 싸운다는 점이었다. 새로운 예술가들은 혁명의 역동성을 흡수했지만 모양이 굳지 않아서 쉬이 바뀔 수 있었다. 세르주는 이 예술가들을 아직은 혁명적이라고 여기지 않았다. 왜냐하면 이 예술가들이 혁명에 관한 "이념 구조"를 개발하지 못했고, 비록 혁명으로 풀려난 창조적 에너지가 이들에게 흠뻑 스며들기는 했어도 이들의 혁명 과정 이해에 깊이가 없었기 때문이었다. 즉, "그들은 가장 작은 양상들은 관찰했지만, 그 밑바탕에 있는 법칙을 꿰뚫어볼 수는 없었다."[76]

사실 그 작가들은 프롤레타리아 문화보다는 인민주의에

더 가까웠다. 그들은 혁명적 마르크스주의자보다는 자유주의자가 더 많이 쓰는 막연한 용어인 "인민"narod을 말했다. 세르주는 혁명적 마르크스주의 지식인은 너무 바빠서 소설을 쓸 수 없었고, 소설을 쓰는 사람이 네프의 영향력을 보여준다고 설명했다. 작가들은 사회와 사회 운동을 초월해 있지 않고 혁명과 혁명의 압박 및 긴장과 더불어 발전했다.[77] 특히 부르주아 문화가 생겨나는 데 걸렸던 시간에 비추어 생각해보면 몇 해라는 짧은 기간에 프롤레타리아 문화를 개발할 시간은 없었다. 이런 이론틀 안에서 세르주는 필냐, 리베딘스키Libedinskii, 이바노프, 티호노프Tikhonov, 세라피모비치Serafimovich, 마야콥스키를 비롯한 개별 작가에게 관심을 돌렸다.[78]

세르주는 마야콥스키를 고찰한 글에서 이 젊은 미래주의 시인의 형식과 스타일, 그리고 볼셰비키 혁명이 그의 작품에 불어넣은 활력을 찬미했다. 그러면서도 세르주는 마야콥스키가 차분함이 없고 과장법을 너무 많이 쓰고 지나치게 개인주의적이고 우상파괴적이며 피상적으로만 미래주의적[19]이라는 이유로 그를 비판했다.[79] 마야콥스키는 여전히 혁명 이전기 시의 퇴폐성에 영향을 받았고 낡은 신화에 기대지 않고서는 자기 개성을 표현하지 못했다. 세르주는 마야콥스키가 실패한 곳에서 월트 휘트먼Walt Whitman이 서정적으로 성공했다고 말했다. 세르주는 새로운 문화란 하룻밤 사이에 창조될 수 없기 때문에, 마야콥스키에게는 낡은 것이 그에게 남긴 자국이 불가피하게 있다고 판단했다. 새로운 문화는 창조적인 개인이 새로운 사회의 의식과 믿음과 이데올로기를 소화해서 흡수한 뒤에라야 올 터였다. 세르주는 이 이행기에 새로운 문화의 싹이 트는 데 필요한 조건을 유지하려면 예술 표현의 완전한 자유와 함께 활발한 마르크스주의적 비평이 나란히 발전해야만 한다는 결론을 내렸다.

세르주가 『빛』에 쓴 기사 「프롤레타리아 문학은 가능한가?」Une Littérature prolétarienne est-elle possible?에서 세르주는 새로운 몇몇 문학 집단들과 그들의 저널을 논했다. 그는 『초소에서』Na postu를 새로운 평론 가운데 가장 훌륭하고 가장 특색 있는 예로 간주했다. 『초소에서』는 박력이 있으면서도 읽기 쉽고 이데올로기가 분명하고 일관되며 비평 저널이면서 "파괴와 맹공"의 저널이었다. 『초소에서』의 비평과 스타일을 예로 들면서 세르주는 고리키가 비통해하며 "예전에는 매였다가 고슴도치가 되었다"고 구지식인을 옹호했다고 공격했던 소스높스키Sosnovskii를 인용했다. 그 비평은 볼로신Voloshin, "시의 반혁명", 필냑, 에렌부르크Erenburg, 니키틴Nikitin을 혁명을 헐뜯는 자들이라고 비판했다. 국립 도서관 관장들은 엉성한 편집으로, 알렉산드라 콜론타이Aleksandra Kollontai는 자유연애에 관한 책들로 비판을 받았다. 심지어는 루나차르스키의 극장까지도 마야콥스키의 프롤레타리아 미래주의 주장과 마찬가지로 공격을 받았다. 세르주는 "볼셰비키끼리의 상호 공격"을 읽는 것은 즐거운 일이라고 말했다.[80]

세르주는 니콜라이 부하린의 사고가 가장 타당하다고 썼다. 부하린은 나라의 95퍼센트가 농민이므로 문학은 농민적이어야 하며 무엇보다도 먼저 국가가 문학을 제한하거나 규제해서는 안 된다는 제안을 내놓았다. 프롤레타리아 작가들은 다른 창조적인 운동과 자유로이 경쟁해서 "문학의 권위를 자기 힘으로 얻"어야 했다.[81] 부하린은 별개의 프롤레타리아 문화라는 사고를 후원하는 유일한 당 정치국원이었지만 새로운 문학을 이루어내는 데 "기계적 강압 수단"을 사용하는 것에는 극구 반대했다. 작가 조직이 당이나 군대의 모형을 따라서는 안 되며 작가 조직이 다양해야만 예술가가 예술적 창조를 하는 데 필요한 자유를 허용받게 될 터였다. 부하린은 "조직이 1천 개, 2천 개 있도록 하라. 모스크바 프롤레타리아 작가 연맹Moskovskaia assosiatsiia proletarskikh pisatelei, MAPP과 전연방 프롤레타리아 작가 연맹 Vsesoiuznaia assosiatsiia proletarskikh pisatelei, VAPP과 나란히 당신이 좋아하는 만큼 많은 동아리와 조직이 있도록 하라"고 선언했다.[82]

세르주는 문학을 완전히 망칠 만큼 너무 "이론에 얽매이"고 "선입견 때문에 좌절"한 재능 있는 젊은 작가들의 지루한 작품을 비판했다. 그는 프롤레타리아 작가 연맹이 작가에게 "부르주아 예술 형식을 흉내 내지 말고 그것을 뛰어넘어 새로운 형식을 만들어내라"고 요구하고 프롤레타리아트의 삶에 관한 기념비적인 작품만 쓰라고 요구했다는 이유를 들어 연맹을 비판했다. 연맹의 이런 선언은 통찰력이 없고 구체적 현실에 기반을 두지 않았다. 세르주는 공장 출신의 젊은 작가가 부르주아 예술 방식의 전문지식을 어떻게 뛰어넘을 수 있는가? 하고 물었다.[83]

세르주는 자기 생각의 토대를 세르주가 트로츠키 작품의 "결정판"[84]이라고 부른 트로츠키의 『문학과 혁명』*Literatura i revoliutsiia*에 두었다. 이 책에서 트로츠키는 프롤레타리아 문학이 있을 수 있다는 것을 부정했다. 프롤레타리아 독재로 계급 없는 사회가 태어날 것이므로 새로운 문화는 프롤레타리아적이지 않고 보편적일 터이며, 정상적인 생산, 고등 과학기술, 복지, 여가 시간 등 지적인 문화 발전을 위한 조건은 프롤레타리아 독재를 대체할 공산주의 사회에 더 적절할 터이므로 프롤레타리아 독재라는 이행기 동안에는 진정한 문화가 개발될 시간이 없으리라는 것이었다. 심지어 "프롤레타리아 문화"라는 용어도 현재의 틀 안에서 미래의 문화를 예견하므로 위험할 수 있었다. 세르주는 문화의 상태가 혁명의 갈림길을 거울처럼 반영하며 문화의 미래는 혁명의 미래와 밀접하게 연관되어 있다는 결론을 내렸다. 세르주의 정치 전반의 분석과 마찬가지로 문화 분석은 이론적 맹아를 제공한 트로츠키의 영향을 깊이 받았다.

세르주는 좌익반대파와 함께하기 위해 소련으로 돌아왔을 때 문화 문제를 옆으로 제쳐두었지만 체포되어 제명된 뒤에는 다시 그 문제로 돌아갔다. 그가 다른 러시아 작가를 비판하거나 칭찬할 때 표현한 생각들, 즉 문체와 구성에 관한 생각들 가운데 여럿이 이데올로기가 핵을 이루는 그 자신의 소설에 들어가 구체화되었다. 이 시기부터 배출된 러시아 작가들의 문학 유산이 세르주의 작업 속에서 살아남았다.

세르주와 좌익반대파

테러의 사용, 당과 국가의 관료주의화, 관료체제를 주민과 혁명의 목적으로부터 멀어지게 만드는 특권의 성장을 비판하는 트로츠키와 다른 사람들의 좌익반대파는 관료체제의 토대가 소비에트 지배의 새로운 조건에 있다고 보았다. 원래의 혁명적 노동계급은 내전과 외국의 간섭으로 대체로 파괴되어버렸고 새로운 노동계급은 대다수가 반문맹 농민으로부터 나왔다는 점을 고려해서 좌익반대파는 시골에서 빠져나온 지 얼마 안 된, 새로이 형성된 프롤레타리아트 안에서 계급의식이 다시 생겨나기 위한 필수조건으로서 소비에트 국가가 빠른 시일 안에 점진적 공업화를 촉구해야 한다고 주장했다.

공업이 팽창해야만 집산적 생산관계에 들어간 주민의 비율이 차츰 높아질 것이고, 그 집산적 생산관계는 주민 대중 사이에서 농민의 프티부르주아적 의식과 대비되는 프롤레타리아 의식을 불러일으키는 역할을 할 터였다.[85] 노동계급이 자라나면서 관료체제는 사회의 정치적 통치에 대한 제어권을 노동계급에게 점점 더 많이 양도해야만 하게 될 터였다. 또한 이 입장의 논리를 따라가면 언급되지 않은 딜레마 하나를 짚어내게 되었다. 즉, 러시아의 끔찍한 상황 속에서 불가피하게 관료체제가 대두했다는 점을 고려하면, 새로운 관료체제는 스스로를 개혁하라는, 즉 자기가 키워내도록 요구 받고 있는 새로운 노동계급에게 유리하도록 자기 권력 상실로 이어질 정책을 수행하라는 요구를 받게 될 터였다.[86] 이론상 새로운 노동계급은 관료체제의 과도행위와 반민주주의적 조치를 제어하는 기능을 할 터였다.

세르주는 부농과 자기 배만 불리는 관료의 힘이 커지고 있으며 네프 상황 아래서 공업이 약하다고 걱정했다.[87] 즉시 관심을 기울여야 할 위기가 조성되고 있었다. 고대해온 사회주의 세계혁명이 성공하지 못했으므로 소련은 어쩔 도리 없이 자력으로 공업화를 해야만 할 터였다.

좌익반대파의 경제학자인 프레오브라젠스키는 "사회주의 시초 축적"이 사적 농민 부문에서 나와야 하지만 호혜관계에서 비롯되어야 한다고 주장했다. 즉, 공업 생산성이 더 높아지면 농민에게 물품이 제공되고 기술 혁신으로 농업 생산이 늘어나게 되면 노동계급이 더 잘 먹게 되고 그 노동계급은 생산성을 더 높이는 데 필요한 기계를 제공할 것이 틀림없으리라는 것이었다. 끝으로 좌익반대파는 선진 자본주의 국가에서 혁명이 승리해서 물질적 원조가 와야만 문제가 풀릴 수 있다고 주장했다.

부하린은 스탈린의 "일국사회주의" 개념을 발전시켜서

농민에게 이윤 동기를 주어 성장을 자극한다는 상반된 강령을 내놓았다. 스탈린은 트로츠키의 잠재적인 영향력을 의심하고 그의 권위를 떨어뜨리고 싶어했기에 주로 트로츠키의 정치적 영향력을 약하게 만드는 한 방법으로서 부하린의 강령을 지지했다. 그 결과 네프가 빠르게 진척되는 동안 공업 축적을 해야 할 결정적인 필요가 뒤로 미뤄졌다. 정치·경제 상황이 재앙을 향해 치달았고, 공업을 계속 소홀히 취급해서 그 재앙이 가속화되었다.

1923년부터 1926년까지의 기간 동안 당 조직을 담당한 스탈린은 당 부서들을 자기에게 충성을 바치는 사람들로 채워 넣고 이들의 충성에 푸짐한 보상을 해주었고, 이렇게 되어 당 논쟁의 결과가 미리 정해졌다.[88] 트로츠키는 자기의 대안 정치 강령에 귀를 기울여줄 사람을 찾으려면 당 밖으로 나가야만 할 터였다. 그는 그럴 각오가 되어 있지 않았다.

세르주는 1923년에 빈에 있는 동안 좌익반대파에 가담했다. 그는 트로츠키의 저작 『신항로』*Novyi kurs*와 『10월의 교훈』*Uroki Oktiabria*이 "최근 몇 해 동안 기백이 사라지는" 가운데 "서광이 비추는" 격이었다고 썼다.[89] 세르주는 빈에 있는 다른 좌익반대파 성원을 몰래 만나 이 "가슴 두근거리는 페이지들"을 가지고 토론했다.

> 그러고 나서, 규율에 얽매여 일용할 양식에 묶인 수인囚人인 우리는 우리가 진실이라고 알고 있는 모든 것에 대한

지루하고 구역질나는 한결 같은 비난을 담은 소식지를 끝도 없이 찍어내는 일에 나섰다. 만약 우리가 이 일을 열심히 해야만 한다면 혁명가라는 것이 정말로 가치 있는 일이었을까?[90]

코민테른의 간행물 지면에는 종잡을 수 없는 말이 가득 차 있었고, 이 때문에 세르주로서는 상황이 힘들어졌다. 그는 좌익반대파 성원들이 그것을 "알아들을 수 없는 선전선동어"Agitprop pidgin라고 불렀다고 말했다. 획일화와 "3백 퍼센트 찬성"에 숨이 턱턱 막혔다. 그는 벨라 쿤이 프랑스 공산당에 관련되어 내린 부정직한 지령을 수행하기를 거부했다. 피에르 모나트Pierre Monatte와 로스메르와 수바린은 스탈린을 비판하는 정치적 용기를 보였다는 이유로 미움을 사 프랑스 공산당에서 탈당하지 않으면 안 될 상황에 처해 있었다. 일이 돌아가는 꼴을 지켜본 세르주는 코민테른이 안에서부터 썩고 있으며 코민테른을 구하는 유일한 길은 러시아로 되돌아가서 볼셰비키당의 재생을 위해 싸우는 것이라는 생각을 굳혔다. 세르주는 유럽에 남아 상대적으로 편하게 지낼 수도 있었지만, 그의 혁명 정신은 그를 소련으로 되돌아가 좌익반대파의 대오 앞에 서서 당의 타락에 맞서 싸우라고 내몰았다. 루카치는 그에게 다음과 같이 말한 적이 있다.

바보처럼 굴면서 단지 도전적으로 표를 던진다는 즐거움

을 얻으려고 쓸데없이 귀양살이를 자청하지 마세요. 내 말을 믿어요. 모욕은 우리에게 그리 대수롭지 않습니다. 마르크스주의 혁명가에게는 참을성과 용기가 필요합니다. 그들에게 자존심은 필요하지 않아요. 때가 좋지 않습니다. 우리는 암담한 갈림길에 서 있어요. 우리 힘을 아껴둡시다. 때가 되면 역사가 우리를 부를 겁니다.[91]

세르주는 루카치의 경고를 귀담아듣지 않았다.[20] 대신에 그는 루카치에게 자기는 만약 모스크바와 레닌그라드가 견딜 수 없다고 판명되면 시베리아 임무를 자청할 것이고 시베리아에서 그때 그의 "머릿속에서 무르익고 있는 책들을 쓰면서 더 좋은 때를 기다리"겠다고 말했다.[92]

제3장

소련으로 되돌아가서

— 좌익반대파의 투쟁, 1926~1928년

질식의 신호

세르주는 볼셰비즘의 혼을 위한 싸움에서 좌익반대파와 함께 서려고 소련으로 되돌아갔다. 그는 1925년에 스탈린과 카메네프와 지노비예프의 삼인방 지배 체제가 깨지는 제14차 당대회가 열리기 전에 도착했다.

세르주는 이 여행에서 베를린을 경유했다. 그는 대비되는 모습에 다시 충격을 받았다. 베를린은 "우표 한 장 값이 1조 마르크"나 되는 등 고통을 겪으면서도 도시의 밤하늘은 휘황찬란했다. 레닌그라드[1]는 칠흑이었고 인구가 줄어들어 있었다. 레닌그라드의 인플레이션과 실업은 베를린보다 훨씬 더 심했다.[1] 시장으로 되돌아간 대가가 도처에서 눈에 띄었다. 거지와 버림받은 아이들이 거리를 돌아다녔다. 어린 아가씨들, 즉 팔 것이라고는 젊음밖에 없는 "기아와 혼란의" 딸들이 관리인과 관료들에게 남몰래 다가들었다. 이렇게 타락하지 않고 자살이라는 섬뜩한 대안을 택하는 사람이 많았는데, 이것은 세르주가 편집자로서 날마다 점검하는 자살자 명단이 늘어나는 데에서 뚜렷했다.[2] 그러나 네프가 다섯 해 동안 지속되자 기아는 끝이 났고, 여유가 있는 사람을 위해서 잡화점의 진열대가 풍성하고 화려해졌다.

우려를 불러일으키는 사건이 세르주가 "사회의 불지옥"이라고 부른 네프기 소련 사회의 도덕적 위기를 가리켜주었다. 그가 "잘 드러나지 않는 정신분열 초기 단계"라고 부른 것이 1926년에 발산하는 추악한 분위기를 생생히 묘사하면서 세르주는 윤간의 "확산"을 인용했다. 그는 성의 분출과 성의 억압 사이의 갈등의 관점에서 이것을 처음에는 혁명의 금욕주의로, 그다음에는 가난과 기아로 설명하려고 시도했다. 소련 젊은이들에게는 부르주아적 종교 훈육의 억제도 혁명 세대의 도덕가치도 없었다. 그들의 문화는 참담한 삶 위에서 성 착취와 난잡한 성관계가 판을 치는 거리에 있었다.[3] 그들 부모의 성 관습은 사라지고 새로운 세대의 관념은 "과도하게 단순화된" 알렉산드라 콜론타이의 이론을 그대로 따라했다. 콜론타이는 "당신은 물 한 잔을 마시는 것과 똑같이 사랑의 행위를 한다"고 말했다. 세르주는 미래의 공산주의 사회에서는 도덕이 사라진다는 엔치멘Enchmen의 이론에 관해 1926년에 대학생들 사이에서 벌어진 논쟁을 인용했다. 세르주는 자기 생각을 내놓지 않고 다만 "사회 변혁이 얼마나 어려운가!" 하고 한탄했다.[2)]

세르주는 절망과 죽음에 몸을 내맡기는 분위기로 골머리를 앓는 나라로 되돌아왔다. 창조적인 사람도 혁명적인 사람도 한결같이 자살로 치달았다. 세르주는 레닌그라드에서 자살이 주로 30세 미만의 사람들에게서 하루에 10~15건 일어난다는 점을 독자에게 일깨우면서 몇몇 유명한 희생자의 이름을 열거했다.[4]

세르주는 1924년 5월의 (노동자반대파의) 루토비노프Lutovinov, 트로츠키의 젊은 비서인 글라즈만Glazman, 예브게니야 보시Evgeniia Bosh 같은 반대파 인사들의 자살에 관해 글을 썼다. 보시의 자살은 규율 파괴 행위, 즉 그의 반대파 정견과 불충을 공식적으로 보여주는 증거였기 때문에 보시를 위해서는 국장도 치러지지 않았고 크렘린의 매장지도 주어지지 않았다. 프레오브라젠스키가 보시의 기억과 유해에 대한 비열하고 속 좁은 대우에 반대했을 때 그가 들은 말은 "아가리 닥쳐라"였다.[5]

시인들이 스스로 목숨을 끊었다. 이 행위에서 혁명의 길잡이 표지판을 본 세르주에게 이것은 의미심장한 현상이었다. 혁명은 혁명의 예술가, 즉 처음에는 예세닌Esenin, 나중에는 마야콥스키를 더는 붙잡아둘 수 없었다. 두 사람은 러시아 시의 거인이었다. 예세닌은 잉크가 모자라서 피로 마지막 행을 쓴 뒤 호텔 방에서 목을 맸다. 메즈두나로드나야Mezhdunarodnaia 호텔에 있는 예세닌의 방으로 불려간 세르주는 "러시아 혁명의 노래하는 집시들 가운데 (……) 서른 살 먹고 영광의 절정에서 여덟 번 결혼한

(……) 우리의 최고 서정시인"에게 작별인사를 했다.[6]

 세르주는 네 해 전에 떠날 때 나라를 괴롭혔던 위기와는 다른 위기로 고통을 겪고 있는 소비에트 러시아로 되돌아왔다. 내전과 외국 간섭의 위협이 있던 자리에 새로운 내부 위협이 들어서 있었다. 그 내부의 위협이란 유일 정당이 권력을 잡고 있을 때 시장의 힘이 만들어낸 계급 적대의 발아였다. 당 안에서는 정상적인 민주주의적 역동성이 관료들의 발호에 압살당하고 있었다.

혁명의 자기 파괴

 20년 뒤에 네프기(1921~1928년)를 뒤돌아보면서 세르주는 네프에 연립정부가 동반되어야 했다고 주장했다. 권력 분점은 볼셰비키에게 위험했겠지만, 사실 그 위험은 권력 독점의 실질적 결과보다는 덜 나빴을 공산이 크다는 것이었다.[7] 그러나 실제로는 당과 노동계급 안의 불만과 반대 때문에 당 중앙위원회는 다른 사회주의 인자들, 주로 (소련 헌법을 받아들인) 멘셰비키 좌파와 아나키스트들에게 타협과 관용의 정책보다는 (비록 나중에 오는 사태에 견줘서 온건하기는 했지만) "계엄"의 입장을 취하지 않으면 안 되었다. 세르주는 권력 독점이 강화되는 더 깊은 원인을 살펴보아야 한다고 썼다. 크론시타트의 충격 뒤에 당 중앙위원회는 정치의 장을 경쟁에 개방하기를 두려워했다.

세르주는 볼셰비키가 권력 문제에서 다른 어느 누구도 신뢰하지 않으려 드는 성향에 대해 또 다른 설명을 내놓았다.[3] 그것은 세계혁명에 대한 볼셰비키의 몰입이었다. 러시아에 연립정부가 들어서면 다가오는 혁명을 지도하고 지휘할 임무를 가진 코민테른이 약화될 터였다. 세르주는 유럽의 혁명 지도자들이 정치적으로 볼셰비키에게 뒤떨어지기 때문에 코민테른에서 러시아 공산당의 역할이 으뜸이라고 생각했다.

여기서 세르주는 자기가 "레닌과 트로츠키의 당이 저지른 최대·최고의 실수"라고 여긴 것을 간단히 논하면서 볼셰비키가 유럽 혁명에 품은 열정이 정당한지 여부에 관한 질문을 던졌다. 그는 만족스러운 답이 있음 직하지 않다는 점을 시인하면서도, 그 질문을 던지고 "범위를 정할" 필요가 있다고 주장했다.[8] 세르주는 자본주의가 건실한 힘이던 시절이 끝났고 만약 사회주의가 자본주의를 계승하지 않는다면 뒤이어 야만 상태가 발생하리라는 볼셰비키의 경고가 맞다는 데 동의했다. 제2차 세계대전 뒤에 글을 쓰면서 세르주는 세계 사회주의를 수립하지 못해서 인류가 치른 대가를 계산했다.

볼셰비키는 합리적이고 공평한 토대 위에서 사회를 재조직할 대중이 깨어남으로써 유럽에서 사회 변혁이 일어나기를 바랐다. 세르주는 그 변혁이 "제도와 운동과 믿음의 엄청난 혼란" 속에서 일어나고 있음을 분명하게 보지 못한 것이 그들의 실수였다고 썼다.[9] 유럽에는 볼셰비키가 가진 뚜렷한 미래상이 없었다. 그러나 독일 혁명을 러시아와 독일 양자의 구원으로 본 점에서는 볼셰비키가 옳았다. 세르주는 독일 혁명이 일어났더라면 역사에서 "히틀러주의와 스탈린주의라는 소름 끼치는 기구"가 생기지 않았으리라고 역설했다.

세르주의 주장에는 독특한 긴장이 들어 있다. 그는 통찰력 있게 본질적인 문제를 자주 제기하면서도 그 문제를 풀어내지는 못했다. 독일 혁명의 경우에 세르주는 모순을 보여주었다. 세르주는 볼셰비키가 서유럽 대중의 혁명적 분위기를 과대평가하는 "가장 중대한 실수"[4]를 저질렀지만 러시아에서 사회주의가 성공하려면 유럽 혁명이 반드시 필요하다는 점을 올바로 분석했다고 주장했다.

세르주에 따르면, 볼셰비키의 잘못은 서유럽 노동계급, 특정하게는 독일 노동계급의 정치적 지성과 에너지를 오판한 것이었다. 볼셰비키는 그들의 맹목적인 기대는 말할 것도 없고 전투적 관념론 때문에 서유럽의 노동계급과 연계를 갖는 데 실패했다. 존 리드가 지노비예프와 빚은 갈등이 적절한 사례였다.[5] 독일의 비극이 특히 그랬다. 그러나 세르주에게는 이런 잘못들이 있다고 해서 실패로 끝난 코민테른의 혁명 확산 시도의 근본 동기가 되었던 혁명적 미래상이 의의를 잃지는 않았다.

혁명을 위해 싸우면서 독일의 스파르타쿠스단과 러시아의 볼셰비키, 그리고 전 세계에 있는 그들의 동지들은 우리가 지금 막 겪은 전 지구적 차원의 대격변을 막아보려고 투쟁하고 있었다. 그들은 무엇이 다가오고 있는지 깨달았다. 해방을 위한 거대한 의지가 그들을 움직였다. 그들과 어깨를 맞댄 적이 있는 사람이라면 그 누구도 그것을 결코 잊지 않을 것이다. 전체 인류의 대의에 그토록 헌신했던 사람들은 역사상 극소수였다.[10]

볼셰비키당 안에서

스탈린은 그때에는 비교적 중요하지 않은 자리로 여겨지던 당 총간사가 된 1922년에 조직의 힘을 자기 손에 거머쥐기 시작했다. 스탈린은 "카드색인 동무"Tovarishch Kartotekov로 알려지게 되었다.[11] 그는 조직의 세세한 사항에 꼼꼼히 주의를 기울였고, 이 "행정" 직위를 능란하게 이용해서 자기에게 충성을 바치는 사람을 당기구 곳곳의 요직에 배치함으로써 권력을 쌓아 올렸다. 세르주가 표현한 대로, 스탈린은 안으로부터 오랫동안 기반을 다져오던 중이었다. 그의 "지칠 줄 모르는 활동은 자기 하수인을 심는 데 있었다.[6] 그의 정치적 능력은 혁명으로 벼락출세한 사람들의 열망을 아주 노련한 솜씨로 활용하는 데 있었다." 그는 주의를 기울여 제14차 당대회를 준비해서 지노비예프와 카메네프를 내쫓았다. 세르주는 자기가 쓴 스탈린 전기에서 지노비예프와 카메네프는 영문도 모른 채 권력을 잃어버렸다고 썼다. 당의 투표가 더는 중요하지 않게 된 지는 꽤 오래 전이었다. 당 투표의 역할은 당 중앙위원회가 (실제로는 스탈린이) 지명한 간사들을 승인하는 일로 축소되었다.[12] 수바린은 다섯 해에 걸쳐 이루어진 이 과정을 스탈린의 "미립자 쿠데타"라고 불렀다.[7]

스탈린이 세세한 사항에 주의를 쏟은 것과는 대조적으로 트로츠키는 비록 레닌이 열의에 찬 행정가로 묘사하기는 했어도 정책과 이론에 관여했다. 레닌은 트로츠키를 당 중앙위원회에서 가장 "유능한" 사람으로 불렀다. 레닌의 말을 되풀이하면서 세르주는 당을 이끄는 데 필요한 명망을 가진 사람은 오로지 트로츠키밖에 없다는 발언을 했다. 세르주는 트로츠키가 "'영웅시대'의 상속인들 가운데 가장 돋보이는 사람"[8]이며 자기가 보기에는 어린 소비에트 국가가 직면한 핵심 문제들을 올바르게 다루는 강령을 갖춘 사람이라고 여겼다. 그러나 트로츠키는—고참 볼셰비키 투사 "동아리"에 속하지 않고 멘셰비키의 일원이었다는 과거를 지닌 신참으로서—고참 볼셰비키 투사들의 마음에 들지 않았다.

레닌이 중병에 걸려 쓰러지자 누가 그를 "계승"할지를 놓고 한바탕 싸움이 벌어졌다. 죽음을 맞이하는 침상에서 레닌은 트로츠키에게 동맹을 제안했다. 레닌은 마지막 편지에서 스탈린을 제거하라고 요청했다. 레닌의 "유언"으로 알려진 그 편지는 레닌이 생애 마지막 몇 달 동안 관료주의의 성장에 정신이 쏠려 있었음을 보여주었다. 세르주

는 프롤레타리아트 독재가 간사의 독재로 대체되고 있다는 수바린의 말을 인용했다.[13]

또한 레닌은 당의 분열을 두려워했다. 수바린은 레닌의 태도를 세르주가 자주 인용하는 『나의 삶』*Moia zhizn'*에 나타난 트로츠키의 태도보다 훨씬 더 양가적이라고 생각했다. 수바린은 레닌이 분열을 너무나 걱정한 나머지 스탈린을 트로츠키로 견제하려 들었다고 믿었다. 레닌이 걱정했는데도 그가 죽은 지 한 해 안에 당은 좌파와 중도파와 우파로 나누어져서 공업화, 농업집산화, 관료주의화, "연속혁명" 대 "일국사회주의"에 관해 상이한 전망을 취했다.

레닌이 병석에 누워 지낸 마지막 한 해와 그가 죽은 뒤 한 해 동안(1923년부터 1924년까지) 지노비예프와 카메네프와 스탈린이 트로츠키와 좌익반대파를 상대로 악의에 찬 공격을 개시했다. 사전에 철저하게 연출된 대회로서는 맨 처음 열리는 대회인 1924년 1월의 제13차 당협의회[14]에서 삼두정치 구성원들이 트로츠키와 46인 강령 서명자들을 "레닌주의에서 이탈한 프티부르주아 편향"이라고 비난했다.[15]

트로이카와 반트로츠키 운동

레닌이 아파서 당 활동에 활발하게 참여할 수 없게 되자, 10월혁명에서 동요했던 — 지노비예프와 카메네프와 부하린과 스탈린 등—"고참" 당원들이 트로츠키를 상대로 한데 뭉치기 시작했다. 역사를 왜곡해 고쳐 쓰고 트로츠키가 1917년 이전에는 볼셰비키당으로부터 독립되어 있었다고 공격하면서 지노비예프와 카메네프와 스탈린은 사실상 당을 지배하고 트로츠키와 트로츠키주의에 반대하는 운동을 벌이는 삼인방 체제, 즉 트로이카를 형성했다.[9] 트로츠키가 당에서 과반수를 얻어서 레닌의 후임자가 되는 상황이 일어나지 못하게 막는 것이 목표였다.[16] 트로이카는 거짓말투성이 캠페인을 시작해서 트로츠키를 공격했다. 트로이카가 언론을 이용해서 반트로츠키 비방 중상을 퍼뜨렸지만, 도서관에도 세르주가 "정직하지 못한 책"이라고 부른 것이 공급되었다. (트로츠키의 처남인) 카메네프가 이 역사와 이념의 왜곡을 지휘하는 역겨운 일을 맡았고 나중에 그 일에 관해 "거리낌 없이 냉소를 지으며" 트로츠키에게 말했다.[17] 같은 시기에 (즉, 1924년 내내) 코민테른이 획일화되었으며, 국제 부서들은 트로츠키를 비난하라는 지시를 받았다. 이 노선에 감히 의문을 제기하거나 반대한 사람들은 쫓겨났다. 프랑스 공산당은 로스메르와 수바린[10]과 모나트를 쳐냈다. 이 과정은 코민테른의 "볼셰비키화"라고 불렸다.[11]

트로이카는 트로츠키를 대중의 가장 유능한 혁명 지도자로 두려워했다. 탁월한 연설가이자 명석한 이론가인 트로츠키는 내전에서 군사적 승리를 일궈냈다. 그러나 트로츠키는 조직 기구를 차지하는 투쟁에는 맞지 않았다. 새 통치집단의 다른 구성원들보다 자격 면에서 앞서는[18] 트로츠키에게는 뒤에서 헐뜯거나 음모를 꾸미거나 욕을 해대거나 배반하는 취미가 없었다. 그가 있으면 다른 사람들이 불편해했다.[19] 그는 일국과 국제, 양 차원의 계급투쟁을 관심사로 삼는 "골수 혁명가"[20]였다. 그는 사람 됨됨이를 "마르크스의 저울"로 쟀다. 다시 말해서 그는 인간을 역사의 필연성이라는 요구에 봉사하는 능력으로 판단했다.[21]

트로츠키는 트로츠키주의 반대 운동이 벌어지는 동안 입을 열지 않았다. 그는 원인을 알 수 없는 고열로 앓아누웠고, 그 때문에 병상에서 꼼짝 못하고 투쟁에서 벗어나 있었다. 트로츠키는 바로 이때에 가서야 자기가 "극히 분명하게 ― 일종의 물리적 신념을 가졌다고 말할 수도 있을 만큼 ― 테르미도르의 문제"를 깨달았다고 고백했다.[22] 트로츠키는 침대에 누워 비방에 대한 수요를 그토록 많이 만들어내고 주장의 이론 수준을 그토록 떨어뜨린 역사 전개의 굴곡을 분석했다.

외국 생활을 마무리한 세르주는 바로 이런 정치적 분위기로 되돌아왔다. 그는 당이 무기력한 상태에 있다고 생각했다. 대학은 숙청되고 대중은 냉담하고 젊은이는 만사를 잊고 자기 문제에만 신경을 썼다. 세르주는 상황이 이런데도 반대파가 낙관적인 생각을 잃지 않았다고 썼다. 그들이 품은 낙관주의의 밑바탕은 투쟁의 실상보다는 자기들의 이념이 옳다는 신념이었다.

세르주는 빅토르 보리소비치 옐친Viktor Borisovich El'tsin이 자기에게 전해준 그 '영감'(트로츠키)의 지령을 회고했다. 그 지령은 다음과 같았다. "당분간 우리는 절대로 행동을 해서는 안 됩니다. 즉, 대중 앞에 모습을 드러내지 않으면서도 우리끼리 접촉을 유지하고 1923년의 우리 핵심 간부층을 보존하면서 지노비예프가 지쳐서 기운이 빠지기를 기다려야 합니다."23 이 지령을 세르주는 자기 역할을 문필 활동에 국한하라는 뜻으로 풀이했다. 좌익반대파는 당 규율 아래에 남아 정치·조직 활동을 최소한도로 유지했다. 그러나 이들이 이 시기에 배출한 이론적 소산은 대단했다.

기다리는 시기는 좌익반대파 투사들에게 힘들었다. 트로츠키는 몸을 낮추고는 당 밖으로 나가 싸우기를 거부했다. 이념 투쟁을 당 안에 묶어두자 투쟁이 무력해졌다. 스탈린은 당을 자기 하수인들로 채워 넣었고, 그들은 좌익반대파의 목소리가 들리지 않도록 고래고래 소리를 질러댔다.

삼두체제가 일단 트로츠키를 꺾고 그를 전쟁 인민위원 자리에서 밀어내자 삼인방 연대의 결속이 끊어졌다.24 그 뒤 한 해 동안 당 정치국 안에서 정치적 분화가 점점 더 진행되고 스탈린, 지노비예프, 카메네프, 부하린 사이에서 자잘한 이합집산이 뒤따랐다. 당의 레닌그라드 조직과 모스크바 조직이 갈등을 빚었다. 지노비예프가 레닌그라드 조직을 이끌었고 스탈린은 모스크바를 관장했다. 지노비예프는 쿨라크의 위험성과 자기가 만들어낸 관료주의 정권을 비난했다.12) 그러나 삼인방 체제 안의 정치적 견해차는

1925년 4월에 가서나 뚜렷하게 떠올랐다. 지노비예프는 "일국사회주의"에 반대해서 스탈린과 부하린 두 사람과 갈등 관계에 들어갔다. 1925년 여름 내내 알력이 잠복해 있었다. 지노비예프와 레닌그라드 당 조직이 부하린과 알렉세이 리코프Aleksei Rykov를 공격했다. 도이처는 이 공격이 의도하지 않게 스탈린이 지도자로서의 위치를 굳히는 데 도움이 되었다고 말했다.[25] 갈등이 공공연하게 분출된 1925년 12월의 제14차 당대회에서 스탈린-지노비예프-카메네프 트로이카가 쪼개졌다. 이로써 좌익반대파가 몸을 낮추고 기회를 엿보며 기다리던 시기가 끝났다. 권력에서 밀려난 지노비예프와 카메네프가 이제 좌익반대파 편으로 넘어왔다. 가장 나쁜 등급의 관료들인 지노비예프와 카메네프가 이제는 관료제를 공격했다. 두 사람은 1926년에 트로츠키에게 가세해서 대對스탈린 연합반대파를 만들었다.

결과를 아는 상태에서 돌이켜보면, 1923년부터 1925년까지 공개적으로 싸웠어야 했다고 말하기 쉽다. 그런데 왜 트로츠키는 노동자들을 싸움에 끌어들이기를 주저했을까? 그는 충돌 초기에 쿠데타를 일으켜 십중팔구 성공을 거둘 수 있었을 것이다. 그는 대중 사이에서, 그리고 군대에서 폭넓은 지지를 얻고 있었던 것이다. 그러나 그는 궁정 쿠데타에 반대했다. 트로츠키에게 그런 "승리"는 승리가 아닐 터였다.

여전히 트로츠키는 당이 비록 타락하기는 했어도 "노동계급이 안은 근본 과제의 해결을 위해 노동계급이 소유한 단 하나밖에 없는 역사적 도구"라고 믿었다.[26] 그는 만약 당을 고쳐 바로잡을 가능성이 조금이라도 있다면 바로잡으려는 시도를 해야 한다고 믿었다. 세르주는 소련 정권의 관료주의적 변질에 맞서 투쟁하지 않으면 국제 노동운동의 사기가 더더욱 떨어지리라는 데 동의했다.[27] 그러나 트로츠키는 싸움터를 당에 국한했다. 그가 당에서 승리할 가망성은 거의 없었다.[13)]

싸움이 당의 대오에 국한되자 노동자 대중에게는 정치활동의 장이 남지 않았다. 좌익반대파는 반대파를 금지하는 조직에 충성을 바치면서 민주주의를 촉진하려고 노력한다는 딜레마에 사로잡혀서 자기들이 투쟁할 토대를 허물었다. 세르주는 소비에트 민주주의를 사후 부검하고는 소비에트 민주주의가 내전, 전시공산주의, 크론시타트, 당의 희석으로 오래전에 죽임을 당했다고 주장했다.

전위당에서 관료체제를 가진 후위로

1924년 봄, 레닌 추모당원 대모집으로 경험 없는 노동자들이 대거 당에 들어와서 스탈린의 입지가 굳어졌다. 세르주는 레닌이 죽을 때까지 기다렸다가 입당한 공산당원의 가치를 의아하게 생각했다.[28] 세르주는 25만 명(나중에는 50만 명[29])에 이르는 신입 당원이 당에 들어오는 바람에 볼셰비키가 전위당에서 후위당으로 바뀌었다고 말했다. 그는 당을 "벼락출세한 관료가 이끄는 후진적 노동자들의 대중 정당"으로 규정했다.[30] 사실상 고립된 좌익반대파는 조직상으로도 1921년 이후로 시행된 분파 금지령으로 무력해졌다. 당 최우선주의가 워낙 강했고, 당을 거치지 않고 대중에게 간다는 생각은 고려되지 않았다. 세르주는 1928년에 친구인 자크 메닐Jacques Mesnil에게 보내는 편지에서 다음과 같이 썼다.

기본적으로 지금 일어나고 있는 일은 문제의 경제적 근원을 제쳐둔다면 (……) 요컨대 다음과 같이 됩니다. 한 세대가 다른 세대에게 제거된다는 것이지요. 혁명을 일으킨 사람들이 대두하고 있는 사람들에게 제거됩니다. 새로운 세대는 명확하고 직접적인 형태의 계급투쟁을 알지 못합니다. 구체제의 멍에도 알지 못합니다. 알기는커녕, 계급투쟁에서 이겼으며 그렇게 믿으면 된다는 말을 되풀이해서 들어왔지요. (……) 새로운 세대는 내전을 겪지 않았습니다. (……) 전에 우리가 겪은 모든 것, 즉 신념의 어렵고도 위험한 단련, 헌신과 개인의 노력으로 투사를 담금질하기, 소수파가 되는 용기, 면밀한 이론적 이해력, 혁명적 서정성, 이 모든 것이 새로운 세대에게는 낯설 따름입니다. 새로운 세대는 관변 과학을 배우고, 승진에 급급한 벼락출세자의 지나치게 단순화되고 탐욕스러운 실용적 심성을 지니고 있습니다. 당연히 새로운 세대는 가장 명료한 생각을 자기 이해관계가 명하는 대로 왜곡합니다. 새로운 것을 가려주는 한, 낡은 꼬리표를 떼어내지 않고 그대로 둘 태세가 되어 있어요. 세습에 짓눌려 있기 때문에, 나라가 소농의 나라이기 때문에, 자본주의의 포위가 주는 압박이 엄청나기 때문에 (……) 이제 당신들에게는 잠복해 있지만 군데군데에서 이미 위로 치솟고 심지어는 번성하기까지 하며 변장 솜씨가 무궁무진한 전연 새롭고 잠재적인 부르주아주의가 있습니다. 나는 근본적으로는 우리의 불구대천의 원수인 작가들, 지식인들과 친밀하게 알고 지냅니다. 그들의 반反사회주의 신념은 바위처럼 단단합니다. 그들의 고백은 마르크스주의 어투로 이루어지고, 그들은 편집진에서 이단을 제거합니다. (……) 그리고 그들은 자기들이 무엇을 하고 있는지 아주 잘 알고 있습니다. 그들의 전체 문제는 몇 해 동안 그 자리에 눌러앉아 있다는 데 있으며, 이렇게 되면 그들이 이기지요. (……) 이 과정이 당을 덮쳤습니다. 자, 다음은 내가 잘 아는 한 세포 조직의 구성원 비율입니다. 입당 시기를 살펴보면 4백 명 가운데 20명이 1921년 8월로, 서너 명은 1917년 8월로 올라갑니다. 결국, 20명에 맞서 3백80명이 투사나 고통스러운 혁명이 아니라 권력에게로 넘어갔어요. 네프 뒤에 말입니다.[31]

당에 조성된 상황에 관한 세르주의 분석으로 권력을 인정하고 권력의 일부가 되고 싶어하는 네프만nepman, 예전의 부르주아, 온갖 부류의 기회주의자에게 당이 접수되고 있음이 분명해졌다. 이런 당 안에서 좌익반대파가 이길 가망이란 없었다. 세르주는 십중팔구 성공했었을 쿠데타에 호소하지 않았다고 트로츠키를 비판하는 사람들에게 대응해서 좌익반대파가 왜 강령을 당 밖으로 가져가지 않았는지를 설명했다. 세르주는 그렇게 하는 것은 "사회주의와 노동자 민주주의가 쿠데타 선언에서 태어날 수 없음을 잊었다"는 뜻이 된다면서 "그가 모든 야심가를 그토록 유혹하는 이 길을 가기를 거부한 것은 혁명가의 덕목이 된다"고 썼다.[32] 또한 세르주는 마르크스주의자라면 트로츠키가 이 시기 동안 싸웠는지 안 싸웠는지 여부와 그 까닭보다는 더 깊은 것을 들여다보아야 한다고 훈계했다. 세르주는 마르크스주의자라면 러시아에서 전개되는 사회주의 혁명을 결코 국제 노동운동과 따로 떼어놓고 고찰할 수 없음을 이해한다고 썼다.[33] 비록 1923년이 되면 러시아 공산당과 코민테른이 "무뎌지"고 "이음매 부분에서 굳어"지기는 했어도, 러시아 프롤레타리아트는 아직 독일에서 성공적인 결과가 있으리라는 끝없는 희망을 가지고 그런 결말을 향해 능동적으로 일했다. 세르주는 코민테른의 관료주의화로 말미암아 만사가 위태로워졌다고 썼다.[34] 이어서 그는 관료가 소련을 정복한 것은 다른 무엇보다도 먼저 중유럽에서 일어난 노동자 혁명의 패배로 설명이 된다고 썼다.

끝으로, 관료주의화 과정에 연관해서 세르주는 1938년 10월에, 즉 많은 세월이 흐르고 많은 경험을 한 다음에 쓴 「칠리가에게 보내는 답신」에서 다시 상황을 분명히 해야 할 필요가 있음을 깨달았다.

혁명에서 사실 공산당을 (그리고 당과 함께 다른 혁명 집단의 주검을) 대중에게서 떼어놓는 드라마를 간파하려면 조금만 인민과 직접 접촉하면 됐습니다. 혁명적 노동자들은 대중 자체에서 보잘것없는 비율을 넘어선 적이 단 한 번도 없습니다. 노동하는 사람들 가운데 조금이라도 사회주의 사상을 가진 정력적이고 전투적인 사람은 모조리 공산당이 끌어다 써서 1920~1921년에는 이미 바닥을 드러냈습니다. 공산당은 내전이 벌어진 네 해 동안—가장 동요가 심한 자들에 이르기까지—의향이 있는 사람들을 동원하기를 멈추지 않았습니다. 다음과 같은 일들이 일어났습니다. 노동자가 1천 명을 헤아리는 한 공장이 많게는 공장 직원의 절반을 당의 각종 동원에 내주어 끝내는 사회 투쟁을 위해 후방에 남겨진 5백 명만으로 조업률을 낮춰 작업을 하게 되었습니다. 그 5백 명 가운데 1백 명은 예전에 가게주인이었던 사람들입니다. (……) 혁명을 계속하려면 계속 희생을 해야 하므로, 당이 평당원과 갈등을 빚는 일이 일어납니다. 그것은 관료제와 혁명적 노동자의 갈등이 아니라 혁명가들의 조직과 후진적인 사람들, 뒤처진 사람들, 일하는 대중 가운데 의식이 가장 깨이지 못한 인자들의 갈등입니다. 관료제는 이 갈등과 위험을 핑계 삼아 스스로를 강화했습니다. 의심할 여지가 없지요. 그러나 관료제가 마주친—내가 사기 저하나 반동의 분위기에 휩쓸리지 않는 사람들을 두고 이르는 말인—건강한 송금액은 당 내부와 다른 여러 혁명 집단으로부터 나옵니다. 1920년에는 갈등이 바로 볼세비키당 안에서 일어납니다. 즉, 이미 그 자체가 아주 후진적인 계층이 된 평당원 사이에서가 아니라 기간 당원인 적극적인 투사들과 당 중앙위원회의 관료적 지도부 사이에서 말입니다. 사회주의를 열망하는 모든 사람은 1921년에 당 안에 있습니다. 밖에 남아 있는 것은 사회 변혁을 위해서는 그다지 쓸모가 없습니다. 연대의 전후 관계가 많은 사실을 말해주지요. 레닌이 1924년에 죽자 2백만 명이나 되는 사람이 입당했으니 이 시대의 비정당 노동자들이야말로 당 관료의 승리를 보장한 사람들입니다. 칠리가 씨, 당신에게 장담하건대 이들은 제3인터내셔널을 생각해본 적이 없는 사람들입니다. 크론시타트 봉기자들 가운데에서 제3인터내셔널을 생각해본 적이 없는 사람이 많습니다. 그러나 그들이 당당한 엘리트를 구성했고, 자기 자신의 열정에 속아 넘어가서 자기도 모르게 무시무시한 반혁명에 문을 열어줍니다. 한편, 아무리 병들었다고는 해도 볼셰비키당의 굳건함이 테르미도르를 5년이나 10년 늦추었습니다.[35]

문제의 경제적 근원과 관련 쟁점 : 1920년대의 논쟁

당과 좌익반대파를 정치 활동과 문필 활동에 휩쓸어 넣은 쟁점은 공업화와 국제주의와 관료제라는 문제를 둘러싸고 형성되었다. 이 논쟁은 내용이 풍부했지만 점점 위험해졌다. 토론이 억눌리거나 제지되거나 왜곡되었다.

세르주는 1924년부터 1925년까지는 "네프의 틀에서 벗어나지 않고서도 농촌 부르주아지의 형성을 억제"할 수 있었으리라고 썼다. 그렇게 하지 못했으므로 강제 농업집산화의 형태로 농민층과의 내전이 일어나게 되었다.[36] 만약 농업집산화가 올바른 시기에 시작되었더라면 공업화가 도시와 농촌의 관계를 개선했을 것이다. 트로츠키는 이런 정책을 옹호했다. 세르주에 따르면, 이 착상은 프레오브라젠스키와 소콜니코프Sokol'nikov[37]와 퍄타코프의 무수한 논의를 거친 다음 좌익반대파의 강령이 되었다.[14]

내전은 노동계급을 거의 다 파괴해버렸다. 쓰러진 노동자의 자리에 계급의식과 계급 전통과 혁명의식이 없는 반문맹 농부가 들어섰다. 살아남은 노동계급과 새로이 형성된 노동자들은 사회주의적 목표와는 동떨어진 조건 아래서, 즉 공장 경영에 아무 결정권을 갖지 못하고 정치 의사결정에 발언권을 갖지 못한 상태에서 노동을 했다.[38]

러시아 혁명의 고립에 대응해서 스탈린은 부하린이 개발해서 하나의 이론으로 만들어낸 일국사회주의라는 교의를 짜 맞추었다. 이 교의는 고립이라는 정치 현실에서 등장했다. 스탈린은 사태에 실용적으로 반응했다. 즉, 이론적 미래상에서 시작하기보다는 상황과 자기 목적에 들어맞는 이론을 그때그때 만들어낸 것이다. 일국사회주의는 비관론과 공상의 산물이었다. 비관론은 세계혁명에 관한 것이었고, 공상이란 계급 없는 공산주의 사회가 자본주의 세계시장에 에워싸여 시달리는 한 뒤떨어진 나라에서 건설될 수 있다는 것이었다. 이 착상은 전혀 새롭지는 않았다. 유토피아 사회주의자들과 민족주의자들이 유사한 고립 사회주의를 옹호한 적이 있었다. 그 개념은 마르크스와 엥겔스에게, 그리고 레닌에게는 완전히 낯설었다. 심지어는 세계적 차원의 투쟁이 벌어지리라는 자신감을 잃고 국내의 투쟁에서 권력에 굶주리게 되기 전에는 스탈린 자신에게도 낯선 개념이었다.[15]

좌익반대파는 스탈린의 "반동적 유토피아"[16]에 반론을 펴면서 마르크스주의 경제 이론으로 맞섰다. 트로츠키는 프롤레타리아 혁명을 소련의 테두리 안에 유지하려고 시도하면 반드시 대내외의 모순에 무릎을 꿇게 되리라고 주장했다. 트로츠키는 『연속혁명』*Permanentnaia revoliutsiia*에서 "국제주의는 추상적 원칙이 아니라 세계경제의 성격과 세계 차원의 생산력 발전과 세계 차원의 계급투쟁 규모에 관한 이론적·정치적 고찰"이라고 썼다. 일국 차원의 사회주의 개념과 사회주의적 국제주의 사이의 논쟁은 1925년에 시작되었지만 1927년에는 중국 혁명의 여파 속에서 더 큰 중요성을 띠었다. 이론 논쟁이 계속되는 동안 중국의 위기가 깊어졌다.

세계혁명이 패배했기 때문에 부하린은 좌익 공산주의자와 "프롤레타리아주의자"에서 친시장적이고 민족주의적인 일국사회주의의 이론가로 쉽게 전향했다.[17] 소비에트 러시아에 러시아 농민층이 남았음을 인정한 부하린은 새로운 열정을 가지고 농민 쪽을 쳐다보았다. 그러나 부자가 되라고 쿨라크를 북돋는다는 부하린의 정책으로 상황이 나아지는 대신 사태가 더 나빠졌다. 세르주는 다음과 같이 썼다. "상속권을 넓히자는 말이 있었다. 스탈린은 아예 내놓고 부농을 위해 토지 재산을 복원하자는 제안을 했다. 우리 어린 사회에는 가슴 저미는 심한 가난, 즉 궤양이 있"는 반면 부유층은 거만하고 자기만족적이었다.[39] 좌익반대파와 공유한 세르주의 우려는 가슴 깊은 곳에서 우러나온 것이었지만 그 밑바탕에는 사회가 타락하고 부르주아지화하고 있다는 경제의 진실에 관한 합리적 평가가 있었다.

무엇이 사실이었을까? 1927년에 『빛』에 실린 기사에서 세르주는 1925년에 공산주의 학술원이 수행한 캅카스, 우크라이나, 우랄 산맥, 노보시비르스크Novosibirsk 지역 연구를 인용해서 농촌의 사회구조를 논했다.[40] 그 연구로 농민층이 다음과 같이 분화했음이 밝혀졌다. 전 가구 가운데 기계를 약간만 가진 빈농이 25~40퍼센트, 중농이 40~50퍼센트, 쿨라크, 즉 기계의 대부분을 가진 부농이 무시할 수 없는 소수인 15~25퍼센트를 차지했다. 이 밖에도 빈농은 자주 자기 땅뙈기를 쿨라크에게서 빌린 도구로 경작했다. 더욱이 빈농과 중농이 보유한 경작지는 합쳐서 전체 경작지의 35~65퍼센트에 지나지 않았고, 나머지는 쿨라크 소유였다. 이런 조사 결과가 나오자 국가계획위원회가 "소수의 농촌 자본가가 농촌에서 부의 상당 부분을 차지하고 있다"고 선언하게 되었다.[41] 노동자와 빈농을 희생해서 시장에서 이득을 얻는 상인과 장사꾼(네프만)이 차지한 부는 훨씬 더 많았다. 세르주는 "쿨라크와 상인과 지식인 부르주아가 국가와 당의 관료제와 많은 연계를 가지고 한통속이 되어가면서 (……) 프롤레타리아트 독재를 위태롭게 만드는 권력의 이중성의 기반을 닦고 있"는 것이 위협적임을 알았다.[42]

세르주는 나라가 "1억 2천만 농민이 사회주의 정권에 맞서 봉기하도록 만들고 막대한 양의 공산품을 신용대부로? 그렇다면 어떤 조건으로? 수입하도록 강요해서 사회주의 정권이 외국 자본에 좌지우지될지도 모를 위기"에 다가가는 것을 보았다.[43]

프레오브라젠스키와 부하린 두 사람 다 국부를 늘리려고 시도했지만, 국부 증진은 사적 축적을 통해서만 가능하다는 것이 부하린의 생각이었던 반면 프레오브라젠스키는 자기가 쓴 『신경제』*Novaia ekonomika*에서 "사회주의 시초 축적"은 사적 부문에 들어가는 것보다 거기서 더 많은 것을 빼냄으로써 이루어질 것임에 틀림없다고 주장했다. 소련의 고립을 고려한다면, 결핍과 소비 제한을 피할 다른 방도는 없었다. 만약 사회주의 혁명이 마르크스가 예상한 대로 공업 기반을 갖춘 어느 선진 자본주의 국가에서 일어났더라면, 문제는 달랐을 것이다. 현실 상황을 고려하면 희생이 있어야만 하지만, 프레오브라젠스키가 보기에는 고난을 부과한다는 결정은 프롤레타리아트가 내린 의식적인 결정이어야만 했다.[18)]

프레오브라젠스키의 강령의 밑바탕은 철저한 노동자 민

주주의였고, 비록 그 강령이 농민층을 쥐어짜는 것을 뜻하기는 했어도 그는 강제 농업집산화나 강제 곡물 징발은 결코 지지하지 않았다. 또한 그는 사적 농민 부문에서 성장이 이루어진다는 것을 전제 조건으로 삼았다. 그러나 프레오브라젠스키는 서유럽으로 혁명을 확장하지 않으면 소련은 망할 운명이라는 것을 깨달았다.

트로츠키는 프레오브라젠스키의 공식 가운데 몇 가지에 일정한 견해차를 보였지만 근본적인 견해차는 아니었다.[19] 트로츠키와 프레오브라젠스키 두 사람 다 산업 축적이 반드시 체계적으로 이루어져야 한다고 주장했고, 두 사람 가운데 어느 누구도 "일국사회주의"를 옹호하지 않았다.[44]

1920년대 중반이 되면 진지선이 그어졌다. 관료제는 스탈린 쪽에 섰고 반대파는 트로츠키 뒤에 섰다.

1927년에 세르주는 좌익반대파가 쫓겨난 제15차 당대회가 열리기 직전에 프랑스어 평론지 『빛』에 「공업화를 향하여」 Vers l'industrialisation를 2부작으로 게재함으로써 전투에 들어갔다. 이 논설기사에서 세르주는 자신의 어투로 좌익반대파의 강령을 제시했다. 세르주가 아직은 당 규율 아래 있었던 터라 이 논설기사는 주장하는 문체 면에서 확연하게 조심하면서 논지를 펼쳤지만, 그런데도 "공식" 정책과는 근본적으로 어긋났다. 세르주는 좌익반대파와 우익반대파 사이의 핵심 논쟁점인 공업화를 위한 재원에 관해 새로운 항목을 내놓았다. 세르주는 네프 동안 농민이 축적을 할 수 있도록 해주는 정책조차도 네프만이 훼손했다는 점을 지적했다. 사적 자본은 물품을 도시에서 도매로 사서 지방에서 소매로 팔면서 네프기 소련의 소매업을 지배했다. 따라서 농민을 쥐어짜서 나오는 이윤을 국가가 아니라 사적 거래업자가 거둬들였다.[45] 통계수치를 얻기 어렵다는 점을 시인하면서 세르주는 재무인민위원회 산하 경제연구소가 수행한 쿠틀레르Kutler 연구에서 1926년에 사적 자본이 전쟁 이전 수준의 14분의 1에 이르렀음을 보여주는 통계를 인용했다.[46] 세르주는 1925~1926년에 사영 상업이 3백10억 루블에 이르는 국민총생산에서 한 해당 75억 루블을 차지했다고 산정했다. 이 수치조차도 믿을 수 없다는 점을 고려해서, 세르주는 사적 자본이 국가 생산에서 이윤을 사취하기 때문에 혼합경제는 불가능하다는 결론을 내렸다. 활력에 찬 새 부르주아가 오로지 "국가 재화의 약탈과 투기"로만 자본을 획득하고 번성하고 있다는 것이었다.[47] 세르주는 소련의 공업과 분배가 취약해서 이렇게 될 수 있었다고 시인했다. 그의 해법은 좌익반대파의 해법과 똑같았다. 대규모의 공업화였다. 공업화 자금은 어떻게 마련할 것인가?

공업화를 하려면 우리에게 자본이 있어야 한다. 자본가들이 우리에게 신용대부를 해줄 리가 없다. 그 돈을 어디서 마련할 것인가? 우리는 농민이 밀과 돈을 쌓아두는 것을 방금 보았고, 사영 상업이 큰 이윤을 긁어모으는 것을 보았고, 관료제가 기생적 액수를 거두는 것을 보아왔다. 지난해에 스탈린과 리코프는 그 액수가 연간 3억 루블을 넘었다고 산정했다. 공업화에 필요한 자본은 유통되고 있는 것이다. 따라서 성장하는 신부르주아지가 차지하는 이 자본을 만약 프롤레타리아트 독재가 거머쥘 수 있다면 소련의 산업 발전이 전례 없는 기세로 수행될 수 있다.[48]

좌익반대파와 마찬가지로 세르주는 경제가 처한 막다른 골목에서 빠져나오는 유일한 길을 네프의 투기와 이윤 추구를 제거해서 자금을 마련하는 대규모 공업화에서 찾았다. (세르주는 이 과정을 돕는 것이 국제 프롤레타리아트의 역할이라고 덧붙였다.) 공업화는 한 나라에서 수행될 수 있을지 모르지만, 세르주는 어디에서도 이것이 일국사회주의 건설로 해석될 수 있다고 지적하지 않았다. 세르주의 논설 기사는 그 문제를, 프레오브라젠스키와 트로츠키가 끝에 가서 그랬던 것과는 달리, 사회주의의 관점에서 볼 때 결국은 해결 불가능한 것으로 제시하지 않았다.

빅토르 세르주: 좌익반대파 활동가

세르주는 좌익반대파의 생각을 갑자기 가지지는 않았다. 그는 혁명 초기 몇 달 만에 표면에 떠오른 반민주적인 관료주의 경향에 비판적이었다. 1923년과 1927년 사이의 추세는 심지어는 레닌까지도 십중팔구 좌익반대파의 처지에 놓았을 것이었다. 크룹스카야는 스탈린이 레닌을 감옥에 가두었으리라고 예상한다고 말했다.

세르주가 빈에서 좌익반대파에 가세하던 1923~1924년은 그가 반대파의 견해에 동조한 지 이미 여러 해가 되었을 때였다. 다른 사람과 마찬가지로 세르주는 혁명을 안에서부터 파괴하고 있는 자들에게서 혁명을 구해내서 혁명의 요체와 미래상을 되살려내야 한다는, 즉 민주주의적으로 계획되어 연합체를 이룬 생산자들이 관리하며 국제 노동계급에게 모범이 될 수 있는 경제를 만들어내야 한다는 의무감을 느꼈다.[49] 좌익반대파는 문맥에서 벗어나게 떼어낸 레닌의 개념 단 한 구절로 어설프게 "정당화"된 스탈린의 협소한 일국 차원의 관료주의적 소비에트 발전 개념에 맞서 싸웠다.[20)]

세르주가 좌익반대파 안에서 벌인 활동에는 국내, 국제, 문필, 이렇게 세 차원이 있었다. 트로츠키는 그를 가장 유능한 좌익반대파 구성원들 가운데 한 사람으로 불렀다.[50] 프랑스 역사가 피에르 브루에Pierre Broué는 세르주가 좌익반대파 내부에서 "주변적"이었음을 밝혀냈다.[51] 세르주가 좌익반대파의 이론적 지도자 가운데 한 사람이 아니며 좌익반대파의 모든 정치 활동에 완전히 동의하지는 않았기 때문이다. 세르주는 프레오브라젠스키의 『신경제』나 흐리스티안 라콥스키Khristian Rakovskii의 분석 「위기에 처한 제1차 5개년 계획」 같은 이론적 논문을 쓰지 않았다. 그러나 좌익반대파에서 대변인, 역사가, 팸플릿 저자, 혁명 소설가로서 세르주보다 더 역량 있는 사람은 아무도 없었다. 세르주는 비주류 구성원이었지만 좌익반대파는 획일적이지 않았다. 세르주는 유능한 좌익반대파 투사들의 뛰어난 모범이었다.

세르주의 독특한 자질 때문에 그는 좌익반대파에게 소중한 존재가 되었다. 그 자질이란 그의 어학 지식, 이때까지 세 차례에 걸쳐 얻은 국제혁명 경험, 프랑스에서 잘 알려진 지식인으로서의 위상이었다. 세르주는 주로 프랑스에서, 또한 독일어를 사용하는 나라와 영어를 쓰는 나라에서 간행되는 국제 공산주의 운동 언론의 정기 기고자였다. 그가 『인프레코르』, 『공산주의 회보』, 『빛』, 『노동자의 삶』에 쓴 기사들은 좌익반대파의 강령을 퍼뜨리는 데 도움을 주었고 정치적 지지를 모았다. 세르주는 소련 공산당의 레닌그라드 세포 조직원으로서 좌익반대파의 대중 대변자였고 레닌그라드 좌익반대파 비밀 조직원으로서 좌익반대파에 더 많은 당원을 새로 충원하는 데 도움을 주었다. 또한 세르주는 트로츠키와 프레오브라젠스키와 라덱, 그리고 다른 이들과 좌익반대파의 정책에 관해 협의하면서 좌익반대파 지도부에서 역할을 했다.

좌익반대파는 1925년 말에 세르주가 러시아로 되돌아오자마자 곧바로 그를 포섭하려고 애썼다. 모스크바의 퍄타코프 계파는 레닌그라드 좌익반대파 비밀 조직과 접촉하려고 세르주를 지칭하는 암호를 "타라스"Taras로 정했다.[52] 트로츠키주의자들은 비록 1923년 이후로 대기 전술을 구사해오는 중이기는 했어도 정기적으로 모임을 가졌고 세르주에게 자기들 동아리에 가담하라고 권했다.

그 집단은 아스토리야 호텔에 있는 농학자 카르포프N. I. Karpov의 방에서 만났다. 그 집단은 보통 카르포프, 세르주, 노동계급 출신 학생 두어 명, "지난 스무 해 동안 페트로그라드에서 일어난 모든 혁명에" 참여했던 고참 볼셰비키 노동자 두 사람, 훗날 지노비에프 계파의 구성원이라고 해서 처형당하는 노동자 폐오도로프Feodorov, "진정한 가치를 지닌" 마르크스주의 이론가 두 사람(그리고리 야코블레비치 야코빈Grigorii Iakovlevich Iakovin과 폐오도르 딘겔시테트Feodor Dingel'shtedt)으로 이루어져 있었다.[21] 으레 모임의 좌장 노릇을 하는 사람은 "할머니"Babushka로 알려진 알렉산드라 르보브나 브론시테인Aleksandra L'vovna Bronshtein이었다. 서른다섯 해가 넘는 혁명 경험을 가진 알렉산드라 르보브나는 1890년대에 니콜라예프Nikolaev에서 자기가 운영하는 마르크스주의 동아리에 트로츠키를 끌어들인 바로 그 사람이었다.[53] 그는 트로츠키의 첫번째 아내가 되었고 트로츠키의 불운한 두 딸 지나이다Zinaida, 지나Zina와 니나Nina의 어머니였다. 그 스스로가 스탈린 테러 동안에 유배되어 사라졌다. 세르주는 "기본 견해에서 알렉산드라 르보브나만큼 자유로운" 마르크스주의자를 거의 알지 못한다고 말했다.[54] 니콜라이 파블로비치 바스카코프Nikolai Pavlovich Baskakov도 있었는데, 그는 체제가 개혁될 수 있는지 여부에 의문을 던졌다. 당 지도부에 농업집산화 문제를 오랫동안 제기한 바실리 차다예프Vasilii Chadaev[22])는 좌익반대파에서 비공식적으로나마 제2의 당 문제를 유일하게 제기한 사람이었다. 그는 "거대한 거짓 재판"이 있으리라고 예언했다. 돋보이는 이런 인물들이 국제 문제에 일가견을 가진 세르주와 함께 그 집단을 채웠다. 세르주는 이것이 레닌그라드 좌익반대파의 전부였으며 다른 좌익반대파 중심 조직은 레닌그라드에는 결코 없었다고 강조했다.[55] 세르주가 (1941년에 쓴 글에서) 이렇게 강하게 역설한 것은 레닌그라드에 "트로츠키주의 중심 조직이 여럿" 있다는 게페우의 훗날 혐의 주장에 대한 대응이었음이 틀림없다.

모스크바의 좌익반대파 동아리는 빅토르 옐친에 따르면 5백 명 넘게 헤아렸다.[23]) 당은 "선잠이 든 상태에" 있었으며 좌익반대파는 글을 쓰고 트로츠키 전집을 펴내면서 사기를 유지했다. 1925년 12월에 제14차 당대회에서 지노비예프와 카메네프가 트로이카에서 밀려나면서 당내 투쟁이 살아났을 때 이 모든 것이 바뀌게 된다.

『한 혁명가의 회상』에서 세르주는 자기가 1925년 봄에 모스크바를 거쳐 지나가다가 지노비예프와 카메네프가 곧 열릴 당대회에서 밀려날 참이라는 것을 알았다고 언급한다.[24]) 그러나 그는 그 두 사람이 당대회에서 스탈린의 계략에 말려들었을 때 놀라움을 표시했다. 그 행위에 좌파는 잠시 어리둥절해했다. 세르주는 지노비예프가 조직한 관료주의 체제가 더는 나빠지려야 나빠질 수 없다고 생각했다. 그는 조금만 바뀌어도 "정화를 위한 기회가 틀림없이 생길 것"이라고 보았다. "나는 아주 큰 오판을 했다."[25] 실제로 스탈린-부하린-리코프 연합이 지노비예프 집단에게 승리를 거두어서 스탈린은 만사에 대한 책임을 왕년에 자기 동료들이었던 지노비예프와 카메네프에게 돌릴 기회를 얻었다.

세르주는 지노비예프와 그의 정치 양식을 싫어하는 만큼 지노비예프의 국제주의가 참되다는 것을 인정했다. 지노비예프가 1925년에 이르는 기간 동안 보여준 관료주의적 행태가 이제는 자신을 상대로 이용되었다. 지노비예프와 카메네프는 자기들이 편 정책으로 말미암아 걸음마 단계에 있는 부르주아지가 자라날 수 있게 되었고 관료체제가 교묘히 책략을 부려 볼셰비키 당을 파괴할 수 있게 되었다는 점을 어쩔 도리 없이 깨닫게 되었다.

곧 스탈린은 지노비예프에게는 난공불락이라고 보인 레닌그라드 도당을 공격했다. 세르주는 지노비예프가 1918년 이래로 벼려왔던 그 도당이 당 중앙위원회가 새 위원회들을 설치하기 위해 보낸 구세프Gusev의 "망치질"에 일주일 안에 무너졌다고 말했다. 세르주의 좌익반대파 동아리는 우선 몸을 사렸다가 레닌그라드 분파 투쟁에서 발을 뺐다. 그 뒤 얼마 되지 않아 그들은 트로츠키가 지노비예프와 협정을 맺었을 때 충격을 받았다. "우리를 내몰고 헐뜯은, 당의 원칙과 이념을 망쳐놓은 관료배와 어떻게 우리가 같은 테이블에 앉을 수 있는가?"[56]

지노비예프와 카메네프는 트로츠키가 1923년에 당 내부

체제에 관해 취한 입장이 올바른 것이었다고 인정하는 선언문에 서명했다. 레닌그라드 당의 동지들에게서 "하룻밤 사이에 일어난" 변화를 보는 세르주의 견해에는 아량이 있었다. 그는 그들이 거짓말을 더는 꾸며내지 않아도 된다는 데 틀림없이 크게 안도감을 느꼈으리라고 생각했다. 그들은 바로 며칠 전만 해도 트로츠키를 공격했지만, 이제는 그를 치켜세우며 칭찬했다.[57] 지노비예프와 카메네프는 트로츠키 비방중상전에서 자기들이 스탈린과 리코프와 부하린과 공모했다는 증거로 편지들을 트로츠키에게 내놓았다.

세르주의 레닌그라드 중심 조직은 스무 명쯤 되는 투사로 이루어져 있었다. 레닌그라드의 지노비예프 계파는 5백 명 이상을 헤아렸다. 지노비예프 추종자들이 두 집단을 즉시 합치자고 요구하면서 좌익반대파 명단을 달라고 요청했을 때, 세르주 집단은 망설였다. "그자들이 내일은 무엇을 하려 들까?" 세르주와 차다예프, 그리고 다른 이들은 두 반대파 집단이 한데 합칠 때를 위해 될 수 있는 대로 많은 좌익반대파를 규합할 목적으로 즉시 비밀회의를 열었다. 수에서 밀릴까 두려워한 그들은 두 계파가 같은 규모의 조직들과 함께 서로 대면하기를 원했다. 세르주는 그들이 성공을 거둬서 통합 당일에 4백 명 이상이 조직되었다고 보고했다.[58]

그들이 트로츠키 계파 신규 구성원을 모으고 있는 동안, 세르주는 트로츠키에게 간략히 사태를 보고하려고 차다예프와 네차예프Nechaev의 뒤를 따라 모스크바로 갔다. 트로츠키는 "열이 올라 입술이 보랏빛이 되어 덜덜 떨고 있었지만, 그의 어깨는 여전히 굳건했고 얼굴에는 지성과 의지가 드러나 있었다."[59] 트로츠키는 혁명의 구원이 두 계파의 결합에 달려 있다는 논거로 그 결합을 정당화했다. 세르주는 게페우가 트로츠키의 집을 찾아온 사람들을 사진으로 찍고 있었다고 지적했다. 그들은 트로츠키의 집에서 나와 떠날 때 코를 푸는 시늉을 하라는 지시를 받았다.

견해차를 처리하기 위해 레닌그라드로 파견된 프레오브라젠스키와 스밀가Smilga가 두 레닌그라드 반대파의 통합을 이뤄냈다. 세르주는 자기가 1926년에 그 두 사람에게서 받은 인상을 다음과 같이 전했다.

프레오브라젠스키는 얼굴이 컸고 서민에게 어울리는 짧은 적갈색 턱수염을 길렀다. 그는 너무 몸을 혹사한 나머지 회의 도중에 언제라도 푹 쓰러져 잠을 잘지 몰라 보였다. 그러나 그의 두뇌는 여전히 활기에 차 있었고 농업 문제에 관한 통계수치로 꽉 차 있었다.

경제학자이자 1917년에 레닌의 두터운 신임을 받는 발트해 함대 요원이었던 전직 군 지도자인 스밀가는 안경을 끼고 턱수염을 기르고 앞머리가 벗겨진 금발의 40대 지식인으로, 평범해 보이고 두드러지게 탁상공론가 형이었다. 그는 작은 방에 너무 바짝 몰려 앉아서 옴짝달싹하지 못하는 쉰 명쯤 되는 노동자에게 저녁 내내 연설을 했다. 머리카락이 황갈색이고 얼굴에 표정이 없는 거구의 라트비아 사람 한 명이 들어온 사람들을 모두 찬찬히 훑어보았다. 스밀가는 방 한복판에 등받이 없는 의자에 앉아 생산, 실업, 곡물, 예산 수치에 관해, 그리고 우리가 열렬히 옹호하고 있는 계획에 관해 단 하나의 선동 문구 없이 전문가의 어투로 연설했다. 러시아 혁명의 첫날들 이래로 당 지도부가 이처럼 청빈하고 소박한 분위기 속에서 평당원 투사들과 얼굴을 맞댄 적은 없었다.[60]

회의에 관한 세르주의 회상을 읽노라면 우리는 좌익반대파가 언제 어떻게 회의를 열었다는 단순한 설명을 넘어서서 훨씬 더 많은 것을 얻게 된다. 세부를 꿰뚫어보는 세르주의 눈과 그의 깊이 있는 서술과 신체 묘사를 통해 인물의 특성을 요약하는 능력은 이 시기에 볼셰비키당에서 벌어진 생사를 건 투쟁에 관한 우리의 지식에 박진감을 더해준다.

5분 동안…… 발언권을 얻으려는 싸움

좌익반대파가 1926년부터 1928년까지 벌인 활동에 관한 세르주의 설명은 트로츠키의 『나의 삶』보다 훨씬 더 상세하다. 세르주는 소련의 농업과 당 민주주의와 중국 혁명 세 가지 쟁점을 놓고 사상 투쟁이 벌어졌다고 썼다.[61] 당의 토론은 "일국사회주의"를 정당화하고 좌익반대파를 비난하는 당의 모리배들의 일방적인 장광설로 이루어졌다. 세르주에 따르면, 중국에 관한 모든 논의가 관료들의 지령을 받아 이루어졌고, 철저하게 왜곡되었다.

좌익반대파가 연설하지 못하도록 막으려고 연설자 명단을 길게 늘리는 조잡한 술수가 사용되었다. 세르주와 차다예프는 사실상 비밀 구성원이었으므로 연설자 명단에 오를 수 있었다. 좌익반대파에게 단 5분이 주어졌기 때문에 그들은 자기들의 목소리가 고함에 파묻히기 전 5분 동안 될 수 있는 대로 말을 많이 하는 방식을 택했다.

세르주는 이렇게 5분 동안 말을 쏟아내어 약간 성과를 올릴 수 있었다. 그러나 이런 식으로 주장하지 않으면 안 된다는 것은 퍽이나 힘 빠지는 일이었다. 세르주는 당 "동지들"이 계속해서 "헐뜯지 마라! 반역자 같으니라고!" 하며 고함을 질러서, 갑자기 "우리 앞에 적이 있고 한 걸음만 떼면 감옥이 있다"는 느낌이 들었다고 썼다.[62] 세르주가 올린 성과는 미미했다. 아돌프 아브라모비치 요페가 자살한 사건[26)]에 관해서 세르주는 조의를 표시할 수 있었고 요페가 어떻게 왜 죽었는지에 관한 세부 사항을 세포조직 간사에게 요구함으로써 끝맺음을 했다. 그러나 세포조직 간사는 요페를 산더미 같은 문서 아래 파묻을 수 있었다. 힘이 죽 빠진 세르주와 차다예프는 절망에 빠진 나머지 발언하려고 애쓸 기운도 없었다. 그리고 나서 두 사람이 발언하지 않은 당 세포 회의가 열린 뒤 그들은 정신적 승리를 거두었다. 대개는 아무런 반응을 보이지 않던 청중이 그들 가운데 두 사람이 그 "활동가들"에게 반론을 하라고 요구한 것이다. 그날 저녁에 세르주와 차다예프는 자기들이 던진 표 외에 다른 사람의 한 표를 더 얻었고, 노동자 마흔 명이 조심스레 자기들을 지지하며 그들 주위에 엇비슷한 수의 동조자들이 있음을 눈치 챘다. 두 사람은 다른 소식통을 통해서 이것이 당 전체의 전반적 상황을 반영한다는 것임을 알았다.

세르주는 쉰 명이 꽉 들어찬 작은 방에서 자기와 차다예프가 지노비예프와 트로츠키와 함께 연 또 다른 회의를 서술했다. 한 여성 노동자가 트로츠키에게 만약 좌익반대파가 당에서 쫓겨나면 어떤 일이 일어날지를 묻자 트로츠키는 "그 어떤 것도 우리를 결코 우리 당에서 떼어낼 수 없습니다"라고 설명해주었다.[63] 세르주는 "프롤레타리아 독재의 지도자들"이 빈민가로 되돌아가 "한 사람 한 사람"의 지지를 얻는 것을 지켜보고 이 회의에서 마음이 놓였다고 평했다. 예전의 지도자들이 보여주는 용기와 소박함과 인간적 면모를 세르주는 아주 솜씨 있게 전달했다. (그리고 그의 소설 속에서 뛰어나게 묘사했다.) 그러나 이미 비극이 일어나리라는 느낌이 있었다. 회의를 마치고 트로츠키와 함께 집으로 가던 세르주는 다음과 같이 기록했다.

> 거리에서 레프 다비도비치는 사람들이 알아보지 못하도록 외투 옷깃을 세우고 모자를 폭 눌러썼다. 그는 먼 옛날 지하 활동을 하는 나이 든 지식인처럼 보였다. 스무 해 동

안 고된 일을 하고 두어 차례 눈부신 승리를 거둔 뒤였는데, 정말로 옛날 모습 그대로였다. 우리는 마부에게 다가가서 값을 흥정했다. 돈이 많지 않았기 때문이었다. 옛날 러시아에서 곧바로 튀어나온 듯한 농부 풍의 턱수염을 기른 마부는 "당신한테는 운임이 공짜요. 타세요, 동무. 당신은 트로츠키죠, 맞지요?" 하고 말했다. 마차는 러시아 혁명의 지도자가 신원을 감추기에는 충분하지 않았다. '영감'은 즐거워서 살며시 웃고는 "이런 일이 있었다고 아무에게도 말하지 마세요. 사람들은 다 마부가 프티부르주아지에 속하는 걸로 알고 있고, 프티부르주아지의 호의는 우리 평판을 떨어뜨릴 수 있을 뿐이라오"라고 말했다.[64]

세르주의 서술은 재미있고 다정다감하고 비극적이다. 좌익반대파가 세르주에게 보이는 매력은 분명하며, 뿐만 아니라 독자에게도 감동을 준다. 좌익반대파의 전반적인 정치적 입장의 요체뿐만 아니라 좌익반대파의 인간적 요소를 표현하는 작가이자 좌익반대파의 대변인으로서 세르주가 지닌 재능이 공감을 산다.

세르주는 자기 아파트 부엌 식탁에 둘러앉아서 연 또 다른 좌익반대파 회의에 관해서 썼다. 이번에는 카를 라덱이 나왔고, 그는 "아주 똑똑하다는 인상"을 주었다. "그 인상은 처음 만나면 약간의 경박함 때문에 비위에 거슬리지만, 빈정대며 항간의 우스갯소리를 전하는 사람은 그의 겉모습일 뿐이고 그 안에는 원칙의 인간이 들어 있었다."[65] 한

밤중에 게페우가 그들을 모두 체포하려고 가는 중이라고 경고를 해주는 전화가 걸려오는 바람에 회의가 갑자기 중단되었다.

이 시점이 되면 정치 활동이 아주 어려워졌다. 사기를 유지하기가 힘들었다. 당 중앙위원회에게는 "비합법 집회"를 완력으로 해산하는 "활동가" 폭력배가 있었다. 상황은 암울했고, 세르주는 노동자 대중이 반대파의 투쟁에 무관심하기 때문에 반대파가 패하리라고 확신했다. 그는 이런 속내를 트로츠키에게 털어놓았고, 트로츠키는 세르주에게 "감수해야 할 위험은 늘 얼마간 있기 마련입니다. 당신은 어떤 때는 리프크네히트처럼, 또 어떤 때는 레닌처럼 끝이 나네요"라고 말했다.[66] 세르주는 자기 느낌을 다음과 같이 요약했다.

러시아 혁명과 노동자 민주주의가 되살아날 가망이 설령 백에 하나밖에 되지 않더라도, 그 가망을 절대 내버려서는 안 된다. 나는 이 느낌을 어느 누구에게도 드러내놓고 밝힐 수 없었다. 묘지의 전나무 아래서, 아니면 병원 부근의 쓰레기장에서, 아니면 누추한 집 안에서 내게 승리의 약속을 해달라고 요구하는 동지들에게 나는 투쟁이 길고도 험난하리라고 대답하곤 했다. 내가 두어 사람과 나누는 사담에 국한해서 이런 식으로 이야기하면, 효과가 나타나서 그들의 얼굴이 굳어졌다. 그러나 만약 수많은 청중을 상대로 이런 식으로 말하면, 분위기가 싸늘해졌다. 나는 우리 중심 조직에 있는 내 친구들 가운데 한 명에게서 "너는 지나치게 지식인처럼 군다"는 말을 들었다. 다른 선동가들은 승리의 약속을 남발했고 나는 그들 스스로가 그런 희망을 먹고 살았다고 생각한다.[67]

우리는 좌익반대파의 강령이 집단적 노력이었음을 세르주에게서 배운다. 지노비에프가 카메네프와 함께 농업과 인터내셔널에 관한 장을 쓰고 트로츠키는 공업화에 관한 장을 쓰고 스밀가와 퍄타코프는 초안을 편집했던 것이다. 그 강령은 좌익반대파의 이념이 전진을 대표한다는 것을 과시할 뿐만 아니라 당이 내놓는 이념이 없다는 것을 폭로하는 기능을 했다. 세르주는 좌익반대파 강령을 작성하는 합동 노력이 당에서 집단적 사고가 허용된 마지막 사례였다고 지적했는데, 이마저도 게페우의 급습으로 갑자기 중단되었다.[68]

당내 반대파뿐만 아니라 아나키스트와 생디칼리스트와 최대한주의자에게도 일체의 합법적 표현 수단을 봉쇄한 채 당 중앙위원회는 인쇄물의 유포를 완전히 통제했다. 그런데도 『좌익반대파 강령』이 비밀리에 나타났다.

그 강령은 네프 아래서 쿨라크와 장사치와 관료가 반사회주의 세력으로 성장한 것을 공격했다. 또한 대중의 곤궁을 심화하는 낮은 임금과 높은 실업과 고율의 간접세 징수도 포화 세례를 받았다. 콜호스(집단농장)를 개발하고 누진세제를 도입하고 ("너무나 약한 형태의 5개년 계획"을 공격하면서) 새로운 공업을 창출하고 알코올 국가 독점 거래를 폐지하라고 요청하면서 좌익반대파는 또한 소비에트를 복구하고 민족에게 자결권을 주고 노동조합과 당의 활력을 되살리라고 요구했다. 특히나 중국에서 피비린내 나는 재앙을 불러온 중국 정책 탓에 코민테른도 심한 비판을 받았다.

러시아 혁명 10주년

세르주는 러시아 혁명 10주년을 "기진맥진한 혁명이 한 바퀴 빙 돌아 제자리로 돌아온" 시점으로 보았다.[69] 다른 곳에서 세르주는 혁명 10주년의 특징을 혁명의 의기양양한 처음 10년의 주기를 끝장내는 소련판 테르미도르의 실현으로 묘사했다.[70] 세르주는 트로츠키와 지노비예프의 혁명 10주년 기념 연설이 책이 날아오는 등 야유에 파묻혀 거의 들리지 않았다고 기술했다. 트로츠키는 "여러분의 책은 요즈음엔 읽기에는 마땅치 않아도 사람을 때려눕히는 데에는 아직 쓸 만하군요"라고 비꼬며 응수했다. 이것은 열성 당원들이 표현한 분노가 그들에게는 반역 행위로 비칠 수 있는 것에서 비롯되었음을 시사한다. 결국은 좌익반대파도 통치하는 관료의 일부였던 것이다.

좌익반대파가 마지막으로 세력을 과시한 일 가운데 하나가 러시아 혁명 10주년인 1927년 11월 7일에 일어났다.

좌익반대파는 혁명 10주년 기념 행진에 참가하기로 결정했다. 세르주의 레닌그라드 시위 서술을 준거 자료로 쓰는 아이작 도이처에 따르면, 좌익반대파의 이 대중 시위는 당을 우회해서 직접 대중에게 가려는 시도라기보다는 당에 보내는 호소였다. 좌익반대파는 지노비예프와 트로츠키의 이름이 적힌 플래카드와 더불어 좌익반대파의 구호를 알리는 깃발을 들고 있다가 당 활동가들의 공격을 받고 기마경찰에게 쫓긴 다음 두들겨 맞고 흩어졌다. 도이처는 이 시위에서 좌익반대파가 스탈린의 신속함과 폭압책뿐만 아니라 좌익반대파의 행동 밑바탕에 있는 모순 때문에 패했다고 썼다. 그 모순이란 당의 대오 안에서 충성과 자기 규율을 유지하면서 당의 행위와 정책에 반대의사를 공개 표명한다는 것이었다.[71]

그 소동에 관한 세르주의 서술은 도이처가 거의 통째로 다 인용하기는 했어도 다른 의미를 전한다. 도이처는 세르주가 성난 군중과 빚은 작은 충돌을 서술하면서 세르주의 물리적 고립을, 그리고 넌지시 정치적 고립을 강조한다. 도이처는 당 활동가의 위협에 뒤이은 노동자들의 침묵을 나쁜 조짐으로 해석했다. 세르주는 세르주가 트로츠키와 지노비예프의 이름을 외쳐 군중을 놀라게 만들자 그 뒤 일어난 일을 서술한다.

한 시위 조직가가 나른함에서 깨어나 짓궂게 "역사의 쓰레기통으로!"라고 응수했다. 아무도 그의 말을 따라하지 않았지만, 즉시 나는 내가 갈가리 찢길 찰나에 있다는 인상을 뚜렷하게 받았다. 다부진 체구를 가진 사람이 난데없이 튀어나오더니, 어쨌든 내가 꽤 높은 고위 기관원일지도 모르기 때문에 조금 망설이면서 나를 위아래로 훑어보았다. 학생 한 명이 내 주위에 생겨난 빈터를 가로질러 걸어오더니 내 귀에 대고 "이 자리를 뜹시다, 일이 더 나쁘게 돌아갈지도 몰라요. 당신이 뒤에서 얻어맞지 않도록 내가 당신과 함께 갈게요"라고 속삭였다.[72]

도이처의 해석에서는 세르주가 언급한 그 굼뜬 조직가의 고함에 "위협과 격분"이 배어들어가고 노동자들이 입을 다물어 "반향"이 없었다는 사실이 빠져 있다. 여기에 있는 차이점은 세르주가 비록 군중이 좌익반대파 지도자들의 이름을 외치는 소리를 듣고 놀라기는 했어도 그 조직가에게 반응을 보이지 않은 것은 그 조직가에게 동조하는 것이 아니라 세르주를 제지하는 행동을 하기를 거부한다는 것이었다는 인상을 남긴다는 것이다. 이 일화를 도이처가 묘사한 것을 읽으면 군중이 비록 십중팔구 위협을 받아 겁에 질려서이기는 해도 당을 따른다는 인상이 남는다. 한편 세르주는 군중이 깜짝 놀란 채 사건에 끼어들지 않았다고 서술한다. 비록 위협을 받아도 좌익반대파를 적대시하려 들지 않았다는 것이다. 이런 까닭에 세르주에게 신변의 안전에 관한 공포를 안겨준 "다부진 체구의" 괴한이 필요했던 것이다. 당은 언론을 이용해서 그날 일어난 좌익반대파의 소규모 봉기를 비난했다. 실제로 세르주는 좌익반대파 수백 명과 기마경찰 사이에 싸움이 벌어졌다고 서술했다.[73]

루이스 피셔Louis Fischer는 모스크바에 있었고, 상황에 긴장감이 감돌았다고 서술했다. 붉은 군대가 스탈린 정권에 맞서 권력을 잡으리라는 소문이 나돌았지만, 아무 일도 일어나지 않았다. 모스크바의 시위와 레닌그라드의 시위는 폭력의 강도에서만 달랐다. 피셔에 따르면, 모스크바 쑨원孫文 대학의 중국인 학생들이 트로츠키주의 구호를 "외쳤"고[74] 게페우가 학교 안으로 들어가서 이들을 체포했다. 그 뒤 건물에서 트로츠키의 사진이 뜯겨 떨어졌고, 트로츠키와 지노비예프가 나타나자 그들은 연설 허가를 얻지 못했다.

세르주의 진술과 도이처의 진술 사이에 미묘한 차이가 있다 해도 좌익반대파가 패했고 테르미도르가 도래했다는 공통된 판단은 그대로 남는다. 두 진술은 똑같이 좌익반대파가 군중이나 대중을 일깨워 스탈린주의 정권과 당에 맞서 행동에 나서도록 부추길 수 없었다고 본다. 세르주는 그 까닭을 이해했다. 너무나도 충성스러운 좌익반대파는 당 규율을 지키다가 사회 전반에 좌익반대파의 이념을 퍼뜨릴 연단에 오를 수 없게 되었다. 트로츠키는 자기가 볼셰비키와 상관없는 "바깥 사람"이라는 거듭되는 비난에 대응해서 자기의 충성심을 입증하려고 애를 썼다. 얄궂게도, 이것이 그의 파멸에 한몫을 했다. 트로츠키는 좌익반대파의 다른 구성원들 없이는 행동에 나설 수 없었을 것이다. 그 구성원들은 당의 대오에 남기 위해서라면 무슨 일이라도 할 태세가 되어 있다는 점에서 판단해보면 어쩌면 트로츠키보다 훨씬 더 당에 충성스러운 사람들이었다. 세르주는 당의 심리를 이해하려면 당에 있어봐야 한다는 결론을 내렸다.[75]

제명

그 시위가 있은 지 일주일 뒤인 1927년 11월 14일에 좌익반대파가 당에서 제명당했다. 이틀 뒤 제명이 발표되었다. 이렇게 내쫓긴 좌익반대파는 곧 열릴 제15차 당대회에서 발언권을 잃게 되었다. 예전의 당 중앙위원회 위원들은 일단 당 밖으로 내몰리자 크렘린 안에 있는 거처에서 나와 이사를 해야만 했다. 트로츠키는 벌써 크렘린을 비웠고, 세르주는 가다가 지노비예프가 이사하는 모습을 보았다. 세르주는 가재도구에 파묻혀 있는 지노비예프와 라덱을 찾아냈다. 지노비예프는 애절한 느낌을 주는 레닌의 데스마스크만 챙겨 들면서 "전혀 아무렇지 않은 체했다."[76] 카메네프가 잠시 들렀는데, 세르주는 비록 그의 눈은 여전히 "해맑았"어도 그의 턱수염이 온통 허옇게 셌다는 것을 알아차렸다. 그것이 세르주가 카메네프를 마지막으로 본 순간이었다.[77] 책에 둘러싸인 채로 서류를 정리해서 파기하고 있던 라덱에게서 세르주가 받은 인상은 매우 의미심장했다. 라덱은 좌익반대파가 트로츠키의 조언에 따라 15인 그룹(사프로노프T. Sapronov와 스미르노프V. Smirnov)과 관계를 끊어버린 일을 한탄한다는 속내를 털어놓았다. 15인 그룹은 지배 집단을 프롤레타리아트 독재의 자리에 대신 들어선 관료제 경찰 체제로 불렀다. 또한 라덱은 다음과 같이 탄식했다.

"우리는 둘도 없는 멍청이였다! 우리는 무일푼이었을 때 꽤 많은 노획물을 우리 몫으로 남겨놓을 수도 있었다! 오늘날 우리는 돈이 모자라서 남김없이 다 죽어가고 있다. 그 유명한 혁명적 정직성을 갖추었다는 우리는 다만 지나치게 소심한 지식인 부류였을 따름이다." 그러고는 마치 가장 흔해빠진 일인 양 주저하지 않고 "요페가 오늘 밤 스스로 목숨을 끊었군"이라고 말했다.

요페의 장례식, 좌익반대파의 망명…… 투항의 문제

요페의 자살은 당내 투쟁에서 눈에 확 띄는 사건이었다. 루이스 피셔는 요페가 자살하기 일주일 전에 요페를 보러 갔었다. 피셔는 중병에 든 요페가 통증으로 고통 받고 있었지만 유럽 프롤레타리아트의 혁명의식에 관해 꼬치꼬치 캐물었다고 서술했다. 요페는 피셔에게 독일, 중국, 영국,

미국에서 혁명이 임박해 있다고 믿는지 물어보았다. 피셔가 믿지 않는다고 대답하자 이미 통증으로 몸이 망가진 요페는 괴로워했다.[78] 요페는 마지막 유서에 자기의 죽음은 "이 불미스러운 사건에 당이 전혀 반발하지 못하는 상태가 되도록 당을 망가뜨린 자들에게 보내는 항의의 몸짓"이라고 썼다. 그 불미스러운 사건이란 트로츠키와 지노비예프가 당 중앙위원회에서 제명된 사건을 말한다. 요페의 장례식은 좌익반대파의 마지막 대중 시위이자 트로츠키가 모습을 보인 마지막 공식석상이었다.

게페우는 장례식이 좌익반대파의 힘을 과시하는 행사가 되지 않도록 막으려고 애를 썼다. 트로츠키와 라콥스키가 연설을 했고 군중이 트로츠키를 보호했다. 트로츠키는 다음과 같이 말했다.

> 요페가 우리 곁을 떠났습니다. 그가 싸우기를 바라지 않아서가 아니라 그의 몸에 싸울 힘이 없었기 때문입니다. 그는 투쟁에 참여할 사람들에게 짐이 될까 두려워했습니다. 그의 자살이 아니라 그의 삶이 뒤에 남겨진 사람들에게 모범이 되어야 합니다. 투쟁은 계속됩니다. 모두가 자리에 남습니다. 누구도 떠나지 맙시다.[79]

세르주도 장례식에 있었다. 장례식에 있으니 딱 여섯 해 전에 같은 묘지에서 벌어진 핍박 받는 다른 반대파 구성원들의 시위가 그의 머릿속에 떠올랐다. 그때는 크로포트킨의 장례식이었다. 세르주는 러시아 혁명 첫 몇 년 동안 아나키스트들을 핍박했던 "우리"에게 지금 엄습하는 핍박에 심원한 공평성이 있다고 말했다.

제15차 당대회에서 중도파와 우파가 모든 부문에서 승리를 거두었다고 자축하는 광경이 나타났다. 이 중요한 "승리들" 가운데 하나가 "제2의 당"이 되는 도중에 있던 "멘셰비키, 즉 사회민주주의 편향"의 제거였다. 이것은 비판을 두고 전형적으로 사용되는 말이었다. 부하린이 당대회 연단에 올라 트로츠키주의의 범죄를 비난했다. 그는 트로츠키주의가 모든 불평분자들과 체제를 미워하는 자들을 결집할 새로운 당을 세울 준비를 하고 있다고 설명했다. 즉, 이런 식으로 분열은 프롤레타리아 독재를 해치며 따라서 좌익반대파는 숨은 "제3세력의 반동"의 선봉장이 되리라는 것이었다.[80]

부하린의 주장은 투항 문제를 놓고 갈라진 좌익반대파 안에서 파장을 일으켰다. 세르주는 숙청에 마주쳐서 충성을 입증하기 위해 투항하겠다는 좌익반대파 일부의 바람에 냉소를 보냈고, "제3세력"은 "관료체제의 핵심에서 벌써 조직"되었다고 썼다.[81] 지노비예프와 레닌그라드의 다른 투항론자들은 당에서 이미 전환이 시작되었으며 일체의 활기찬 주도권이 끝나리라는 조짐이 당에 나타났다는 것을 볼 수 없었다.

좌익반대파의 제명은 당이 죽었다는 표시였다. 어떠한 토론이나 이견도 없었으므로 당은 진정한 의미의 정당으로 기능을 발휘할 수 없었다. 그러나 지노비예프 추종자들은 자기들이 힘을 보태 만들어냈던 관료 기구의 밖에서는 정치 활동이 존재하지 않으며, 관료 기구가 도로 들어가는 길을 마련해준다면 치욕은 그리 크지 않다고 확신했다. 세르주는 지노비예프와 트로츠키가 쪽지를 주고받았다고 서술했다. 지노비예프가 "레프 다비도비치, 우리가 용기를 내서 투항할 시간이 왔습니다"라고 적힌 쪽지를 건네주자 트로츠키는 "그런 종류의 용기가 충분했더라면, 혁명은 지금쯤 세계 모든 곳에서 승리했을 텐데요"라고 적힌 쪽지로 대꾸했다.[82] 지노비예프와 카메네프는 전향했다. 세르주는 트로츠키를 추종하는 좌익반대파 구성원들이 그 전향을 정치적 자살행위로 보았다고 말했다. 그러나 타격은 심대했다. 볼셰비키 당원이라는 심리는 당에서 잘려나간다는 것이 종교의 파문과 진배없다는 것을 뜻했다. 이런 심리 때문에 좌익반대파는 자기들의 생각을 전체 대중에게 전달하지 못했다. 그 심리는 어느 모로는 일종의 대중 경멸이었다. 생각을 당을 통해 걸러내야만 한다는 관념에는 엘리트주의 성향, 그리고 어떤 정책이 올바른지를 가리는 일반 노동자의 판단 능력을 믿지 못하는 구석이 있다. 비록 이 엘리트주의가 다른 사람보다 덜하기는 했어도 심지어는 세르주조차 1927년에는 그처럼 폭넓은 민주주의 이념을 옹호하지 않았다. 이 시기의 민주주의화에 관한 트로츠키의 저술은 모두 다 당내 민주주의에 관한 것이었다. 세르주는 단지 공산당 내 분파 금지령이 아니라 정당 금지

결정에 도전했다. 트로츠키는 『배반당한 혁명』*Predannaia revoliutsiia*을 쓸 (1936년) 무렵에는 다당제를 요구하고 있었지만, 그 이전 아홉 해 동안 벌인 투쟁은 당을 깨끗하게 만들려는 투쟁이었다.

트로츠키는 설령 당을 안에서부터 되살려내는 것이 불가능하더라도 시도라도 해보고 실패함으로써 그 불가능을 실제로 보여주어야 한다고 잘라 말했다. 트로츠키는 다른 좌익반대파 대다수와 함께 투항론자들과 일당 통치를 용인했다. 세르주는 그 문제에 더 모호한 입장을 보였다. 세르주는 전체주의의 위험과 당 최우선주의의 결과, 그리고 투쟁을 사회 전체 차원으로 확산하지 못하도록 만드는 좌익반대파 동지들의 맹목적 충성에 관해서 썼다. 세르주는 아직은 당원이었고, 이것이 십중팔구 그가 그 문제에 모호한 입장을 보인 까닭이었을 것이다. 세르주는 1928년 이후로는 더 명확하게 자기 입장을 밝혔다.

일단 좌익반대파가 쫓겨나자 이들에게 가하는 터무니없는 비난이 소련 언론에 넘쳐났다. 비록 "봉기 음모"가 1927년에는 고려되지 않았어도, 세르주는 트로츠키가 당의 지지, 심지어는 게페우의 지지까지도 받았으리라는 것이 아주 명백했기 때문에 트로츠키 옹립 쿠데타 문제가 1925년 말과 1926년 초에 논의되었다고 썼다. 세르주에 따르면, 트로츠키는 권력 장악 가능성을 거들떠보지도 않았다. 그 까닭은 무엇인가?

사회주의 체제 안에서 군사 반란에 호소하는 일을 절대 금지하는 불문율을 존중해서였다. 가장 지고한 의도라고 해도 이런 식으로 얻은 권력은 결국은 당연히 반反사회주의적인 군부 · 경찰 독재로 끝날 터이기 때문이었다.[83]

세르주는 수단과 목적이라는 문제에서 트로츠키와 견해가 같았다. 목적이 "수단의 위에 있기" 때문이었다. 트로츠키 본인이 지도부에 대항한 쿠데타는 비교적 쉽고 무혈 쿠데타이겠지만 "그 쿠데타의 결과는 좌익반대파가 극력 반대하는 바로 그 관료제와 보나파르티슴이 더 빨리 승리를 거두게 되는 것"이리라고 인정했다.[84] 트로츠키와 세르주의 주장은 설득력이 있었고, 엄밀하게 혁명 원칙을 고수한 덕분에 존중을 받는다.

투항자들에게는 레닌그라드와 모스크바의 신경중추에서 멀리 떨어진 직위가 주어졌다. 라콥스키는 아스트라한Astrakhan으로, 라덱과 스밀가는 시베리아로, 프레오브라젠스키는 우랄 산맥으로 보내졌다. 트로츠키는 그 같은 전출을 받아들이기를 거부해서 모스크바에서 강제로 퇴거되어 알마아타Alma Ata로 보내졌다. 그 퇴거에 관한 나탈리야 세도바Nataliia Sevoda의 설명은 슬픔을 자아낸다.[85]

트로츠키가 퇴거를 당하기 며칠 전에 세르주는 그 '영감'에게 잘 가라는 인사를 하려고 그라놉스키Granovskii의 소비에트 청사에 있는 벨로보로도프Beloborodov의 거처로 갔다. 좌익반대파 동지들은 자기들 자신이 게페우의 감시를 받으면서도 트로츠키에게서 눈길을 떼지 않았다. 세르주는 "1918년에 로마노프Romanov 황실의 운명을 결정하는 임무를 맡았고 최근까지만 해도 내무인민위원이었던 우랄 산맥 출신 볼셰비키 당원 한 사람"[86]이 여전히 당당했으며 "머리카락이 거의 다 새치가 되어 (……) 울 안에 갇힌 격한 에너지를 내뿜었다"고 서술했다. 전원 체포가 머지않았고, 그들 모두 다 그것을 알고 있었다. 세르주와 트로츠키는 해외의 좌익반대파를 논의했다. 소련 안에서 강제로 정치 활동 정지가 시행되는 통에 이제는 외부의 지지를 과거 어느 때보다도 더 많이 결집해야 했으므로, 세르주의 좌익반대파 작업이 훨씬 더 화급한 중요성을 지닐 터였다. 세르주는 파리의 막들렌 파즈Magdeleine Paz와 모리스 파즈Maurice Paz 부부와 힘을 합쳐 『시류역행』時流逆行, *Contre le Courant*이라는 잡지를 펴낸 적이 있었다.[87] 트로츠키는 그 잡지를 읽고 호감을 느끼고는 세르주에게 그가 곧바로 프랑스로 가서 일을 해야 한다고 말했다. 트로츠키는 다음과 같은 말을 덧붙였다. "우리는 끝장을 보는 싸움을 시작했어요. 이 싸움은 여러 해가 걸리고 많은 희생을 요구할지도 몰라요. 나는 중앙아시아로 떠나갑니다. 당신은 유럽으로 떠날 노력을 하세요. 행운을 빕니다!"[88]

세르주가 프랑스 동지들과 함께 한 작업은 단지 문필 활동에 국한되지 않았다. 그는 방문한 프랑스 혁명가들의 정치 길라잡이였으며 러시아에 있는 프랑스인 볼셰비키 집단의 일원이었다. 로스메르는 일찍이 1920년에 세르주에 관해[89] 쓰면서 그는 기민한 정치 감각과 러시아 정세와 국제 정세에 관한 상세한 지식을 지녔기 때문에 러시아에서 구할 수 있는 최고의 길라잡이라고 묘사했다. 훗날 저명한 트로츠키주의자가 된 프랑스 초현실주의자 제라르 로젱탈 Gérard Rosenthal과 피에르 나빌Pierre Naville 두 사람[90]이 러시아 혁명 10주년 기념식에 참가할 프랑스 공산당 사절로 선정되었을 때, 세르주가 그들을 데리고 모스크바 부근을 돌아다녔다. 그들은 장례식 이전에 세르주와 함께 요페의 주검을 지켰고, 세르주는 그들을 데리고 지노비예프와 트로츠키를 찾아갔다.

그 프랑스인 동지들은 지노비예프에게 코민테른 안의 좌익반대파의 전망에 관해 질문했다. 세르주와 로젱탈과 나빌은 그의 얼토당토않은 견해에 충격을 받았다. 그는 다음과 같이 말했다. "우리는 침머발트Zimmerwald 운동을 다시 시작하고 있습니다. (……) 우리는 이미 과거보다 더 강해요. 우리에게는 실질적으로 모든 곳에 간부진이 있지요. 우리 시대에 역사는 더 빠르게 움직입니다."[91] 지노비예프의 발언을 듣고 나빌과 로젱탈은 믿으려 들지 않았다. 그러나 세르주는 지노비예프가 농담을 하는 것이 아니라고 두 사람에게 말해주었다.

세르주는 자기의 좌익반대파 활동을 프랑스에서 하는 문필 활동에 집중하기 시작했다. 그가 프랑스의 정치·문학계와 맺은 관계는 몇 가지 이유에서 결정적인 중요성을 지닌다. (소련에서는 단 한 줄도 출간하는 것을 금지당한) 그가 그 관계 덕분에 프랑스에서는 출판을 해서 1927년부터 1936년까지 생계비를 벌 수 있었다. 그는 유럽에서 좌익반대파의 이념을 설파할 연단을 얻어서, 프랑스와 벨기에와 에스파냐에서 충직한 동지들을 얻고 다음 다섯 해 동안 써낼 소설들의 독자층을 만들어낼 수 있게 되었다. 그는 혼자 힘으로 혁명 작가이자 본격적인 소설가로서 명성을 세울 수 있었다. 세르주가 체포되었을 때는 그를 지키려고 그 독자층이 동원되었다.

중국 혁명에 관한 세르주의 저술

『빛』과 『시류역행』과 『계급투쟁』은 세르주에게 좌익반대파의 정견을 퍼뜨릴 연단을 제공했다. 좌익반대파는 대내외 정책 모두에서, 즉 국내의 공업화 논쟁과 국외의, 주로 코민테른이 중국에서 하는 활동에 관해서 스탈린과 의견이 달랐다. 따라서 『빛』에 실린 세르주의 가장 중요한 논설기사는 「공업화를 향하여」[92]와 「중국 혁명과 계급투쟁」La Lutte des classes dans la révolution chinoise이라는 중국 혁명 관련 5부작이었다.[93]

중국에 관한 세르주의 논설기사는 그의 엄밀한 분석 때문만이 아니라 그 논설기사가 『빛』에 실려서 프랑스어권 공산주의 운동의 관심을 중국 혁명으로, 그리고 중국 혁명이 소련 공산당과 코민테른 안에서 불러일으켰던 논쟁으로 돌렸기 때문에 중요하다. 이렇게 세르주는 프랑스의 정치 논쟁에 강한 영향을 미쳤다.[94] 그 논설기사는 러시아 공산당에서 그가 쫓겨난 직접적인 원인이 되었다. 논문 두 편이 추가된 그 5부작은 도톰한 한 권의 책으로 합쳐져서 지금은 대여섯 나라의 말로 간행되어 나왔다.[95] 중국 혁명에 관한 세르주의 저작은 비교적 알려지지 않은 채로 남아 있다. 그 풍부한 정보, 그리고 세르주가 전개한 전망과 분석은 나중에 해롤드 아이작스Harold Isaacs의 『중국 혁명의 비극』*The Tragedy of the Chinese Revolution*과 트로츠키의 『중국 혁명의 제문제』*Voprosy kitaiskoi revoliutsii*같이 고전의 반열에 오른 연구서 안에 나오게 된다.

1927년에 소련에서 세르주를 방문한 피에르 나빌은 세르주가 중국 혁명에 푹 빠져 있다는 것을 알았다.[96] 세르주 스스로가 좌익반대파 비밀모임에서 중국에 관한 강연을 하면서 중국 관련 공식노선 문제를 논의하고 주목할 가치가 있음을 깨달은 마오쩌둥의 논문을 검토했다고 말했다.[97]

세르주는 요페, 모스크바의 중국인 대학 총장인 라덱, 지노비예프, 트로츠키를 비롯해서 중국에서 돌아온 동지들에게 얻은 정보로 사태를 잘 알고 있었다. 세르주가 손에 넣을 수 있었던 유일한 서유럽측 정보통은 프랑스의 보수 신문인 『르 탕』*Le Temps*, 『도이처 알게마이네 차이퉁』*Deutscher Allgemeine Zeitung*, 역사가 르네 그루세René Grousset, 자유지상주의 소설가 폴 모랑Paul Morand, 반동 가톨릭신자인 앙리 마시스Henri Massis, 로맹 롤랑Romain Rolland이었다.[98]

세르주는 중국에 관한 분석기사를 쓰기 위해 엄밀한 마르크스주의 분석과 무엇보다도 명확한 혁명 개념에 기대어 1911년부터 1927년까지의 중국사를 파고들었다. 중국의 특수한 계급 조건에 관한 혼란스러운 주장들이 난무하는 가운데 세르주는 혁명당이 개발해야 할 혁명의 핵심적 필요조건을 강조했다. 그 필요조건에는 설령 배아 단계에 있더라도 프롤레타리아 당이 견지해야 할 독립과 프롤레타리아트의 헤게모니가 들어 있었다.[99] 세르주는 러시아에서처럼 중국에서도 계급투쟁이 역사에서 기본적이고 본질적인 역할을 했음을 강조했는데, 스탈린의 코민테른은 이 사실을 깨닫지 못한 듯했다.[100] 제국주의 외세에 맞서서 국민당國民黨의 프티부르주아지와 맺은 "신성 동맹"에 관해서 세르주는 레닌의 말을 인용해서 독자들 머릿속에 정치 권력은 경제 권력에 달려 있으며 계급으로 분할된 사회에서 정부는 그저 유산계급을 대변할 수 있을 뿐이라는 점이 떠오르도록 만들었다. 그 "신성 동맹"은 사실상 프롤레타리아트의 권력 포기를 뜻했다. 세르주는 4대 계급 블록은 마르크스주의에서 자유주의로 퇴행하는 것[101]이며 이런 퇴행은 1905년에 멘셰비키가 범한 혼동을 생각나게 만든다고 썼다. 혁명의 전위는 모험주의와 섣부른 봉기를 경계해야만 하며 가장 중요한 점으로 이중 권력 기관인 소비에트를 반드시 만들어야 한다고 강조하고는 소비에트가 없으면 공산당이 대중을 대신해서 행동하다가 필연적으로 관료주의적 정치기구가 될 것임이 틀림없다고 덧붙였다.

세르주는 중국 동지들에게 중국의 특수한 사회구조에 주의를 기울여서 러시아 모델을 기계적으로 적용하지 말라고 촉구하기도 했다.[27] 중국에서 프롤레타리아트는 보잘것없는 소수파였다. 중국 프롤레타리아트에게는 그들의 자연스러운 동맹자인 농민의 지원이 필요하겠지만, 혁명의 전위는 쑨원의 프티부르주아 지식인의 편견과 자유주의에서 스스로 벗어나야만 할 터였다. 또한 혁명의 전위는 관념론적 교의와 민족주의에서 풀려나야 하며, 과거와 단절해야만 했다. 즉, 명확한 공산주의적 양심을 지니려면 반드시 지적 해방이 있어야 할 터였다.[102]

세르주는 지난날의 실수와 성공을 결산하는 엄밀한 대차대조표 없이는 앞으로 나아갈 수 없으리라고 말했다. 소련 공산당과 코민테른의 엄청난 실수가 자기 점검을 받은 적이 없었던 것이다. 국민당은 심지어 대학살을 저지른 뒤에도 코민테른 중국 지부로 남아 있었다.

세르주가 쓴 논설기사의 논조는 설교조로 들릴지 모르지만 소련 공산당 내부의 세력 과시 경쟁을 위해 중국 혁명의 목을 치는 행위에 직면한 좌익반대파의 철저한 좌절감을 표현했다. 세르주의 논설기사가 의도한 바는 국제 공산주의 사회를 설득하고 납득시키고 그 사회에 다가가 대안적 정치 관점을 설명하는 것이었다. 비록 세르주의 논조는 절박했어도, 분석은 명쾌했고 경험적 사실에 뿌리를 박고 있었으며 전혀 교조적이지 않았다. 세르주가 사용한 논법은 그의 모든 정치·역사 저작과 비슷했다. 즉, 쟁점을 물고 늘어져 무책임한 선동을 하기보다는 신경을 써서 주의를 기울이고 명쾌한 이론적 결론에 이르는 중요한 자료를 모으는 것이었다.

세르주의 중국 관련 논설기사는 통찰력 면에서 특기할 만하다. 마오쩌둥이 중국 혁명을 1949년에 승리로 이끌기 22년 전에 세르주는 마오쩌둥이라는 이름을 가진 "알려지지 않은 젊은 공산주의 투사"에게 혜안이 있음을 알아챘다. 마오쩌둥이 쓴 두 노작[103]을 언급하면서 세르주는 자기가 중국에 관한 저술을 많이 읽었지만 그 어디에서도 마오쩌둥 같은 명쾌함에 접해보지 못했다고 썼다. 세르주는 마오쩌둥의 공식을 읽어보니 1917년과 1918년의 레닌이 생각났다고 말했다. 그러고는 그는 다음과 같은 마오쩌둥의 말을 인용했다.

> 혁명 운동 지도부는 빈민에게 속해야만 한다. 빈민 없이 혁명은 없다. 빈민을 믿지 않는 것은 혁명을 믿지 않는 것이다. 빈민을 공격하면 당신은 혁명을 공격하는 것이다. 빈민의 혁명 대책은 무오류의 정의였다. (……) 민주주의 혁명의 완성을 10이라는 수로 표현한다면, 도시와 군대의 몫은 3이고 농촌에서 혁명을 일으키는 농민의 몫은 7이다.[104]

이것에 세르주는 "만약 혁명 지도자들이 그처럼 분명한 개념의 영감을 받았더라면 완전한 승리를 거뒀을 것"이라고 덧붙였다.[105]

세르주가 마오쩌둥에게서 찾아낸 것은 빈민에 대한 굽힘 없는 헌신이었으며, 그것은 계급의 협력을 추구하고 국민당 장군들에게 머리를 조아리는 와중에서 가슴 후련하게 보였다. 세르주의 연구는 트로츠키의 "연속혁명" 이론의 응용이었다. 소련 공산당과 코민테른이 편 범죄 행위와도 같은 정책의 목적은 중국 혁명의 사회주의적 성격을 억눌러서 중국 혁명을 부르주아 민주주의 민족주의자들의 이익에 종속시키는 것이었다.

세르주와 마오쩌둥은 두 사람 다 코민테른의 러시아 공산당에서 제시한 "모델"을 부과하는 데 반대해서 토착적인 혁명을 촉진함으로써 중국 특유의 사회구조를 인정했다는 점에서 의견이 합치했다. 중국 혁명의 비극은 세계 공산주의 운동에서 중국 혁명이 러시아 공산당의 내부 투쟁에 치여 뒷전으로 밀려났다는 데 있었다.

좌익반대파와 중국 혁명

자기의 중국 연구가 패배를 정확히 예측하자 심지어는 세르주 자신도 놀랐다. 좌익반대파는 스탈린 정권이 1926년과 1927년 내내 중국에서 편 재앙과도 같은 정책을 효과적으로 선전거리로 삼았다. 세르주는 "중국이 우리 모두에게 활력을 주었다"고 말했다.[106] 1927년에 고조되는 중국 혁명은 좌익반대파에게는 혁명의 국제적 확장을 위한 생사를 건 다음 투쟁이었다. 그것은 민족 문제와 식민지 문제에 관한 레닌의 테제의 확인이었다.

중국에 관한 좌익반대파의 주장은 제15차 당대회에서 보여줄 자랑거리로 쓸 승리를 애타게 찾는 스탈린 정권에게 당혹스러웠다. 중국 대중은 1927년에 승리에 승리를 거듭하면서 전진했다. 홍콩香港이 광둥廣東에 봉쇄되었고, 중국 남부에서 혁명 공화국이 선언되었으며, 소련 고문들이 파견되었다.107 이것은 소련에서 좌익반대파가 패하고 스탈린과 관료체제의 권력 장악이 마무리된 것과 때가 일치했다. 세르주는 프롤레타리아트 독재에서 "프롤레타리아트"라는 이름만 남기고 소련의 권좌에서 노동자들을 밀쳐내 버린 새로운 사회층108이 중국 정책의 요체를 규정했다고 설명했다.109 대담하게도 세르주는 권력을 쥔 그 새로운 기관원들이 중국의 승리를 바라기보다는 두려워한다고 시사했다.28) 중국 공산당에게 국민당 안에 들어가라는 지령을 내리는 스탈린의 정책은 "중국 공산당을 우선 마비시키고는 다음에는 망치고 목을 조른다".110 좌익반대파의 경고는 무시당했다. 사실 그 경고는 심지어 알려지지도 않았다. 코민테른은 중국 혁명가들이 소비에트를 만들거나 자체 무장을 하거나 농민 봉기를 조장하지 못하도록 막았다. 중국의 노동자와 농민들은 이끌려 다니다가 거듭해서 뒤통수를 얻어맞았다. 세르주는 스탈린의 "4대 계급 블록" 정책29)이 레닌의 혁명 정책을 어설프게 모방한 것이라고 썼다.

상하이上海의 패주로 소련에서 항의가 솟구쳤다. 절망에

찬 세르주는 지부 회의에서 자기의 발언 시간 5분을 써서 목소리를 높였다. 그는 "당 총간사에게는 자기의 위신이 중국 프롤레타리아트의 피보다 훨씬 더 중요하군요!"라고 외쳤다. 세르주는 "발작처럼 증오"가 끓어올랐고 히스테리를 일으킨 청중이 좌익반대파 구성원들을 두들겨 패기 일보 직전이었다고 썼다.[111]

숱한 사상자가 나온 패배를 상쇄할 승리가 필요하던 스탈린은 제15차 당대회 개최와 때를 맞춰 광둥에서 봉기를 일으키려고 1927년 12월에 하인츠 노이만Heinz Neumann과 함께 자기 사촌인 로미나제Lominadze를 보냈다. 스탈린은 들어가지 않으려는 중국 공산당을 부르주아적 국민당 안으로 억지로 밀어 넣고 소비에트를 만들지 못하도록 금지하고 농지 혁명을 억제하고 중국 공산당이 노동자들을 무장시키지 못하도록 막은 뒤 노선을 바꿨다. 이제 그는 당장 봉기를 꾀해서 권력을 잡으라고 중국 공산당을 다그쳤다. 제임스C. L. R. James는 1939년 4월에 트로츠키와 좌익반대파의 역사를 놓고 토론하면서 스탈린의 종잡을 수 없는 갈지자 행보에 관한 빅토르 세르주의 지적을 인용하며 "딱 15분만이라도" 제6차 코민테른 세계 대회용으로 광둥 코뮌은 필요했다고 말했다.[112] 수바린은 자기가 쓴 스탈린 전기에서 스탈린은 "'좌익반대파의 비관론'에 대항하는 논거의 하나로서 승전보"가 필요했다면서 "그 결과는 고립되고 인위적이고 실패가 뻔한 혁명적 후위 전투였다"고 썼다.[113]

광둥은 소련 언론이 뛸 듯이 기뻐하면서 승리 선언문을 찍어낼 만큼의 시간 동안만 장엄하게 불타올랐다. 단명으로 끝난 광둥의 승리로 스탈린은 당대회 첫날과 둘째 날 내내 아첨을 받았다. 다음 날 광둥 코뮌은 피에 잠겼다.[30] 중국 혁명가들이 몰살당하는 동안 코민테른 대회는 좌익 반대파를 제명한다고 선언했다. 세르주에 따르면, 이것은 관료 정권이 처음으로 "프롤레타리아트의 이해관계와 상충하는 제 나름의 일국적 이해관계 때문에 고집을 부리며 거대한 혁명 운동을 사보타주한 것"이었다. "가장 깊은 피 웅덩이 앞에 서 있을 때 전혀 구역질을 참을 필요도 없이 코민테른은 모든 것을, 즉 가장 거대하고 가장 비열한 협잡 행위를 신이 나서 승인했다."[114]

위에서 말한 트로츠키와 제임스의 토론은 이 쟁점에 관한 다른 견해를 대변한다. 세르주와 수바린(그리고 제임스)의 주장의 요점은 제 나름의 이해관계에 따라 움직이는 관료체제가 중국혁명을 사보타주했다는 것이다. 『나의 삶』에서 트로츠키는 "중국의 아류 지도부가 볼셰비즘의 전통을 죄다 무시하"면서[115] 혁명이 성공하기를 바랐다고 썼다. 트로츠키는 보로실로프Voroshilov와 치체린Chicherin 등 모든 스탈린주의자들이 트로츠키와 함께 한 위원회에 앉아 트로츠키의 태도를 너무 비판적인 것으로 여겼음을 확인해주었다. 그러나 견해차의 핵심은, 트로츠키가 1939년에 제임스에게 분명히 말한 대로, 스탈린과 다른 사람들이 자기들이 중국의 부르주아 민주주의 혁명이라고 믿은 것에 프롤레타리아트와 농민의 독재[31]를 몹시도 떠맡기고 싶어 했다는 점이었다. 다른 말로 하자면, 제임스와 일치한 세르주의 입장은 관료체제는 관료체제이므로 프롤레타리아 혁명을 지지할 수 없다는 결론으로 이어진 반면, 트로츠키는 관료들이 "생각하는 면에서 관료적 습관"에 빠져서 국민당 "장군들을 놀라게 하지 않도록 (……) 농민을 억제하자고 제안했다"[116]는 데 동의하면서도 스탈린의 입장을 러시아 혁명과 중국 혁명, 이 양자의 역학에 관한 여러 오판들 가운데 하나로 보았다. 트로츠키는 스탈린과 부하린이 1917년에 레닌이 오기 전까지 그랬던 것 그대로 중국에서 벌어지는 사태에 압도당했다고 말했다. 이어서 그는 다음과 같이 말했다.

그들의 다른 저술에서 당신은 그들이 자기들의 관료주의적 습관이 자기들의 생각에 영향을 준다는 것과 자기들이 예전에 취했던 입장으로 되돌아갔다는 것을 (……) 결코 이해하지 못한다는 것을 보여주는 문단을 보게 될 것입니다. 심지어 그들은 코민테른 강령에 그것을 신줏단지처럼 모셔놓기까지 합니다. 그것은 독일에는 프롤레타리아 혁명, 반식민지 국가들에는 프롤레타리아트와 농민의 독재 등등입니다.[117]

1939년에 트로츠키는 1927년에 혁명의 퇴보가 아직 끝나지 않고 여전히 진행 중에 있다는 점을 강조하고 싶어했다. 스탈린은 단지 맹아적인 계급 적대뿐만 아니라 어설픈 마르크스주의 이해에 따라 행동했다. 그런 식의 이해 때문에 그는 예전에, 즉 1917년 3월에 혁명적 사태가 빠른 속도로 한창 전개될 때 좋은 기회를 놓친 적이 있다. 트로츠키는 (세르주도 자주 시사한 점이지만) 부하린도 똑같이 혼동을 일으켰으며 이것은 부하린이 변증법론자에서 실용론자로, 좌익 공산주의자에서 우익반대파로 그네 타듯 이쪽 끝에서 저쪽 끝으로 왔다 갔다 하는 것을 보면 분명하다고 믿었다.

트로츠키는 중국의 패배가 소련 공산당 당내투쟁에 미친 영향에 관해서는 중국의 유혈사태 직후에 도道 면허청 사무실로 자기를 찾아온 좌익반대파 수십 명을 회상했다. 그는 그 젊은 동지들이 스탈린 정책의 파산이 좌익반대파에게 승리를 안겨줄 수밖에 없다고 확신하고 있었다고 썼다. 트로츠키는 다음과 같이 썼다.

나는 내 젊은 친구들의, 그리고 그리 젊지 않은 몇몇 친구들의 달아오른 머리 위에 찬물이 든 양동이를 여러 차례 끼얹어야 했다. 나는 그들에게 좌익반대파가 중국 혁명의 패배에 편승해서 성공할 수 없다는 점을 보여주려고 애썼다. 우리 예측이 옳았음이 입증되었다는 사실이 새로운 지지자 1천 명, 5천 명, 또는 심지어 1만 명을 우리에게 안겨줄지도 몰랐다. 그러나 수백만 명에게 중요한 것은 우리의 예측이 아니라 중국 프롤레타리아트가 압살 당했다는 사실이었다. 1923년에 독일 혁명이 패한 뒤에, 1925년[sic.]에 영국의 총파업이 와해된 뒤 중국에서 일어난 새로운 재앙은 국제 혁명에서 대중의 실망을 강화해줄 따름이었다. 그리고 바로 이 같은 실망이 스탈린의 일국·개량주의 정책을 지지하는 심리적 근원으로 작용했다.[118]

패배한 좌익반대파

세르주는 좌익반대파가 (따라서 노동계급이) "벼락출세자들"에게 패한 것은 오로지 혁명이 1923년에 독일에서, 그리고 1927년에 중국에서 겹으로 패배했음을 고려해야만 이해될 수 있다고 설명했다. 수바린은 좌익반대파가 저지른 실수에 무게를 더 두었다.[119] 세르주는 좌익반대파가 "자잘한 실수를 숱하게 저질렀"음을 시인하면서도 수바린의 관점이 너무 초연한 것이라고 생각했다. 특히 세르주는 트로츠키가 당을 대하는 태도를 로베스피에르가 테르미도르파 국민공회에 표한 경의와 비교하는 것은 부당하다고 썼다. 수바린은 "두 경우에, 힘과 기민함이 냉소적으로 어우러져서, 노회한 정치가의 실질적인 힘이 현실감각이 형편없는 공론가에게 승리를 거두었다"고 쓴 적이 있었다.[120] 세르주는 비록 훗날 당 최우선주의로 말미암아 좌익반대파의 감각이 흐려졌다는 데 동의했지만 1936년에는 수바린에게 다음과 같이 대꾸했다.

혁명가의 현실감각이 다른 사회 세력을 대표하는 노회한 정치가의 현실감각과 근본적으로 다르다는 것은 뻔하지 않은가? 리프크네히트의 현실감각에는 노스케의 현실감각과 공통점이 없다. 프롤레타리아트에게 더 큰 이익이 된다는 이유로 마차 바퀴 아래 제 몸을 던질 필요가 있다고 여기는 혁명가의 현실감각은 노동계급이 크게 패한 이튿날에 자기들이 권좌에 오를 더없이 소중한 기회를 얻는 벼락출세자의 현실감각과는 사뭇 다르다. 수바린은 이것을 알아야 한다. 어쨌거나, 그 역시 위대한 시대에 인터내셔널에 헌신했기에 "경험론자"에게 패하는 "공리론자"이기 때문이다.[121]

체포

프레오브라젠스키는 세르주와 만나서 그에게 광둥 관련 기사 게재를 중단해야지 그렇지 않으면 여러 해 동안 감옥에 갇힐 위험을 무릅써야 한다고 경고해주었다.[122] 세르주는 자기가 어떻게 하든 결국은 유형에 처해지리라고 확신하고 비록 예방 조치로서 광둥 코뮌을 다룬 기사를 파리 출신 동지의 이름으로 싣기는 했지만 일을 계속 진행했다.[123]

프레오브라젠스키가 옳았다. 세르주는 곧 당 감사위원회 앞으로 불려나갔다. 그는 표면상으로는 좌익반대파를 제명한다는 제15차 당대회의 결정이 "크나큰 잘못"이라고 말했다는 이유로 당에서 제명되었다. 닳고 닳은 늙은 노동자 카롤Karol을 위원장으로 하는 레닌그라드 중앙구 당 감사위원회는 깜짝 놀라서 지체없이 세르주를 제명했다.[124]

세르주는 석 달 뒤에 체포당했다. 그 사이에 살인이 시작되었다. 최초로 죽임을 당한 좌익반대파는 레닌그라드 근교 나르바Narva에 있는 푸틸로프Putilov 공장의 노동자이자 예전에 전선에서 붉은 군대 1개 대대의 지도위원이었던 알베르트 게인리흐센Al'bert Geinrikhsen이었다. 그는 게페우가 자기를 체포하러 오자 격분해서 "아, 너희가 레닌주의자들을 가두는 데까지 이르렀구나! 부끄러운 줄도 모르고! 테르미도르 분자들 같으니라구!"라고 말했다. 그는 강제로 끌려갔고 다음 날 그의 부인은 그가 스스로 목숨을 끊었다는 통보를 받았다. 부인은 그의 주검을 봐야겠다고 고집했고, 마침내 주검을 찾았을 때 멍들고 훼손된 시신이 그가 무지막지하게 얻어맞았다는 것을 분명히 말해주었다. 세르주와 다른 이들이 공식 조사를 하라고 촉구했지만, 허사였다. 이 일은 1927년 12월 아니면 1928년 1월에 벌어졌다. 그 뒤를 이어 1928년 8월에 세르주의 동지이자 좋은 친구인 바실리 차다예프가 쿠반Kuban' 부근의 간선도로에서 당국이 공모한 암살에 희생되었다. 차다예프는 농업집산화를 위한 노력을 옹호하면서 농지 문제에 관한 글을 쓴 적이 있었다. 감옥에서 여섯 달을 보낸 뒤 그는 『붉은 신문』Krasnaia gazeta의 지시로 쿠반으로 출장을 갔다. 그의 전송문은 공갈과 부패를 폭로했다. 그의 정직한 행동에 주어진 보답은 우박 같은 덤덤탄 세례였다.[125] 거의 같은 시간에 트로츠키의 비서 게오르기 발렌티노비치 부토프 Georgii Valentinovich Butov가 50일 동안 단식투쟁을 하다가 죽었다. 세르주는 코크Cork시 명예시장이 단식투쟁을 하다가 죽었을 때 문명 세계가 충격을 받았다고 지적했다. 부토프의 운명은 주목을 받지 못한 채 지나갔다.[126]

세르주는 1928년 3월에 체포되었다.[127] 요원 두 명이 한밤중에 그의 집에 와서 그가 번역한 레닌의 저작을 곧바로 찾았다. 세르주는 레닌의 저작을 빼앗아간다는 말에 그 군인이 "웃기지 마시오, 보다시피 우리도 레닌주의자요"라고 대답했다고 얄궂게 적었다. 세르주는 "대단하군, 우린 모두 다 같이 레닌주의자였군"이라고 말했다. 수색이 밤새 벌어진 뒤 세르주는 감옥으로 끌려갔다. 『한 혁명가의 회상』에서 그는 일곱 살배기 아들 블라디가 무서워서가 아니라 분해서 울었다고 썼다. 블라디는 자기가 "트로츠키주의 활동"으로서 맨 처음 한 일을 회상했다. 그는 아파트를 뒤지는 게페우 대원의 군홧발에 밟힌 트로츠키의 초상화를 구해냈던 것이다.[128]

세르주가 소련에서 처음 당한 체포는 7~8주 동안 지속된다. 그는 낡은 유치장에 억류되었다. 그를 지키는 간수는 1905년 혁명 뒤에 "트로츠키가 산책을 하도록 그와 같이 외출했"던 사람이었다.[129] 혐의도 없이 세르주는 작은 감방에 갇혔다. 그 감방은 독방 용도로 만들어졌지만 죄수 네 명이 꽉 들어차 있었다. 세르주는 그 감옥이 "강박에

사로잡힌 미치광이인데다가 고문이 직업인 밉살스러운 기관원들"의 표적이 된 희생자들로 가득하다고 썼다. 세르주는 도스토옙스키Dostoevskii의 작품을 다시 읽으면서 시간을 보냈다. 세르주는 어떤 "신념 철회"에도 가담하지 않겠다고 마음먹었고, "반소 행위"에 가담하지 않는다는 조건으로 곧 풀려났다.

세르주는 자기가 석방된 것이 "고위층"을 당황하게 만들기에 충분한 소동을 일으킨 파리 친구들의 노력 덕분이라고 했다. 이제는 '계급투쟁'Lutte de Classes이라는 표제로 발간되는 『빛』이 그의 체포와 좌익반대파 핍박에 항의하고 관료 정권을 공격하는 사설을 실었다. 그 사설은 세르주의 정치 경력, 각종 프랑스 잡지에 그가 기고했던 많은 기사, 이제는 견해를 이유로 좌익반대파를 핍박하려 드는 혁명에 그가 봉사한 시간을 약술했다.[130]

그러나 프랑스의 지식인 공산주의자가 모두 다 세르주를 위해 나서지는 않았다. 세르주가 풀려나자마자, 그의 옛 동지였던 베이양-쿠트리오르Vaillant-Couterior가 『뤼마니테』 *L'Humanité*에 세르주가 대우를 잘 받았다는 기사를 썼다. 바르뷔스는 세르주가 감옥에 있는 동안 베이양-쿠트리오르가 세르주의 이름을 『몽드』의 발행인란에서 지웠다고 알려주었다.

세르주는 비록 바르뷔스의 글 일부를 찬미했어도 그가 믿을 수 없는 인물임을 알아차렸다. 세르주는 자기가 체포되기 바로 전 러시아 혁명 10주년 기념식이 열린 메트로폴

Metropol' 호텔에서 바르뷔스를 만난 뒤 다음과 같이 평했다.

> 나는 처음부터 바로 그를 전혀 다른 부류의 사람으로 보았다. 무엇보다도 먼저 그는 그 어떤 것에도 휘말려들지 않고 그 어떤 것도 보지 않으려고 노심초사하면서 (……) 모든 목표를 이기는 쪽 패거리에 끼는 데 두는 그런 부류였던 것이다! 그는 투쟁이 분명하게 확정되었는지 알려지지 않았으므로 트로츠키에게 장황하게 긴 책을 헌정했다. (……) 그는 내가 핍박에 관해 이야기할 때면 두통이 있거나 듣지 못하는 척했다. (……) 나는 위선 그 자체와 얼굴을 맞대고 있다는 것을 깨닫고는 턱이 다 덜덜 떨렸다.[131]

그렇지만 세르주는 바르뷔스의 기회주의적 행동에 답을 해야만 한다고 느꼈다. 그는 바르뷔스와 계속 편지를 주고받았는데, 훗날 1937년에 이 편지들이 『서민』*Les Humbles*에 「빅토르 세르주가 앙리 바르뷔스에게 보내는 편지 세 통」 Trois letters de Victor Serge à Henri Barbusse으로 실렸다. 그 편지들은 세르주가 붙잡혀서 심문을 받고 풀려난 경험을 소상히 말해주고 그의 좌익반대파 견해를 옹호한다. 바르뷔스의 편지는 세르주 석방운동이 소련에게 해가 되었고 세르주에게 어쨌든 간에 책임이 있다고 넌지시 이야기했다. 세르주는 좌익반대파를 대하는 정권의 처사를 비난하면서 바르뷔스의 가시 돋친 말에 부지런히 답변했다.

바르뷔스와 다른 프랑스인 "동지"들이 겁, 공모 관계,

약삭빠른 기회주의에서 세르주에게 한 처사는 패배한 좌익반대파의 외롭고 용감한 투쟁과 또렷한 대조를 이루었다. 암울한 시기가 막 시작되고 있었고, 지난 10년 동안 세르주와 함께 투쟁해온 사람들이 한 명씩 차례차례 소련의 저 먼 구석으로 남모르는 사이에 사라지고 있었다. 막 시작되는 투쟁의 단계는 특히나 고통스러울 터였다. 산전수전 다 겪은 혁명가들에게 투옥과 유배야 전혀 새로울 것이 없었지만, 그들의 도움을 받아 만들어낸 국가기구를 이용해서 이제 그들을 핍박하는 자들은 예전에 그들의 동지였던 사람들이었다.

제4장

스탈린주의화, 1928~1933년

__관료들의 반혁명, 그리고 언제 체포될지 모르는 상태에서 벌이는 외로운 싸움

"우리의 지적 활동은 대단한데, 우리의 정치 활동은 형편없다."

1926년부터 1928년까지의 시기가 세르주에게 "혁명의 교착상태"였다면, 1928년부터 1933년까지의 시기는 그의 "저항의 해"였으며 그다음에는 세 해 동안(1933~1936년)의 유폐 기간이 뒤따랐다. 그가 이 기간에 겪은 개인 경험은 당에 맞선 좌익반대파의 투쟁과 더불어 "한 전체주의 체제의 무자비하고 압도적인 압박"에 맞선 개인의 투쟁을 조명해준다.[1]

1928년이란 해는 소련의 정치 발전에서 하나의 분수령이자 세르주의 인생에서 하나의 전환점이었다. 그는 비록 여전히 좌익반대파의 일원이기는 했어도 볼셰비키당에서 제명되었고 그해 봄에 체포되었다. 이 체포는 다른 유폐 기간에 비해 짧고 대수롭지 않은 사건이었지만 세르주의 인생에서 분명히 새로운 시기가 시작되었음을 알리는 신호였다. 그는 여러 해 동안 전념해온 일종의 공개정치 활

동을 할 수 없게 되었다. 아나키스트, 생디칼리스트, 사회주의자로서 유럽에서 13년을 보냈는데, 그중 6년은 감옥에서 지냈고 이후 10년 동안은 볼셰비키당에 몸담아왔다.

세르주의 인생에서 또 다른 의미심장한 사건이 이 시기의 신호가 되었다. 그가 감옥에서 풀려난 지 단 며칠 뒤에 장폐색을 일으킨 것이다. 십중팔구는 어렸을 적부터 워낙 없이 산 탓에 그의 몸은 튼튼했던 적이 없었다.[1] 세르주는 하마터면 죽을 뻔했다고 느꼈다. 세르주는 1928년에 "정치적 사망"을 당했을 뿐만 아니라 거의 숨을 거둘 뻔했던 것이다. 죽음 문턱에 이르렀던 세르주는 여생을 저술에 바치겠다고 마음먹었다. 그는 이 "잊을 수 없는 시대"에 관한 일련의 다큐멘터리 소설에서 자기 심경을 약술했다.[2]

본격적인 작가가 되겠다는 결심은 고심 끝에 나온 것이었고, 세르주는 주위 사람들의 격려를 받았다. 트로츠키와 세르주는 프랑스 좌파에 세르주가 문학으로 끼어드는 것을 놓고 논의한 적이 있었다. 세르주의 아들인 블라디는 세르주가 체포되기 전에 레닌그라드에서 니코스 카잔차키스Nikos Kazantzakis가 여섯 달 동안 자기 집에서 머무를 때 그가 세르주에게 했던 말을 회상했다. 그는 세르주가 작가, 무엇보다도 먼저 소설가가 되어야 한다고 힘주어 말했다. 블라디는 세르주가 카잔차키스의 말을 선의로 받아들였다고 느꼈다.[2] 세르주는 자기가 죽음의 문턱에서 "풍부하고 잔잔한 내적 평온"을 얻은 순간에 결심을 했다고 썼다.[3] 정치를 깊이 성찰해야 한다는 생각이 든 세르주는 볼셰비키의 일원으로서의 경험을 증언하겠다고 마음먹었다.

세르주는 자기가 러시아 혁명에 가담했을 때 어떻게 해서 문학 작품을 쓰기를 포기했는지를 설명했다. 세르주는 혁명이 급하기 때문에 "본격적인 글쓰기"를 할 수 없다고 믿었다. 『인프레코르』프랑스어판 편집자로서, 그리고 각종 프랑스 잡지에 자주 글을 싣는 기고가로서 세르주는 러시아의 혁명과 내전, 그리고 독일 혁명의 격동기를 기록하고 분석했다. 그러나 그는 자신이 "받은 느낌"과 자신이 "가진 견해 사이에는 아주 두드러진 불일치가 있었"기 때문에 자기 작품에 "가치라고는 조금도" 담겨 있지 않다고 생각했다.[3] 당 저널리즘은 세르주가 평가하기로는 본격적인 글쓰기가 아니었다. 가혹한 자기비판이었다.

10년이 지난 지금 세르주는 기나긴 반동 국면을 예상했다. 그는 자기에게 자기 "견해의 자유를 희생하지 않고서는 공업화 작업에 가담할 권리가 주어지지 않"기 때문에 그가 "이 시대에 관한 유용한 증언을 내놓을 수 있다"는 결론을 내렸다.[4]

세르주에게 글쓰기란 적극적으로 싸울 수 없을 때에만 하는 그 어떤 것이었다. 그는 혁명에 가담할 때에는 글쓰기를 그만두었다가, 공개 정치 활동이 금지되었을 때에야 비로소 글쓰기로 되돌아갔다. 세르주는 정치 관련 저술을 언제나 정치 투쟁의 일부로서 쏟아냈다. 그러나 문학 작품을 쓰는 것은 "역사 그 자체가 명한" 자기의 "의무"에 밀려 뒷전으로 갔다.[5] 이제 세르주는 투쟁의 시기 동안 얻은 정치적 성숙을 활용해서 글쓰기를 하게 된다. 세르주는 당 규율에 더는 얽매이지 않았으므로 조심스러움, 즉 자기의 "느낌과 견해 사이에 있는 두드러진 불일치"와 이솝식 언어로부터 자유로워졌다. 그는 『러시아 혁명의 첫 해』를 쓰는 일에 달려들고 『러시아 혁명의 둘째 해』에 쓸 자료를 모으고 첫번째 소설인 『감옥에 갇힌 사람들』을 끝냈다.

세르주는 스탈린주의 등장의 의의를 드러내고 분석하겠다는 사명감을 가지고 글을 썼다. 그는 소설, 역사서, 팸플릿, 반박문을 쏟아내면서 죽을 때까지 끊임없이 일을 했다. 세르주는 1928년부터 1936년까지의 기간에, 즉 아직 소련에 있는 동안 소설 네 편, 단편 두 편, 시집 한 권, 역사·정치·문학이론 저작 여섯 편을 썼으며, 소설과 시집, 그리고 역사서, 정치학 저술, 이론서와 회고록 일곱 권을 번역했다. 세르주가 작업을 할 때 처했던 어려운 상황을 고려하면, 그의 산출물의 양은 놀라울 따름이다.

세르주는 일정한 방식으로 글을 쓰겠다고 결심했다. 그는 사적이고 감상적인 것을 피하고, 등장인물 한 사람이 아니라 대중의 행동이 줄거리를 밀고 나가는 역사적 대사건에 관한 글을 썼다. 세르주의 역사 저작과 정치 저작은 당파적이지만 학구적이고 일관성이 있고 분석적이다. 그 저작들은 사료에 침잠해서 얻은 것만이 아니라 직접 겪어서 얻은 지식에 의존한다. 그는 자기가 역사 저작에 완전히 만족하지는 않으며 역사서를 쓰는 데 필요한 시간과 자료를 구할 수 없다고 고백하면서, "진정으로 살아가는 사람들에게 보여주고 그들의 내면 작용을 파헤치고 그들의 마음속으로 깊숙이 파고들어갈 여지"를 더 허용하는 문학 형태를 모색했다.[6] 그는 문학에 입문했지만 명성이나 돈을 위해서가 아니었다. 그가 글을 쓰는 데에는 "사람들에게 그들 대다수가 표현하지 못하는 채 안으로 침잠하며 산다는 것을 표현해줄 수단으로서, 그리고 교감의 수단, 즉 우리 다음에 올 사람들을 위해서 우리가 마련해놓으려고 애써야 하는 본질적인 측면을 지니고 우리를 거쳐 지나가는 삶의 거대한 흐름에 대한 증언이라는 더 강한 정당화의 근거"[7]가 있었다. 세르주가 모스크바와 레닌그라드에서 언제 체포될지 모르는 상태에서 다섯 해를 보내는 동안 그의 문학 저술이 서유럽에서 맞이한 운명은 자기 자신의 삶과 흡사했다. 서유럽의 좌파는 그의 작품이 너무 비판적이라는 것을 알고 배척 운동을 벌였다. 부르주아 비평가들은 그의 작품이 너무 혁명적이라는 것을 알고서는 공개적인 평론을 하기를 주저했다. 소련에서 세르주는 "자네는 걸작을 해마다 한 편씩 만들 수 있지만, 당 노선으로 되돌아오지 않는 한 자네 작품은 단 한 줄도 빛을 보지 못할 걸세!"라는 단도직입적인 말을 들었다.[8] 세르주가 쓴 책들은 소련이 1991년에 해체되기 전에는 단 한 권도 소련에서 간행되지 않았다.[9]

세르주는 불매운동 대상으로 선정되지 않았다. 스탈린식의 구속에 순응할 수 있는 소련 작가들의 작품만이 간행되었던 것이다. 세르주는 이들이 "군복 입은 작가들"이라고

부른 막스 이스트만Max Eastman에게 동의했다. 검열이 창조적인 표현을 난도질했다.[4]

앞으로 대테러 기간에 체제에 순응하지 않은 작가들이 제거당하는 역사가 쓰여져야만 한다. 몇몇 작가들은 고르바초프의 글라스노스트 동안 부활했지만, 그들의 집단적 운명에 관해 이야기해주는 책이나 글이 아직껏 없다. 세르주는 몇 사람에게 일어난 일을 『소련 작가들의 비극 : 작가의 양심』*La Tragédie des écrivains soviétiques : Conscience de l'écrivain*에서 약술했다. 이 작품은 1947년 1월에 파리에서 간행되었고 『지금』*Now* 7호(1947년)에 영어로 수록되었다. 이 작품에서 세르주는 보리스 필냑, 이사악 바벨Isaak Babel', 알렉산드르 보론스키Aleksandr Voronskii, 이바노프─라줌니크Ivanov-Razumnik, 오시프 만델시탐Osip Mandel'shtam 같은 소련 문학의 "거장 작가" 몇 사람의 운명을 언급했다. 이들보다는 이름이 덜 알려진 작가 수백 명이 어떻게 사라졌는지는 정치경찰 보안부서만이 알고 있다. 덧붙여서 세르주는 아마 그들이 알고 있었을 것이라고 말했다. 다만 아마 그러했으리라는 것이다. 숙청을 수행한 경찰 우두머리들 스스로가 사라져버렸으니 말이다. 일단 어떤 사람이 억압을 당하면 그의 작품이 제거되고 그의 이름이 더는 거론되지 않는 것이 통례였다. 그 이름은 과거에서, 심지어는 역사에서 지워진다."[10]

세르주는 이 시기에 작가들을 위한 분위기를 "넌더리 나는 제어 불가능한 부조리"로 그 특징을 묘사했다. 작가들은 작가 동맹의 "권위 있는" 회의에서 "광신적인 복종"을 하도록 강요받았다. 세르주는 "문필가라면서도 사실은 일자무식인 젊은이들이 헌책방에 가서 영도자께서 방금 비판하신 역사서들을 없애버릴 '토벌대'를 만들자고 제안했을 때" 바이에른 출신의 위대한 아나키스트 시인이자 극작가인 에른스트 톨러Ernst Toller가 어리둥절해하는 반응을 보였다고 회고했다.[11]

세르주는 그런 붓쟁이들 사이에서는 전혀 어울리지 않았고, 그가 참석하면 그들의 명성에 흠집과 오점이 생겼다. 그는 생계를 유지하려고 레닌 연구소에서 레닌 전집을 프랑스어로 옮기는 번역가로 일했다. 비록 반대파의 일원인지라 간행된 레닌 전집에 이름이 적히지 않기는 했지만 말이다. 그의 번역은 "세미콜론을 찍는 데에서 일어남 직한 사보타주를 찾아내는 임무를 맡은 전문가들에게 행 하나하나까지 점검"받았다.[12]

"내부의 반혁명": 네프에서 악몽으로

1928년이 되면 공업 정책이 없는데다가 농업에서 사영 부문이 커지면서 곡물 위기가 일어났다.[13] 농민이 받는 곡물 값은 낮은 데다가 공급이 부족한 공산품에 매겨진 가격이 높은 탓에 농민이 자기와 가족에게 필요한 양을 넘는 곡물을 생산할 동기가 뚝 떨어졌다. 이렇게 되자 잇달아 작황이 좋지 않게 되어서 국가의 수출계획과 식량 공급이 위협을 받았다. 농민은 곡물을 내놓지 않으려 했고 스탈린은 특별 대책을 강구해서 곡물을 모으라는 명령을 내리는 것으로 대응했다. 붉은 군대 병사들이 총부리를 들이대면서 농민에게서 곡물을 빼앗아가기 시작했다.

세르주는 『1929년의 소비에트』에서 그 위기의 실제 원인으로는 다섯 가지가 있다고 썼다. 첫째로는 러시아 농민의 전반적인 빈곤과 농업의 후진적 상태, 둘째로는 1914년과 1926년 사이에 1억 3천5백만 명에서 1억 4천5백만 명으로 인구가 늘어난 것,[5] 셋째로는 품질 좋은 물건을 구하기 힘들고 공산물 값이 높다는 것을 뜻하는 공업의 취약성, 넷째로는 진짜 쿨라크가 재산을 숨기도록 내버려두는 농촌의 관료체제, 다섯째로는 "살기 편해서 (……) 무의식적으로 소자본가가 되기를 꿈꾸"는 대다수 농민의 뒷받침을 받는 부농의 의식적 저항이었다.[14]

좌익반대파가 예언한 곡물 위기가 좌익반대파가 쫓겨난 지 석 달이 채 안 되어 터졌다. 1928년 2월에 『프라브다』 Pravda는 곡물 수매가가 너무 낮아서 농민이 곡물을 국가에 넘기기를 거부한다고 알렸다.[15]

스탈린의 당 중앙위원회는 비축 곡물을 숨기는 행위에 형법 107조로 대응했다.[16] 징발이 시작되었고 들판에서 곡식이 없어졌다. 내전 시기와 전시공산주의가 생각나도록 "머리뼈가 빠개져 열려 있는 공산당원의 주검이 길가에서 발견되었다. 압수된 곡물 자루들이 불살라졌다. 사료飼料가 전혀 없었다."[6]

세르주는 "징발"과 "몰수 곡물"이라는 두 가지 용어를 써서 라즈뵤르스트카razverstka, 즉 곡물 강제조달을 논했다. 모셰 르윈Moshe Lewin은 라즈뵤르스트카를 "비상 대책", 그리고 "농가가 넘겨야 할 농산물의 양을 농가의 의견과는 상관없이 행정기관의 명령으로 할당하는 것"이라고 불렀다.[17]

곡물 위기에 대한 스탈린의 잔혹한 관료주의적 대응이 하나의 선례가 되어서 스탈린 정권은 이런저런 모험 행위를 차례로 하게 되었고, 각각의 모험 행위로 말미암아 인적·사회적 비용이 늘어났다. 권력이라는 쟁점이 여전히 으뜸이었다. 반대 세력을 처음에는 유형을 보냈다가 나중에 감옥에 가두거나 죽여서 처리했다. 세르주는 스탈린이 아무 정책도 없이 막다른 골목으로 몰렸지만 "보존 본능의 지배를 받"았다고 지적했다.[18]

스탈린은 당내 반대파를 제거하고 있던 중―소련령 유라시아에서 3백 군데가 넘는 곳에서 봉기의 불길이 동시에 타오르는[19]―농민들의 묵직한 저항에 갑자기 맞부딪혔고, 농민층을 싹 없애버려야 할 계급인 쿨라크로 지목하면서 그들에게 선전포고를 했다.

세르주는 1936~1937년에 쓴 『한 혁명의 운명』*Destin d'une révolution*에서 한 장章을 농업집산화와 공업화에 관해 썼고, 『1929년의 소비에트』에서 한 장을 곡물 위기와 쿨라크에 할애했다. 1929년에 나온 그 저작에서 세르주는 곡물 위기의 배경을 설명하고 당의 좌익과 우익과 중도파가 내놓은 해결책들을 다시 언급했다.

농민의 매서운 저항을 깨려고 스탈린은 계급의 적에 맞선 전쟁에 착수해서 이른바 쿨라크와 그 가족을 얼음에 뒤덮인 북쪽으로 대량 이송하기 시작했다. 탁월한 책자 『레닌에서 스탈린까지』에서 세르주는 소련의 경험에서 원인과 결과를 설명해 보이면서 정권이 어쩌다가 한 정책, 즉 무정책이 정책인 정책의 결과를 피할 수 없었는지 보여주었다. 세르주는 다음과 같이 말했다.

> 목적이 수단을 정당화한다는 것은 천부당만부당하다. (……) 모든 목적은 그 나름의 수단을 요구하고 목적은 제대로 된 수단으로만 달성된다. (……) 더 많은 개인의 복지, 더 많은 자유, 더 적은 거짓말, 더 많은 품위, 더 많은 인간 존중. 이런 것 없이 시작되는 사회주의는 일종의 내적 반혁명에 무릎을 꿇고 불신을 사고 자멸할 위험을 안게 된다.[20]

형편없는 지도력과 더불어 경제적 요인이 1928년의 위기로, 사회주의의 정신을 파괴한 끔찍한 해결책으로 이어졌다. 스탈린은 공업이 정체해 있는 동안 트로츠키를 무너뜨리는 데 여러 해를 보냈고, 네프만과 부농은 더더욱 부자가 되었다. 1928년까지 농민은 자기가 거둔 곡식을 빼앗길 공산이 컸으므로 곡물을 내다팔거나 심지어는 씨를 뿌릴 동기를 잃었다. 스탈린에게는 당내 정치투쟁이 모든 것보다 우선이었다. 그는 반대파가 자신의 권력에 위협을 가했으므로 반대파의 정책을 거부하고 그 정책이 언급하는 위험을 무시했다.

1936년에 나온 연구서 『한 혁명의 운명』에서 세르주가 지적했듯이 징발은 거센 저항에 맞부딪혔다. 징발이 불법이었고 당이 농민에게 거듭해서 해주었던 약속과 어긋났기 때문에 특히 그랬다. 이러한 저항에 스탈린은 농민의 재산을 빼앗고 그 농민을 강제로 집단농장으로 들여보내는 대응을 했다.

세르주는 강제 농업집산화가 대대적으로 이루어지리라고 예측할 수 있었던 사람은 없었다고 주장했다. 특히나 집단농장이 준비되지 않았으므로 그런 생각은 미친 짓이었다. 농업을 집산화한다는 구상 자체는 농업을 농민에게 유리하게 만들고 농업 생산을 늘린다는 것이었다. 1926년 이래 이루어진 논의에서 그 계획은 농기계가 보급될 수 있는 면적의 재배 지역만을 집산화하는 것을 상정했다. 전체 목적은 농민의 원시적인 소규모 농장에 대한 매력적인 대안을 내놓아서 농업 생산을 공업화하는 것이었다. 트랙터 없는 집단농장kolkhoz은 이치에 맞지 않았다. 실제로, 세르주는 집단농장 활동을 "대규모 단작單作"이라고 불렀다.[21] 그는 "이것이 유일한, 진정으로 사회주의적인 정책이었을 것이며, 농민은 원시적인 소규모 경작과 견줘 새로운 생산 양식이 지니는 이점을 즉시 확신했을 것"이라고 주장했다.[22]

세르주는 스탈린이 그렇게 행동하도록 만든 것은 "사회"의 이익이 아니라 대두하는 관료주의 체제의 이익임을 지적했다. 스탈린은 "'청산되어야 할 계급'인 (……) 인민의 적으로 지칭된" 저항자에게 선전포고를 했다. 세르주는 이제 쿨라크로 낙인찍힌 자들 속에는 소비에트를 위해 열심히 싸웠던 농민들이 들어 있다고 평했다. 이제 그들이 집에서 갑자기 몰려났다.

그리고 가축 수송차량에 한꺼번에 실려 아북극 툰드라, 시베리아의 숲, 나림Narym의 늪, 카자흐Kazakhstan의 모래 황무지로 보내졌다. 드넓은 러시아의 모든 사막에 작은 하얀 십자가가 곧 빽빽이 들어찰 것이다. 농민 수백만 명이 이런 운명을 겪을 것이다. 이것은 역사상 유례없는 규모의 인구 이식이 될 것이다. 상세히 설명하자면 끔찍하다.[23]

본인도 인정했지만 (프로코포비치Prokopovich가 자기 연구를 하고 있는 시기에 통계 전문가들이 감옥에 갇히고 총살당하고 있었으니) 믿을 수 없다는 말이 있는 공식 통계를 이용한 러시아인 학자 프로코포비치의 주장을 인용해서 세르주는 1936년에 농업집산화가 종결될 때까지 5백만 농민 가구가 사라져버렸다고 산정했다.[7] 관료주의 정책으로 수백만 명에게 끔찍한 결과가 일어났다. 세르주는 사람들이 어떻게 저항했는지를 서술했다. 그는 한 동지가 어느 쿠반 카작 마을의 여인 몇 사람에 관해 자기에게 해주었던 이야기를 다음과 같이 자세하게 말했다.

> 그들은 옷을 입지 않은 자기들을 집에서 감히 끌어내 완력으로 열차로 끌고 갈 사람은 없으리라고 생각하고 옷을 벗어버렸다. 젊은 공산주의자와 당원과 게페우 대원들이 미리 남자들을 모조리 다 체포해놓은 다음 마을을 에워싸고는 집에서 옷을 제대로 차려입지 않은 여인들과 그들의 아이들을 질질 끌어내 이 벌거벗은 사람들을 무지막지하게 역으로 몰고 갔다. 그들은 무섭고 화가 나서 정신을 잃을 지경에 있었다. (……) 어린이와 늙은이와 허약자들이 무더기로 죽었다. 그러나 신문에는 농지개혁론자들의 집산주의적 열정에 관한 기사가 흘러넘쳤다. 나는 『몽드』에서 바르뷔스가 농업집산화라는 기적에 관해 쓴 충격적인 글을 읽었다.[8]

그 결과 농업이 황폐해졌음은 이제는 잘 알려져 있다. 농민은 자기가 키운 가축을 도살하고 자기가 거둔 곡식을 불태웠다. 굶주리던 나라가 기아로 빠져 들어갔다. 도시의 노동자와 군대의 병사에게 줄 빵이 없었다. 빵 배급표가 배부되고 임금이 하락하고 암시장이 성장하고 공업이 악영향을 받았다. 농업집산화에 총력을 기울이다가 완전한 재앙이 일어날 기미가 나타났고, 따라서 심지어는 스탈린조차 1930년 3월에 농업집산화가 68퍼센트에 이르렀을 때, 즉 광란의 정점에서 멈춰야 했다. 그는 자기의 유명한 논문 「성공으로 머리가 어지럽다」Golovokruzhenie ot uspekhov[24]에서 잠시 물러서자고 요청했다.[9)] 주민 전체가 유형에 처해지자, 세르주는 농민들이 중국과 폴란드와 루마니아의 국경을 향해 몰려가서 기관총 사격을 받을 위험을 무릅쓰고 국경을 넘었다고 지적했다. "정부에 보내는 메시지에서 카프카스 남부의 압하스Abkhaz인은 자기들이 가진 것을 모두 다 정부에게 내놓겠다고 제안한다. 동방식으로 정중하게 그들은 정부가 자기들에게 베푼 모든 은덕에 감사해하면서 단 하나만 들어달라고 부탁한다. 그 부탁이란 터키로 넘어가 살도록 허락해달라는 것이다."[25]

1930년 3월에 스탈린이 강제 농업집산화를 비난한다는 사실이 알려지면서, 집단농장에서 떠나도 된다는 허가가 사실상 주어졌다. 농민이 한꺼번에 떠났다. 1930년 3월과 6월 사이에 새로 "집산화된" 농민의 절반이 집단농장을 포기했다. 농민은 만약 농업집산화 강행 정책이 중지되지 않았더라면 봄에 씨를 뿌리지 않았을 것이다. 가을에 일단 곡식이 수확되자, 비록 이제는 (개인 텃밭과 암소와 닭을 허용하는) 아르텔artel'이 기본 단위가 되기는 했어도 농업집산화 운동이 기세를 올리며 재개되었다. 농민의 처지가 크게 뒤흔들려서 생긴 식량난이 1932년이 되면 기아로 바뀌었다. 농민의 저항과 근거지 상실로 말미암아 수확량이 줄어드는 문제가 도시와 군대와 수출을 위해 국가가 곡물을 몰수하는 바람에 더 나빠졌다.

이런 사태는 적대 계급을 파괴하려는 스탈린의 시도가

가져온 결과였다. 트로츠키는 한 계급 전체는 행정적 방식이 아니라 "오로지 과학기술과 생산 양식의 변화로만" 제거될 수 있다면서 "나무 쟁기와 쿨라크의 말로 대규모 기계화 농업을 창출할 수 없는 것은 고기잡이 배 여러 척을 합쳐서 대형 어선 한 척을 만들 수 없는 것과 같았다"고 지적했다.[10] 세르주는 트로츠키에게 동의했다. 스탈린과 부하린은 "일국사회주의" 논리를 좇아서 도시와 농촌의 모순을 부문 간의 거래와 재정이라는 메커니즘을 통해 극복하려고 애썼다. 세르주는 트로츠키와 마찬가지로 농업의 공업화가 도시와 농촌의 모순을 해소하는 열쇠라고 이해했다.

세르주는 사회주의 정신이 없고 마르크스주의의 고전, 특히 소농 재산을 보는 사회주의의 입장에 관한 엥겔스의 생각이 경시된다고 한탄했다. 세르주는 다음과 같은 레닌의 권고를 생각해냈다. 중농과 동맹하라! 소자본가가 되고 있는 부농과 싸워라! 그러나 농민 대중에게 강요는 하지 마라![26] 내전 동안 레닌이 농민을 상대로 편 정책은 실수와 남용이 있기는 했어도 승리로 이어졌다. 그러나 1930~1931년에는 스탈린이 어설프게 흉내를 내다가 재앙이 일어났다.

공업과 농업의 상호관계의 이해가 정책의 정식화에 없어서는 안 되는 요소였다. 스탈린의 독재적인 반동적 농업정책 때문에 공업이 뒤틀렸다. 예상치 못하고 계획에 없던 전면적인 농업집산화로 말미암아 농기계를 생산할 거대한 공장을 만들 필요성이 생겨났다. 이 때문에 다른 부문에 쓰기로 되어 있던 자원이 바닥나버렸다. 세르주가 관찰한 대로, 농업집산화로 말미암아 원료가 부족해지고 적개심이 생기고 농업이 망가졌으며, 공업 계획이 엉망이 되었다. 적개심에 찬 농민이 곡식을 숨기고 가축을 다 죽여서 농업 생산이 줄어들었다.[11] 스탈린은 할당량을 높이라고 요구했고 도시민을 먹여 살리고 수출을 하려고 우크라이나에서 마지막 남은 곡물을 죄다 쥐어짜냈다. 국가가 조직한 이 기아로 말미암아 1932년과 1933년에 농민 7백만 명이 목숨을 잃었다.[27] 세르주는 이 잔혹 행위가 서유럽에서 널리 부인되는 동안 그 잔혹 행위에 관한 글을 썼다.[12] 그는 "계획의 무정부 상태"라는 수바린의 표현을 인용하면서 농업집산화가 계획보다는 무정부 상태를 만들어내리라고 비꼬았다. 세르주는 "스탈린은 틀이 잡힌 정치 양식을 적용하는 대신에 임기응변에 의존하는 상황에 빠졌다"고 썼다.[28]

농업집산화가 강제로 이루어지는 시기는 서유럽과 구소련 양쪽의 학자들에게 재평가 받고 있다. 스탈린주의 체제의 시작에 관한 세르주의 저술은 혁명적 다큐멘터리 작가이자 분석가이자 목격자이자 참여자인 한 사람의 저작이었다. 그는 스탈린이 보통 소련 시민에게 미친 영향을 분석했다. 세르주의 분석에서 농업집산화와 억지로 이루어진 공업 발전은 대두하는 스탈린주의자 엘리트가 소련 사회 전체를 상대로 사용한 각종 공격 무기의 일부였다. 공업화에 관한 세르주의 저술은 통찰력이 지극히 대단하다. 일찍이 1929년에 세르주는 소련이 쓸모없는 공장을 세우고 있다고, 즉 인적·사회적 자원을 터무니없이 많이 허비하고 있다고 지적했다. 그의 분석은 모순된다. 그것은 현실 자체가 모순이었기 때문만이 아니라 자기들의 분석에 내적 모순이 들어 있기 때문이었다. 그들은 당시에는 그 모순을 볼 수 없었다.

언제 체포될지 모르는 상태에서 지내는 패배한 혁명가들

1928년 초에 레닌그라드 좌익반대파 지부에는 트로츠키의 첫번째 아내인 알렉산드라 브론시테인과 세르주만 남았다. 주로 게페우가 효과적으로 잠입해 들어온 탓에 체포가 이미 여러 차례 있었던 것이다.[13] 세르주는 살아남는 유일한 방법은 제 목을 스스로 조르고 있는 당에 충성스러운 반대를 하면서 공개적으로, 비타협적으로 일을 하는 것이리라고 믿었다. 알마아타로 유배된 트로츠키는 국가와 당이 아직은 프롤레타리아트적이므로 방어되어야 한다고 썼다. 세르주의 생각은 씁쓸한 아이러니로 가득 차 있었다. 『한 혁명가의 회상』에서 그는 관료주의 국가가 "우리 손에서 태어나 우리를 짓눌렀다"고 썼으며, 당과 좌익반대파가 견지한 생각―혁명에 봉사하는 유일한 길은 당을 통한다는 생각―이 좌익반대파가 "반란을 일으키고 우리가 스스로를 적대시하도록 만들었다. (……) 우리는 당 최우선주의에 패했다"는 것을 시인하려는 사람이 아무도 없었다고 지적했다.[29] 세르주는 이 글을 1941년에 썼다. 그가 1941년에 한 생각을 과거에 투영해서 1928년으로 거슬러 가고 있었는지 여부를 알아낼 수는 없지만, 만약 그가 1928년에 충성심에서 볼셰비키당에 공개적으로 반대하는 행동을 옹호한 것이 사실이라면 (비록 조직은 없었어도) 세르주는 참으로 어디에 얽매이지 않는 자주인이었다. 다른 좌익반대파 구성원들은 다시 당에 통합되기를 바라면서 투항과 비밀 저항 사이를 왔다 갔다 했다.

스탈린주의 반혁명은 그 문제를 공론公論으로 만들었다. 공개 정치선동은 도저히 불가능했다. 세르주는 패배한 좌익반대파의 지도자들이 훗날 "언론과 정치선전의 자유와 함께 (……) 당에 복권되어 들어갈" 강력한 비밀 조직을 세울 것을 논의했다고 썼다.[30] 세르주는 촉수를 뻗지 않은 곳이 없는 강력한 비밀경찰이 반대파를 찾아내 없애버리려고 안달인 상황에서, 그리고 더군다나 자기네가 "나름대로 당에 이데올로기적 충성심 내지 정서적 충성심을 가지고 있어서 정치적 술수에 취약하고 경찰의 도발에는 훨씬 더 취약하기" 때문에, 그런 생각은 환상이라고 부르면서 반대했다. 세르주는 비합법 상태로 밀려나기보다는 공개 활동을 하는 것이 더 낫다, 좌익반대파는 존재하고 글을 쓰고 생각하고 공개적으로 발언할 권리를 지켜야만 한다고 다시금 되풀이해서 말했다. 비밀 활동을 한다는 계획에 가망이 없는 데에는 얄궂은 점이 있기도 했다. 즉, 패배한 좌익반대파는 사회 전체의 표현·선전의 자유를 위해 싸운 적이 없었던 것이다. 이제 그들은 자기들이 예전에 자기들의 적대자에게 주지 않았던 그 무엇을 자기들을 위해 달라고 요구하려고 든 것일까? 프레오브라젠스키와 트로츠키에게는 1920년대의 당내 민주주의에 관해 할 말이 많았다. 트로츠키는 1930년대 후반이 되어서야 비로소 정치적 다원주의와 소련의 다당제에 관한 글을 썼다. 세르주는 당 안팎의 폭넓은 민주주의적 권리를 일관되게 옹호했고, 심지어는 1923~1924년에 "간사와 비밀경찰의 독재"로 바뀌는 도중에 있던 관료주의 통치보다는 연립정부가 더 바람직하다는 제안까지 한 적이 있다.

다음 두 해 동안 스탈린은 우익반대파 쪽으로 돌아서 탈쿨라크화와 농업집산화에 착수하고 속성 공업화 강행 계획을 개시했다. 좌익반대파 강령을 엉성하게 베껴 채택하는 듯 보임으로써 스탈린은 좌익반대파를 헷갈리게 하여 좌익반대파 내의 단결을 어렵게 만들었다. 더 나쁜 것은 좌익반대파가 소련 사방 끝 멀리까지 흩어져 있다는 점이었다.[14] 세르주는 "전체주의 국가에서 패배한 혁명가들의 소명은 힘든 것이다. 시합에 진 것을 보고 많은 사람이 당신을 버린다. 의심할 여지가 없는 개인적 용기와 헌신성을 가진 다른 사람들은 꾀를 부려 상황에 적응하는 것이 최선이라고 생각한다"고 썼다.[31]

세르주는 스탈린이 좌익반대파 강령의 요소들을 민주주

의적 내용을 비운 채로 받아들여 무자비하게 실행했음을 인식했다. 좌익반대파는 부자 쿨라크에게 세금을 매기자는 제안을 했는데, 스탈린은 부자 쿨라크를 없애버렸다. 좌익반대파는 네프에 제한을 가하자고 제안했는데, 스탈린은 네프를 폐지해버렸다. 좌익반대파는 공업화를 선호했는데, 스탈린은 뒤늦게 막대한 인적·사회적 희생을 치르면서 엄청난 규모로 공업화에 착수했다. 좌익반대파 강령의 특징은 노동계급 민주주의였다. 강령에서 스탈린이 도용하려고 시도하지 않은 유일한 항목이었다.

그런데도 좌익반대파 몇 사람은 스탈린이 좌익반대파 강령의 요소를 채택했다는 이유로 그에게로 몰려갔다. 아마도 그들은 정치적으로 식물 상태에 있기보다는 투항하기를 선호했을 것이다. 당은 아직 "도시의 게임일 따름"이었고 필생의 혁명가들에게 정치 활동에서 차단된다는 것은 사실상 의미 없는 삶을 영위하는 것이었다. 이런 식으로 퍄타코프, 니콜라이 크레스틴스키Nikolai N. Krestinskii, 소콜니코프, 안톤 안토노프-옵세옌코Anton Antonov-Ovseenko, 이반 스미르노프Ivan Smirnov, 스밀가가 모두 투항했다.[15] 지노비예프와 카메네프는 투항을 하나의 생활 방식으로 삼았다. 그들은 많은 이유를 내놓았지만, 그 이유들이란 결국은 이런 것이었다. 좌익반대파의 강령은 이행되고 있다, 또는 소련은 위험에 처해 있다, 또는 이데올로기적 순결에 집착해 활동을 하지 못하기보다는 **건설**에 참여하는 것이 낫다. 트로츠키는 1928년 7월에 라콥스키에게 보내는 편지에서 투항론자들은 마음속으로 "스탈린 도당이 왼쪽으로 이동했으므로 그 뒤에는 '우파의 꼬리'만이 있을 뿐이고 그것을 잘라버리라고 그들을 설득해야 한다"는 생각을 한다고 썼다. 트로츠키는 이런 생각이 맞는지 의심하면서 "꼬리를 없앤 원숭이는 여전히 사람이 아니다"라고 말했다.[32] 안톤 칠리가는 투항자들을 "노동계급의 운명에는 조금도 아랑곳하지 않는 지식인"으로 보면서 다음과 같이 말했다.

> 그들의 정치적 태도를 가름하는 요인은 노동계급이 아니었다. 공업화의 가속화와 쿨라크에 맞선 공세가 그런 요인이었다. 노동자들이 당하는 혹독한 억압과 수탈을 대하는 그들의 태도는 스탈린 추종자와 부하린 추종자의 태도와 정확히 같았다.[33]

실제로 칠리가는 그들 가운데 많은 이가 혁명을 구할 독재가 필요하므로 스탈린이 필요하다고 보았고 러시아가 아시아적이고 후진적이라고 보았으며 칠리가의 항변을 "서유럽식 환상"으로 여기고 받아들이지 않았다고 인정했다.[16)]

세르주는 속이 더 깊으면서도 인정이 더 많았다. 비록 투항함으로써 오욕을 자초한 고참 볼셰비키와는 기질이 다르기는 했어도, 그는 그들을 기회주의자로 보지 않았다. 세르주는 다음과 같이 보았다.

정치 활동을 빼면 이 고참 볼셰비키에게는 개인의 삶이랄 게 없다. 그들은 부르주아지가 지위라고 부르는 것을, 또는 심지어 행복을 중시하지 않는다. 이들은 겁쟁이일까? 앞으로 10년 동안 이들은 무시무시한 결말에 이르는 극히 견디기 힘든 삶을 영위할 것이다. 이들의 태도에는 크나큰 용기, 꾸민 말이나 몸짓이 없는 절대적 헌신이―비겁함으로 변장하기를 주저하지 않는 용기, 가장 심한 치욕 앞에서 움츠러들지 않는 헌신이―참으로 실질적인 지성·정신상의 결함 한 가지와 어우러져 있다. 그들은 너무나도 당을 사랑해서 현실을 있는 그대로 보기를 두려워하는 것이다. 당은 끝났다. 그들은 이 마지막 깨달음 앞에서 움찔하며 뒷걸음친다. 그들은 자기들의 위신을 떨어뜨리면서 혁명의 위신을 떨어뜨린다는 것을, 즉 설령 최선의 대의를 위해서일지라도 그 같은 굴욕의 사례를 남기는 것보다는 실책을 범하더라도 꼿꼿이 서서 긍지를 지키는 것이 더 낫다는 것을 감지하지 못한다. 그들은 당 개혁을 가능하게 만들 결정적인 투쟁이 자연발생적으로 터져 나오는 날까지 당 안에 남는 것이 중요한 일이라고 믿으면서 꾀를 부리려고 한다.[34]

심지어는 투항의 역학을 이해한 동지조차 나중에 투항을 하고 말았다. 학자들과 소련 밖의 활동가들에게는 이해하기 어려운 일이었다.

『1929년의 소비에트』

1927년에 레닌그라드에서 세르주는 소련을 여행하고 있던 루마니아 출신의 소설가 파나이트 이스트라티[17]와 그리스의 작가 니코스 카잔차키스를 만났다. 세르주는 그들의 정치적 길라잡이였고, 그들은 세르주의 아파트를 자기들의 소련 내 본거지로 삼았다.[35] 세르주가 소련에서 첫번째로 체포되었다가 풀려난 뒤 그와 이스트라티는 (모스크바에서 40킬로미터쯤 떨어진) 비코보Bykovo 숲 깊숙한 곳에 있는 작은 다차dacha로 가서 머물렀다. 그곳에서 그들의 우정과 협력 관계가 깊어졌다. 그들은 맑은 공기 속에서 토론을 하고 깊은 생각을 할 충분한 시간을 가지면서 그림같이 아름다운 외딴 곳에서 석 달을 보냈다.[36]

이스트라티는 정치적으로 흐리스티안 라콥스키와 함께 일한 적이 있었고, 라콥스키의 초청을 받아 소련에 들어와 있었다. 이스트라티와 세르주는 상습범이었던 죄수들이 자기들 스스로 감독하면서 자유로이 일하는 모범 감옥 격리 지구를 방문했다. 이스트라티는 소련에서는 적어도 세 사람은 죽여야 그같이 아주 훌륭한 노동 체제 아래서 편안하게 살게 된다는 얄궂은 평을 했다.[37] 세르주는 이스트라티가 그 같은 수많은 얄궂은 일과 불의를 날카롭게 관찰하고 평했다고 회상했다.

그 뒤 이스트라티는 소련에서 자기가 한 경험에 상심한 채로 프랑스로 돌아갔고[38] 그 경험에 관한 글을 쓰겠다고 마음먹었다. 아직은 레닌그라드에서 자유의 몸이었던 세르주는 이스트라티가 소련에 관해 쓴 3부작 『또 하나의 불길을 향하여』의 제2권을 썼다. 사실상, 이스트라티는 제1권만 썼고, 세르주가 제2권, 보리스 수바린이 제3권을 썼다. 빅토르 알바Victor Alba의 설명은 다음과 같다.

이스트라티는 수바린과 긴 논의를 한 뒤에 사실은 당시 레닌그라드에서 자유의 몸이었지만 아직 고초를 겪던 빅토르 세르주가 쓴 『1929년의 소비에트』라는 책의 제2권을 자기 이름으로 펴냈다. 끝으로, 사실에 입각한 문서 자료인 『벌거벗은 러시아』*La Russie Nue*는 이스트라티가 간행한 것 같지만 수바린이 쓴 듯하다. 이스트라티는 그 책들을 자기 이름으로 펴냄으로써 발간을 도왔다. 그는 다음과 같이 썼다. "나는 내 친구들의 목소리가 될 수 있는 대로 널리 퍼져 나가기를, 적어도 지금 소련에서 금지된 논쟁을 불러일으키기를, 그리고 공산주의 인터내셔널을 구하려고 노력하기를 바란다."[39]

파나이트 이스트라티의 『또 하나의 불길을 향하여』 1980년판 서문에서 마르셀 메르모스Marcel Mermoz는 세르주가 어떻게 레닌그라드에서 이스트라티 3부작의 제2권을 몰래 빼내는 데 간신히 성공했는지를 이야기한다. 이스트라티의 동행이었던 빌릴리Bilili가 그 책의 원고를 자기 블라우스 안에 숨긴 채로 경찰을 통과했다는 것이다. 메르모

스는 사실은 수바린이 그 3부작에서 풍부한 자료가 담긴 제3권을 썼다고 확인해준다.[40]

『1929년의 소비에트』는 『러시아 혁명의 첫 해』와 『한 혁명의 운명』보다는 대중 독자층을 겨눠서 씌어진 『스탈린의 초상』과 더 많이 닮았다. 서유럽에서 온 손님이 받은 인상으로서 씌어진 그 책은 트로츠키의 좌익반대파가 지닌 정견에 공감을 불러일으킬 의도를 분명히 가지고 있다.[18] 스탈린이 "대전환의 해"[41]로 선언한 해인 1929년의 상황을 분석하는 세르주의 책 『1929년의 소비에트』는 공업과 농업의 위기, 당내 위기, 전체 사회를 상세히 기술하면서 좌익반대파의 강령을 재현했다. 그 책은 명쾌하고 간결한 산문체로 1920년대의 논쟁을 따라가며, 스탈린의 "일국사회주의"가 만들어낸 사회를 상세히 설명한다.

『1929년의 소비에트』는 다른 현안들을 설명하는 동안에도 좌익반대파의 편에 선다. 좌익반대파의 관점을 좇아가면서 세르주는 "우리는 노동자·농민의 나라에서 혁명가가 아니다"라고 말했다.[42] 트로츠키는 세르주와 견해가 같았다. 그들은 혁명이 아니라 통제권을 찬탈한 기생충 같은 관료체제를 뒤엎을 개혁이 필요하다고 주장했다.[19]

마지막 장章은 서유럽과 소련의 프롤레타리아트에게 보내는, "모든 것이 여러분 하기에 달려 있습니다"라는 행동의 호소이다.[43] 세르주는 프롤레타리아 독재의 향후 건강은 혁명적 프롤레타리아트가 마르크스주의적 방법을 행동 지침으로 삼아 "마르크스주의의 화석화"에 맞서 싸우면서 발휘할 활력에 전적으로 달려 있다고 선언했다. "동지 (……) 여러분은 다시 여러분 운명의 주인입니다."[44] 세르주는 소련을 위한 개혁 강령의 이념과 "정신"의 개요를 작성했는데, 다음과 같은 사항이 들어 있었다.

— 당의 내적 민주주의의 회복.
— (보복 없는) 대응권과 모든 뉘앙스의 소련 및 공산당의 견해를 표현할 권리를 보장하는 철저한 언론 개혁.
— 과학과 문학과 이론의 자유.
— 반혁명의 도구가 아니라 노동자·농민의 국가를 지킬 사법 체계. 피고는 변호권과 신변 안전의 권리를 가져야 한다. 체카는 노동자 국가의 정규 사법 체계에 자기 행위의 책임을 져야 한다.
— 노동자의 개별 이익의 신장과 생산에서 최대한도의 노동자 민주주의.[45]

좌익반대파가 당에 바치는 충성을 과시하기 위해 세르주는 사회 전체가 아닌 당 내부의 민주주의로 되돌아가자고 호소했다. 스탈린 도당은 좌익반대파가 제2의 정당을 만들려는 시도를 하고 있다고 비난했다. 좌익반대파는 이를 변함없이 부인했다. 좌익반대파는 내부에서 관료의 힘에 도전하고 싶어했다. 좌익반대파는 당-국가를 개혁하려는 충성스러운 반대파였던 것이다. 트로츠키는 제2의 정당이 "불평분자"를 규합해서 "무의식적인 반동의 도구가 되"어버리리라고 생각했다.⁴⁶ 그는 소련이 더 퇴보함에 따라 자기 견해를 바꿨고 1938년이 되자 그와 그의 추종자들은 코민테른을 대체할 목적을 가지고 새로운 인터내셔널을 세웠다.

「공업에서 관료가 행하는 낭비」Le Gaspillage bureaucratique dans la l'industrie라는 장에 나오는 세르주의 폭로 방식은 전형적이다. 추상으로 시작하기보다는 오히려 세부사항을 켜켜이 쌓아 올리고 사례를 켜켜이 쌓아 올림으로써 그는 관료주의를 뒤엎지 않는다면 소련에 존재하는 공업 발전을 위한 인적·재정적 자원이 어떻게 허비될지를 보여주었다.⁴⁷ 1930년대 이후에 아주 많은 저술의 주제가 된 소련 생산의 낭비적 성격이 초창기부터 자명해졌음을 이 1929년의 저작에서 보는 것은 유익한 일이다. 그 엄청난 낭비는 당시 소련에서 살던 사람들에게 확연해서, 그 시기에 관한 거의 모든 회고록에 언급되어 있다. 그러나 그 원인을 설명하려는 시도는 거의 없었다.

세르주의 방법은 경험에서 얻은 상세한 내용을 모아서 그 중간 중간에 시사적인 관찰을 끼워 넣으면서 스탈린식 강압의 결과를 제시하는 것이었다. 자기 주장을 펼치기 위해 세르주는 전체 그림, 즉 공업, 농업, 정치 상부구조, 정치 현안, 사회 전체, 대두하는 관료제를 그렸다. 세르주의 고찰을 따라가다 보면 독자는 관료체제가 소련의 미래를 위태롭게 만들었다는 간단한 결론에 이른다.⁴⁸

세르주의 정치적 분석은 그가 자료를 조직하는 데에서

그대로 나타난다. 이 특정한 장에서 세르주는 낭비 사례를 죽 늘어놓았다. 그는 전혀 계획도 없이 착공되어 엄청난 자원과 여러 해 동안의 노력을 허비하면서 쓸모없는 공장을 하나 세우는 야금공업 건설을 논했다. 크림의 케르치 Kerch'에 있는 그 공장은 비용을 2천만 루블로 추산하고 착공되었는데, 네 해 뒤에 6천6백만 루블의 비용이 들어갔다. "계획서도 없었고 견적서도 없었다." 문제는 결국 연료를 도네츠에서 케르치로 어떻게 가져오는가였다. 세르주는 글라브메탈Glavmetal 총국과 유고스탈Jugostal' 트러스트를 탓했다. 이 사례는 1928년 9월 8일자 『프라브다』에 보도되었지만, 세르주는 이 사례가 전형적이었다고 주장한다.[49] 공장은 세워졌지만 그 공장에 전기를 공급할 발전소가 없어서 공장이 돌아갈 수 없었다. 다른 지역에서는 발전소가 공장이 없는 곳에 지어졌다. 스탈린식 계획, 즉 스탈린식 반反계획의 결과는 낭비였다.[20]

낭비가 가중되는 한편, 수많은 사례에서 "사회주의 국가의 관료에게는 부자가 되는 것이 쉽다는 것을 알아챈 네프만과 협상하는 업무가 있었다."[50] 세르주는 독자에게 중요한 대조를 제시했다. 전신·전화 서비스를 위한 아름다운 대형 공공건물과 그 유명한 모스크바 지하철이 지어졌는데, 그것들에는 웅장하고 멋들어진 대리석은 있을망정 "다른 일"을 하러 집으로 가는 지친 직장 여성이 기다리면서 앉아 있을 의자는 단 하나도 설치되지 않았다.[21] "노동자 국가"의 이 "기념비적 건축"은 믿어지지 않을 정도로 심한 자원 낭비를 가리는 멋들어진 허울을 대표한다. 세르주는 다음과 같은 물음을 던졌다. 허름하기 짝이 없는 노동자 거처를 개선하는 데 돈을 좀 쓰는 것이 더 낫지 않았을까? 세르주는 어떻게 해서 벼락출세자들이 노동자의 요구를 무시했는가뿐만 아니라 그들이 기술적 전문성이 아니라 정치적 충성심 덕분에 노른자위 요직을 얻었으므로 그 엄청난 낭비에 책임을 져야 한다는 것을 보여주었다.

세르주는 다른 예를 하나 더 들어서 관료주의 체제가 "책임을 모면"하는 방법을 보여주었다. 서명이 기다랗게 줄줄이 이어지면 심지어 가장 터무니없는 모험 행위에도 누군가 책임을 지지 않고 고무도장을 하나 더 보태기가 쉬워졌다. 이 관료들은 사석에서는 낭비가 엄청나다고 시인했겠지만, 공식석상에서는 "역사의 진일보"pas d'histoires 법칙을 들먹였다.[51] 세르주가 쓴 사례는 트랙터의 수입과 제작에 얽힌 것이었다.

트랙터는 외국에서 수입되었고 심지어는 러시아에서 생산되기까지 했다. 농업에는 부족 사태가 극심했지만 교체 부품은 생산되지 않았고, 따라서 트랙터 수백만 대가 그 자체로는 하찮은 작은 부품 하나가 없어서 그해 상당 기간 동안 작업에 투입될 수 없었다. 최근 1월 29일자 『프라브다』가 이 추문을 널리 알렸다. 그 신문은 다음과 같이 썼다. "두 해 반 동안 트랙터 수리에 필요한 부품의 생산을 늘리는 일은 사실상 전혀 진행되지 않은 채 요구, 요청, 공식조사, 회의 보고서가 쏟아지면서도 관련 서류만 쌓였다. 푸틸로프 공장이 대체 부품을 생산하지만 수요의 15퍼센트만을 채울 수 있을 뿐이다."[52]

세르주는 우리를 관료주의 기구 내부로 데리고 들어가 그 작동 방식을 이해할 수 있도록 만들려고 애썼다. 노동자 개인에 관해서 세르주는 혁신에 재능이 있는 원기왕성한 개인이 들어온다면 어떻게 되는지를 물었다. 그는 이 체제에 어떻게 동화되는가? 세르주에 따르면, 그가 가진 능력을 발휘해서 이바지할 가능성이 있더라도 그 능력은 결코 발휘되지 못할 것이다. 왜냐하면 비판적인 창의성을 발휘하기보다는 당과 관료체제에 고분고분해야 상을 받기 때문이다. 오로지 당을 위한 열성만이 중요하다. 공업 지도자는 튀어서는 안 되었다. 그는 공업에서 자기 능력이 아니라 정치적 적응 능력을 보여주어서 계층 상승을 했다. 진행되는 일에 의견을 달리하는 사람은 누구라도 직위에서 해임되었고, 대개는 나중에 체포되었다.

이 저작이 대단한 까닭은 그 주제가 독특해서가 아니라[22] 세르주의 날카로운 인지력과 묘사력이 관료주의 체제를 웅장한 규모로 생생하게 그려주기 때문이다. 또한 그 저작은 세세하기가 보통이 아니다. 이 무렵 다른 이들이 세르주에게 가세해서 이 주제를 물고 늘어졌다. 라콥스키가 같은 이론적 문제를 붙잡고 씨름을 하고 있었다.[53] 트로츠키도 마찬가지였다. 세르주의 저작이 지니는 가치는 사례를 능숙하게 이용해서 어떻게 해서 이 시기의 경제적 사건들이 반동으로, 즉 신중하게 개발된 그 어떤 계획에도 따르지 않고 일어났는지를 묘사하는 데 있다. 우리는 세르주가 트로츠키와 라콥스키에게 동조한다는 것을 확인할 수 있다. 세르주는 트로츠키와 라콥스키의 작업을 보충하고 대중화했다. 또한 우리는 그가 『사회주의 통보』Sotsialisticheskii vestnik 에 글을 쓰는 망명 멘셰비키 좌익에게도 동조하는 것을 확인할 수 있다. 1920년대 말과 1930년대 초에 탄압이 자행되어 같이 일할 수는 없었지만, 이 별개의 평론가들은 독자적으로, 그리고 떨어져서 일하면서 경제 성장의 성격과 계획의 혼돈, 더 엄밀하게는 사회주의적 계획의 부재를 비판하는 하나의 연합 사조를 형성했다.[54] 그들은 그런 계획의 부재를 무계획성besplanovost'이라고 불렀고, 1929년과 그 뒤에 나온 세르주의 저작은 그가 이 사조에 동조했음을 확인해준다.

"건설하라, 건설하라, 건설하라, 수출하라, 총살하라, 건설하라"
: 제1차 5개년 계획

스탈린은 자기가 정치적 상부구조의 숨통을 꽉 쥐고 있는 동안 강압적인 농업집산화와 제1차 5개년 계획을 개시했다. 그의 정책은 좌익반대파가 언제나 반대한 일국사회주의의 논리에서 도출된 체제를 하나 만들어냈다. 스탈린

체제의 특징은 일국주의 외교 정책, 중앙집권화된 하나의 "계획", 어마어마한 부정부패, 복잡한 위계제, 과로하고 영양부족인 노동인구의 원자화였다. 이 체제는 중앙의 엄격한 통제를 받고 테러로 유지되었다.

생산에서는 스탈린의 정치적 결정이 가장 중요했다. 1929년에 그가 성장률을 더 높게 잡으라고 요구했을 때 그는 자본재와 수출의 절박한 필요성에 부응하고 있었다. 그는 실질적인 경제 자원이나 주민의 요구에 토대를 두고 명령을 내리지 않았다. 스탈린은 자기의 목표가 얼마나 현실적인가, 또는 인적 관점에서 그 목표가 어떤 대가를 요구하는지에 신경을 전혀 쓰지 않고 노동계급에게 더욱 더 열심히 일하라고 타일렀다. 그는 아무런 정책을 가지지 않은 채로 "오른쪽"에서 "왼쪽"으로 이동하는 듯했다. 스탈린은 더 앞서 전시공산주의 시기에, 그다음에는 네프 시기에 나타난 위계제적 추세를 1929년 이후의 소련 사회에서 구현했다. 그 결과는 훗날 "행정명령 체제", 또는 "위계 구조로 운영되는 국유화 경제"로 불리는 것이었다.[55]

이 체제에 관한 세르주의 서술을 읽으면 엄격히 규제되지만 역설적으로 통제를 받지 않는 사회가 머릿속에 떠오른다. 이행할 수 없는 명령이 위에서 자주 내려왔지만 의문을 제기할 수 없었으므로 불가능한 것이 시도되었다. 그 결과는 대개 계획된 것과 매우 달랐다. 세르주는 비인간적인 생산라인 속도와 노동조건, 그리고 부주의한 말이나 들통난 (무엇이든지 뜻할 수 있는) 사보타주에 가해지는 혹독한 형벌로 가차 없는 암울함이 느껴지는 그림을 제시한다. 조건은 "비참하고, 부담스러울 만큼 초보적"이었다.[56] 비록 더 발전되지 않은 채로 남아 있기는 해도 세르주의 서술과 분석에는 작지만 진실인 부분이 들어 있다. 세르주가 던지는 질문에서 그의 견해가 자주 드러난다. 주의를 기울여 노동조건을 분석하고 서유럽의 노동조건과 비교한 뒤 세르주는 다음과 같이 썼다.

기업 경영은 중앙 유기조직의 지시를 그저 수행할 따름인 공산당원의 손에 있다. 그 지시는 실행 가능한가? 그 지시는 예측할 수 없고 뒤죽박죽인 결과를 가져왔는가? 저임금이 노동 생산성에 나쁜 영향을 주는가? 계획은 신용을 잃어버렸는가? 끝으로 공학기사는 공식적으로 이의를 제기해도 괜찮다는 허락을 받았는가? 그는 실험이 나쁜 결과를 낳기 직전에 앞뒤를 재보고 안주해서 가만히 있었는가? 이 모든 경우에, 그리고 다른 많은 경우에, 무능하다느니, 나태하다느니, 믿음이 없다느니, 심지어는 반혁명 정신을 가졌다거나 음모를 꾸몄다느니 하는 비난을 받은 기술직원들은 대량 처벌의 표적이다. 대량 처벌은 언제나 체포를 뜻하고 너무나도 자주 처형으로 끝이 난다.[57]

공업화는 굶주림과 탈진의 경계선상에서 목숨을 부지하는 노동자와 농민을 희생하면서 수행되었다. 세르주는 노동자들이 (1936년에) 혁명 전보다 더 잘 사는가 하는 질문을 받았을 때 마흔 살이 넘은 사람들은 이구동성으로 그렇다고 대답했다고 썼다. 그는 자식을 가진 여자들은 혁명 전에는 자기들이 아무리 가난했어도 적어도 어린이들이 지금은 구할 수 없는 크림과 설탕조림과 과자를 맛볼 수 있는 오랜 종교 축제일 동안 이따금 좋은 시간을 즐겼다는 불평을 한다고 덧붙였다.[58] 앤드류 스미스는 자기가 쓴 『나는 소련의 노동자였다』*I Was a Soviet Worker*에서 비슷한 주장을 했다.

세르주는 소련이 발전하는 방식을 기술하면서 역사를 갈등과 모순이 가득 찬 역동적 과정으로 흥미진진하게 표현한다. 그는 경제와 사회에 관한 경험적 자료를 흡입력 있는 연대기로 바꾼다. "공업화는 정복된 영토를 지나가는 행군처럼 지도된다."[59] 제1차 5개년 계획 동안 생산은 끊임없는 고장을 비롯해서 병목 현상에 시달렸다. 스탈린이 5개년 계획을 4년 만에, 또는 심지어 3년 만에 완수하라고 요구했으므로 할당량은 반드시 채워져야만 했다. 부적절하게 사용되어 소모된 기계를 수리하는 데 다른 곳에서 필요한 귀중한 자원이 점점 더 많이 쓰여야 했다. 처음부터 공급이 부족했던 예비 부품이 배달 도중에 툭 하면 분실되었다. 모든 문제에 대한 스탈린의 해법은 노동자를 쥐어짜 더 열심히 일하도록 만들고 덜 소비하고 보수를 묶고 임금을 깎는 등 똑같았다.[60]

스탈린의 명령에 이의 없이 복종해야 했지만, 그 명령은 명확하거나 일관된 어떤 계획에서 나오지 않았다. 그는 중앙의 영향력이 미치는 범위를 넘어서서 제 나름의 진로를 따라가는 사건에 대응해서 제각각의 경제적 행보를 취했다. 연합한 생산자들의 이익에 의한, 그리고 그 이익을 위한 의식적 경제 조정이 정치적 권고와 강압으로 대체되었다. 균형과 조화는 혼란이나 난관에 아랑곳하지 않고 목표를 달성하는—그리고 초과 달성하는—경주에 밀려났다. 이것이 제1차 5개년 계획이었다.

스탈린의 정책이 만들어낸 상황들 가운데 하나가 자연발생적 이직移職이었다. 공식 통계를 인용해서 세르주는 그런 이직이 아주 만연되어 있어서 우크라이나에서는 노동자들이 식량과 주택과 더 나은 노동조건을 찾아 옮겨 다니므로 공장 직원 전체가 석 달이면 다 갈린다고 지적했다.[61] 세르주는 대개 "당신은 마음에 들지 않으면 어디에 있다가도 다른 곳으로 옮겨 갑니다"라고 말했다. 이것을 인간적인 용어로 표현해서 세르주는 캘리포니아의 골드러시gold rush 동안보다도 더 많은 노동자가 옮겨 다니고 있으므로 여행이 수송 예상량을 넘어선다고 빈정거렸다. 노동자가 대거 농촌으로 돌아가는 바로 그때 스탈린은 생산성을 높이는 모든 방식의 시안을 도입하고 있었다.

생산 속도를 올리는 스탈린의 시안에는 돌격작업 udarnichestvo과 스타하노프Stakhanov 운동이 들어 있었다. 세르주는 그 시안들이 상여금을 타려고 결탁한 기회주의적인 경영자와 노동자가 조작하는 기만책이므로 실패할 운명이라고 지적했다.[62] 선정된 노동자가 특수한 조건에서 일하면서 아주 많은 할당량을 생산해냈고, 그러면 그 할당량이 기준 작업량으로 확정되었다. 보통 조건에서 일하는 "보통" 노동자는 이 산출량에 맞먹는 수준에 결코 오를 수 없었다. 그런데도 그들은 시도해보려고 애쓰다가 불량품을 생산하고 비싼 기계를 소모하고 적절한 영양 섭취나 휴식이나 숙소도 없이 늘 견디기 힘든 조건에 노출되어 몸을 축냈다.[23] 노동자는 기계보다 더 나쁜 대우를 받았다. 무슨 일이 있더라도 생산이 유일한 고려 사항이었다. 대가는 어마어마했다.

스탈린은 옮겨 다니는 노동인구를 규제하는 혹독한 노동법을 생산성 계획과 함께 도입했다. 국내 통행증을 도입하고 노동규칙 위반에 가혹한 벌금을 매기는 목적은 개개 노동자를 통제하고 그를 작업대에 붙박아놓음으로써 높은 이직률을 낮추는 것이었다.

저항

노동자들은 개별적으로, 그리고 집단적으로 스탈린의 노동정책에 저항했다. 그들은 스타하노프 운동과 "보수를 두둑하게 받는 소수 고소득 노동귀족"의 탄생에 격한 반응을 보였다.

스타하노프 운동원들은 머리를 얻어맞았다. 몇몇은 피살

되었다. 상여금을 받기 위해, 또는 나중에 공장 일을 그만두기 위해 기록을 깨려고 애쓰는 젊은 공산당원은 작업장 동료들에게 배신자 취급을 받았다. 이 저항은 탄압을 당해 분쇄되었고, 스타하노프 운동은 일반화됨으로써 자꾸만 기세를 잃었다. 몇 달이 지나자 그 이름은 욕을 들어먹고 심지어는 비웃음을 사는 가운데 빠르게 사그라졌다. 당은 스타하노프 운동의 과장에 대응해야만 했다.[63]

세르주는 집단적인 저항을 감행하는 사람에게 무슨 일이 일어나는지를 생생하게 보여주면서 정권이 저항에 보이는 모순된 대응을 전했다. 노동자는 파업을 일으켰고, 젊은이가 가장 전투적인 경우가 잦았다.[24] 세르주는 이바노보-보즈네센스크Ivanovo-Voznesensk의 직물공장에서 1931년 4월에 일어난 파업을 서술했다. 이 파업에서 노동자들은 자기들의 요구들을 표현하는 구호를 딱 하나 가지고 있었다. 그 구호는 "우리는 배고프다!"였다. 당국은 현지 지도자를 탓하면서 물러섰다. 식량이 들어갔고 조업이 재개되었다. 그런 다음 소리 없이 숙청이 시작되었다.[25] (파업자 사이에 있는) 트로츠키 추종자들이 말 한마디 남기지 못하고 총살당했다.[64]

또한 정권은 정책의 결과에 대처하면서 전쟁에 대비해야 했다. 그 결과는 결근, 알코올 중독, 높은 이직률, 전반적인 노동규율 붕괴였고, 그 바람에 계획된 목표를 달성할 수 없게 되었다. 농업집산화로 극단적인 품귀 현상이 나타났다. 세르주는 간단하고도 설득력 있는 주장을 했다. 즐거움이라곤 찾아볼 수 없는 삶을 영위하면서 제대로 먹지 못해 영양이 부족한 노동인구가 일을 잘 하리라고 기대할 수 없다는 것이었다. 자본주의 사회가 노예제에 관해서 배웠던 것은 스탈린주의자에게는 통하지 않는 교훈이었다.[26]

혁명적 노동계급의 상당수가 내전과 기아와 외국의 간섭과 싸우다가 목숨을 잃어서, 정치면에서 훈련을 받지 못한 미숙한 농민 대중이 남았다. 노동자와 농민의 수탈이 완력으로 이루어지고 반대파는 테러로 제거되었다. 세르주는 스탈린의 정책을 다음과 같이 요약했다. "건설하라, 건설하라, 건설하라, 수출하라, 총살하라, 건설하라. 이것이 위대한 계획의 서사시라고 불리는 것이다."[65] 노동자들이 만약 저항하거나 심지어는 요구받은 최대치를 해내지 못하기라도 하면 체포되어 노동 수용소로 가서 죽는다는 위협을 받는 혹독한 조건 아래서 노동하는 동안 그들이 만들어 낸 것 가운데 가장 좋은 것이 수출되었다.

한편, 농민이 하룻밤 새에 노동자가 되었으므로 당은 가장 기회주의적이고 출세지향적인 인자, 즉 우리가 세르주의 소설에서 만나는 벼락출세자를 빨아들였다. 가장 나쁜 성질의 특권을 마구잡이로 취하는 이 기생적인 카스트에 관한 세르주의 묘사를 들여다보면 거의 어처구니가 없다. 기관원과 그 주위에 모여드는 과거 부르주아 여성에 관한 세르주의 서술을 읽으면 갑자기 떠밀려 권좌에 올라선 암흑가의 인간쓰레기가 머릿속에 떠오른다. 권력에 취한 프랑스 자코뱅Jacobin당의 변질에 관한 라콥스키의 논의는 소련의 벼락출세자에 관한 세르주의 서술과 희한할 만큼 비슷하다.[66]

경제의 절박한 요구를 충족하려고 노력하면서 스탈린은 희생과 낭비가 큰 급성장을 강제로 이루려고 시도했다. 세르주의 저술에서 스탈린의 체제로 생겨난 사회관계의 대두가 은연중에 드러난다. 그의 소설들은 소련 사회의 서로 다른 부문에 있는 사람의 기질과 행태를 아주 올바르게 평가한다. 기원과 기능이 빚은 관료제의 의식에 관한 그의 논의가 지니는 통찰력은 『툴라예프 사건』*L'Affaire Toulaev*에서 특히 두드러진다.

재판이 시작되다―침묵마저도 수상쩍다

"사람을 붙잡고만 있으면 그에게 누명을 씌울 길은 언제나 있다."

"네게 목이 있는 한 밧줄은 어디에서라도 발견될 것이다."[27)]

세르주는 "터무니없는 실책과 과도한 행위"를 과감하게 비판한 용기 있는 농업 기술자와 전문가들을 칭찬했다. "그들은 수천 명씩 체포되어 누군가에게 책임이 돌아갈지도 모를 거대한 사보타주 재판정에 서게 되었다."[67] 이것은 적을 찾는 사냥의 시작이었다. 이 사냥은 점점 더 맹렬하게 증폭되다가 1936~1938년 대테러에서 절정에 이르렀다. 스탈린의 "터무니없는 실책과 과도한 행위"가 폭증하고 더 심해짐에 따라 희생양 찾기가 훨씬 더 필사적으로 미친 듯이 이루어지게 된다.

무자비한 완력으로 뒷받침되는 명령 및 지시로 이루어지는 스탈린의 통치는 현실의 반대자와 가상의 반대자들을 짓밟았다. 자기의 무모한 정책이 만들어낸 혼돈과 참상을 간편하게 그들 탓으로 돌렸던 것이다. 세르주는 사보타주를 했다는 기소가 "기술자 수천 명, 아니 더 정확하게는 수만 명에게" 겨누어졌으며 "대개가 이제는 지탱하기가 힘들어진 경제 상황을 책임질 용의자를 찾아내야 할 필요성으로만 정당화되는 터무니없는 비방이었다"고 지적했다.[68] 1930년이 되면 은화를 축장한 사람들이 루블이 사라진다고 총살당했다. 석탄 산업에 위기가 일어나자 샤흐티 Shakhty의 공학기사 5명이 처형당했다.[28] 농민이 자기 가축을 죽이는 바람에 고기 품귀 현상이 일어나자 (육류·통조림청의) 카라틔긴Karatygin 교수와 그 밑에서 일하던 47명이 고기 공급을 사보타주했다고 처형당했다. 세르주는 이 48명이 한꺼번에 목숨을 빼앗기는 날에 스탈린이 새로운 인도주의와 풍요에 관한 연설로 그득한 호화판 환영연으로 라빈드라나트 타고르Rabindranath Tagore를 맞이했다고 지적했다.[69]

1928년부터 1931년까지 사회에 물의를 일으키고 널리 알려진 일련의 재판에서 전문가들이 터무니없는 혐의를 자백했다. 재판장은 안드레이 비신스키Andrei Ia. Vyshinskii 였다.[29] 1930년 11월에 이른바 "공업당"이 재판을 받고, 그 지도자인 람진Ramzin이 외국 자본의 군사 개입을 꾀하는 음모를 꾸몄다고 자백했다. 세르주는 이것을 "횡설수설하는 정신이상"이라고 불렀다. 피고들은 어떻게 해서든 처형을 면하려고 "사람들이 믿을 수 있는 것보다 엄청나게 더한 것"을 자백했지만, 자백했다고 살아남는 경우는 드물었다. 자백하지 않은 사람들은 간단히 사라졌다. 세르주는 다음과 같이 평했다. "이상한 재판이다. 피고들이 기소된 것보다 서로를 더 많이 일러바쳤고, 그러다가 자기를 채찍질하는 열성에서 극렬한 악행이 되는 지점에 이르렀다."[70]

콘드라티예프Kondrat'ev와 마카로프Makarov를 지도자로 해서 전면적인 농업집산화에 반대하던 이른바 "근로농민당"이 1930년에 "무대 뒤에서 청산"되었다. 그들은 쿨라크와 함께 사회주의자-혁명가당을 되살려 소련 체제를 뒤엎을 음모를 꾸몄다고 기소되었다. 1930년 8월에는 말 전염병을 퍼뜨리려고 했다는 혐의로 기소된 미생물학자들의 비밀 재판이 있었다.[71] 농업인민위원회의 주요 인물 35명이 1930년에 처형당했다. 이 가운데에는 고참 공산당원이 많았다. (타를레Tarle[72]와 플라토노프Platonov와 카레예프Kareev 등) 역사가들의 비밀 재판은 1931년에 있었다.[30] 지질학자와 물리학자, 그리고 그 밖의 다른 학자들도 비슷한 재판을 받았다.[31] 이제 물자 부족과 혼란은—정권에게 스스로의 무능에 대해 허구이지만 간편한 설명을 허용하면서—범죄적인 사보타주의 결과라고 주장되었다. "사보타주 행위자" 총살은 정권에게 (비판적으로 사고하는 능력과 경향 때문에 말썽쟁이가 된) 혁명적 공산당원 세대와 예전의 부르주아 전문가에서 배출된 믿음이 가지 않는 엘리트를 제거할 구실도 주었다.

계획 수립자들은 정부가 내린 결정이 빚을 파멸적 결과를 예측했으므로 극단적인 정치적 압박을 받았다. 오랜 사회주의자이자 예전에 멘셰비키 당원이었던 그로만Groman은 최적 경제 발전을 위한 균형 계획의 주요 주창자였다. 1931년 공개 연출재판에서 그로만과 그의 작업팀 전체가 나라의 산업 발전을 고의로 늦추는 범죄를 저질렀다고 기소되었다. 세르주는 그로만이 계획위원회에서 밀류틴Miliutin과 언쟁을 벌인 뒤 체포되었다고 썼다. 서로 다른 경제 부문 사이의 균형이라는 생각 바로 그것이 정치적으로 의심을 받기 시작했고,[73] 압력에 눌리다가 화가 치민 그로만이 밀류틴에게 나라가 구렁텅이 쪽으로 끌려가고 있다고 고함을 쳤던 것이다.[74] 그로만 그룹의 사례는 소련의 계획 수립의 발전에 직접적으로 영향을 미쳤다. 계획 입안자들은, 통계학자 스트루밀린Strumilin이 말한 대로, "낮은 성장률을 내놓〔았다고 감옥에 가〕기보다는 높은 성장률을 지지하기"를 택했다.[75] 원래의 계획 수치가 무엇이 이루어질 수 있는지에 관한 몽상에 밀려나서, 소련 경제의 영속적 특징인 되어버린 혼돈과 불균형이 빚어졌다.

세르주는, 비록 『한 혁명의 운명』에서 어떤 경우에는 몽상 같은 주장의 핵심에 어쩌면 일말의 진실이 있을지도 모른다고 인정하기는 했어도, 『한 혁명가의 회상』에서 이 전문가들에게 퍼부어진 비방 중상을 꼼꼼히 들여다보면 허위임이 드러난다며 다음과 같이 썼다.

몇몇 정직한 사람들이 급히 만들어지고 군대식 방식이 적용된 계획의 가치에 이의를 제기한다. 그들은 파멸적인 결과를 예측하고 때로는 자기들이 생각하기에 터무니없지만 외국 여론을 속일 목적에서든, 국내 여론을 호도할 목적에서든, 아니면 열성에 찬 행정가의 경우에 정부의 눈을 가릴 목적에서든 사람들을 현혹하는 요구에 고분고분 따르기를 거부하기까지 한다. 그들 가운데 어떤 이는 "이렇게는 더 지속될 수 없다"고 생각하면서 더 나쁠수록 더 좋다는 방침에 따른다. 그들 가운데 어떤 이는 오랫동안 기다린 볼셰비즘의 파국을 알리는 시간이 왔다고 생각하면서 사보타주를 한다. 그리고 내전기와 봉쇄기의 최악의 시기 이후로 상황은 사실 결코 그리 나쁘지 않았다. 어떤 공학기사들은 자기들이 계속 정보를 주는 망명객들이나 자기들에게 아부하는 간첩들의 지원금을 받는다. 무엇보다도 희생양이 필요하다.[76]

마지막 행이 가장 중요하다. 그것이 향후 수십 년 동안 대응의 한 유형이 되기 때문이었다. 그 유형이란 다음과 같았다. 상황이 나빠지면 절대 책임을 지지 말고 항상 다른 누군가의, 보통은 지역 관리인 힘없는 누군가의 잘못으로 돌려라. 세르주는 앞으로 다가올 일의 또 다른 전조를 지적했다. 그것은 "기술자들에게서 억지로 자백을 받아내는 과정에서 항상 그들의 애국심에 호소하는" 방법이었다.[77]

세르주는 "어느 곳에서든 어느 순간에서든 '사보타주'를 찾아낼 수 있는 그러한 경직성을 가진 권위주의 체제 아래서, 그리고 그러한 혼돈"의 와중에서 공업화가 진행되었다는 점을 지적했다.[78] 세르주는 자기의 경험 속에서 다음과 같은 사실을 관찰했다고 덧붙였다. "기술자의 전체 심리는 기술과 훌륭한 일처리에 대한 사랑에 지배되므로 사보타주에 극구 반대한다. (……) 사실상 존재하는 것은 꽤 널리 퍼진 '테크노크라시 심성'이었다. 기술자는 자신을 없어서는 안 될 존재, 정부에 있는 사람들보다 두드러지게 우월한 존재로 본다."[79]

세르주는 그 재판이 나라 안팎의 여론을 조작하는 데 이용될 뿐이라고 생각했다. 정치국이 직접 미리 정해놓은 형량이 겉보기에는 제멋대로 취소되는 경우가 잦았다.[32)] 멘셰비키 본부 재판이 진행되는 동안 세르주는 피고와 연관이 있는 사람들과 날마다 모임을 가졌다. 따라서 그는 "증거에 줄줄이 들어 있는 거짓을 낱낱이 살펴볼" 수 있었다. 훗날, 세르주는 연로한 역사가 수하노프Sukhanov가 베르흐네-우랄스크Verkhne-Uralsk 격리감호소에 갇혔을 때 그에게는 정치범 사이에 나돈 문서가 있었는데 그 문서에는 게페우가 자백을 받아내려고 쓰는 방법들이 상세히 적혀 있었다고 썼다. 세르주는 죽이겠다는 위협과 애국심에 대한 호소가 뒤섞여서 어떻게 사용되었는지를 말했다. 메드베데프가 인용한 미하일 야쿠보비치Mikhail Iakubovich와 이사악 루빈Isaak I. Rubin33)의 조서를 보면 자백도 신체와 정신이 고문을 받아 나왔다는 데에는 의문의 여지가 없다.34)

세르주는 이사악 루빈을 다비드 보리소비치 랴자노프의 문하생으로 평했다. 세르주가 여러 차례 만난 랴자노프는 마르크스-엥겔스 연구소에서 "주목할 만큼 뛰어난 과학적 편제"를 만들어냈다. 랴자노프, 수하노프, 그로만, 긴스베르그Ginsberg에게는 계획위원회에 일종의 살롱salon이 있었다. 그들은 거기서 1930년대에 나라에 조성된 "처절하게 파국적인" 상황을 자유롭게 토론했다.80 세르주는 랴자노프를 매우 존경했다. 그의 변함없는 인망과 독립성 때문이었다. 그는 언제나 반드시 사형제도를 비난했고, 게페우의 활동에 엄격한 제한을 두라고 요구했다. 게페우의 전신인 체카에게 그랬던 것처럼 말이다. 랴자노프는 "지식에 대한 사랑"을 가지고 있기만 하면 "온갖 이단자"에게도 자기 연구소에 있는 지성인의 안식처를 내주었다. 멘셰비키 중앙조직 재판이 벌어지는 동안 랴자노프는 모든 정치국원을 한 사람씩 찾아다니며 그 같은 날조와 황당무계한 행위에 자기가 품은 분노를 표명했다. 그는 스탈린과 격한 입씨름을 한바탕 벌이다가 당 총간사가 고참 사회주의자의 유죄를 입증하는 증거를 날조했다고 비난했다. 그 뒤 그는 체포되어 유형에 처해졌다. 그가 환갑 축하연에서 관변 측의 인정을 받은 지 얼마 되지 않는데도 그가 쓴 책들이 도서관에서 사라졌다. 세르주는 그가 1940년 무렵 어느 시점에서 "유폐되어 아무도 모르는 곳에서 혼자서" 죽었다고 언급했다.[81]

수백만 명의 목숨에 영향을 미친 이 시끄러운 사태가 일어난 시기는 격렬한 당내 투쟁이 벌어진 시기와 일치했다. 좌익반대파와 연합반대파가 "아주 최근만 해도 잘 알려지지 않았던 그루지야 사람인 당 총간사의 지휘를 받는 게페우의 코미사르 직위를 겸임하는 간사들의 위계 조직"[82]에 패한 뒤, 스탈린은 관심을 당내 우익을 거꾸러뜨리는 데로 돌렸다. 부하린과 톰스키와 리코프는 스탈린의 강제 농업 집산화 정책과 아직은 때가 이르다고 본 공업화에 반대했다. 세르주는 우익반대파를 "하나의 조직이라기보다는 심리 상태인 측면이 더 강"하다면서 "어떤 국면에서는 우익반대파에 관리 대다수가 포함되었으며, 전 국민의 공감을 샀다"고 평했다.[35)] 겐리흐 그리고리예비치 야고다Genrikh Grigor'evich Iagoda는 칼리닌과 보로실로프가 그랬던 것처럼 우익반대파에 공감했지만, 우익반대파는 세르주가 지적한 대로 "아직은 그 성격이 모호한 개인적 동기" 탓에 스탈린과 몰로토프에게 과반수를 안겨주었다. 사실상, 스탈린 자신이 인정했듯이,[83] 이른바 우익반대파는 뚜렷이 구분되는 분파를 결코 만들지 않고 스탈린의 노선에 찬동하지 않으면서 당에 충성하는 당원으로 머물렀다.

지노비예프 계파가 복당되는 동안, 우익반대파는 출당 조치 대상이 되지 않으려고 싸웠다. "일국사회주의" 이론가인 부하린은 1928년 여름에 소콜니코프가 조직한 비밀 모임에서 카메네프에게 "그자는 우리를 도륙할 겁니다. (……) 그자는 새로운 칭기즈칸이에요"라고 말했다.[36] 그리고 부하린은 "나라가 망하면, 우리 모두가 '즉, 당이' 망합니다. 만약 나라가 간신히 회복하더라도, 그는 때맞춰 방향을 틀어서 우리는 망할 것입니다"라는 말을 덧붙였다. 세르주의 반대파 본부는 이 비밀 모임 기사를 펴냈고, "이 문서를 펴내면서 우리 본부〔B. M. 엘친〕가 호되게 당할 공산이 크다"고 썼다.[84] 그러나 우익반대파는 스탈린에게 패하면서 지노비예프와 카메네프의 전철을 밟아 "자기 생각이 틀렸음"을 시인하고 투항해서 당에 머물렀다.

우익반대파가 스탈린에게 쉽사리 패하자, 세르주는 일어난 사태의 본질적인 "불가항력적" 사실에 관해 다음과 같은 평을 했다.

당 내에서 강권을 행사해서 혁명적 당–국가는 관료적 경찰국가가 된다. 이 국가는 혁명의 이상에 관련된 모든 중요한 측면에서 볼 때 반동적이다. (……) 관官에서 태어난 죽은 슬로건의 마르크스주의가 사려 깊은 사람들의 비판적 마르크스주의의 자리를 차지한다. 지도자 숭배가 시작된다. "일국사회주의"는 새로 얻은 특권을 지키는 것밖에는 아무것도 하지 않으려 드는 벼락부자의 통과 암호가 된다. 정권의 반대자들이 고뇌에 찬 일종의 근시안적 사고를 가지고 보는 것은 새로 대두하는 국가, 즉 전체주의 정권의 특징이다. 그 광경을 보고 경악한—부하린류, 리코프류, 류틴Riutin류의—고참 볼셰비키 트로츠키 반대파 대다수가 저항으로 넘어간다. 너무 늦었다.[85]

투항하기에 앞서 부하린은 스탈린의 전체주의 정권이 당 최우선주의를 통해 "그들의 혼을 움켜쥐고 있"기 때문에 고참 볼셰비키가 서로 대립하도록 만드는 데 써먹을 수 있는 수법을 카메네프에게 예를 들면서 설명해주었다. 이렇듯 스탈린은 어떤 반대파라도 헷갈리게 만들고 모욕을 주고 힘을 뺄 수 있었다.[86] 당 내에서 견해를 밝힐 자유를 없애버린 당연한 결과로 표리부동이 판을 쳤다. 세르주는 "투항한 동지들"이 여전히 자기 생각을 버리지 않고 비밀리에 모임을 가졌다고 말했다.[37] 1929년에 그는 스밀가를 만났는데, 스밀가는 이 사람들의 생각을 다음과 같이 요약했다. "좌익반대파는 모두 다 쓸데없이 괴로워하면서 잘못된 길로 빠집니다. 사람은 당과 함께, 그리고 당에서 일을 해야 합니다. (……) 우리가 쓸데없이 유형에 처해지면 뭐가 되나요? 우리 모두 다 이제는 소매를 걷어붙이고 우리 지도자와 함께 걸어야 하지 않나요?"[87]

제1차 5개년 계획의 나머지 기간에 스탈린은 당 내에서 끊임없이 "음모"를 적발했다. 세르게이 쉬르초프Sergei I.

Syrtsov와 로미나제의 소위 "우파-좌파" 블록이 언론의 공격을 받았다. 이들의 그룹에는 철학자 얀 스텐Ian Sten도 끼어 있었다. "청년 스탈린주의자 좌파"로도 알려진 이들은 1930년에 체포되어 반대파로 기소되었다.[38]

1932년 말에 수감된 류틴 그룹은 우익반대파가 패한 뒤 몇 해 동안 희생양이 되어 누명을 뒤집어쓴 불평분자들보다 스탈린에게 더 현실적인 위협이었다. 세르주가 "우리를 못살게 구는 악당"을 조직했던 사람이라고 기억하는 류틴은 부하린 계파의 지식인, 즉 모든 "붉은 교수"와 친했다. 모스크바에 있는 그의 지지자들에는 고참 볼셰비키 활동가 카유로프V. N. Kaiurov와 붉은 교수 슬레프코프A. N. Slepkov와 드미트리 마레츠키Dmitrii P. Maretskii 등이 끼어 있었다. 모스크바 위원회 간사를 지냈던 류틴은 거의 2백 쪽에 이르는 문서[88]를 작성했는데, 이 문서는 당과 국가를 위한 개혁 프로그램이었다. 세르주에 따르면, 그는 이 문서를 지노비예프와 카메네프, 그리고 "우리 가운데 너댓 명"에게 돌렸다. 그 문서는 부하린주의자의 정책과 아주 동일한 맥락에서 "농민과 강화"를 맺으라고 (즉, 강제 농업집산화를 끝내고 공업화 속도를 줄이라고) 요구했다. 류틴의 문서는 잘못을 명백히 스탈린 탓으로 돌리면서 트로츠키와 모든 좌익반대파를 원래 직위로 되돌리고 "새로운 출발"을 하라고 요구했다. 한 장章 전체가 "당과 혁명의 사악한 수호신" 스탈린을 다뤘다.[89] 지노비예프는 집필자에 관한 정보를 알리지 않고 그 문서를 읽었다고 해서 당에서 (다시) 쫓겨났다.

류틴 사건은 정권에 심각한 위협을 주었고 정치국에서 치러지는 충성도 시험이 되었다. 게페우와 스탈린은 사형을 권고했다. 이것은 당 중앙위원회 위원의 첫 처형이 될 터였다. 세르게이 키로프Sergei M. Kirov를 필두로 해서 정치국원 과반수가 사형에 찬성하기를 거부해서 류틴은 죽임을 당하지는 않고 유배형을 받았다. 류틴 사건은 좌익반대파와 우익반대파가 패한 지 여러 해가 지난 뒤인 1932년 말에도 스탈린이 아직 당을 통제할 수 없음을 보여주었다. 키로프는 (지노비예프의 오랜 권력 기반이었던) 레닌그라드의 당 최고지도자로서 뚜렷하게 인기를 누렸고 스탈린의 바람에 거스를 수 있었으므로 총간사의 눈에는 심각한 위협으로 비쳤다.

숙청되는 나머지 좌익반대파

1929년이 되면 좌익반대파의 핵이 아직 수감이나 유배를 당하지 않은 동지 세 사람으로 줄어들었다. 그 세 사람은 레닌그라드의 세르주와 알렉산드라 브론시테인, 그리고 모스크바의 안드레스 닌이었다. 레프 소스놉스키, 엘레아제르 손체프Eleazer B. Solntsev, 바실리 판크라토프Vasilii F. Pankratov, 그리고리 야코빈은 모두 감옥에 있었다. 마리야 미하일로브나 요페Mariia Mikhailovna Ioffe[39]는 중앙아시아에,

표도르 딘곌시테트는 시베리아 중부에, 니콜라이 무랄로프 Nikolai I. Muralov는 타라Tara 삼림지대의 이르틔시Irtysh 강에, 트로츠키는 알마아타에 유배되어 있었다. 세르주에 따른다면 그 수가 1천 명에 이르는 나머지 좌익반대파 구성원은 감옥에 있거나 유형에 처해졌고, 단식투쟁이나 다른 형태의 저항을 하고 있었다. 세르주는 "우리의 지적 활동은 대단한데, 우리의 정치 활동은 형편없다"고 썼다.[90] 남아 있는 좌익반대파와 투항자 사이에는 접촉이 없었다. 시대는 매우 어려웠지만, 다만 더 나빠질 터였다. 트로츠키의 비서인 게오르기 부토프는 긴 단식투쟁을 벌인 뒤 죽었다. 그는 단식투쟁 도중에 고문을 당했다. 야코프 그리고리예비치 블륨킨Iakov Grigor'evich Blumkin은 피살되었다. 세르주에 따르면, 블륨킨은 그 '영감'—트로츠키를 일컫는 말—을 염탐하러 콘스탄티노플로 파견되었지만, 첩자 노릇 대신 트로츠키의 전갈을 세르주와 다른 좌익반대파 구성원들에게 전하는 전령 역할을 했다. 블륨킨은 체포되어 사형선고를 받았다. 세르주는 블륨킨이 체포와 처형 사이에 보름 동안의 유예 기간을 얻어서 "1급 도서가 된" 회고록을 썼다고 지적했다.[91] 블륨킨의 처형은 트로츠키와 접촉했다는 이유로 당원이 처형당한 최초의 사례가 되었다.[92] 알렉산드르 오를로프Aleksandr Orlov는 블륨킨이 자기를 죽이는 총탄이 발사될 때 "트로츠키 만세"라고 외쳤다고 썼다. 세르주는 그때까지 목숨을 부지한 사람 몇몇이 마르크스–엥겔스 연구소 정원에 모여서 단편적인 정보를 주고받거나 블룸킨 같은 동지들을 잃었다고 한탄하는 것이 어떻게 해서 가능했는지 회고했다.

그들이 논쟁을 벌인 문제들 가운데 하나는 투쟁에 관한 정보를 외국에서 간행해야 할지 여부였다. 세르주는 트로츠키를 "피렌체Firenze식 기법으로" 함께 없애버리자는 스탈린의 제안이 담겨 있는 지노비예프와 카메네프의 1924년 편지부터 시작해서 모든 것을 서유럽에 있는 동지들에게 보내는 쪽을 옹호했다. 다른 이들은 사람들이 보는 앞에서 더러운 천을 빠는 데 반대했다.

1929년에 세르주는 종잇조각에 현미경으로나 볼 수 있는 크기의 글자로 씌어진 두툼한 편지 한 다발을 베르흐네-우랄스크에서 빼내 트로츠키에게 몰래 전하는 데 성공했다. 소련 안에 있는 동지들에게서 트로츠키가 받은 마지막 연락이었다.[93] 트로츠키의 『반대파 회보』Biulleten' oppozitsii 가 한동안 부분 부분 세르주와 동지들에게 도달하다가 그 다음에는 완전히 끊겼다. 얄궂게도 세르주는 사람들이 아직도 트로츠키의 생각을 자유롭게 말하는 유일한 장소는 감옥 마당이라고 썼다.

세르주는 트로츠키가 최근에 블룸킨에게 적용된 사형을 원칙적으로 옹호한다는 것, 그가 멘셰비키와 기술자들에게 적용된 사보타주 혐의를 인정했다는 것을 알고서 사람들의 마음이 상했다고 말했다. 멘셰비키에게 붙은—프랑스군 총참모부와 협정을 맺고 음모를 지휘했다는—혐의는 액면으로 보면 얼토당토않은데, 트로츠키가 어떻게 그런 실수를 저지를 수 있단 말인가? 이것은 반대자에 대한 그의 입장에 관해서 무엇을 말했는가? 도이처는 트로츠키가 나중에 자기 실수를 후회했다고 설명하고, 그 혐의에 들어 있는 한 가닥 중요한 진실, 즉 그로만이 제1차 5개년 계획을 방해하려고 시도했다는 것이 트로츠키의 실수를 비록 정당화하지는 못해도 설명은 해준다고 말했다.[94] 세르주는 마음이 더 넓었다. 세르주는 비록 트로츠키의 입장이 뜻하는 바에 명백하게 속상해하면서도 그에게 진실을 알리기를 열망했다. 세르주는 트로츠키가 "엄청난 실수를 했"고 "당 최우선주의의 불운한 영향을 받고 있다"고 시인하는 한편으로, 언론의 어처구니없는 거짓말이 "그럴듯하게" 보였으며 트로츠키가 "우리나라의 경찰-기구에 배어든 비인간성과 냉소와 광란의 상태를 짐작할 수 없"었으리라는 점을 인정했다.[95] 사람들은 단절된 채로 자기 동지에게조차 진실을 말할 수 없는 좌익반대파 생존자들의 좌절을 그저 짐작만 할 수 있을 따름이다.

세르주와 그의 저술들이 살아남았기 때문에 그는 우리가 탄압 기제와 관료주의적 전체주의 국가의 도래와 억압받은 자들의 운명을 이해하는 데 중요한 이바지를 할 수 있었다. 스탈린주의에 패한, 이름과 얼굴이 알려지지 않은 희생자들에 관한 관심이 남달랐다. 세르주의 저술은 어느 모로는 그들의 목소리 노릇을 했다.

세르주는 그저 이름을 적고 이야기를 하면서 책 여러 쪽을 써내려갔다. 『한 혁명가의 회상』과 『레닌에서 스탈린까지』, 그리고 특히 『한 혁명의 운명』은 스탈린과 그의 도당이 혁명과 혁명의 이상을 짓밟는 데 저항한 남녀에 관한 증언이었다. 세르주의 책에는 사회주의를 위한 투쟁에 목숨을 바친 남녀들 가운데 많은 이의 특징을 잡은 간결한 소묘가 담겨 있다.[96] 많은 사람이 아무개 아무개가 무슨 말을 했는지, 그가 어떻게 생겼는지, 그가 어떻게 되었는지에 관한 설명을 얻으려는 바로 그 이유로 세르주의 『한 혁명가의 회상』을 들여다본다.

『레닌에서 스탈린까지』에는 세르주가 주요 볼셰비키나 보통 시민과 주고받은 사신에서 뽑은 긴 인용문과 더불어 소묘가 많이 담겨 있다. 『한 혁명의 운명』은 누가 어떤 감옥을 채웠는지, 그리고 거기서 어떤 개인이나 집단의 저항이 일어났는지 약술하는 데 6개 장을 할애한다. 이 책은 노동자, 젊은이, 농민, 과학자, 작가, 교사, 아나키스트, 사회주의자, 공산당원, 반대파, 투항자, 심지어는 스탈린 일파의 운명을 우리에게 상세하게 말해준다. 이 책은 혁명을 일으킨 사람과 혁명에 희생된 사람들에게 바치는 하나의 기념비다. 모든 학자들이 이 책에 의존해야 한다. 이 책은 55년 동안 절판되었다가 1996년에 재간행되었다.[97] 여기서 세르주의 과거 이야기와 간결한 소묘를 되풀이할 공간은 없다. 그러나 세르주를 들여다보지 않고서 스탈린 반대자들의 운명을 연구하는 학자는 극히 중요한 사료 하나를 놓치고 있는 셈이다. 이름을 열거하고, 그렇지 않았다면 이름과 얼굴이 알려지지 않았을 수많은 희생자에게 무슨 일이 일어났는지 말함으로써 사실상 세르주는 스탈린이 죽인 망자들에게 바치는 국립 기념비의 첫 벽돌을 빚은 셈이었다. 1988년에 소비에트가 이 기념비의 건립에 동의했다.[40] 세르주의 아들이자 예술가인 블라디는 기념탑을 소련에 세우자는 제안서를 작성했다. 그 기념탑은 주검이 쌓인 더미 위에 서 있는 스탈린의 조각상이 희생자의 이름을 새긴 벽돌에 둘러싸여 있는 형상[41](화보의 9번 그림)이었다.[98]

가정에 찾아오는 핍박

세르주는 모든 좌익반대파 구성원들이 아직도 대개 그렇듯이 계속 경찰의 감시를 받았다. 그는 아내와 아들, 그리고 다른 사람 아홉 명과 함께 레닌그라드의 코무날카 kommunalka(여러 세대가 부엌과 화장실을 공동으로 이용하는 형태의 아파트―옮긴이)에서 살았다.[99] 그 아홉 명 가운데 세 사람은 그가 오갈 때 그 뒤를 쫓고 그의 우편물을 뜯어보고 그가 하는 대화를 보고하는 게페우 요원이었다. 아파트 밖에서 "수호천사" 두 명이 더 그의 일거수일투족을 쫓았다. 그 요원들은 자기들이 세르주를 염탐하고 있다는 것을 감추려 들지 않았다. 때로 세르주는 자기가 외국인과 서신을 주고받았다는 이유로 반역죄로 기소될 참이니 더 조심해야 한다는 경고를 받았다. 세르주는 모스크바 여행을 자주 하다가 친구나 친척이나 다른 사람과 함께 지내면 그들에게 해를 끼치지 않을 수 없다는 점을 깨닫고 최근 게페우의 일제 검거로 텅 비어버린 집에 틀어박히는 일이 잦았다. 세르주는 부하린을 비롯해서 자기 친구와 아는 사람이 거리에서 자기를 피한다는 것을 눈치챘다. 이탈리아 사람인 안젤로 타스카Angelo Tasca가 코민테른 집행부에서 세르주에게 "세 사람이 함께" 있으면 "당신들 가운데 한 사람은 첩자"라고 경고해주었다.[100] 세르주는 자기가 지은 죄, 좌익반대파가 지은 죄는 그저 자기가 존재한다는 것이라고 말했다.

고문은 다섯 해 동안 이어졌다. 그의 가족 모두가 고초를 겪었다. 세르주의 장인인 노혁명가 루사코프[42)]는 그가 속한 공장과 노동조합에서 쫓겨났고 자기 아내와 딸, 즉 세르주의 아내와 함께 나란히 반혁명가, 자본주의자, 테러리스트, (그들이 유대인인데도) 반유대주의자가 아닌지 의심쩍다는 고발을 당했다. 공장 전체가 그들을 사형에 처하라고 요구했다. 열성 당원과 게페우 요원들이 세르주가 처가 식구들과 함께 쓰는 코무날카에 와서 루사코프에게 욕을 했고, 한번은 세르주 아내의 뺨을 때리기까지 했다. 이런 일이 일어나는 동안 세르주는 븨코보 숲에서 파나이트 이스트라티와 함께 있었고, 세르주는 게페우가 이런 박해를 자행한 까닭은 자기의 행방을 놓쳤기 때문이었다고 말했다. 재판을 두 차례 받고 세르주와 파나이트 이스트라티가 (칼리닌과 다른 사람들을 만나러 가는 등) 개입을 한 뒤 심문은 흐지부지 끝이 났다. 그러나 1932년에 핍박이 다시 시작되었다. 일자리를 잃은 루사코프에게는 빵 배급표와 국내 통행증이 발급되지 않았다.[43] 그는 빈곤으로 죽었다. 파나이트 이스트라티는 이 사건에 충격을 받았고, 나중에 프랑스로 돌아가서 이것에 관한 글을 썼다.[101]

세르주의 아내는 핍박 때문에 미쳐갔다. 류바 루사코바는 자기 가족 전체에게 끊임없이 가해지는 학대를 아홉 해 동안 견뎠고, 남편과 아들이 유형에 처해져 있는 동안 딸을 낳았고, 심지어는 서유럽으로 쫓겨난 뒤에도 계속 게페우의 추적을 받았으며, 또한 게슈타포를 늘 두려워하면서 살았다. 세르주는 아내를 소련에서 이 병원에서 저 병원으로 데려갔지만 병원마다 게페우 요원이 득실댔다. 류바의 신경은 긴장을 배겨내지 못했고 류바는 정신이상의 세계로 빠져들어갔다. 망명 상태에서, 많은 어려움을 겪은 뒤, 류바는 프랑스 남부에 있는 한 정신병원에 들어갔고, 그곳에서 1985년에 죽을 때까지 머물렀다.

좌익반대파의 가족은 모두 다 비슷한 고생을 했다. 트로츠키의 가족은 가장 심한 꼴을 당해서 거의 모두가 제거되었다.[44] 세르주는 베라 피그네르의 저작을 번역하면서 큰 만족감을 얻으며 일에서 오는 긴장을 이겨냈다. 피그네르는 차르 알렉산드르 2세의 암살 시도를 이끈 사람으로, 세르주 부모가 망명한 것도 바로 이 사건 때문이었다. 이 무시무시한 분위기 속에서 세르주는 "포위망이 가차 없이 조여든다. 사람 목숨 값이 자꾸만 떨어지고 모든 사회관계의

한가운데 있는 거짓이 훨씬 더 악랄해지고 탄압이 훨씬 더 심해진다"고 썼다.¹⁰²

세르주는 자기가 행방불명이 될 공산이 크다고 믿었다. 그는 여권을 내달라고 스탈린에게 탄원했다. 답변으로 놀랍게도 세르주는 그가 여전히 맡고 있던 전선군 방첩대 부대장 자리에서 강등되었다. (훗날 이것이 미국 연방수사국의 첩보 문서철에서 나타났고 정보자유법을 통해 비밀이 해제되어 필자에게 들어왔다.) 경제 사정과 정치 상황이 나빠지면서 좌익반대파 구성원과 가족의 체포가 잇달았다. 스탈린의 아내인 나데즈다 알릴루예바Nadezhda Alliluyeva가 스스로 목숨을 끊었다.⁴⁵⁾ 세르주는 큰 위험을 무릅쓰지 않고서는 좌익반대파 구성원들을 볼 엄두를 내지 못했다. 그는 알렉산드라 브론시테인과 프레오브라젠스키를 겨우 만나볼 수 있었다.⁴⁶⁾

세르주의 마지막 유서

여러 차례 체포를 가까스로 모면한 뒤,⁴⁷⁾ 세르주는 자기 아파트에 있는 게페우 요원들의 눈빛에서 체포가 머지않았음을 느꼈다. 고독과 위험을 함께 느낀 세르주는 몰래 편지 한 통을 파리에 있는 친구들인 막들렌 파즈와 모리스 파즈 부처, 자크 메닐, 마르셀 마르티네Marcel Martinet에게 간신히 보낼 수 있었다. 그는 그 친구들에게 자기가 실종

되면 그 편지를 공표해달라고 부탁했다. 세르주는 그 편지를 자기의 마지막 유서로 여겼다. 그 편지를 보내는 날짜는 1933년 2월 1일, 장소는 모스크바로 되어 있다. 세르주는 6주 뒤에 체포되었다. "1933년, 모든 것이 의심스럽다"는 제목의 그 유서는 1933년 5월 25일에 "빅토르 세르주 체포"라는 표제로 『프롤레타리아 혁명』*La Révolution prolétarienne*에 실렸다.[103]

세르주는 자기가 죽을까 두려워서 친구들에게 공개서한을 쓰면서 그들에게 자기의 석방을 위해 싸워주고 자기가 피살되면 류바와 자기 아들 블라디를 보살펴달라고 부탁했다. 더 중요한 것은 전체주의의 감시를 받으며 사는 삶이 자기의 숨통을, 사실상 다른 모든 사람의 숨통을 어떻게 누르고 있는지에 관해 세르주가 자기의 생각과 느낌을 쏟아냈다는 점이다. 세르주는 바로 이 문서에서 트로츠키보다 앞서서, 그리고 "전체주의 학파"보다 훨씬 앞서서 소련을 처음으로 전체주의 국가로 간주했다.

또한 그는 그 기회를 이용해서 자기가 사회주의 기획에 고유한 것으로 보장되어야만 할 본질적인 사항들로 여긴 것을 제시했다. 이 세 가지 조건은 다음과 같았다. **인간의 옹호**, 즉 모든 인간의 권리, 심지어는 "계급의 적"의 권리에 대한 존중이다. 모든 사람에게는 최소한 먹고 살 권리를 비롯한 일정한 권리가 있으며, 이것 없이는 사회주의가 있을 수 없다. 세르주는 특히 사형제도의 사용에, 그리고 단지 반체제 인자로 의심이 간다고 해서 사람에게서 자유를 앗아가는 관행에 반대했다. 그리고 **진실의 옹호**. 세르주는 뉴스 검열과 이미 진행되고 있는 역사 왜곡에 경악했다. 그는 "나는 진실이 건강한 지성과 윤리의 필수 조건이라고 믿는다"고 말했다. 그리고 **생각의 옹호**. 세르주는 정권이 마르크스주의 이론을 횡령했다고 비난했다. 정권은 마르크스주의 이론을 공허한 구호로 바꿔치기하고 있었다. 그는 다음과 같이 설명했다.

나는 사회주의가 경쟁, 꼬치꼬치 따지기, 사상 투쟁을 하지 않고서는 지적으로 발전할 수 없다고, 우리는 때가 되면 삶 속에서 저절로 교정되는 실수를 무서워하기보다는 오히려 정체와 반동을 두려워해야 한다고, 인간 존중은 그 사람이 모든 것을 알 권리와 생각할 자유를 의미한다고 생각한다. 사회주의는 생각의 자유에 맞서거나 사람에 맞서서가 아니라 오히려 생각의 자유를 통해서, 그리고 사람의 조건을 개선함으로써 승리할 수 있다.

정권이 두려워하는 의도에 의문을 제기하면서—정권은 세르주가 떠나지 못하도록 막으려고 무슨 일이든 서슴지 않고 했다—세르주는 스탈린이 목격자들, 이념상의 반대자들, 이들이 말하려 드는 것에 공포를 느낀다는 결론을 내렸다. 스탈린은 트로츠키가 자기 힘이 미치지 않는 곳에 있어서 언짢았고 외국에서 자기에게 반대하는 또 다른 목소리가 나올까 두려워했다.

세르주는 스탈린의 행태를 이반 뇌제Ivan Groznyi의 행태와 비교했다. "관용을 베풀지 않는 것도 똑같고, 진화 능력이 없는 것도 똑같고, 자유를 무서워하는 것도 똑같고, 통치의 광신적 행위와 관료제도 똑같고, 종잡을 수 없는 것도 똑같고, (……) 가차 없고 음울한 강압도 똑같다." 세르주는 혁명이 반동 국면에 있다는, 그리고 경제·정치권력이 정권의 손아귀에 집중되어 "개인이 빵, 옷, 집, 일에 얽매어 있으며 사람을 무시하고 한 줄로 선 수많은 사람을 세기만 하는 기계에 완전히 휘둘리"게 되어버렸다는 결론을 내렸다.[104]

세르주는 러시아 혁명 자체가 말하고 선언하고 생각하고 의도한 모든 것과 정권이 완벽히 어긋난다고 단언했다. 1926년 이후로 모든 것이 변해버렸다. 이제, 즉 1933년에 당원은 단순한 정치적 질문을 하는 것을 꿈도 못 꿀 터였다. 세르주에 따르면, 국내 통행증은 심지어 두 해 전만 해도 미친 짓으로 생각되었을 터였다.

어떻게 이런 일이 일어났을까? 세르주는 후진과 고립이라는 객관적 조건 이외에도 관료들이 지식인의 주도권을 마비시키면서 번번이 완고하게 틀린 길을 골랐다면서 다음과 같이 말했다.

심한 고통과 환멸을 느끼면서 수동적으로 적응하고 환상 없이 그럭저럭 해나가는 사람들이 있는 상황에서 권력이 극단적으로 집중되면 여론을 파악할 능력조차 없이 통제받지 않는 독재권을 (……) 행사하는 극소수 사람의 중요성이 크게 늘어난다.

세르주는 미래에 관한 피할 수 없는 물음을 던졌다. 그 물음이란 다음과 같았다. 오늘날 육성되는 새로운 인간들은 앞으로 언제 전체주의 권력의 지렛대에 손을 얹을까? 그들은 어디서 그 권력을 거머쥘까? 세르주는 반발이 쌓여가고 있다고 지적했다. 사람들이 구하기 힘든 주택에 관한 정보와 빵 배급표를 얻으려고 서로 아귀다툼을 벌여야 할 때, 시민으로서의 용기가 용인되지 않을 때, 공식 이데올로기가 그저 코웃음을 살 만큼 나날의 힘든 현실에 들어맞지 않을 때, 어떤 종류의 사회의식이 나타날 수 있는가? 세르주는 슬퍼하면서 젊은이들이 이념에 회의를 품고 물질적인 것과 사랑에 빠져 "미국화"를 원한다고 평했다. "혁명의 심장부에서 반동이 일어나서 미래와 원칙이 훼손되고 (……) 지금 이 시간에 외부의 위험보다 훨씬 더 실질적인 내부의 위험이 생겨나면서 모든 것이 의문시된다." 이것은 낙담한 자유주의자의 말이 아니라 또렷하게 앞날을 보는 진정한 사회주의자의 말이었다.

세르주는 자기가 비관론자가 아니라고 주장했지만, 최초의 사회주의 실험이 심하게 병들었기 때문에 사회주의 기획의 이름이 더럽혀졌다는 점을 깨달았다. 세르주는 사회주의는 "사회주의 자체를 부과해서가 아니라 사회주의 자체가 자본주의보다 더 뛰어나다는 것을 보여줌으로써, 탱크를 만들면서가 아니라 사회생활을 조직하면서, 그리고 사회주의가 사람들에게 자본주의보다 더 나은 조건을, 즉 물질적 복지를 더 많이, 정의를 더 많이, 자유를 더 많이, 존엄성을 더 많이 제공할 경우에" 획득할 수 있다고 썼다. 세르주는 이런 조건 속에서 혁명가의 의무는 "이중의 의무, 즉 외부 방어와 내부 방어"라는 결론을 내렸다. 혁명에 봉사하려면 눈을 부릅뜨고 저항해야만 한다. 심지어는 저항이 오로지 자기의 자아 안에 있을 때에도 말이다. "나쁜 것에" 눈을 감는 것은 공모다. 따라서 그 이중의 의무는 자기 생각을 버리지 않고 혁명의 타락에 굴복하기를 거부하는 것이기도 하다.

세르주는 좌익반대파의 개혁 제안에 관해 다음과 같이 썼다. "그것들은 시간—오랜 시일—을 두고 길고도 고통스러운 투쟁을 하는 대가를 치르지 않으면 실행될 수 없다. 그리고 그 개혁의 성공은 불확실하기 짝이 없다. 모든 것이 의심스럽다."

1933년까지 세르주는 당 최우선주의와 분명하게 결별했으며, 혁명과 개혁의 수단으로서의 당은 끝났음을 이해했다. 새로운 협력의 가능성을 열어두고 세르주는 자기 친구들에게 다음과 같이 썼다.

나는 10월혁명의 이념과 원칙과 정신을 간직하려고 들면서 시류에 거스르는 모든 사람에게 동조합니다. 나는 그렇게 하려면 모든 것을 반드시 되짚어보아야 한다고 생각합니다. 그렇게 하면 우리는 극히 다양한 여러 계파의 동지들 사이에서 토론하고 행동하는 진정으로 형제 같은 협력 관계를 세우기 시작할 수 있습니다.

양도할 수 없는 인간의 세 가지 권리를 규정하는 세르주의 마지막 유서는 자유지상주의적 아나키스트의 문건이 아니며 자유주의적 개량주의자의 문건도 아니다. 세르주는 "그리고 나는 여기서 자유주의를 옹호하고 있는 것이 아닙니다"라고 분명하게 썼다. 전체주의의 한복판 가장 깊숙한 곳에서 펜을 들어 쓴 세르주의 유서는 사회주의 목표에 관한 의미심장한 진술이다. 기본 인권을 제도로 보장할 필요성은 세르주가 이 편지를 쓴 이후 여러 해 동안 충분히 표출되었다. 세르주의 유서는 자유와 민주주의 없는 사회주의는 사회주의가 아니며 사회주의일 수 없다는 믿음에 일생을 바친 정통 혁명가의 유서다.

제5장

1933~1936년의 오렌부르크, 심문과 추방
_혁명의 무덤을 파며

존재한다는 죄

1933년 2월 1일에 세르주는 프랑스에 있는 친구들에게 마지막 유서를 써 보냈다. 같은 달에 세르게이 키로프가 레닌그라드 당 활동가들에게 연설하면서 다음과 같이 말했다.

우리는 인정사정 봐주지 않을 것입니다. 반혁명 활동을 하는 공산주의자들〔달리 말해서, 반대파〕에게만 아니라 공장과 농촌 마을에서 단호하지 못한 자들과 계획을 달성하지 못한 자들에게도 그럴 것입니다.

1933년 3월 초순에 농업인민위원회의 코노르Konor 부의장과 볼페Vol'fe와 코바르스키Kovarskii가 다른 농학자와 기관원 32명과 함께 폴란드의 우크라이나 민족주의자들과 관계를 가지고 있다는 혐의로 재판도 없이 처형되었다.[1]

탄압의 메커니즘이 본궤도에 올랐다. 세르주의 추산에 따르면, 1928년과 1930년 사이에 반대파 5천 명 가운데 4천 명가량이 체포되었다.[1] 사회주의자, 아나키스트, 생디칼리스트, 공산주의자들이 감옥에 갇히거나 유배형을 받았다. 이 시점에서 그 무엇도 용의자를 구제할 수 없었다. 심지어는 묵비권도 소용없었다.

세르주는 1933년 3월에 다시 체포되었다. 비록 체포가 아직은 선별해서 이루어졌지만, 좌익반대파 소탕은 철저했다. 게페우는 늘 하던 대로 "문에 손기척을 하기"보다는 세르주가 아픈 아내에게 줄 약을 사려고 돌아다니는 동안 거리에서 그를 만났다. 그가 연행된 곳은 게페우의 "널찍하고 근엄하고 웅장한" 새 본부건물이었다.

세르주는 곧장 당 재판을 담당하는 심문대장, 즉 카르포비치V. R. Karpovich "동지"에게 이끌려 갔다. 카르포비치는 자기가 당 동지라는 사실을 이용해서 무엇이 세르주에게 요구되는지 그가 이해하도록 만들면서 그를 12시간 넘게 심문했다. "면담"을 하는 동안 세르주는 유형지에서 죽었다는 말이 있던 흐리스티안 라콥스키의 운명에 관한 정보를 카르포비치에게서 슬쩍 얻어낼 수 있었다고 적었다.[2] 면담 범위는 농업 정책, 공업화, 코민테른, 당내 관리 체제 등 모든 것에 관한 세르주의 견해를 망라했다.[3] 세르주 심문록 사본은 세르주가 어떻게 자기 정견을 훼손하지 않으면서 요구에 따랐는지 보여준다. 심문을 받은 다음 세르주는 자기가 1928년에 찾아가본 적이 있던 바로 그 구치소로 이송되었다. 세르주는 감옥이 "제국의 몰락과 혁명을 이겨낼 만큼 굳건하다"[2]는 것을 깨달으면서 자기의 네번째 수감 생활을 다른 세 번과 똑같은 식으로 "입소 절차, 등록 사무소, 사람이 복잡한 연동 제분 장치 안으로 가는 곡식 낱알처럼 통과해 지나가는 일련의 구획들"을 거치며 시작했다.[3]

세르주의 첫 감방 동료는 여러 달 동안 차디찬 독방에 갇혀 지내다가 나온 다른 작가였다. 그들의 감방은 지하라서 몹시 추웠다. 세르주는 곧 모스크바의 악명 높은 루뱐카Lubianka로 이감되었다. 불안과 공포를 느끼면서도 세르주는 위엄을 갖추고 "굽힘 없이 항거하겠다고 마음먹었다". 그는 창문이 없고 가로와 세로가 각각 6피트인 작디작은 사형수 대기 감방에 수감되었다. 그 안에 죄수 10명과 침상 2개가 들어차 있는데, 불이 언제나 밝게 켜 있고 바닥은 차가운 타일이었다. 그의 감방 동료들은 말도 안 되는 억지 죄목으로 체포되었다. 한 사람은 "친구 몇 사람 사이에서 반혁명 전단이 낭독되는 것을 듣고 있으면서 그 사람들을 모두 다 곧바로 고발하지 않았다"는 이유로 체포되었다.[4] 같은 감옥에서 농학자인 볼페와 코나르와 코바르스키가 사형 집행을 기다리고 있었다.

세르주는 거기서 "조용하고 작은 방으로 나뉜 비밀의" "감옥 중의 감옥"으로 호송되었다. 그곳에서 세르주는 "쥐 죽은 듯 정적에 휩싸인 텅 빈 공간에" 있었다.[5] 그는 완전한 고립 상태에서 85일을 보냈다. 그 고립은 여섯 차례 심문을 받을 때에만 끊겼다. 세르주는 긴장을 이겨내려고 될 수 있는 대로 잠을 많이 자고 일을 부지런히 했다. 그는 필기도구와 읽을거리가 허용되지 않았으므로 죄다 머릿속에서 희곡을 한 편, 단편소설과 시를 여러 편 썼다. 그는 혼자서 교과목 공부를 했고, 자기의 내면생활이 "가장 강렬하고 풍부"했다고 털어놓았다. 그는 배불리 먹을 만한 식사 한 끼와 담배와 성냥이 주어지는 5월 1일 국제 노동절을 빼고는 언제나 굶주렸다.

심문은 인정사정 봐주지 않고 밤에 이루어지는 제정기의 전통으로의 회귀였다. 1차 개정의 공세적 분위기에서 세르주는 자기를 심문하는 보겐Bogen 판사를 보고 이 제정 시절의 의례를 재개했다며 축하를 해주었다. 이 심문에 관한 세르주의 설명에서 정권이 좌익반대파가 당에 바치는 충성을 미끼로 이용해서 이들을 잡으려고 덫을 놓은 방법이 드러난다.

보겐의 전략은 당 중앙위원회의 권위를 인정함으로써 당에 봉사해야 하는 동지로서 세르주에게 다가서는 것이었다. 세르주는 그 덫을 곧바로 간파하고 자기는 제명된 당원이니 더는 당 규율의 구속을 받지 않는다고 되받아쳤다. 그러자 보겐은 세르주를 보고 좌익반대파와 연락을 하고 좌익반대파 문건을 버리지 않았다고 비난했다. 그는 세르주를 "아르툰 솔로뱐"Artun Solovian이라는 어떤 사람과 관련지으려고 애를 썼다. 세르주가 모르는 사람이었다. 세르주는 (소볼레비치Sobolevich로도 알려진) 소볼렙스키Sobolevskii와 만난 것과 자기가 아니타 루사코바Anita Russakova를 소볼레비치에게 보내서 그에게 솔로뱐의 주소를 주었는지 여부에 관한 질문을 받았다. 솔로뱐은 지하조직원으로 추측되었다. 세르주는 어떤 종류의 정치 행위도 하지 않았다고 부인하면서 그 죄목들을 받아들이지 않고 자기는 아니타를 보내서 어떤 사람과 만나게 한 적이 없다고 선언했다.[6]

잭 소블Jack Soble이나 세닌Senine으로도 알려진 아브람 소볼레비치우스Abram Sobolevicius, 즉 "소볼레비치"는 독일 좌익반대파 분과에 들어간 게페우 첩자였다.[4] 세르주는 그를 만나 『러시아 혁명의 첫 해』의 독일어 번역판 출간 가능성에 관한 말을 나누었다고 시인했다. 틀림없이 그 만남은 세르주를 고발할 근거를 마련하려는 게페우의 도발이었을 것이다.

다음 심문들도 똑같은 과정을 따라 진행되었고, 세르주는 자기가 헤어날 수 없을 함정에 빠지지 않도록 조심했다. 코나르와 볼페, 그리고 다른 농학자들은 처형되던 날 밤에 세르주와 똑같은 복도를 걸어 내려갔고, 그는 커다란 위험을 느꼈다. 다음 날 그는 "심각한 반대파" 사건을 맡는 볼레슬라프 루트콥스키Boleslav Rutkovskii 검사에게 불려가 심문을 받았다. 루트콥스키는 검찰청장의 개인 보좌관이자 비밀 심의회 위원이었다.[5] 세르주는 루트콥스키의 비열한 질문 방침에 질렸다고 회상했다.[7] 루트콥스키는 세르주에게 이것이 협조할 마지막 기회이며 그가 만약 거절하면 여러 해에 걸친 구금에 직면할 것이라고 말했다. 루트콥스키는 정치에는 아무 관심이 없는 세르주의 젊은 처제 아니타 루사코바에게서 받아낸 얼토당토않은 주장이 담겨 있는 터무니없는 문서 한 장을 세르주에게 내놓았다.[6] 세르주가 『한 혁명가의 회상』에서 믿고 쓴 내용은 적어도 그렇다.

세르주는 세 해 동안의 오렌부르크 유배에 앞서 루뱐카에서 한 경험 덕에 대형 재판들이 어떻게 기획되고 고백이 어떻게 날조되고 피고들이 10년 동안의 핍박, 사기 저하, 독방 감금, 고문으로 어떻게 "푹 익어"서 근거 없는 서류에 서명을 할 마음을 먹게 되는지 이해하게 되었다. 다른 이들과 마찬가지로 세르주에게 씌워진 혐의의 근거는 허위 증언이었다. 세르주는 죽는 순간까지 루트콥스키의 "증거"가 자기 처제를 고문해서 나왔다고 믿었다. 문서 전체가 아니타 루사코바의 도움 없이 날조되었음이 1989년에 밝혀졌다.[7]

준비된 혐의는 순전히 "잠꼬대"였으며 덫을 쳐놓았음이 틀림없었다. 세르주는 조금이라도 흔들리면 자기 운명이 끝장임을 알고 있었다. 그는 자기를 붙잡고 있는 사람들에게 자기를 총살할 의도가 있다고 생각했다. 그는 자기가 완전히 혼자라고 느꼈으며 어둠 속에서 숨이 턱턱 막혔다고 말했다. 그는 모든 것을 잃었다고 느끼자 기운이 났다. 그는 그자들의 거짓말에 관여하지 않겠다, 절대로 굴복하지 않겠다, 절대로 공산주의 사상을 내버리지 않겠다, 러시아 혁명의 무덤을 파는 자를 숭배하지 않겠다, 특권의

재생도 노동자와 농민의 끝없는 참상도 용인하지 않겠다고 마음먹었다.[8]

세르주의 협조 거부는 심문 도중의 소극적인 묵비권을 넘어서는 것이었다. 그는 공세를 취해서 자기가 게페우의 거짓말을 폭로할 수 있도록 아니타와 대면하게 해달라고 루트콥스키에게 날마다 요구했다. 이렇게 함으로써 세르주는 자기를 심문하는 자들을 곤란한 상황에 빠뜨렸다. 이것은 대담한 도박이었지만 먹혀들었다. 루트콥스키는 게페우가 (자작품인) 아니타의 증거에 아무런 중요성을 부여하지 않았음을 세르주가 이해해야 한다는 조건으로 심문을 끝냈다. 그런 다음 곧바로 세르주에게 책이 주어졌고 날마다 한 시간씩의 운동이 허락되었으며, 가족의 소식, 정치 적십자에게서 온 소포 한 꾸러미가 전해졌다. 정치 적십자가 보낸 그 소포는 세르주에게는 자기의 행방불명이 국제 사회에 알려졌고 외국의 친구들이 자기를 위해 활동하고 있음이 틀림없다는 것을 알려주는 신호였다.[8)] 세르주의 공세적 행위 이상의 것, 즉 그 사건에 몰린 국제적 관심이 세르주를 총살하기보다는 유형에 처한다는 게페우의 결정에 십중팔구 영향을 미쳤을 것이다. 비록—러시아의 반대파는 영영 행방불명이 될 공산이 극히 높았으니—세르주의 경우가 전형적이지는 않아도 우리는 여전히 그의 경험으로부터 숙청에 관해 아주 많은 점을 알아낼 수 있다.

심문을 받을 때 세르주의 처신은 주목을 받을 만했지만, 그만 그랬던 것은 아니다. 1936~1938년의 대숙청 동안 벌어진 "연출재판"의 한 양상은 심문 과정에 실수가 없었다고 보인다는 것이었다. 게페우는 누구든지 무엇이든지 자백하게 만들 수 있었다고 보인다. 실제로, 러시아 혁명 전에 사람을 죽였다는 유죄 판결을 받은 적이 있는 레오니드 자콥스키Leonid Zakovskii 내무인민위원회 부의장은 자기가 마르크스마저도 비스마르크Bismarck를 위해 일했다고 자백하게 만들 수 있었을 것이라고 자랑했다.[9] 그러나 자콥스키, 그리고 고문은 누구든지 꺾는다는 점이 확인될 수 있다고 말한 조지 오웰George Orwell의 견해와는 달리, 가장 심한 신체적·정신적 고문을 받고도 저항할 수 있는 사람이 있었다. 이를테면, 파탸코프-라덱 재판 조서는 36건의 사건이 준비되었지만 19명이 "꺾여"서 그 19명만 재판을 받았음을 보여준다.[10] 나머지 피고 17명은 자백을 하지 않고자 했다.

세르주는 루뱐카에서 오래된 부틔르키Butyrkii 감옥으로 옮겨졌다. 그곳에서 세르주는 며칠 동안 책과 함께 홀로 남겨졌다. 서명을 하라면서 "반혁명 음모. 특별 심의회가 3년 기한의 오렌부르크 유형을 선고함"이라고 적힌 서류 한 장이 그에게 주어졌다.[11] 이것은 자백을 하라는 것이 아니라 단지 자기의 혐의를 인정하고 선고를 받아들이라는 것이었다. 선택권이 없었으므로 화가 난 세르주는 서명을 했고, 탁 트인 하늘 아래서 보내는 삶을 기대할 수 있다는 데 기뻐했다.[12]

세르주의 심문에는 얄궂은 뒷이야기가 하나 있었다. 세

르주는 이송되기를 기다리고 있다가 심문관이 어떤 음모 건으로 세르주와 연관지으려고 시도했던 인물인 그 수수께끼 같은 "솔로뱐"과 우연히 마주쳤다. 뻔뻔하게도 솔로뱐은 자기를 소개하면서 자기는 어느 반대파에도 속하지 않고 "일반 노선"을 지지한다고 말했다. 세르주는 그에게 행운을 빌어주었다.[13] 안톤 칠리가도 아르툰 솔로뱐과 우연히 마주쳤고, 그가 게페우가 보낸 첩자라는 "반박할 수 없는 증거"가 자기에게 있다고 말했다.[9]

오렌부르크

목적지로 가는 세르주의 여행은 경이로운 그 무엇이었다. 루뱐카에서 지내던 때에 견줘서는 특히 그랬다. 그는 이송 중이던 다른 좌익반대파 구성원들과 만나서 소식을 나누었다. 그는 바깥에 있다는 것이 기뻐 가슴이 다 떨렸다. 세르주는 오렌부르크에서 겪은 일에 관해 쓴 소설 『캄캄한 시대일지라도』*S'il est minuit dans le siècle*에서 좌익반대파의 이념이 어떻게 국경을 넘어, 즉 유형지와 감옥 부지로 가는 열차 안에서 전파되었는가를 설명했다.[14]

오렌부르크는 유럽과 아시아, 러시아와 카자흐스탄을 잇는 선 위에 자리 잡고 있다. 세르주는 오렌부르크를 아시아로 여겼다. 카자흐Kazakh인에 맞선 요새로 지어졌으므로 세르주는 오렌부르크를 부유한 시장 도시로 번영했던 "초

지대의 메트로폴리스"로 불렸다. 그러나 세르주가 1933년 6월에 도착했을 때 도시는 기아로 황폐해져 허물어져 있었다.

오렌부르크는 지난날의 활기찬 바자 대신에 이제는 국영 도매창고로 중요했다. 그 창고는 대개 비어 있었다. 세르주는 자기가 세 해를 보내는 동안 오렌부르크에 신발이 한 켤레도 도착하지 않았다고 전했다.[15] 유형에 처해진 세르주에게 붙은 조건은 숲에서 산책할 때를 빼고는 시에서 떠날 수 없다는 것이었다. 그는 일자리와 지낼 곳을 찾았고 빵 배급표를 받았으며 오렌부르크의 굶주리는 키르기스 Kirkiz인과 카자흐인 사이에 끼어서 소련에서 추방될 때까지 내내 굶주렸다.

오렌부르크는 주요인물용으로 마련해둔 특권적 유형지였다. 1만 6천 명, 즉 인구의 10분의 1이 유형수였다. 세르주가 그곳에 도착했을 때, 정치범으로 유형에 처해진 사람이 15명 있었다. 이들 가운데에는 중요한 멘셰비키, 아나키스트, 사회주의자-혁명가, 시온주의자, 투항한 좌익반대파가 있었다.[16] 나중에 좌익반대파 동아리가 급증했다. 세르주는 게페우가 유형수들을 한데 모아서 지적인 정치 논쟁을 하다가 견해차가 생겨서 반대파가 갈라지도록 정치적 유형수들의 일정한 동질성을 허용했다고 생각했다. 그렇게 되면 게페우가 가장 비타협적인 사람들을 떼어내서 더 나쁜 지방과 감옥으로 이송하기가 더 손쉬울 터였다.[17]

유형수들은 그 자체로 특별한 계급에 속했다. 모든 소련 시민이 살아남으려면 국가에 의존해야 했지만, 유형수들은 더더욱 그랬다. 그들은 게페우에 자주 출두해야만 했고, 우편물과 직업과 의료 서비스 같은 기본적인 것을 얻기 위해 관리 몇 사람에게 완전히 휘둘렸다. 심문이 그치지 않았고, 투항하라는 압력이 누그러들지 않았다. 유형수는 당원들과 친분을 쌓을 수 없었고 자기의 신변에 위험이 생길까 무서워하는 현지 주민에게 따돌림을 받았다.[18]

(다른 유형수도 다 마찬가지였지만) 세르주가 "일반 노선"을 지지한다고 선언하지 않으면 어느 누구도 그를 고용하지 않을 터였다.[10] 세르주는 투항하기를 거부했고, 따라서 일자리를 얻지 못했다. 그는 아내가 먹을거리를 꾸려 보내는 소포에, 더 중요하게는 파리에서 자기 책이 팔려 생기는 돈에 전적으로 의존했다. 역사서인 『러시아 혁명의 첫 해』만이 아니라 그가 처음으로 쓴 소설들인 『감옥에 갇힌 사람들』과 『정복된 도시』와 『우리 권력의 탄생』이 이제 파리에서 팔리고 있었던 것이다. 세르주는 우편물이 도착하면 (15루블쯤 되는) 3백 프랑[11]을 받아서 현지의 외국인용 상점에서 먹을 것을 샀다. 외국인용 상점은 기아가 한창일 때조차도 외화를 받고 먹을 것을 팔았다. 세르주는 자기 동지 몇 사람도 먹여 살릴 수 있었다. 잠시나마 세르주는 파리에 있는 막들렌 파즈에게서 먹을 것이 든 소포─즉, 쌀, 설탕, 밀가루, 올리브가 든 꾸러미─를 받기도 했다. 블라디는 리처드 그리먼에게 자기가 한번은 올리브 열

매를 한 번도 본 적이 없는 학교 친구들과 함께 올리브 열매 한 개를 나누어 먹었다고 말했다.

1934년 겨울에 세르주의 아내 류바와 아들 블라디가 세르주의 타자기와 책을 들고 오렌부르크에 있는 세르주에게로 왔다. 그러나 류바의 정신 건강은 극히 불안정한 유형지 생활을 견뎌낼 만큼 좋지 않았고, 결국 세르주는 류바가 있으면 가족 전체의 생존이 위험해지리라고 판단하고 류바를 레닌그라드로 돌려보내기로 마음먹었다. 블라디는 유배 기간 내내 세르주와 함께 지냈고, 그 기간이 공부하는 평온한 시간이었지만 혹독한 겨울 동안에는 굶주림과 눈보라,[12] 그리고 찌는 듯 더운 여름 동안에는 배고픔과 질병을 견뎌내는 치열한 투쟁의 시간이기도 했다고 기억한다.[19]

블라디와 별도로, 오렌부르크에 있는 세르주의 "가족"은 유형에 처해진 좌익반대파 10명으로 이루어졌다. 이들의 개성과 노고는 오렌부르크 시절을 다룬 세르주의 소설 『캄캄한 시대일지라도』에 포착되어 있다.[20] 세르주와 함께 국내 망명 생활을 한 남녀는 대부분 내전 참전용사였고 "한 시대를 구현"한 사람들이었으며, 세르주는 그들 모두가 "백에 아흔아홉은" 목숨을 잃었으리라고 썼다.[13] 그들은 『한 혁명가의 회상』과 『한 혁명의 운명』 두 작품에 상세히 서술되어 있다. 이들의 강렬한 경험이 이 동지들을 한데 묶어주었고, 세르주는 일단 풀려나면 이들의 목숨을 구하는 운동을 끊임없이 벌이고 자기 저술에서 이들의 투쟁을 기억하는 것이 자기의 의무라는 생각을 강하게 가졌다. 세르주는 이 남녀들이 "이 감옥에서 저 감옥으로, 이 유배지에서 저 유배지로 (……) 전전하고 생필품이 없어서 고생하면서" 돌이켜보면 대단해 보이는 "혁명적 신념과 굳센 기백과 번뜩이는 정치적 지성을 유지했다"²¹고 강조했다.

세르주의 소설은 독특한 인생 경험을 지닌 자기 또래 혁명가 세대의 투쟁, 희망, 목표, 비극을 묘사한다. 그의 글은 대체로 자전적自傳的 내용이지만 상상의 소산이기도 하다. 세르주는 자기와 동지들이 참여한 격렬한 정치 투쟁의 내적 진실에 다가가는 수단으로 소설을 이용했다. 그의 소설은 그의 역사서가 전달하지 못한 방식으로 진실을 전달한다.

『캄캄한 시대일지라도』는 허구인 반면에 그의 동지들의 생각과 감정과 논의를 생생히 보여준다. 이 소설은 유배된 좌익반대파 구성원들의 많은 모임과 토론을 묘사한다.¹⁴⁾ 상황은 암담해도 낙관론이 있는 작품이다. 핵심적인 한 장면에서 볼셰비키 고참 당원인 옐킨El'kin과 젊은 노동자 로디온Rodion은 ─자기들이 그날 저녁에 지하실로 휙 끌려갈 수도 있다고 느끼면서도─ 햇살의 즐거움을 놓고 이야기한다. "허위의 시대"에 무슨 생각이 들었느냐는 질문을 받은 옐킨은 로디온에게 "바로 지금 정수리에 내리꽂히는 한밤중의 햇살이라고나 할까. 아주 천천히"라고 대답한다. 그리고 묻는다. "만약 캄캄한 시대라면 무엇을 해야 할까?" 세르주의 희망인 젊은 로디온은 "캄캄한 시대는 그때 우리

가 살아야 할 곳이죠"라고 대답한다.[22]

　심지어는 가장 나쁜 상황에서도, 즉 혁명가들이 자기들의 당에 등을 찔리고 파시즘이 그 추악한 고개를 쳐들고 불황에 빠진 자본주의가 전쟁으로 뛰어드는 동안에도 세르주의 소설은 자기 동지들의 혁명적 기백과 번뜩이는 정치적 지력을 재확인했다. 설령 때가 한밤중이었다 하더라도 세르주는 새로운 혁명적 노동자의 표상인 젊은 로디온의 탈출로 동터오는 아침을 보여주었다.

　숙청에 관한 쾨스틀러Koestler의 이름난 소설 『한낮의 어둠』Darkness at Noon이 세르주의 『캄캄한 시대일지라도』의 영향을 받았다고 이야기되어왔다. 비록 내용은 『툴라에프 사건』과 비교되는 경우가 더 잦지만, 그 제목들 자체가 빌 마셜Bill Marshall의 흥미로운 분석의 주제였다. 그 제목들이 서로 엇비슷해도 마셜은 미묘하지만 중요한 차이점—쾨스틀러가 제목을 밀턴Milton의 『투사 삼손』Samson Agonistes에서 따오면서 빛을 지우는 어둠을 강조하는 반면 세르주의 소설에서는 빛이 어둠에 승리한다는—을 지적한다.[23]

　세르주의 소설에 나오는 등장인물들은 감옥에 갇힌 혁명가들[15])을 섞어놓은 것이었다. 『캄캄한 시대일지라도』는 상황이 끔찍한데도 그들의 사기가 하늘을 찔렀다는 것, 그들이 트로츠키와 다른 감옥과 수용소에 있는 좌익반대파 구성원들로부터 정기적으로는 아니더라도 정보를 받을 수 있었다는 것, 그들이 모두 좌익반대파였으면서도 어떻게 해서 다양한 입장을 유지했는지를 드러내준다.

세르주는 좌익반대파가 토론할 때 명쾌함을 얻으려는 시도에서 예리하고 상충하는 견해를 밝히는 혁명적 볼셰비키 전통을 어떻게 유지했는지 세심하게 보여주었다. 좌익반대파 구성원들은 스탈린의 당에서 굽실굽실하면서 오로지 '예예'만 하는 자들과는 완전히 달랐다. 그들은 토론에 익숙한 생각하는 혁명가들이었다.[16] 보리스 옐친은 그들을 한데 묶어준 것은 게페우였다면서 "우리의 단결은 게페우의 작품이다. 사실 우리에게는 투사의 수만큼이나 많은 경향이 있다. 나는 이것을 반박할 수 있다고는 전혀 생각하지 않는다"고 고백했다.[24]

이처럼 가지각색의 좌익반대파 구성원들 속에서 빅토르 세르주는 어디에 있었을까? 그는 극좌파의 관심사에 동조하지만 그 '영감'의 생각에 충실한 트로츠키주의자의 좌익에 섰다. 두드러진 차이가 있다면 세르주가 트로츠키보다 훨씬 더 일찍 볼셰비키당의 죽음을 선언했다는 점이다.[17] 지난날 아나키스트였던 세르주는 처음부터 볼셰비키였던 많은 사람보다 스탈린 당의 반혁명적 행태와 관계를 끊기가 더 쉬웠다.[18]

갈림길

1934년의 그 혹독한 겨울 동안 세르주는 죽을 것처럼 아팠다. 나라 전체로는 기아가 끝나가고 있었다. 루블화는 안정되어 곡물 1킬로그램으로 고정되었다. 그러나 세르주에게는 일거리가 없었고, 게페우는 그가 먹을 것을 얻는 유일한 원천인 우편물을 끊었다. 세르주는 국제 구명운동이 자기를 풀어주라고 아우성을 치기 때문에 게페우가 자기 숨통을 조이고 있다고 짐작했다. 이렇게 알고 나니 사기가 올랐지만, 그렇다고 해서 그의 건강이 좋아지지는 않았다. 그러나 세르주는 숲 속에서 에스파냐 혁명과 이 혁명이 서유럽과 소련에 미친 충격에 관해 계속 이야기했다.

유형수들은 라콥스키가 투항했다는 소식을 듣고도 기가 죽지 않았다. 그들은 라콥스키의 나이와 처지를 참작했고 게페우가 전쟁이 머지않았다는 "비밀문서"를 가지고 그를 속였음을 알았기 때문이었다. 이반 비크가 이것을 확인해 주었다.

세르주와 블라디는 돈이나 먹을 것이 없었으므로 거의 굶어 죽을 뻔했다.[19)] 1987년 5월에 멕시코에서 나눈 대화에서 블라디는 오렌부르크에서 자기가 겪은 바를 회상했다. 가장 나쁜 것은 고립과 그들이 겪은 끔찍한 배고픔, 그리고 "파리 목숨처럼 죽어가는" 아이들을 지켜봐야 한다는 것이었다. 그러나 블라디는 경이로운 현상과 평온함, 정치 토론, 몹시도 추운 밤을 기억한다. 그는 수도원 같은 검박한 환경 속에서—자기의 스승인—아버지와 함께 지내는 어린 수도승 같다고 느꼈다. 블라디는 스케치를 해서 트로츠키에게 그림을 한 장 보낼 수 있었다. 그는 세르주에 관해 다음과 같이 말했다.

내 아버지는 아주 슬퍼했고 비록 결코 분별력을 잃지는 않았지만 너무나도 배가 고팠습니다. 아버지는 강한 분이셨고 끊임없이 일을 했어요. 그분은 심지어는 오렌부르크에서도 언제나 깨끗한 셔츠를 입고 청결과 위엄을 유지할 수 있었죠. 나는 스케치를 하고 사전을 읽고 그리스와 러시아의 역사를 공부했어요. 우리는 같이 요리를 했는데, 대개는 양배추하고 물, 소금으로 만든 수프였습니다. 우리는 언제나 주저앉아서 식사를 했고, "만찬" 뒤에는 시를, 심지어는 아버지가 지은 운문을 읽었어요. 그런 다음 아버지는 다시 일을 했습니다.[25]

세르주는 부스럼에 시달렸는데, 부스럼이 곪기 시작했고 감염되어 왼쪽 가슴팍에서 종양이 되기까지 했다. 세르주 부자에 관해 "게페우는 중앙 심의회에 책임을 져야 했으므로 게페우가 상황의 심각성을 깨닫"기 전에는 치료가 허용되지 않았다.[26] 세르주는 십중팔구 1934년 12월 하순에, 즉 키로프가 암살당한 직후에 결국 병원으로 실려 갔을 것이다. 세르주는 이렇게 입원해서 치료를 받아서 자기 동지인 페브즈네르Pevzner와 판크라토프와 마찬가지로 키로프 암살 건으로 다시 체포를 모면한 것은 아니었을까 생각했다. 그러나 페브즈네르는 어느 모로 보나 세르주만큼 아팠고 성홍열로 같은 병원에 입원했다. 그는 아마도 세르주의 경우가 국제적인 관심을 끌었기에 체포를 모면했을 것이다.

세르주에 따르면, 오렌부르크 병원의 조건은 어떤 중세의 지옥에서 툭 튀어나왔을 수도 있었다. 세르주는 게페우가 그의 책 판매대금이 든 소포 한 꾸러미를 받을 수 있도록 허용해주어서 목숨을 건졌다. 그 판매대금으로 먹을 것을 살 수 있었던 것이다.

세르주는 최근에 카메네프와 지노비예프와 함께 베르흐네-우랄스크에 구금된 판크라토프에게서 새로운 테러가 전보다 훨씬 더 심하다며 세르주와 그의 동지들에게 대비를 하라고 경고하는 전언을 받았다.[27] 오렌부르크에서 같이 지낸 동지인 판크라토프와 페브즈네르, 이 두 사람은 키로프 암살 혐의로 기소되어 5년 수감형이라는 새로운 형기를 받았다.

키로프가 피살되기 직전에 세르주와 그의 동지들은 상황이 웬만큼 정상을 되찾기 시작했다고 믿었으므로, 그 암살은 완전히 그들의 뒤통수를 후려치는 격이었다. 기아가 끝나가고 있었고, 집단농장 체제가 수정되어 개인 텃밭이 허용되었고 소련은 국제연맹에 좋은 인상을 주기 위해 개선된 이미지를 세계에 심으려고 애쓰고 있었던 것이다.

세르주의 통찰은 빗나가지 않았다. 소련은 1934년 말에 갈림길에 서 있었다. 스탈린은 후퇴해서 수정된 형태로 네프를 되살리고 집단수용소의 규모를 차츰차츰 줄여나가고 실질임금을 올리고 농민에게 숨 돌릴 틈을 더 많이 줄 수도 있었다. 이렇게 했더라면 그의 인기가 엄청나게 높아졌을 것이다. 세르주는 소련 헌법에 관한 부하린의 저작도 스탈린이 그 길을 택할 것임을 보여주는 듯하다고 썼다.[28] 이렇게 상황을 분석한 오렌부르크의 좌익반대파 구성원들은 정치국이 "상반되는 두 경향" 사이에서 갈라져 있는 동안 겉으로만 평온한 가운데 이듬해(1935년)를 보냈다.

용의 불길을 얕보았으니

1934년 12월 1일에 일어난 키로프 암살 사건[20]은 "테러라는 건물 전체의 쐐기돌"이라고 불려왔다.[29] 맞는 말이다. 그 암살은 1백28명이 곧바로 처형되고 (세르주가 3천 명으로 추산한) 지노비예프·카메네프 계파 전원이 체포되어 감옥에 갇히고 레닌그라드 시민 수만 명이 무더기로 유형에 처해지고[21] 기존의 유형수 사이에서 체포가 자행되고 감옥에서 비밀 재판이 열리면서 시작되는 "공포와 야만의 시대가 도래했음을 알렸다".[30] 많은 경우에 키로프를 죽였다는 혐의로 기소된 좌익반대파 구성원들은 암살이 일어났을 때 감옥에서 이미 두 해를 보낸 상태에 있었다. "대테러"의 출발점인 키로프 암살은 세르주의 소설 『툴라예프 사건』의 핵심 소재이기도 하다. (키로프는 세르주의 소설에서 툴라예프로 나온다.)

키로프 암살은 역사 논쟁의 주제였다.[22] 비록 당시에는 암살이 지노비예프-카메네프 계파와 좌익반대파의 소행으로 돌려졌지만, 흐루쇼프의 공식 조사에 따르면 스탈린이 연루되어 있었다. 이 조사 결과는 곧 은폐된다. 망명해 있는 트로츠키는 게페우가 연루되어 있으며 지노비에프와 카메네프, 그리고 트로츠키주의자 유형의 공산주의자들은 개인 차원의 테러를 거부한다고 『반대파 회보』에 썼다.[31]

키로프는 지노비에프를 대신해서 레닌그라드 당 조직의 우두머리가 되었다. 그는 1932년에 류틴 처형 반대 움직임을 이끌었기 때문에 널리 인기가 있었다.[32] 1934년 1월 하순에 열린 제17차 당대회, 즉 이른바 "승리자의 대회"에서 스탈린을 키로프로 바꾸려는 움직임이 있었으며, 당 중앙위원회 선거에서 스탈린은 다른 어느 후보보다도 더 적은 표를 얻었다. 의미심장하게도, 키로프에 반대하는 표는 겨우 3표인데 반해 스탈린에 반대하는 표는 2백92표였다.[23)] 보리스 니콜라옙스키Boris I. Nicolaevsky는 당대회 공식 문서에서 (제13차 당대회 이후로 쓰인) 문구, 즉 대의원 총회가 스탈린의 당 총간사 임명을 "확인"한다는 문구가 빠져 있음을 보여주었다. 니콜라옙스키는 그 문구가 없다는 것이 제17차 당대회 이후로는 스탈린이 당 중앙위원회 총간사가 아니었음을 뜻한다고 받아들였다.[33]

스탈린은 자기 권력에 가해지는 이 새로운 위협을 없애버려야만 했다. 스탈린으로서는 키로프의 죽음을 매우 편리하게 써먹을 수 있었다. 키로프가 죽었으니 심각한 경쟁자가 제거되었으며 스탈린이 자기 권력에 위협이 된다고 여기는 사람들을 억누를 구실이 생긴 것이다. 총을 쏘아 키로프를 죽인 사람은 레오니드 니콜라예프였지만, 엔카베데는 그가 스몰늬이에 들어갈 수 있도록 내버려두고 사건 뒤에 그를 곧바로 처형했다. 보리소프M. D. Borisov 같은 거북살스러운 목격자들은 총살당하거나 교통 "사고"로 목숨을 잃었다. 스탈린은 재빨리 "1934년 12월 1일 법령"을 선포했다. 이 법령은 사건을 열흘이 되기 전에 결론짓고 재판 단 하루 전에 기소장을 피고에게 제출하도록 요구했다.[34] 피고에게 변호사가 허용되지 않았고 평결이 내려지자마자 사형이 집행되었다. 이런 형법 절차 수정이 1백14명에게 소급 적용되어, 키로프 암살 연루 혐의로 곧바로 죽임을 당했다.[35] 예죠프Ezhov가 키로프 대신에 간사가 되었고, 레닌그라드에서 안드레이 즈다노프Andrei A. Zhdanov가 키로프를 대신했다.

빅토르 세르주는 니콜라예프의 행위가 "격분한 젊은 공산주의자 한 사람이 저지른 단독 범행임이 거의 틀림없다"고 확신했다.[24)] 세르주는 레닌그라드 당조직과 레닌그라드의 반대파, 즉 트로츠키 추종자와 지노비예프 추종자와 긴밀한 연관이 있었으므로, 이들이 키로프 암살에 어떤 역할을 하는 것이 가능하지 않다고 여기게 되었다. 실제로, 1934년에 레닌그라드에 유일하게 남아 있는 좌익반대파는 알렉산드라 브론시테인이었다. 세르주는 1934년의 좌익반대파는 아직도 "소비에트 개혁"의 파르티잔이었으며 "개혁은 폭력에 대한 호소를 일절 배제했다"고 확언했다. 세르주는 키로프의 피살로 정치국이 문제에 직면했다고 썼다. 그 문제란 "캄캄한 시절에 책임을 져야 한다는 것뿐만 아니라 그토록 끊임없이 욕설이 겨누어졌는데도 식자층 사이에서 국가 지도자들보다 더 큰 인기를 누리는 핍박 받는 좌익반대파에 예비정부 진용이 존재한다"는 것이었다.[36] 세르주는 스탈린의 정책에 품은 격분을 표현하려고 총을 한 당 지도자에게 겨누는 니콜라예프를 보았다. 세르주는 니콜라예프 뒤에 있는 스탈린을 보지 못했다.

숙청에 관한 세르주의 소설 『툴라예프 사건』은 탄압의 소용돌이를 만든 단독 암살자를 둘러싸고 이야기가 진행된다. 이 책은 1989년에 스베르들롭스크Sverdlovsk에서 간행된 지방 문예잡지 『우랄』에 연재되었다.[37] 당시 조사위원회는 아직 조사 결과를 제출하지 않았다. 얄궂게도 세르주의 단독 암살범행론은 스탈린주의자들에게 유리하게 작용했다. 『콤소몰스카야 프라브다』Komsomol'skaia pravda의 세르게이 자바로트늬이Sergei Zavarotnyi에 따르면, 그들은 살인 범행 연루 관계에서 스탈린을 빼내기를 바랐다.[38]

세르주와는 달리, 트로츠키는 키로프 암살에 게페우의 손이 작용했다는 낌새를 챘다. 세르주는 그 암살이 "고립된 한 개인"의 소행이라고 믿었지만, 그와 절친한 동지 두어 사람 사이에 게페우의 정보원으로 인정되는 사람이 한 사람 있었다.[39] 세르주도 트로츠키도 스탈린이 자기 목적을 이루려고 어느 선까지 갈 용의가 있는지를 깨닫지 못했다.

좌익반대파는 아무리 스탈린이 그 사건에서 맡은 역할에 관해 순진한 입장을 보였다고 해도 그 암살의 크나큰 의의는 놓치지 않았다. 세르주는 그 암살 범행에서 "안으로 치닫는 위기"가 드러나며, 그 위기는 "지노비예프와 카메네프의 뒤를 따라 다시 당에 받아들여진 반대파 인자들이 겁을 먹어서라기보다는 냉소주의 때문에 부인과 변절이라는 전술을 택해서 쓰다가 결국 들어서게 된 막다른 골목"을 보여준다면서 다음과 같이 썼다.

비겁한 책동으로, 양심의 포기로, 심적 동요로, 투항과 기만으로는 프롤레타리아트를 섬길 수 없음을 잊은 자들에게 화 있을진저! 한 젊은이가 이 숨막히는 분위기 속에서 체념하지 않으려고 모든 것을 단념하는 지점에 이르렀다는 사실에 놀라지 말자! 관료제가 숨은 적을 없애려고 이 사건을 붙들고 늘어진다는 사실에도 놀라지 말자! 관료제가 중용의 감각을 모두 잃도록 만든 광기와 잔혹성은 엄청난 도덕적 약점의 고백으로서, 놀라울 따름이다. 하지만 지노비예프 계파에게 취해진 조치의 원인이 된 정치적 타산은 참담하게도 야비하게도 맞다. 이자들을 파묻을 이 같은 기회는 다시는 저절로 나타나지 않으리라.[25]

1934년 12월 1일의 키로프 암살은 "대테러"의 전주곡이었지만, 대테러가 본격 가동되는 데에는 두 해가 걸렸다. 그 사이 기간에 당의 권력 측근 실세집단들이 자기들의 항로를 둘러싸고 싸움을 벌이고 있었다.[26] 세르주는 정치국이 1935년에 "상반되는 두 경향, 즉 한편에는 정상화 쪽으로 쏠리는 경향과 다른 한편에는 테러 쪽으로 쏠리는 경향 사이에서 찢겨 있"었다고 썼다.⁴⁰ 안정화 경향이 이길 것으로 보였다. 빵 배급제의 폐지가 인기가 있었고,²⁷⁾ 세르주는 스탈린이 전환점에 있다고 생각했다.⁴¹

정상화는 부분적으로 네프로 돌아가는 것을 뜻했다. 공업화에서 눈에 띄는 성과를 내지 못하고 농업에서는 곡물 위기로 이어진 네프가 실패작이었다는 점을 감안할 때, 실질적인 선택이 여전히 존재했는지는 논란의 대상이었다.

스탈린은 자기의 농·공업 정책과 이 정책으로 생긴 계급 관계로 말미암아 테러에 의존하는 방향으로 빠져 들어가 헤어날 수 없게 되었으므로 정상화로 가지 않았고, 갈 수도 없었다. 노동자·농민 대중을 불가능한 요구에 고분고분 따르도록 만들려면 그들의 집단 의지를 꺾어야만 했을 것이다. 그 도구는 테러였다. 1934년에 세르주는 정권이 더 권위주의적이고 혹독한 규율과 부분적인 후퇴 가운데 하나를 고를 수 있다고 생각했다. 키로프를 죽임으로써 스탈린은 "정상화" 대안을 없앴다. 스탈린 체제의 잔혹한 동력은 지옥 같은 다음 두 해 동안 세르주에게 명백해질 터였다.

수신자 없는 편지 쓰기 : 지급필

세르주는 저술에서 나오는 수입으로, 그리고 파리의 빅토르 세르주 위원회가 모은 기부금으로 자기와 아들, 그리고 이따금은 다른 동지들의 생계를 유지할 수 있었다. 세르주는 유형이 주는 상대적 평온을 이용해서 글을 썼다. 배고프고 춥고 고립되고 불안하기는 했지만 세르주는 이를 견뎌내고 책을 네 권 써냈다.

세르주는 간신히 로맹 롤랑과 일을 처리할 수 있어서 먹을 것을 계속 받았다. 그는 자기가 쓴 원고의 사본을 네댓 부 만들어 파리에 있는 롤랑에게 보냈고, 그러면 롤랑이 그 사본을 출판사에 넘겼다. 롤랑은 세르주의 정견에는 동조하지 않았지만, 소련에서 자행되는 탄압에 반대하고 세르주를 위한 중재자 노릇을 한다는 데에는 뜻을 같이했다.[42] 세르주가 게페우에 원고를 등록하고 등기우편으로 보내는 등 조심을 했는데도 맨 처음 보낸 소포 네 꾸러미가 분실되었다. 세르주는 비밀경찰 우두머리에게 항의했고, 그 우두머리는 이 사건을 이용해서 우체국에서 사보타주가 일어났다고 선언하고 더 많은 탄압의 구실로 써먹었다. 세르주는 롤랑에게 보내는 또 다른 원고 뭉치를 그에게 주었는데, 이것마저 다음 원고 뭉치와 마찬가지로 잃어버리고 말았다.[28] 얄궂은 점은 체신부가 각 분실 사건에 대해 세르주에게 보상하도록 규정되어 있어서, 세르주는 한 달에 5루블의 꼴로, 높은 보수를 받는 기술자가 버는 만큼 많은 액수인 "수백 루블"을 벌었다는 것이다.[43]

세르주가 오렌부르크에서 쓴 책에는 제1차 세계대전 이전 프랑스 아나키스트에 관한 자전적 작품인 『잃어버린 사람들』과 "러시아 혁명의 정점"인 1920년에 나온 『고뇌』*La*

*Tourmente*라는 제목의 『정복된 도시』 속편이 있었다. 그는 시집 『저항』*Résistance*도 썼고, 『러시아 혁명의 둘째 해』 작업을 하고 있었다. 세르주는 이 저작들이 고쳐 쓰고 다듬을 시간이 있었던 유일한 책들이라고 말했다.[44]

빅토르 세르주 사건[45]

세르주는 망명하기에 앞서 오렌부르크에서 파리에 있는 자기 친구들에게 편지를 썼고, 이 편지는 프랑스의 잡지 『프롤레타리아 혁명』에 실렸다. 세르주를 후원하는 사람들이 그를 풀어주라는 운동을 펼쳤고, 이 운동은 프랑스 공산당과 지식인 사회의 프랑스 공산당 동반자들에게, 그리고 소련에게 당혹스러운 일이 될 만큼 성장했다.

빅토르 세르주 위원회, 그리고 특히 막들렌 파즈와 샤를 플리니에Charles Plisnier와 자크 메닐이 세르주를 위해 지칠 줄 모르고 일을 해서 세르주 사건이 널리 알려졌다. 공산당 산하의 간판 법률가 조직(국제법률협회L'Association juridique internationale)과 사회주의 법률가 단체, 그리고 권위 있는 작가협회 같은 다른 작가 조직들이 세르주가 처한 곤경에 항의하는 일에 관여하게 되었다. 세르주 사건은 자유로운 사고 억압의 완벽한 예였다. 한 작가가 단지 독립적인 사고를 밖으로 드러냈다는 이유만으로 그 작가의 목숨과 더불어 그의 직계 가족의 목숨까지 치명적인 위험에 처했다. 이것은 인권 운동의 소재이다. 파즈, 메닐, 레옹 베르트Léon Werth, 마르셀 마르티네, 조르주 뒤아멜Georges Duhamel, 샤를 빌드락Chareles Víldrac, 모리스 파리자닌 Maurice Parijanine, 보리스 수바린 등등이 그 문제를 끊임없이 제기했다. 이들의 요구는 간단했다. 빅토르 세르주를 석방하라! 개인뿐만 아니라 통합교사연맹 같은 조직이나 노동조합으로부터도 『프롤레타리아 혁명』[46]에 기부금이 쏟아져 들어오고 있었다. 그 호소가 네덜란드(앙리에트 롤랑-홀스트Henriette Roland-Holst)와 벨기에(샤를 플리니에)와 스위스(프리츠 브루프바허Fritz Brupbacher)로 퍼져 나갔다. 프랑스교사연맹은 연례 대회에서 세르주를 풀어주든지, 아니면 그를 가둔 사유를 밝히라고 요구했다. 연맹은 소련 교사 대표단에게 그 사건에 관해 경고를 했다. 인권연맹은 막들렌 파즈의 엄청난 닦달을 받은 뒤 『프롤레타리아 혁명』에 그의 증거 자료를 실었다. 이 사건은 『해방 학교』 *L'Ecole émancipée*와 『마르크스주의 전투』 *Le Combat marxiste*와 『서민』 *Les Humbles* 같은 다른 프랑스 잡지 지면으로 번져갔다.[47]

사건은 앙드레 말로André Malraux, 앙드레 지드André Gide, 앙리 바르뷔스, 빅토르 마르게리트Victor Margueritte, 로맹 롤랑, 엘리 포르Elie Faure, 알랭Alain, 그리고 갖가지 성향의 좌파 저명인사들이 공식 후원하고 프랑스 공산당이 조직한 '문화 보호를 위한 1935년 국제 작가대회'에서 그 절정에 이르렀다. 저명한 프랑스 지식인에게는 분하게도 빅토르 세르주 위원회가 청중을 찾아 그 대회에서 대거 참석했다.[29] 세르주는 지드가 유난히 당황해서 문제를 들어봐야 한다고 주장했고[30] 이때 말로가 막들렌 파즈에게 발언권을 주는 데 동의했다고 지적했다. 파즈는 플리니에와 앙리 풀레유Henri Poulaille의 지원을 받았다. 보리스 파스테르나크Boris Pasternak, 니콜라이 티호노프Nikolai Tikhonov, 관변 문필가 미하일 콜초프Mikhail Kol'tsov[31], 에렌부르그 등을 비롯한 소련 작가 대표단이 참석해 있었다. 이들은 세르주의 동료들이었고 그를 잘 아는 사람들이었다. 그러나 파스테르나크만이 나서지 않았고, 다른 이들은 다음과 같이 행동했다.

지시를 실행에 옮겨서 눈 하나 깜짝하지 않고 자기들은 빅토르 세르주라는 작가를 전혀 알지 못한다고 선언했다. 이들, 소련 작가 동맹의 훌륭한 내 동료들이 말이다! 그들이 아는 바라고는 한 "소련 시민, 즉 키로프 피살을 불러온 음모단의 일원이었다고 자백을 한 반혁명가"가 다라는 것이었다.[48]

이 작가들 스스로가 1936~1939년의 대테러에서 탄압을 받았다. 세르주를 키로프 피살에 가져다 붙이는 등골 서늘한 성명서에 앙드레 지드가 화들짝 놀라서 세르주를 옹호하려고 곧장 소련 대사를 찾아갔지만, 쓸데없는 일이었다.[32]

이 사건은 지드에게는 입장을 정하는 데 지속적인 영향을 미친 사건이 된다. 지드는 이 사건의 결과로 소련에 관한 자기 생각을 바꿨다. 작가대회에서 빅토르 세르주 사건을 다루는 것을 보니 그 대회가 "퍽이나 볼썽사납게도 공산당 요원들의 전적인 통제"를 받는다는 점이 분명해졌다.[49] 지드는 나중에 소련을 방문했고, 그곳의 추악한 현실이 그의 도덕적 유보가 옳았음을 확인해주었다.

롤랑은 1935년에 소련에 갔을 때 드디어 세르주를 위해서 중재에 나섰다. 모스크바에서 세르주 사건을 최초로 압박한 사람은 그가 아니었다. 세르주가 어렸을 때 속했던 조직, 즉 벨기에사회주의청년단이 파견한 대표단이 더 앞서 소련에서 그 문제를 제기했고 세르주가 오렌부르크에서 번역 일을 하면서 아주 잘 지내고 있다는 답변을 들었다.[50]

롤랑은 세르주의 정견에 특별히 동조하지 않았지만 세르주가 작가로서 핍박을 받는다는 데 자극을 받아 행동에 나섰다.[33)] 롤랑은 스탈린을 만나서 빅토르 세르주 문제가 프랑스에 있는 "소련의 친구들"의 활동에 방해가 되었으므로 이렇게든 저렇게든 해결되어야 한다고 고지식하게 요청했다.[51] 앙드레 지드와 앙드레 말로도 비슷한 요구를 했다.

롤랑과 스탈린의 만남에 관한 기사가 1988년에 『모스크바 소식』*Moscow News*에 실렸다. 이 기사에서 소련에서 50년이 넘는 세월 동안 처음으로 빅토르 세르주의 이름이 공개적으로 언급되었다.

롤랑은 소련에서 3주를 보내는 동안 스탈린과 만나서 그에게 솔직하게 이야기했다. 그는 탄압에 관한 자신의 우려를 표명하고, 그 탄압이 외국에서 소련의 위신에 얼마나 해가 되는지 보여주려고 애썼다. 스탈린은 답변하면서 음흉한 그림을 그렸다. 소련 정부에 대항하는 음모가 없는 곳이 없고 새로운 음모가 끊임없이 들통나고 있다는 것이었다. (……) 롤랑은 그가 들은 말을 믿지 못하게 만들 수도 없었고 그의 의심을 누그러뜨릴 수도 없었다. 그런 대화의 결과로 롤랑이 간신히 얻어낼 수 있었던 유일한 양보는 빅토르 세르주라는 프랑스인 아나키스트 유형수[지은이의 강조]가 소련을 떠나도록 허락하겠다는 스탈린의 동의였다. 말이 나온 김에 덧붙이는데, 롤랑은 세르주에게 전혀 동조하지 않았다.⁵²

1992년에, 롤랑과 스탈린의 만남에 관해 서술된 부분이 『로맹 롤랑 평론』*Cahiers Romain Rolland*으로 간행된 그의 모스크바 일기에 나왔다.⁵³

기적처럼 세르주 문제가 풀렸다. 스탈린은 야고다를 시켜 세르주가 무엇을 자백했는지 알아보았고 세르주가 자백을 하지 않았으며 따라서 어떤 것에 공모했다는 동의를 하지 않았음을 알아냈다. 스탈린은 롤랑에게 세르주와 그의 가족이 소련을 떠날 수 있으리라는 확언을 해주었다.³⁴⁾ 롤랑은 뒤이어 야고다에게 탄원을 해서 편지를 쓰기에 이르렀다. 롤랑은 1935년 7월 18일에 야고다에게 써 보낸 편지에서 그에게 "세르주가 서유럽에서 끼칠 해악이 그를 오렌부르크에 남겨놓아서 생기는 해악보다 훨씬 덜할 터이므로 소련으로서는 세르주를 서유럽으로 보내는 것이 더 나을 것"이라고 말했다. 더군다나, 롤랑은 야고다에게 만약 세르주가 정부 기밀을 전혀 모른다면—심지어는 그가 형기를 마친 뒤에까지 기다려서—그를 소련에서 쫓아내서 없애는 것이 가장 좋은 방침일 것이라고 말했다.[35]

추방과 도둑질

1936년 4월 9일에 게페우가 세르주에게 사흘 안에 오렌부르크를 떠나 모스크바로 가라는 명령을 내렸다. 세르주가 모스크바에서 게페우에 출두 보고를 한 다음 모르는 행선지로 보내진다는 것이었다. 세르주는 이것이 자기의 첫 유배 형기가 끝나고, 으레 그러듯이, 또 다른 유배형이 덧붙여지는 뜻이리라는 생각을 품었다. "나는 굳은 신념 때문에 정치적 유형이 절대 끝나지 않는다는 것을 알 뿐"이라는 것이 그의 생각이었다.[54]

소련을 떠날 가능성이 생기자, 세르주는 갈 곳을 찾아야만 했다. 서유럽에 있는 세르주의 친구들이 그가 풀려나면 쓸 비자를 이미 얻어내기 시작했다. 그러나 비자를 구하기란 쉬운 일이 아니었고, 네덜란드와 영국, 그리고 그가 두 차례 감옥에 갇혔던 나라인 프랑스에서는 세르주에게 문이 닫혀 있었다. 마침내, 세르주가 태어난 나라인 벨기에의 대사가 3년 기한의 비자를 발급해주었고, 정치 적십자 단장인 예카테리나 파블로브나 페시코바Ekaterina Pavlovna Peshkova가 벨기에 비자 신청서를 세르주에게 보냈다.

유배지의 동지들인 옐친과 보브로프Bobrov는 세르주가 이리저리 전전하다가 결국은 어떤 어두운 감옥이나 추운 유형지로 가게 되리라고 확신하면서 그의 출발이 지니는 의미를 놓고 토론했다. 세르주도 불안했지만, 그에게는 낙관론을 가질 근거가 몇 가지 있었다. 서유럽에서 벌어지는 구명운동을 알고 있었던 프란체스코 게치Francesco Ghezzi 덕분이었다. 아주 용감한 이탈리아인으로서 보르디가주의자이자 생디칼리스트인 게치는 대담하게도 게페우의 위험을 무릅쓰고 오렌부르크로 와서 세르주에게 유럽에 있는 그의 친구와 동지들이 그를 구하려는 활동을 하고 있음을 알려주었다. 세르주도 1935년에 스탈린이 로맹 롤랑과 악수를 하고 있는 사진을 『프라브다』에서 보고 블라디에게 그 사진이 자기들이 구원을 받았음을 뜻할 수 있다고 말했다.[36)]

외국인인 게치는 눈에 확 띄었다. 그는 수즈달Suzdal'에서 이미 감옥에 갇힌 적이 있었고 따라서 감시를 당할 가능성이 컸다. 기차로 모스크바에서 유배지인 오렌부르크로 여행하는 것은 화를 자초하는 일이었다. 일단 오렌부르크에 도착했으므로 그는 낮에는 집에 머물고 밤에만 밖에 나가면서 납작 엎드려 있어야만 했다. 블라디와 세르주는 그의 용기에, 그리고 그토록 위험한 일을 무릅쓰는 그의 "미친 짓"에 깜짝 놀랐다.⁵⁵ 게치는 1937년에 사라졌다.³⁷⁾

오렌부르크를 떠날 날이 왔다. 1936년 4월 12일이었다. 세르주는 자기가 지낸 이 유배지의 조건이 끔찍했는데도 떠난다는 것, 즉 탄압과 역경에 맞서는 연대를 통해 형성되었던 결속감을 박차고 나온다는 것이 퍽이나 어렵다는 것을 깨달았다. 세르주는 자기 "가슴이 찢어졌다"고 썼다. 이 경험이 서유럽에 도착한 세르주가 뒤에 남은 자기 동지들을 구하려고 지칠 줄 모르고 벌인 활동의 원동력이었다. 자기의 운명과 자기 가족의 운명이 불안하기도 하고 이 동지들을 결코 다시는 보지 못하리라는 것을 알고 나니 이렇게 헤어지기가 훨씬 더 힘들어졌다. 세르주는 자기가 기후가 혹독한 다른 어떤 곳으로 보내지면 돌려달라고 요구할 수 있다는 조건을 달아서 가재도구를 나눠주었다. 세르주는 자기 책과 원고와 몇몇 개인 기념품을 챙겨 짐을 꾸렸다. 그와 블라디는 경찰관 두 사람이 서너 좌석 떨어져서 자기들을 지켜보는 가운데 기차를 타고 모스크바로 출발했다.

모스크바에서 고리키의 첫번째 아내였던 예카테리나 파블로브나 페시코바가 세르주와 블라디를 맞이했다. 페시코바는 적색테러가 벌어지는 동안 정치수 구명 조직인 정치적십자를 창립한 용기 있는 여성이었다. 체카도 게페우도 페시코바의 조직과 그 조직의 활동을 용인했다. 페시코바가 가진 명망과 인맥 때문에 그랬음이 분명하다. 정치 적십자 사무실은 게페우 본부 바로 맞은편에 있는 쿠즈네츠키Kuznetskii 다리에 있었다. 모스크바에서 보낸 마지막 날, 페시코바와의 만남, 게페우, 처리해야 할 관청 사무에 관한 세르주의 회상은 블라디의 회상과 다르다.[56] 블라디의 이야기가 더 극적인 반면, 세르주는 과연 그답게 사적인 극적 사건을 최소한만 언급하면서도 게페우의 작동 방식에 관해서는 더 상세한 정보를 제공한다.

『한 혁명가의 회상』에서[57] 세르주는 페시코바가 자기를 맞이했으며, 아내와 재회하고, 자기가 오렌부르크에서 입원해 있는 동안 태어난 아기인 딸 자닌을 만날 수 있었다고 썼다. 처제인 아니타 루사코바가 최근에 체포되어 5년 형기로 뱌트카Viatka로 유배되었기 때문에 세르주는 처제를 만나 그가 했다고 하는 자백의 의문을 풀 수가 없었다. 세르주는 처제가 붙잡혀간 까닭은 분명히 자기와 처제가 만나지 못하도록 만들려는 수작이라고 믿었다.

세르주는 자신이 검열 부서인 문예총국Glavlit에서 원고 반출 허가증을 받아낼 수 있도록 출발을 24시간 늦춰달라고 페시코바에게 부탁했다고 회상했다. 페시코바가 되돌아오더니 세르주에게 곧바로 떠나라고 말했다. 비밀경찰 장교가 세르주가 나라에서 아직 떠나지 않았다면서 자기가 세르주에 관한 새로운 기록을 야고다에게 보내고 있다고 페시코바에게 방금 말했다는 것이었다.[58] 문예총국이 원고 반출 허가증을 내주기는 했지만, 세르주는 그것을 받아갈 틈이 없어서 그대로 떠났다. 그 원고의 나머지 사본은 게페우에게 도둑맞았다.

블라디의 회상이 빈 곳을 더 상세하게 채워준다. 우선 그는 자기와 아버지가 페시코바와 율랴의 영접을 받았다고 말한다. 페시코바의 친구인 율랴Iulia는 세르주의 외사촌이며 세르주와 아주 친했다. 이 점을 빠뜨린 것은 매우 흥미로운 일이지만, 『한 혁명가의 회상』에서 자기 가족을 거의 언급하지 않은 세르주이니 그답지 않은 일은 아닌 셈이다. 블라디는 대장 기질이 있는 율랴[38]가 그날 하루 할 일과 문서를 받으러 가는 일을 준비하기 시작했다고 기억한다.

페시코바는 고리키의 아내였기 때문에 자기 일을 할 수 있었고, 레닌의 신임을 얻었다. 율랴는 스탈린의 아내인 나데즈다 알릴루예바와 친분이 있어서 보호를 받았다.[59] 어쩌면 율랴 자신이 1902년에 바쿠에서 스탈린이 사모하던 사람이었기 때문일지도 모른다.[60]

이 두 여자가 세르주와 블라디를 맞이했고 앞에 놓인 과제에 몰두했다. 세르주는 모스크바의 게페우에 출두하라는 명령서를 가지고 있었는데, 율랴와 예카테리나는 무슨 일이 있어도 이 만남을 피하고 싶어했다. 두 사람은 만약 세르주가 발언을 해야 하게 되면 자기의 정치 분석에 관해 곧이곧대로 말을 하는 바람에 떠나도 괜찮다는 허락을 받지 못하게 될 공산이 크다고 걱정했던 것이다.

그런데 어떻게 해서 세르주가 이 만남을 건너뛰어 피하고 자기의 추방 명령에 순순히 따를 수 있었을까? 그의 여권과 짐가방, 그리고 준비된 비자는 그 두 여자가 가지고 있었다. 그들은 만약 세르주가 게페우에 간다면 모든 일이 글러버릴 것을 알고 있었다. 두 여자는 한 가지 계획을 짰다. 페시코바가 게페우에 전화를 걸었다. 에카테리나 페시코바가 엔카베데의 우두머리인 겐리흐 야고다와 직접 통화를 할 때 율라는 그 곁에서, 블라디와 세르주는 선으로 이어진 이어폰으로 통화를 듣고 있었다. 페시코바는 "겐리흐, 빅토르 르보비치(세르주의 존칭—옮긴이)의 아내가 신경쇠약에 걸려 있어요. 그래서 빅토르 르보비치가 모스크바의 이곳에서 하룻밤을 보내도 괜찮다는 허가를 얻고 싶어하네요"라고 말했다. 야고다는 "빅토르 르보비치에게 당장 떠나라고 말하시오! 당장!nemedlenno!"이라고 했다. 이것은 명령이었다. 그들은 전화를 끊었고, 페시코바는 "자, 당신은 게페우에 출두하지 않아도 됩니다. 만약 출두하라는 요구를 받으면, 야고다가 당신에게 당장 떠나라고 명령했다고 말하세요."

그들에게는 세르주와 블라디가 류바와 재회하고, 태어난 지 얼마 안 된 세르주의 딸 자닌을 만난 곳인 루사코프 집안의 아파트로 가기 전에 문예총국에 가고 세르주의 값비싼 책 몇 권을 팔아보려고 할 시간이 있었다.[39] 사람에게는 출국 비자가 나오지만 그의 저작에는 반출 허가증이 나오지 않는, 소련에서만 있는 독특한 상황을 언급하지 않은 채 블라디는 검열 부서(문예총국)를 찾아간 일을 회상한다. 세르주는 나라 밖으로 가지고 나갈 수 있도록 검열을 받으러 원고를 들고 그곳으로 갔다. 문예총국에서 그들이 마주친 여자가 그 원고를 가져가서는 되돌려주지 않았다. 세르주는 전에 그 여자를 여러 차례 본 적이 있었고, 블라디도 그 여자를 기억했다. 그 여자는 이름이 즈베레바^{Zvereva}였으며 소설 여러 편에서 나타난다. 세르주의 『툴라예프 사건』에서 그 여자는 세르주 자신을 나타내는 등장인물인 릐지크^{Ryzhik}를 담당한 게페우 조사관[40]이었다. 블라디는 말을 하다가 그 여자의 이름이 러시아 말로 "짐승 같은, 무지막지한, 잔학한"이라는 뜻의 즈베르늬이^{zvernyi}에서 비롯되었다고 내뱉듯 말을 했다. 그 여자는 세르주에게서 원고를 가져가면서 "어라! 빅토르 르보비치, 당신이 떠나가는군요. 배반하려고 말이죠. (……) 당신은 우리를 배반하고 있어요!"라고 말했다. 세르주는 "누가 배반을 하고 있는지 모르겠군요. 저는 그게 나라고는 믿지 않습니다. 계속 그러고 있지요. 누가 배반하고 있는지 알려져야 합니다. 안녕히 계세요. 당신이 하는 일이 모두 다 잘되기를 바랍니다"라고 대답했다. 블라디는 서로의 속을 긁는 이 만남과 빈정거리는 즈베레바를 결코 잊지 못했다.

세르주는 『잃어버린 사람들』, 『고뇌』, 『저항』, 『러시아 혁명의 둘째 해』의 탈고된 원고 사본 수령증을 교부 받았고 이튿날 다시 오라는 말을 들었다. 그 수령증은 아직도 블라디가 가지고 있다.

그런 다음, 블라디에 따르면, 세르주는 자기 원고 사본, 문서, 비망록, 사진, 기념품을 페시코바에게 맡겨서 물품

반출 허가증을 받아 그 물건들을 자신에게 부칠 수 있도록 했다.

그날 저녁에 세르주와 그의 가족이 정거장에서 만나 작별인사를 하고 소련을 떠났다. 류바의 어머니(블라디의 외할머니 루사코바)와 프란체스코 게치도 왔다. 블라디는 이 눈물 어린 이별을 다음과 같이 기억한다.

> 외할머니는 울고 계셨고, 어머니는 안절부절못했습니다. 어리디어린 내 여동생은 어머니의 황록색 스웨터에 싸여 어머니 팔에 들려 있었죠. 1936년 4월 14일이었습니다. 봄철이었어요. 게치가 역까지 우리를 따라 왔고 우리는 이 소중한 친구와 함께 마지막으로 정다운 말을 나누었어요. 그는 우리가 서유럽에 가면 무슨 일을 해서든지 자기를 빼내 달라고 부탁했습니다.[61]

세르주에게는 오렌부르크에서 완성한 저술의 사본이 여러 부 있었다.[62] 그는 사본을 『잃어버린 사람들』은 적어도 여덟 부, 『고뇌』는 적어도 다섯 부는 가지고 있었다. 역사서인 『러시아 혁명의 둘째 해』와 시집 『저항』의 사본은 몇 부인지 알지 못했다. 세르주는 그 원고 사본을 공공교육 인민위원회 소속 검열과장, 문예총국 외국문학부 부부장, 페시코바 정치 적십자 단장, 프란체스코 게치에게 맡겨 보관하도록 했다. 이 사본들은 세르주가 로맹 롤랑에게 우편으로 보냈다가 분실된 사본에 추가해서 만들어진 것이었다. 그는 나라 밖으로 나갈 때 가지고 가려고 이 나머지 사본들을 간직했다.

세르주가 소련의 "승리한 혁명"에서 보낸 열일곱 해에서 맨 마지막에 일어난 다음과 같은 일화는 정점 격이다. 소련 국경선상에 있는 마지막 역인 네고렐로예Negoreloe에서 세르주와 그의 가족은 마지막 "수색"을 받으러 열차에서 내리게 되었다. 류바와 (14개월 된) 자닌은 한쪽으로 이끌려가고 세르주와 블라디는 다른 쪽으로 이끌려갔다. 그들은 알몸 수색을 위해 옷을 벗으라는 명령을 받았다. 블라디는 자기가 바지를 신발께로 내린 상태에서 아직 속옷은 입고 있었다고 회상했다. 게페우 대원이 그에게 빨리 하라고 다그치면서 양말 안에 무엇을 숨기고 있느냐고 물었다. 블라디는 "잠수함이요!"라고 대꾸했다. 바로 그때 호루라기가 울리고 열차가 출발해서 역을 떠나기 시작했다. 세르주와 블라디는 동시에 옷을 끌어올리면서 갑자기 달음질쳤다. 그들은 류바와 자닌을 볼 수 없었고, 세르주는 아내와 딸이 뒤에 남겨질 것이라고 생각하면서 경악했다. 열차에 뛰어오른 블라디의 눈에 어머니와 여동생이 들어왔다. 세르주는 "엄마, 엄마는 어디 있느냐? 나는 당신을 두고 떠나지 않겠소!"라고 소리치고 있었다. 블라디는 그에게 "여기들 있어요. 직접 보세요!"라고 외쳤다. 너무 늦기 전에 세르주는 류바를 보았고 움직이는 열차에 뛰어올랐다. 그가 뒤돌아보았을 때 원고와 사진과 개인 소지품이 들어 있는 세르주의 짐 가방을 가리키는 게페우 요원이 눈에 들어왔다. 짐은 영영 사라져버렸다. 게페우에게 도둑맞은 것일까?

블라디는 열차가 소련 국경을 지나갈 때 아버지가 복도로 나가서 안도의 한숨을 쉬었고 그런 다음 차분해졌다고 기억한다.

이 마지막 모욕은 그저 황당한 일, 즉 소련에서 보낸 세월의 추억거리였을까? 아니면 세르주의 저술이 살아남지 못하도록 막으려는 교묘한 계획 — 원고가 세 차례나 "우송 도중 분실"되면서 시작된 — 의 마지막 책동이었을까? 규정에 따라 조치를 취했고 원고 분실은 불가사의한 일이거나 심지어는 일어나기 마련인 일이지만 자기 직무를 다했고 원고 반출 허가증이 나왔고 세르주는 우송 도중 유실된 원고의 배상을 받았다고 국가가 선언할 수 있도록 게페우가 그 흔적을 지우고 있었던 것일까?

사라진 원고를 찾아서

세르주는 떠나도 괜찮다는 허가를 받았지만, 그의 저작은 그렇지 못했다. 벨기에에 도착한 세르주는 1936년 중반에 페시코바의 편지를 받았다. 그 편지에는 원고를 부쳐도 괜찮다는 허가가 나왔지만 아직 정식 인가를 기다리고 있다는 내용이 담겨 있었다.

앙드레 지드가 1936년에 소련으로 갔다. 그가 떠나기에 앞서 세르주는 그에게 공개서한을 썼다. 『프롤레타리아 혁명』에 실린 그 서한에서 세르주는 지드가 자기를 위해 국제 작가대회에서 해준 역할에 고마움을 표했다.[63] 그런 다음 세르주는 소련의 실상에 관해 쓰고 지드에게 소련에 있는 동안 눈을 부릅뜨고 있으라고 간청했다. 막들렌 파즈는 이 서한에 깊은 인상을 받았으면서도 서한이 "최후통첩처럼" 보이므로 그것을 공개 게재한 것은 잘못이라고 느꼈다.[64] 세르주는 지드를 너무나도 존경하므로 그 서한을 공개하지 않을 수 없다고 말했다. 지드는 돌아오자마자 세르주에게 자기가 그의 원고를 입수하려고 애를 썼지만 성과가 없었다고 말했다.[65]

1936년 이후로 그 원고들을 되찾아내려는 노력이 대여섯 차례 있었다. 그 네 원고 가운데 세르주는 자기가 기억하는 시들을 모아 다시 시집 한 권을 만들어낼 수 있었다. 그 시들은 1938년에 '서민 평론'Cahiers les Humbles이 간행했고, 1989년에 영어로 번역되었다.[66] 소설들과 역사서는 "잃어버린" 채로 남아 있다. 1945년과 1946년에 조지 오웰이 세르주의 『한 혁명가의 회상』을 펴낼 영국 출판사를 찾아보려고 애를 쓰고 사라진 원고에 관심을 보였다.[67] 1972년에 프랑스의 출판업자인 프랑수아 마스페로François Maspero가 브레즈네프Brezhnev에게 세르주의 원고들을 그의 가족에게 되돌려주라고 정중하게 요청하는 편지를 써 보냈다. 그 편지는 결코 답장을 받지 못했다.

1986년 10월에 나는 그 원고들을 되찾아내려는 운동을 새로 벌이기 시작했다. 시기는 적절했다. 미하일 고르바초프의 글라스노스트 정책이 감춰진 소련사의 재조사를 정강으로 내세웠다. 고르바초프 스스로가 소련사에 공백이 있어서는 안 된다고 선언했다. 나는 고르바초프에게 편지를 써 보냈고, 그다음에는 저명한 소련 작가들의 도움을 얻어내려고 애썼다. 블라디가 멕시코에 있는 자기 집에서 자기와 안드레이 보즈네센스키Andrei Voznesenskii가 『툴라예프 사건』을 러시아어로 소리 내어 읽으면서 하룻밤을 꼬박 새웠다고 보고하기는 했지만 (1987년 3월에 인터뷰를 한) 보즈네센스키는 희한하게도 빅토르 세르주를 모른다고 고백했다. (1987년 4월에 인터뷰를 한) 예브게니 옙투셴코Evgenii Evtushenko는 스탈린 시대에 감춰지고 잃어버린 보배들을 다루기 위해 세워진 새로운 소련 문화재단과 접촉해보라고 강하게 권하는 등 매우 큰 도움을 주었다.[68] (1987년 5월에 인터뷰를 한) 블라디미르 카르포프Vladimir Karpov는 당시 소련 작가연맹 회장이자 고르바초프와 가까운 사람이었는데, 그는 자기가 오렌부르크에서 태어났고 세르주에 관해 들어본 적이 없다는 이유로 개인적으로 큰 관심을 내보였으며, 내가 옙투셴코에게 도와달라고 부탁했다는 것을 알고 있었고, 분명히 그보다 "한발 앞서"고 싶어했다. 아니면 그의 통역이 그렇다고 내게 말해주었다.

1988년 9월 22일에 소련 문화재단이 반응을 보였다. 용기를 얻어서 저명한 다른 소련 작가, 역사가, 영화제작자, 그리고 영향력 있는 잡지사와 신문사에 편지를 보냈다. 멕시코에서는 블라디가 소련의 저널리스트와 외교관과 내방한 문필가들과 접촉했다. 우리 노력에 거의 이구동성으로 나온 반응은 "매우 흥미로운 일입니다만, 빅토르 세르주가 누군가요?"였다. 소련으로 가서 사안을 밀어붙일 때였다.

1989년 3월에 블라디와 나는 모스크바로 가서 작가, 영화제작자, 활동가, 역사가 사이에서 빅토르 세르주에 관한 관심을 불러일으켰다. 우리가 모르는 틈에 관심이 이미 일어나 있었다. 최고 소비에트가 1989년 1월 16일에 세르주를 복권하는 법령을 선포했고, 이 법령은 1989년 5월 14일에 시행되었다.[41]

1988년 11월에 『콤소몰스카야 프라브다』에 세르주와 블라디에 관한 기사를 실었던 세르게이 자바로트늬이는 이리나 고과를 만났고, 그를 통해 아니타 루사코바와 접촉했다. 블라디와 세르게이, 그리고 나는 잃어버린 원고의 흔적을 찾아내려고 시도했다. 게치가 죽었으므로 우리가 바랄 수 있는 것이라고는 카게베KGB 문서고 페시코바의 문서를 열람하는 것뿐이었다. 우리는 페시코바 문서 열람부터 시작했다.

페시코바가 죽자, 그의 개인 문서는 모스크바에 있는 고리키 박물관의 소장품이 되었다. 페시코바의 손녀인 마르파 페시코바Marfa Peshkova가 그 박물관의 고리키 문서고 관리자였다. 페시코바 문서가 박물관에 보관된 뒤 곧바로 당 중앙위원회가 누군가를 보내 그 문서를 훑어보고는 많은 부분을 없애버린 적이 있었다. 고리키 박물관의 다른

문서관리원 한 사람은 "프랑스어로 씌어진 문서"를 보았다고 기억했다.[69]

1990년에 세르게이 자바로트늬이는 좌익반대파였던 바실리 판크라토프의 아내인 리사 세냐츠카야Lisa Seniatskaia를 찾아냈는데, 세냐츠카야의 손자인 바실리 판크라토프가 그 원고를 찾아내는 일을 돕고 싶어했다. 영국의 영화제작자인 존 이든이 문제를 풀 실마리를 찾으러 1990년에 세르게이 자바로트늬이와 함께 오렌부르크로 갔다.[70] 설득에 넘어간 『콤소몰스카야 프라브다』가 바실리 판크라토프에게 자금을 지원했는데, 그는 페시코바의 손녀인 마르파 페시코바를 알고 있었다. 마르파 페시코바는 판크라토프를 데리고 문이 닫힌 문서고로 갔다. 예카테리나 페시코바의 정치 적십자에 관련된 문서가 보관된 곳이었다. 원고는 거기에 없었지만, 세르주가 바르샤바에서 페시코바에게 써 보낸 1936년 4월 16일자 편지와 페시코바가 원고를 돌려주고 그것을 외국으로 보내도 된다는 허가를 내달라고 요청하면서 엔카베데에게 보낸 편지가 있었다.[71]

블라디와 내가 1989년에 세르주의 "실종" 원고를 처음 찾아 나선 이후로 국제빅토르세르주협회International Victor Serge Association가 구성되었고 존 이든과 리처드 그리먼과 알렉세이 구세프Aleksei Gusev가 일곱 군데가 넘는 문서고를 찾아다녔다. 비록 세르주의 범죄 서류철과 오렌부르크에서 현지 엔카베데가 작성한 심문 보고서와 더불어 그의 사진과 그가 주고받은 편지가 더 많이 발견되기는 했지만,

사라진 원고는 나타나지 않았다. 그 뒤로도 세르주 관련 서류철을 그의 가족에게 내주라고 요청했지만, 행운은 없었다.[72] 야고다 문서의 주註 하나가 1999년에 (예전에 공산당 중앙 문서고였던) 러시아 사회정치사 국립문서고에서 우연히 내 눈에 띄었다. 그 주는 세르주가 전쟁 이전 프랑스에 관해 쓴 소설의 몰수된 사본을 찾는 작업이 소련국가안전위원회-러시아연방안전기획부KGB-FSB 문서고에서 벌어졌음을 보여준다.[73] 찾기는 계속된다.

제2부
또 한 번의 망명, 그리고 두 번 더 : 마지막 시기

서문

저어라, 바실리, 노를 저어라. 우리 힘을 합치자
패배와 고난 속에서—
우리는 형제란다
우리의 패배는 더 자랑스럽고 위대하다,
그들의 거짓 승리보다……
네 허리가 부러지지 않는 한
강을 거슬러 올라가는 게 좋다.
우리는 할 수 있는 한 버티리라[1]

이 시는 패배한 좌익반대파의 심리 상태를 말해준다. 그들은 이루 말할 수 없는 고통을 겪고 배신을 당했는데도 사회주의적 낙관론을 유지할 수 있었다. 이런 신념의 밑바탕은 파시즘과 스탈린주의가 판을 쳐도 미래의 진보는 노동계급의 것이라는 확신이었다. 세르주는 자기의 길을 따라 걷다 보니 전쟁과 정치적 고립과 패배에 직면하게 되었다. 그 여정의 끝자락에서, 즉 멕시코로 망명을 갔을 때 세르주는 글쓰기에 집중하고 사색에 몰두했다. 지리와 언어와 정치로 고립된 세르주는 스탈린이 사회주의의 이름으로 범죄를 저지른 뒤 사회주의가 처한 운명에 관한 자기 속생각을 표현했다.

세르주의 마지막 망명 기간 동안, 제4인터내셔널[1]에 있는 예전의 동지들이 게페우에게 속아 넘어가고 그들 자신의 종파주의에 눈이 멀어 그를 배척했다.[2] 비록 정치적 견해차가 꽤 있기는 했지만 술책으로 악화되었다. 트로츠키주의자와 사회민주주의자를 가릴 것 없이 모두가 세르주가 마르크스주의를 내버렸고 『새 지도자』*New Leader*(세르주가 자주 기사 작성자로 나온 미국 멘셰비키 우파 간행물) 형의 직업적 반스탈린주의자가 되어버렸다고 주장했다. 트로츠키 스스로가 제임스 캐넌James Cannon[3]에게 세르주는 에스파냐에 관해 완전히 멘셰비키식 사고를 품고 있다고 말했다. 그러나 세르주는 죽기 바로 몇 주 앞서 흐리흐리 코스튜크에게 보내는 편지에서 자기 입장을 다음과 같이 밝혔다.

나는 여전히 흔들림 없이 사회주의자, 즉 민주적 사회주의의 옹호자입니다. 내가 맞서 싸운, 그리고 맞서 싸우고 있는—당신도 겪어서 알고 있는—체제를 나는 전체주의의 변종, 즉 극히 비인간적이고 반反사회주의적인 새로운 그 무엇으로 봅니다.[4]

세르주가 마지막 망명기에 쓴 무수한 시론은 사회주의, 아나키즘, 소련의 정치경제와 사회구조, 그리고 소련이 국제 정치투쟁에 미친 영향에 관한 그의 무르익은 생각을 제시했다. 그는 제2차 세계대전과 그 여파, 새로운 냉전과 핵 시대, 전위당의 역할, 그리고 예술, 인류학, 심리학, 철학, 정치학의 문제들에 관해 자기가 이해한 바를 펼쳤다.

한동안 그는 한 정치집단(사회주의와 자유Socialismo y Libertad)에서 활동했는데, 이 집단은 『세계』Mundo라는 간행물을 몇 호 펴내고는 분열되었다. 세르주는 멕시코에서 물 밖으로 나온 물고기 신세였다. 유럽과 북아메리카의 독자를 상대로 프랑스어로 글을 써온 그였다. 그는 자기 저작을 출판하는 데 어려움을 겪었고, 매우 가난했으며 배를 자주 곯았다. 그는 젊은 아내 로레트 세주르네와의 사이에 문제가 있었다. 정치적으로 제 나름의 입장에 서려고 시도하는 아들 블라디는 세르주의 영향에서 벗어나려고 애쓰면서 그 집단에서 세르주와 자주 대립했다.[5]

멕시코는 1937년에 트로츠키에게 문을 열어준 이후로 변했다. 알프레드 로스메르에게 보내는 편지에서 트로츠키가 "세계에서 단 하나뿐인 정직한 정부"로 특징을 묘사한 라사로 카르데나스Lázaro Cárdenas 정부가 사라져버렸고, 멕시코 땅에서 일어난 트로츠키 암살은 멕시코 정치에 큰 영향을 주었다.[2] 그 암살은 카르데나스에게 대놓고 가하는 모욕이어서, 카르데나스는 스탈린주의자 악한들이 멕시코의 고결함을 더럽히고 손님을 환대하는 멕시코의 전통과 그 이상을 배반했다고 썼다. 멕시코는 나치를 피해 빠져나온 사람들에게 계속 피난처를 제공했지만, 아빌라 카마초 ávila Camacho 정부 치하에서 나라 안 분위기가 바뀌었다. 세르주와 블라디는 많은 에스파냐 내전 망명객 사이에 끼어서 1941년 9월에 도착했다.[6]

세르주의 에스파냐어 구사 실력은 신통치 않았다. 호구지책이 글쓰기인 사람으로서는 특히 그랬다. 그는 자기가 겪었던 패배, 그리고 자기 동지들이 에스파냐와 소련에서 스탈린의 손에, 그리고 유럽 곳곳에서 게슈타포의 손에 피살되어 생긴 고통으로 머리가 다 어질어질했다. 세르주는 멕시코가 이국적이고 매력적임을 알았지만, 그야말로 고립되었으며 지독하게 가난했다.[3]

멕시코에는 세르주가 친분을 맺을 수 있는 사람이 한 명 있었다. 죽은 트로츠키의 아내인 나탈리야 세도바였다. 블라디는 자기와 세르주가 코요아칸의 추루부스코 강Rio Churubusco 옆의 비에나 거리Calle Viena에 가서 처음으로 나탈리야를 찾아간 날을 회고했다. 그들은 멕시코에 도착한 지 얼마 되지 않았다. 기적 그 자체였다. 세르주는 나탈리야를 보고 싶어했다. 그는 트로츠키를 1927년에 마지막으로 보았다. 두 사람 다 유럽에서 망명해 있는 동안 편지를 주고받기는 했지만, 행로가 엇갈려서 다시 마주친 적은 없었다. 성년의 정치 활동을 대부분 "트로츠키라는 살별의 꼬리"[4] 속에서 했고 트로츠키의 생명이 끝난 곳에 마침내 도착한 세르주는 곧바로 비에나 거리 쪽으로 이끌렸다. 추루부스코 강을 따라 걸어가면서 블라디는 "아버지는 트로츠키가 죽임을 당한 그 '영감'의 집을 둘러싼 담을 보았습니다. 그분은 흐느끼기 시작하고는 이내 울음보를 터뜨렸지요"라고 이야기했다.[5] 블라디는 정말로 평정을 잃은 세르주를 이때 처음으로 보았다. 집 안에서 세르주와 나탈리야가 서로 다정스레 인사를 하고 곧바로 친분을 쌓았다. 훗날 세르주는 자기와 나탈리야가 "러시아 혁명이 진정으로 어떠했는지, 볼셰비키가 진정으로 어떤 사람들이었는지를 아는" 사람으로서는 유일하게 남은 사람이었다는 글을 쓰게 된다.[7] 두 사람은 볼셰비키 좌익반대파 혁명 세대의 마지막 생존자였다.[6]

다른 어느 누구도 한때 벨기에인이었던 러시아인이며 아나키즘적 볼셰비키당원이자 확고한 반스탈린주의자였던 이 국제 혁명가를 이해하지 못했다. 세르주는 자기가 멕시코 비자를 얻는 데 도움이 되어주었던 훌리안 고르킨, 프랑스의 사회주의 지도자 마르소 피베르Marceau Pivert[7], 에스파냐에서 국제여단International Brigade 정치지도위원이었던 구스타프 레글러Gustav Regler[8], 프랑스의 소설가 장 말라케Jean Malaquais[9], 인간의 사회적 심성에 관해서 세르주와 멋진 토론을 한 프로이트Freud 학파의 정신분석학자 헤르베르트 렌호프Herbert Lenhof 등을 비롯한 에스파냐와 유럽의 망명객 사회와 차츰차츰 관계를 맺었다. 정통 트로츠키주의자인 마누엘 알바라도Manuel Alvarado가 세르주와 가까이 살면서 자주 들러 정치를 토론했다. 알바라도는 제4

인터내셔널 멕시코 부서의 전업투사였으며 정치경제학에 대단한 관심을 지녔다. 그들은 파시즘의 본성을 놓고 견해차를 보였다. 알바라도는 세르주가 파시즘과 스탈린주의의 유사성을 지나치게 중시한다고 느꼈다.[10)]

세르주의 일생의 이 시기에 관한 중요한 사료가 정보자유법을 통해 기밀 해제되어 구해볼 수 있게 된 미국 연방수사국 문서였다.[11)] 미 연방수사국은 멕시코에 있는 모든 망명객을 면밀하게 감시하고 있었다. 세르주는 자기도 모르게 중요한 정보원情報原이 되었다. 세르주는 각종 망명객 단체들의 최근 활동 상황을 계속 알아내면서 상세한 내용이 담긴 편지를 미국인 친구들에게 (그리고 기사를 미국의 좌파 정기간행물에) 써 보냈는데, 이것들을 미 연방수사국이 중간에 가로챘던 것이다.[8]

세르주는 마지막 망명에서도 핍박을 면하지 못했다. 멕시코는 트로츠키가 머무는 동안 게페우 활동의 온상이었다. 1940년에 멕시코 공산당은 벽화 예술가 다비드 알파로 시키에로스David Alfaro Siquieros가 지휘한 첫번째 트로츠키 암살 기도에 이용되어 스탈린에게 봉사했다. 로레트 세주르네는 세르주가 가끔 미행을 당했다고 회고했으며,[9] 블라디는 어느 날 코요아칸에서 아버지와 함께 걸어가고 있을 때 차 한 대가 갑자기 나타나 안에 타고 있던 총잡이가 총을 쏘았다고 기억했다. 세르주는 블라디를 잡아채서 나무 아래로 밀쳐냈다.[10]

세르주는 『새 지도자』의 멕시코 통신원으로서 게페우의

테러 전술이 자기와 자기 동료들을 겨누고 있다고 보도했다. 파울 카스텔라르Paul Castelar는 1942년 1월 24일자 『새 지도자』에 쓴 글에서 "폭력단"이 세르주와 고르킨과 피베르를 노리면서 이들이 멕시코에서 추방되어 총살을 당하게 될 자기 나라로 송환되도록 만들려고 애쓰고 있다고 적었다.[11]

세르주와 고르킨은 비방과 중상을 당하고 배척을 받았다. 그들은 나치 첩자, 시나르키스타sinarquista(멕시코의 파시스트), 트로츠키주의자, 국제연합의 적으로 불렸다. 미국에서 보도된 한 언론 속보에서 세르주는 멕시코 철도 파업의 선동자로 지명되었다.[12] 중상모략전의 조직자는 자기 신분을 프랑스 저널리스트로 밝힌 앙드레 시몽André Simon이라는 사람이었다. 그러나 영국의 『새 지도자』[12)]에 실린 한 기사에서 시몽의 진짜 정체가 드러났다. 그는 오토 카츠Otto Katz였다. 오게페우OGPU 요원인 그가 받은 임무는

> 레글러, 세르주, 피베르, 무니스Muniz를 비난하는 대중 정서를 부추기는 것이다. 이들에게 선동적인 언론 공격을 가하기 시작하면서 이제 카츠는 자기가 "라틴 아메리카에 있는 나치 제5열의 지도자"로 일컬은 이 사람들을 처리할 "자경위원회"를 여럿 조직했다.[13)]

멕시코의 출판계는 세르주에게 문을 닫았다. 장차 멕시코 공화국 대통령이 되는 미겔 알레만Miguel Alémán은 공개

표현수단을 세르주에게 일절 주지 말라는 소련의 압력이 있었다고 시인했다.[13] 모스크바에서 조율된 중상모략전은 여러 나라의 공산당뿐만 아니라 국제 언론까지 이용했다. 세르주, 피베르, 고르킨, 레글러, 무니스에게 "제5열"이라는 꼬리표가 달렸다. 일단 개시되자, 악의에 찬 거짓말이 멕시코와 미국의 공산당 언론에서 되풀이되었다. 각 기사는 그 허위에 그럴듯해 보이는 권위를 부여하는 증거로 다른 기사를 이용했고, 이렇게 해서 중상을 자유주의 계열 신문과 보수주의 계열 신문으로 퍼뜨리는 데 일조했다. 그러더니 멕시코 공산당 신문 『노동세계』*Mundo Obrero*가 개시한 비방이 미국의 『노동자 일보』*Daily Worker*에 대여섯 차례 실렸다. 그 뒤에 멕시코 신문들이 세르주와 다른 이들이 나치의 간첩이라는 "미국 언론"의 보도를 인용했다.

이 비방의 희생자를 옹호하려고 북아메리카의 저명인사 1백70명이 멕시코 대통령 아빌라 카마초에게 보내는 편지에 서명을 했다. 그 서명자에는 로저 볼드윈Roger Baldwin, 존 듀이John Dewey, 존 도스 파소스John Dos Passos, 데이비드 두빈스키David Dubinsky, 프레다 커치웨이Freda Kirchwey, 제임스 파렐James T. Farrell, 시드니 후크Sidney Hook, 퀸시 하우Quincy Howe, 라인홀드 니버Reinhold Niebuhr, 아담 클레이턴 파월 2세Adam Clayton Powell Jr.가 들어 있었다. 그 편지는 "지은 죄라고는 비방하는 자들보다 더 비타협적 [sic.]이고 더 일관성 있는 전체주의의 적이라는 것밖에는 없는 피난자들을 상대로 한 테러의 지배"로부터 이들 반反

파시스트를 지켜달라고 카마초에게 요청했다.¹⁴

사태는 결코 끝나지 않았다. 세르주와 고르킨과 피베르가 (1942년 2월 7일자) 『네이션』*The Nation*에 편지를 실은 뒤에 멕시코시티의 보수주의 계열 일간지 『더 높이』*Excelsior*에 '대對간첩 공조'Labor Conjunta Contra Espías라는 표제의 불가사의한 "워싱턴 속보"가 나타났다. 그 속보는 "미국 경찰"과 미 연방수사국이 제5열 탄압에 관심을 가지고 있다고 보이도록 만들어서, 미국의 비밀부서와 국무부를 끌어들여 연관시켰다.¹⁵ 그 기사는 세르주를 다음과 같이 묘사했다.

> 별칭이 빅토르 세르주인 발키스티Balkisti는 레프 트로츠키의 직접적인 후계자이다. 이 작자는 (……) 1919년 프랑스에서 그 유명한 보노 갱단 재판에 연루되었다. 그는 프랑스 사법부로부터 간신히 도망칠 수 있었고, 그 뒤에 러시아로 몸을 피해 그곳에서 상습 범죄자가 되어 유죄판결을 받았다. 그는 1938년에 오토 아베츠Otto Abetz라는 독일인을 위해 일하는 사람으로 파리에 드디어 모습을 나타냈다. 아베츠는 히틀러의 비밀 요원들의 우두머리였으며, 이 때문에 오늘날 히틀러의 파리 주재 대사가 될 수 있었던 사람이다.¹⁶

이 시점에서 미 연방수사국이 정보원으로 이용되었고 사건에 관한 관심이 커졌다. 그런 다음 제5열을 옹호한다고

『네이션』을 질책하는 "배경" 기사에서 『신대중』*The New Masses*[17]이 이 사건을 끄집어냈다. 2월 28일에 『네이션』은 "자기들 사이에 있는 트로츠키주의자들에 관한 멕시코인의 감정을 다시 천명한" 멕시코 국회의원 일곱 명 및 롬바르도 톨레다노Lombardo Toledano와 루드비히 렌Ludwig Renn과 파블로 네루다Pablo Neruda의 편지를 실었다. (마지막 세 사람은 유명한 스탈린주의자였다.) 그 결과, 『네이션』의 편집진은 세르주와 그의 동지들을 옹호하던 종전의 입장에서 물러섰다.[18]

미국에서 드와이트 맥도널드가 세르주와 다른 이들을 옹호하는 운동을 계속 벌였고, (1942년 2월에) 『뉴욕 타임스』*The New York Times*가 비방 선전에 관한 해설 기사를 실었다. 카마초에게 보내는 호소문에 많은 사람이 서명하자 이 문제에 미 국무부의 관심이 쏠리게 되었다. 맥도널드는 세르주에게 다음과 같이 말했다. "국무부의 견해는 그 공격으로 말미암아 (……) 진짜 제5열을 공격하는 문제에 혼란이 일어난다는 것입니다. 그래서 루스벨트가 카마초와 중재에 나서 그 공격이 중단되도록 요구를 하라고 멕시코에 있는 자기의 개인 대표에게 요청했어요. 물론 그 요구는 비공식적인 것이죠."[19]

게페우의 공세는 그치는 대신 차츰 더 거세져서, 헨리크 에를리흐Henryk Erlich와 빅토르 알테르Wiktor Alter와 카를로 트레스카Carlo Tresca[14]를 추모하는 1943년 4월 집회를 무장폭력배 2백 명이 공격했을 때 절정에 이르렀다. 이 습격에서 훌리안 고르킨이 칼에 찔렸다. 다른 사람 70명가량이 다쳤는데, 이 가운데 22명이 중상을 입었다. 미 연방수사국은 (난동이라고 일컬은) 그 공격을 보고하면서, 고르킨이 다쳤고 세르주는 다치지 않았고 블라디는 용감하게도 냉정을 잃지 않았다고 지적했다.[20] 역시 그 집회에 있었던 자닌 키발치치는 세르주가 연설을 하는 바로 그때 폭력배들이 들이닥쳤다고 기억했다. 세르주는 자닌 쪽을 쳐다보면서 몸을 숨기라고 소리쳤고 엔리케 지로네야Enrique Gironella가 자닌을 낚아채면서 몸으로 감싸 보호했다. 자닌은 지로네야가 칼에 찔려 입은 상처에서 나온 따뜻한 피가 자기 머리카락을 타고 흘러내리는 것을 느끼고는 겁에 질려 아무 소리도 내지 못했다.[15] 『투사』Militant도 그 집회에 관한 설명 기사를 실으면서 빅토르 세르주의 말을 다음과 같이 인용했다.

세르주는 여덟 시에 1백 명쯤 되는 공산당원 무리가 강당을 에워싸고 쇠문을 부수고 때려누일 연설자들을 찾아 한복판으로 쳐들어왔다고 말한다. 그들은 십중팔구는 돈을 주고 거리에서 사람을 가려 뽑은 것이 틀림없는 폭력단을 만들어 때려 부순 가구에서 떼어낸 몽둥이로, 그리고 칼과 총으로도 무장하고는 "저자들은 독일 놈들이다. 멕시코의 적이다"라고 계속 외쳐대는 공산당 투사 몇 사람의 지휘를 받았다. (……) 그 폭력배들을 이끌고 온 사람은 안토니오 미헤Antonio Mije, 후안 코모레라Juan Comorera, 훌리안 카리요Julian Carillo, 카를로스 콘트레라스Carlos Contreras였다. 콘트레라스는 스탈린의 악명 높은 게페우 자객으로, 에스파냐에서 내전기 동안 앞장서서 반스탈린주의 노동자들에게 테러를 자행한 인물이었다.[16]

세르주는 비록 다친 데 없이 살아남기는 했어도 게페우가 노리는—이제 더는 단지 힐뜯을 대상이 아니라 죽일—목표로 점찍힌 것이 분명했다. 자동소총과 권총을 휘두르는 공산당원 폭력배에게 공격받기 쉬운 위치에서 세르주를 구한 후안 아우스트리치Juan Austrich는 피노 카쿠치Pino Cacucci에게 빅토르 세르주가 진짜 공격 목표였다고 말했다.[21]

제2차 세계대전이 벌어지는 상황에서 소련이 파시즘에 맞서는 "보루"로 칭송받자, 반스탈린주의 견해는 진보 계열 언론의 입맛에 맞지 않게 되었다. 유럽과 남북 아메리카 모든 곳에서 트로츠키주의자들이 지지층을 많이 잃었다. 세르주같이 어디에도 소속되지 않은 사람의 말을 들어줄 사람은 더더욱 없었다. 세르주는 열렬한 반스탈린주의자이자 반자본주의자였지만, 그를 사회민주주의자로 변해가는 도중에 있는 중도주의자[17]로 여기는 트로츠키주의자들의 호의도 얻지 못했다.

세르주는 쓰는 글을 출판할 수 없게 되었다. 한 출판사는 세르주의 책 『히틀러 대 스탈린』Hitler Contra Stalin을 출판한 뒤 쑥대밭이 되었다.[22] 정치적으로 고립되고 생계 수단을 앗긴 세르주는 대부분 출판되지 않고 책상 서랍으로 들어갈 글을 쓰면서 가장 뛰어난 저작을 몇 편 만들어냈다. (1942년과 1943년 사이에 썼지만 1951년에 가서야 출간된) 『한 혁명가의 회상』, 숙청에 관한 가장 뛰어난 소설이라는 주장이 있는 (1940년과 1942년 사이에 썼지만 1948년에 출간된) 『툴라예프 사건』, (1943년과 1945년 사이에 썼고 1946년에 캐나다에서 출간된) 프랑스 함락에 관한 소설 『마지막 시간』 Les Dernier Temps, 『용서 없는 세월』 Les Années sans pardon이라는, (1946년에 썼고 1971년에 출간된) 패배와 망명에 관한 소설이 그런 글이었다. 그는 나중에 프랑스에서 『수첩』 Carnets(1952년)으로 발간된 훌륭하고 두툼한 사건일지를 계속 썼다. 그가 쓴 소책자로는 세르주, 고르킨, 피베르, 레글러가 서명하고 1942년에 『분석』 Analisis에 맨 처음 실린 『게페우, 새로운 범죄를 준비하라!』 La GPU prepara un nuevo crimen!, 같은 네 사람이 쓴 『세계』 Mundo에 맨 처음 실린 『우리 시대 사회주의의 문제들』 Los Problemas del socialismo en nuestro tiempo(1944년), 『소련 작가들의 비극』 La Tragedie des éscrivains soviétiques(1944년), 『러시아의 신제국주의』 La Nouvel Imperialisme russe(1947년), (나탈리야 세도바와 함께 써서 1951년에 펴낸) 『레프 트로츠키의 삶과 죽음』 Vie et mort de Leon Trotski이 있다. 세르주는 전쟁, 유대인 문제, 심리학, 문학, 사회주의의 미래, 멕시코 고고학, 소비에트 체제의 진화와 성격에 관한 논문과 서신과 기사를 한 무더기 썼다. 그는 제2차 세계대전으로부터 등장할 세계의 특성에 관해 몰입했다. 그는 제2차 세계대전이 변화를 일으키는 힘을 지니고 있으며 테크노크라트 엘리트가 권력을 쥔 새로운 집산주의 사회를 낳으리라고 생각하고 이 새로운 구성체의 전체주의적 경향을 염려했다. 세르주는 만약 스탈린이 전쟁을 견뎌내고 살아남는다면 제3차 세계대전을 일으키리라고 두려워했다.

전쟁이 끝났을 때 머릿속에 집필 계획이 가득 들어차 있는 상태에서 세르주의 몸은 허약해져 있었다. 블라디는 글을 써서 **책을 펴낼** 수 있는 프랑스로 돌아가라고 세르주를 부추겼다. 그의 결혼은 금방이라도 깨질 듯 위태로웠고, 세르주는 자기 생각에 귀를 기울여줄 사람들을 한평생 찾지 못할 것이라며 절망했다. 블라디는 그를 다그쳐서 앙드레 말로에게 편지를 써 보내도록 만들었고, 말로는 세르주가 드골주의Gaullisme를 지지한다고 암시하게끔 그 "악명 높은" 편지를 군데군데 추려내어 게재했다.[18] 블라디는 그 편지를 세르주가 프랑스로 되돌아갈 수 있도록 도움을 줄지도 모를 말로와 관계를 새롭게 맺으려는 우의에 찬 시도로 설명했다.[23] 세르주는 프랑스국민연합RPF을 공개 지지하는 글을 결코 단 한 줄도 쓰지 않았다. 세르주는 프랑스에 있는 스탈린주의자들의 잠재적 역할을 두려워한 것만큼 드골주의와 그리스도교와 제국주의를 결코 지지하지 않았고, 심지어는 공산당원들과 제휴해서라도 노동계급을 지키는 것이 최우선이라는 점을 인정했다.[24] 말로에게 보낸 그 편지는 좌파 동아리들에게 충격을 안겨주었고 부끄러운 일이 되었다. 세르주가 인생 말년에 변절한 것으로 보였기 때문이었다. 세르주는 변절하지 않았다.

말로에게 편지를 써 보낸 지 엿새 뒤에, 즉 프랑스로 되돌아갈 어떤 구체적인 계획도 세워지기에 앞서 세르주에게 치명적인 심장마비가 찾아왔다. 1947년 11월 17일이었다.[25] 그는 택시 한 대를 불러 세우자마자 숨을 거두었다. 택시 기사에게 행선지를 말해주기도 전이었다. 그가 입고 있던 옷은 닳아서 올이 헤어져 있었고 그가 신은 신발에는 구멍이 여러 개 나 있었다.[19] 택시 기사는 자기가 비렁뱅이를 태웠다고 생각했다. 나중에 로레트와 블라디와 이사벨 디아스Isabel Diaz가 영안실로 불려와 세르주의 주검을 보고 신원을 확인했다. 자닌에게는 대엿새 동안 말을 해주지 않았다. 세르주는 에스파냐 망명객들을 위한 공동묘지에 묻혔다. 무덤에는 표식이 없었다. 그가 죽은 지 45년 뒤에 세르주의 며느리 이사벨 디아스가 그의 무덤에 묘석을 하나 세웠다.

티나 모도티Tina Modotti의 전기를 쓴 이탈리아인 피노 카쿠치는 세르주가 자연사하지 않고, 심장마비를 일으켰다고 보이게끔 만드는 뭔가로 게페우에게 독살되었을 가능성을 제기했다.[26] 카쿠치의 주장의 근거가 된 후안 아우스트리치는 세르주가 피살되었다는 증거가 자기에게 있다고 주장했지만, 그의 미망인은 그가 죽은 다음 그의 서류 상태를 고려해서 증거 서류를 내놓을 수 없었다.[27] 세르주가 암살되었다고 믿는 다른 사람들은 살해 원정을 할 때 택시를 "살인 폭력단"으로 이용하는 공산당이 택시기사 노동조합을 지배했다고 주장한다.[28] 블라디는 세르주가 독살 당했을 가능성이 있다고 믿었고, 난데없이 나타나 세르주의 동반자가 된 30대의 로레트에 관한 문제를 제기했다. 분명히 로레트는 세르주에게 결코 애정을 쏟지 않았고, 그가 죽은 지 몇 달 뒤에 저명한 멕시코 공산당원과 결혼했고 자기도 공산당에 가입했다. 1990년 9월에 로레트 세주르네와 인터뷰를 하면서 나는 로레트에게 세르주가 독살되었을 가능성이 있는지 물어보았다. 로레트는 그럴 수 있다고 생각했지만 그랬다고 믿지는 않았다. 로레트는 세르주와 한 결혼이 "실수"였으며 자기는 너무 어렸고 세르주의 삶은 자기로서는 이해할 수 없는 비극과 어두움으로 가득 차 있다고 여겼다. 로레트는 세르주를 먹여 살리고 아침에 일하러 가기 전에 그의 원고를 타자기로 치고 저녁에 돌아와서는 인류학 학위를 따려고 공부를 해야 하는 등 힘든 일과 씨름했다.[29]

세르주 인생의 마지막 10년은 20세기에서 가장 요란하고 야만스러운 시기 가운데 하나였다. 세르주가 1936년 4월에 오렌부르크에서 풀려났을 때부터 1947년에 멕시코에서 죽을 때까지 수백만 명이 스탈린의 노동 수용소와 감옥 지하실에서 죽게 된다. 히틀러의 절멸 수용소에서 수백만 명이 더 죽고, 유럽의 도시들을 파괴하고 유럽 땅을 피로 적신 총력전에서 훨씬 더 많은 사람이 죽었다. 미국이 1945년 8월에 히로시마廣島와 나가사키長崎의 상공에 "뚱보"fat man와 "꼬마"little boy[20]를 떨어뜨림으로써 그 살육에 섬뜩한 후기後記를 달았다. 그것은 제2차 세계대전의 마지막 장이며 냉전의 첫 장이었다. 세르주는 스탈린주의와 나치즘, 그리고 20세기 전반기에 일어난 대부분의 중요한 투쟁과 파국을 몸소 겪었다.

무일푼으로 죽었지만 세르주는 자신의 저작들과 필생에 걸친 투쟁, 아무리 불편할지라도 버리지 않은 진실에 대한 몰입, "승리를 거둔 혁명, 그리고 머리가 아찔할 만큼 많은 사람이 죽은 대학살"과 미래의 여러 가능성에 대한 비판적 지성이 낳은 자신감을 뒤에 남기고 떠났다.

세르주의 마지막 몇 해는 여러모로 더 앞선 시기와 마찬가지였다. 글쓰기, 정치, 위험, 굶주림, 정치 투쟁과 사적인 투쟁으로 가득 차 있었던 것이다. 세르주의 인생 경험은 그의 정치사상이 발전하는 데 없어서는 안 되는 요소였다. 그는 "사태가 계속해서 우리를 압도한다. 심지어 그 사태가 먼 곳에서 일어나도 나는 그것을 나 개인의 기억과 떼놓기가 어렵다는 것을 안다"고 평했다.[30] 세르주는 그저 단순한 작가나 관찰자가 아니었다. 그는 참여했다. 그의 저술은 직접적인 의미로, 그리고 그가 자기 생각을 표현하려고 이용한 문예의 형태, 즉 소설, 시, 역사서, 정치 논설로 그의 경험을 반영한다. 세르주는 관례적인 "과학적" 문체가 아니라 전통적인 사회과학과 통상적인 문학의 경계를 뛰어넘는 문학적·자전적·정치적 문체로 글을 썼다.

제6장

러시아에서 빠져나와, 유럽에서 구석에 몰려

1936년 봄 : 벨기에 사회주의자들은 포동포동하다

세르주는 "우리 혁명의 러시아"에서 10년 넘게 심한 곤궁 속에서 지낸 뒤 서유럽으로 돌아오자마자 깊은 문화충격을 겪었다. 그는 일자리를 잃은 생디칼리스트 투사 한 사람과 함께 푸짐한 식사 —"저기 너머에 있는 고국으로 돌아가면, 이것은 고위 당직자나 먹을 그런 식사!"[1] — 를 했고 5월 1일 노동절 시위에서 본 벨기에 노동자들은 옷도 잘 차려입고 포동포동했다고 서술하면서 그 문화충격을 요약했다. 비록 기억이 가물가물해지기는 했어도 세르주는 이런 것을 전에 본 적이 있었지만, 어린 블라디에게는 모든 광경이 깜짝 놀랄 일이었다. 블라디는 사유재산 개념을 이해하는 데 정말로 어려움을 겪었다. 이 모든 것이 어떻게 다 한 사람의 소유일 수 있단 말인가? 그리고 무슨 목적으로? 세르주는 믿지 못해하는 블라디를 보고 "나의 소비에트 소년에게는 이 모든 것이 미친 짓으로 보였다"고

썼다.²

세르주는, 비록 비자 기한 때문에 공개 정치행위에 제한을 받기는 했지만, 즉시 정치에 활발하게 참여했다. 그는 소련에서 전개되는 사태를 듣고 이 사태가 유럽과 에스파냐에 미치는 영향을 보고서 그저 "풀려났다"고 안도하며 팔짱을 끼고 우두커니 있지 못했다.

세르주는 자기가 얼마 전에 소련에서 몸으로 겪고 눈으로 본 것을 글로 쓰기 시작했다. 그는 서유럽의 정치적 친우들 가운데 보리스 수바린을 빼고 많은 이들이 자기가 입을 다물고 있기를 바란다는 데 놀랐다. 그들에게 "러시아는 아직도 흠결 없는 스타"였고 세르주는 고초를 겪은 뒤 "지나치게 모질어진" 사람이었다.³ 그는 수바린이 말하는 "위험하기 짝이 없는 우둔함이라는 전염병!"을 무릅쓰고 글로 진실을 쓰는 데 머뭇거리지 않았다.⁴ 모스크바에서 시작된 숙청의 파동이 벨기에에 있는 세르주에게 갑자기 와 닿았다. 벨기에 공산당이 부추긴 비난이 빗발치기 시작했고, 이에 따라 당국은 세르주와 그의 가족의 여권을 무효화했다. 더한 일이 벌어진다. 편지들이 유실되고¹⁾ 끄나풀이 거리에서 세르주에게 다가왔다. 세르주는 레옹 블룸의 "『인민』*Le Populaire*에서 얻은 보수가 좋은 일자리를 편집부에 영향을 미친 압력 때문에" 단념해야만 했다.⁵ 잡지사와 출판사에서 공산당이 영향력을 행사했으므로 세르주가 책을 펴내기란 사실상 불가능해졌고, 세르주는 자기가 이미 책을 찍어낸 곳에서는 자기 책들이 후미진 선반에 놓여 있으며 책 제목이 목록에서 지워져 있다는 것을 깨달았다. 돈을 벌어 먹고살기가 거의 불가능해졌다. 게페우가 나중에는 파리에서 세도프에게, 로잔Lausanne에서 레이스에게, 에스파냐에서 마르크스주의통합노동당Partido Obrero Unificado Marxista, POUM에, 멕시코에서 트로츠키에게 가 닿으려고 세르주를 향해 그 촉수를 뻗치고 있었다.

스탈린은 세르주의 석방이 트로츠키의 강제 추방과 마찬가지로 실수였음을 곧 깨달았다. 서유럽에서는 그들의 입을 틀어막기가 더 어려웠던 것이다. 그러나 압력을 가할 수는 있었다. 1936년 7월 11일에 세르주는 여권과 소련 국적을 박탈당했다.[2] 1936년 7월 13일에 세르주는 트로츠키의 아들인 세도프에게 보내는 편지에 소련 대사관이 전 러시아 소비에트 중앙집행위원회VTsIK의 포고령에 따라 자기 여권의 효력이 사라졌다는 통보를 해왔다고 썼다.[6] 세르주는 게페우가 부추긴 비난으로 촉발된 경찰 탄압의 희생자였다. 그는 파업을 벌이는 광부들 틈에서 선동을 하고 에스파냐 공화국 지지자들을 위해 무기를 숨기고 벨기에 국왕암살 준비를 했다고 고발당했다. 소련에서는 세르주의 친척들이 체포되거나 행방불명이 되었다. 그들에 관한 소식을 대부분 다시는 결코 듣지 못했다.[3]

벨기에의 공산주의 계열 언론은 세르주를 나라에서 쫓아내라고 요구했고, 예전에 세르주의 친구였던 자크 사둘이 가증스럽게도 그를 모략하는 비방전을 개시했다. 『뤼마니테』에 실린 기사 두 편에서 사둘은 세르주를 "잡범",

"1911년 보노 갱단 배후의 모사꾼", (……) 펜을 휘둘러 보노 갱단을 옹호했고 "자기가 트로츠키와 모스크바 재판의 피고들의 범죄에 연루되었다는 것을 감추려고" 지금도 똑같이 펜을 휘두르는 "펜대 쥔 머슴"이라고 불렀다.[7] 사둘은 세르주 배척 운동을 촉구했고, 상당한 성공을 거두었다. 그의 동기가 너무 비열해서 트로츠키는 마르크스주의 통합 노동당의 성격을 둘러싼 견해차로 세르주와의 관계가 긴장되어 있던 때 그에게 다음과 같은 편지를 쓰게 되었다.

『뤼마니테』를 한 부 집어 들면 언제나 기분을 잡쳐요. 젊은 내 친구들이 말해주어서 당신을 비방하는 자크 사둘의 기사, 심지어는 매춘부 같은 그 간행물로서도 이례적인 기사에 내 관심이 갔습니다. (……) 자크 사둘은 혁명의 이름으로 당신을 판결하고 당신을 파문하더군요. (……) 그 작자는 자기를 레닌의 오른팔 격인 인물로서 당신과 레닌 사이에 놓습니다. (……) 어찌 내가 당신에게 연민과 연대감을 표명하는 동시에 프랑스 노동자들에게 자크 사둘은 거짓말을 하고 있소! 하고 말해야 한다고 느끼지 않을 수 있습니까. (……) 하지만 그자가 당신이 출세를 노린다고, 당신이 "물질적 안위"에 신경을 쓴다고 말하는 구절, 그리고 그자, 즉 자크 사둘이 당신 빅토르 세르주를 글로 다른 사람을 섬기는 머슴이라고 부르는 구절을 보니 그 비방꾼은 후안무치에 빠져도 아주 단단히 빠졌더군요. 힘센 주인에게 "너는 뭐든지 할 수 있다"는 말을 들은 비굴한 속물보다 더 비위를 건드리는 건 없지요. 빅토르 세르주 당신은 꿋꿋하지 못한 사람들이 차례로 투항하고 있을 때 전례 없는 탄압의 와중에도 흔들리지 않고 반대파의 대열에 남았습니다. 감옥과 유배지에서 당신은 테르미도르 반동의 망나니들이 꺾을 수 없었던 사람들의 무리에 속했습니다. 당신은 아주 좋지 않은 길을 택해서 "출세와 물질적 안위"를 보장받았습니다. 친애하는 빅토르 세르주, 당신은 왜 자크 사둘의 예를 따르지 않았나요? 그자는 소비에트 혁명 주위를 맴돌다가 프랑스로 되돌아와 『이즈베스티야』*Izvestiia* 통신원이 되었습니다. 그자는 파리에서 게페우 요원들이 불러주는 대로 받아 적은 김빠진 잡문을 보냈습니다. 그 얼마나 씩씩하고 용감하고 영웅적인 직위입니까! (……) 친애하는 빅토르 세르주! 우리는 당신이 그러는 것처럼 이자들을 어떻게 경멸해야 하는지 알고 있습니다. (……) 사둘이 쓴 기사 하나만으로도 "**스탈린주의는 노동운동의 매독**"이라는 절대 확실한 진단을 내릴 수 있습니다. 코민테른은 무너질 운명에 처해 있습니다. 사둘 같은 작자들은 쥐새끼처럼 가라앉는 배를 버릴 것입니다. 그 작자들은 심각한 위험이 닥치기 5분 전에 소련을 배반할 것입니다. 그러니 이 인간 곰팡이를 경멸하도록 젊은이들을 가르칩시다. 몇 해 더 있으면 프롤레타리아트의 전위가 이 머슴들뿐만 아니라 그 주인들도 못 본 체할 것입니다. 당신은 노동계급 해방투쟁의 부활과 이름이 연계될 사람들 사이에 끼어 있을 것입니다.[8]

세르주는 1936년 10월 26일에 브뤼셀을 떠나 파리로 향했고, 파리에서 보름 동안 있었다고 하지만 더 오래 머물렀음이 분명하다.[9] 사둘과 소련 때문에 세르주는 파리의 주류 언론에 다가설 수 없었다.

스탈린이 자기에게 쓸모가 있으리라고 생각했을 경우에만 세르주를 놓아주었으리라고 추정한 특정한 반대파 구성원들은 세르주가 풀려났을 때 그를 신뢰하지 않았다.[4] 그러나 일단 망명지에 도착한 세르주는 모스크바 재판과 테러 운동에 공개 항의하는 활동에 착수했다. 공산당 언론에서 퍼져 나오는 세르주 중상모략전 때문에 세르주는 이른바 좌파에게 접근하는 길이 사실상 차단되었으며, 마찬가지로 모스크바에서 가해지는 압력 때문에 주류 언론에 접근하는 길도 차단되었다. 벨기에 일간지인 『왈룬』*La Wallonie*과 발행부수가 얼마 되지 않는 극좌 잡지들만이 그의 글을 실었다.

따돌림을 당하는데도, 세르주는 난마처럼 얽힌 이 비극들을 풀어내는 엄청난 과업을 시작했다. 트로츠키, 세도프, 프리츠 아들러Fritz Adler, 보리스 니콜라예비치 등과 함께 일하면서 세르주는 소련 언론을 이 잡듯이 뒤져서 칠리가, 이그나티 레이스, 월터 크리비츠키, 바르민[5]의 증언을 추려냈다. 벨기에와 프랑스, 나중에는 멕시코에서 세르주와 다른 사람 몇 명이 진실을 위한 기나긴 싸움을 벌였다. 1936년부터 1939년까지 게재된 기사 수십 편에서 세르주는 모스크바 재판 기소 배후에 있는 거짓말을 폭로했다.[10]

그는 파리에서 프랑스의 많은 지식인과 예술가들이 포함된 "모스크바 재판의 규명과 혁명의 자유언론 옹호를 위한 위원회"를 세웠다.[11] 세르주 스스로가 러시아 감옥들의 조건과 그 희생자 가족들의 처지에 관해 증언했다.[12]

좌익반대파 망명객들의 재회 : 1936년의 봄과 여름

1936년은 극적인 해였다. 6월에 프랑스에서 레옹 블룸의 인민전선이 총선에서 이겨 정권을 잡았고, 곧바로 총파업이 일어났다. 7월에 에스파냐 내전이 시작되었고, 그 뒤 8월에 모스크바의 16인 재판이라는 땅을 뒤흔드는 대형 돌발사건이 터졌다.[6)] 유럽에 있는 좌익반대파 망명객들은 이 모든 갈등을 열띠게 논의하고 평가했다.

그 좌익반대파 구성원들은 쫓겨난 공산당원들과 레프 트로츠키의 정견에 이끌린 서유럽 대다수 나라의 젊은 신참자들이었다. 트로츠키와 세도프가 유일한 러시아인이었고, 이제는 서유럽에서 세르주가 그들에게 가세했다. 세르주와 트로츠키는 1927년 이후로 서로 본 적이 없었고, 이제는 다시 만나기를 바라면서 마음껏 편지를 주고받았다. 두 사람이 어떻게든 목숨을 부지한 것은 기대하지 못한 일이었으며, 이제 두 사람이 함께 일할 기회가 생긴 것은 정말로 믿기지 않는 일이었다.

세르주는 벨기에에 도착하자마자 트로츠키와 그의 아들

레프 르보비치 세도프Lev L'vovich Sedov 두 사람과 편지를 주고받기 시작했다. 그는 벨기에에 도착한 지 사흘 뒤에 세도프에게 첫 편지를 써 보냈고, 나흘째에 트로츠키에게 첫 편지를 써 보냈다. 세 사람은 비밀경찰이 끼어들어서 편지가 분실되고 수신이 지연되었는데도 1936년 여름 내내 편지를 자주 주고받았다.[13] 트로츠키와 세르주가 주고받은 편지 상당수가 1977년에 프랑스어로 출간되었지만[14] 세르주와 세도프가 주고받은 편지들은 1988년 여름이 되어서야 발견되었다.[15]

1936년에 오간 편지들은 성격상 서론 격이었다. 오로지 소련에서 쫓겨났기 때문에 스탈린의 테러에 목숨을 잃지 않았고 이제는 망명해서 성과 있는 협력을 시작할 기회를 얻은 좌익반대파 동지들의 아주 따듯하고 열정적인 재회였던 것이다. 서로 마음이 통하는 가운데 오가는 편지 속에는 정보와 여러 관심사가 가득 차 있었다.

세르주는 확실한 연락 수단을 찾으려고, 즉 편지가 "모종의 첩보기관에 가로채이지" 않고서 트로츠키에게 편지를 보낼 방법을 찾아내려고 우선 세도프에게 편지를 써 보냈다.[16] 그는 "레프 다비도비치에게 애정과 충심 어린 우애의 인사"를 보내고 레프 손체프가 단식투쟁을 하다가 죽었다는 슬픈 소식을 전해달라고 세도프에게 부탁했다. 또한 그는 그들에게 세닌/소볼레비치우스에 관해 경고하고[7)] "나는 서유럽에 있는 반대파 공산주의자 동아리에 아주 깊숙이, 심지어는 1932년과 1933년에 레프 다비도비치가

직접 몸담고 있는 동아리에도 첩자들이 침투해 있다는 확신을 얻었습니다"라면서 경각심을 일깨웠다.[8]

세르주는 그다음 날 트로츠키에게 첫 편지를 써 보냈다. 그에게는—자기가 처한 상황과 굴라그에 남겨진 동지들에 관한 소식 등—트로츠키에게 전할 정보가 한 무더기 있었다. 우선 그는 "영웅이며 아직도 온통 당신을 배려하는 생각만 하는, 유형에 처해지고 감옥에 갇힌 얼마 되지 않는 동지들이 보내는, 있을 수 있는 가장 따듯하고 진실하고 성실한 경의"를 표한다고 했다. 그들은 여러 해 동안 그에 관해 거의 아무것도 알지 못했다.[17] 그는 트로츠키에게 손체프가 단식투쟁을 하다가 노보시비르스크에서 죽었고 둠바제Dumbadze가 사라풀Sarapul에서 위독한 상태에 있음을 알려주었다. 그는 오렌부르크에서 자기와 함께 지냈던 보리스 옐친과 아르한겔스크Arkhangel'sk에 있는 그의 아들 빅토르 옐친이 보내는 가슴 뭉클한 인사를 전했다.

세르주는 귀양살이를 하면서 어떻게 그들의 생각이 구렁텅이 같은 이 암울한 시기에 끊임없이 그를 향했는지를 트로츠키에게 말해주었다. 당국은 트로츠키 지지자들의 사기를 꺾고 헷갈리게 만들려고 소문과 거짓말을 공식적으로 흘리는 등 트로츠키의 영향력을 없애려고 별별 짓을 다 했다. 세르주는 트로츠키에게 다음과 같은 글을 써 보냈다.

라콥스키가 투항할 즈음해서 엔카베데 관리들이 "일반 노선" 추종자들과 사적인 "잡담"을 나누면서 LD(레프 다비도비치 트로츠키—옮긴이)가 일정한 조건을 내걸고 소련 귀국 허가를 신청했다는 둥, 또는 그럴 것이라는 둥 소문을 떠벌렸습니다.⁹⁾

엔카베데의 술책은 조금도 성공을 거두지 못했다. 외국에서 트로츠키가 계속 벌이는 원칙적 투쟁이 중요하며 그 투쟁의 소식이 감옥에 갇힌 사람들에게 띄엄띄엄이나마 전달된다는 것을 트로츠키에게 전하려는 의도가 행간에 숨어 있었다. 그 소식은 그들의 사기를 북돋았고 그들이 항로를 유지하도록 해주었다. 재미있는 점은 이것이 세르주가 『캄캄한 시대일지라도』에서 묘사한 코스트로프 Kostrov 같은 인물처럼 투항했거나 지금은 투항한 것을 후회하는 사람들에게도 영향을 주었다는 것이다. 이 동지들의 분위기를 트로츠키에게 전하려고 세르주는 "게페우에게 철저히 짓눌린 채로 남아 있는 동지들이" 자신을 "얼마나 즐거이 배웅해주었"는지 설명하면서 다음과 같이 말했다.

그 사람들에게는 누군가가 자기들의 우애 어린 인사를 당신에게 보내리라는 단순한 생각이 아주 커다란 뜻을 지녔습니다. 유형과 투옥은 체계적인 억압에 너무나도 의연하게 맞서는 무척이나 헌신적이고 꿋꿋한 혁명가들을 이미 강철처럼 벼렸습니다. 내가 언급한 모든 동지들이 다 그렇습니다.¹⁸

이 설명은 유일무이하며, 예브게니야 긴즈부르그Evgeniia Ginzburg나 마리야 요페 같은 이의 다른 감옥 회고록과 두드러진 대조를 이룬다. 이들의 회고록에서는 세르주가 강조하는 인간의 유대, 인간의 친절함, 신념과 불요불굴이 이따금 어렴풋하게 엿보일 때가 있기는 하지만, 이것들은 고립과 혼란과 절망에 관한 생생한 묘사에 완전히 짓눌려 눈에 띄지 않는다. 고찰 대상이 되는 시기 탓에 이랬을 가능성이 높다. 긴즈부르그는 콜리마Kolyma에서, 요페는 보르쿠타Vorkuta에서 1937년과 그 이후의 전면적인 테러를 맞이해서 정치적 연대의 위안을 거의 얻지 못했다. 세르주는 상대적인 특권을 누려서 다른 좌익반대파 구성원들과 함께 유배지에 구금되고 1936~1939년에 테러가 대규모로 자행되기 전에 체포되어 유형에 처해졌다. 키로프가 암살되기 전에 체포된 사람들은 확고한 정치인이었고, 1936년 이후에는 사소하기 이를 데 없는 구실로 아무나 체포될 수 있었다.

세르주는 서유럽에 도착하자마자 『반대파 회보』 지난 호들을 탐독했고, 자기 견해가 남들과 대체로 같다는 점을 알고는 안도감을 느꼈다. 세르주는 "유형지에 있는 우리가 자유롭게 숨을 쉴 수 있는 동지들과 단절되어 이들과의 견해차가 상당히 누적되었을지도 모른다"[19]고 걱정했었지만, 1935년 1월자 『반대파 회보』 42호에서 자기가 읽은 것과 차이점을 사실상 전혀 찾아내지 못하고는 즐거워했다.

또한 세르주는 자기가 체포되어 유형에 처해진 이야기를

트로츠키에게 해주었고 트로츠키는 이것을 『반대파 회보』에 실었는데, 여기서 세르주는 자기가 사실이라고 믿은 자신의 젊은 처제에 관한 이야기를 하면서 엔카베데가 "젊은 처제 아니타루사코바에게서 받아낸 거짓 증언"을 근거로 자기를 기소하려 시도했다고 거듭 말했다. 실제로는 날조된 이 자백이 세 해 뒤에 아니타가 체포되는 근거가 되었다.

트로츠키가 세르주에게 보낸 첫번째 편지들은 매우 염려하는 어조인데, 트로츠키는 특히 류바의 정신건강 상태와 세르주의 위태로운 정치 상황을 걱정했다. 트로츠키는 "손체프가 죽었다는 소식에 크게 상심"했다고 썼다.[20] 죽거나 죽임을 당한 가까운 동지들의 긴 명단에 또 한 사람이 보태진 것이다. 트로츠키는 상세한 정보를, 설령 짧은 것이더라도 정보를 달라고 세르주에게 부탁했으며 『반대파 회보』에 게페우에게서 그를 보호하기 위해 가명이나 무기명으로 글을 써달라고 청했다. 트로츠키는 세르주에게 "지치지 않고 편지를 쓰겠다"고 약속했다.

트로츠키는 자기가 준비하던 『러시아 혁명사』*Istoriia russkoi revoliutsii* 제2판의 긴 머리말에서 세르주의 저작을 몇 차례 인용함으로써 세르주에게 물질적인 도움을 주겠다는 제안도 했다. 그렇게 되면 세르주의 이름을 널리 알리는 데 도움이 될 터였다.[10)] 트로츠키는 세르주에게 글을 쓰라고, 실제로는 글쓰기를 정치 활동으로 여기고 보수가 가장 후한 미국에서 책을 펴내라고 격려했다. 트로츠키는 세르주가 벨기에에 머무는 상황이 그에게 부과하는 정치적 제한[11]을 피하는 길 하나가 글쓰기이며, 글쓰기 자체가 생계비를 버는 길이라는 믿음을 그에게 불어넣으려고 애쓰고 있었던 것이다.[21] 트로츠키는 자기 아들인 세료자 Serezha(세르게이의 애칭—옮긴이)[22], 첫번째 아내인 알렉산드라 르보브나와 알렉산드라의 자매인 마리야 르보브나 소콜롭스카야Mariia L'vovna Sokolovskaia, 그리고 그들이 돌보는 손녀들의 소식도 알려달라고 세르주에게 부탁했다.[23]

세르주가 트로츠키에게 보내는 1936년 4월 25일자 편지는 일부가 1936년 5월자 『반대파 회보』(파리) 50호에 실렸다. 세르주의 편지는 굴라그에서 온 최초의 생생한 정보였고, 기분 좋은 소식이 아니었다. 감옥에 갇힌 좌익반대파 구성원들은 도전적이고 전투적이고 기백이 넘치지만, 그들의 몸 상태는 위태롭다는 소식이었던 것이다.[12]

세르주는 트로츠키의 프랑스어 번역가가 되어 『배반당한 혁명』Predannaia revoliutsiia의 번역을 맡았다. 이 일은 세르주에게 정치적으로나 물질적으로나 중요했으며, 트로츠키는 세르주의 번역을 신뢰해서 검토를 하지 않았다.[13] 한번은 트로츠키가 노르웨이에 있을 때 가택연금 상태가 되어 서신 왕래가 중단되었다. 이 시점에서 레프(료바Leva) 세도프가 트로츠키와 세르주 사이를 잇는 가장 믿을 만한 연결 통로가 되었다. 세르주가 문구를 더 강하게 만들자는 제안을 비롯해서 트로츠키 책을 번역하면서 생기는 모든 문제를 편지로 써 보내면 세도프가 그 정보를 트로츠키에게 넘겼다.[14]

세르주는 번역을 아주 빨리 했고, 트로츠키의 "놀랍고 유용한 책"에 대체로 흡족해하면서 "나는 여러 군데에서 나의 결론이 그의 결론과 완전히 일치하면서 전체적으로 두 책이 정확히 같은 방향으로 나아갔다는 데 즐거움을 느낍니다!"라고 말했다. 트로츠키가 『배반당한 혁명』을 쓰고 있던 바로 그때 세르주는 『한 혁명의 운명』을 쓰고 있었던 것이다. 트로츠키는 자기가 이 책을 "안달이 나서 기다리고 있다"고 말했다.[15] 분명히 그 두 반대파 구성원이 하는 생각은 주파수가 같았고 세계의 새로운 국면에 같은 반응을 보였다. 이번이 처음이 아니었다. 더 앞선 시기의 예로는 세르주의 『러시아 혁명의 첫 해』와 트로츠키의 『러시아 혁명』이 있다. 그리고 두 사람 다 『문학과 혁명』이라는 제목의 책을 썼다. 두 사람 다 1940년에 스탈린의 전기를 썼다. 두 사람 다 레닌의 전기를 썼다. 그리고 두 사람 다 회고록을 썼다.

트로츠키는 세르주가 서유럽의 정치, 특히 세르주가 접촉하는 다양한 집단 및 개인의 진면모를 제대로 파악하도록 만들려고 애썼다. 트로츠키는 파즈 부처에 관해 세르주에게 경고를 했다. 그는 세르주에게 막들렌이 그의 석방을 얻어내려고 활동한 것은 "그가 평생 한 일 가운데 유일하게 칭찬받을 만한 일"이었다고 말했으며, 그의 남편이 "보수적이고 무정하고 속 좁고 퍽이나 불쾌한 부르주아"라고 여겼다.[24] 그는 보리스 수바린을 "저널리스트이지 혁명가가 아니"며 "순전히 분석만 하는 지식인", 단체에 해를 끼치지만 단독 활동을 할 능력도 없는 성격을 가진 "부정적 인자"로 묘사했다.[16] 트로츠키는 공동의 친구이자 동지인 이들을 소련에서 멘셰비키가 하는 역할이라는 맥락에 놓고 논했다. 이들은 이제는 스탈린 정권에 적응해가고 있어서 "우리 친구들"의 핍박을 거들고 있었다. 트로츠키는 사회민주주의자들이 국제적으로 스탈린주의자에게로 더 가까이 이끌려가고 있으므로 사회민주주의자들과 자기들 사이에 분명하게 선을 그어야 한다고 믿었다. 트로츠키는 자기와 세르주가 안고 있는 문제는 스탈린 정권에 고초를 겪고 있는 멘셰비키를 어떻게 도울 것인가가 아니라 "멘셰비즘과 스탈린주의의 가면을 벗겨내는 투쟁을 가차 없이 벌이는 한편으로 국제적인 차원에서 멘셰비즘과 스탈린주의의 비열한 짓거리로부터" 그들 자신을 "어떻게 보호할" 것인가,라고 썼다. 이런 견지에서 트로츠키는 안톤 칠리가와 보리스 수바린 두 사람의 멘셰비키 "편향"을 공격했다. 트로츠키는 자기와 세르주가 같이 아는 모든 동지 가운데 견해차가 있는데도 "여전히 존경스럽고 공감이 가는" 알프레드 로스메르와 마르게리트 로스메르Marguerite Rosmer에 관해서만은 흐뭇한 마음으로 좋게 썼다.

트로츠키의 평가는 혹독했고, 세르주는 될 수 있는 대로 더 폭넓은 청중에게 다가가는 것이 중요하다고 강조하면서 자기와 제휴하는 사람들을 옹호했다. 트로츠키는 세르주를 좌익반대파 인터내셔널, 그리고 유럽에서 어떤 종류의 일을 누구와 함께 할 것인가에 관한 구상의 틀 안으로 확실하게 데려오려고 굳게 마음먹었음이 분명했다.

1936년 여름에 오간 편지들은 동지적이면서도 일치점과 차이점을 분명히 했다. 개개인을 놓고 견해차가 생기기 시작했다. 트로츠키는 그 개인들 가운데 많은 이가 중요한 싸움에서 결국은 다른 편에 서게 되리라고 생각했다. 세르주는 자신의 석방을 위해 싸웠던 친구들에게 자기가 개인적인 빚을 지고 있다고 믿었으며, 그들을 개량주의나 반동의 쓰레기통에 처넣고 싶은 마음이 들지 않았다.[17] 세르주는 1936년 5월 23일자 편지에서 트로츠키에게 자기는 생디칼리스트가 아니지만 혁명적 생디칼리스트를 동맹자로 간주할 수 있으며 그들과 "비종파적인 우호적 논쟁"을 벌여야 한다고 생각한다는 점을 강조했다. 답장에서 트로츠키는 이 동지들에게 영향을 미치려 세르주가 노력하는 것이 기쁘다고 썼지만, 그 '영감'은 자기가 그들에게 내린 평가를 바꾸지 않았다.

내부에서 실랑이가 벌어져 정치 활동의 효율성이 방해를 받는 방식에 낙담한 세르주는 1936년 5월 15일에 친구인 마르셀 마르티네에게 편지를 써서 프랑스 좌파의 분열에 염증을 느낀다는 것과 자기의 활동이 "이를테면 반감을 무장해제해서" 좌파를 다시 결집할 수 있기를 어떻게 바라는지를 말했다. 세르주는 힘을 합쳐 일하고 있어야 할 사람들 사이에 자기가 보기에는 좀스러운 분열이 생기는 데 마음 아파했다. 자기의 석방을 위해 활동한 그들 모두에게 그가 고마움을 느꼈기 때문에 더더욱 그랬다. 세르주는 다음과 같이 걱정했다.

> 끝에 가면 제게는 분노나 종파적 적대감이 가득 차 있을 것입니다. 아니면 튀지만 방어 가능한 행동을 할 만반의 준비를 갖추고 있을 겁니다. (……) 저는 사실은 온건함과 엄격함의 희한한 혼합체입니다. 지금 당장은 엄격함이 우세를 보이더라도 그것은 제 탓이 아닙니다. 요컨대 저는 요란하거나 종파적인 행동을 일절 거부합니다.[25]

세르주가 트로츠키와 주고받은 편지를 보면 트로츠키가 세르주를 가까운 정치 동맹자로 무척이나 원했음이 드러난다. 그러나 트로츠키는 다른 소련 망명객이 그랬듯이 세르주의 석방에 관한 의심을 꽤 많이 품었다. 그는 존경심과 동지애를 담아 세르주에게 편지를 쓰면서도 롤라 달린Lola Dallin에게 편지를 써서 세르주를 조심하라고 경고했다.[18] 엘자 포레츠키El'za Poretsky도 자기의 회고록 『우리 사람들』 *Our Own People*에서 이런 이야기를 썼다.[19] 트로츠키는 세르주가 풀려난 것이 국제 작가대회에서 행사된 압력[26] 때문이 아니라 스탈린이 자기가 세르주를 이용할 수 있다고 판단했기 때문이라고 믿었다. 트로츠키는 어쩌면 거래가 이루어졌을지 모른다고 두려워했다.

트로츠키주의자들의 의심과는 정반대로, 세르주는 스탈린주의 반혁명에 관한 진실을 폭로하기를 열망하는 결백한 사람이었다. 유럽에 있는 사람들 가운데 재판의 거짓을 폭로하고 뒤에 남겨진 자기 동지들을 위한 구명운동을 벌이는 것을 세르주보다 더 주업으로 삼은 이는 아마 없었을 것이다. 세도프도 이 노력에 전념했지만, 프랑스 지부의 분열과 트로츠키, 벨기에인들, 프랑스의 두 집단 사이의 내부 다툼 때문에 많은 시간이 내부 문제에 들어가는 바람에 세르주가 착수한 필수적인 대중 운동을 벌일 시간이 많이 남지 않았다. 그래서 세르주는 자기가 굴라그에서 고초를 겪는 사람들을 대변하는 정치 운동, 그리고 똑같은 중요성을 지닌 것으로 "소련 내 사회주의적 견해의 자유라는 형태의 프롤레타리아 민주주의라는 쟁점을 특정한 방식으로 제기하는" 효율적인 유럽 내 정치 운동이 되리라고 생각한 것에 대해 대강의 개요를 마련했다. 세르주는 덧붙여서 "우리 운동이 성공하려면 파당이 되는 것을 피해야 합니다"라고 말했고, 이런 맥락에서 세르주는 현재의 멘셰비키를 놓고 트로츠키와 견해차를 보였다. 멘셰비키는 내전 때에는 반혁명 세력이었던 반면, 17년이 지난 뒤에는 상황이 변했다.

관료들이 우리 모두에게 주지 않고 있는 생각의 권리를 우리가 핍박과 투옥의 와중에서 감방 동료들에게 주지 않을 것인지 우리의 마음을 정하는 문제를 빼놓으면 공개적으로 급박한 다른 문제는 없습니다. 그런 식으로 권리를 부인하는 그 어떤 태도도 옹호될 수 없을 것이며 이는 우리의 정치적 자살행위나 마찬가지일 것입니다. 대신에, 우리는 10월혁명의 전통들 가운데 어느 것 하나 철회하지 않으면서 우리가 논쟁도 경쟁도 두려워하지 않는다는 점과 우리와 견해가 다른 사람을 가둘 거대한 감옥을 짓는 그런 부류의 사람이 절대 아니라는 점을 증명하면서 노동자 민주주의가 뜻하는 것을 실질적으로 되살리는 일에 나설 수 있고, 또 나서야만 합니다. 제가 이런 글을 써서 당신에게 편지를 보내는 까닭은 당신이 이 특정 문제에서 모든 정당 및 단체와 협력하는 데 반대한다는 말을 들은 적이 있기 때문입니다.[27]

트로츠키는 제4인터내셔널을 창립하는 계획에서 자기에게 가담하지 않는 모든 사람을 정치적으로 공격한 듯했다. 실제로, 트로츠키는 세르주가 『프롤레타리아 혁명』에 글을 썼을 때 화를 냈다. 트로츠키는 이것을 제4인터내셔널을 적대하는 행위로 여겼다. 트로츠키는 세르주가 러시아에서 경험을 쌓은 노숙한 동지로서 갓 생긴 인터내셔널에서 선도 역할을 해주기를 바랐다. 세르주가 제4인터내셔널과 상관없는 잡지에 기고한 것은 트로츠키가 보기에는 배신이었다.[20] 세르주는 트로츠키를 결코 적대시하지 않았다. 그의 주요 관심은 소련에서 갇혀 있는 혁명 세대의 문제를 제기하기 위해 할 수 있다면 어디에서든지 글을 펴내는 데 있었다.

트로츠키는 세르주에게 그(세르주)가 아직은 "지난 최근 몇 해 동안 수행되어온 투쟁의 참된 역학"을 제대로 감지하지 못한다고 말했다. 그는 『프롤레타리아 혁명』 주위에 모인 사람들과 파즈 부처가 "자유주의자처럼 행동"한 반면 자신의 동지들은 일다운 일을 했다고 알려주었다. 트로츠키는 부하린의 그 유명한 1936년 파리 방문이 이루어지던 기간 동안 동지들이 한 일을 인용하면서 다음과 같이 말했다.

레닌주의자 볼셰비키가 그의 간담회장 안으로 난입해 들어가서 소련의 정치수들을 위해 호소하기 시작했습니다. 물론 그들은 강당 밖으로 내동댕이쳐졌습니다. 자유주의자들이 일정한 승리를 거둘 수 있었던 것은 오로지 이런 종류의 혁명 행위 덕분이었습니다. (당신의 석방 같은) "개량책들"은 언제나 혁명 투쟁의 부산물입니다.[28]

트로츠키가 세르주의 석방을 놓고 벌어진 투쟁보다 더 효과가 컸다고 암시한 트로츠키주의적 "레닌주의자 볼셰비키"의 이 "혁명 투쟁" 시위에 관해서 꽤나 이상한 것은 그 시위가 막들렌 파즈와 『프롤레타리아 혁명』 그룹이 세르주의 자유를 확실하게 얻어내려고 벌인 투쟁과 다르지 않았다는 점이다.[21)]

트로츠키는 『프롤레타리아 혁명』 그룹을 계속 똑같은 투로 대했다. 그는 그들이 노동조합 관료의 개량주의 계파와 아주 좋은 관계에 있었고, 그 개량주의 계파는 다시 스탈린주의자들과 동맹 관계에 있다고 썼다. 그는 그들을 "전혀 전투적이고 않고 정치적 의의라고는 조금도 없는 보수적 파벌"이라고 부르면서 "혁명 정신은 오래 전에 그들 곁을 떠났다"고 말했다.[29] 트로츠키의 말에 상당한 진실이 들어 있을 공산이 매우 크다고는 해도, 그는 수감자들의 해방을 위해 더 많은 일을 하고 있는 자기 동지들의 정치적 개입에 견줘서 다른 모든 이들의 활동은 쓸모가 없다는 뜻을 오만하게 내비쳤다.

제4인터내셔널에서 프랑스인 동지들이 하는 활동을 보는 세르주의 평가는 덜 낙관적이었다. 그는 그들이 서로 옥신각신하는 바람에 반드시 해야 할 중요한 공개 활동을 하지 못한다는 좌절감을 자주 느꼈다. 레프 르보비치 세도프에게 보내는 1936년 8월 5일자 편지에서 세르주는 다음과 같이 불평했다.

> 우리 프랑스인 동지들이 일을 해내지 못하니 저는 너무나도 힘이 빠지고 그들의 가능성을 꽤나 비관적으로 평가하게 됩니다. 조직을 만드는 방법은 그게 아니에요. 그렇게 했다가는 결코 권위 있는 사람들을 끌어들이거나 핵심 간부진을 모으거나 지속적인 영향력을 얻지 못할 겁니다. 그렇게 메아리 없고 흐리멍덩하게 시야가 좁아서는 당신은 아무것도 이루지 못할 것입니다. 나는 (프랑스어) 신문과 회보를 읽고 나서 이 글을 씁니다. 소용이 없어 보이고 유용한 활동을 할 시간이 조금도 남아 있지 않으니 심지어는 동지들에게 비판을 가할 생각이라곤 손톱만큼도 없어요.

나는 이에 관해서는 더 쓰지 않겠고, 다시는 그 모든 것으로 되돌아가지 않겠으며, 문학 활동을 하며 거리를 두겠습니다. 실랑이는 너무 지긋지긋하고 선동은 아무 도움이 되지 않으니 참! 젊은 동지들은 소중하고 서로 마음이 통하기도 하지만, 이런 분위기에서는 그들에게서 아무것도 나오지 않을 것입니다. 제가 이렇게 대놓고 말하는 것을 용서해주세요. 당신은 그 분위기에 더 가깝고 이 모든 것을 이미 알고 있으니까 말입니다.[30]

트로츠키가 노르웨이에서 가택연금을 당했으므로 1936년 9월 이후로 서신 교환이 한동안 끊어졌고, 1939년 한 해 내내 편지가 띄엄띄엄 이어졌다. 이때 오간 편지들은 아돌포 질리Adolfo Gilly가 트로츠키의 보편주의라고 묘사한 것을 드러내준다.[31] 트로츠키는 같은 생각을 가질 가망이 있는 사람에게는 아주 정답고 관대하게 대했지만 자기의 정치적 협력자에게는 매서웠고 에둘러 말하지 않았던 것이다. 이런 행태는 안드레스 닌과 보리스 수바린, 그리고 빅토르 세르주를 통해 보면 분명하다.

(광기의) 미로를 헤쳐 나가며 : 빅토르 세르주와 숙청

세르주가 서유럽으로 쫓겨난 여름 동안 난데없이 두 사건이 벼락처럼 터졌다. 바르셀로나에서 일어난 7월 사태로 에스파냐에서 갑자기 혁명이 분출할 때 유럽의 하늘은 임박한 파시즘과 전쟁으로 어두워지고 있었다. 그 뒤 한 달이 채 안 되어 최초의 모스크바 연출재판이 열려 모스크바가 충격에 휩싸였다. 블라디는 그해 8월 아침에 세르주가 그 소식을 듣고 보인 반응을 기억한다. 세르주는 숨을 크게 몰아쉬고는 "우리가 목숨을 잃을 뻔했었구나!"라고 말했다.[32] 그는 자기가 때를 딱 맞춰 아슬아슬하게 빠져나왔다는 것을 깨닫게 되자 깊은 인상을 받았고, 아직도 갇혀 있는 동지들에 대한 자기 의무를 더욱 사무치게 느꼈다.

세르주는 끊임없이 글을 쓰기 시작했다. 숙청에 관한 그의 저작만 해도 그 양이 대단하다. 벨기에의 일간지 『왈룬』과 프랑스 및 미국의 강경좌파 계열 잡지에 실은 기사가 10편이 넘었고, 책으로는 (1936년 9월에 나온) 『소총 열여섯 자루: 러시아 혁명은 어디로 가는가?』*Seize fusillés: où va la révolution russe?*와 (1936년 12월에 나온) 『레닌에서 스탈린까지』, (1937년 4월에 나온) 『소총 스물아홉 자루와 야고다의 최후』*Vingt-neuf fusillés et la fin de Iagoda*와 1937년에 파리에서 소책자로 나온 『모스크바 재판의 진상을 위해! 18문 18답』*Pour la vérité sur le procés de Moscou! 18 questions-18 résponses*가 있다. 또한 1937년 7월에 나온 『한 혁명의 운명』, (1938년 4월에 나온) 『이그나티 레이스의 암살』*L'Assassinat d'Ignace Reiss*, 1940년 2월에 나온 『스탈린의 초상』, 『1936~1938년과 1945~1947년의 사건일지』

Pages de Journal, 1936~1938, 1945~1947, 자신에 관한 『한 혁명가의 회상』, 숙청에 관한 소설 두 편으로 (1936년과 1938년 사이에 쓴) 『캄캄한 시대일지라도』와 (1940년과 1942년 사이에 쓴) 『툴라예프 사건』처럼 그는 스탈린주의 체제의 수립과 그 의의를 보고하고 분석하고 서술하면서 소련 정치의 전개와 게페우의 작동에 관한 책, 전기, 회고록, 소설을 여러 편 썼다.

모스크바에서 터져 나오는 거짓말을 파헤치는 이 엄청난 과업을 수행하는 동안의 세르주의 집안 문제는 심각했다. 아내의 정신 상태는 늘 위태로웠고 그들에게는 돈도 일자리도 없었다. 세르주는 생계를 벌면서 집을 유지하고 (블라디와 함께) 어린 자녀와 병약한 류바를 돌보고, 뒤에 남겨져 이제 목숨을 잃을 것이 틀림없는 동지들을 위해 글을 쓰고 구명운동을 벌이는 일에 마주쳤다.

세르주는 개인적 어려움이 그토록 큰데도 소리를 죽이지 않았다. 트로츠키는 멕시코에서 엄청난 비방에 맞서 스스로를 변호했고,[33] 세르주는 누명을 쓴 피의자를 위한 주변호사가 되었다.[22)]

두 사람의 말에 귀를 기울이는 사람은 한정되어 있었고, 두 사람의 활동 범위는 세계 공동체였다. 몇 안 되는 이 발언자들에게 진실을 옹호하는 과업이 떨어졌다. 유럽 전체가 무너질 위험에 처했을 때, 스탈린은 모든 사회악을 트로츠키와 그의 아들 레프 세도프, 그리고 이들의 반대파 동지들 탓으로 돌렸다. 10월 혁명의 이상을 지키며 떠받쳤던 사람들이 이제는 배후에서 모든 일을 망쳐놓았다는 고발을 당한 것이다! 드와이트 맥도널드에게 보내는 편지에서 세르주는 비꼬아서 소련 언론에는 "나치-파시스트들과 반유대주의에 반대하는 글이 한 줄도 실린 적이 없다"고 썼다.34

파리에서 세르주와 세도프의 위원회가, 그리고 멕시코에서 트로츠키의 듀이 위원단Dewey Commission이 얼마 안 되는 소중한 재원을 가지고서 세 연출재판에서 마구 떠벌리는 거짓말에 반론의 여지가 없는 반박문을 펴내는 데 간신히 성공했다. 흐루쇼프가 스탈린의 범죄에 관한 비밀 연설을 하기 20년 앞서서 빅토르 세르주는 스탈린이 러시아에서 무슨 일을 하고 있는지를 세계에 알리려고 시도했다. 파시즘과 코앞에 닥친 전쟁에 온통 정신이 팔린 나머지 소련에서 무슨 일이 일어나는지 도통 보지 못하는 공산주의자가 많은 유럽에서 세르주가 하는 말에 귀를 기울여주는 사람은 거의 없었다. 50년 뒤에 고르바초프의 진상조사위원회는 그 재판이 아무렇게나 급조되었고 혐의는 날조되었으며 피의자는 무죄였음을 시인해야만 했다. 1936년에 세르주는 비록 자기의 예측이 "전혀 쓸모없다"고 느끼면서도, 혁명 세대가 제거될 것을 예언했다.35 훌리안 고르킨은 이것이 "풀려나서 [세르주가] 자기 동지들과 형제들의 비극적 고뇌를 느끼"는, 십중팔구 세르주의 인생에서 가장 쓰라린 시기였을 것이라면서 "그는 위대한 희망이었던 혁명이 자멸하고 있다고 느꼈다"고 썼다.36

스탈린의 앙갚음 : 테러의 역할

제물을 고르고 신중하게 타격을 준비하고 맺힌 한을 마음껏 푼 다음 잠자리로 가는 것. (……) 세상에서 이보다 더 즐거운 건 없어요![23]

고르킨은 스탈린이 세르주를 모스크바 연출재판이 열리기 딱 넉 달 전에 풀어준 것을 십중팔구 후회했으리라고 썼다.[37] 위협적인 목소리를 내는 사람이 자기 손아귀에서 빠져나가버렸고, 이제 외국에서 그 입을 틀어막으려면 더 많은 노력이 들어갈 터였다.

세르주의 목소리는 한정된 사람들에게만 들렸지만, 그의 입은 닫히지 않았다. 그는 그저 거짓말에 반박을 하는 데 그치지 않고 그 거짓말이 필요한 까닭도 이해하고 설명하려고 애썼다. 이것은 스탈린 통치 체제가 만들어지는 데 테러가 한 역할을 이해한다는 것을 뜻했다. 당대에 글을 쓰던 세르주는 아직도 모양을 잡아가는 도중에 있는 사회·경제·정치 체제를 정밀하게 식별해낼 수 없었다. 그러나 세르주는 만들어지고 있는 새로운 사회관계의 맥락 속에 놓아야만 숙청을 이해할 수 있다는 점을 깨달았다.

『소총 열여섯 자루』라는 소책자에서 세르주는 첫 재판이 혁명 세대의 절멸이 시작되는 기점이라고 썼다. 『프롤레타리아 혁명』에서 세르주는 모든 정부 예비 진용을 전쟁 직전에 완전히 제거하는 학살이 필요했다고 썼다.[38] 1937년

이 되면 예비 진용이 주는 위협이란 사실상 있을 수가 없었다. 고참 근위대(고참 볼셰비키—옮긴이)는 대부분 이미 죽거나 감옥에 있거나 망명했기 때문이다. 다른 많은 이들은 투항해버린 상태였다. 더군다나 스탈린에 대한 부하린주의자들의 더 새로운 도전들(1932년의 류틴과 1934년의 키로프)도 이미 대충 제거된 상태였다. 스탈린의 입장에서 보면, 고참 근위대의 영향력이란 영향력은 모조리 없애야 할 필요성이 여전히 있었다. 이 필요성이 말도 안 되는 혐의의 터무니없는 본성을 설명하는 데 도움을 준다. 1937년에 글을 쓰고 있었으니 세르주가 소련에서 무슨 일이 벌어지고 있는지에 관해 정확한 그림을 그리지 못했다고 그를 탓할 수는 없다. 스탈린으로서는 자기가 혁명을 배반한 것을 본 모든 목격자들을—심지어는 감옥에 갇혀 있는 고참 볼셰비키처럼 목소리를 낮춰 비판하는 목격자들까지도—없앨 필요성이 있다고 세르주가 썼을 때 그는 과녁의 중심을 더 가까이 맞췄다.

세르주는 숙청이 비록 준비와 예행연습이 이루어지기는 했지만 훨씬 전에 미리 계획되어 있지는 않았다고 확신했다. 그가 풀려났다는 것이 바로 그 증거였다. 세르주는 피의자들이 이미 감옥에 있을 때인 1936년 4월 중순에 소련을 떠났다. 그는 지노비예프와 트로츠키와 가까이 지내면서 일을 했었고, 나중에 행방불명이 되거나 총살당한 다른 많은 사람과 가깝게 알고 지내는 사이였다. 그는 레닌그라드에 있는 좌익반대파의 지도자이자 외국의 좌익반대파 대변인들 가운데 한 사람이었으며, 투항한 적이 없었다. 그가 작가로서 지닌 솜씨와 명성은 그가 스탈린의 범죄를 목격한 사람이었다는 것과 결합되어 세르주를 빠져나가도록 내버려두기에는 너무나도 위험한 인물로 만들었다. 재판이 아직 준비되지 않은 상태였더라면 말이다. 세르주는 재판이 벌어지는 동안 자기가 기소되지 않은 까닭은 트로츠키의 경우를 빼고는 스스로를 방어할 길이 없는 사람들에 관한 거짓말만이 퍼져나갔기 때문이라고 믿었다.[24]

몇 해 뒤에 세르주는 테러를 파악하면서 테러 배후에 있는 사람도 파악하지 않으면 안 되었으며,[39] "폭정에서는 너무나도 많은 것이 폭군에게 달려 있다"는 점을 깨달았다. 그는 1940년에 스탈린 전기를 썼고, 그다음에는 스탈린이 비록 극악무도한 행위를 저지르지만 아주 인간적인 인물로 나타나는 『툴라예프 사건』을 썼다. 스탈린에 관해서 세르주가 강조한 점은 그 인물도 상황의 명령과 논리에 반응하고 순응하면서 자기가 실행한 정책으로 형성된다는 것이었다. 그는 대두하는 관료제의 도구가 되었다. 그는 "이 편법에서 저 편법으로 왔다 갔다 하고, 권투 선수가 가격을 받아들이듯이 실패를 받아들였다. 눈도 깜빡이지 않고 태연해하면서도 가슴속 깊은 곳에서 모욕감을 느끼고서 자기 앞잡이들에게 분풀이를 해댄다."[40] 세르주는 "스탈린주의는 관료제를 구현하며, 관료제의 목을 조르기 시작하고 있다. (……) 스탈린주의는 공포로 (……) 그리고 존속하겠다는 열광적인 결의로 규정된다"고 덧붙였다.[41]

스탈린과 그의 집단은 구舊 인텔리겐치아를 파괴하고 혁명 세대를 제거하고 새로운 엘리트에게 테러를 가했다. 스탈린은 처음에는 엘리트의 구현체였고, 그다음에는 지배층이 될 엘리트를 개편했다. 세르주는 스탈린의 배반이 의식하지 못하는 가운데[42] 차츰차츰 진행되었다고 이해했다.

자백 : 왜 했을까?

어떻게 해서 라콥스키와 부하린과 지노비예프가 자기들의 기소 혐의인 터무니없는 범죄를 자백할 수 있었는지에 관해서 많은 글이 씌어졌다. 세르주가 내놓은 답은 하나가 아니라 여럿이었다. 기운이 빠져 지친 혁명가들은 뒤틀린 논리, 그릇된 이상, 대상을 잘못 찾은 충성, 두려움, 고문에 무릎을 꿇었다. 세르주는 논설, 기사, 논쟁, 소설, 시 등 갖가지 형태로 자백의 "수수께끼"를 다뤘다.[25] 세르주는 「자백」Confessions이라는 자작시에서 당에 모든 것을, 즉 목숨만이 아니라 성실성과 존엄성도 바친 사람들의 비애를 묘사했다.

지난날의 우리는 오늘날의 우리가 아니었고,
우리 삶의 얼굴은 우리 것이 아니고,
네가 듣는 목소리, 폭풍을 헤치고 그토록 크게 말해온 그 목소리는 우리 것이 아니고,

네가 보았던 것은 사실이 아니며,
우리가 했던 것은 사실이 아니며,
우리는 완전히 다르다.

우리가 생각한 것이 우리 생각이었던 적이 없고
우리가 믿은 것이 우리 신념이었던 적이 없고
우리가 하려는 것이 우리 의지였던 적이 없고
오늘날 우리의 유일한 진실은 절망
미친 타락의 이 자백
믿음이 부인되어 마지막으로 단 한 번 회복되는 곳인
암흑으로의 이 추락이다

우리에게는 얼굴도 이름도, 힘도 지난날도 없다
―모든 것이 끝났고 이루어져 있으므로
우리는 결코 존재하지 말았어야 했는데
―모든 것이 산산이 부서지므로
그리고 바로 우리가 죄를 지은 자이며, 우리가 용서 받지 못할 자이며
우리가 가장 비참한 자이며, 우리가 가장 허물어진 자이며
바로 우리가…… 그것을 아는 자이다
―그리고 목숨을 부지했다!

우리의 자백을 믿어라, 우리의 완전 복종 맹세에
동참하라. 우리의 부인否認을 경멸하라

일단 꺾이면, 오랜 반란은 복종에 지나지 않는다
바라건대 덜 헌신하는 사람들은 당당하소서
바라건대 스스로를 용서하는 사람들은 당당하소서
바라건대 더 헌신하는 사람들은 당당하소서
바라건대 단념하지 않은 사람들은 당당하소서

만약 우리가 민족들을 일깨우고 대륙을 뒤흔들었다면
　강한 자를 쏘아 죽이고, 낡은 군대와 낡은 도시와 낡은 생각을 쳐부쉈다면
　이 지저분한 낡은 돌로, 이 지친 손으로
　우리에게 남겨진 야윈 영혼으로 모든 것을 새것으로 만들기 시작했다면
　너, 슬픈 혁명, 우리 어머니, 우리 아이, 우리 살
　우리 목 잘린 새벽
　별들이 뻐딱한, 이해가 가지 않는 그 별들의 미리내가 산산이 부서진 우리 밤과
　지금 실랑이하기 위해서가 아니었다

만약 네가 너 스스로를 배신한다면, 우리가 너와 함께 우리 자신을 배신하는 것밖에 달리 무엇을 할 수 있을까?
　이들 같은 삶 뒤에, 이 배신에서, 너를 위해 죽을 것이 아니라면
　그런대로 괜찮은 어떤 죽음이 있을 수 있을까?
　만약 너를 섬기면서 우리가 네게 그런 어둠이 덮치기를

빌었다면
 이 수치와 고뇌 속에서
 우리가 네 앞에서 무릎을 꿇는 것밖에 달리 무엇을 할 수 있었을까?

다른 사람들이 1천 번은 찔린 네 심장 속에서
20년 뒤에
1백 년 뒤에 너를 구하고자 살아남아 너에게 저항할 수단을 찾아내면
 그들은 은총을 믿은 적이 없는 우리에게 축복을 받으며
 그들은 우리의 비밀스러운 심장 속에서
 더한 것을 할 수 없는 우리에게 축복을 받는다

우리는 더는 미래에 속하지 않고, 우리는 완전히 이 시대에 속한다
 그것은 인류를 위한 사랑에서 빌어먹을 천한 것이며
 우리는 이 시대의 사람들과 마찬가지로 빌어먹을 천한 놈이다

우리를 짓밟아라, 우리를 모욕해라, 우리에게 침을 뱉어라
 우리에게 욕을 퍼부어라
 우리를 죽여라
 우리 사랑은 이 수치
 이 고통

이 살육보다 더 크며

너의 터무니없는 입은 공정하고, 너의 입이 곧 우리 입이며 우리는 네 안에 있으며

너의 총알은 우리 총알이며, 우리의 죽을 듯한 고뇌, 우리의 죽음, 우리의 수치는 네 것이며

여러 세기 동안 일군 이 들판에서 너의 드넓은 삶은 영원히 우리 것이다!

파리, 1938년 10월 12일[43]

숙청 재판의 토대는 마음과 몸을 억눌러 받아낸 자백이었다. 세르주는 피의자들 가운데 많은 사람을 잘 알고 있었다. 그는 이 사람들이 다른 상황에서 어떻게 행동했는지, 그들이 당을 어떻게 보았는지, 그들이 정치적으로 무엇을 믿었는지를 알고 있었기 때문에 매체에 실린 그들의 자백을 해석할 수 있었다. 세르주는 사물을 글로 묘사하는 솜씨 때문에 그 피의자들이 스스로를 헐뜯는 일에 어떻게, 그리고 왜 참여하는 데 동의했는지를 이해가 가게끔 만들 수 있었다. 세르주는 그 자백은 서유럽에서나 수수께끼일 뿐이라고 말했다. 그 수수께끼는 고참 볼셰비키의 심리를 아는 어느 누구에게도 불가사의한 일이 아니었다.[44]

게슈타포와 공모했다거나 키로프 살해를 공모했다고 자백하는 것은 오로지 그 정도에서만 반대파 구성원 다수가 앞선 시기에 한 투항과 달랐다. 즉, 투항과 자백은 둘 다 당이 요구한 것이었다. 세르주는 자백은 철저한 헌신에서

나온다고 말했다. 세르주는 "우리는 물러나야, 즉 당분간 항복해야 하며, 대중이 깨어났을 때 그들의 선두에 서리라"는 반대파 투항자 스밀가의 말과 "노동 대중이 크게 각성하는 날에 살아남아 있기 위해서 우리는 진창에 배를 깔고 납작 엎드려서라도 당 안에 남아야만 한다"고 자주 되뇌인 지노비예프의 말을 인용했다.

세르주는 그 두 사람이 "당 최우선주의" 때문에 그렇게 했다고 평했다. 세르주에 따르면, 그들의 잘못은 과거에 매달려서 자기들이 사랑하는 당 안에 있는 반혁명을 보지 못한 것, "근로 대중이 언젠가 깨어나서 — 더는 당과 함께가 아니라 당에 거슬러서, 당에 반대해서 — 사회주의를 위한 싸움을 다시 개시하리라"는 점을 보지 못한 것이었다.[45] 지난날 아나키스트였다가 1919년에 당에 들어온 신참인 세르주에게는 그같이 무한하게 성스러운 제도조직이 없었다. 거짓말은 피고가 자기 양심과 존엄성을 희생하겠다고 동의하는 데 달려 있었다. 그 밖에도, 크리비츠키가 지적했듯이, 심문관들은 "사회주의적", "프롤레타리아적", "혁명적" 등의 마술 같은 낱말들, 즉 피고들이 자기 삶을 바치는 대상이었던 개념을 일깨웠다.[46] 이 사람들은 자기가 자백하면 그 낱말들이 뒤를 받치는 개념이 실현되는 데 도움이 되리라고 믿도록 유도되었다. 그러나 그 사람들이 모두 다 동의하지는 않았다. 세르주는 재판이 더 많은 수의 피의자 가운데 고분고분한 사람만, 즉 당의 지시에 따라 스스로 헌신하려는 사람만 추려냈음을 지적했다. 세르주는 스스로의 명예를 떨어뜨린 사람들은 스탈린의 제물이었으므로 그들을 원망하지 않았고, 「자백」에서 그들에게 바친 송시에서 나타나는 특징은 인정은 하지 않지만 이해는 하는 아량 있는 태도이다.[26] 그러나 그는 굴복하기보다는 차라리 죽음을 택한 사람들을 회고하면서, 자기 책과 기사에 그들의 모습을 그려서 그들의 기억을 간직했다.

반동기의 혁명

세르주가 나중에 결과를 알고 나서 돌이켜본다는 이점 없이 당대에 스탈린 숙청의 의의를 분석한 글은 스탈린의 테러를 오락가락하는 그의 농·공업 정책과 연계한다. 그는 『한 혁명의 운명』이라는 책에서 1936년과 1937년의 스탈린 통치에 관해 가장 완전한 분석을 내놓았다. 이 책은 미국에서는 『러시아, 스무 해 뒤』*Russia Twenty Years After*라는 제목으로 발간되었다. 그가 1940년에 이르는 시기까지 쏟아낸 책과 책자와 기사들은 그의 기본 분석을 확장했지만, 세르주가 입장을 정하지 못하고 동요한 계획이라는 문제를 빼고는 더 앞선 시기에 나온 저작과 모순되지 않았다. 그가 가장 트로츠키주의적이었던 시기에 쓰여진 『한 혁명의 운명』은 계획을 사회주의 체제가 자본주의보다 우월함을 입증하는 한 요소로 여겼다. 나중에, 즉 트로츠키가 죽은 뒤 세르주는 소련 사회의 지속적 진화가 내던진 어려운 이론적 문제들과 계속 씨름했다. 홀로 활동하는 좌익반대파 구성원으로서 글을 쓰고 기록을 바로잡고 혁명의 원칙을 견지하면서 세르주는 체계와 일관성을 갖추고 소련 사회의 분위기를 이론적으로 규명하는 것보다는 그것을 재현하는 데 더 유능할 때가 잦았다.

세르주의 사고는 다음과 같이 요약될 수 있다. 숙청은 스탈린의 공업화 방식과 통치 방식이 가동한 내부역학에서 비롯되고 계획 없이 이루어진 한편 강압과 테러의 기반 위에 새로운 사회관계와 새롭고 불안정한 사회를 만들어냈다. 숙청이 끝났을 때 그 사회가 안고 있는 근본 문제들 가운데 어느 것 하나도 풀리지 않았으면서도, 수백만 명이 목숨으로 대가를 치렀다. 쓸데없이 희생이 크고 낭비가 심한 산업 하부구조가 수용소에 있는 대량의 노예 노동력의 도움을 받아 건설되었다. 모든 형태의 집단 저항이 분쇄되었고, 탈진한 주민은 살아남는 데 급급해서 정치에 관심을 보이지 않았으므로 그나마 남아 있는 어떤 저항도 원자화되고 말았다.

세르주가 암흑의 10년이라고 부른 1927년부터 1937년까지의 시기는 혁명 세대가 전체주의에 맞서 투쟁하는 시대였다. 투쟁은 들쭉날쭉했고 "혁명 세대의 마음을 사로잡을 힘이 정권에게 있었"[47]으므로 정권은 당 최우선주의를 통해서 더더욱 효율적으로 이들을 저들과 서로 대립하도록 만들어서 이용할 수 있었다. 그러나 "고참 사회주의자 볼셰비키가 선두에 선 혁명 세대의 저항은 워낙 끈질겨서

새로운 체제가 공고해지려면 1936년부터 1938년까지 그 세대 전체를 없애버려야만 했다".[48]

세르주는 스탈린이 권력을 잡은 것을 반혁명, 혁명이 대표하는 모든 것에 대한 배반, 그것도 보통 배반이 아닌 역사상 가장 지독한 배반으로 보았다. 권력을 유지하기 위해 스탈린은 볼셰비키 투사 혁명 세대를 모조리 없애버리면서 체제를 바꿔야만 했다. 고참 볼셰비키는 결국은 생산의 관리자가 아니라 비판가와 혁명가였던 것이다. 새로운 상황은 조직자와 관리자, 즉 독자적으로 생각하지 않고 억압할 수 있는 사람을 요구했다. 세르주의 소설에 나오는 등장인물인 루블료프Rublev가 총살당하기 전에 마지막으로 하는 다음과 같은 생각을 들어보라!

우리는 예외적인 인간 성과물이었으며, 이렇기 때문에 우리는 실패할 것이다. 우리 세대가 만들어지는 데에는 역사상 유례없는 반세기가 필요했다. 한 창조적 위인이 무수한 간섭으로 말미암은 독특한 생물학적·사회적 성과물인 것처럼, 몇천 명 되지 않는 우리가 형성된 것도 독특한 간섭으로 설명되어야 할 것이다. (……) 우리는 낡은 "신성 러시아"의 포로, 그리고 부르주아 서유럽의 포로, 이 두 심원한 포로 신세에서 벗어나는 투쟁의 와중에서 어른이 되었다. (……) 우리는 삶의 의미에 관해 늘 자문했고 세계를 바꾸는 일을 했다. (……) 우리는 낡은 이해관계와 새로운 이해관계 양자를 불편하게 만드는 투명성과 공평성을 일정정도 획득했다. 우리가 반동 국면에 적응하기란 불가능했다. 〔지은이의 강조〕 우리는 거짓이 아닌 전설에 휩싸인, 그리고 우리의 실행으로 태어난 권력을 잡고 있었기에 너무 위험한 존재여서 육체의 파괴를 넘어서는 파괴를 당해야만 했고, 우리의 주검은 반역의 전설에 휩싸여 있어야만 했다.[49]

스탈린은 굶주림, 극도의 수탈, 노예노동 수용소, 실제든 가공이든 일체의 항의에 대한 정치적 핍박을 통해서 저항을 분쇄했다. 세르주가 "집단수용소 우주"라고 부른 새로운 사회에는 수용소에 있는 "누더기를 걸친 하위 프롤레타리아트"가 성인 주민의 15퍼센트쯤을 차지하고 새로운 특권 엘리트가 성인 주민의 7~8퍼센트쯤을 차지하는 사회구조가 있었다.[50] 세르주는 이 새로운 사실을 그 새로운 사회의 반反사회주의적 성격을 가리키는 특성으로서 자기 저술 곳곳에서 되풀이 지적했다.

그 과정은 무의식적이었지만, 통제에서 벗어나는 힘들을 풀어놓았다. 세르주는 이것을 얼마간은 스탈린이 상황과 실질적인 접촉을 하지 못해서 허둥지둥하게 된 탓으로 돌렸다.[51]

『레닌에서 스탈린까지』에서 세르주는 한 정책의 결과를 피할 수 없다고 설명했다. 즉, 스탈린은 점진적인 공업화를 조기에 하자는 제안을 거부했기 때문에 농민들과의 관계에서 막다른 골목에 다다랐다는 것이었다. 농민이 자기 곡물을 불리한 조건 아래서 팔기를 거부하자 스탈린은 농민에게서 곡물을 완력으로 빼앗아가는 방식을 썼다. 이 때문에 농민의 저항이 일어났고, 그 저항은 강제 농업집산화, 수백만 농민 가구의 재산 몰수와 추방으로 이어졌다. 농업집산화로 말미암아 공업화 계획이 바뀌고 뒤틀렸다. 노동자는 배가 고파서 작업 능률이 떨어졌고 일터에서 벗어나서 먹을 것을 찾아 헤매고 다녔다. 노동자에게 규율을 부과하려고 엄하기 짝이 없는 법률이 가결되었다. 계획 5년째에 나라는 기아에 허덕였다. 세르주의 분석의 목표는 정책이 어떻게 해서 반발을 불러일으키고 무계획적이고 즉흥적으로 되어 테러에 의존해야만 하는 체제를 만들어냈는가를 차근차근 보여주는 것이었다.

세르주의 저작은 스탈린이 편 정책의 영향을 받은 인민 대중을 위한 생활 조건으로 시작되고 끝난다. 그는 공업화에서 채택된 방식이 어떻게 해서 노동자로 하여금 소련식 생산의 특성을 형성하게 되는 방식으로 저항을 하도록 만들었는가를 서술한다. 작업 속도가 넋이 빠지도록 빠르고 몸이 쇠약해지고 정치에서 소외되었기 때문에 노동자들이 만들어내는 생산품은 형편없었다. 탄압이 궁극적인 유인 동기였다. 세르주가 묘사한 제1차 5개년 계획의 상황이 소련 경제 활동의 영속적인 특징이 되었다. 즉, 노동자들은 가혹한 조건에 적의를 품은 저항으로, 그러나 각자 따로따로 원자화된 방식으로 대응했다.[52] 세르주는 형성되고 있는 새로운 노동계급, 그리고 새로운 엘리트를 서술했다. 이 새로운 엘리트는 주민에 대한 정치적 통제권은 힘을 통해 획득했지만 경제 사태에 대한 통제권은 획득하지 못했다. 세르주는 관료제의 자기 이해관계가 체제의 유일한 논리라는 주제로 끊임없이 되돌아갔다.[53]

세르주는 스탈린의 정책이 도시와 농촌에 미친 영향을 검토하는 한편 대중의 일상생활을 재현하고 그것을 벼락 출세한 자들이 누리는 특권과 대비했다. 경제 성장에는 생산품 훔치기, 사보타주, 곤궁, 기아, 여행증 관련법, 탄압, 테러가 따라다녔다.

테러와 곤궁 때문에 주민들은 자기 자신의 생존과 자기 자신의 이해관계를 빼고는 다른 것을 생각하지 못하게 되었다. 1937년에 세르주는 다음과 같이 썼다.

> 최악의 국가 기밀을 쥐고 있는 사람들이 사라져야만 한다는 냉혹한 논리는 타고난 재능을 가진 지도자를 막다른 골목에 가져다 놓는다. (……) 그 스스로가 아무도 믿을 수 없다고 느낀다. (……) 당이 파괴되고 통치집단과 정치경찰이 대거 제거되고 군대가 지휘관을 잃고 (……) 모든 곳에서 숙청이 자행되고 (……) 생산 분야에서 탄압이 벌어진다. 무질서, 공황, 공포, 말 없는 질책, 원자화된 수동적 저항이 존재한다. 다음날을 기약할 수 없으니 아무도 감히 책임을 맡으려고 하지 않는다. 아무도 감히 진실을 말하려 들지 않으므로 모든 통계와 모든 대차계정과 모든 수치가 허위다. (……) 모든 문건이 날조된다. (……) 문제는 어제의 생각을 죽이면서 어제의 말을 되풀이한다는 것이다.[54]

스탈린의 관점에서는 그가 볼 수 있는 것이라고는 온통 사보타주뿐이었고, 따라서 그는 경제 메커니즘을 더 잘 통제하기 위해 나사를 끊임없이 조였다. 그렇기 때문에 경제 메커니즘이 통제의 구속에서 벗어나는 역설이 일어났다. 스탈린이 내린 지령은 사람으로서는 도저히 이행할 수 없는 것인 경우가 잦았으므로 그가 도처에서 본 사보타주는 의도하지 않은 사보타주였다. 이런 분위기에서 상부에서 내려오는 요구는 모든 사람을 하라는 대로 하게 만들어야 했고, 따라서 "사보타주 행위자"를 적발하기 위해 고발이 시작되었다. 세르주가 쓴 소설에서 다시 스탈린은 다음과 같은 설명을 하는 것으로 나타난다.

모두가 다 거짓말, 거짓말, 거짓말을 하는구나! 맨 위부터 맨 아래까지 그들 모두 다 거짓말을 한다. 기가 막히고 (……) 메스꺼운 일이야. (……) 나는 거짓말로 된 건물의 꼭대기에 살지. 너는 그것을 아느냐? 통계가 거짓말을 한다는 거야 말할 나위가 없지. 통계란 밑바닥에 있는 하급 관리의 우둔함, 중간층 행정가의 꿍꿍이, 우리 지도자 간부층의 몽상, 굴종, 사보타주, 엄청난 우둔함의 총합이지. (……) 계획도 거짓말을 하지. 계획이란 것도 열에 아홉 번은 허위 자료를 바탕으로 만들어지니까 말이야. 계획 집행부도 거짓말을 하지. 자기들이 무엇을 할 수 있는지, 무엇을 할 수 없는지 말할 용기가 없으니까 말이야. 가장 뛰어난 경제 전문가들도 거짓말을 하지. 그자들은 달나라에서 사는 얼빠진 인간들이니까 말이야. (……) 유구한 러시아는 늪이지. 허우적댈수록 더 빠져 들어간다고. (……) 그리고 인간쓰레기! (……) 그 구제불능 인간 짐승을 개조하려면 수백 년은 걸리겠지. 내게는 그런 일을 할 수백 년이 없어, 그렇다니까.[55]

스탈린이 수백 년은 아닐지라도 보통은 수십 년이 걸릴 일을 짧게 몇 년 만에 이룩하려고 시도하면서 이 시대의 보통 "인간쓰레기"에게는 무슨 일이 생겼을까? 세르주는 이런 상황에 처한 개인의 삶을 다음과 같이 서술했다.

경찰, 가난, 거짓말에 둘러싸인 (……) '그' 노동자는 갖가지 구실로 노동자 절반에게는 주어지지 않는 빵 배급카드를 한 장 얻어서 도장을 받고 검사를 받아 재등록하는 데 정신이 팔려 있다. 그의 아내는 텅 빈 이 상점에서 저 상점으로 뛰어다니다가 저녁에 생선가게 문 앞에서 줄을 서고 가게에서 염탐질에 노출되고 (……) 이튿날 아침에 소금절이 생선 배급을 놓고 아귀다툼을 벌이고는 (……) 집으로 가서 어젯밤에 누가 체포되었는지 말한다.[56]

정치적으로 스탈린에게는 자기가 편 정책으로 말미암아 고단해진 삶에 책임을 지고 처벌을 받아줄 다른 누군가가 필요했다. 모든 장애의 배후에서 음모를 찾을 수 있었고, 스탈린은 누군가에게 책임을 지우고 처형할 수 있었다. 공포 분위기 속에서 이루어지는 고발의 역학은 비탈을 굴러 내려가는 눈덩이 같았다. 숙청에 관한 세르주의 논증적인 소설 『툴라예프 사건』에서 등장인물들은 한 사람씩 차례로 그가 허구로 만든 키로프를 죽인 총격[27]에서 퍼져 나온 테러의 제물이 되었다. 죄지은 자를 찾기 위해, 체포하고 자백을 받아내는 게페우에게 명령이 내려지고 뒤따라 추방과 처형이 일어났다. 표현의 자유, 비판, 주도, 대중의 관리권을 탄압함으로써 스탈린주의식 "계획 수립"의 비용이 엄청나게 늘어났으며 대실패와 일종의 의도하지 않은 사보타주가 자주 일어났고, 이에 맞선 정권의 대책이라고는 테러의 지배밖에는 달리 없었다.[57] 악순환이었다. 미쳤다고 보이는 이 같은 방식은 "지독한 도덕적 취약성"을 보여주고 "안으로 치닫는 위기"를 드러내주었다.[58]

지적 무기력, 도덕적 공범 관계: 공산주의자와 서유럽 동반자의 역할

숙청은 소련에 국한되지 않았다. 국제 공산주의자들이 제물이나 공모자로 거미줄에 걸려들었다. 폴란드, 독일, 헝가리, 핀란드, 이란, 중국, 프랑스, 체코슬로바키아, 네덜란드, 에스파냐, 발칸 반도 국가들의 공산주의자들이 끌려와서 여기저기 흩어져 있는 스탈린의 수용소로 들어갔고, 외국에 있는 소련 요원들은 모스크바로 돌아오라는 불길한 소환 명령을 받지 않을까 무서워했다.[59] 그들은 "소환"이 '체포'와 동의어이며 '체포'는 대개 '죽음'과 동의어임을 알고 있었다. 엔카베데의 악명 높은 활동은 에스파냐와 그 너머로 퍼져 나갔다. 트로츠키에게 동조하는 국제 혁명가들이―그들의 주검이 나타날 때까지―"사라지기" 시작했다. 이것이 루돌프 클레멘트Rudolf Klement가 프랑스에서, 이그나티 레이스가 스위스에서, 게오르기 아가베코프Georgii Agabekov[28])가 벨기에에서 맞이한 운명이었다. 에스파냐에서는 안드레스 닌, 마르크 라인Marc Rhein, 러시아의 멘셰비키 당원 라파일 아브라모비치의 아들, 쿠르트 란다우Kurt Landau, 에르빈 볼프Erwin Wolf[29]), 티올리Tioli가 우리가 아는 제물들 속에 들었다.[60] 심지어는 미국에서 일어난 월터 크리비츠키의 미심쩍은 자살마저도 엔카베데의 소행으로 여겨져왔다.[61] 모르드카 마르크 즈보롭스키Mordka Marc Zborowski와 알렉산드르 오를로프 두 사람이 크리비츠키의 사망에 엔카베데가 연관되어 있다고 증언한 1957년의 미 의회 상원 청문회가 열리기 전에 세르주는 "게페우"GUEPEOU라는 제목의 1944년 3월 31일자 사건일지에 다음과 같이 썼다.

NY(뉴욕―옮긴이)에서 도착한 X가 은밀히 나에게 1940~1941년 겨울에 워싱턴의 한 호텔에서 월터 크리비츠키를 살해한 오게페우 요원의 이름이 그 사건의 세부사항과 함께 알려져 있다고 확언해주었다. (……) 하지만 "자

살"론이 여전히 준^{準}공식적 주장이다.[30]

코민테른, 여러 나라 공산당들과 그 언론, 이 시기의 동반자들이 한 역할은 유명하다. 여러 나라 공산당들의 안과 주위에 있는 대다수 사람들에게 모스크바에서 나오는 숙청 관련 공식 노선은 하나의 신조가 되었다. 즉, 수용소는 존재하지 않고, 오로지 반혁명가들만이 죽임을 당하고 있으며, 모스크바 재판은 날조된 것이 아니고, 트로츠키와 좌익반대파는 진짜로 게슈타포, 일본 천황, 파시즘 반대파 경계조직(OVRA, 무솔리니 정권의 비밀경찰―옮긴이), 오흐라나의 반혁명 첩자[31]들이며 "유다를 능가하는 놈", "음흉한 독사", "피에 굶주린 개"[62]와 더 심한 말로 불린다는 것이었다. 크리비츠키는 "서방 세계는 소련의 연출재판이 결코 재판이 아니라 정치투쟁의 무기일 뿐이라는 점을 절대 깨닫지 못했다"고 썼다.[63] 그런데도 세르주는 세도프와 함께 반박하는 일에 나섰다. 그는 자기와 세도프가 "광야에서 외치는 소리 같다고 자주 느꼈다"고 평했다.[64] 진실을 엿볼 수 있는 저명한 좌파 지식인들은 진실을 못 본 체하는 쪽을 택했다. 세르주는 불과 몇 달 전에 자기를 위해 중재를 해주었던 로맹 롤랑에게 편지를 썼다. 롤랑은 만약 피가 흐르면 개입하겠다고 세르주에게 약속한 적이 있지만, 조르주 뒤아멜과 앙리 셀리에Henri Sellier처럼 입을 다물고 있는 쪽을 택했다.[65] 다른 사람이 아닌 이들이 세르주에게 자백이라는 불가사의를 설명해달라고 요구했고, 세르주는 다음과 같이 되받아 외쳤다.

여러분이 그렇게 나온다면, 제게 살인, 몰상식, 영도자 숭배, 기초한 사람이 즉시 총살당하는 민주적 헌법, 이 모든 것을 다 곧이곧대로 믿는 이름난 지식인과 서유럽 공산당 지도자들이 보여준 양심을 설명해주십시오![66]

세르주는 앙드레 지드가 그의 유명한 러시아 방문을 마치고 돌아온 뒤 그를 찾아가 시국과 사회주의의 미래를 의논했다. 지드가 러시아로 가기에 앞서 세르주는 지드 앞으로 보내는 공개 서신 한 통을 (1936년 5월자) 『프롤레타리아 혁명』에 실었다. 이 서신은 지드가 모스크바에서 눈을 부릅뜨고 있어야 한다는 호소를 담고 있었다.[67] 이 공개서한은 프랑스에서 큰 경악을 불러일으켰다.

지드는 소련에서 본 것에 크게 슬퍼했고 얼마간은 정치적으로 표류했다. 그는 1935년에 파리에서 열린 국제 작가대회에서 소련에 대한 신뢰와 애정을 과시하고 소련의 안보를 유럽 지식인의 최대 과제로 삼는 것이 중요하다고 말하면서 말로를 달래던 사람이 더는 아니었다.[68] 세르주는 지드를 방문한 뒤 (1936년 11월 말에 쓴) 사건일지에 지노비예프와 카메네프와 스미르노프가 처형당한 다음날인 9월 6일에 자기 누이와 처제와 처남이 체포되었다는 것을 막 알았다고 썼다. 세르주는 그들이 자기가 쓴 글들, 특히 자기의 공개서한 때문에 체포되었다고 믿었다. 세르주는 지드와 함께 소련에서 파도처럼 일고 있는 테러의 의미와 "지식인의 무기력함"을 토론했다. 그는 "그렇다고 해도 사람은 도덕적 공범 관계에서 헤어날 수 있다"고 강조했다.[32] 극소수가 그랬다.

모스크바에서 테러의 물결이 거세져 에스파냐로 퍼지자 "진보" 언론은 앞뒤 안 맞는 말과 터무니없는 비방을 전보다 더 잘 해댔다. 세르주는 자기의 에스파냐인 동지들이 프랑코Franco 군대와 대결하다가 등에 총을 맞는 것을 보았고, 한편으로 공산당 언론은 마르크스주의 통합노동당원을 "트로츠키주의자, 간첩, 프랑코-무솔리니-히틀러의 첩자, 인민의 적"이라고 비난했다. 어떻게 이럴 수 있었을까? 세르주는 다음과 같이 말한다.

> 이런 규모로 거짓말을 하는 것이 가능하다는 생각을 할 수 없는 평균적인 사람은 예상하지 못한 엄청난 단언에 놀라 어리둥절해진다. 터무니없는 말이 그에게 겁을 주고 자기가 속아 넘어갈 핑계를 대도록 만드는 데 꽤 효과를 본다. 즉, 그는 충격을 받아 머리가 어지러워지면서 어찌 되었든 자기의 이해 범위를 넘어서는 고위층의 어떤 사유가 틀림없이 있다고 속으로 말하고픈 유혹을 받는다. 이런 기술은 뭐가 뭔지 헷갈리는 시대에만, 그리고 비판정신을 구현하는 용감한 소수에게 사실상 재갈이 물려지거나 이들이 국가이성 때문에, 그리고 물적 자원이 모자라기 때문에 무기력한 상태에 빠질 경우에만 성공할 수 있음이 분명해 보

인다.

어쨌든 그것은 신념의 문제가 아니라 근본적으로는 살인의 문제였다.〔지은이의 강조〕 모스크바 재판에서 개시된 언어도단의 캠페인 배후에 있는 의도들 가운데 하나는 관변 공산주의자와 반대파 공산주의자 사이의 토론을 일절 불가능하게 만드는 것이었다. 전체주의에게 비판정신보다 더 위험한 적은 없다. 전체주의는 비판정신을 없애버리려고 갖은 노력을 다 기울인다. 어떤 합리적인 이의 제기도 고함소리에 파묻혀 사라지고, 이의를 제기한 사람 자신도 만약 고집을 꺾지 않으면 (……) 영안실로 보내진다. 나는 공개 모임에서 나를 공격하는 자들과 얼굴을 맞대고 만나 그들이 내놓은 어떤 질문에도 답변하려고 노력한 적이 있다. 그 대신 그자들은 언제나 목청껏 소리를 질러 퍼부어대는 욕설로 내 목소리를 잠재우려 들었다. 진실을 밝히겠다는 절실한 목적 하나만을 가지고 철저하고 세심한 증거 자료를 넣어 씌어진 내 책들은 번역되어서 폴란드, 영국, 미국, 아르헨티나, 칠레, 에스파냐에서 간행되었다. 그 나라들 어느 한 곳에서도 단 한 줄도 반론을 받거나 단 한 가지 주장도 답변에서 인용되지 않았다. 오로지 욕설과 비난과 위협뿐이었다. 파리와 멕시코 두 곳에서는 사람들이 어떤 카페에서 장차 내가 암살당하는 것은 다만 시간문제라고 이야기할 때가 있었다.[69]

세르주의 암살에 관한 이야기는 할 일이 없어서 하는 수

다가 아니었다. 파리의 좌익반대파 동아리 안에 들어간 엔카베데 첩자이며 유럽에 있는 트로츠키주의자들의 죽음과 관계 있는 에티엔Etienne(마르크 즈보롭스키)이 세르주도 계획 대상으로 삼았다가 전쟁으로 중단되었던 것이다.[33]

유럽에서 음흉한 거미줄을 치는 엔카베데

1937년이 되면 "대테러"가 기승을 부렸고 소련은 참으로 엄청난 마녀사냥에 휩쓸려 들어갔다. 완전한 공포 분위기가 국경을 넘어 퍼져 나갔고 외국의 반대파 동아리뿐만 아니라 소련의 요원 동아리에서도 광적인 수준에 도달했다. 엘자 포레츠키는 자기의 겨울철 모스크바 방문에 관한 으스스한 설명에서 1937년 모스크바의 분위기를 생생히 잡아냈다. 최근에 탄압을 받은 다른 사람으로부터 나올 성싶은 고발을 피하려고 친구와 이웃을 실제로 만나는 일이 최소한도로 줄어들어 없다시피 했다. 누구나 전화가 울릴 때마다 얼어붙었다. 사람들은 탄압을 받을 거리가 되는 지위나 결혼 관계나 과거 정치 경험을 가진 다른 사람과 관계를 맺거나 관심을 끌 일을 하는 것을 피하려고 수도 없이 조심했다. 포레츠키는 "스탈린은 차르도 해내지 못한 일을 하는 데 성공했다. 테러로 말미암아 인간의 유대가 깨져버렸고, 직접적인 영향을 받은 사람들은 공허감 속에서 살아가면서 이 공허감을 받아들이고 자기 주위에 공허감을 일으켰다."[70]

걱정과 불안, 불신과 공포의 분위기는 세르주와 월터 크리비츠키 두 사람의 설명에 너무나도 잘 포착되어 있다. 세르주는 "1937년 봄은 암담했다. (……) 러시아의 비극이 전 세계를 다시 한 번 멍하게 만들었다"고 썼다.[71] 첩자가 없는 곳이 없었고, 심지어는 첩자도 위험에 처해 있었다. 헌신적인 공산주의자이자 엔카베데 요원들이었던 크리비츠키와 이그나티 레이스(엘자 포레츠키의 남편, "루드빅")[72] 두 사람 다 사회주의의 이름으로 저질러지는 살인과 범죄에 신물이 났다.[73] 레이스는 엔카베데와 관계를 끊겠다는 마음을 먹고, 어릴 적부터 친구였던 크리비츠키에게 자기와 함께 관계를 끊자고 종용해보았다. 엔카베데는 크리비츠키의 충성심을 시험한다는 결정을 내렸다. 엔카베데는 레이스의 변절을 미리 알고는 크리비츠키에게 그의 절친한 동무를 제거하라는 임무를 주었다. 크리비츠키는 거절했고 그날로부터 표적이 되었다.

레이스는 한동안 절연을 궁리해오던 중이었다. 그는 "자기 일에 집착했다. 에스파냐 공화국 정부에 무기를 공급하는 그 일은 자기가 할 가치가 있다고 여긴 유일한 일이었다."[74] 그는 친구인 루이스 피셔를 만나서 자기는 오랜 혁명가들, 그리고 그들과 더불어 혁명을 파괴하고 있는 스탈린주의 정권에 혐오감을 느낀다고 말해주었다.[75] 그는 파리에 있는 좌익반대파에게 그들의 활동이 감시 당하고 있으며 그들이 위험에 처해 있다는 경고를 해주려고 시도했다. 레이스는 그들에게 "외국에 있는 반대파에게—즉, 우리에게—테러를 사용한다는 결정이 내려졌다"라고 알려주었다.[76] 세르주는 "루드빅의 경고"를 같은 표제의 기사에 실었다. 동시에 헨크 스네블리트Henk Sneevliet와 세르주, 그리고 세도프는 레이스가 공개 성명서를 발표해서 자신들로 하여금 "그를 신뢰하게 만들고, 그가 여론의 보호를 받게 되기"를 바랐다.[34]

크리비츠키는 레이스와 만나서 자기가 맡은 새 임무, 즉 자기가 모스크바를 떠날 수 있도록 허용된 이유는 레이스를 도로 데려오는 것임을 그에게 몰래 알려주었다. 레이스는 관계를 끊어야 할 때라고 결심했지만, 크리비츠키가 자기와 더불어 함께 관계를 끊도록 설득할 수 없었다. 레이스는 스네블리트와 접촉했다. 엘자 포레츠키에 따르면 그는 스네블리트를 완전히 믿을 수 있었기 때문이었다. 스네블리트는 레이스에게 소련 측에 알리기에 앞서 절연을 공표하라고 설득하려고 애썼지만, 레이스는 우선 소련 공산당 중앙위원회에 통보해야 한다고 믿었다. 이것이 그가 함정에 걸려 목숨을 잃은 원인이었다. 왜냐하면 이러다가 서방에서 기사가 공표되기 전에 엔카베데가 그를 암살할 시간을 얻었기 때문이다. 레이스가 보호를 받는 유일한 길은 경찰에 보호를 요청하고 사실을 최대한 공표하는 것이었다는 트로츠키주의자들의 생각이 옳았다.[35] 그런데도 그는 자기의 공개서한을 발표하기를 일주일 동안 미뤘다. 그는 편지의 끝을 제4인터내셔널 지지 선언으로 맺었다.[36]

포레츠키의 아내는 자신의 책에서 스네블리트가 레이스에게 그를 혼자서 만나겠다고 말했다고 주장했다. 『한 혁명가의 회상』에서 세르주는 레이스가 "우리를 보자고 요청했다. (……) 우리는 그를 랭스Reims에서 1937년 9월 5일에 만나기로 약속을 정했다"고 썼다.[77] 세르주는 1937년 12월분 사건일지에 이 모임이 맨 처음에는 레이스, 스네블리트, 세도프, 세르주 사이에서 이루어지기로 되어 있었다고 썼다. 세도프가 아파서 모임에 나올 수 없었다. 세르주와 스네블리트가 약속 날짜에 랭스로 가서 역 식당에서 기다렸지만, 레이스는 나타나지 않았다. 두 사람은 랭스 시를 이리저리 돌아다녔지만 레이스를 찾지 못했고, 이틀 뒤 파리로 돌아가기로 결심했다. 돌아가는 기차를 기다리다가 세르주는 신문에서 전날에 에버하르트Eberhard라는 이름의 체코 사람의 주검이 총알이 여러 발 박힌 채로 샹블랑드Chamblandes 쪽으로 가는 길에서 발견되었으며 주검의 주머니에 랭스행 열차표가 한 장 들어 있었다는 기사를 읽었다.[37] 그의 손에는 불쌍한 게르트루데 쉴트바흐Gertrude Schildbach라는 여자의 회색 머리카락이 한 줌 있었다. 루드빅의 친구가 되어 포섭된 이 여자는 이때 엔카베데에게 이용당해 "자기가 사귄 유일한 친구, 즉 자기가 숭배하고 존경하고 순종한 남자"[78], "자기를 존중해주었던 유일한 사람"을 살해했다.[79]

세르주와 스네블리트는 에버하르트가 레이스임을 곧바로 알아채고 그의 진짜 신원을 알릴 언론 발표회를 열었다. 프랑스 언론은 입을 다무는 쪽을 선택했다. 세르주가 『라 플레슈』*La Flèche*의 가스통 베르제리Gaston Bergery[80]를 찾아간 뒤에야 마침내 그 이야기가 지면에 실렸다. 베르제리가 기사를 터뜨린 것이다.[81] 그 뒤 레이스 피살 기사는 유럽 언론 전체로 번졌다. 크리비츠키는 "그것은 유럽에서 유명한 사건이 되었고, 아메리카의 언론과 전 세계에 울려 퍼졌다"고 썼다.[82] 스위스·프랑스 조사단은 스네블리트와 세르주와 엘자 포레츠키의 도움을 받았다. 더 앞서서 파리에 있는 좌익반대파 동아리에 침투한 스위스인 엔카베데 요원이었던 레나타 슈타이너Renata Steiner도 레이스의 죽음을 조사하는 데 필요한 모든 정보를 프랑스 경찰에게 제공했다.

조사 기록은 피에르 티네Pierre Tisné가 파리에서 펴낸 『이그나티 레이스의 암살』*L'Assassinat d'Igance Reiss*이라는 책에 실렸다. 책의 저자는 빅토르 세르주와 모리스 뷜랑Maurice Wullens과 알프레드 로스메르였다.[83] 암살범의 신원이 마침내 밝혀졌다. 모두 다 파리 주재 소련 통상사절단원들인 벨레츠키Beletskii와 그로좁스키Grozovskii와 리디야 그로좁스카야Lidiia Grozovskaia의 지원을 받아 미하일 시피겔글라스Mikhail Shpigel'glass 오게페우-엔카베데 대외사업부 부부장이 그 범죄를 꾸며 저질렀다.[84] 러시아 망명자 사회에서 활동하는 게페우 요원들이 파리에서 레프 세도프와 좌익반대파를 감시해오고 있었고 세도프를 잡으려고 덫을 두 차례 놓았다. 그 요원들 가운데 세미렌스키Semirenskii란 이름을 가진 사람이 세도프의 옆방에 들어갔고 트로츠키의 아들과 협력자를 덫에 가두려고 레나타 슈타이너와 함께 일을 하고 있었다.[85]

레이스 피살 사건 조사는 여러 달 지속되다가 레나타 슈타이너와 에티엔 마르티나Etienne Martignat와 프랑수아 로시François Rossi나 블라디미르 프라브딘Vladimir S. Pravdin이라고도 알려진 아비아테-로시Abbiate-Rossi, 로널드 아비에이트Ronald L. Abbiate, 그리고 파리의 엔카베데 요원 전원이 체포되었다.[86] 아주 기괴하다 할 만큼 희한하게도, 암살범 전원이 과거 제정군 장교와 다른 백위계 망명 러시아인들이 유럽 내 첩보 활동의 중심으로 세운 조직과 연계되어 있었다.[38)] 그 단체는 '재외 러시아인 본국송환 연맹'이었고, 바로 이 단체에 그르노블Grenoble에서 의학을 공부하던 젊은 폴란드인 학생인 모르드카 마르크 즈보롭스키가 포섭되었다.

"에티엔"이라고도 하는 즈보롭스키가 스네블리트와 세르주가 랭스에서 레이스를 만날 것을 아는 파리 좌익반대파 동아리 안의 "다른" 첩자임이 밝혀졌다. 즈보롭스키가 엔카베데에 통보했고, 엔카베데가 이 정보를 이용해서 레이스를 죽여 그 만남을 막았던 것이다. 엔카베데는 레이스를 꾀어 들여 로잔에서 죽이려고 게르트루데 쉴트바흐와 레나타 슈타이너 등을 포섭했고, 제1차 암살단이 실패할 경우에 대비해서 제2차 암살단이 예비로 랭스에 남아 있었다.[87] 레이스의 가족도 죽일 작정이었지만, 마지막 순간에 쉴트바흐는 스트리키니네strychnine(마전馬錢이라는 나무에서 추출되는 매우 유독한 성분―옮긴이)가 든 초콜릿을 포레츠키의 자식에게 줄 수 없었다.[88] 독이 든 초콜릿이 담긴 그 상자는 쉴트바흐와 그의 동반자인 로시가 묵은 로잔의 호텔방에서 나중에 발견되었다.

레이스는 메모를 남겼고, 세르주는 암살 사건에 관해서 로스메르와 뷔랑과 함께 쓴 책에서 이 메모를 분석했다. 나중에 크리비츠키의 책에도 나오는 그 중요한 정보들은 스탈린이 적어도 1934년 이후로 히틀러와 비밀 협상을 시도해오고 있었다는 것이었다. 히틀러와 협정을 맺으려고 시도하는 한편, 스탈린은 1937년 6월에 휘하 참모진을 처형했다. 국방위원회 위원 80명 가운데 75명, 그리고 장교단 3만5천 명이 처형되었다. 또한 레이스는 좌익반대파가 패하고 스탈린의 몹쓸 정책이 기승을 부리는데도 레닌그라드 공산주의자들이 "레프 다비도비치 만세!"라고 외치면서 죽음을 맞이했다는 증거,[89] 그리고 스탈린이 서유럽체코슬로바키아의 그릴레비츠 중상모략 미수 사건[39]에서 한 차례, 북아메리카에서 또 한 차례 트로츠키에 대한 재판이 벌어지도록 시도하고 있다는 증거를 발견하기도 했다.[40]

레이스가 죽은 지 몇 주 뒤에 첩자 두 명이 더, 즉 알렉산드르 바르민과 월터 크리비츠키가 자진해서 실체를 드러냈다. 즈보롭스키는 이 두 사람에 관해 엔카베데에 보고하라는 임무를 받았다.[90] 바르민은 아테네에 거점을 둔 엔카베데 요원이었다. 그는 내전에서 싸웠고 혁명 세대에 속하는 볼셰비키 당원이었다. 바르민은 모스크바에 있는 동

안 세르주의 배다른 누이인 율랴의 딸인 이리나 고과와 결혼했다.[41]

레이스와 크리비츠키처럼 바르민도 스탈린의 몹쓸 행위에 완전히 신물이 났다. 그는 엔카베데에서 물러나겠다는 사직서를 냈고, 얄궂게도 이 사직서는 모스크바에 레이스의 공개서한과 같은 우체국에 도착했다. 이렇듯, 바르민에 따르면, 유럽에 있는 게페우 요원들은 "동시에 이중의 '청산' 업무에 직면했다".

> 그들은 나를 찾을 수 없었고, 그래서 레이스 사건을 맨 먼저 다뤘다. 십중팔구 이 우연이 내 목숨을 구했을 것이다. 왜냐하면 그들의 조직이 이때 일시적으로 와해되어서, 그들은 위험에 노출된 요원들을 잠적하게 만들고 새로운 갱단을 모아야만 했기 때문이다.[91]

바르민은 여전히 쫓기고 있었지만 가까스로 살아남을 수 있었다. 사실, 그는 스탈린과 관계를 공개리에 끊고서도 1987년에 미국에서 자연사를 한 유일한 유럽 내 엔카베데 요원이었다.[42] 『살아남은 자』*One Who Survived*라는 적절한 제목으로 나온 그의 책은 막스 이스트만이 "러시아의 사회주의 실험에 관해 쓰어질 수 있는 것으로는 가장 중요하다"고 서술한 대단한 회고록이다.[92]

이 책은 사실은 빅토르 세르주가 대필작가로서 쓴 책이었다. 세르주는 경찰이 경비를 서는 프랑스 사회주의자 마르소 피베르의 집에서 바르민을 매일 밤 만나 그의 이야기를 받아 적었다. 사실은 세르주가 이 책을 썼음을 알려주는 증거가 출판본에 들어 있지 않지만 세르주의 아들인 블라디가 이것을 확인해주었다. 그는 세르주가 바르민과 만나 모이는 자리에 여러 차례 동석했다. 바르민이 자기 경험을 불러주고 세르주가 이것에 글의 형태를 입혔다.[93] 세르주는 1939년 3월 4~5일자 『왈룬』에 실린 「알렉산드르 바르민의 증언」Le temoignage d'Alexandre Barmine이라는 표제의 기사에서 이 책을 평했다. 이 서평에서 세르주는 "벌떡 일어나 '이것은 사실이 아니야'라고 말할 사람은 세상에 없다"고 선언했다.[94] 훗날 바르민은 이렇게 글을 쓰는 모임이 있는 동안 마치 "묘지에서 걷고 있"는 느낌이 들었다면서, "내 친구와 평생 동지들이 모두 다 총살을 당했습니다. 내가 살아 있다는 것이 일종의 잘못으로 보이는군요"라고 막스 이스트만에게 고백했다.[95]

살아남은 혁명 세대 동아리가 실로 얼마나 적었는지도 믿기지 않는다. 세르주는 소련과 외국에 있는 혁명 세대를 모두 다 알고 있었고, 레이스에 관한 자기 책에서 그들의 특기할 만한 이야기를, 그리고 바르민의 회고록을 썼다. 그도 혼인으로 바르민과 친척이 되었다는 것과 파리에서 가진 만남에서 크리비츠키와 엘자 포레즈키가 모스크바에서 세르주와 가졌던 만남을 기억할 수 있었다는 것은 조셉 베르제Joseph Berger가 일컬은 "난파 세대"가 소수였음을 입증해준다.

관계를 끊는 다른 요원은 월터 크리비츠키였고 바로 여기서 우리는 세르주, 스네블리트, 세도프, 포레츠키, 에티엔/즈보롭스키의 이야기를 다시 시작한다. 엘자 포레츠키는 자기 남편이 피살된 뒤 암스테르담Amsterdam으로 가서 스네블리트 부부와 함께 지냈다. 엘자 포레츠키는 스네블리트 부부와 함께 파리 여행을 했고, 파리에서 스네블리트가 엘자 포레츠키와 인터뷰를 대여섯 차례 주선했다. 세르주가 엘자 포레츠키와 인터뷰를 하게 되었을 때, 스네블리트는 엘자 포레츠키에게 세르주를 만나서 반가울 것이라고 말했다. 엘자 포레츠키는 세르주는 세상에서 자신이 가장 보고 싶지 않은 사람이었으며 설상가상으로 그가 혼자 오지 않았다고 썼다. 그는 세도프의 친구인 청년을 데리고 왔다. 그 청년은 자기를 프리드만Friedman으로 소개했지만 사실은 마르크 즈보롭스키였다. 즈보롭스키는 트로츠키주의자들에게 "에티엔"으로 알려져 있었고 세도프의 비서이자 조수였다. 엘자 포레츠키에 따르면, 스네블리트는 세르주에게 펄펄 뛰며 화를 냈고, 세르주는 "역력히 당황"했다. 엘자 포레츠키는 다음과 같이 썼다.

〔세르주가〕 내가 파리에 있다는 절대 발설해서는 안 될 이야기를 에티엔에게 귀띔해주었다는 사실, 더 나쁘게는 에티엔을 호텔로 데리고 왔다는 사실이 스네블리트에게 결코 가시지 않을 충격을 안겨주었다. (……) 세르주는 타고난 호기심이 있어서 1933년에 레닌그라드에서 체포되는

바로 그 날까지 온갖 사람, 즉 공산당원, 예전의 공산당원, 예전의 아나키스트, 갖가지 반대파를 계속 보고 다녔다. 이 것을 어떤 이는 만용으로, 다른 이는 무책임한 행동으로 보았다. 십중팔구 두 가지가 다 조금씩 다 있었겠지만, 그는 그러고 다니면서 자기뿐만 아니라 다른 사람들을 위험에 빠뜨렸다. (……) 더 이해가 가지 않는 것은 세르주가 1936년에 간신히 소련에서 빠져나왔다는 사실이었다. (……) 우리는 계속 그에게 의심을 품었다.[96]

엘자 포레츠키는 이 만남에 관한 세르주의 설명이 자기의 설명과 다르다는 지적을 했다. 세르주는 "노련한 음모가가 아니고 본질상 글쟁이"라는 것이 엘자 포레츠키의 설명이었다. 엘자 포레츠키는 또한 앞뒤 맥락 없이 소련의 "군복 입은 작가들"에 관한 세르주의 말을 인용하면서 세르주가 스스로를 다음과 같이 서술하고 있었다고 말했다.

시인과 소설가는 정치적인 존재가 아니다. 왜냐하면 그들은 본질상 이성적이지 않기 때문이다. (……) 예술가는 (……) 언제나 잠재의식 속에 있는 자기의 원재료를 찾아 헤집고 다니고 있다. (……) 만약 소설가의 등장인물들이 참으로 실감난다면 (……) 그것들은 결국 자기를 만든 작가를 갑자기 놀라게 만든다.[97]

세르주는 한 번 더 실수를 저질러서 엘자 포레츠키의 뇌리에 용감할지는 몰라도 경솔한 비전문가라는 인상을 굳히게 된다. 이 사건에는 엘자 포레츠키가 1937년 10월에 받은 편지 한 통이 연관되어 있다. "크루샤"Krusia라는 서명이 들어가 있는 이 편지는 그 뒤로 "크루샤의 편지"로 알려졌다. 크루샤는 레이스와 크리비츠키, 두 사람이 볼셰비키 혁명가였던 젊은 시절에 알고 지냈던 한 여인의 이름이었다. 엘자 포레츠키는 곧바로 이것이 크리비츠키가 엔카베데와 관계를 끊었고 자기에게 오려고 시도하고 있다는 뜻임을 알아챘다. 엘자는 크리비츠키를 만나거나 돕고 싶지 않았다. 이제 그들 사이에 "루드빅의, '즉 레이스의' 피"가 있다고 느꼈기 때문이었다. 그러나 스네블리트는 엘자 포레츠키에게 크리비츠키가 중요하고 그를 만나는 연결고리가 엘자 포레츠키라고 설득했다.

엘자 포레츠키에 따르면, 그 만남은 (트로츠키의 프랑스인 법률가이자 『트로츠키의 변호사』Avocat de Trotsky의 저자인) 제라르 로젱탈의 사무실에서 자기와 크리비츠키, 세도프, 스네블리트, 로젱탈, 피에르 나빌과 함께 이루어졌다. 비록 세르주는 『한 혁명가의 회상』과 자기의 사건일지인 『수첩』에서 그 모임에 자기가 있었다고 했지만, 엘자 포레츠키에 따르면 세르주는 그 모임에 없었다. 세르주는 그 모임이 11월 11일에 제라르 로젱탈의 법률 사무소에서 있었고, 그 사무소는 생라자르 역Gare St. Lazare 가까이에 있는 제라르 로젱탈 부친의 의사 사무실과 붙어 있다고 썼다. 세르주는 그 모임에 있었던 사람들로 자기와 스네블리트, 엘자 포레츠키, 세도프, 제라르 로젠탈, 크리비츠키를 들었지만 나빌은 없었다고 말했다.

그 모임에서 크리비츠키는 세도프와 스네블리트와 세르주에게 보내는 레이스의 경고를 되풀이해서 말했다. 그들 가운데 첩자가 한 명 있으며 암살이 계획되었다는 경고였다. 크리비츠키는 그 첩자의 이름을 말하지 않았고, 이 때문에 스네블리트가 노발대발했다. 스네블리트는 빅토르 세르주를 의심했다. 나중에 크리비츠키는 트로츠키에게 주려고 작성한 보고서에서 딱 집어서 세르주가 그 첩자라고 비난한 반면,[98] 엘자 포레츠키는 트로츠키에게 자기는 세르주가 무책임하게 행동해서 첩자에게 이용당했다고 믿는다고 보고했다. 세르주가 첩자라는 비난을 염두에 두고 아이작 도이처는 다음과 같이 썼다.

> 그런 역할을 하기에 세르주보다 더 알맞지 않은 사람이 없었음은 말할 나위 없다. 그는 초기부터 트로츠키의 지지자였고 비록 정치 면에서 순진하기는 해도 재능과 아량이 있는 문필가였다. 그를 두고 나올 수 있는 가장 나쁜 말은 그에게는 허영심 때문에 말을 마구 하는 단점이 있고 이것은 게페우로부터 비밀을 보호해야만 하는 조직의 구성원으로서는 중대한 흠이라는 것이었다. 어쨌든, 상대를 가리지 않고 누구나 다 집요한 의심을 받기 시작했다. 심지어는 료바 자신도 의심을 받았다. 반면에 진짜 첩자는 계속해서 트로츠키의 우편물을 수거해서 읽으면서 료바의 비밀을 모조

리 알고 있었고 농간을 부려 다른 사람이 불신을 받게 만들어서 자기의 평판에 해가 가지 않도록 했다.[99]

스네블리트는 크리비츠키가 그 첩자의 이름을 알지 못한다고 주장하자 그가 거짓말을 하고 있다고 확신하고서 자기들 가운데 있는 첩자의 이름을 말하지 않는 데 길길이 화를 냈다. 그 첩자의 이름을 모른다는 크리비츠키의 말은 사실이었을 가능성이 높다. 즈보롭스키가 나중에 증언한 대로 "함께 일하기로 되어 있지 않은 한, 첩자는 다른 첩자에 관한 말을 듣지 못하"기 때문이었다.[100] 모임이 끝난 뒤 세도프는 크리비츠키에게 경호원 한 명을 붙였다. 그 경호원은 다른 사람 아닌 마르크 즈보롭스키였다.[101] 크리비츠키는 즈보롭스키가 첩자라는 것을 알았더라면 자기의 신변 안전을 위해 그 자리에서 곧바로 그의 정체를 폭로했을 가능성이 아주 높다. 크리비츠키는 계속해서 거의 날마다 세도프를 만났고,[102] 세르주와도 대여섯 차례 만났다.

제라르 로젠탈의 사무실에서 열린 모임에서 크리비츠키는 자기가 로젠탈을 배려하며 엘자 포레즈키에게 보냈던 "크루샤의 편지"를 엔카베데가 자기에게 보여준 적이 있었다고 엘자 포레즈키에게 말했다. 그 편지가 암스테르담에 도착하기 전에 엔카베데가 그 편지를 가지고 있었던 것이다. 이 때문에 크리비츠키는 세도프의 동아리 안에 위험스러운 첩자가 한 명 있으며 몸을 숨겨야 한다고 확신하게 되었다. 크리비츠키가 이 편지가 어떻게 해서 엔카베데의 손으로 들어갔는지 알아야 한다고 요구하자, 로젠탈은 "나는 그것을 암스테르담으로 부치도록 빅토르 세르주에게 주었습니다"라고 대답했다.[103] 크리비츠키는 로젠탈이 왜 이 편지를 세르주에게 보여주려고 했는지 이해할 수 없었고, 엘자 포레츠키는 세르주가 왜 그 편지를 부치기 전에 다른 누군가에게 보여주었는지를 이해할 수 없었다. 엘자 포레츠키는 스네블리트가 그 모임에서 나오자 곧바로 "크루샤의 편지"를 다른 누군가에게 보여주도록 세르주에게 내밀었다고 믿었다. 이것이 세르주가 마치 그 모임에 자기가 있었던 양 그 모임을 그토록 생생하게 서술할 수 있었던 경위였다. 세르주의 설명에는 그 "크루샤의 편지"에 관한 언급이 없다.

스네블리트는 이 발견으로 세도프의 오른팔 격인—왜소한 편인 폴란드계 유대인인—에티엔/즈보롭스키가 그 첩자라는 심증을 굳혔다. 비록 이때 즈보롭스키에게 의심이 가기는 했어도, 그가 첩자였음이 드러나는 데에는 스무 해가 걸렸다. 또한 엘자 포레츠키는 의심할 여지없이 스네블리트가 "자기가 세르주에게 말해주었던 것들과 세르주가 모든 것을 여기저기 퍼뜨리고 다니는 행동"을 고려하고 있었기 때문에 세르주를 감쌌고 자기가 트로츠키에게 혼나지 않도록 스스로를 보호하려고 세르주의 경솔한 행동을 더는 언급하지 않았다고 믿었다.[104] 세르주만이 아니라 스네블리트와 다른 네덜란드 트로츠키주의자들은 이미 트로츠키와 프랑스 트로츠키주의자들에게서 멀어지고 있었으며, 스네블리트는 십중팔구 이런 사정 때문에 에티엔/즈보롭스키를 조사하라고 촉구하지 못했을 것이다.

즈보롭스키에 따르면, 세르주는 그들 가운데 있는 첩자가 세도프의 여비서인 롤라 달린이라고 생각했다.[43] 즈보롭스키 자신은, 롤라 달린이 첩자라는 소문이 퍼져 자기가 주의에서 벗어나는데도, 만약 세르주가 그 소문을 퍼뜨리기를 그만두지 않는다면 목을 부러뜨려버리겠다고 을렀다.[44] 즈보롭스키는 세르주에게 프랑스 좌익반대파가 롤라가 첩자라는 단언의 실체를 논의하기를 거부했다고 알렸고, 그 이후로 세르주는 그 집단에서 사실상 배제되었다.

롤라 달린이 첩자일 가능성을 제기한 이는 세르주 한 사람만이 아니었다. 정보자유법을 통해 필자가 손에 넣은 미 연방수사국의 세르주 관련 서류철에는 마치 미 연방수사국이 롤라 달린과 마르크 즈보롭스키와 보리스 니콜라옙스키를 세르주와 연결한다고 말해주는 양 이 세 사람에 관한 자료 대여섯 페이지가 덧붙여져 있다. 비록 미 연방수사국이 롤라 달린의 경우에는 "엔카베데 첩자일 법한 자에게로 향하는 의혹"이라는 표제의 절 하나를 일부만 삭제하기는 했지만, 서류철에서 너무 많은 것이 삭제되는 바람에 그 자료가 왜 덧붙여져 있는지는 분명하지 않다.[105]

게다가, 알렉산드르 오를로프 장군이 게페우에 가까운 친척을 한 사람 둔 러시아계 유대인인 체하고 쓴 편지를 통해서 트로츠키에게 경고를 해주려고 시도했다. 그는 그 편지를 1938년 12월 28일에 부쳐 보내서 트로츠키에게 파리에 있는 그들의 동아리에 마르크라는 이름을 가진 첩자가 있다고 경고했다. 그는 그자가 즈보롭스키임을 확실하게 밝혀주는 다른 세부사항을 내주었다.[106] 트로츠키가 서명이 없는 오를로프의 편지를 받았을 때 멕시코에서 트로츠키를 방문하고 있었던 롤라 달린은 그 편지에 불쾌한 세부사항이 가득 들어 있는 데 마음이 편하지 못했다. 롤라 달린은 트로츠키에게 다음과 같이 말했다.

"이건 확실히 엔카베데의 더러운 짓거리인 게 틀림없어요. 그놈들이 프랑스에 있는 얼마 안 되는 당신의 협력자들을 당신에게서 떼어내고 싶어하는 거라고요." 같은 시기에 그는 나를 뜻하는 한 여자가 자기를 보러 찾아와서 독살할 것이라고 말해주는 또 다른 이름 없는 첩자의 편지를 한 통 더 받았어요. 그래서 우리 둘은 다음과 같이 마음먹었습니다. "그들이 어떻게 나오는지 볼까요? 그놈들은 당신이 프랑스 곳곳에 남은 유일한 사람들, 이를테면 프랑스 파리에 있는 러시아인들과 관계를 끊는 것을 보고 싶어하네요." 우리는 이것을 심각하게 받아들여서는 안 된다고 마음먹었습니다. 그것은 엔카베데의 장난질이었어요.

그러고는 롤라 달린은 자기가 파리로 돌아가자마자 맨처음 한 일은 즈보롭스키에게 모든 것을 말해준 것이었다고 덧붙였다.[107] 트로츠키는 파리의 동지들에게 극비 편지를 써 보내서 오를로프의 주장을 되풀이하고 그 주장을 조사하고 "밀고자"의 움직임을 철저히 주시하라고 요구했다.⁴⁵⁾ 트로츠키는 자기가 받은 편지가 그들의 대오 속에 "사기 저하를 퍼뜨리"려고 엔카베데가 속임수로 만든 것일 수 있다고 가정했다.¹⁰⁸ 롤라 달린은 자기가 즈보롭스키와 동지들에게 말한 것으로 조사를 회피했을까? 끝으로, 세도프가 병이 들었을 때 그에게 자기 시숙이 일하고 있는 병원이니 미라보Mirabeau 병원에 가보라고 제안한 사람이 바로 롤라 달린이었다. 그 병원은 백위계 러시아 망명자들이 운영하는 병원이었다.¹⁰⁹ 최근에 해독된 베노나Venona 암호전문을 비롯해서 롤라 달린에 관한 증거를 볼 때 분명한 사실은 롤라 달린이 첩자가 아니며 사실은 열렬한 반스탈린주의자였다는 점이다. 그러나 롤라 달린은—1954년에 정체가 드러날 때까지—첩자인 즈보롭스키에게 충실한 친구였다. 롤라 달린은 즈보롭스키가 첩자라는 주장을 절대 믿지 않았으며, 따라서 롤라 달린이 그를 싸고도는 통에 그의 정체가 드러나지 않았다.

의심하는 분위기가 팽배한 나머지 정치적 불화로 이미 만연되어 있던 분열이 여러 집단 사이에서 훨씬 더 심해졌다. 첩자들이 실제로 침투하고 있었고 동지들이 죽임을 당하고 있었으므로 첩자를 막으려고 경계를 하는 것은 피해망상이 아니었다. 그러나 작은 조직 안에서 첩자를 잡으려고 이리저리 들쑤시는 것은 첩자만큼이나 정치적 효율성에 똑같이 해로울 수 있었다. 이것은 스탈린으로서는 덤으로 얻는 이득이었다. 그 결과, 파리의 좌익반대파는 갈기 갈기 갈라지고 내부 문제에 지나치게 사로잡힌 나머지 정치적 영향력이 훼손되었다.

크리비츠키는 비록 세르주가 첩자라고 믿기는 했지만 파리에서 세르주를 계속 만났고, 세르주는 크리비츠키가 얼마나 신경이 곤두서고 위축되고 겁에 질려 있었는지 적어놓았다. 다른 사람들도 같은 식으로 크리비츠키를 서술했고, 그는 십중팔구 세르주가 있는 자리에서 유난히 긴장했을 것이다. 세르주도 신경이 곤두섰다. 그는 크리비츠키가 호주머니에 손을 넣어 담배를 한 개비 찾을 때마다 자기도 똑같이 손을 호주머니에 넣었다고 썼다.[110]

세르주가 "크루샤의 편지"를 즈보롭스키와 함께 보았다는 확증은 전혀 없었다. 엘자 포레츠키는 1954년에 즈보롭스키에게 세르주가 그 편지를 보여주었느냐고 물어보았고, 즈보롭스키는 시인도 부인도 하지 않고 그저 어깨를 으쓱해 보였다. 필자는 1986년부터 1988년까지 즈보롭스키에게 편지로, 전화로, 몸소 찾아가서 그 질문을 했지만, 대답을 듣는 데 성공하지 못했다.[111] 필자는 엘자 베르노 El'za Bernaut(엘자 포레츠키)를 알고 있고 그를 설득해서 회고록을 쓰도록 만든 당사자인 피에르 브루에에게 왜 엘자 포레츠키가 세르주에게 그토록 심하게 굴었느냐고 물어보았다. 브루에는 스스로가 첩자인 엘자 포레츠키가 관대하고 후덕한 성향을 지닌 세르주를 천성적으로 의심했고, 한이 맺힌 여인으로서 세르주의 반듯한 몸가짐에 십중팔구 기분이 상했으리라고 대답했다.[112] 진실은 결코 알려지지 않을지 모른다. 스탈린의 가장 소중한 첩자인 마르크 즈보롭스키에 관한 소련 첩보부 서류철에서 입수할 수 있는 증거는 이 문제에 새로운 실마리를 주지 않는다.[113] 정보자유법을 통해 손에 넣은 미 연방수사국과 미 첩보기관들의 서류철도 즈보롭스키에 관해 거의 4천 쪽에 이르는 분량을 담고 있으면서도 마찬가지였다.

이 모든 사건으로 말미암아 세르주와 세도프 사이의 관계가 더 팽팽해진 반면, 즈보롭스키는 비열한 활동을 계속했다. 석 달 뒤인 1938년 2월 16일에 료바 세도프가 서른두 살 생일을 겨우 여드레 앞두고 파리에서 죽었다. 공식 사인은 충수를 제거한 뒤 생긴 복막염이었다. 즈보롭스키가 그를 병원으로 데려갔고 어디에 있는지를 비밀에 부쳤다. 그 병원을 운영하는 사람들은 백위계 러시아인들이었는데, 전직 체카대원이었던 외과의는 비교적 간단한 수술을 한 뒤 수술받은 환자가 목숨을 잃은 사건이 대여섯 번 일어난 이력이 있는 의사였다.[114]

세도프의 죽음을 둘러싼 상황은 비열한 부정행위가 있었을 공산이 큼을 시사한다. 그러나 검시를 해도 아무런 증거가 나오지 않았고 세도프의 사인은 수술 후 합병증으로 귀결되었다. 가족이 검시를 새로 해달라고 요구했지만, 세도프가 게페우에게 죽임을 당했음을 입증할 수 없었다. 가족은 모두 다 게페우의 소행으로 여겼다. 즈보롭스키는 구급차를 부른 뒤 세도프가 어느 병원으로 갈지를 곧바로 게페우에게 알렸다.[46)] 이것은 행선지를 아는 사람은 오로지 게페우와 즈보롭스키와 롤라 달린, 그리고 세도프의 아내인 잔 마르탱Jeanne Martin뿐이었다는 뜻이 된다.

『뉴욕 타임스 서평』*The New York Times Book Review*과 『뉴욕 서평』*The New York Review of Books*과 『논평』*Commentary* 등등에 실린 스탈린의 "자객"에 관한 일련의 논쟁 기사를 쓴 스티븐 슈워츠Stephen Schwartz는 엔카베데 암살자들과 저명한 유럽 지식인들 사이의 연계를 추적하는 시도를 해 왔다. 슈워츠는 미 중앙정보부Central Intelligence Agency 요원 한 명이 자기에게 "엄격하게 비보도를 전제로" 세도프가 즈보롭스키에게서 독이 든 오렌지를 하나 받았다는 정보를 미 중앙정보부가 가지고 있다고 말했다고 보도했다.[115] 미국 안에 있는 소련 조직망을 적발하는 "붉은 잠입"red stealth 비밀 임무에 연루된 또 다른 미국 첩보장교인 귄터 라인하르트Guenther Reinhardt 미 연방수사국 비밀요원도 자기가 쓴 책인 『처벌 받지 않은 범죄』*Crime Without Punishment*에서 게페우가 "세도프를 파리에서 독살했다"고 썼다.[116] 드미트리 볼코고노프Dmitrii Volkogonov는 세도프가 암살당했다는 직접적인 증거가 엔카베데 문서고에 없기는 하지만 검출해내기 어려운 독약을 개발하는 특별부서가 엔카베데에 있었다고 썼다.[117]

1993년에 존 코스텔로John Costello와 올레그 차료프Oleg Tsarev가 오를로프 관련 서류를 발간하고 "리댜Lidya〔sic〕' 달린이 세도프에게 오렌지를 한 개 가져다준 적이 있다"고 폭로하는 오를로프의 1965년 미 중앙정보부 결과보고서

문건을 가감 없이 그대로 집어넣었다.[118] 오를로프가 이 세 부 문건을 달린 부처에게 들이대자, 롤라 달린은 자기 친 구인 즈보롭스키가 실제로 그들 사이에 있는 첩자라는 주 장이 사실임을 마침내 시인했다. 카게베의 즈보롭스키 관 련 서류철 전체를 읽었던 차료프는 독이 든 오렌지 이론을 부인하면서 세도프가 자연사했다고 단언한다.[119] 그런데도 엔카베데는 세도프를 제거했다는 공적을 인정받았고,[120] 전 모는 앞으로 밝혀야 할 일로 남아 있다.

세도프의 죽음은 트로츠키주의 운동에 심대한 일격이었 다. 세르주는 상황을 서술하면서도 세도프가 "태만죄" 때 문에 죽었을 가능성이 있다고 생각했다.[121] 그는 (1938년 2 월 26일자) 『왈룬』에 트로츠키의 자식들 가운데 셋째로 고 인이 된ㅡ넷째는 굴라그에서 행방불명이 되었다ㅡ세도프 를 애도하는 글 「한 친구의 죽음」Mort d'un ami을 썼다. 이 글에서 세르주는 아직도 갈라져 있는 프랑스 트로츠키주 의자들이 세도프의 장례식에서 따로따로 각기 다른 깃발 아래 서 있다고 썼다. 『한 혁명가의 회상』에서 세르주는 세도프에 관해 다음과 같이 간결하게 썼다.

젊고 정력적이며 상냥하면서도 굳센 그는 매우 힘든 삶 을 영위했다. 아버지에게서 그는 왕성한 지성, 혁명에 대한 절대적인 믿음, 지금 사라지고 있는 볼셰비키 세대의 공리 주의적이고 완고한 정치적 심성을 물려받았다. 우리는 모 스크바 재판이라는 미친 듯한 난마를 풀어내려고 애쓰고 이따금 가로등 아래 멈춰 서서는 번갈아 서로에게 큰 소리로 "우리는 완전한 광기의 미로 안에 있다!"고 외치면서 몽파르나스Montparnasse의 거리를 동이 틀 때까지 여러 번 배회했다. 그는 일에 치이고 돈 한 푼 없는 신세였으며 자기 아버지를 걱정하면서 평생을 그런 미로에서 보냈다.[122]

세르주는 장례식에서 루돌프 클레멘트와 악수를 했다고 기억했다. 클레멘트는 물불을 가리지 않고 헌신하는 제4인터내셔널 간사였다. 그는 다섯 달 뒤인 1938년 7월 13일에 엔카베데의 다음 희생자가 되었다. 그는 파리에 있는 자기 아파트에서 한 끼 식사가 아직 식탁 위에 있는 채로 납치되었다.[123] 목이 잘린 클레멘트의 몸통이 묄랑Meulan 부근의 센 강에서 건져 올려졌다. 그의 주검은 알아보지 못하도록 난도질되어 있었다.[124]

엔카베데의 후원을 받는 살인은 거기서 멈추지 않고 내전기 에스파냐에서 극악무도하게 마구 자행되었다. 크리비츠키와 레이스에게서 세르주는 엔카베데가 에스파냐를 자기들이 처벌 받지 않고 활동할 수 있는 자국 영토로 여긴다는 것을 알았다. 오랜 친구들과 네덜란드 지부의 트로츠키주의 동지들과 함께 세르주는 "멀리는 미국에까지 있는 사회주의 좌익 언론에" 자신의 "헛된 경고를 퍼뜨리면서" 힘을 모아 다가오는 대량 학살을 막아보려고 노력했다.[125] 세르주는 자기 친구인 안드레스 닌이 붙잡혀 소련 측에 넘어가자 다른 사람들과 함께 그를 구하려고 할 수 있는 일이란 일은 다 했다. 세르주의 에스파냐 위원회 대표단이 닌을 찾으려고 에스파냐로 갔고 그가 게페우에게 납치되기 전 마지막 며칠 동안 남긴 흔적을 찾아낼 수 있었다. 소련 항공기들이 차지한 한 비행장 옆에 있는 한 외딴집에서 그의 흔적이 보였으나 때가 늦어 찾을 수 없었다.[126]

에티엔, 세르주, 트로츠키 : 좌익반대파 두 사람 사이에 엔카베데가?

에티엔, 즉 즈보롭스키는 서유럽에 있는 트로츠키주의자들을 염탐하라는 임무를 받았다.[47] 그는 세도프의 우편물을 수거해서 읽을 만큼 그의 신임을 얻었고, 때로는 『반대파 회보』 편집자 일도 했다. 그는 트로츠키와 세도프, 그리고 트로츠키와 세르주 사이를 이어주는 연락책 노릇을 자주 했다. 좌익반대파의 효율성을 떨어뜨리는 것도 그의 목적이었으므로, 그가 북돋거나 키울 수 있는 어떤 분열도 그의 상전에게 이익이 될 터였다. 에티엔은 맡은 일을 워낙 잘 해내서 스탈린의 가장 소중한 첩자가 되었고, 스탈린은 그가 올린 보고서는 직접 다 읽어보았다.[127]

망명한 좌익반대파는 늘 목숨을 잃을 실질적인 위협에 처해 있었다. 그러나 그들이 안고 있는 문제는 이것만이 아니었다. 소련에 있는 동지들이 죄다 죽임을 당하고 있는 동안 프랑스의 트로츠키주의자들은 의혹과 사기 저하와 절망에 에워싸인 가운데 활동했다. 이 때문에 건강하지 못한 내홍과 분열이 생겨났다. 이런 점에서 엔카베데의 역할을 무시할 수는 없다. 비록 비판적 사고, 특히 정통에서 벗어난 사고의 자유로운 표출을 언제나 북돋지는 않는 분위기 속에서 실질적인 정치적 견해차가 등장했으니 엔카베데의 영향력을 과대평가하는 것도 마찬가지로 옳지 않겠지만 말이다.

이것 때문에 세르주의 힘이 유난히 죽 빠지고 있었다. 그는 자기가 "지도를 받는 조직"에 있기 마련이라고 여기기 시작했던 모순과 씨름하고 있었다. 그는 "자유란 다르게 생각하는 사람의 자유"라는 로자 룩셈부르크의 말을 자주 인용했다. 이것은 원칙으로는 "자유로운 생각과 비판적 심성과 객관적 분석을 존중한다고 공언하면서도 (……) 실제로는 자기 생각과 다른 생각을 용인하는 법을 모르는 최고 인격자들"을 그러모은 강경 좌파에서는 실행에 옮기기보다는 입으로 말하기가 더 쉬운 원칙이었다.[128] 파리에서 멕시코까지 세르주는 추방과 탄압을 받다 보면 생기기 마련인 불관용이 몸에 밴 피난 혁명가들과 계속 교제했다. 그저 의기소침해지는 것이 문제가 아니었다. 세르주는 이 문제가 그저 기운을 빠지게 만드는 데 그치지 않고 그들의 효율성을 분명하게 해친다는 점을 이해하려고 애썼다. 그는 소련에 되돌아온 관료제가 좌익반대파에 맞서 이 감정들을 어떻게 불러일으켜서 이용했는지 알고 있지만 좌익반대파 스스로도 여전히 똑같이 관용을 베풀지 않는 옹졸함을 보여준다고 지적하기도 했다.

세르주는 존재의 필요불가결한 성질인 비타협성을 다른 존재에 대한 존중과 조정하는 능력이 없다는 데 문제가 있다고 썼다. 사회 투쟁을 하다 보니 사회주의자들이 마르크스주의를 하나의 "신념, 그다음에는 하나의 체제, 결국에 가서는 이중의 불관용"으로 다루게 되었기 때문에 러시아에서 사회주의 정책이 실패했다.[129] 이 딜레마를 푸는 세르주의 해법은 "될 수 있는 대로 객관적인 엄격성으로, 그리고 다른 사람에 대한 존중, 심지어는 적에 대한 존중이라는 철칙으로 제어되는 투쟁적 비타협성"이었다.[130] 이것은 고귀한 정서였지만, 실상에서는 심지어 세르주에게도 만만하지 않았다. 세르주는 생애 마지막 해에 쓴 한 편지에서 자기는 여전히 "비타협적으로 사회주의적"이라고 이야기했다.[131] 그 어려움을 늘 알고 있던 세르주는 "적을 존중하기가 전체주의자들 때문에, 비록 불가능하지는 않더라도, 어려워진다"고 이야기했다.[132]

세르주는 비록 자기가 첩자들의 더러운 분열 책동의 희생자가 되었음을 알았으면서도 1937년 이후로 자기와 트로츠키의 관계가 더 틀어져간 것은 정치적 견해차와 조직 실천 탓이기도 하다는 것을 알았다. 세르주와 트로츠키는 1936년 말기에 서로 의견을 달리하기 시작했고, 이것이 1939년이 되면 사실상의 관계 단절로까지 이어졌다. 세르주의 마르크스주의 통합노동당 지지와 크론시타트가 공개적인 논쟁점이 된 한편으로, 트로츠키를 가장 화나게 만든 것은 제4인터내셔널을 대하는 세르주의 태도였다.

1938년 12월 2일에 트로츠키는 「빅토르 세르주와 제4인터내셔널」Viktor Serzh i IV Internatsional'이라는 짤막한 글을 썼는데, 1939년 1월에 『반대파 회보』에 실린 이 글은 이때 중도주의적인 마르크스주의 통합노동당의 일원인 세르주가 제4인터내셔널의 반대자라고 선언했다.[133] 세르주는 1939년 3월 18일에 트로츠키에게 다음과 같은 편지를 써 보냈다.

나는 『반대파 회보』에 실린 그 기사에 일절 반응을 보이지 않기로 마음먹었습니다. 당신은 너무나 부정확하고 너무나 불공정하고 쓸데없이 남의 속을 긁는군요. 나는 누가 당신에게 어떻게 정보를 주었는지 모릅니다만, 내 말을 꼭 믿으세요. 여기에 (레프 르보비치의 죽음에서, 그에 앞서서는 레이스의 죽음에서, 뿐만 아니라 프랑스의 제4인터내셔널 전체의 실패에서 역할을 했던) 음모의 전체 소굴이 있습니다.[134]

이 편지에 붙은 추신에서 세르주는 자기가 어느 "동지"에게서 롤라 달린에 관한 중대한 의혹이 있다는 말을 들었기 때문에 프랑스의 레닌주의자 볼셰비키와 관계를 끊는 일이 일어났다고 트로츠키에게 말했다. 세르주는 이 일의 진상을 조사해서 로스메르와 빌랑과 엘자 포레츠키에게 알려줘야 한다고 생각했다. 엘자 포레츠키는 다음과 같이 말했다. 그 집단은 "사건의 **본질**을 조사하기를 거부했다. 나는 에티엔 동지를 통해서 그렇게 전해 들었다. 그런데 그러기는커녕 그 집단이 나를 상대로 '조치를 취했다'". 롤라는 엔카베데 첩자가 아니었던 듯하지만, 진짜 첩자인 에티엔/즈보롭스키가 믿을 만한 사람이라고 옹호하고 감쌌다. 즈보롭스키는 세르주를 그 집단이 기피하는 인물로 만드는 데 성공했다고 보인다. 트로츠키는 완전히 넘어가서 신랄한 글로 세르주에게 무지막지한 공세를 가했다. 많은 정치적 쟁점이 얽혀 있었지만, 최악의 쟁점들 가운데 하나는 세르주가 한 트로츠키의 『그들의 도덕과 우리의 도덕』 Leur Morale et la nôtre 번역과 프랑스어판에 딸려 나온 내용안내문을 둘러싼 것이었다.

"광고용 내용안내문" : 이것을 누가 무슨 목적으로 썼을까?

세르주가 프랑스어로 번역한 트로츠키의 책은 여섯 권이 넘었고, 이미 말한 대로 트로츠키는 자기 저작을 프랑스 독자들에게 선보이는 데 세르주의 뛰어난 재능을 활용하게 되어서 무척 기뻐했다. 트로츠키가 수단과 목적에 관해 쓴 논쟁문인 『그들의 도덕과 우리의 도덕』(1938년 2월)을 세르주가 번역하다가 두 사람의 관계에 온당치 못한 논란이 일어났다. 불행하게도 그 논란의 대상은 책의 내용이 아니었다. 세르주는 그 책 "끝 부분에 뛰어난 페이지가 많이" 들어 있다고 생각했다.

"마르크스주의 도덕관 대 자유주의 도덕관"이라는 부제

가 붙은 이 책은 트로츠키와 특히 존 듀이 사이에 논쟁을 불러일으켰다. 트로츠키는 기지와 현란한 언어를 칼처럼 휘둘러 논쟁 상대의 생각을 날카로이 비판하면서 이 책에서 가장 뛰어난 논쟁을 했다. 그는 구체적인 역사적 상황에 뿌리를 두고 인류의 해방을 목적으로 삼는 혁명적 도덕성과 자유주의자와 사회민주주의자 등이 옹호하는 추상적인 선험적 도덕성을 구분하는 일에 나섰다. 세르주가 언급한 "끝 부분에 있는 뛰어난 페이지들"에는 「목적과 수단의 변증법적 상호 의존」에 관한 논의가 들어 있다. 여기서 트로츠키는 저열한 수단은 저열한 목적으로 이어진다, "유기체처럼 수단은 목적에 종속된다",[135] 즉 달리 말해서 과정이 순수해야만 산물도 순수할 수 있다고 주장했다.

세르주는 트로츠키의 저작에 답을 하지 않는 쪽을 택했는데, 그는 마르셀 마르티네에게 보낸 1939년 3월 30일자 편지에서 다음과 같이 설명했다.

> 내가 번역한 L. T.(레프 트로츠키―옮긴이)의 『우리의 도덕과 그들의 도덕』[sic.]을 당신에게 보냅니다. 이 책은 역사적으로 뒤떨어져 쓸모가 없어진 편협한 관점에서 보면 역동적이고 짜임새가 좋고, 모든 것을 왜곡합니다. 광적으로요. 나는 내가―적어도 이번에는―이 주제를 다뤄 그 '영감'에 대응하는 일이 없도록 하겠으며, 만약 하게 되더라도 그의 공격에 일절 반응을 보이지 않기 위해서 최소한으로만 대응하리라고 생각합니다. (……) 그의 비타협성은

지독히도 따분하고, 진저리가 날 만큼 고압적이 되어버렸어요.[136]

어쨌든 간에 트로츠키와 벌인 논란은 세르주의 번역, 즉 트로츠키가 표현한 생각에 관한 발설하지 않은 의견차가 아니라 트로츠키를 투박하게 공격한 프랑스어판 판매 촉진용 내용안내문을 둘러싼 것이었다. 트로츠키는 출판사에 연락해 진위를 알아보지도 않고서 세르주가 다음과 같은 독설을 썼다고 가정했다.

트로츠키에게 도덕성 그 자체 같은 것, 즉 이상적이거나 영원한 도덕성은 존재하지 않는다. 도덕은 각 사회, 각 시대에 따라 상대적이며, 특히 사회 계급의 이해관계에 따라 상대적이다. (……) 진정한 도덕성은 인류 그 자체의 이해관계를 옹호해야만 한다. 트로츠키는 한때는 권좌에 있었고 오늘날에는 반대파인 자기의 당파가 진정한 프롤레타리아트를 늘 대표하며 자기 자신이 진정한 도덕성을 대표했다고 생각한다. 이런 생각을 하니 그는 (……) 볼모를 쏘아 죽이는 것이 그 명령을 스탈린이 내리는가, 아니면 트로츠키가 내리는가, 아니면 부르주아지가 내리는가에 따라 다른 의미를 띤다는 결론을 내리게 된다. (……) 트로츠키는 자기의 기반을 레닌에 두고 (이를테면 개인의 테러리즘은 대개는 효과가 없다면서, 수단이 효과적이라는 조건을 달고) **목적이 수단을 정당화한다고 선언한다**. 저자는 이런 태도에 들어 있는 것은 냉소가 아니라 오로지 사실의 진술이라고 선언한다. 그리고 트로츠키는 자기의 **도덕감**을 구성하는 자기의 예민한 양심이 바로 이 사실에서 나온다고 말한다.[137]

세르주가 이런 생각을 부추기거나 글로 쓸 수 있었으리라는 생각은 얼토당토않다. 그가 펴낸 많은 저술에 나타나는 특성에 비춰보면 그렇다. 그런데도 트로츠키는 지체 없이 세르주가 그렇게 했다고 추정했다. 세르주나 사수자리 출판사Les Editions du Sagittaire에 사실의 진위를 확인하는 대신 트로츠키는 1939년 6월 9일에 붓을 들어『그들의 도덕과 우리의 도덕』에 분노 어린 부록을 썼다.「마르크스주의에 맞서는 도덕군자와 아첨꾼 : 사면부 행상인들과 이들의 사회주의자 동맹자, 즉 다른 자의 둥지에 들어 있는 뻐꾸기」라는 시론이었다. 그는 다음과 같이 썼다.

어떤 "친구"가 (……) 자기 것이 아닌 둥지에 기어 들어와서는 자기의 작은 알을 낳는 짓을 저질렀다. 오! 물론 아주 자그마한 알이다. 거의 미수정란이다. 이 내용안내문의 저자는 누구일까? 그 글의 가장 심한 비판자이기도 한 빅토르 세르주가 가장 쉽게 그 정보를 제공한다. 나는 당연히 빅토르 세르주가 아니라 주인의 생각과 문체를 흉내 내는 그의 제자들 가운데 한 사람이 (……) 그 내용안내문을 썼다고 밝혀지더라도 놀라지 않을 것이다. 그러나 아마도 결국, 그 저자는 그 주인 자신, 다시 말해서 저자의 "친구"로서의 빅토르 세르주일런가?[138]

이 글에는 좌익반대파와 느슨하게 연계된 "독립인자들"에게 트로츠키가 품은 짜증이 뚝뚝 배어 나온다. 논쟁으로부터 대양 하나(대서양—옮긴이)가 떨어져 있고 이견의 표출을 억누를 수 없게 대양 하나가 가로막고 있다는 데 그가 품은 명백한 좌절감을 감지할 수 있다. 이 시론은 그 심술궂음으로 기억될 만한 말로 빅토르 세르주(도덕군자)와 보리스 수바린(아첨꾼)에게 퍼붓는 뼈아픈 공격으로 가득 차 있다. 트로츠키는 장장 일곱 페이지가량을 들여서, "호텐토트Hottentot족의 도덕"을 가지고 있다, 드러내놓고 마르크스주의 통합노동당 당원이 되었다, "일회식으로, 단편적으로, 뭉뚱그려 생각하"는 "프티부르주아 도덕론자"다, "인간의 역사에서 내전을 지우"고 싶어한다, 하며 세르주를 비난했다. 게다가 트로츠키는 혁명이 타락하는 시점을 체카가 비밀재판을 시작한 시기로 잡았다고 세르주를 꾸짖었다. 트로츠키는 "세르주가 혁명이라는 개념을 가지고 장난을 치고 혁명에 관해 시를 쓰지만 혁명을 있는 그대로 이해할 능력이 없다"고 썼다. 분명히 세르주가 가진 가장 나쁜 속성들 가운데 하나는 그가 혁명에 관해서 정적으로, 심지어는 시적으로 글을 쓴다는 것이었다. 트로츠키는 이 점을 대여섯 항목으로 다시 언급했다.[48] 더 요점을 잡아 트로츠키는 다음과 같이 썼다.

우리가 환멸을 느낀 프티부르주아 지식인 한 사람의 동요를 마르크스주의의 관점에서 평가할 때, 그에게는 그것이 자기 인격에 대한 공격으로 보인다. 그러면 그는 우리의 전제주의와 우리의 종파주의에 대항하는 십자군을 결성하기 위해 모든 모호한 인자들과 동맹 관계를 맺는다. (……) 빅토르 세르주는 제4인터내셔널이 모든 모호한 인자, 종파론자, 베레켄Vereeken, 마르소 피베르 유형의 마르크스주의 통합노동당 중도파에게, 그리고 스네블리트 유형의 보수적 관료들이나 몰리니에R. Molinier 유형의 단순한 모험가들에게 행동의 자유를 주어야 한다고 요구했다. 다른 한편, 빅토르 세르주는 중도파 조직들이 제4인터내셔널의 파르티잔을 자기들의 대오에서 몰아내는 데 체계적으로 도움을 주었다.[139]

그는 "빅토르 세르주와 그의 동지들의 도덕주의는 혁명에서 반동으로 건너가는 다리"라는 말로 자기의 매도를 끝냈다.[140] 이 시론은 다른 볼셰비키 반대자와 반反레닌주의자들, 즉 스탈린을 레닌의 상속자로 보는 자들과 세르주를 같은 부류로 뭉뚱그리려고 시도한다. 이것은 세르주의 저술을 명백히 도외시한다는 점에서 주목할 만하다.

세르주는 이 심술궂은 인신공격성 비난에 어떻게 반응했을까? 그는 마음에 상처를 입었다. 세르주는 『한 혁명가의 초상』에서 다음과 같이 한탄했다.

그는 조수들에게서 통탄스러울 만큼 틀린 정보를 받아서, 내가 쓰지 않은, 그리고 자주 표현된 내 의견과 완전히 어긋나는 글 한 편이 내가 쓴 글이라면서 나를 공격하는 장문의 반론을 썼다. 트로츠키주의 계열 간행물들은 나의 정정문을 실어주기를 거부했다. 핍박 받는 사람들의 한가운데에서 나는 그들을 핍박하는 사람들과 똑같은 태도와 마주쳤다. (……) 트로츠키주의는 자기의 저항 상대였던, 그리고 자기를 산산조각 내고 있는 바로 그 스탈린주의가 가진 사고방식과 일치하는 사고방식의 조짐을 보여주고 있었다. (……) 이 모든 것에 내 마음이 아팠다. 어떤 이들의 강인함과 의지력이 모든 역경을 이겨내고 숨통을 조이는 전통과 절연하고 죽음을 가져오는 폐해에 저항할 수 있다는 것이 나의 굳은 믿음이기 때문이다. 그것은 힘들고 어렵지만, **틀림없이** 가능하다. 나는 일절 논박을 하지 않았다.[141]

세르주는 트로츠키주의 계열 간행물의 지면이 주어지지 않았지만, 그래도 내부에서 비난을 논박하고 결백을 증명하고 오명을 씻으려고 애를 썼다. 공개적으로 세르주는 트로츠키와 연대를 깨기를 거부했다. 세르주는 드와이트 맥도널드에게 다음과 같은 편지를 써 보냈다.

> 레프 다비도비치는 최근에 나를 공격하면서 그에게 답변할 수단이 내게 더는 없다는 것이 거의 기쁠 지경으로 나를 매도했습니다. 그는 내가 무엇을 썼는지 읽어보지도 않은

채 나를 비판하면서 시작을 했고, 계속해서 나와 아무런 연관이 없는 간행물에 실린, 내가 쓰지도 않은 글을 내가 쓴 글로 간주하네요. 따라서 「도덕군자와 아첨꾼」이라는 글 전체가 완전히 틀린 기반에 서 있는 셈이죠. 결코 내 것이 아니었던 생각과 주장을 내 것으로 간주하니 말입니다. 하지만, 나는 지난 스무 해 동안 이 주제에 관해서 글을 아주 많이 썼고 그도 이 점을 알고 있을 텐데요! 또한 그는 조금도 주의를 기울이지 않고 내가 썼다고 단정하는 그 글을 누가 썼는지 알아보는 것이 좋을 겁니다. 이 모든 것이 아주 슬픈 일이에요. 나는 『새 인터내셔널』*The New International*과 LD에게 모종의 정정문을 보냈는데, 그것이 어찌 되었는지는 알지 못합니다. 유럽에서 이런 식으로 나를 공격한 간행물들이 내 답변을 결코 게재하지 않았습니다. 그래서 나는 답변하기를 그만두었어요. 절대로 뜻을 바꾸지 않겠습니다.[142]

그런 다음 세르주는 펜을 들어 트로츠키에게 답장을 썼는데, 트로츠키는 그 답장을 게재하지 않았다. 이 답장을 피터 세지윅이 세르주의 문서들 가운데에서 찾아냈는데, 그는 이것을 번역해서 '비밀 유지와 혁명 : 트로츠키에게 보내는 답장'Secrecy and Revolution : A Reply to Trotsky이라는 제목으로 『평화 소식』*Peace News* 1963년 12월 27일자 제5면에 실었다. 안젤리카 발라바노바에게 보낸 1941년 10월 23일자 편지에서 세르주는 자기가 왜 그 '영감'과 공개 논쟁을 벌이기를 자제했는지를 설명했다. 트로츠키는 스탈린주의에 맞선 단호한 싸움을 벌였고 자기는 그의 사상을 아직도 깊이 존중한다면서 세르주는 다음과 같이 썼다.

> 그 '영감'과 벌이는 고통스러운 이 모든 논쟁에서, 비록 그가 결코 내가 쓴 적이 없는 글을 내가 썼고 결코 내가 품은 적이 없는 생각을 옹호했다고 나를 비난하는 장황한 논박문을 쓰기는 했어도, 나는 처음에는 『프롤레타리아 혁명』(파리)의 인쇄소에 강력한 반론문을 보냈다가 입을 다물고 이 부당한 공격을 견뎌내기로 하고 그 반론문을 인쇄소에서 도로 받아냈을 만큼 그를 향한 존경과 애정을 버리지 않았습니다. 그리고 나는 아직도 내가 옳았다고 생각해요. 진실은 감정을 상하게 만드는 논박이 아닌 다른 방식으로 출구를 만들 수 있으니까 말입니다.[143]

또한 세르주는 1939년 8월 9일에 트로츠키에게 편지를 써서 그 몹쓸 내용안내문과는 어떤 연관도 없다고 부인했다. 트로츠키는 1939년 9월 7일에 『반대파 회보』 79/80호에 「빅토르 세르주의 해당 반박문」Ocherednoe oproverzhenie Viktora Serzha[144]이라는 글을 실어서 "그의 선언을 기꺼이 수용하〔였〕고", 그런 다음 세르주가 "불안, 환멸, 불만, 그리고 마르크스주의와 프롤레타리아 혁명에서 멀어지는 분위기"에 젖어 있다고 공격하는 데 나섰다. 그 내용안내문의 저자가 누구인지에 관해, 트로츠키는 다음과 같이 썼다.

그가 직접 하지 않았다면, 그를 따르는 자나 그와 같은 생각을 가진 자들 가운데 한 사람일 것이다. 누구랄 것도 없이 여러 동지의 머리에 빅토르 세르주가 그 내용안내문을 썼다는 생각이 들었다. 빅토르 세르주가 최근에 설교하던 것을 그저 간단히 요약하는 것이 책 광고 문구이니, 우연이 아니다.[145]

어떤 동지들일까? 에티엔일까? 피에르 프랑크Pierre Frank일까? 에티엔이 직접 트로츠키에게 쟁점을 내놓았든지, 아니면 다른 사람을 시켜 그렇게 했든지 간에, 그는 자기 목적을 이루었다고, 즉 살아남은 두 좌익반대파 구성원을 갈라놓고 그 두 사람이 끊임없는 내부 모략에 정신을 팔도록 만들었다고 당연히 의기양양할 수 있었다. 그러나 트로츠키는 엔카베데가 끼어들어 술수를 부렸을 가능성을 부정한 듯했다. 트로츠키가 세르주에게 보낸 편지 한 통이 「빅토르 세르주의 위기」Krizis Viktora Serzha라는 글로 『트로츠키 저작집』Sochineniia에 실렸는데, 여기서 트로츠키는 다음과 같이 썼다.

당신은 오랜 이데올로기적 위기를 겪고 있으며 (……) 당신은 자기 자신에게 품은 자기의 불만을 다른 사람에 대한 불만으로 바꾸고 있습니다. 당신은 모략과 허위 정보 등에 관해 글을 씁니다. 나는 그 가운데 어느 것도 알지 못합니다. (……) 나는 당신이 제4인터내셔널의 길로 되돌아오는 것을 보게 되리라는 희망을 잃지 않습니다. 그러나 지금 당신은 반대자이며, 게다가 그러면서도 정치적 우방으로 대우 받기를 바라는 적대자입니다."[146]

세르주는 자기는 "그가 쓴 그 저작[『그들의 도덕과 우리의 도덕』]에 관해서 어떤 간행물에서도, 또는 어떤 형태와 형식으로든 단 한 줄의 글도 펴낸 적이 없습니다"라고 분명하게 주장했다.[147] 이어서 세르주는 다음과 같이 단언했다. "나는 그 내용안내문의 저자가 아닙니다. 나는 직접적으로든 간접적으로든 그것을 작성하는 일에 참여한 적이 없습니다. 나는 그 글의 저자가 누구인지 알지 못합니다. 나는 어떻든지 개의치 않습니다. 이해가 충분히 갑니까?"[148] 그 내용안내문의 진짜 저자는 아직 알려지지 않고 있다. 블라디는 즈보롭스키가 그것을 썼다고 믿는다.[149] 나는 대여섯 차례에 걸쳐 즈보롭스키에게 그랬느냐고 물었지만, 대답을 듣는 호의를 결코 누리지 못했다.[150] 피에르 브루에는 아마도 편집자가 즈보롭스키의 지도를 받아 그것을 썼으리라고 믿는다.[151] (1999년에 일부가 기밀해제된) 즈보롭스키의 엔카베데 서류철은 그가 "삽입광고문"의 대가가 되었고 항목을 개작해서 글의 의미를 미묘하게 바꾼다는 점을 드러낸다.[152]

세르주가 부인하는데도, 그가 그 글을 썼다는 논란은 사라지지 않았다. 피터 세지윅이 『평화 소식』에 실린 세르주의 반론문을 펴낸 지 3년 뒤, 그리고 세르주가 죽은 지 19

년이 지난 뒤인 1966년에 나온 프랑스어판 『그들의 도덕과 우리의 도덕』 제2판 머리말에서 피에르 프랑크는 세르주가 그 내용안내문을 썼다는 소문을 재탕 삼탕 우려먹었다. 프랑크는 자기가 쓴 그 머리말에서 세르주가 그 내용안내문을 썼다는 주장을 되풀이했을 뿐만 아니라 세르주를 지난날 마르크스주의자였다가 냉전의 전사로 변한 막스 이스트만, 시드니 후크와 한통속으로 묶었다. 세르주의 반박과 그의 부인에 대한 트로츠키의 인정을 어떻게 해서 한꺼번에 무시할 수 있었을까? 피에르 프랑크는 세르주를 유난히 경멸했고 세르주에 관한 공식 트로츠키주의자들의 생각에 상당한 영향을 미친 듯하다.[49] 1977년에 미셸 드레퓌스Michel Drefus가 피에르 브루에의 지도를 받아 세르주와 트로츠키가 주고받은 편지를 모은 『대對스탈린주의 투쟁』*La Lutte contre le Stalinisme*을 펴냈다.[153] 드레퓌스는 세르주가 그 내용안내문의 저자라는 주장을 되풀이했다. 세르주가 그런 비난을 반박했었다는 것을 시인하지 않은 채로 말이다.

내용요약문을 둘러싼 불화는 사실상 몇 가지 쟁점, 특정하게는 세르주가 마르크스주의 통합노동당을 지지하는 것과 제4인터내셔널을 대하는 그의 태도를 둘러싼 견해차의 절정이었다. 트로츠키는 이 "변절"에 기분이 상했고, 그의 논박이 띤 비타협적이고 극단적인 어조는 그의 분노를 반영했다.

변절했는데도 세르주는 여전히 트로츠키주의의 범위 안에서 활동했고 그 '영감'을 크게 존경했다. 더 넓은 정치계는 그를 "트로츠키주의자"로 간주했다. 훗날 그는 자기가 쓴 사건일지에 다음과 같이 썼다.

> 나는 계속해서 『배반당한 혁명』, 『스탈린의 범죄』 *Les Crimes de Staline*, 『그들의 도덕과 우리의 도덕』 등 그 '영감'의 책을 번역하고 그를 옹호했다. 나는 일반 대중의 눈에 가장 이름난 "트로츠키주의" 작가로 남은 반면, "B-L들"(레닌주의자 볼셰비키—옮긴이)은 할 수 있는 한 나를 헐뜯었다. 그들에게 나는 "활용해야 할 영향력"을 가지고 있고 "지향성이 미심쩍"은 "프티부르주아 지식인"이 되어버렸다. 진리를 소유했다는 감정과 불관용, 그리고 『그들의 도덕과 우리의 도덕』의 비판의식 없는 공격성에, 비록 이 논설문의 끝 부분에 뛰어나고 훌륭한 페이지들이 있기는 해도, 나는 화가 치밀었다. 그 '영감'에게 편지를 쓰고 말을 한 몇몇 트로츠키주의자들에게 나는 그렇게 말했고, 그러자 곧바로 나에게 새로 공격이 가해졌다. 가장 슬픈 일은 그들이 늘 모욕을 주고 있었고 늘 부정확한 자료에 근거를 두었다는 것이다. 우리는 이런저런 점에서 상당히 어긋난다고 말하는 것이 훨씬 간단했을 것이다. 그러나 그 '영감'과 그를 따르는 사람들은 그렇게 솔직한 대화를 나눌 능력을 완전히 잃어버렸다. 그들이 살면서—나와 마찬가지로—처한 핍박의 무시무시한 분위기 때문에 그들은 핍박 콤플렉스에 쏠렸고 핍박을 하는 경향을 보이게 되었다.[154]

제4인터내셔널, 크론시타트 논쟁, 마르크스주의 통합노동당

소련에서 대숙청이 진행되고 스탈린주의자들이 에스파냐에서 좌파를 죽이는 일이 벌어지자, 트로츠키의 임무는 스탈린주의에 혐오를 느끼고 사회민주당의 의회 개량주의에 넌더리를 내는 전 세계의 노동자들을 끌어들이는 혁명의 중심이 될 세계적인 혁명당을 만드는 것이었다. 그는 자기 에너지를 대부분 제4인터내셔널에 쏟았고, 당연히 이 세계 혁명조직을 보는 자기의 구상을 모든 혁명적 마르크스주의자들이 공유하기를 바랐다. 빅토르 세르주는 유럽 지성계의 명성을 지닌 러시아 좌익반대파 망명객으로서 제4인터내셔널에 소중한 자산이 되었을 것이다.

트로츠키는 1936년 7월 제4인터내셔널 협의회에서 채택된 「혁명의 새로운 고조와 제4인터내셔널의 과제」라는 제목의 초안을 세르주에게 보냈다.[155] 세르주는 「혁명의 새로운 상승?」이라는 논평을 1936년 7월 19일에 트로츠키에게 보냈다. 세르주는 유럽의 노동자들이 혁명 투쟁에 기꺼이 나서리라는 트로츠키의 평가에 동의하지 않았다. 트로츠키는 프랑스의 인민전선과 에스파냐의 내전을 혁명이 고조되기 시작하고 있다는 신호로 보았다. 세르주는 노동자들이 단지 "장기간의 침체에서 막 깨어나 벗어나고 있다. 이것은 한 과정의 시작"이라며 그 과정은 전쟁과 전후의 패배로 말미암아 생긴 10년간의 탈진의 한 산물이라고 반박했다.

제2인터내셔널에 관해서 세르주는 이것을 동질적이라고 여기는 것은 잘못이며, "우리의 비판과 압력은 (……) 그들이 더 적극적인 방향으로 가도록 돕는 〔것이 가능하〕다"고 썼다. 또한 두 사람은 국면의 성격을 다르게 인식하면서 인민전선을 대하는 입장도 달라졌다. 세르주는 인민전선이 혁명적 노동계급의 요구를 위한 투쟁의 장이라고 생각했다. 세르주에 따르면, 두 사람의 과제는 "인민전선에 충분한 압력을 가하"는 것이며, 인민전선은 "노동자들이 더 큰 가능성을 지닌 더 후일의 투쟁 국면으로 들어갈 수 있도록 해줄 유용한 이행 형태"일 수 있었다. 세르주의 구호는 "인민전선을 계급협력 도구에서 계급투쟁 도구로 바꾸라"였다. 이것은 명백히 "부르주아 인자와 부르주아의 지배를 받는 인자"와 결별하고 "중간계급들의 지지를 확보할 수 있게 해주는 혁명 강령의 주위로 노동계급 세력들이 재집결해야 한다는 것"을 시사했다.[156]

자기가 이끄는 미국노동자당American Workers Party을 공산주의자 동맹Communist League과 합쳐서 제4인터내셔널 미국 지부사회주의 노동당Socialist Workers Party을 만든[50] 미국의 에이브러햄 머스트Abraham J. Muste 목사가 트로츠키와 제4인터내셔널 사무국을 대표해서 1936년 7월 하순에 브뤼셀에 있는 세르주를 방문했다. 세르주가 "이 사무국에 선임 회원으로 가입해야 한다는 레프 다비도비치의 제안을 전달하기" 위함이었다. 세르주는 "이를 받아들였다".[157]

머스트와 이야기를 나눈 뒤 세르주는 제4인터내셔널 조

직이 어떻게 하면 될 수 있는 대로 많은 사람들에게 다가서서 그들을 규합할 수 있는가에 관한 자기 생각을 제시하는 편지를 (1936년 7월 27일에) 써서 트로츠키에게 보냈다. 세르주는 우애 어린 양식으로 공개 토론을 장려하는, 참으로 전문적이고 격이 뛰어난 언론 매체를 가진 폭넓은 혁명당을 구상했다. "부차적인 견해차를 걱정하지 말고 자유로운 협력의 분위기 속에서 우리의 이데올로기적 비타협성이 표현되고 전개되어야만 한다"는 것이었다.[158] 세르주는 제4인터내셔널 조직이 이데올로기 면에서 굳건하면서도 개방적이고 비종파적으로 남아서 비스탈린주의 세력들을 통합하려고 노력해야 한다고 강조했다. 또한 그는 "조직원 대중 사이에서 기승스레 엄청난 혼란의 초점이 되는 문제인 소비에트 국가의 성격과 소련의 방위"에 관한 문제는 중요한 교육적 문제이지만 원칙의 문제는 아니므로 결론을 맺지 않은 채 남겨두어야 한다고 썼다.

트로츠키는 동의할 수 없다는 답장을 1936년 7월 30일에 세르주에게 써 보냈으며, 더군다나 정치성이 불충분한 "예술적·심리학적"인 접근방식을 취했다고 세르주를 비판했다.[159] 트로츠키는 세르주보다 더 구체적이었고, 사실상 어떤 사람들은 "작은 집, 작은 뜰과 자동차가 프롤레타리아트의 운명보다 1천 배는 더 소중한 철저한 프티부르주아"이므로 제4인터내셔널 조직에 알맞지 않다고 지적했다. 세르주는 이 반$^\boxtimes$스탈린주의 활동가들을 보는 트로츠키의 시각을 결코 공유하지 않았다.

1937년 중반이 되면서 세르주와 트로츠키는 심각한 견해차를 보이기 시작했다. 1938년에 세르주는 크론시타트 문제를 놓고 논쟁에 들어갔고, 이 논쟁은 『새 인터내셔널』, 『노동자의 투쟁』*Lutte ouvriére*, 『프롤레타리아 혁명』, 『반대파 회보』 등 다른 지면으로 번져갔다. 크론시타트 논쟁은 에스파냐 내전 직후에 일어났고, 아나키스트와 마르크스주의 통합노동당의 역할과 직결되어 있었다. 세르주는 자기의 사건일지에 다음과 같이 썼다.

이 무렵 나는 에스파냐의 아나키스트들을 주제로 트로츠키와 편지를 한 차례 주고받았다. 레프 세도프는 그들을 "혁명의 심장에 칼을 꽂을" 자들이라고 비난했다. 나는 그들이 내전에서 핵심적인 역할을 하리라고 생각했고 그들에게 동조한다는 선언문을 발표하라고 트로츠키와 제4인터내셔널에게 권고했다. 그 선언문에서 혁명적 마르크스주의자들이 자유를 위해 투쟁하겠다고 공약할 터였다. L. D.는 내가 옳다고 말하고는 이 노선을 따라 뭔가 하겠다고 약속했지만, 이는 결코 이루어지지 않았다.

1937년 1월에 나는 암스테르담에서 열린 제4인터내셔널 국제회의에 참석했다. (……) 이미 트로츠키주의자들이 모든 포화를 마르크스주의 통합노동당에 겨누고 있었다. 나는 연단에 서서 마르크스주의 통합노동당이 카탈루냐 자치정부Generalitat de Catalunya에 참여하는 것을 옹호했다. 그 근거로는 카탈루냐 자치정부를 그 안에서 통제하고 영향력을 행사하고 대중을 무장하는 일을 더 쉽게 만들 필요성이 있다는 점을 들었다. 베레켄과 스네블리트와 더불어 나는 마르크스주의 통합노동당과 연대하겠다는 결의안을 내놓았다. 이 결의안은 에스파냐 투사들에게 자당의 단결을 유지하라는 호소로 끝을 맺었다. 피에르 나빌과 제라르 로젱탈과 루돌프 클레멘트가 이 표현 문구에 항의했다. 이들은 마르크스주의 통합노동당에 예의 차원에서 찬사를 늘어놓으면서도 그 대오 안의 분열을 만들어내고 있다는 것이 명백해졌다. 암스테르담에 파견된 잉글랜드England 대표 두 사람이 제4인터내셔널 운동은 잉글랜드에서 그 수가 1백 명을 넘지 않으며 프랑스에서처럼 서로 다투는 2개 조직으로 쪼개졌다고 나에게 말해주었다.

나는 쓰라린 가슴을 안고 암스테르담에서 돌아왔다. 권위주의, 분파주의, 술수, 계략, 협량, 옹졸 등 러시아에서 우리의 투쟁 대상이었던 모든 정신 나간 짓에 시달리고 고위층에서 내려온 술책으로 통제되는 종파 운동이라는 인상을 받은 것이다. 스네블리트와 그의 당은 숨이 턱턱 막히는 분위기라는 것을 알고는 진저리를 쳤다. 그들은 우애에 찬 행동 규범에 익숙한, 정직하고 성실한 네덜란드 프롤레타리아였다. 그 '영감'을 우상으로 보던 베레켄이 내게 말했다. "장담하건대, 당신은 여섯 달이 채 안 되어 그하고 사이가 틀어집니다. 그는 어떤 반대도 용납하지 않아요."[160]

세르주는 창립 대회를 비롯해서 제4인터내셔널에 참여

했고, 견해차가 생기기 전까지 그 구성원들과 함께 일했다. 견해차는 마르크스주의 통합노동당에 대한 입장과 숨이 막힐 듯한 내부 분위기, 그리고 다음과 같은 그의 신념을 둘러싸고 생겼다.

제4인터내셔널에서 나는 사회주의라는 이데올로기, 도덕, 제도의 갱생을 위한 러시아 좌익반대파의 희망을 찾아낼 수 없었다. 벨기에, 네덜란드, 프랑스, 에스파냐 등 내가 몸소 겪어서 아는 나라에서는 툭하면 쪼개지고 파리에서는 한숨 나오는 아귀다툼을 벌이다가 만신창이가 된 "제4인터내셔널" 소속 소규모 당들은 약하디약한 종파 운동에 지나지 않았다. 나는 이 운동에서는 신선한 생각이 나올 수 없다고 판단했다. 이 집단들의 목숨은 오로지 그 '영감'의 위신과 그의 끊임없는 크나큰 노고로 유지되었다. 사회주의 국제 조직들이 모두 다 죽어가고 반동이 물밀 듯 밀려오는 순간에, 그것도 어떤 종류의 지원도 받지 못하면서 하나의 인터내셔널을 시작한다는 생각 그 자체가 나에게는 너무나도 어리석게 보였다.[161]

세르주는 제4인터내셔널에서 트로츠키의 비타협성이 우스운 모습이 되었음을 깨달았다. 그의 비타협성은 여기서는 그저 단순한 비유연성이 되었다. 제4인터내셔널의 얄팍한 교조적·종파적 사고에 세르주는 맥이 탁 풀렸다.

더군다나 세르주는 시기 선정이 완전히 잘못되었다고 믿

게 되었다. (파시즘, 전쟁, 소련의 전체주의 등) 패배의 시기에 세계 혁명당을 창설한다는 것은 허세는 아닐지라도 쓸데없는 일이었다. 따라서 세르주와 트로츠키 사이에 오간 편지를 보면 목적을 둘러싸고 갈등이 있었음이 드러난다. 트로츠키는 세르주가 제4인터내셔널에서 주도적 역할을 해주기를 바랐고 세르주는 애초부터 그 기획의 결과가 미덥지 않았던 것이다.

세르주는 다음과 같이 생각했다.

> 트로츠키주의 좌파는 가진 힘과 (……) 시간을 대부분 서로를 해치는 음모를 꾸미고 책 전체에서 서로를 헐뜯는 데 썼다. 나는 그들을 보고 러시아에 갇혀 있는 우리 동지들의 사정이 널리 알려지지 않고 있는 시기에 가진 자원을 이처럼 허비한다고 심하게 꾸짖었다. 나는 그들의 한심한 말다툼을 (……) 듣기를 거부하고 루Rous에게 이렇게 말했다. "만약 내가 당신의 이 두 그룹 가운데 한 그룹의 구성원인데 분위기가 이렇다면, 나는 당장 탈퇴할 거요. 당신들은 메스꺼운 종파분자예요."[162]

세르주는 1937년에 제4인터내셔널과 연락을 끊고 논쟁을 피하려고 노력하고 "그 투사들과 LD에게 내가 할 수 있는 선의를 다하려고 무진 애를 썼다."[163] 세르주는 1938년에는 크론시타트와 다른 주요 쟁점을 놓고 트로츠키를 상대로 논박문을 쓰는 데 주저하지 않았다. 결국, 크론시타트 봉기자 진압을 둘러싼 쟁점을 공개 논의해서 득을 볼 정치 투사의 한 세대 전체가 존재했다. 같은 이 시기에 트로츠키의 펜에서 나오는 독설이 세르주에게 억수처럼 퍼부어졌다. 그러나 트로츠키는 세르주를 공개리에 공격하는 바로 그때 그에게 다음과 같은 사신을 써 보냈다. "아직도 나는 협력을 위한 상황을 조성하고자 모든 것을 다 할 준비가 되어 있습니다만, 당신 스스로가 제4인터내셔널 진영에 속하고 그 적 진영에 속해서는 안 된다는 한 가지 조건 아래서만 그렇습니다."[164] 세르주는 쓴 곳과 때가 1939년 3월 18일 파리로 되어 있는 러시아어 편지를 트로츠키에게 보냈는데, 이 편지에서 세르주는 자기 행위를 변호하고 제4인터내셔널을 둘러싼 자기와 그 '영감'의 견해차를 다시 한 번 다음과 같이 그대로 드러냈다.

나는 "제4인터내셔널에 반대하는" 어떤 집단에도 참여하지 않았다고 개인적으로 확실하게 당신에게 말할 수 있습니다. 나는 이단자 동지들이 옳다고 믿기 때문에 물론 그들에게 더 친밀감을 느낍니다. 이미 숨을 거둔 코민테른의 잘 다져진 경로에 집착하지 말고 새로운 길을 따라갈 때입니다. 그렇지만 나는 어떤 "분파 활동"에도 참여하지 않았을 뿐만 아니라 할 수 있을 때마다 그 불가피한 분열을 누그러뜨리려고 노력했습니다. 당신은 기존의 그룹들 가운데에서 나만큼 어떤 종류의 "술수"와도 거리가 먼 사람을 찾지 못할 것입니다. 이것에 관해서는 할 이야기를 다 했습니다. 똑같은 일이 거듭됩니다. 즉, 솔직하고 차분하고 점잖게 "예, 우리에게 심각한 의견차가 있지요"라고 말할 수 없고, 상대방을 깎아내리거나 살짝이라도 헐뜯어야 합니다.

우리의 의견차는 사실 매우 큽니다. (……) 나는 당들이 없다면 인터내셔널을 세울 수 없다고 확신합니다. (……) "당"과 "인터내셔널"이라는 낱말을 가지고 장난을 쳐서는 안 됩니다. 그러나 여기에는 당이 없습니다. 끝이 막힌 길입니다. 오직 소규모 집단들만이 이 막다른 골목에서 어떻게 해서든 간신히 버텨내지만, 그 집단들에게는 역동성도, 영향력도, 심지어는 노동계급 운동과 통하는 공동의 언어도 없습니다. 옹졸함과 레닌주의 볼셰비키 교리 위에다가 국제 조직을 세울 수 없습니다. 레닌주의-볼셰비즘이 무엇인지 이해할 수 있는 사람이 (스탈린에게 붙잡혀서 아직 목숨을 잃지 않은 수감자를 빼면, 아마도) 전 세계에 2백 명을 넘지 못하기 때문입니다. (……) 당분간은 당신의 머리를 거치지 않고서는 제4인터내셔널의 어느 누구도 생각을 하지 않을 것입니다.

무엇을 해야 할까요? 해법은 (계급투쟁과 국제주의를 강령으로 삼아) 노동자 운동의 모든 좌익 조류들과 제휴하는 데, 욕설을 퍼붓고 서로 헐뜯지 않고 동지로서 모든 쟁점을 자유롭게 토론하는 데, 위원회들 및 비슷한 기구들의 인터내셔널 사무국—지역 운동의 대표들로 이루어지고 구체적인 목표를 향해 활동을 할 그런 사무국—을 창설하는 데 있다는 것이 내 생각입니다. 좌익 노동자 운동에서 레닌주의—볼셰비즘이 헤게모니를 잡아야 한다는 생각을 버리고 노동계급의 가장 선진적인 층의 진실된 이데올로기 성향을 반영할 국제 연맹을 하나 만들어야만 합니다. (나는 레닌주의자 볼셰비키가 그들의 오만하기 짝이 없는 인터내셔널보다 그런 동맹에서 더 큰 영향력을 가져야 하리라고 확신합니다.)[165]

마르크스주의 통합노동당과 프랑스의 인민전선과 제4인터내셔널을 대하는 세르주의 태도는 혁명적 마르크스주의자들이 노동계급의 주목을 끄는 정치의 장과 단절되어 있어서는 안 된다는 우려에 바탕을 두고 있었다. 그는 트로츠키주의자들의 입장을 중도론자와 "계급 협력론자"에 원칙상 반대하는 결벽한 비타협성의 입장으로 보았다. 세르주는 (개량과 혁명 사이의) 중도론자도 아니고 계급협력론자도 아니었지만, 두 경우 다 신뢰를 높이고 노동계급의 전투성을 키우는 이 집단들에 레닌주의자 볼셰비키가 능동적인 영향력을 행사할 수 있다는 느낌을 강하게 가졌다. 계급 협력은 안 된다는 입장을 취함으로써 트로츠키는 통일전선을 인민전선[51]과 대립관계에 놓았다. 이것은 원칙상 옳았지만 세르주가 보기에는 에스파냐나 프랑스에서 꼭 해야 할 일로는 결코 알맞지 않았으며, 이에 따라 트로츠키주의자들이 주요 투쟁장에서 단절되었다. 세르주는 비록 인민전선과 마르크스주의 통합노동당으로 뭔가를 이룰 수 있다고 크게 열광했지만, 그는 또한 트로츠키주의자들이 종파주의자로 여겨질 것이며 따라서 일정한 영향력을 포기하기에는 너무나도 중요한 투쟁에서 고립되리라고 믿기도 했다. 게다가 제4인터내셔널이 에스파냐 사태를 놓고 하는 행동은 걱정스러웠다. 세르주는 세도프에게 보내는 편지에서 다음과 같이 썼다. 제4인터내셔널 활동가들은 "자기들이 다른 나라의 혁명을 이끌라는 요청을 위로부터 받았다고 여기며, 장차 분열을 염두에 두면서 코민테른 방식으로 분파들을 만드는 데 자기들이 갈 유일한 길이 있다고 봅니다. 그 길로 가면 제4인터내셔널의 위신이 깎이지는 않을지라도 아무런 진전이 없을 게 분명하지요."[166] 제4인터내셔널이 에스파냐에서 구사하는 전술에 세르주가 품은 경멸과 마르크스주의 통합노동당과 연대해야 한다는 그의 고집은 트로츠키주의자들에게 개량주의에 투항하는 것으로 여겨졌다. 세르주에게 영원히 중도론자라는 꼬리표가 달렸다.

"도덕군자"라는 낙인은 세르주가 크론시타트 논쟁을 다시 일으켰기 때문에 붙여졌다. 이 논쟁은 1937년과 1938년에 유럽과 미국의 여러 간행물에서 벌어졌다.[167] 볼셰비키 역사에 들어 있는 이 낯부끄러운 부분을 "들춰내"면서 세르주는 볼셰비키당 편에 선다는 입장을 바꾼 것이 아니라 볼셰비키당이 왜 자기들이 노동자들을 처형하는 입장에 서게 되었는가를 이해하기를 바랐다. 유럽의 자유지상주의자와 아나키스트들은 모스크바 재판과 크론시타트 반란 진압 사이에 있는 유사성을 재빨리 지적했다. 에스파냐에서 아나키스트와 마르크스주의 통합노동당원들이 공산주의자들에게 배반당하고 있는 동안, 크론시타트 논쟁은 스탈린주의가 레닌주의의 자연스러운 소산인가, 아니면 레닌주의에서 벗어난 이탈인가라는 더 큰 물음과 대조되면서 그 물음의 의의를 키우는 역할을 했다.

세르주는 이 견해를 공유하지 않았고, 그것이 크론시타트에 관한 논쟁에 개입하는 그의 목적도 아니었다. 트로츠키는 세르주의 개입을 "아나키즘과 마르크스주의 통합노동당주의와 마르크스주의의 일종의 결합체를 만들〔어내는〕" 방도로 보았다.[168] 과녁에서 크게 빗나간 지적은 아니었다. 그렇지만 그보다 더한 것이 세르주의 생각에 있었다. 그는 크론시타트를 놓고 트로츠키와 논란을 벌이던 같은 시기에 같은 『새 인터내셔널』의 지면에서 안톤 칠리가에 맞서 볼셰비키당을 옹호했다. 트로츠키에게 세르주는 크론시타트 봉기자들이 특권을 원했다는 말은 거짓이라고 주장했다.[52] 봉기자들은 전시공산주의를 끝내고 소비에트 민주주의와 거래를 되살려내고 싶어했고, 이것이 네프가 하려고 나선 것이다. 세르주는 무슨 일이 있었는지, 그리고 그 일을 피할 수는 없었는지 돌이켜보는 것이 유익할 뿐만 아니라 교훈을 끌어내려면 반드시 이렇게 해야 한다고 역설했다. 트로츠키는 "반드시 배우고 생각해봐야 한다"는 데에는 동의했지만, 그런 충고를 사후事後에 하기는 아주 쉬운 일이라고 보았다.[169] 트로츠키 측으로서는 자기가 몸소 "반란의 진압에도, 그리고 진압 이후의 탄압에도 참여"하지 않았음을 밝혔다. 그러나 정부 구성원의 한 사람으로서 트로츠키는 "반란을 꼭 진압해야 한다고 여겼다. 따라서 〔나는〕 진압을 한 책임을 안고 있다."[170]

트로츠키는 자기의 개인 책임 문제에 관심을 두는 수바린과 칠리가 같은 "도덕군자"에게 포화를 겨눴다. 세르주도 싸움에 뛰어들었다. 칠리가처럼 "오로지 스탈린주의에 비추어서 '혁명을' 판단"하고 "못된 신념과 무지와 종파기질 때문에 트로츠키" 개인에게 공격을 가하는 자들로부터 10월 혁명의 이상을 옹호하기 위해서였다.[171] 세르주는 안톤 칠리가의 몰역사적 비판을 상대해서 다음과 같이 선언했다.

> 오직 스탈린주의에만 비추어 러시아 혁명을 판단하는 것보다 러시아 혁명에 대한 더 부당한 대우를 상상할 수 있을까요? (……) 흔히 "전체 스탈린주의의 씨앗은 애초부터 볼세비즘 속에 들어 있었다"고 말합니다. 그렇다면 저로서는 이의가 없습니다. 하지만 볼세비즘에는 다른 여러 씨앗, 즉 수많은 다른 씨앗도 들어 있었으며, 승리를 거둔 첫 사회주의 혁명 초기의 열정을 겪으며 살았던 사람들은 이 점을 잊어서는 안 됩니다. 살아 있던 사람을 부검해서 주검에서 나타난 치명적인 병원균—그 사람이 태어난 이후로 지니고 다녔을지도 모를—으로 판단하는 것이 그리 온당할까요? (……) 인민과 조금이라도 직접 접해보면 러시아 혁명에서 공산당을 (그리고 그와 더불어 다른 자잘한 혁명 집단

들을) 대중에게서 떼어놓은 그 극적 사건을 이해하기에 충분했습니다. 혁명적 노동자들은 대중 자체에서 미미한 비율을 넘어선 적이 단 한 번도 없었습니다. 1920~1921년에 공산당은 노동인구에서, 그리고 농촌의 선진 인자들 사이에서 조금이라도 사회주의 물을 먹은 정력적이고 전투적인 사람을 죄다 빨아들여 데려갔습니다. 공산당은 네 해 동안의 내전 동안—전혀 굳건하지 못한 사람까지 가리지 않고—지원자를 동원하기를 멈춘 적이 없었습니다. (……) 연대기가 많은 것을 말해줍니다. 당 관료제의 승리를 확보해준 사람들은 바로 이 시기에는 당원이 아닌 노동자들이었다가 1924년에, 즉 레닌이 죽자마자 입당한 20만 명에 이르는 사람들이었습니다. 장담하건대, 칠리가 씨, 이 사람들은 제3인터내셔널을 결코 생각하지 않았습니다. 크론시타트의 봉기자들 가운데에서는 제3인터내셔널을 생각하는 이들이 많았습니다. 그러나 이들은 영락없는 엘리트를 구성했고 자기 자신의 열정에 현혹되어 자기도 모르게 무시무시한 반혁명으로 들어가는 문을 열었습니다. 한편으로, 아무리 메스껍더라도 볼셰비키당이 단호했기에 테르미도르가 5년에서 10년 늦춰진 것이 사실입니다.[172]

분명히 세르주와 트로츠키에게는 공통점이 많았다. 논쟁을 들춰낸 사람은 세르주가 아니라 트로츠키였다. 소비에트 국가 비방에 맞서 자기의 이력을 옹호하는 과정에서 그랬던 것이다.[173] 트로츠키가 쓴 모든 답장에서 그의 어조는 분노조였다. 그는 세르주가 제기한 논쟁에 가장 심하게 화가 난 듯했다. 세르주가 『파르티잔 평론』*Partisan Review*에 「우리 시대의 마르크스주의」Marxism in Our Time라는 표제의 논설기사[174]를 실었을 때, 트로츠키는 세르주의 글을 읽었다는 어떤 증거도 없이 답변을 했다. 트로츠키가 세르주와 벌인 논쟁은 여기서 다음과 같이 인신공격으로 변한다.

환멸을 느낀 자들의 대열에는 스탈린주의자뿐만 아니라 잠시 볼셰비즘의 동반자였던 자들도 들어 있다. 최근에 — 한 예를 들자면 — 빅토르 세르주가 볼셰비즘이 위기를 겪고 있으며 이 위기는 "마르크스주의의 위기"를 알리는 조짐이라고 선언했다. 자기 이론상의 순진무구 속에서 세르주는 이것을 자기가 맨 처음 발견해냈다고 상상한다. 그러나 반동기마다 굳세지 못한 혁명가 수십, 수백 명이 벌떡 일어나 "마르크스주의의 위기" — 최종적인, 결정적인, 치명적인 위기 — 를 선언했다.

구 볼셰비키당이 쇠약해지고 퇴보해서 타락했다는 것, 여기까지는 논란이 있을 수 없다. (……) 그렇다고 해도 혁명의 대수학代數學인 마르크스주의는 조금도 무력해지지 않는다. 빅토르 세르주 자신이 "위기"를 겪고 있다는 것, 즉 그가 다른 지식인 수천 명과 마찬가지로 무기력하게 갈피를 못 잡게 되었다는 것, 이 점은 아주 분명하다. 그러나 빅토르 세르주의 위기가 마르크스주의의 위기는 아니다.[175]

1939년 어느 때인가 씌어졌다가 멕시코에 있는 트로츠키 문서 속에서 발견된 미완성 원고에서 그는 다음과 같이 증오의 절정에 이르렀다.

> 빅토르 세르주는 늘 자기 자신의 개성 주위를 맴돌고 있는 자기의 발표문과 선언문과 정정문을 노동자 간행물들이 빠짐없이 게재해야만 한다고 주장한다. 왜? 어떤 근거로? 오늘날 빅토르 세르주는 노동자 운동에서 무엇을 대표할까? 자기 자신의 의심, 자기 자신의 혼동이라는 병폐이지, 그 이상은 아니다. (……) 빅토르 세르주 유형의 사람들은 무엇을 대표할까? 우리의 결론은 간단하다. 불러일으킬 수 있는 것이라고는 오로지 분란과 말썽뿐인 이 요사스러운 수다쟁이 도덕군자들을 혁명 조직에서 떼어놓아야만 한다. 필요하다면 포화를 퍼부어서라도 말이다.[176]

이 미완성 원고로 트로츠키는 심술과 증오 사이에 있는 선을 넘어섰다. 소련과 유럽에서 벌어지는 투쟁에서 주도적 역할을 할 수 없게 물리적으로 배제된 데에서 생긴 좌절감이 세르주 같은 동지들에게 퍼붓는 짜증 섞인 글에서 분출되었다. 트로츠키가 툭하면 화를 터뜨린 대상이었던 아들 레프 르보비치 세도프는 이런 식으로 울화통을 터뜨리는 것이 가져오는 해로운 효과를 다음과 같이 인정했다.

> 제게는 아버지의 모든 흠이 늙어가면서 줄어들기보다는,

아주 힘든, 전례 없이 힘든 고립 상태의 영향을 받아 더 심해졌다는 생각이 드네요. 아량이 없고 성마르고 일관성이 없고 심지어는 무례하고 남을 모욕하고 비위를 건드리고 심지어는 해치려 드는 면이 늘었어요. 그것은 "개인 문제"가 아닙니다. 일을 조직하는 데 좋을 리가 없는 방식이지요.[53]

세르주와 트로츠키의 사이는 사실상 결코 완전히 틀어지지는 않았으며, 그 불화에는 화해의 여지를 가진 다툼이라는 성격이 있었다. 트로츠키는 가장 심한 독설을 내뱉을 때조차도 협력을 위한 문을 늘 열어두었다. 세르주로서는 트로츠키의 독설이 주는 아픔이 심했지만 그렇다고 해서 "여러 세대에 걸쳐 계발되어 아주 높은 수준의 개인적 숙성이라는 특성"을 지닌 트로츠키의 "위대성"에 관한 자기의 본질적 평가에서 벗어나지는 않았다.[177] 세르주는 트로츠키를 추억하며 쓴 한 시론에서 그를 다음과 같이 서술했다.

행동가였지만, 자기가 하는 모든 일에 서정적인 기운을 불어넣은 행동가였다. (……) 그는 자기가 진리를 알고 있다는 절대적 확신이 있다 보니 목적을 향한 논쟁에 둔감해지고 자기의 과학적 정신에서 벗어나게 되었다. 그는 권위주의적이었다. 치열한 투쟁이 벌어지는 우리 시대에서 행동에 옮겨진 생각은 어쩔 도리 없이 권위주의적으로 되어야 했기 때문이다. 그는 1924년과 1925년에 손만 뻗으면 권력을 거머쥘 수 있었을 때, 권력을 거머쥐기를 거부했다. 사회주의 정권은 법령으로 운영될 수 없다고 느꼈기 때문이다. (……)

그의 인생 말년은 외로움 속에서 다 지나갔다. 그는 코요아칸에 있는 자기 서재에서 자주 혼잣말을 하면서 왔다 갔다 했다. (……) 그는 오래전에 총살된 카메네프와 토론을 벌이곤 했다. 그에게 이름으로 자기를 부르는 소리가 자주 들렸다. 비록 아직도 지력의 정점에 있기는 했어도 그가 말년 즈음해서 쓴 글은 질 면에서 더 앞선 시기에 쓴 저작에 다가서지 못했다. 사람들은 지성이 진공에서는 존재하지 못한다는 점을 자주 잊는다. 베토벤이 만약 귀머거리 사이에서 망명 생활을 했다면 어떤 사람이 되었겠는가? 사람의 지성은 숨을 쉴 필요가 있다. 그 '영감'의 지적 위대성은 그가 속한 세대의 산물이었다. 그에게는 자기 자신과 같은 유형의 기질을 가진 사람들, 즉 입으로 말하지 않은 자기 생각을 이해할 수 있고 자기와 같은 수준의 논쟁을 할 수 있는 사람들과 직접 접촉할 필요가 있었다. 그에게는 부하린, 퍄타코프, 프레오브라젠스키, 라콥스키, 이반 스미르노프 같은 사람들이 필요했다. 그가 그다우려면 레닌이 필요했다. 젊지만 옐친, 손체프, 야코빈, 딘젤시테트, 판크라토프 같은 훌륭한 사람이 들어 있는 우리 사이에서 (……) 그는 맞수가 될 만한 사람을 찾을 수 없었다. 그들에게는 그가 독특한 10년 동안 겪고 생각한 것이 주는 이점이 없었다.[178]

게다가 더더욱 비극적인 것은 세르주와 트로츠키가 이 암울한 시기에 함께 일할 수 없었다는 점, 트로츠키를 대하는 세르주의 아량 있는 동지적 태도가 같은 반응을 불러일으키지 못했다는 점이었다.

 세르주로서는 트로츠키주의자들의 파괴적 행동이 더 나빴다. 세르주가 트로츠키를 이런 의미의 트로츠키주의자로 생각하지 않았음이 분명하다. 세르주는 트로츠키가 "거인 세대의 마지막 생존자"이기 때문에 그의 비유연성을 이해할 수 있다고 썼다. 그러나 현재 세대와 미래를 위해서, 세르주는 다음과 같이 믿었다.

 오늘의 세계에서 사회주의도 스스로를 갱신해야만 하며, 이런 갱신은 20세기로 접어드는 시기의 러시아 마르크스주의의 옹졸한 권위주의적 전통을 내던져버림으로써 일어날 것임에 틀림없다. 바로 트로츠키에 맞서 사용할 용도로 나는 그가 1914년에 썼던, 놀라운 선견지명이 담긴 문장 하나를 회고했다. "볼셰비즘은 권력을 잡는 데에는 훌륭한 수단일 성싶지만, 권력을 잡은 뒤에는 반혁명적 양상을 드러낼 것이다." (……) 우리 러시아의 좌익반대파 운동은 트로츠키주의 운동이 아니었다. 우리 스스로가 지도자 숭배에 반대하는 반도叛徒인지라 우리에게는 반대파 운동을 명망가한 사람의 부속물로 만들 의향이 없었기 때문이다. 우리는 그 '영감'을 다만 가장 위대한 우리 동지들 가운데 한 사람, 즉 가족의 연장자로만 여겼다. 우리는 그의 사상을 놓고 자유로이 토론했다. (……)

나는 우리 좌익반대파 안에 상충하는 두 주요 노선이 동시에 들어 있었다는 결론에 이르렀다. 큰 다수파에게 (……) 좌익반대파는 러시아 혁명 초기에 표출된 민주주의적 이상의 이름으로 전체주의에 저항한다는 뜻이었다. 반면, 우리의 여러 고참 볼셰비키 지도자들에게 좌익반대파는 교조상의 정통을 수호한다는 뜻이었다. 그 정통이란 일정한 민주주의 지향성을 배제하지는 않지만 철두철미하게 권위주의적이었다. 뒤섞인 이 두 특질은 1923년과 1928년 사이에 트로츠키의 강렬한 개성을 엄청난 아우라로 감쌌다. 그가 만약 소련에서 쫓겨나 망명 생활을 하면서 비판적 시각을 지니고 교조주의보다 다양성을 덜 두려워하는 갱신된 사회주의의 이념가가 되었더라면 새로운 위대성을 이룩했을 것이다. 그러나 그는 자기 나름의 정통성에서 벗어나지 못한 포로였다. 자기가 비정통파의 지위로 전락해서 반역자라는 비난을 받고 있었기에 더욱더 그랬다. 그는 러시아의 운동일 뿐만 아니라 사형집행인의 총알과 인간 심성에 일어난 변화에 두 차례 넘게 죽임을 당해 러시아 자체에서는 소멸한 운동을 전 세계에서 실행에 옮기는 것이 자기 역할이라고 보았다.[54]

제7장

파리에서 마르세유로, 마르세유에서 멕시코로
__ 악몽에서 벗어나 안전한 곳으로 가는 기나긴 마지막 여행[1]

파리가 끝날 때 세계가 끝난다……

세르주는 1940년 6월에 파리에서 빠져나갔다. 나치가 시 정문으로 막 들어올 때였다. 세르주는 전쟁은 벌어지고 있었지만 프랑스 부르주아지가 파시스트와 싸우는 데 그다지 열성을 보이지 않으며 레옹 블룸의 인민전선보다 파시스트를 더 좋아한다고 평했다.[1] 그래서 — 전투가 거의 벌어지지 않던 — "말뿐인 전쟁"phony war은 프랑스가 항복하고 독일군에게 점령된 프랑스와 점령되지 않은 남부에 들어선 부역자 비시 정권으로 나뉘며 끝이 났다.[2] 독일군이 전진하자, 남쪽으로 가는 길은 점령된 지역에서 온 피난민뿐만 아니라 패배한 에스파냐 공화국과 나치 독일에서 건너왔던 망명자들로 가득 찼다.

유럽이 어려운 상황에 빠지면서 이미 위태롭던 세르주의 정치적·개인적 곤경도 심해졌다. 그의 저서 『러시아 혁명의 첫 해』 제2판의 출간이 미뤄지고 그가 막 펴낸 『스탈린의 초상』의 광고가 취소되었다. 이때 그는 로레트 세주르네[3])와 블라디와 자닌과 함께 살았다. 세르주는 폭탄을 보고는 떠날 때가 되었음을 알았지만, 상황이 바뀌리라는 헛된 희망을 품고 파리를 떠나지 않았다. 그는 "파리가 끝날 때 세계가 끝난다. 진실을 봐봤자 쓸데없는 일인데, 사람들이 그 진실을 받아들이고 어떻게 버텨낼 수 있을지?"라고 평했다.[2] 그런 사람은 세르주만이 아니었으며, 더 오래 기다리다가 남쪽으로 간 사람이 많았다. 그냥 세르주에게는 자기 앞날을 설계할 돈이 모자랐다. 그가 탈출할 수 있는 마지막 순간까지 기다린 것은 그의 성격과 그의 과거와 맞아 떨어진다. 그는 그곳에 남아 격변을 눈으로 보고 참여해야만 했던 것이다. 세르주는 문학을 사랑해서가 아니라 "이 시대의 증언이 반드시 남아야 하기" 때문에 소설을 몇 장 쓰고 있었다고 『한 혁명가의 회상』에 써놓았다.[3]

역사 인식

프랑스가 무너지는 동안 이루어진 세르주의 탈출은 그의 소설 『마지막 시간』에 잘 기록되어 있다. 몇몇 구절을 들여다보면 그의 심리 상태, 즉 한편으로는 파시즘의, 다른 한편으로는 스탈린주의의 혹독한 전체주의에 접수된 유럽에서 지성이 하는 역할에 관한 냉소적인 성찰이 얼핏 보인다. 그의 소설에 등장하는 인물인 툴리오 가에타니Tullio

Gaetani와 (세르주가 더 나이 들고 더 힘 빠진 모습으로 구현된) 시몬 아르다토프Simon Ardatov 박사가 자기들이 처한 상황을 성찰한다. 가에타니는 더 단순했던 시절을 기억한다. 그 시절에는 이율배반이 다음과 같이 더 명확했다.

우리 맞은편에는 반동이 있었고 우리는 진보, 자유, 공화국, 사회주의 편에 섰지요. (……) 건장한 사내 한 사람이 제 몸에 묶인 사슬을 부숴서 끊고 있고 그 뒤에서는 (……) 해가 직선으로 여러 가닥의 햇살을 뻗치며 떠올라 (……) 동트는 날을 묘사하는 그림이 표지에 그려진 급진잡지들이 기억나시나요? (……) 우리는 좋은 책을 여러 권 썼고, 통계와 관찰과 과학적 조사 결과의 산 위에서 이데올로기의 불꽃놀이를 했습니다. 우리는 지옥의 요술대문을 지나가고 있다는 의심을 하지 않았어요. 해방의 혁명은 폭정, 즉 합리적 조직화 재능을 법령으로 확정하는 폭정으로 변했어요. 사회주의에 대항하는 국가사회주의, 볼셰비키를 다 잡아 없애버리는 그런 유의 볼셰비즘이 그렇지요. 그런 다음에 역사가 빗발 같은 유산탄 세례로, 그리고 독재, 정치선전, 아주까리기름, 사회주의적 종교재판으로 우리를 들이쳤어요. 나는 사람들이 제정신을 잃고 혼돈을, 비뚤어진 인간성을 믿게 된 것이 이해가 됩니다. 복잡성과 소용돌이를 말하는 겁니다. 사람은 그 안에서 (……) 자기가 만든 기계의 포로가 되고 파괴하고 파괴당하는 재간에 짓눌려 박살이 납니다. (……) 성당을 한 채 짓는 데에는 여러 세기와 여러 세대가 걸리는데, 실수로 떨어진 폭탄 한 발은 그 성당을 30초 만에 가루로 만들어버리죠. 시몬, 당신은 그 좋았던 옛 시절을 후회하나요?

세르주(여기서는 아르다토프)는 지성의 기능에 관한 스피노자Spinoza의 언명으로 대꾸하고 싶어한다. 즉, 한탄이 아니라 이해를 하고 싶어한다. 대신에 그는 이것이 우리가 현실에서 동떨어진 사람들이거나 지성을 이해하는 경우에나 맞는 이야기라고 평한다. 그러나 아르다토프는 다음과 같이 대꾸한다.

> 인간적인 질서를 고안하는 것은 어쩌면 더는 어렵지 않을지도 모릅니다. 비록 그것을 실현하는 것은 더 어려울지라도 말입니다. 우리는 정신이 나가지 않았어요. 나는 우리가 복잡성을 제대로 간파하지 못했다는 데, 우리가 기계학에서 유치한 결정론을 빌렸고 번영하는 부르주아지에게서 맹목적인 낙관론을 빌렸다는 데 동의합니다. 우리의 명백한 오류는 사술도 아니고 회의도 아니었을 겁니다. 우리는 지나치게 많은 것을 미리 내다보았고, 우리는 도식의 관점에서 생각을 했는데 우리의 도식은 현실의 덧칠과 얼룩으로 엉망이 되었습니다. 시리우스Sirius 별의 관점에서 보면 (현실을 초월한 이상에서 보면—옮긴이) 우리가 옳았고 사태가 틀렸어요. 우리의 실수는 영예로웠고요. 심지어는 그리 고상하지 않은 관점에서 보더라도 우리는 그다지 틀리지

않았습니다. 지금은 현실이 혼란스럽기보다는 관념이 왜곡되었습니다. 왜곡되는 것은 바로 우리의 발견들입니다. 나는 우리가 패했기 때문에 절망하는 사람들만이 창피할 따름이에요. 성공하기 전에 백 번, 천 번 패배하고 실패하는 것보다 더 당연하고 불가피한 게 무엇일까요? 어린아이가 걸음마를 배우기 전에 얼마나 여러 번 넘어집니까? 콜럼버스Columbus 같은 사람이 엄청난 실수에 유도되어 새로운 대륙을 발견할 수 있게 되기 전에 얼마나 많은 무명 항해사가 바다에서 길을 잃었을까요? 콜럼버스는 엄청나고도 올바른 직관을 따라 길을 더듬어 찾았고, 그가 맞았지요. 발견하기 12시간이나 20분 전에 그의 배짱이 휘하 승무원들처럼 약해졌더라면, 그는 뱃머리를 돌려 진정한 패배와 망각이라는 비참한 안전항로로 항해했을 겁니다. 그 뒤 어느 날엔가 다른 사람이 성공을 거두었겠지요. 우리가 이 점을 의심할 수 있을까요? 두둑한 배짱을 가지는 게 중요하고, 만사가 거기에 달려 있어요. 확실합니다.[4]

6월 14일에 나치가 파리에 들어왔고, 세르주는 바로 그날 블라디와 로레트 세주르네, 그리고 나르시소 몰린스Narciso Molins[4)]라고 하는 에스파냐 사람과 함께 길을 떠났다. 이들의 경험은 세르주의 소설 『마지막 시간』에서 러시아 혁명가 망명객인 시몬 아르다토프 박사, 독일에서 도피해 나온 혁명가 힐다Hilda, 에스파냐 내전의 망명객 호세 오르티가José Ortiga, 약간 정신이 나간 탈주자 로랑 쥐스티니앙Laurent Justinien이 하는 탈출과 비슷하다. 세르주와 그의 가족, 그리고 나르시소가 길을 떠나 포탄이 빗발처럼 떨어지는 가운데 걸어가던 중 "신의 섭리에 따라 마차가 한 대" 나타나서 그들을 태우고 퐁텐블로Fontainebleau 숲을 가로질러 지났다.

무너지는 유럽을 뒤로하고, 세르주는 어떤 안도감을 느꼈다. 그는 "유쾌함에 (……) 가까운 풀어지는 느낌"이었다고 썼다.[5] 세르주의 고립과 그의 존재가 역사에서 희미한 상태는 이 새로운 대격변으로 씻긴 듯 사라질 수 있었다. 그가 역사 인식과 혁명가로서의 과거를 가지고서 세상에 홀로 남았으며 게슈타포와 게페우가 그의 뒤를 쫓고 사회민주주의자들이 곁눈질로 힐끗 쳐다보는 유럽에서 떠도는 혁명 세대의 패배한 망명객에 지나지 않았다는 의미에서, 비시 정부 치하 프랑스, 마르세유를 거쳐 "신세계"로 가는 그의 여정은 고독했다.

그 네 사람의 탑승객에게는 적이 들어오지 못하는 안전한 장소가 필요했고, 세르주는 파리에 있는 자기를 방문한 뒤 파리의 상황이 아주 "험악"해지면 자기를 찾아오라고 한 적이 있는 "사회주의자" 친구들을 기억해냈다.

그러나 세르주가 담담히 적은 대로, 로레트는 비가 억수처럼 쏟아지는 어느 날 부유한 아나키스트의 "성에서 '정중하기 그지없게' 내쫓"겼다.[6] 그 일행이 숲 속에 있는 텅 빈 농장에 들어가자, 그 농장의 소유주인 사회주의자 저널리스트 친구는 나치가 이들을 쫓아 바로 뒤에 들이닥치리라고 확신하고는 그들에게 제발 좀 떠나달라고 애걸했다.[5] 세르주는 『한 혁명가의 회상』에서 이른바 사회주의자인 이 저널리스트 친구가 변절해서 파시스트 부역자가 되어버렸다고 말했다. 몸을 숨길 안전한 곳을 여전히 찾고 있던 세르주는 자기에게 피난처를 내주겠다고 약속했던 한 평화주의자 작가의 집에 가보았지만, "문이 (……) 닫혀 있고 아무도 들어오지 못하게 되어 있었다".[7]

도의가 땅에 떨어져 있었다. 문을 걸어 잠근 사람들 가운데 여러 명이 한때는 그들 스스로가 피난민이었기 때문이다. 에스파냐 내전 피난민 가운데 어떤 이들은 심지어 도적이 되어버리기까지 했다. 개인의 생존과 물질적 안락과 돈에 대한 걱정은 세르주에게는 패배의 또 다른 양상이었다.[6] 세르주는 강경 좌파에게 살아남는 과제, 즉 생각이 살아남고 연대가 살아남는 과제가 남아 있었다고 적어놓았다.

패배보다 훨씬 더 나쁜 것은 좌파에게 그나마 남겨진 것이 오그라들고 있다는 다음과 같은 인식이었다.

나는 정치 난민인 우리가, 쫓겨 다니는 혁명가인 우리가 현재 두 곱, 세 곱으로 패했음을 갑자기 깨달았다. 우리 가운데 영혼 저 깊숙한 곳에서 패하고 사기를 잃어서 더는 "우리"가 아닌 사람이 여러 명 있었기 때문이다. 우리는 마지막 배편의 자리를 하나 얻으려고 우리끼리 싸우기 시작했다. 우리 패배의 극단은 나부터 살고 보자는 식의 이런 행태였다. 연대의 종말은 사회주의와 노동자 운동의 종언을 뜻했다.

그러나 일부 좌파가 악몽에서 빠져나갈 몇 안 되는 마지막 출구를 남에게 행여 뺏길세라 지키는 바로 그때 좌파에는 콩 한 쪽도 나눠 먹는 이들도 있었다. 세르주가 가장 뛰어난 자기 저술 가운데 몇 편에서, 즉 『한 혁명가의 회상』과 소설 『마지막 시간』, 그리고 더 뒤에 나온 『용서 없는 세월』에서 생생하게 불러일으키는 것은 바로 이렇듯 패배했는데도 살아남은 연대의 복잡 미묘한 광경이었다. 그것은 바로 지금의 패배는 최종적인 패배가 아니며 "지나치게 많아서 흘러넘치는 의식과 의지"를 반드시 이해해야 한다는 인식이다. 세르주는 이것을 "역사 인식"으로 서술하는 쪽을 택했다.

역사 인식은 세계가 전환될 때 극히 중요하며, 그것을 지녔던 자들의 생존을 위협하는 것은 바로 그 의식, 즉 정치·역사의식이다. 혁명 세대는 마음과 기백과 몸, 이렇게 세 전선에서 패배에 직면했다. 정치적 패배에는 도덕적 패배, 그리고 죽음이든 박탈이든 물리적 패배가 따랐다. 세르주의 소설 『마지막 시간』에는 이 거대한 투쟁, 즉 두 쌍둥이 전체주의에 집단적 규모로 당한 패배뿐만 아니라 겁먹지 않고 역사 인식과 존엄성을 버리지 않은 개인들에게 그 패배가 입힌 피해가 반영되어 있다.

세르주의 소설들에서 그랬던 것처럼 그의 삶에서도 그랬

다. 이제 도망 다니는 세르주는 극심한 재정난에 처했다. 목숨을 부지해야 한다는 압력, 즉 글을 써야 할 뿐만 아니라 먹어야 한다는 압력이 커졌다. 『마지막 시간』에서 세르주는 "할 일 없는 사람들이 많은 안락함에 둘러싸여 있는" 동안 역사에 참여해서 생각하고 위험을 감수하는 자들이 있다는 데 주목했다.[8] 불행하게도, 생각하는 자들은 그저 생각만 해서는 자기의 육신을 지탱할 수 없다. 아르다토프 박사는 이런 정서를 다음과 같이 그대로 옮겼다.

> 육체의 약점은 상당 부분 분명한 사고, 버텨내려는 의지, 우리에게 설욕의 기회를 가져다주는 역사 인식, 자기 견해를 꺾지 않는 고집으로 극복할 수 있어요. 하지만 극복할 수 없는 약점이 몇 가지 있지요. 가장 힘든 투쟁은 어쩌면 정신과 그 정신을 키우는 (먹지 못해 말라빠진) 육신 사이의 투쟁이고요, 그 투쟁은 정신을 육신 위로 올려놓다 때로 갑자기 떨어뜨리곤 합니다.[9]

『한 혁명가의 회상』에서 세르주는 **역사 인식**을 논한다. 역사 인식은 그가 (1937년 8월 7일자) 『왈룬』을 위해 쓴 논설기사와 (1944년 1월 5일자) 『수첩』 기재분의 표제이기도 하다. 사실 이 "인식" 때문에 패배한 이 혁명가 세대는 얼마간 다른 세대와 구분되며 평범한 삶으로 녹아들지 못한다. 급속히 사그라지는 이 세대의 구성원들이 꼭 "자기 자신의 역사를 분해하고 있는 사람을 얼핏 본 적이 있다"

는 것은 아니다.[10] 낡은 세계는 해체되고 있고 지독한 무관심과 체념 속에서 새로운 야만 상태가 생겨난다. 그렇다면, 적어도 이 무시무시한 파괴가 어쩌면 갱생의 씨앗은 뿌릴 것이다. 이것이 세르주가 다음과 같이 넌지시 내비치는 바였다.

> 이제 모두 끝났다. 썩은 이가 뽑혔고 미지의 세계로 뛰어들었다. 암담하고 무시무시하겠지만, 살아남은 자들은 새로 태어난 세계를 볼 것이다. 현대인이 그토록 고생해서 계발하고 있는 이 새로운 인식, 즉 역사 인식을 가진 사람은 아주 소수이다.[11]

세르주는 거듭해서 이 주제로 돌아갔다. 그는 러시아 인텔리겐치아에게서 "삶의 유일한 의미는 역사를 만드는 일에 의식적으로 참여하는 데 있다"는 점을 배웠다고 말했다.[7] 세르주와 함께 자란 러시아의 나이 든 혁명 망명객들은 세르주에게 "인간을 믿고 반드시 일어날 대변동을 흔들림 없이 기다리라"고 가르쳤다.[12] 이 인내와 역사 인식이 그의 거의 모든 저술과 생각을 관통해서 흐르는 일종의 중심 사고가 되었다. 이 중심 사고에는 성숙한 그의 사상과 개인 증언이 반영되어 있었지만, 동시에 자기의 지적·정치적 고립과 집산주의적·사회주의적·민주주의적인 미래로 가는 험준한 도상에 있는 인간의 조건에 관한 자기의 전반적인 낙관론에 대한 절망도 일정량 들어 있었다. 세르주의 "역사 인식"은 20세기의 절반에 가까운 지점에 있는 인류의 역사적 기로에 관한 일종의 변증법적 표현이 되었다. 프랑스 함락에 관한 소설에서 파시즘과 스탈린주의라는 쌍둥이 위험은 좌파를 궁지에 몰아넣고는 자기들의 역사적이면서도 개인적인 의의를 다음과 같이 숙고했다.

> 우리는 모래 둔덕에 있는 모래알들이다. 때때로 우리에게는 미약한 의식이 있다. 이 의식은 꼭 필요하지만 효능이 있을 성싶지는 않다. 모래 둔덕 표면에는 바람으로 생긴 굴곡이 있다. 생각하는 모래알이 그 굴곡을 바꾸기 위해 할 수 있는 일이란 없다. (……) 우리는 그것〔세상〕이 가는 길에 있는 우리의 주검과 해골을 넘어가면서 우리의 희망이라는 목적 쪽으로 움직이고 있음을 예견해야 한다. 혁명적 수사修辭도 희생정신도 우리의 무기력함을 메울 수 없다. 에스파냐 혁명은 미리 패했다. (……) 인민전선은 스스로를 미리 배반했다. 파시즘의 다정한 어머니인 유럽 민주주의는 전체주의 기구들에게 미리 패했다. 이 전체주의 기구들도 똑같이 패한다. 아메리카와 러시아의 공업 조직기구에게 패한다. 아메리카와 러시아는 앵글로색슨 민주주의 심성, 그리고 아직은 예측할 수 없는, 모순으로 들끓는 거대한 혁명의 기백에 적응하면서 자기도 모르게 나치의 획득물을 넘겨받을 것이다.
> 이 모든 것 속에서 의식이 있는 모래알들이 소중하다. 우리 스스로를 얕잡아보지 말자. 중요한 것은 언제나 사람의

영고성쇠이다. 이것은 자존심일지 모르지만, 물론 만약 자아도취 없는, 겉모습에 신경 쓰지 않는 자존심이라면 그것이 우리를 지탱해준다. 수많은 모래알이 으스러지거나 알 수 없는 까닭으로 파묻힐 것이다. 그러나 한 세기가 지나지 않아 유럽과 유라메리카Euramerica와 유라시아는 역사를 다시 배태해서 그 길잡이가 되고 마침내는 물질−에너지와 그 은하계들의 구조의 문제에 맹렬히 달라붙을 능력을 가진 합리적이고 균형 잡히고 지성적인 조직의 탄생을 볼 것이다. 인간의 운명은 밝게 빛나리라.[13]

이 소설의 소재는 프랑스의 함락, 상징적으로는 10월혁명이 불러일으킨 투쟁의 패배와 "난파한" 세대의 운명을 넘어서는 것이다. 의미심장하게, 그 소재는 마지막 장에서 묘사된 저항의 탄생이다. 역사 인식은 그저 나이 든 세대가 지니고 다니는 지식만이 아니라 그만두지 않으려는, 싸우려는, 패배한 과거와 곧 올 짜릿한 미래를 잇는 연결 고리가 되려는 의지이기도 하다.

원숙한 세르주는 1944년 1월분 일지에서 역사 인식이라는 주제로 되돌아가서, "사람에게는 철새의 방향 감각에 비할 수 있는 역사 인식이 필요하리라"고 심사숙고했다.[14] 세르주는 "마르크스 저작이 지닌 엄청난 정신적 자력磁力"은 이런 "역사 인식의 현시"로 설명할 수 있다고 썼다. 이 후기 저작에서 세르주는 역사 인식을 "집단 운명에, 인류의 부단한 발전에 참여하는 의식"으로 정의하고는 "그것에는 지식과 전통과 선택, 따라서 신념이 수반되며, 의무를 불러일으킨다. (……) 우리는 이런 갑작스러운 자각에 따라 살아야(행동해야) 한다"고 썼다.[15]

세르주는 이 역사의식을 지니는 사람은 위험인물이 되며 따라서 역사 인식에는 심리적 부담이 따른다고 썼다. 즉, 본능과 이성 사이의 갈등이 공황을 낳는다는 것이다. 이런 일이 모스크바 재판에서 일어났다. 세르주는 멕시코에서 말년에 (『수첩』을 쓰고 있을 때) 자기의 프로이트 이해와 심리학 연구를 확장했고, 이 갈등은 이 시론에 반영되어 있다. 의식은 공포감이나 원초적 번뇌감과 충돌하며, 이것은 그다음에 역사 인식의 실패를 표출한다. 세르주는 이 인식을 타고난 개인, 두려움을 개인적 용기로 극복했을 뿐만 아니라 불행하게도 "부적절해져버린 무기를 들고" 싸움을 계속한 개인의 예로 트로츠키를 들었다. 세르주는 트로츠키가 "살기 위해 역사에 통합되려고 애를 쓰며 자기 정신을 끊임없이 역사 인식 아래에 두는 사람의 전형"이며 "그는 이것을 『나의 삶』 끝자락에서 잘 표현한다"고 썼다.[8]

1938년에 간행된 시론이며 세르주와 트로츠키 사이에 조성된 껄끄러운 관계[16]에서 논란의 원인이 되었던 「우리 시대의 마르크스주의」에서 세르주는 마르크스주의가 이바지한 점들을 다음과 같이 지적했다.

끝으로, 마르크스주의는 내가 "역사 인식"이라고 부르는 것을 우리에게 준다. 마르크스주의는 우리가 변화하는 과정에 있는 세계에 살고 있음을 깨닫게 해준다. 마르크스주의는 이 부단한 투쟁과 창조 속에서 우리가 할 수 있는 기능에 관한 — 그리고 우리의 한계에 관한 — 시사점을 던져준다. 마르크스주의는 우리가 가진 모든 의지와 우리가 가진 모든 재능으로 우리 스스로를 통합해서 필연적이거나 불가피하거나 바람직한 역사 과정을 불러일으키라고 우리를 가르친다. 그리고 바로 이렇게 해서 마르크스주의는 정신적 삶을 드높이고 풍성하게 만드는 의식을 거쳐서, 그 기록이 바로 역사인 — 집단적이고 무수하고 영속적인 — 그런 삶과 연결지음으로서 우리의 고립된 삶에 지고한 의의를 부여할 수 있게 해준다.[17]

맥도널드 부처와 마르세유 : 구명보트는 너무 적고 표류자는 너무 많은 난파선 한 척

세르주는 미국의 좌파 문예지 『파르티잔 평론』을 통해 드와이트 맥도널드와 접촉했다. 맥도널드는 『파르티잔 평론』의 편집장이었고 세르주는 기고가였다. 세르주는 1938년부터 1947년까지의 기간에 걸쳐 『파르티잔 평론』에 기고했다. 그는 기사를 써서 보수를 받았고, 재정 궁핍이 그런대로 누그러졌다. 드와이트 맥도널드는 1939년 11월에 세르주에게 38달러짜리 수표 한 장을 보내면서 다음과 같이 적었다. "이 비극적인 시대에 나는 당신을 자주 생각하고 당신이 프랑스에서 지낸 삶에 감탄을 합니다. 이 나라에는 (당신에게 알려지지 않은) 당신의 친구와 찬양자들이 아직도 많다고 믿어도 됩니다."[18] 세르주는 이것을 기억했고 도르도뉴Dordogne의 팡락Fenlac으로부터 맥도널드 부처에게 도움을 청하는 다음과 같은 편지를 썼다.

저는 운이 좋아서 마지막 순간에 파리에서 간신히 도망칠 수 있었습니다. 우리는 화물열차로 움직였고 벌판에서 밤을 보냈고 (……) 루아르Loire 지방에서는 너무 피곤한 나머지 일제 포격에도 아랑곳하지 않고 바위 뒤에 드러누워 잠을 잤지요. 완전히 뒤죽박죽인 이 세상에서 우리는 그 어디에서도 피난처를 찾을 수 없군요. 마침내 도로가 봉쇄되어 우리는 남부의 작은 마을에서 오도 가도 못하게 되었습니다. 그곳에서 당신에게 편지를 쓰고 있습니다. 아는 사람도, 지낼 곳도, 돈도, 뭔가를 벌 기회도 없으니 여기서 머물 수 있으리라는 생각은 들지 않네요.

나는 예전에 소유했던 모든 것—옷가지와 책과 원고—가운데 내 친구들과 내가 배낭에 넣어 등에 메고 옮길 수 있는 것만 구할 수 있었습니다. 그리 많지 않은 양이지만, 거기에 다행히도 내가 이미 시작해놓은 원고原稿들이 들어 있습니다. 이 편지는 일종의 에스오에스 신호입니다. 이것을 미국에 있는 나의 알려진 친구와 알려지지 않은 친구들에게 당신이 전해주셨으면 합니다. 제게는 우표를 살 돈이 없어요. 아마도 편지를 한두 통은 부칠 수 있겠지만, 그게 다입니다. 저를 위해 모종의 물질적 원조 행위를 즉시 취해 달라는 부탁을 당신께 하지 않을 도리가 없군요. 제게 남은 돈은 1백 프랑이 안 됩니다. 우리는 하루에 한 끼만 먹고 있습니다. 그나마도 아주 형편없는 끼니로 말이에요. 나는 우리가 앞으로 어떻게 버틸는지 전혀 모르겠습니다.[19]

맥도널드 부처는 이 호소에 '유럽의 작가와 예술가를 위한 『파르티잔 평론』 기금'을 만들어 답했다. 이것은 "공산주의·파시즘 전체주의 양자의 제물이 되어버린 현대의 진정한 영웅들"에게 낸시 맥도널드가 한평생 몰두하게 되는 발단이었다.[20] 빅토르 세르주는 낸시 맥도널드가 도와준 첫 난민이었으며, 1953년까지 낸시는 '에스파냐 난민 원조기구' Spanish Refugee Aid를 세웠다. 이 위원회는 돈을 모아 1만 3천 명에게 나누어주었다. 이들은 주로 에스파냐 내전 정치 난민이었다.

1940년 7월 20일에 우선 낸시 맥도널드는 세르주와 그의 가족에게 미국으로 와서 맥도널드 부부와 함께 뉴욕에서 살도록 권유해달라는 편지를 써서 마르세유 주재 미국 영사에게 보냈다.[21] 맥도널드 부처는 1940년부터 1941년까지, 그리고 1942년에 접어들어서도 오랫동안 세르주의 생명줄이었다. 두 사람은 편지를 정기적으로 보냈고, 그에게 돈을 부쳤으며, 처음에는 그에게 미국 비자를 얻어주려는 노력의 일환으로 그를 대신해서 국무부에 선처를 호소했다가 훌리안 고르킨의 노력으로 세르주가 멕시코 비자를 얻은 뒤에는 미국 통과비자라도 얻어주려고 애를 썼다. 세르주와 블라디가 1941년 3월에 프랑스를 떠난 뒤, 맥도널드 부처는 세르주를 재정 면에서 계속 도왔고 로레트 세주르네와 자닌 키발치치도 프랑스를 떠나 1942년 3월에 멕시코에서 세르주에게 합류할 때까지 그들을 대변하는 노력을 계속했다. 예일대학교 도서관에 수집되어 있는 광범위한 서신들은 정치적·인간적 유대를 입증해준다. 『한 혁명가의 회상』에서 세르주는 자기가 한 번도 만난 적이 없는 드와이트 맥도널드에게서 받았던 편지 한 통에 관해 다음과 같이 썼다. 그 편지가 "어둠 속에서 내 손을 꽉 부여잡는 듯했다. 믿을 수가 없었다. 그렇다면 버텨보겠다."[22] 버티는 것이 주요 과제였다.

이것이 스무 해 동안 세르주가 한 네번째 망명이었으며 일곱번째 도주였다. 세르주와 그의 일행은 마르세유로 가는 꽉 막힌 길을 헤치고 나아가는 데 성공했지만, 너무 늦었다는 것을 깨달았다. 타고 갈 구명보트가 더는 없었던 것이다. 마르세유에는 공격 받은 유럽 각지에서 온 피난민이 들끓고 있었다. 재능과 지력을 갖춘 사람들이 흘러 넘쳤고, 모두 다 "신경이 버틸 수 있는 한계"에 이르러 있었다. 유대인이 특히 심한 고생을 했다. 그들은 모두 다 "언제 어떻게 될지 감이 전혀 안 잡히는 상황"에서 인간의 품위를 조금이라도 지키려고 애쓰면서 살았고,[23] 추적과 학대와 무시를 당했다. 세르주는 강경 좌파의 일원이었기에 기피당하고 배제되고 주변으로 밀려나고 위험에 노출되었다. 그는 다음과 같이 평했다.

여기와 미국 두 곳에서 옛 망명 정당들의 주요 인물들은 비자 명단을 작성하면서 강경 좌파 소속 투사를 그 명단에서 빼려고 마음먹은 듯했다. (……) 모두가 다 정파 연줄을 통해 탈출을 하고 있다. 무리를 이루는 것은 이제 그런 목적에만 유용하다. 그럴수록, 감히 사회주의의 관점에서만 크게 생각을 해온 무당파 사람에게는 더 나빴다! 나의 정당에 속한 모든 이가, 당원 모두가 총살되거나 피살되었다. 그래서 나는 혼자이고, 몹시도 폐를 끼치는 인물이다.[24]

그리고 세르주는 맥도널드에게 보낸 1940년 8월 14일자 편지에서 다음과 같은 말을 덧붙였다.

저는 목숨을 부지하려고 알려진, 그리고 알려지지 않은 나의 미국 친구들에게 부탁을 해야 합니다. 지금 제가 일거리를 찾거나 도움을 얻기란 불가능해요. 그리고 마흔아홉이라는 나이가 내게 조금은 핸디캡이군요. 그러니 물질적 원조가 필요합니다. 내가 어떤 사람과 협력하거나 다양한 대중에게 흥미롭게 보일 미간행 저작을 몇 편 활용하는 것이 가장 좋을지 모릅니다. (……) 도움이 절실히 필요하네요. 정치 망명객들을 도와주는 어떤 조직이 있다고 생각합니다. 오직 저만 이름 있는 오랜 집단들에 소속되어 있지 않으며, 그 집단들은 자기네 사람들만을 위해서 자기네 연줄과 재원을 행여나 뺏길세라 움켜쥐고 있지요. 저는 혼자이고 소속된 데가 없어서 이런 지원의 혜택을 조금도 받지 못했고, 제가 알기로는 원조와 비자를 줄 대상으로 미국에서 작성된 오랜 러시아 사회주의자 명단에 저는 들어 있지 않습니다. (그들은 멘셰비키와 사회주의자-혁명가와 유대인만 넣습니다.) 저를 위해서는 별도로 직접 호소해야 할 것입니다.

그리고 8월 22일에 보낸 편지에서는 다음과 같은 말을 덧붙였다.

> 상황이 더욱더 어려워지고 있네요. (……) 거의 버틸 수 없을 지경입니다. 피난 갈 곳도, 재원도, 도움도 없고 온갖 어려움이 있습니다. 저는 버텨내야 하고 온갖 노력을 다해서 다시 버텨내겠습니다.[25]

또한 세르주는 멕시코 비자를 얻어내려고 멕시코 대사관과 접촉했고, 자신과 자기 동료와 친구들을 도와달라고 유대인 조직들과 접촉했다.[9]

세르주는 1940년 여름철에 혼자 힘으로 버텨야만 하는 상황에 처해서, 마르세유에서 피난처를 구하려고 노력하고 급히 편지를 써서 미국과 그 밖의 나라에 보냈다. 『마지막 시간』에서 세르주는 좌파와 강경 좌파와 지식인들을 묘사하면서 다음과 같이 썼다.

이들은 지휘할 관현악단, 운영할 병원, 잡지, 정당이 있기만 했더라면 명성을 유지했을 사람들이다. 그러나 기억과 쓸데없이 많은 지식이 두뇌에서 흘러넘치는 통에 이 사람들은 뚜쟁이와 수단Sudan인 부두노동자, 예쁜 매춘부, 일거리를 잃은 뱃사람, 발칸 반도에서 온 야바위꾼보다 생활 능력이 떨어졌다.[26]

『한 혁명가의 회상』에서 세르주는 마르세유 피난 생활을 다음과 같이 묘사했다.

> 혁명과 민주주의, 그리고 꺾인 지식인들의 부스러기를 모으는 거지 골목. (……) 흉터를 가장 많이 지닌 자들이 충격을 가장 잘 흡수한다. 이들은 무수한 감옥과 집단수용소를 헤쳐온 젊은 혁명적 노동자들이거나 반半지식인들이다.[27]

세르주는 도망 다니는 망명 생활에 이골이 났다. 그것이 그의 주요 인생 경험이었다. 다른 사람들은 피난 생활에 훨씬 덜 어울렸다. 큰 재산을 상속 받고 유럽에서 사는 미국인인 메리 제인 골드Mary Jayne Gold는 프란츠 베르펠Franz Werfel과 그의 아내인 알마Alma[10]의 고초를 묘사했다. 재능 있고 세련되고 나이가 들고 안락함에 익숙한 베르펠 부처는 몸이 도망 다닐 대비가 되어 있지 않았고 피난살이의 불편함에 질려버렸다. 반면에, 세르주는 삶에서 워낙 많은 부분을 위태로운 상태에서 보내온 터라 물질적 재화가

주는 육체적 안락에 거의 무관심해지는 법을 터득했다.[28]

세르주가 마르세유에 있는 동안 트로츠키가 1940년 8월 20일에 멕시코에서 피살되었다. 세르주는 그 소식을 듣고는 그 '영감'이 가기에 알맞은 때라고 느꼈다고 『한 혁명가의 회상』에서 회상했다. "노동계급에게 가장 암울한 시절이었고, 그는 마침 노동계급으로서는 가장 모진 시기에 가장 높이 치솟았다."[29] 세르주는 8월 23일에 다음과 같은 편지를 써서 프리츠 브루프바허에게 보냈다.

> 멕시코시티에서 일어난 그 비극적인 사건과 이제 막 이 세상을 뜬 그 위대한 인물을 생각하니 기분이 퍽이나 좋지 않군요. (……) 그분의 고결한 지성, 유난히 올곧은 그분의 마음, 그분의 넘치는 활력을 생각하니, 우리의 불화는 모조리 사라지고 우리를 갈라놓은 이념 분쟁은 조금도 남아 있지 않습니다. (……) 트로츠키가 가버리니 나는 유난히 위험한 상황에 처해 있습니다. 이제는 나 혼자이니까 말이죠. 나는 — 얼마간은 — 러시아 혁명의 전 시기를 지켜본 **자유로운** 마지막 목격자이고, 1923~1926년에 시작해서 스탈린에 맞서 러시아 혁명의 정수를 지켜온 사람들의 마지막 대표인 셈입니다.[30]

세르주는 멕시코에서 온 끔찍한 전갈을 받았다면서 그 암살에 관한 정보를 달라고 부탁하는 편지를 8월 22일에 써서 맥도널드 부처에게 보냈고, 8월 30일에 "멕시코 사건"에 관한 그 어떤 소식을 가지고 있느냐고 조심스레 다시 물어보았다. 또 다른 8월 26일자 편지에서 세르주는 레이스 피살과 첫 트로츠키 피습과 마지막 소행을 연결지었다. 그는 암살 사진을 부탁했고, 또한 "뿔뿔이 흩어졌지만 정치적 견해가 다른데도 신뢰를 받는 몇 안 되는 친구들 사이에서 나탈리야가 불어넣는 절망 어린 모든 애정"을 나탈리야에게 표현해달라고 맥도널드 부처에게 부탁했다. 세르주는 블라디가 그 암살에 얼마나 큰 충격을 받았는지도 언급했고 맥도널드 부처에게 크리비츠키가 "경험과 직관"을 가지고 있으니 두 사람의 일 처리를 돕는 데 아주 유용할 수 있다는 생각이 든다고 말했다.[31] 맥도널드 부처는 트로츠키가 치명상을 입었다는 소식을 듣자마자 그를 구하는 데 도움을 주려고 노력했다. 두 사람은 손을 써서 뛰어난 "뇌 전문가"를 멕시코시티로 보냈지만, "너무 늦었다". 트로츠키가 24시간 안에 죽었던 것이다.[32]

크리비츠키가 의심적은 상황에서 죽기 몇 달 앞서서 트로츠키가 죽자, 세르주가 브루프바허에게 보낸 편지에서 넌지시 알린 대로 그가 처한 상황[11]이 갑자기 훨씬 더 위험해졌다. 메리 제인 골드는 아무도 세르주가 편집중에 사로잡혀 있다는 말을 더는 하지 않았다고 지적했다. 실제로, 우리가 앞서 지적한 대로, 세르주는 게페우의 살생부에 올라 있었다. 파리의 좌익반대파에 들어가서 스탈린의 신임을 받는 첩자인 즈보롭스키(에티엔)가 세르게이 에프론 Sergei Efron과 그의 아내인 러시아 시인 마리나 츠베타예바

Marina Tsvetaeva가 이끄는 더 큰 엔카베데 프랑스 조직망에서 활동했다. 에프론은 헨리크 스네블리트와 빅토르 세르주를 "살해"할 계획을 짰지만, 그 임무를 해낼 수 없었다.[33]

유럽에서 빠져나가야 할 필요성이 훨씬 더 절박해졌다. 세르주는 자기를 위해 멕시코 비자를 얻어줄 수 있다고 하는 훌리안 고메스 고르킨의 편지를 (8월 26일에) 받았지만 자기는 미국으로 가기를 선호한다는 편지를 써서 맥도널드 부처에게 보냈다. 또한 세르주는 블라디에게 여권이 없으므로 블라디도 비자를 얻지 못한다면 자기는 가지 않겠다는 뜻을 굽히려 들지 않았다. 그 '영감'이 죽은 뒤 세르주는 계속해서 다음과 같이 말했다.

> 나는 — 간단한 논리로 — 예전보다 눈에 보이도록 더 큰 위험을 받는다는 느낌이 듭니다. 이것이 우리가 이곳을 서둘러 떠야 할 한 가지 이유이고, (나쁜 상황 속에서 떠나는) 위험을 감수하는 일을 피해야 할 이유이기도 하고 — 만약 선택권이 있다면 — 멕시코보다 미국을 선호하는 이유이기도 합니다.[34]

비상구출위원회

1940년 여름에, 6월 프랑스 침공 뒤 일단의 미국 시민들은 프랑스가 독일과 맺은 정전 조약에 망명자들을 "요구가 있을 시 인도한다"는 조항이 있음을 알고 충격을 받았다. 프랑스는 언제나 망명객들의 안식처였는데, 이제 그들의 목숨이 위협을 받았다. 그 미국 시민들은 "게슈타포와 파시즘 반대파 경계조직OVRA과 세구리다드Seguridad가 망명한 정치인과 지식인들을 붙잡기 전에 그들을 프랑스에서 빼내오는 것을 유일한 목적으로 삼는" 비상구출위원회 Emergence Rescue Committee를 만들었다.[12] 비상구출위원회는 그들을 데리고 나오도록 버라이언 프라이Varian Fry를 뽑아서 마르세유로 보냈다. 프라이는 1935년에 독일에서 본 것에 충격을 받았던 하버드Harvard 대학 졸업생이었다.

프라이는 마르세유에서 다니 베네디트Danny Bénédite와 그의 영국인 아내 디오Theo, 그리고 장 주말랭Jean Gemahling과 연결되었다. 베네디트는 1936년에 경찰청에서 일하면서 세르주가 거주허가증을 받도록 도와준 적이 있는 좌익 사회주의자였다.[35] 1940년에 베네디트와 장 주말랭은 연합군의 영국군 사단에서 동원해제되어 점령당하지 않은 프랑스로 보내졌다. 그곳에서 두 사람은 미국구호본부Centre Américain de Secours, CAS로 알려진 비상구출위원회의 프랑스 사무소에서 일하기 시작했다. 이들의 활동은 본질적으로 마키단Maquis團, 즉 레지스탕스의 미약한 출발이었다.[13] 베네디트 부처의 가족 친구인 메리 제인 골드가 이 위원회 일에 연루되었고 위원회가 벌이는 활동의 대부분에 소리 없이 자금을 댔다.[14]

1940년 8월부터 프라이가 강압에 밀려 프랑스를 떠나야만 했던 1941년 9월까지 비상구출위원회/미국구호본부는 나치에 반대하는 난민, 유대인과 비유대인을 막론하고 위험에 빠진 지성인과 재인, 정치인 등 수백 명을 게슈타포의 코앞에서 합법·비합법 수단으로 구출하는 일을 했다. 1942년 6월까지 활동한 비상구출위원회는 2천 건, 즉 위험에 처한 4천여 명의 문제를 처리했다. 위원회는 예술가, 문필가, 과학자, 철학자, 정치 투사를 구해냈다. 이들 가운데 한 사람이 빅토르 세르주였다.

세르주는 "만약 버라이언 프라이의 미국구제위원회American Relief Commiltee가 아니었더라면 꽤 많은 난민에게는 바다에 뛰어드는 것 말고는 마땅히 취할 방도가 없었으리라"고 쓴 적이 있다.[36] 실제로, 발터 베냐민Walter Benjamin을 비롯해서 스스로 목숨을 끊은 사람이 여럿이었다. 위원회에 도움을 의뢰한 루돌프 힐퍼딩Rudolf Hilferding도 그랬을 성싶다. 위원회는 힐퍼딩과 루돌프 브라이트샤이트Breitscheid에게 비자와 승선권을 확보해주었지만, 두 사람은 빠져나가던 길에 붙잡혔고 비시 관리들이 이들을 나치에게 넘겼다. 힐퍼딩은 자기 신병이 독일에 인도될 바로 그날 상테Santé 감옥에서 목을 맨 채로 발견되었다. 나치는 브라이트샤이트를 1944년에 죽였다.[37] 나치에 반대하는 법률가인 알프레트 아펠Alfred Apfel은 힐퍼딩과 브라이트샤이트의 해당 사건을 맡아 일을 하다가 브라이트샤이트와 힐퍼딩이 체포되었다는 소식을 듣고 프라이의 사무실로 왔다. 프라이는 아펠에게 몸조심을 하라는 경고를 해주었는데, 그런 뒤에 아펠이 치명적인 심장마비를 일으켰다. 프라이는 자책감을 느꼈고 여러 주 동안 악몽을 꾸었다.[38]

에르-벨 저택—비자를 받고픈 소망의 성

1940년 10월, 철에 안 맞게 화창하던 날, 메리 제인 골드는 비상구출위원회 업무의 과중한 압박에서 벗어날 도피처로 삼을 저택 한 채를 마르세유 바로 바깥에서 찾아냈다. 워낙은 메리 제인 골드, 다니와 디오 베네디트 부처와 이들의 아들 피에르Pierre가 지낼 집으로 쓸 셈이었다. 그러나 버라이언 프라이에게도 그 엄청난 압박에서 벗어날 휴식 기간이 필요했고, 장 주말랭도 마찬가지였다. 실제 이름인 에르-벨 저택Villa Air-Bel은 큰데도 "값은 싼"[39] 멋들어진 19세기 초 부르주아풍 영지였는데, 방이 열여덟 개인 데다가 지식의 보고인 도서실과 뜰이 있는 마당과 젖을 짤 암소 한 마리가 있었다. 메리 제인의 말에 따르면, 곧바로 이주해 들어올 "빅토리아식 대가족"을 맞아들일 준비가 다 되어 있었다. "정치 대가족"이 들어올 참이었다.

마르세유에 있는 다른 대다수 난민과 마찬가지로 세르주는 이 여인숙과 저 여인숙을 전전하며 살고 있었다.[40] 다니 베네디트가 세르주에게 자기들과 함께 에르-벨에서 같이 지내자고 권유하자, 세르주는 기뻐하며 그 권유를 받아들였지만 자기는—로레트와 블라디가 자기와 함께 있으니—

홀몸이 아니라고 미리 알렸다. 세르주는 초현실주의의 최고 실력자인 앙드레 브르통André Breton과 그의 아내 자클린Jacqueline과 어린 딸 오브Aube도 끼워달라고 다니를 졸랐다. 브르통이 까다로운 사람이라는 평판이 있기는 했어도, 세르주는 다니에게 "그 사람은 사귀면 남는 점이 참으로 많은 아주 좋은 사람"이라고 장담했다.[41]

세르주의 편지에는 다른 난민의 운명을 염려하는 이런 걱정이 배어 있다. 정신은 온통 에스파냐 난민이 처한 참기 힘든 상황에 팔려 있어서, 그는 위험에 처한 마르크스주의 통합노동당원인 후안 안드라데Juan Andrade[15)]와 윌레발도 솔라노Wilebaldo Solano[16)]와 나르시소 몰린스를 위해 뭔가를 꼭 해야 한다는 편지를 써서 맥도널드 부처에게 보냈다. 세르주는 이그나티 레이스가 1938년에 스위스에서 게페우에게 죽임을 당한 뒤 그의 부인인 엘자 포레츠키의 안전을 특히 걱정했다.[17)] 에르−벨 저택은 비자를 기다리고 있는 사람들에게 "멋진 안식처"[42]가 되었다. 이 저택에서 지내는 메리 제인 골드, 베네디트 부처, 장 주말랭, 버라이언 프라이와 비상구출위원회에서 온 다른 사람들[18)]에 이제는 세르주와 로레트 세주르네, 그리고 블라디가 합류했다. 세르주의 어린 딸 자닌은 (스위스 국경과 가까운) 퐁타를리에Pontarlier에 이미 터를 잡고 친구들과 잘 지내고 있었다.[43] 자닌은 에르−벨로 찾아왔지만 거의 두 해 동안 아버지와 함께 살 수 없었다.

세르주는 에르−벨 저택의 이름을 "비자를 받고픈 소망

의 성"Château Espère-visa[19]으로 바꿔 불렀다. "그것이 미국 구호본부가 다루고 아주 많은 사람이 바라고 기다리는 귀중한 상품이기 때문이었다."[44] 그들은 동지애, 일, 정치 토론, 초현실주의 경연의 즐거운 분위기 속에서 다섯 달을 지냈다. 초현실주의 경연에 끼려고 파리에 있는 "되 마고"Deux Magots 카페의 이름난 프랑스 초현실주의자들이 일요일 오후마다 비자를 받고픈 소망의 성으로 찾아왔.

에르-벨 저택에서 지내는 사람들 가운데 세 명이 그 경험을 회고록 형태로 남겨서, 각각 세르주에 관한 드문 초상을 제공했다. 1945년에 『요구되는 즉시 항복』Surrender on Demand을 펴내고 1968년에는 『할당 과제: 구출』Assignment : Rescue이라는 제목으로 완전 개작판을 낸 버라이언 프라이는 세르주를 다음과 같이 서술했다.

> 침울하지만 예민한 심성의 고참 볼셰비키 당원이었다. (……) 기나긴 경력 동안 그는 극단적 혁명가에서 온건 민주주의자로 변모했다. 집에서 그는 여러 시간 동안 러시아의 감옥에서 겪은 경험에 관한 이야기를 하거나 트로츠키와 나눈 대화를 회상하거나 유럽 비밀경찰의 지부들과 상호 관계를 논의했다. 마지막 화제에 관해서 그는 아주 풍부한 지식을 가지고 있었다. 그의 말을 듣고 있노라면 러시아 소설을 한 권 읽는 듯했다.[20]

메리 제인 골드는 "다니가 빅토르 세르주를 성으로 데려왔을 때 나는 말로나 듣던 진정한 마르크스주의자를 한 사람 만난다는 데 몸이 다 떨렸다"고 썼다.⁴⁵ 1989년 7월에 존 이든과 가진 인터뷰에서 메리 제인 골드는 "빅토르 세르주가 러시아에서 보낸 자기 삶에 관해 이야기하는 걸 들으면 무척이나 짜릿했다"고 회상했다. 세르주에게는 "양반의 예의범절"이 있었고 그의 "걸음새와 행동거지가 신사 같았"지만 "그래도 그는 태어난 이후로 줄곧 공산주의자, 혁명가였다". 메리 제인 골드는 자기의 회고록에 브르통과 세르주 두 사람에게는 "거의 궁정식의 보수적 예의범절이 있었다"면서 "그래서 내가 다니에게 우리의 두 혁명가는 어찌 그리 그렇게 구닥다리 신사냐고 묻자 다니는 그저 그 두 사람은 상냥한 숙녀를 좋아한다고만 대꾸했다"고 썼다.⁴⁶ 메리 제인 골드는 세르주의 마음씨가 얼마나 좋았는지 기억했고 그가 유대인이냐는 질문을 받은 그 많은 경우에 관해 말하는 것에 유난히 깊은 인상을 받았다. "타고난 고상함과 포용력"으로 그는 "공교롭게도 저는 유대인이 아닌데요"라고 말하곤 했다.⁴⁷ 메리 제인 골드는 세르주의 외모에 관해서는 다음과 같이 썼다.

그는 쉰 살쯤이었는데, 머리칼이 위로 **빳빳**이 선 상고머리를 한, 잘생긴 얼굴이었다. 그는 넉넉한 진회색 면 윗옷을 러시아식으로 단추를 턱까지 바짝 채워 입었다. 우리가 도서실의 자기磁器 난로 주위에 몰려 있는 저녁에 빅토르가 자신의 이야기를 우리에게 해줄 때, 그의 얼굴에는 다른 표정이 어렸다. 혁명의 향후 방향이 정해지고 있는 시대에 관해 말했기 때문이었다. 그럴 때면 그는 우리를 모두 존경어린 침묵에 몰아넣었다.[48]

메리 제인 골드는 세르주에게서 자기에게 "아주 소중한 누군가"가 오기로 되어 있다는 말을 들은 뒤 세르주의 동반자인 로레트 세주르네를 만나고는 깜짝 놀랐다. 메리 제인 골드는 자기가 예상한 사람은 "어떤 동지나 그런 유의 사람"이었는데 "루이니Luini의 성모"처럼 생긴 "이 아리따운 아가씨"가 왔다고 존 이든에게 말했다. 로레트는 세르주보다 스무 살 어렸고 아주 아름다웠다. 프라이는 자클린 브르통과 대비해서 로레트를 다음과 같이 묘사했다.

> 빅토르 세르주의 친구인 로레트 세주랑Séjourent[sic.]은 자클린 [브르통]이 다른 모든 사람과 다른 만큼 자클린과 다른 여인이었다. 로레트는 머리칼이 짙은 색이었고 말수가 적고 매우 수줍어했다. 비록 로레트가 자기는 음식에 관심이 없다고 말하면서 식사 때마다 대개는 자기 방에서 나오지 않기는 했어도 끼니 사이에 남은 음식을 많이 먹어치운다고 하인들이 보고했다.[49]

자클린 브르통은 금발에 활발하고 관능적이고 외향적인 데 반해 로레트는 잘 나서지 않았고 말수가 적었다. 그런데도 메리 제인 골드는 세르주와 로레트 사이에 문제가 있었다고 회고했다. 로레트는 훨씬 더 젊었고 경박했고 세르주가 질투를 한다고 생각했다. 만찬 동안 두 사람이 방에서 나오지 않는 일이 잦았다.

다니 베네디트는 위태로운 상황과 개인적·정치적 갈등 때문에 에르-벨에 긴장이 있기는 했어도 분위기는 느긋했다고 회고했다. 그와 세르주는 뜰을 탐색해서 상이한 수목과 관목을 45종까지 셌고, 앙드레 브르통은 곤충을 채집해서 때때로 그것을 자기 경연에 썼으며, 버라이언 프라이는 새를 관찰했다. 모든 이가 도서실을 이용했다. 그들은 모두 다 각자의 방에서 작업을 하면서 시간을 보냈다. 세르주는 『툴라예프 사건』을, 브르통은 『파타 모르가나』*Fata Morgana*를 쓰고 있었다. 블라디는 자기 시간의 대부분을 테라스에서 스케치를 하면서 보냈다. 밤이면 사람들이 모여서 세르주나 브르통이 자기가 써놓은 글을 읽어주는 것을 듣거나 정치 토론회를 열거나 놀이를 했다. 세르주와 브르통 두 사람은 자신의 책들을 돌렸고, 모두가 그 책들을 읽었다.[50]

12월에 식량 사정이 더 나빠져 툭하면 끼니를 거르게 되었을 때, 세르주는 자기가 감옥에서 겪은 갖가지 모험을 자세히 이야기해주었다. 사람들은 늘 정치 토론을 했다. 장 주말랭만 드골주의자였고 나머지는 좌파였으며, 미국인 둘은 듣는 사람이었다. 메리 제인 골드는 자기에게 마르크스주의에 관한 호기심을 처음으로 불어넣은 사람이 바로 블라디였다고 기억한다.[21] 다니는 세르주와 블라디가 비시 정권의 성격을 놓고 논쟁을 벌이던 모습을 회상했다. 블라디는 비시 정권을 "단순한 파시즘"이라고 주장했다. 세르주는 블라디가 틀렸다고 바로잡으면서 다음과 같이 말했다.

> 그것에는 파시즘의 긍정적인 요소가 (이 낱말을 쓰기가 망설여지기는 하는데) 단 하나도 없단다. 이것은 왕당파 경향과 교회파 경향과 군국주의 경향이 버무려진 뒤범벅이며, 치욕과 피학성 속에서 썩으며 죽어가는 한 사회의 표출이란다.[51]

세르주는 다니 베네디트에게 중요한 정치적 영향을 미쳤는데, 그는 세르주에 관해 다음과 같이 서술했다.

> 쉰번째 해에, (그는) 애정 어린 존경을 받는 나이 지긋한 정치가였다. 그는 아주 잘생기고 넓은 이마에 부드러운 흰 머리카락을 기르고 금테 안경을 쓰고, 목소리는 사근사근하고, 거동은 차분했다. 그의 외모와 기품 있는 예절은 좋은 집안에서 교육을 잘 받고 자란 영국 성직자의 외모와 예절이었지만, 나는 왕년에 레닌의 동지였던 이 사람에게서 훗날 클로드 레비-스트로스Claude Lévi-Strauss가 그를 묘사하면서 표현한 "깐깐한 노처녀"를 찾아보고픈 마음이 든 적이 한 번도 없다. (……) (세기 전환기 노동자 운동의 모든 경향들을 요약해 보여주는) 이 사람은 우리 가운데 어떤 이들에게는 러시아 혁명과 그 혁명이 지닌 위엄의 구현체였

으며, 다른 이들에게는 스탈린이 그르치고 비틀고 망쳐놓은 사회주의에 맹렬하게 반대하는 인본주의적 사회주의의 화신이었다. 나는 빅토르가 네 해 전에 파리에 도착했을 때 그를 만났다. 그때 그는 첫번째 모스크바 재판이 벌어지기 전에 국제 항의 캠페인이 일어나 소련 출국을 허용 받은 마지막 좌익반대파 구성원이었다. (……) 세르주는 혁명가였던 그의 전력을 이용해먹는 우파와 그를 가증스러운 "트로츠키주의 파시스트"로 여기는 공산주의자들 사이에서 십자포화에 걸렸다. 끊임없이 비방을 당하고 툭하면 위협을 받는, 그리고 이 시련 속에서도 깜짝 놀랄 만한 온후함을 드러내 보이고 자기에게 가해지는 모욕을 아주 점잖게 받아들이는 이 사람은 내가 가진 가장 좋은 친구들 가운데 한 사람이 되었다.[52]

베네디트는 세르주와 브르통이 에르-벨에서 스타[53]였다고 썼으며, 메리 제인 골드에 따르면 두 사람 모두 다 "다소간 트로츠키주의자"였는데도 둘 사이에는 긴장이 흘렀다. 다니 베네디트는 초현실주의 운동을 높이 사지 않았으므로 브르통에게 감흥을 덜 받았지만, 세르주는 브르통이 그들과 함께 있어야 한다고 권유했고 그것으로 만사형통이었다. 다니는 "세르주는 우리의 양심이었고 브르통은 우리에게 활기를 줄 사람"이라고 썼다.[54]

일요일이면 에르-벨은 브르통의 초현실주의계 친구들이 도착하면서 확 바뀌었다. 파리의 카페들이 에르-벨에 다시 들어선 듯했다. 그 손님들에는 오스카르 도밍게스Oscar Domínguez, 헤롤트-블라머Herold-Blamer, 빅토르 브레니에 Victor Brainier, 윌프레도 람Wilfredo Lam, 막스 에른스트Max Ernst, 조르주 뒤마Georges Dumas, (러시아인 아나키스트인) 보리스 볼린Boris Voline, 피에르 에르바르Pierre Herbart, 앙드레 지드, 장 말라케 등이 있었다. 이 예술가들을 에르-벨로 끌어들인 경연은 "잃어버린 내적 실재에 가 닿고 서양식 논리의 굴레에서 마음을 해방하"는 기술로서 초현실주의계에서 역사를 가지고 있었다. "그것들은 초현실주의자들이 그 안에서 예기치 못한 심오한 의미들을 찾아내는 부조화의 기묘한 병치를 이루어내기도 했다."[55] 에르-벨에서, 그것들은 주로 동란과 위험으로부터 벗어나는 기분전환이었다. 세르주도 끼어들었지만, 분명히 브르통의 이런 측면을 탐탁지 않게 여겼다. 메리 제인 골드는 다음과 같이 썼다.

비록 브르통과 세르주는 정치 면에서 서로를 공공연하게 지지해왔지만, 두 사람 사이에는 상당한 긴장이 자주 흘렀다. 두 사람 다 혁명가였지만, 빅토르는 파리가 아니라 모스크바와 레닌그라드의 거리에서 혁명을 헤치며 살아남았다. 문학의 관점에서 볼 때 두 사람은 서로 성미가 맞지 않았다. 빅토르는 앙드레에게는 의미가 없는 감수성 풍부하고 현실적인 문체로 글을 썼다. 그는 앙드레가 초월성을 끼고 시시덕거린다고 판단하고는 그런 꼴을 용납하지 않았다. (……) 빅토르 세르주는 적군의 배에 뛰어 들어가는 병사들 가운데 한 명일 뿐이었다. 그에게는 현재의 이 모험이 생활 방식이었다. (……) 내게는 그가 쓴 책이 솔제니친Slozhenitsyn의 책보다 훨씬 더 심금을 울리고 가슴에 사무친다. 왜냐하면 빅토르 세르주는 적선돌입병들과 함께 지내왔기 때문이다. 그는 적선돌입병이었다.

빅토르는 이 세상의 삶을 바꾸리라고 희망한 것을 겪으며 살아남는 데 어떻게든 성공했다. 그는 초창기부터 자기 친구와 동지들이 처형되거나 암살되거나 다른 사람들에게 뭔가를 알리려고 스스로 목숨을 끊는 것을 보아왔다. 어쩌면 그는 때로 성마르고 침울해질 만도 했다. 그를 싫어하는 사람들은 그를 편집증 환자로 불렀다. 트로츠키가 암살된 뒤로는 편집증이라는 등의 이야기가 덜 나왔다.

언젠가 그와 로레트, 그리고 내가 항구를 가로질러 가고 있을 때 (……) 그는 가는 도중에 한두 차례 뒤를 슬쩍 돌아다보았다. 그러고는 그는 나를 쳐다보고 미안하다는 투로 "당신은 저를 용서해주셔야 합니다. 저는 너무도 자주 뒤를 쫓겨왔거든요. (……) 이것은 고참 볼셰비키 당원의 습관입니다. 쉽사리 없어질 버릇이 아니지요"라고 말했다. (……) 그는 카페에서 맨 마지막 탁자를 골랐고 보호를 해주는 벽을 등지고 앉았다.[56]

"수명을 다한 부르주아 세계가 꺼져가는" 무시무시한 분위기 속에서 심지어는 에르-벨에서도 의심이 일어났다.

소문이 난무했고, 어느 날엔가는 미리엄 데이븐포트Miriam Davenport가 역시 비상구출위원회에 도움을 의뢰한 멘셰비키 저명인사 한 사람이 "내게 빅토르 세르주가 스탈린주의자 첩자라고 말해주었다"고 메리 제인 골드에게 이야기했다. 메리 제인 골드는 사람들 가운데 어느 누구도 그 소문을 믿지 않았지만, "우리는 둘 다 최근에 바로 세르주에게서 스탈린주의자들은 무슨 짓이든지 다 할 수 있고 혁명적 상황에서는 다만 명분이 문제가 될 뿐이라고 배웠다"고 했다. 메리 제인 골드는 그 소문에 관해서 버라이언에게 말해주었고, 버라이언은 너털웃음을 터뜨리며 말했다. "맙소사, 이런 러시아 사람들이 어떻게 음모를 꾸미지!"[22]

게페우가 소련 밖에서 벌이는 활동이 강화되면서 세르주는 치명적인 위협을 받기 시작했다. 프랑스 공산당이 "프랑스 정부가 혁명가들에게 품는 타고난 두려움"을 이용하고 비방전을 개시해서 버라이언 프라이를 트로츠키주의자로 비난하자, 프라이가 프랑스 당국과 미국 대사관과 맺은 관계에 긴장이 흐르게 되었다. 버라이언 프라이와 비상구출위원회에 트로츠키주의라는 꼬리표가 붙고 있었으므로 에르-벨에 세르주가 있다는 것이 결국에는 비상구출위원회의 활동을 저해했다. 메리 제인 골드는 "그들이 스스로를 트로츠키주의자라고 생각했"음을 인정했지만, 이 꼬리표는 미국 국무부를 상대하며 일하는 단체로서는 거치적거리는 짐이었다. 프라이는 마침내 세르주에게 저택에서 떠나달라는 부탁을 해야만 했다. 세르주는 『한 혁명가의 회상』에서 이 일을 거론하지 않았지만, 메리 제인 골드는 이 추악한 비방 뒤에서 사악한 스탈린주의자들의 손길이 있음을 놓치지 않고 지적했다. 메리 제인 골드의 건달 남자친구인 킬러Killer는 망연자실했다. 세르주를 빼고 저택에 있는 지식인을 모두 다 미워한 그는 "나는 네 친구들 누구하고도 다를 게 없지만, 세르주 같은 사람에 비하면 나는 쓰레기야. 그저 쓰레기라니까"라고 말했다.[23]

세르주는 자기가 떠나야 한다는 데 충격을 받았다. 멕시코에서 훌리안 고르킨이 활동하고 뉴욕에서 맥도널드 부처가 활동을 한 덕분에 세르주의 멕시코 비자가 이제 막 나왔지만, 블라디나 로레트와 자넌이 쓸 비자는 아직 얻어내지 못했다. 그가 에스파냐와 포르투갈과 쿠바Cuba를 거쳐 여행을 할 수 있을지도 분명하지 않았다.[57] 세르주는 마르세유의 한 여인숙에서 1941년 1월 5일에 맥도널드 부처에게 다음과 같은 편지를 써 보냈다.

> 우리 새 주소를 적어놓으세요. 개인 신상 면에서 모든 일이 저로서는 짜증나게도 훨씬 더 꼬여버렸습니다. 우리는 앙드레를 비롯한 좋은 친구 여럿과 함께 사람이 살지 않는 시 교외 저택을 한 채 빌렸어요. 그 저택에서 우리하고 같이 지내는 친구들 가운데에는 F씨와 함께 일하는 사람들이 있었습니다만, 비상구출위원회의 활동가들이 저와 가까운 관계를 가져서 그들에게 폐가 될 수 있다는 구실로 우리를 억지로 갈라놓으려는 꿍꿍이가 다 짜여 있었습니다! 이 모

든 것 가운데에서도 진짜로 답답한 것은, 음모인 게 뻔하고 우리가 깊은 존경심으로 뭉쳐 있는데도 그 꿍꿍이가 — 분위기 때문에 — 먹혀들었다는 점입니다. 저는 다시금 주거 문제에 부닥쳐 있고, 그 문제에 다른 사람이 여러 명 걸려 있습니다. (……) 의문의 여지없이 당신은 우리 신변의 문제를 다시 복잡하게 만드는 사태를 우리보다 더 잘 주시하고 있지요. 하지만 이에 관련해서 저는 결코 비관론자가 아닙니다.[58]

세르주는 돈이 없는 데다가 먹을 것과 땔감도 모자란 가운데 겨울이 유난스레 혹독해서 새로운 상황이 지극히 어려운데도 비관론에 빠지지 않았다. 메리 제인 골드는 날짜가 1941년 1월 30일로 되어 있는 암호 편지로 미리엄 데이븐포트에게 세르주와 세주르네가 출발한다고 알려주면서 다음과 같이 말했다. "지난주에 저택에서는 비상구출위원회의 심한 위기가 있었어요. 로레트하고 빅토르하고 블라디가 떠나야만 했고요. 그 세 사람은 배려를 전연 받지 못했어요. 사회적 지위, 문제는 바로 그거였어요."[59]

세르주가 비자를 받고픈 소망의 성에서 "쫓겨나기"에 앞서 에르–벨에서 일어난 한 사건은 언급할 가치가 있다. 페탱 원수가 마르세유를 방문하던 때 경찰이 수색영장을 가지고 저택에 도착했다. 경찰은 손잡이가 진주로 되어 있는 세르주의 권총을 압수했다. 그 권총은 "우아한 도구이지만 오게페우가 아주 가까이 다가오면 빅토르의 골을 꿰뚫어 구멍을 내기에는 충분했다".⁶⁰ 경찰은 세르주의 타자기와 그의 책들 가운데 한 권도 압수했다. 세르주는 경찰이 자신의 "타자기의 글자들을" 자기가 "쓰고 있다고 추정되는 스탈린주의 책자들과 한번 맞춰보는" 데 쓸 것이라고 말했다.⁶¹ 베네디트는 경찰이 공격적이고 거만했으며 거주하는 모든 사람들에 관한 정보를 가지고 있었다고 썼다. 경찰은 세르주를 쳐다보더니 그를 세르주 씨라고 부르고는 "키발치치 씨로 불리는 게 더 좋습니까? 그게 당신 본명이지요?"라고 말했다.⁶² 경찰은 저택을 수색하고는 그들 가운데 많은 사람을 체포했다. 사실 경찰은 에르-벨에서 지내는 사람들에게 요식 행위이니까 경찰서에 오라는 요청을 한 적이 있었다. 세르주는 같이 지내는 사람들에게 경찰은 늘 그렇게 말한다고 충고했다. 그는 경험을 통해 몇 시간이 며칠이나 몇 주, 심지어는 몇 년이 될 수 있음을 알았던 것이다. 프라이는 "어라, 적어도 당신만은 언제나 낙관론자였는데!"라고 말했다.⁶³ 그들은 처음에는 심문을 받았고 그다음에는 페탱 원수의 방문 기간 동안 소란을 일으킬 가능성이 있다는 의심을 받은 불운한 다른 사람 6백여 명과 함께 증기선 시나이아Sinaia 호 선상에 감금되었다. 페탱 원수의 마르세유 방문이 계속되는 나흘 동안 2만여 명이 체포되었다. 1940년 12월이었다.⁶⁴

남자들은 짐칸으로 인도되었고, 여자들에게는 삼등 객실이 주어졌다. 객실 한 칸이 메리 제인 골드에게 주어져, 로레트와 세르주와 함께 지냈다. 세르주에게는 "나이와 심장

상태 때문에 이런 특별한 특권이 부여되었다". 메리 제인 골드의 설명에 따르면, 세르주는 두 사람이 아주 잘하고 있다고 생각했지만 그러면서도 대처 방법을 가르쳐주었다. 그는 자기 손수건을 꺼내더니 그것을 접는 방법을 두 사람에게 보여주고는 배부된 담요의 더러운 털실이 살갗에 닿지 않도록 접은 손수건을 턱 밑에 놓았다. 노전문가는 계속해서 "그리고 뭔가 읽을거리를 가져오는 게 좋아요. 마음에서 걱정거리를 떨쳐버려요"라고 말했다. 그는 주머니에서 책을 한 권 꺼냈다. "빌어먹을, 내 책이네. 메리 제인 골드, 여기 있어요. 가져도 됩니다." 그 책은 『감옥에 갇힌 사람들』이었다. 메리 제인 골드는 "에이 참, 또 빌어먹을이네요. 고마워요"라고 말했다.[24)] 브라이언 프라이는 "시나이아 호에 우리가 함께 갇혔던 것을 기억하며"라는 헌정사를 세르주에게서 얻은 그 책을 자기 주머니에 넣었다.[65]

프라이는 세르주와 블라디, 그리고 브르통 부처가 드디어 멕시코에 가는 폴 르메를 함장 Capitaine Paul Lemerle 호에 올라타기 며칠 앞서 그들에게 앙드레 말로가 마르세유에 있다고 알려주고는 이들이 저녁식사를 하는 데 말로가 낄 수 있는지를 물어보았다. 베네디트는 세르주가 "그러죠, 뭐. 에스파냐에서 그가 스탈린주의자들과 맺은 결탁을 내가 어떻게 생각하는지 말해주는 게 낫겠어요"라고 대답했다고 회고했다.[66] 세르주와 프라이, 그리고 베네디트 부처는 1941년 3월 19일에 마르세유의 르 당테스크 Le Dantesque 레스토랑에서 말로와 함께 저녁식사를 했다. 베네디트의 설명에 따르면, 말로는 식사를 하면서 세르주의 꾸중을 귀담아듣고 "1937년 5월에 카탈루냐에서 탄압이 일어나는 동안 많은 잘못이 저질러졌다"는 데 동의했다.

세르주는 1941년 3월 25일에 배를 타고 드디어 유럽을 떠났다. 그는 다니에게 그 배를 "담배꽁초 하나가 달라붙어 있던 정어리 통조림 한 통!"으로 묘사했다.[67] 배에는 세르주와 함께 브르통 부처와 클로드 레비-스트로스, 그리고 화가 윌프레도 람이 타고 있었다.[25)]

마르세유에서 마르티니크로, 멕시코로 : 비자 사냥, 미 연방수사국, 세르주

세르주는 어려운 사례였다. 그가 소련 공산당원이었고 코민테른에서 일했다는 것은 그가 미국 국무부의 반동적인 스미스법Smith Act의 적용을 결코 비켜 갈 수 없으리라는 뜻이었다. 심지어는 미국 통과비자 발권도 금지되었다.

버라이언 프라이와 메리 제인 골드는 유럽 비상구출위원회 작업을 힘과 진을 빼는 일로 묘사한다. 세르주는 이들이 "일과, 집단수용소에서 오는 진정서에 파묻혀" 있다고 인정하면서 "그들 스스로가 언제나 위험에 처해 있었다. (……) 사람이 너무 많이 탄 난파선 격이었다"고 말했다.[68] 미국 비상구출위원회에 관한 또 다른 그림이 맥도널드 문서에서 나온다. 뉴욕에서 드와이트 맥도널드와 낸시 맥도널드가 세르주와 그의 가족을 대변하며 끊임없이 일했다. 두 사람은 세르주처럼 잘 알려진 과거의 볼셰비키 당원보다 자기편 사람을 구해내려는 마음이 앞서는 민주주의자와 자유주의자로 이루어진 비상구출위원회 미국 사무소에서 성의라고는 찾아볼 수 없는 대접을 받았다.

여러 가지 사료를 보건대 분명한 점은 마르세유에 있는 버라이언 프라이 그룹이 사람 힘으로 할 수 있는 일은 모두 다 하고 있었던 반면 뉴욕 위원회는 미국 국무부와 나란히 꾸물댔다는 것이다. 이에 발끈한 맥도널드 부처는 급히 편지를 써서 『네이션』 논설위원인 프레다 커치웨이[26]와 『아메리칸 머큐리』*The American Mercury*의 논설위원인 유진 라이언스 Eugene Lyons, 그리고 그 밖에 도와달라고 압력을 가할 수 있는 다른 사람들에게 보냈다. 1940년 9월 24일에 드와이트 맥도널드는 뉴욕 비상구출위원회로부터 "세르주의 공산당원 전력" 때문에 "블라디미르 키발취치"Vladimir Kibaltschichie[sic.], 빅토르 세르주 건에 관해서 더는 아무 일도 할 수 없다는 편지를 한 통 받았다.[69] 맥도널드는 세르주 건을 다시 제기했고 존 듀이, 유진 라이언스, 시드니 후크, 마가렛 마셜 Margaret Marshall(『네이션』 문예부 논설위원), 마이어 샤피로 Meyer Schapiro, 프레데릭 류슬 Frederick Reustle 목사, 막스 이스트만[27], 제임스 파렐에게서 지지 서한을 받았다. 맥도널드는 세르주가 전체주의에 반대하는 견해를 가지고 저술 활동을 해왔으며 스탈린의 굴라그에서 여러 해를 보냈고 프랑스에서 커다란 위험에 처해 있다는 것은 그에게 미국 입국을 즉시 허가할 충분한 사유라고 역설했다.[70] 맥도널드의 나머지 서신은 세르주에게 보내는 지급 해외전보, 송금 수표, 분실 편지, 관료 장벽, 행적을 보여주는 일련의 서류 등처럼 엇비슷한 것들로 채워져 있다.

즉시 행동을 취해야 한다는 절박한 필요는 관료주의적인 여러 위원회의 느려 터진 움직임으로 말미암아 좌절되었다.[28] 국가에 속한 위원회든, 저항 단체에 속한 위원회든 마찬가지였다. 세르주 건은 여러 위원회가 모여 회의를 열 때에만 고려될 수 있었다. 그 회의는 날마다 열리지 않는데 반해, 세르주는 날마다 위험에 처해 있었다. 마침내 멕시코 비자가 입수되었는데, 이름이 틀리게 나와서 "키발치치"가 아니라 (세르주의 아들인 블라디 키발치치로서는 문제가 되게끔) 가명인 "세르주"에게 발급되었고,[29] 세르주의 국적이 "러시아"가 아니라 "에스파냐"로 되어 있었다. 설상가상으로, 그 비자는 틀린 사항을 고치려고 대서양을 건너 돌려보냈다 돌아오기 전에 만기가 될 수 있었다. 한편, 맥도널드 부처가 리스보아Lisboa(리스본Lisbon — 옮긴이)에서 출항하는 세르주의 승선권 운임을 지불했다. 즉, 세르주가 에스파냐를 지나서 포르투갈에 가야 한다는 뜻이었다. 프랑코 정부가 멕시코 문서[71]를 인정하지 않았으므로, 세르주는 포르투갈과 에스파냐의 통과비자와 함께 프랑스 출국허가증을 얻고자 했다. 서류 받아내기는 미궁에서 길 찾기가 되었다. 그러나 맥도널드 서신은 얽히고설킨 서류의 거미줄을 헤치고 나아가려는 그들의 집요한 끈기를 보여준다.[30] 마침내 세르주가 멕시코행 폴 르메를 함장 호에 가까스로 승선한 지 엿새 뒤에 통과비자가 부여되었다.

그러는 사이에, 비자 신청 과정으로 말미암아 빅토르 세르주가 미국 정보기관에 알려졌다. 끝이 없어 보이는 관료주의 때문에 세르주의 출발이 위험하게 늦어지는 동안 그는 조사당하고 있었다.[72] 미 연방수사국의 세르주 서류철은 미국의 육군, 해군, 연방수사국, 국무부, 법무부, 군 첩보부가 모두 다 그를 염탐해오고 있음을 드러내주었다. 연방수사국은 우편, 고속 비행기, 전화 또는 아메리칸 익스프레스American Express, 어떤 것으로 전해졌든 세르주와 맥도널드 부처와 프랑스의 관청 사이에 오간 편지들[73]을 사진으로 찍었고 언급된 이름들을 조사해서, 맥도널드 부처의 노력과 이솝식 언어를 허사로 만들었다.

얄궂게도, 맥도널드 부처가 세르주에게 임시 통과비자를 얻어주는 데 성공하자 세르주의 가방에 미합중국USA이라는 검인이 찍혔다. 소지품은 들어왔지만, 그 소지품의 주인은 그러지 못했으니! 이민국이 증기선 보링엔Boringen 호에서 세르주의 여행가방 두 개를 압수했고, 미 연방수사국은 특수요원과 번역가를 선정해서 내용품을 사진으로 찍고 "외국어로 씌어진" 문서를 번역했다.[74] 그런 다음 문서들은 에드거 후버J. Edgar Hoover의 관심을 받기 위해 요약되었다.

드와이트 맥도널드와 낸시 맥도널드가 뉴욕에서 세르주

를 대변해서 적극적으로 활동하는 동안, 똑같이 미 연방수사국도—미국을 거쳐 가는 단순 통과비자를 세르주에게 내주지 않을 법적 근거를 찾아내고자—세르주의 언설을 첩보요원들이 이해할 수 있도록 만들려고 번역가에게 보수를 지불하는 데 바빴다.[31]

한편, 세르주와 블라디는 "바다의 대용 집단수용소로" 개조된 화물선 한 척을 타고 악몽에서 벗어나 새로운 세계와 불확실한 미래로 향했다.[75] 세르주는 떠나갈 세계를 돌이켜보면서 자기가 다음과 같은 요점을 어렴풋하게 간파할 수 있었다고 썼다.

우리는 (……) 잠깐 동안만은 어쨌든 간에 패하지 않았다. 사회의 투쟁에서 우리는 흘러넘치는 의식과 의지를 바쳤다. 그 의식과 의지는 우리가 가진 힘을 훨씬 넘어섰다. 우리는 노동계급의 이름으로 말해왔다. 우리는 그 노동계급의 포부와 곤경을 밝히려고 노력해왔다. 그러나 노동계급은 너무나도 자주 (……) 우리를 이해할 수 없었고, 자각을 할 수 없었다. (……) 우리 모두가 일정한 횟수의 실수와 실패를 뒤에 남긴다. 어떤 종류든 창조적인 사고는 오로지 머뭇거리고 뒤뚱대는 걸음으로만 앞으로 나아갈 수 있기 때문이다. 이 실수와 실패들 가운데 첫번째는 우리 동지에 대한 불관용이다. (……) 우리의 구원은 권리 가운데에서 가장 인간적인 권리인 실수를 할 권리, 그리고 다르게 생각할 서로의 권리를 서로서로 인정하는 관용적인 비타협성에 있다. (……) 우리는 자기 자신의 역사를 풀어나가는 사람을 어렴풋하게 보았다. 그리고 우리는 이기는 법을 알았고, 그것을 절대 잊어서는 안 된다. (……) 우리의 이 실험은 헛되이 버려지지 않을 것이다. 맞다. 우리는 졌다. 하지만 우리의 기백은 드높다. 우리는 내일의 전야에 있다.[76]

블라디는 갑판에서 부하린과 프레오브라젠스키의 공저인 『공산주의의 ㄱㄴㄷ』*Azbuka kommunizma*을 읽고 있는데 세르주가 얼마간 화가 나서 다가왔다고 기억했다. 세르주는 그 책을 낚아채더니 "이럴 때가 아니다"라고 말하고 책을 바다에 내던지고는 "너는 에스파냐어 초보독본을 공부하고 있어야 해. 지금은 그게 중요하단다"라고 덧붙였다.[77]

그들이 탄 배는 우선 마르티니크Martinique에 정박했는데, 블라디는 비시 정부 관리들이 순시를 하면서 어느 승객이 유대인인지 물었다고 회상했다. 세르주의 대답은 "그러면 영광이겠지만 그렇지 않소"였다.[78] 메리 제인 골드에게 보낸 편지에서 세르주는 마르티니크가 겉모양만 프랑스일 뿐이고 더 눈여겨보면 "게슈타포의 일종"이라고 묘사했다. 그곳에서 그들은 감옥에 갇히고 강탈을 당했다. 세르주가 경찰의 역할이 여행자들을 강탈하는 것이어서는 안 된다고 말하자, 사하라Sahara 사막으로 유배해버리겠다는 위협을 받았다. 포르 드 프랑스Fort de France에 있는 한 집단수용소에서 여러 주 동안 갇혀 있으면서 세르주는 편지에 수돗물이 나오지 않고 "이루 말할 수 없이 지저분한" 음식을

주고는 하루에 25프랑을 물리는 원시적인 수감 조건에 관해 썼다.[79]

배는 마르티니크에서 도미니카Dominica 공화국의 시우다드 트루히요Ciudad Trujillo(오늘날의 산토도밍고Santo Domingo — 옮긴이)로 항해했다. 시우다드 트루히요에서 세르주는 미 해군무관 존 버틀러John A. Butler 미 해병대 대령의 방문을 받았다. 버틀러 대령은 기밀 첩보보고서[80]를 작성했다. 그 보고서에 있는 대담 요약문에는 혁명 운동에 낯이 선 사람이 저지른 여러 가지 정치적 오류가 담겨 있다. 블라디는 그 요원이 떠난 뒤에 세르주가 자기가 받은 여러 가지 질문에 웃음을 터뜨렸다고 회상했다.[81]

버틀러는 세르주가 "붉은 군대 참모본부"의 일원(세르주의 소련 여권에 적힌 그의 내전기 계급)이며 "트로츠키의 당은 트로츠키의 죽음으로 사라졌다"고 선언한 "사회주의적 민주주의자"라고 보고했다. 세르주가 스탈린 정부가 인민전선 정부로 대체될 것이며 "붉은 군대 참모본부가 세균전을 강조했"고 "잠수함을 공개적으로 인정된 것보다 더 많이 건조했"다는 말을 했다고 보고되었다. 버틀러 요원은 세르주가 "잘 훈련된 뛰어난 관찰자"이며 "비록 그는 민주주의 국가들을 지지하지만 그의 생각은 온통 스탈린에 반대하는 데 가 있다"고 지적했다. 보고서에는 세르주가 루시앙 포겔Lucien Vogel을 "미국에 있는 공산당 첩자"로 지명했다고 되어 있다. 이 보고서에 따르면, 포겔은 인민전선에서 활동하다가 독일군이 침공해 왔을 때 미국으로 탈출

한 공산당 첩자들 가운데 한 사람이었다.⁸²

세르주는 버틀러 요원에게 "크리비츠키는 의심할 여지 없이 오게페우에게 죽임을 당했다", 그리고 알렉산드르 바르민과 보리스 니콜라옙스키가 모두 다 러시아 문제에 관해서 조언을 해줄 수 있다고 말했다.³²⁾ 끝으로 버틀러 요원은 세르주가 쿠바를 거쳐 멕시코로 가는 통과비자를 받으려고 도미니카 공화국에서 기다리고 있는 중이라는 점을 인정했다. 맥도널드 부처가 도미니카 공화국에서 멕시코로 가는 가장 안전한 길일 뉴욕으로 올 임시 수송편을 세르주에게 구해주려고 아직도 애를 쓰고 있었다.³³⁾

시우다드 트루히요의 열대성 8월의 태양 아래 세르주는 일에 나섰다. 그는 멕시코 대중을 위해 4주 만에 『히틀러 대 스탈린』을 완성했고, 러시아에 휘몰아치고 있는 악몽이 걱정스러워서 잠을 이룰 수 없다고 불평했다. 부제가 "세계대전의 결정적 국면"La fase decisiva de la guerra mundial인 그 책은 멕시코 혁명의 투사와 건설자들에게 헌정되었다. 이 책을 펴낸 작은 인쇄소인 케살 출판사Ediciones Quetzal는 제2차 세계대전을 스탈린주의와 자본주의에 반대하는 관점에서 아주 비타협적으로 분석하는 책을 간행한 뒤 쑥대밭이 되었다.

맥도널드와 세르주가 주고받은 편지들은 이론적인 차원을 지니기도 했다. 파시즘의 경제적 성격 같은 쟁점들에 관해서였다. 1941년이 되면 맥도널드는 파시즘이 "경제적으로 자본주의와는 결정적으로 다르다"는 "대중적이지 않은" 견해를 취하고 "이제까지 맹목적으로 받아들여진" 이론을 "대대적으로 수정"하라고 요구했다.³⁴⁾ 세르주는 아무리 단순화되었더라도 다니엘 게랭Daniel Guérin의 분석을 거론하면서 동의하지 않았다. 게랭의 분석은 어떻게 해서 "대자본이 파시즘을 낳고 그 파시즘이 결국은——그 자체로 멋진 구속복인—대자본에게 양도되는 경제를 창출하"는지를 보여준다.⁸³ 세르주는 독일의 자본주의가 파산했고 독일 사회주의가 약했기 때문에 전쟁이 일어났다는 결론을 내렸다.

세르주는 유럽을 떠난 지 다섯 달 뒤에 드디어 메리 제인 골드에게서 편지를 받았다. 세르주는 답장⁸⁴에서 자기가 처한 상황이 아직도 "복잡하고 위험하다"고 묘사했다. 즉, 여행 비자의 기한이 만료되어 멕시코로 가는 데 필요한 문서가 자기에게 남아 있지 않게 되었다는 것이다. 미 국무부가 "반反파시즘 이민의 등을 칼로 찔러버렸"고, 따라서 달러를 가진 친파시즘 인자들만이 남북 아메리카 여행을 할 수 있었다. 세르주는 여러 위원회가 자기 활동에 만족한 채 잠을 자고 있다고 썼다. 그의 미국 통과비자가 발급되었는데, 그런데도 교부는 이루어지지 않았다.

난민에 관한 미국의 게으른 행동에 낙담한 세르주는 메리 제인 골드에게 자기는 전쟁이 나치와 소련의 충돌로 얼마나 빨리 바뀌어버렸는지에 깜짝 놀랐다고 말했다. 이것은 나치가 겨울이 끝날 때까지 기다렸다가 러시아를 "박살"낼 여유가 없다는 뜻이었다. 세르주는 "러시아는 비축

해둔 힘이 아직 있"기 때문에 러시아가 나치에게 이길 수 있다고 믿었지만, 나치가 소련을 침공한 뒤 후버가 한 연설을 듣고는 걱정을 했다. 후버의 연설은 "나치가 석권한 유럽보다 새로운 유럽을 더 두려워하는 듯한" 미국과 그 동맹국들의 "반동 기질"을 드러냈다.

세르주는 자기와 블라디가 새벽부터 점심 때까지 일을 해서—즉, 세르주는 글을 쓰고 블라디는 "대작"을 그리면서—시우다드 트루히요의 뙤약볕에 어떻게 적응하는지를 메리 제인 골드에게 묘사해주었다. 세르주는 메리 제인 골드에게 자기 "타자기가 쉬지 않"고 자기도 마찬가지이며 로레트와 자닌, 그리고 굴라그에 남겨두고 온 자기 동지들에 관한 걱정으로 머릿속이 가득 차서 밤을 꼬박 새운다고 말했다. 세르주는 자기가 살아남으려고 맥도널드 부처에게 완전히 매달려 있는 상태가 편하지 않다고 말하고 로레트 없이 혼자 지내는 삶이 싫다면서 멕시코의 동지들은 부부가 같이 지내는 것이 얼마나 중요한지에 주의를 기울이지 않는 듯하다고 투덜대면서 속내를 털어놓았다. 세르주는 어느 때엔가는 낸시 맥도널드에게 만약 로레트와 자닌의 비자가 한꺼번에 나오지 않는다면 우선 로레트가 오고 그 다음에 자닌이 로레트의 아들 르네René와 함께 와야 한다는 제안까지 한 적이 있다.[35]

세르주와 블라디가 마르세유에서 멕시코로 가는 데 가슴 졸이는 여섯 달이 걸렸다. 두 사람은 마르티니크에서 억류되고 도미니카 공화국에서 열대의 더위와 불안감으로 고

생을 하고 아이티Haiti에서 고발을 당해 쫓겨났고 쿠바에서 테스코르니아Tescornia 집단수용소에 다시 억류되었다. 세르주에게 억류는 생활방식이었다. 블라디는 테스코르니아에서 세르주가 어느 난민이 "우리 사람"인지 쉽사리 알아맞힐 수 있었고 그들에게 담배를 가져다주라고 자기에게 말했다고 기억했다. 맥도널드 부처는 『네이션』의 프레다 커치웨이를 시켜 세르주와 블라디 두 사람이 파시즘에 올곧게 반대했음을 보증하는 전보를 쿠바 이민국에 쳐 보냈지만, 허사였다. 결국은 세르주가 프랑스어로 쓴 시를 읽은 적이 있는 엘살바도르El Salvador인 정치활동가 한 사람이 보석금을 내고 세르주와 블라디를 빼냈다.[85]

세르주와 블라디는 마침내 1941년 9월 4일에 멕시코에 도착했다. 마지막 망명이었다. 처음으로 항공기를 탄 세르주는 비행이 주는 "세계의 신미래상"[86]을 깊이 성찰했다. 그가 새로운 세계에서 영위하는 새로운 삶이 새로운 운송수단으로 시작되는 것은 타당했다. 그러나 그는 비행기가 "열광이 식은 갑부"용으로만 이용되고 죽음과 파괴의 기계도 된다는 점을 지적하지 않고 넘어갈 수 없었다.

제8장

멕시코로부터, 소련은 어디로 가는가? 세계는?

세르주는 멕시코에서 글을 엄청나게 많이 썼고, 새로운 사고와 새로운 방향을 고찰했으며, 정치적으로는 '사회주의와 자유' 그룹에 연루되었다. 처음에는 『분석』, 그다음에는 『세계』를 펴낸 '사회주의와 자유' 그룹은 러시아, 프랑스, 에스파냐, 독일에서 각자 저마다의 경험과 전통과 패배를 가지고 온 망명자들의 다채로운 집합이었다. 세르주와 블라디는 이 그룹에서 정치적 맞수가 되었고, 그룹은 내분 때문에 나중에 쪼개졌다.[1)]

게페우(엔카베데)[2)]의 핍박은 세르주에 대한 사악한 비방에서 자꾸만 수위가 올라가 당장이라도 그의 목숨을 위협하는 단계에까지 이르렀다.[1] 엔카베데와 공산당 폭력배가 세르주와 다른 이들을 물리적으로 공격한 뒤 세르주, 피베르, 고르킨, 레글러는 자기들이 처한 상황을 널리 알리는 책을 썼고, 그렇게 해서 자기 방어를 도왔다. 이들이 쓴 책인 『게페우여, 새로운 범죄를 준비하라!』에 지식인 수백 명이 서명한 대단한 연대서한집이 첨부되었다.[3)] 세르주와 그의 동지들은 도입부 성명에서 자기들이 받는 "트로츠키주의자"라는 혐의에 답변을 했다. 그들은 자기들이 그 위대한 혁명가[2]를 흠모하지만 세르주를 빼면 어느 누구도 트로츠키주의 운동에 소속된 적이 없다고 선언했다. 이들은 자기들 각각은 철학과 역사와 조직의 문제를 둘러싸고 이견이 생겨 트로츠키에게서 떨어져 나왔다고 썼다.

고르킨과 피베르와 레글러가 자기들과 트로츠키주의의 연계를 부정함으로써 혐의를 논박한 반면, 세르주는 그러지 않고 자기는 페트로그라드에서 오렌부르크, 랭스, 멕시코에 이르기까지 거짓과 허위와 압정에 굽힘 없이 저항한 경력을 가지고 있고 그 결과 여러 해 동안 감금되는 형태로 고생을 호되게 했다고 역설했다. 그는 다음과 같이 선언하면서 희망 어린 어조로 끝을 맺었다. "나는 인류와 자유와 러시아 혁명에 계속 봉사합니다. 러시아 혁명은 세계의 자유를 위해 또다시 싸웁니다. 나는 러시아 혁명이 거듭나서 전체주의로부터 해방되어 위대한 미래에 대한 권리를 얻게 되리라는 굳은 희망을 가지고 있습니다."[3]

이 마지막 망명에서 세르주는 아주 가난했고, "이루 말할 수 없이 외로웠다".[4] 자기가 쓰는 개인 일지에서 세르주는 현재의 암울한 세계정세가 자기 일생 동안 지속될지 모른다는 것을 알고 "쉰이 넘은 나이에 서랍에 들어갈 글"을 쓴다며 자기가 정치와 문학에서 고립되었다고 한탄했다. 그는 "이 자유로운 아메리카 땅에서" 자기가 1930년 즈음 러시아인들이 하던 대로 글을 쓰고 있으며 "오로지 자기 이름이 책 출간에 장애물이 될지를 스스로에게 묻는 단계에 이르렀다"고 적었다.[5] (『마지막 시간』을 빼면) 세르주의 소설들과 『한 혁명가의 초상』은 그가 죽은 다음에야 간행된 반면, 그의 기고문은 대부분 미국과 프랑스의 작은 평론지에 실렸다. 그렇다고는 해도 많은 빼어난 글들이 간행되지 않은 채로 세르주 자료실에 남아 있다.

미국에서 『파르티잔 평론』과 더불어 『정치』*Politics*와 이 발행인인 드와이트 맥도널드, 그리고 『새 지도자』의 다니엘 벨Daniel Bell과 다비드 달린David Dallin[4])이 세르주의 글을 싣고 선전을 해주었다. 세르주는 『새 지도자』의 멕시코 통신원이었다. 그는 국제 여성의류 노동자 조합이 주로 자금을 대는 간행물인 『현대 평론』*Modern Review*의 해외 기고가 명단에 오르기도 했다. 특히나 미국 사회주의 노동당 American Socialist Workers' Party에서 일어난 1940년의 분열에서 막스 샤트만의 노동자당Workers' Party이 『새 인터내셔널』을 인수한 뒤로는 이 간행물에도 세르주가 쓰는 기사가 실렸다. 『새 인터내셔널』은 세르주의 『한 혁명가의 회상』과 『러시아 혁명의 첫 해』의 발췌문, 그리고 그의 일지, 즉 『낡은 수첩』*Vieux Carnets*에서 추린 발췌문 일곱 편을 실었다.[6] 세르주의 글은 『사회주의의 부름』*Socialist Call*과 『지평선』*Horizons*에, (뉴욕에서 나오는) 『자유 에스파냐』*España Libre*, 멕시코에서 나오는 『분석』, 『세계』, 『진로』*Rumbo*, 『라 나시온』*La Nación*, 『더 높이』, 『보고자』*El Informador* 등에도 실렸다. 쿠바에서 세르주는 『보헤미아』*Bohemia*에 실린 장편 기사의 소재가 되었다.[7] 세르주는 맥도널드 부처와 시드니 후크와 윌리엄 필립스William Phillips, 그리고 조지 오웰을 비롯한 다른 사람들과 소중한 서신교환을 지속해나가기도 했다. 오웰은 세르주의 『한 혁명가의 회상』이 '세커 앤 워버그Secker and Warburg'사에서 간행되도록 힘써주었다.[5]

세르주는 시국을 분석하고 심리학과 인류학에 관심을 보이고 진정한 사회주의를 위한 투쟁의 전망을 우려하면서 다양한 주제에 관해 글을 썼다. 멕시코에서 세르주의 아내는 멕시코 초기 문화에 열광했고, 세르주는 독일인 심리학자 헤르베르트 렌호프와 우정을 쌓았으며 유럽에서 망명한 혁명가들 사이에서 벌어지는 유익한 토론에 끼었다.

멕시코의 '사회주의와 자유' 그룹이 힘을 합쳐서 책을 또 한 권 썼는데, 이 책은 이들이 현 시기의 성격을 놓고 벌인 토론의 결과물이었다. 이 책은 1942년과 1943년 두 해에 걸쳐 씌어졌으며, 세르주, 고르킨, 피베르, 폴 슈발리에Paul Chevalier가 이것을 1944년 1월에 『우리 시대 사회주의의 문제들』로 펴냈다.[8] 이 책에 실린 세르주의 논문 「사회 전환의 전쟁」,[9]에는 제2차 세계대전의 특성을 보는 그의 입장의 골자가 들어 있다. 그는 제2차 세계대전을 제1차 세계대전과 바탕이 다른 전쟁으로 보았다. 지구 전체 차원의 분쟁에 관한 세르주의 인식은 이 전쟁이 이행기에 일어나고 있으며 전체주의적 집산주의 명령경제로 쏠리는 경향이 특징이 될 새로운 사회구성체의 도래를 알리리라는 것이었다.

세르주는 독일에서 자본가 계급과 나치 관료집단 사이에 권력의 이중성이 존재한다고 서술했다. 경제권력과 정치권력 사이의 관계에 관한 힐퍼딩의 1910년 저작과 나치 독일이 "전체주의적 독점 자본주의"라는 프란츠 노이만Franz Neumann의 연구서를 인용하면서 세르주는 이 사회구성체가 "관료주의적 집산주의"라는 제임스 버넘James Burnham과 드와이트 맥도널드의 더 새롭고 표현력이 뛰어난 공식으로 더욱 잘 설명된다는 생각이 든다고 썼다. 이 점을 강조하려고 세르주는 트로츠키가 죽기 한 해 전인 1939년에 쓴 것을 인용했다.

> 소련 체제, 파시즘, 나치즘, 뉴딜New Deal이 맨 마지막에 가서는 현대 경제의 집산주의적 경향으로 확정되는 공통의 특성을 함께 가진다는 점은 부정할 수 없다. (……) 노동계급이 탈진한 결과로 이 경향은 관료주의적 집산주의 형태를 띤다.[10]

세르주는 여러 군데에서 이 쟁점에 관해 글을 썼다. 그의 미간행 논문, 비평기사, 일지에는 같은 착상, 심지어는 똑같은 인용들이 여기저기 들어차 있다.

멕시코 정치 그룹인 '사회주의와 자유'는 접촉을 확대하고 1944년 한 해 내내 세계의 특성을 계속 논의했다. 그들은 새로운 선언문을 작성하려는 시도를 했다. 세르주는 이 선언문이 온당하지 않은 데다가 오만하기까지 하다고 생각했다. 세르주는 1944년 9월 13일자 일지에서 그 문서를 호되게 비판했다. 그는 마르소 피베르와 엔리케 지로네야, 그리고 "W. S."가 그 문서를 작성했다고 언급했다. 세르주에게는 이 독립적인 사회주의자들이 내놓은 모든 테제를 의문시하는 경향이 있었다. 그는 그 테제들이 "낡아빠진 진부한 문구들"에 지나지 않는다고 여겼다.[11] 세르주가 새로운 불확실성을 붙잡고 씨름하는 동안 이들은 낡은 공식을 되풀이하고 있었으므로 그의 좌절감은 확연했다.

다양한 트로츠키주의 조직에 있는 트로츠키주의자들은 그 '영감'의 이론을 본떠서 스탈린이 제2차 세계대전에서 살아남지 못하며 전쟁이 끝나면 새로운 혁명이 솟구치리라고 예측했었다. 그러나 실제로는 스탈린은 히틀러에게 이겼고 조국으로 돌아오는 군인을 새로이 노예화하는 작업과 거대한 강제 재건 프로그램에 착수했다. 서유럽에서는 혁명의 고조가 충분한 힘을 모으지 못했고 성공적으로 "봉쇄"되었다. 새로운 국면은 그들의 예단에도, 트로츠키의 예측에도 들어맞지 않았다. 트로츠키주의자들은 트로츠키가 죽음으로써 그의 권위 있는 탁월한 이론을 잃었다. 세르주가 말했던 대로, 트로츠키주의자들은 투사로서 제아무리 용감하다고 하더라도 트로츠키의 사고 틀에서 벗어나 생각하기가 어렵다는 것을 깨달았다. 제2차 세계대전 이전의 활동가 다수가 전쟁이 끝난 뒤 정치적 견해차나 인식의 실패에 기가 죽어 정치에서 떠났다.

세르주가 국제위원회International Committees에서 결성하고 싶어했던 반反스탈린주의 좌익 조직도 비슷한 일을 겪었다. 멕시코의 세르주 그룹, 즉 '사회주의와 자유'도 현실적인 정치투쟁으로부터의 고립과 내분을 비껴가지 못했다. 세르주가 제4인터내셔널에 관해서 쓴 것의 상당 부분이 생디칼리스트, 자유지상주의적 사회주의자, 멘셰비키 좌파, 트로츠키주의자를 비롯한 다른 비非스탈린주의 그룹에도 그대로 들어맞았다. 1940년대의 정치 투사들은 단지 전쟁 때문만이 아니라 소련에 관한 그들의 예언이 들어맞지 않았기 때문에 난처해졌다. 스탈린주의는 살아남았고 파시즘은 노동계급에게 끔찍한 상처를 입혔다. 세르주는 혼자 공부를 하면서 창조적인 정치적 방법으로 이 문제들과 씨름했다.

스탈린주의, 그리고 테크노크라시와 "전체주의적 집산주의"의 등장

이 마지막 시기에 세르주가 쓴 글에는 그의 신선한 사고와 재빨리 새것을 받아들이는 적극적인 정신이 드러나 있었다. 그는 경향을 경로로 잘못 보는 실수를 저질렀지만, 섬기던 "신이 실패한" 다른 많은 이와는 달리 사회주의를 내버리지 않고서 트로츠키가 나아간 지점보다 더 멀리 나아갔다. 세르주는 마르크스주의를 내버리지 않은 사회주의자들을 높이 사면서 사람들이 대부분 마치 아직도 1917년

이나 심지어는 1871년인 양 케케묵은 틀을 통해 역사를 바라보는 듯하다는 사실에 한숨을 내쉬었다.[12]

세르주에게 투쟁은 더는 단순히 자본주의와 사회주의 사이에서 벌어지지 않았다. 이제는 스탈린주의 자체가 사회주의를 가로막는 장애물이었다. 영국에서 오는 독립노동당 Independent Labour Party 회보를 읽고 나서 세르주는 자기 일지에 서로 마주보는 두 적수, 즉 혁명과 반동만 있는 것이 더는 아니라고 썼다. 이제는 보수주의와 사회주의와 스탈린주의적 전체주의, 이렇게 세 적수가 목숨을 걸고 맞싸운다는 것이었다.[13] 앞을 내다본 세르주는 1944년에 "나는 스탈린주의적 전체주의가 필연적으로 스스로 불러일으키는 새로운 싸움으로 억제되거나 파괴될 때에야 비로소 유럽의 운명이 결정되리라는 생각이 든다"고 썼다.[14]

스탈린주의는 현재 벌어지는 모든 투쟁에 나쁜 영향을 미쳤다. 이를테면, 세르주는 크렘린이 식민지 혁명을 사회주의를 위한 투쟁보다는 제국주의에 반대하는 투쟁에 제한해왔다고 주장했다. 좌파에서 이 견해는 널리 퍼진 견해가 아니었고, 로레트 세주르네가 이 점을 거듭 역설했다.[15] 세주르네는 세르주가 인도의 독립을 지지하지 않았고 호치민 胡志明, Ho Chi Minh도 지지하지 않았다고 말했다. 『파르티잔 평론』과 『왈룬』과 『프롤레타리아 혁명』에서 세르주는 사회주의를 위한 투쟁은 유럽에 남아 있고 민족해방 투쟁은 근본이 반反사회주의적이고 반反인간적인 소련 전체주의의 확장으로 이어지리라고 썼다.

이렇게 말하고서 세르주는 나중의 일지에 힐퍼딩이 전체주의 국가의 막강한 권력이라는 관점에서 현재의 갈등을 트로츠키보다 더 잘 보았다면서 다음과 같이 적었다.

> 이 권력은 너무나 거대해서 소련은 서유럽과 아시아, 그리고 어느 정도는 라틴 아메리카의 혁명 운동을 지배하고 유도하고 분쇄할 수 있는 위치에 있다. 소련은 자기를 난처하게 만들 혁명운동을 제거하고 실제로 다른 혁명 운동을 지원하고 조장하고 무장할 수 있다. [러시아 혁명의 구원은 서유럽에서 일어나는 혁명적 변혁에서 올 것이며 러시아의 전체주의 기구는 그 변혁의 전염성에 항거할 수 없으리라는] 레프 트로츠키의 명제는 러시아의 전체주의 국가가 지나치게 힘을 써서 안으로부터 힘이 빠져 약해질 경우에만 실현될 수 있다.[16]

같은 맥락에서 세르주는 『정치』에서 각국 공산당들이 개혁될 수 있다고 가정하는 드와이트 맥도널드의 순진함을 비판했다.[17] 세르주는 맥도널드가 워낙 자유로운 나라에서 사는 나머지 이해를 할 수 없다고 생각했다! 대두할 새로운 유형의 지도자는 마오와 티토Tito의 유형이었다. 대의에는 아랑곳없이 자기 이익만을 좇으면서도 확신을 지닌 두 사람은 "받은 명령에 따라 '혁명가'도 되고 '반혁명가'도 될—아니면 한꺼번에 둘 다도 될—터이며 하루가 지나면 입장을 확 바꿀 수 있다".[18] 세르주는 실제로 마오쩌둥이

1926~1927년에 모스크바에 있을 때에는 "좌익반대파에 깊이 공감했지만, 결국에 가서는 '누가 우리에게 무기와 돈을 줄 수 있는가?'라는 식으로 대의에는 아랑곳없이 자기 이익만을 좇는 실용적 공식을 취하게 되었다"고 썼다.[6)]

세르주는 각국 공산당의 성격을 꿰뚫고 있었지만 실행 가능한 조직 전략을 갖지 못했다. 나르시소 몰린스와 이야기를 나누다가 세르주는 진정한 사회주의 좌파가 할 수 있는 가장 나쁜 일이란 보잘것없는 분파로 남아 있는 것이라고 말했다. 세르주는 일정한 영향력을 행사할 수 있게 해주는 민주주의적 관행이 있는 낡은 사회주의 정당에 가입하는 것이 훨씬 더 낫다고 썼다. 몰린스는 그들이 "스탈린주의자에게 죽임을 당하도록 그냥 내버려둘 (……) 낡은 기회주의자들"을 믿지 않았다.[19] 세르주는 동의하지 않았지만, 그에게는 다른 처방이 없었다. 그러나 1947년에 세르주는 『파르티잔 평론』에 다음과 같은 글을 쓰게 된다. "낡은 개량주의는 봉기 못지않게 현대에는 통하지 않는 구식이다. 사회주의적 행동은 그 본성상 유별나게 소심하지도 않고 유별나게 격렬하지도 않다. 그러나 사회주의적 행동은 변혁자이면서 해방자여야만 하며, 그렇지 않으면 해체될 듯하다."[20] 같은 글에서 세르주는 스탈린주의와 사회민주주의가 서로를 향해 다가서고 있으며 "압제들 가운데에서 가장 흉악한 이 압제"를 제대로 보지 못하는 사회민주주의자들은 용서받을 수 없다("그자들은 카자흐인들이 기근으로 굶어 죽는 것을 보지 않았다")고 강조했다. 나르시소 몰린스와 이야기를 나눌 때에는 보여주지 않았던 목표를 분명하게 내보이면서 세르주는 "사회주의는 만약 (……) 인간 존엄성의 당_黨임을 자처하지 않는다면, 틀림없이 반동주의자들과 전체주의자들 사이에 끼어 으스러지게 될 따름"이라고 확언했다.[21] 세르주는 『정치』 독자들에게 우리는 그 어느 때보다도 바로 지금 "공산당에게 조종당하지 않을 의식 있고 정력적인 사회주의 운동"을 재건해야만 한다고 말했다.[22]

스탈린의 야만성은 비록 히틀러의 유대인 말살보다 더하지는 않을지라도 그에 맞먹기는 했다. 세르주는 나치의 잔학 행위에 질려서, 이 잔학 행위 때문에 제2차 세계대전이 단순한 제국주의 전쟁을 넘어서는 전쟁이 되었다고 판정했다. 제2차 세계대전은 반유대주의를 풀어놓음으로써 독특한 성격을 띠게 되었다. 1944년 11월 12일자 일지에 세르주는 심지어는 외국의 유대인으로부터도 별로 반대에 부딪히지 않은 채 이루 말할 수 없이 끔찍하게 자행된 나치의 유대인 말살 기도는 도저히 이해할 수 없는 일이라고 써넣었다. 세르주는 이해를 하려고 노력할 때면 "나는 머리가 멍해진다"면서 나치는 인류 진화[7] 의 추세를 뒤집고 수천 년 동안 역사가 쌓아 올린 위업을 파괴한다고 선언했다. 세르주가 1944년 12월에 이름을 대지 않은 한 폴란드 사회주의자와 이야기를 나누다가 "오로지 존엄성과 희망만이 구원 대상으로 남아 있으므로 우리는 절대적 비타협성의 옹호자"라는 말에 동의한 것은 이상한 일이 아니다.[23]

비타협성과 사회주의적 민주주의에 대한 세르주의 몰입은 그가 멕시코에서 출간하지 못하고 남겨놓은 무수한 시론에서 드러났다. 향후 시나리오들을 곰곰이 생각하고 유럽에서 거대한 사회주의 운동이 일어날 희망을 보면서 세르주는 다음과 같이 썼다.

사회주의는 (상당한 정도로 사회주의가 만들어내는) 부르주아 민주주의 안에서만 자라날 수 있을 따름이었다. 만약 물정을 몰라서, 식견 있고 정력적인 지도자가 없어서, 저마다 타락해서 사회주의가 (여전히 계획경제가 전통적인 자본주의와 비교되는 한에서는—그리고 계획-통제-집산화로 향하는 자본주의 전체의 진화를 고려하면 약간만—혁명적인) "혁명적" 스탈린주의에 끌려 다닌다면, 사회주의는 박살이 나고 개망신을 당한 채로 밀려나 껶인다. 사회주의가 살아남아 승리를 거둘 유일한 가망은 (통제된 사고를 제외하고) 민주주의와 인도주의에 대한 믿음을 유지해서 타협하지 않고 스탈린주의적 전체주의에 맞서고 전통적인 민주주의적 자유를 복원하는 싸움에서 타협하지 않고 자본주의적 보수주의에 맞서는 데 있다.[24]

이 인용 문단에는 세르주가 얼마 남지 않은 생애 동안 골몰했던 것의 맹아가 담겨 있다. 그는 그 맹아를 찾아낼 수는 있었지만 그 맹아에서 어떤 유기체가 자라날지는 볼 수 없었다. 막판에 세르주는 하나같이 다 간행될 가치를 지닌 시론을 수백 편 남겼다. 그가 시종일관 표현한 생각은 대개 비슷했다.[8] 그 생각은 다음과 같다. 소련은 자본주의도 아니고 사회주의도 아니며,[25] 그 체제는 공포 때문에 작동하고 인민과 항상 갈등을 빚으면서 인민을 상대로 막강한 전체주의적 국가기구를 사용했다. 눈치 빠르게 세르주는 전후의 국유화가 아무리 뒷걸음친 것이라고 하더라도 사회주의 혁명의 실체와 그 결과에 적응하는 대책이라는 점을 알아챘다. 세르주는 생산의 집산화를 새로운 사회구조의 기반으로 보았지만, 생산의 통제가 집중되면 전체주의가 조장될 수 있다는 점을 깨달았다. 동시에, 세르주는 전통적 사회주의 사고의 빈곤이 사회주의를 강제로 의사일정에 올리는 현대 세계의 거대한 혁명적 위기와 어긋난다는 점을 알아챘다.[26]

제2차 세계대전의 도중과 직후의 세계에 관한 세르주의 생각은 그의 스탈린주의 성격 분석과 긴밀하게 연계되어 있다. 「소련에는 사회주의 체제가 있는가?」L'URSS a-t-elle un régime socialiste?라는 시론[27]에서 세르주는 사회주의 이론가들이 이론적인 미래상을 개발할 틈이 없었고 "구체적인 현재의 제한된 지평선 너머를 볼 수 없"었다고 언명했다.[9]

이 시론에서 세르주는 소련에 대한 관료주의적 집산주의 분석[10] 쪽으로 거의 기울었다. 이 분석은 자본주의와 사회주의 어느 쪽도 아니고 "사유재산의 철폐나 퇴보나 폐지에 기반을 둔 관료주의적 계획"으로 정의되는 "제3의 해결책"이었다. 세르주는 나치 독일의 사회구조를 정의하는 책인 프란츠 노이만의 『베헤모트』*Behemoth*[11])의 영향을 받았고, 그 사회구조가 스탈린주의와 유사한 점이 많다는 데 크게 놀랐다. 제임스 버넘과 드와이트 맥도널드와 시드니 후크도 두 전체주의 국가가 아주 많이 닮았다는 결론에 이르렀다. 트로츠키도 마르크스의 뒤를 따라 (1939년 8월에) 현대 경제의 집산주의 경향에 관한 글을 썼다.

세르주는 트로츠키가 직관으로 어렴풋이 본 것을 밀고 나아가서 비록 나치즘이 자본을 기반으로 삼고 자본의 지지를 받기는 해도 나치가 다스리는 사회에서는 특권의 원천이 생산수단을 소유하는가보다는 정권에 순응하는가에 더 달려 있음을 보여주었다.[12] 여기서 세르주는 현재의 경향을 바탕 삼아 미래의 모습을 그려내려고 애쓰고 있었다. 자유방임주의는 자유 시장을 사실상 없애버릴 통제로 제약을 받을 터였다. 그가 젊었을 때에는 '사회주의'와 동의어라고 생각한 '경제적 집산주의'는 이제 가혹한 새로운 형태의 착취를 뜻했다. 이 집산주의는 사회주의의 목표, 즉 "합리적 경제와 인간 해방의 실현, 그리고 새로운 존엄성을 이룩하는 인간 운명의 실현"과는 아무런 연관이 없었다.[28] 대신에 집산주의는 사실상 인간의 조건을 나쁘게 만들었고, 따라서 반反사회주의적이었다.

세르주는 소련을 이 새로운 세계 형태에 비춰서 살펴보았다. 세르주는 소련에 별개의 새로운 사회 범주들이 있음을 인식했으면서도 그것들이 "계급, 카스트caste, 사회계층, 아니면 다른 무엇"으로 불려야 하는지 여부를 논하고 싫어하지 않았다.²⁹ 이랬기 때문에 그는 정통 트로츠키주의적 분석, 그리고 국가자본주의나 관료주의적 집산주의 성향을 띤 새로운 계급 분석가들과는 달랐다. 대신에 세르주는 자기가 소련 사회구조의 "사실들"이라고 부른 것을 살펴보았다. 소련 사회구조에서는 많게는 인구의 15퍼센트가 예속되어 착취당하고 끊임없이 보충되는 징역 노동력("특수 노동예비군")을 이루고, 소련 사회 위계제의 7퍼센트가 특권층에 해당하고, 나머지 78퍼센트는 착취당하고 빈곤해진 노동자들이었다.³⁰

세르주에 따르면, 소련의 전체주의는 1936년과 1938년 사이에 피비린내 나는 반혁명을 거쳐 수립되었다. 스탈린주의의 경험은 사유재산 폐지와 농업집산화와 "계획"이 테러로 운영되는 강력한 경제기구와 가장 비인도적인 반反사회주의를 불러올 수 있음을 입증했다. 세르주는 간행되지 않은 채로 멕시코에 남은 한 미완성 원고에서 소련의 특징을 "관료주의적 전체주의 국가"로 잡았으며, 좌익반대파 강령을 재확인하면서 만약 "스탈린식 계획"과 대립하는 "민주적 계획"이 자리를 잡았더라면 공업화가 "더 느리게 진행되었겠지만 힘이 덜 소모되고 소산은 더 많았"으리라고 역설했다.³¹

「지시 경제와 민주주의」Economie dirigée et démocratie라는 더 긴 시론³²에서 세르주는 소련 전체주의 국가의 특징을 다시 지시 (또는 명령) 경제, 배급, 국가의 노동 통제, 권력 독점, 사상 통제, 테러와 더불어 포위된 국가로 잡았다.

세르주는 이런 경제 운영의 기원을 제1차 세계대전 동안에 자본주의 국가의 경제에 도입되고 세르주가 더는 정당이 아니라 관료-군사 기구라고 쓴 일당 체제를 갖춘 소비에트 국가에서 다듬어진 "전시 사회주의"에서 찾았다.[33] 세르주는 그 목표가 소련의 경우에는 사회주의이고 파시즘의 경우에는 반(反)사회주의이기는 해도 두 경우 다 "독재적인 (……) 일국의 틀 안에서 집산화와 생산의 계획화"를 이루었다고 썼다.[34]

세르주는 여기서 스탈린주의와 나치즘 사이에 있는 본질적 차이점을 강조했다. 스탈린주의의 밑바탕은 옛 특권계급의 제거, 생산의 집산화, 노동계급 출신 벼락출세자들로 이루어진 새로운 통치계급이었다. 이 새로운 통치계급은 사회주의의 심리적 전통을 간직해야 하기 때문에 자기 자신과 모순을 빚으며 통치한다. 나치 체제는 자본에 기대서 정권을 창출하고 지탱했고, 그런 까닭에 기업연합과 당 관료 사이에 제한된 형태의 이중 권력이 생겨났다. 세르주에 따르면, 나치 체제는 이 이중성 때문에 동질성이 떨어졌다.

세르주는 다가오는 전후 세계에 유럽에서 일어날 사회적 전환에는 전통적인 19세기식 국민국가보다는 미국 같은 연방의 수립이 들어가며 재건에는 대륙 전체 차원의 계획수립이 요구되리라고 생각했다. 세르주는 새로운 유럽이 전체주의적이고 파시즘적이리라고 생각했다.

소련에 관해서 말하자면, 세르주는 소련이 최소한도의

민주적 개혁조차 용납하지 않은 채 반反사회주의적 경로로 계속 간다고 서술했다. 노골적인 힘과 "완전한 이데올로기 부재가 (……) 그대로 사상과 사고에 대한 공포로 탈바꿈한다."[35] 세르주는 이런 상황 아래서는 소비에트도 볼셰비키도 볼셰비키당도 다시 출현할 수 없다고 썼다. 계속해서 그는 "소련의 경험은 [5개년 계획을 여러 차례 수행하면서] 전체주의 체제가 인민의 이름으로 인민에게 지독한 낭비를 얼마나, 그리고 본의 아닌 사보타주와 드러나지 않은 재해를 얼마나 지웠는지를 우리에게 보여준다"고 썼다.[36]

세르주가 여기에서, 그리고 다른 미간행 시론 세 편에서 주목하는 대상은 통제 경제에서는 행정가와 기관원과 기술자의 중요성과 특권이 커진다는 점이었다. 계획된 집산화의 성격을 살펴보면서 세르주는 계획위원회를 운영할 테크노크라시의 창출이 실질적인 통치권력이 되어 국가를 대체하리라고 두려워했다. 따라서 노동계급에게 문제는 테크노크라트를 어떻게 통제하는가일 터였다. 세르주는 여기서 동유럽인인 게오르기 콘라드Georgy Konrad와 이반 셀레니Ivan Szelenyi가 좋은 예가 되는 유형의 사고를 하는 선구자이다. 콘라드와 셀레니는 생산의 목적론적 지식을 소유해서 소련식 사회들에서 권력의 위치에 오른 인텔리겐치아의 계급 권력을 간파했다.[37]

세르주는 이런 형태의 경제 조직이 수동적인 복종, 주도권과 책임에 대한 공포, 개별적인 대규모 저항, 본의 아닌 사보타주, 엄청난 낭비를 만들어낸다고 썼다. 지시를 받아 운영되는 경제는 경제적 자유의 불안정성을 최소한도의 경제적 안정성으로 대체한다. 그러나 실업이 없더라도 견해의 자유가 없다면 진정한 해방이 아니다. "만약 실업과 굶주림을 두려워하는 대신 이제 사상 탄압을 두려워해야 한다면, 어쩌면 예전의 예속보다 더 혹심하고 더 퇴행적인 새로운 예속이 출현해버린 셈이 된다."[38]

세르주는 더 앞선 시기에 『파르티잔 평론』에 실은 「파시즘이란 무엇인가?」What Is Fascism?란 기사에서 자기가 경영자의 역할에 관해 제임스 버넘과 대체로 의견 일치를 보았다[13]며 다음과 같이 썼다.

> 유럽의 다음 혁명을 위한 투쟁은 더는 성장이 멈춘 자본주의에 반대하느냐 찬성하느냐가 아니라 (……) ― 누구를 위해서? 누구의 이윤을 위해서? 라는 ― 경영 문제를 둘러싸고 계획경제의 지형에서 벌어질 것이다. (……) 경영자 범주는 명확히 계급으로 전환해서 권력을 독점하는 경향을 보일 것이다.[39]

따라서 세르주는 버넘의 이론이 마르크스주의와 양립 불가능하지 않다며 다음과 같이 생각했다.

> 자본주의 경제가 무너지면서 새로운 유형의 과도기적 계획경제에 무릎을 꿇고 있다. 독일과 이탈리아에서 그러는 것처럼, 그리고 내일이면 아마도 다른 형태로 다른 곳에서

그럴 것처럼, 자본주의가 부추기는 반혁명이 이제는 어쩔 도리 없이 자기를 낳은 자본주의를 목 졸라 죽일 만큼 자본주의에는 아무런 가망이 없다. 그러나 이렇다고 해서 사회주의가 안고 있는 문제가 없어지지는 않는다. 사회주의의 문제는 통치자와 대중 사이의 (물질적·비물질적) 이해관계가 맞부딪치기 때문에 계획경제의 심장부에 남아 있다. 우리는 심리와 전통이라는 요소를 무시해서도 안 된다. 이 관점에서 볼 때, 새로운 경영계급이 독일과 이탈리아의 경우에서처럼 (이론상으로는) 사유재산을 존중하고 권위와 위계제의 원칙을 강력 지지하는 반反노동계급적, 반反마르크스주의적 반혁명의 산물인지 여부에 따라, 또는 찬탈자 계급이 자기들의 찬탈 행위와 갈등을 빚으면서 노동 민주주의와 완전한 인간해방을 내세우는 이데올로기와 전통을 여전히 두둔하는지 여부에 따라 투쟁은 사뭇 다른 양상을 띤다. 내가 이 점을 강조하는 것은 심지어는 "경영 혁명"의 관점에서 보더라도 나치즘과 스탈린주의 사이에 크나큰 대립이 존재한다는 점을 강조하기 위함이다. 끝으로, 계획경제에 직면하는 어떤 경우에든지 우리는 "누가 계획하는가? 누구를 위해 계획하는가? 무슨 목적을 가지고 계획하는가?"라는 물음을 던져야 한다. 앞으로 사회주의자는 바로 이 전선에서 대중과 나란히 서서 싸워야 할 것이다.[40]

비록 세르주가 "계획경제"라는 용어를 때로 모호하게 사용하기는 했어도, 위 인용 문단을 보면 이는 그가 계획

경제를 마르크스주의적 계획으로 여겨서가 아니라 "계획 수립 과정"을 뜻하는 말로 정할 더 좋은 낱말이 없는 경우가 자주 있었기 때문임이 분명해진다. 그러나 그가 던진 "누가 누구를 위해 계획하는가?"라는 물음은 세르주에게는 본질적인 쟁점이 민주주의적 자기조직화 대 전체주의적 통제라는 쟁점임을 보여주었다.

테크노그라트나 경영자의 역할에 관해서 말하자면, 세르주는 이 집단의 성장에 처음으로 주의를 기울인 사람이 아니었다.[14] 세르주는 이 계층이 여러 사회구성체에 걸쳐 있다는 점을 지적했고, 일종의 수렴이 존재하거나 그 결과로 하나의 사회구성체가 되리라는 결론을 부분적으로나마 내렸다. 이것은 사실로 입증되지는 않았다. 버넘과 세르주 두 사람 다 세계가 자본주의에서 벗어나는 이행기에 있으며 그 이행에는 여러 과도기적 형태가 있음을 인식했다. 세르주는 이 이행에 영향을 주는 데에서 최초의 사회주의 혁명이 한 역할을 지적하기도 했다.

최초의 사회주의 혁명은 자본주의적인 것이든 비자본주의적인 것이든 세계의 현대적 발전에 영향을 미쳤다. 소련에 노동자 민주주의가 없는 상태에서 행정가들이 경제의 방향을 정하는 의도된 결정을 내리는 한편으로, 선진 자본주의 세계에서도 경영인 행정가가 생산에서 자기의 통제 역할을 늘린다. 만약 당면한 전후세계를 자본주의와 사회주의 사이, 더 엄밀히 말해서 자본가와 노동자 사이에 벌어지는 팽팽한 힘겨루기의 시작, 다시 말해서 아직은 정해지지 않았지만 모종의 결과가 나타나는 공백기lacuna로 본다면, 이 시기에 나온 세르주의 시론은 비록 그가 그 힘겨루기가 어떻게 끝날지 볼 수 없기는 했어도 훨씬 더 멀리 내다본 듯하다. 그는 생산을 경영하고 관리하는 자의 역할 증대를 사회주의 실패의 산물로 보기보다는 이 경영 형태를 없어서는 안 될 사다리를 타고 올라가는 걸음으로 보았다.

세르주는 그 추세를 알아차릴 수는 있었지만 냉전이 시작되고 있는 바로 그때 죽었으므로 전후 세계의 실제 형세는 볼 수 없었다. 세계는 집산화하고 있지 않았고, 파시즘은 비록 절망적인 형태로이기는 해도 여전히 자본주의였고, 전후의 자본주의는 비록 또한 새로운 형태를 띠기는 했어도 자본주의로 남았다.[15] 세르주의 상당수 저술에는 근본적으로 옳은 직관이 있다. 그 직관은 통찰력이 충분하지는 않지만 매우 많은 시사점을 던져준다. 이 식견은 세르주가 동료들보다 훨씬 앞서 있으며 낡은 공식 대신에 현실 문제를 붙잡고 씨름하는 현재의 사상가라는 점도 보여준다.[16]

세르주는 사회주의가 결국에 가서는 이기리라고, 그리고 스탈린주의가 비록 자본주의보다 더 강력하고 더 위험하다고 여기기는 했어도 워낙은 취약한 체제이므로 사회주의가 유럽에 맨 먼저 들어서리라고 확신했다. 세르주는 스탈린주의가 그 취약성 때문에, 그리고 궁극적으로 최종 결정권을 지닐 노동계급의 저항 때문에 더욱더 위험해진다고 썼다.

멕시코에서 나온 날짜 없는 미간행 시론 한 편에서 세르주는 위에서 언급된 공백기를 살펴보았다. 이 공백기에는 해체되는 자본주의가 노동계급의 저항을 깨려고 무진 애를 쓰고 있는 와중에서도 줄곧—러시아 혁명의 영향 때문에—계급투쟁이 계속된다. 이 시론은 세르주가 다른 곳에서 논한 경향들 가운데 많은 경향을 되풀이하지만, 간결하게 되풀이한다. 그는 독일과 에스파냐에서 노동계급이 당한 패배를 스탈린주의 때문에, 그리고 생산 합리화로 말미암은 실업 때문에 노동계급이 쇠락하는 조짐으로 보았다. 세르주는 전쟁이 결국은 전체주의적 집산주의와 역사의식을 가진 집산주의의 가능태 사이에 있다고 썼다. 만약 전체주의적 집산주의가 이긴다면 그것은 한 시대 전체에 걸친 사회주의의 종말이지만, 세르주는 전체주의적 집산주의가 이기리라고는 생각하지 않았다.[41]

이 미간행 시론에서 다시 세르주는 현대 자본주의에는 "자유주의적" 자유시장 자본주의가 끝난다는 표시가 되는 계획된 집산화로 기우는 경향이 있다고 썼다. 생산의 집산화는 유산 소수파의 특권과 충돌할 터이며, 대자본가들이 제 편으로 끌어들이려고 나설—행정가와 기술자 등—새로운 특권 소수파를 낳을 터였다. 이 새로운 집산주의에서는 계획위원회가 예전 자본주의의 낡은 자본/재정 과두제와 마찬가지로 엄청난 권력을 휘두를 터였다. "지시 경제"에서는 한편으로는 전체주의적 방법에 기대어 대중을 억누르려는 특권 소수파와 다른 한편으로는—기술 진보에 없어서는 안 될—과학 연구의 자유와 공장이 효율적으로 가동되는 데 없어서는 안 될 비판의 자유와 노동자 주도권의 자유에 대한 필요성 사이에 엄청난 긴장도 있을 터였다. 이렇듯 세르주는 산업 민주주의가 생산의 집산화에 꼭 필요하다고 보았다. 끝으로, 세르주는 계급투쟁이 계속되고 사회주의가 이 집산주의 사회의 당연하고도 완전한 최종 결과가 되리라고 단언했다.

세르주의 외로운 멕시코 망명 생활에서 나온 이 마지막 시론들은 소련이 세르주의 생각에서 얼마나 큰 중심 지위를 계속 차지했는지, 그리고 그가 제2차 세계대전 이전과 도중에 유럽에서 일어난 격동적인 사건의 영향을 얼마나 크게 받았는지 보여준다. 전체주의적 집산주의의 확산과 새 전쟁의 가능성이라는 한 쌍의 두려움이 그의 머리에서 떠나지 않았다. 스탈린이 새로운 전쟁을 준비하고 있다고 생각한 그는 스탈린이 핵무기를 쓸지 모른다고 걱정했다. 스탈린이 오로지 폭력으로만 다스리므로 소련이 워낙은 위태롭고 약하다고 생각한 세르주는 이런 생각에 심하게 짓눌렸다. 그는 변화가 내부에서 와야 하지만 그렇게 되기란 거의 불가능하다고 믿게 되었다.

1945년에 세르주는 소련 노동자들의 민주주의 열망이 외부에서 오는 자극을 받아야만 한다고 선언하는 영어 논문을 한 편 썼다. 그는 "소련의 대개혁" 강령을 만들기까지 했고, 이 강령을 새 전쟁을 막을 유일한 대책으로 보았다. 세르주는 전체주의적 집산주의가 세계적 규모로 인권의 발전을 가로막는다는 자기의 미래상에 괴로워했으며, 오로지 계급투쟁과 대중행동만이 이런 전망을 막을 수 있다고 판단했다. 전체주의 사회에서 가장 하기 어려운 행위가 계급투쟁과 대중행동이다. 이 논문은 부르주아 민주주의와 아주 비슷한 민주주의를 북돋는 듯하므로 세르주의 논문답지 않다.[17]

세르주는 무엇보다도 먼저 스탈린주의의 경험을 마음속에 담아두었고 이제 막 파시즘을 헤쳐 나온 마르크스주의자로서 이 문제들을 붙잡고 싸웠다. 원숙한 세르주는 정통 신념을 넘어섰다고 해서 마르크스주의자가 아닌 것은 아니었으며 아나키즘이나 도덕주의나 중도주의나 멘셰비즘으로 뒷걸음치지도 않았다. 그는 새로운 사고를 끊임없이 계발하고 구현하고 있었다. 1943년에 그는 현대 심리학이 마르크스주의와 통합되어야 하며 마르크스주의는 이 지식 체계로 풍부해지리라는 편지를 써서 드와이트 맥도널드에게 보냈다. 그는 맥도널드에게 뭐니 뭐니 해도 "사람은 의식을 가진 동물입니다!"라고 말했다.[42] 세르주는 1947년 5월에 「사회주의와 심리학」Socialismo y psicología이라는 논문을 실었는데, 이 글에서 그는 "우리 시대의 본질적 요구 사항을 충족하려면 인간의 행위를 결정하는 동기 유발 요인에 관해 새로 얻은 지식으로 사회주의가 알차게 되어야 한다"고 강하게 주장했다.[18]

이렇듯 세르주는 마르크스주의 사상의 갱신에 전념했다.

마르크스주의 사상에서 꼼꼼히 점검하지 않은 채로 남겨질 만큼 신성한 교리란 없었다. 세르주가 그 초기에, 즉 레닌 시절에 그랬던 것만큼 똑같이 강하게 옹호한 1917년 혁명조차도 새로운 성찰의 대상이 될 만했다. 세르주는 1917년이 전 세계가 바뀐 상황 속에서 서른 해 뒤에 신인 배우들을 가지고 바로 그 자리에서 되풀이된다고 기대할 수는 없다고 썼다. 최초의 프롤레타리아 혁명의 경험에서 배울 것이 아직도 많이 있었지만, 참으로 필요한 한 가지 교훈은 새로운 혁명이—그 낱말의 인본주의적 의미에서—"사회주의적이어야, 더 엄밀히 말하자면 민주주의적, 자유지상주의적 수단을 통한 **사회주의화**"여야 한다는 것이었다.[43] 다른 중요한 교훈은 조직에 주목했다. 세르주는 비록 "중앙집권화와 규율, 〔그리고〕 유도된 이데올로기"를 경고하기는 했어도 조직은 꼭 필요하다고 인식했다.

끝으로, 그 암울한 가운데에서도 언제나 낙관론자였던 세르주는 자기 글을 읽은 사람들의 머릿속에 비록 최초의 사회주의 혁명이 스탈린주의라는 "집단수용소 우주"로 이어지기는 했어도 유럽에 출현한 자본주의적 국유화와 나란히 "국가의 통제를 받는 생산으로 혁명이 이룩한 고도의 발전"이 "사회정의를 바라는 열망과 새로 얻은 자유와 결합해서 다시 한 번 경제를 공동체의 관할 아래 두"게 될 필요성을 다시 만들어내리라는 점을 떠오르게 만들었다.[44]

세르주는 마르크스주의의 본질적인 인본주의와 터놓고 캐묻는 마르크스주의의 과학적 정신에 입각해서, 시드니 후크[45]와 제임스 버넘처럼 사회주의에서 계급투쟁을 떼어 내버리고 스탈린주의를 볼셰비즘과 똑같은 것으로, 스탈린주의식 계획을 마르크스주의식 계획과 똑같은 것으로 보는 자들을 공격했다. 세르주는 "비판적 지성" 자체가 생존을 위험에 빠뜨린다고 인정할 만큼 혹독한 패배와 핍박을 겪으며 살아남았는데도 미래에 대한 희망으로 가득 차 있었다.[46] 근본적으로 반反민주주의적이고 반反사회주의적인 전체주의적 집산주의 사회를 예견하면서도 세르주는 이런 국가의 시민들이 "계획의 수립과 적용에 대한 통제, 경영자와 지도자의 선택, 이 통제에 필요한 자유를 곧 요구"하리라고 확언했다.[47]

맺음말

혁명 운동에서 빅토르 세르주의 정치 역정, 그의 글, 그의 필생의 경험은 지극히 독특했다. 그의 혁명에 대한 신심과 인류에 대한 헌신성은 철석같았고 사실상 훼손되지 않았다. 『현대 평론』*Modern Review* 1948년 1월호에 실린 세르주의 궂긴 소식에서 편집진은 "그의 최고 걸작은 그 자신의 인생이었다"라고 선언했다.[1] 니콜라스 크라소 Nicholas Krasso는 『신좌파 평론』*New Left Review*에 실은 논문에서 세르주의 삶은 스탈린주의에 대한 "교정"으로 가장 주목할 만하다고 썼다.[2] 세르주는 비타협성이 필요하면서도 동시에 위험하다고 믿은 비타협적인 사회주의자였다. 그는 러시아 혁명과 그 이상을 흔들림 없이 지지했으며 멘셰비키 계열 간행물에 글을 기고하면서도 그 간행물이 레닌주의와 스탈린주의를 동일시한다고 호되게 꾸짖은 레닌주의자였다. 동시에 세르주는 스탈린 같은 사람을 위해 문을 열어놓았다며 레닌의 몇 가지 행태를 비판했다. 세르주는 트로츠키주의자들에게 따돌림을 당한 트로츠키주의자였다. 트로츠키주의자들은 정통이 아닌 견해를 가지고 있다며 그를 중도주의자로 불렀다. 세르주는 러시아 혁명이 체카와 사형제를 확립하면서 타락하기 시작했고 크론시타트와 네프로 일찍이 1921년에 전체주의로 가는 길로 빠져들어갔다고 주장했기 때문에 트로츠키주의자들과 달랐다. 심지어 그는 뱃심 좋게도 비록 사회정의를 위한 포부와 투쟁은 매우 민주적이기는 했어도 너무 많은 "마르크스주의자"가 해석 하는 유의 마르크스주의 기획이 전체주의적이라고 주장하기까지 했다.[3]

세르주는 할 수 있다면 가리지 않고 모든 지면에 글을 실어서 모든 정치적 동지를 화나게 했다. 트로츠키는 자기가 "프티부르주아 생디칼리스트들"의 잡지라고 여긴 『프롤레타리아 혁명』에 실린 세르주의 논설기사를 보고 격분했으며, 드와이트 맥도널드와 다른 이들은 세르주가 뉴욕에 있는 멘셰비키 계열의 『새 지도자』와 관계를 맺는다고 걱정했다. 세르주는 앞의 경우에는 트로츠키와 견해차를 보이면서 될 수 있는 대로 폭넓은 독자를 얻겠다는 목적만을 가지고 글을 실었으며, 뒤의 경우에는 생계를 유지하려고 애쓰고 있었고 따라서 자기가 할 수 있는 곳에서 보수를 받고 글을 싣기도 했다. 친구가 되어 세르주를 지원하고 그의 글을 실어준 맥도널드는 세르주가 막스 이스트만과 시드니 후크처럼 『새 지도자』 주위에 있는 다른 이들과 마찬가지로 스탈린 반대를 직업으로 삼는 사람이 되어가고 있다고 걱정했다. 앨런 월드Alan Wald는 「빅토르 세르주와 뉴욕의 반스탈린주의 좌파, 1937~1947년」Victor Serge and the New York Anti-Stalinist Left, 1937~1947이라는 논문[4]에서 이 점을 거듭해서 강조한다. 이 논문에서 그는 세르주가 예전에 마르크스주의자였던 이들과 같은 도정에 있었다고 확신한다.

세르주는 맨 처음부터 늘 다양한 집단과 교제해서 동지들을 곤혹스럽게 만들었다. 그는 소련에서는 신지론자神智論者와 볼셰비키와 아나키스트, 프랑스에서는 혁명적 생디칼리스트와 사회주의자와 트로츠키주의자, 에스파냐에서는 마르크스주의 통합노동당, 벨기에와 프랑스에서는 제4인터내셔널 활동가들과 교제했다. 멕시코에서도 다르지 않아서 세르주는 심리학자, 혁명가, 생디칼리스트, 사회민주주의자와 사귀었다. 요컨대, 언제나 세르주는 어디에 얽매인 사람이 아니었다. 그는 누구라고 가릴 것 없이 (뉘우치지 않는 마르크스주의 혁명가라고) 우파에게서, (그를 트로츠키주의 파시스트 제5열로 부르는) 스탈린주의자에게서, (그를 중도주의자나 프티부르주아 지식인 도덕군자로 부르는) 트로츠키주의자에게서 규탄과 비방을 받았다. 사회민주주의자는 그를 전前 마르크스주의자로 여겼으며, 좌파 계열의 갖가지 반反스탈린주의자는 그를 공격하지 않을 때에는 그가 자기편이라고 우기고 있었다.

이 연구서 곳곳에서 지은이는 세르주가 어디에 서 있으며 소련의 역사·정치 발전 경로에 관한 그의 생각이 무엇이었는지를 보여주려고 노력했다. 스탈린주의에 반대하는 성향을 띤 모든 정파가 저마다 그가 자기편이라거나 자기편이 아니라고 쉬이 주장할 수 있었던 까닭은 그가 말년에 쓴 저술이 워낙 다양하고—자주 모호한 경향을 띠며—워낙 많은 시사점을 던지기 때문이다. 그의 저술이 두드러지는 점은 그 시적 표현성은 제쳐두더라도 의미가 깊고 다채롭고 물음을 던진다는 것이다.

세르주는 심지어는 패배 속에서도 자기의 마르크스주의를 다시 긍정하면서 다음과 같이 지적했다.

사회주의자는 우리가 왜, 그리고 어떻게 패했는지를 분명히 알더라도 지나치게 기가 죽어서는 안 된다. 뭐라 해도, 우리는 패배에 이골이 나 있고, 언젠가는 더는 패하지 않기 위해 오랜 기간 동안 패자여야 한다는 점을 알고 있다. 그리고 마르크스가 우리에게 남겨놓은 나침반을 내팽개치지 않는다면, 만사불구하고 우리는 난관을 헤쳐 나가도록 뒷받침해주기에 충분한 승리들을 얻는다.[5]

세르주는 『마지막 시간』에 나오는 등장인물들의 삶을 만족스럽게 해결할 수 없었고,[6] 따라서 이 작품을 뒤떨어진 것으로 여겼다. 해답을 내놓지 않은 것은 역사였지만, 세르주의 작품 전반과 마찬가지로 이 소설은 통찰력과 재현성이 뛰어난 작품이었다. 또한 이 소설에는 희망, 즉 순진한 희망이 아니라 인간의 역사와 사회 과정에 대한 깊은 이해를 바탕으로 삼은 훨씬 더 심오한 희망이 들어 있다.

세르주의 작품이 표현하는 이 희망은 승리 그 자체였다.

세르주의 사상은 그에게 눈에 잘 띄지 않는 가난한 삶을 안겨주었다. 그는 소비에트 국가와 자본주의 서구를 둘 다 거부함으로써 주변적 존재가 될 수밖에 없었다. 그는 대가를 톡톡히 치렀다. 즉, 그는 무시당하거나 제대로 이해되지 않았으며, 그가 쓴 책들은 그의 사상과 연관성이 점점 커지는 현대 세계의 인간으로 그를 우뚝 세웠는데도 사라지거나 몰수되거나 간행되지 않았다.

마지막 발언을 해야 할 사람은 바로 세르주다. 그는 '항로는 희망행'이라고 역설했다.

> 리가에서 죽임을 당한 앙드레
> 에스파냐에서 죽임을 당한 다리오
> 내가 붕대로 상처를 싸매준 보리스
> 내가 눈을 감겨준 보리스
>
> 프랑스의 어느 조용한 과수원에서
> 스무 살 된 심장에 총알 여섯 발이 박혀
> 영문도 모른 채 죽은
> 나의 이층 침대 친구 다비드
>
> 이미 흙이 다 되었을 때
> 내가 손톱을 보고 알아낸 카를
> 너, 높은 지성과 숭고한 사상을 가진 너를,

죽음이 너를 어떻게 하고 있는지!
검고 거친 인간 넝쿨

북쪽, 물결, 바다가
배를 뒤집고, 이제는 핏기가 사라진 네 사람이
고뇌를 깊이 들이켠다,
파리여, 잘 있거라, 너희 모두 다 잘 있거라,
삶이여, 잘 있거라, 제기랄!

바실리, 우리가 잠 못 이루던 한밤 내내
너에게는 상하이에서 온 투사의 넋이 있었다
그리고 아르마비에르의 옥수수 밭에 있는 너의 무덤이 바람에 씻겨 지워진다

홍콩에 불이 들어오고, 때는 고층 빌딩의 시대,
종려나무 잎은 아랍의 반달칼을 닮았고
광장은 묘지를 닮았고,
저녁은 무더운데, 감옥 침대에서
옹우옌, 너는 죽어가는구나

그리고 너희, 목 잘린 나의 형제여,
길 잃은 자, 용서받지 못한 자
학살당한 자, 르네와 레이몽
유죄이지만 아니라고 하지 않았다

오, 어둠 속에서 내리는 별들의 비,
죽은 형제들의 별자리!

나는 너희에게 나의 가장 암울한 침묵,
나의 결의, 나의 탐닉을 빚지고 있다.
텅 비어 보이는 이날을 생각하면,
그리고 내게 남은 긍지는 그 무엇이든지
사막에서 이는 불길을 생각하면 말이다

그러나 이물을 장식하는 이 숭고한 조상彫像에
정적이 있으라!
맹렬한 항해는 계속되고,
항로는 희망행이다

언제 네 차례가 될까? 내 차례는 언제일까?

항로는 희망행이다[7]

주(註)

머리말

1) 세르주가 쓴 『한 혁명가의 회상』의 영어번역판(*Memoirs of a Revolutionary*, London, Oxford University Press, 1963 ; Writers and Readers, 1984)에 달린 부록에 옮긴이인 피터 세지윅은 세르주가 죽기 엿새 전에 앙드레 말로에게 써 보낸 편지의 발췌문을 끼워 넣었다. 미국 연방수사국이 이 편지도 입수했고, 번역한 발췌문이 세르주 서류철에 인용되어 있다. ('반역과 반역자'라는 제목 부분에 있는 *Demokratisches Post*, vol.V, no.14, 1948/3/1, Mexico DF에서 번역한 FBI Memo 100-72924-833, 5/27/48, '반역자'란 세르주인 듯하다.) 발췌문에서 세르주는 말로가 프랑스 국민연합(Rassemblement du Peuple Français)과 협력하는 데 지지 비슷한 것을 표현한 듯 보인다. 세르주는 다음과 같이 썼다. "저는 귀하의 정치적 태도에 관련해서 귀하가 내린 결정이 용기 있고 합당하다고 생각한다는 점을 귀하께 확언하고 싶습니다. 만약 제가 프랑스에 있었다면, 저는 분명히 귀하가 속한 운동과 협력하고 있는 사회주의자들에게 속했을 것입니다. 저는 귀하의 운동을 선출하는 것이 프랑스를 반드시 구원하는 결정적 조치라고 여깁니다." 나는 이 연구서에서 이 사건에 지면을 할애하지 않았다. 그 주된 까닭은 나는 이것이 그의 삶과 그의 견해를 이해하는 데 중요하지 않다고 생각하기 때문이며, 세르주가 저작 전체 그 어디에서도 드골주의를 지지한 적이 없고 실제로는 활자화된 지면에서 드골주의를 비판했다는 피터 세지윅의 설명에 전적으로 동감하기 때문이다. 나는 세지윅의 사례에 세르주가 말로에게 보내는 편지를 써 보낸 그 달에 포돌랴크(흐리호리 코스튜크)에게 써 보낸 편지를 덧붙일 수도 있었다. 그 편지에서 세르주는 자기가 흔들림 없이 비타협적으로 사회주의에 헌신한다고 선언했다. 세르주의 아들 블라디는 자기가 거의 빈털터리에다가 프랑스어로 글을 쓰는 작가여서 멕시코에서 생계를 유지할 어떤 수단도 가지지 못한 세르주에게 편지를 써 보내 세르주가 프랑스로 되돌아갈 수 있도록 주선해달라는 편지를 말로에게 써 보내라고 다그쳤다고 설명했다. 계속해서 블라디는 세르주가 그 편지

를 쓰고 싶어하지 않았지만 자기가 고집을 부리자 하라는 대로 했다고 말했다. 프랑스 국민연합이 1948년 1월에 『연합』(*Le Rassemblement*)에 실은 편지 발췌문을 쓴 이가 세르주라는 데에는 의문이 있을 수 없다. 세르주가 그 편지를 쓸 때 그가 내린 판단에 관한 기록은 존재하지 않는다. 혹자는 세르주가 말로에게 아부를 하고 있었으며 그것은 기회주의 행위였다고 말할 수 있다. 세지윅이 쓴 대로, 세르주는 만약 그 편지 구절이 활자화하리라는 것을 알았더라면 의심할 여지없이 다르게 썼을 것이다. 더 나아가서, 나는 세지윅과 마찬가지로 사회주의 사상과 행동을 끊임없이 격려한 평생의 저작에 견주어볼 때 이 편지 구절이 의미가 없다고 여기고 관심을 두지 않았다. 나는 블라디의 집에 보관되어 있는 자료를 샅샅이 뒤져서 인용될 수 있고 기성 질서에 비관적으로 굴복했음을 보여주는 듯한 논설문을 한 편, 딱 한 편 더 찾아냈다. 의미심장하게도 그것은 영어로 씌어졌고 활자화하지 않은 채로 남겨졌다. 거기서 세르주는 소련 인민을 스탈린주의에서 구해낼 수 있는 유일한 방법은 외부의 간섭을 통해서만 있다고 절망했다. 그것은 갖가지 물음을 내놓았다. 그것은 누구의 간섭을 말하는가? 어떤 기치 아래 이루어질 수 있는가? 우리는 우리가 나중에 지지하지 않은 생각을 가졌던 적이 전혀 없는가? 그것은 세르주가 이 생각들을 활자화하려는 분명한 시도를 하지 않았다고 말해주고 있는가?

1 멕시코에 있던 세르주의 문서자료들은 예일 대학교의 베이네케(Beinecke) 희귀문서 도서관에서 안식처를 찾았다.
2 나는 마르크 즈보롭스키의 서류철도 찾아냈는데, 트로츠키와 세르주의 관계가 단절되는 데 그가 한몫을 했다는 증거를 찾기를 바랐지만 허사였다.

감사의 말

1 예전에는 러시아 현대사 문서 보존·연구소(RTsKhIDNI)였던 러시아 사회·정치사 국립문서고(Rossiiskii gosudarstvennyi arkhiv sotsial'no-politicheskoi istorii).

제1부 혁명의 궤도에서

서문

1 빅토르 세르주가 시드니 후크(Sidney Hook)에게 보낸 1943년 7월 10일자 편지.
2 예를 들어, 특히 필처(D. Filtzer), 만델(D. Mandel), 쾽커(D. Koenker), 체이스(W. Chase), 라비노위치(A. Rabinowitch), 시겔봄(L. Siegelbaum), 수니(R. Suny)의 저작을 볼 것.
3 Victor Serge, Julian Gorkín, Marceau Pivert & Gustav Regler, *La GPU prepara un nuevo crimen!* Mexico DF, Edición de "Analisis" (Revista de Hechos e Ideas), 1942에 있는 「공동성명서」에서 1942년 4월에 세르주.
4 William Marshall, *Victor Serge : The Uses of Dissent*, Oxford, Berg, 1992 ; Susan Weissman(ed.), *The Ideas of Victor Serge : A Life as a Work of Art*, Glasgow, Critique Books, 1997 ; David Cotterill(ed.), *The Serge-Trotsky Papers*, London, Pluto Press, 1994 ; "Victor Serge : The Century of the Unexpected", *Revolutionary History*, vol.5, no.3, autumn 1994.
5 세르주가 이 책의 제1장에서 전체주의의 대두에 관해, 제8장에서 관료 전체주의적 집산주의에 관해 논의한 것을 볼 것. 미국에서는 막스 샤트만, 이탈리아에서는 브루노 리치(Bruno Rizzi)의 저작이 관료주의적 집산주의 사고 학파를 가장 잘 표현한다.
6 그 가운데에서도 특히 아치 게티(Arch Getty), 쉴라 피츠패트릭(Sheila Fitzpatrick), 린 바이올라(Lynn Viola)의 저작을 볼 것.
7 세르주가 시드니 후크에게 보낸 1943년 7월 10일자 편지 「마르크스주의와 민주주의」(Marxism et démocratie).

제1장 러시아 혁명에 봉사하며, 1917~1921년

1) 세르주는 1917년 8월에 바르셀로나에서 마지막 봉기에 가담하려고 머무르지 않았다. 7월에 그는 아나키스트들이 권력 장악에 관한 논의에 귀를 기울이려 들지 않는다는 것을 충분히 보았다. 그의 친구인 생디칼리슴 지도자 살바도레 세기(Salvadore Segui)만이 아나키스트들에게는 가두투

쟁을 넘어서는 계획이 없다는 것을 인식한 듯했다. 세르주는 그들이 "사실상 영문도 모른 채" 전투에 들어갔다고 말했다.(Victor Serge, *Memoirs of a Revolutionary*, London, Oxford University Press, 1963, p.56.)
2) 수감자 거의 모두가 전염성 독감에 걸렸고, 밀고자가 간수에게 행동을 계속 알려주었다. 세르주의 혁명연구회의 연대 덕에 연구회원들은 더 잘 먹었고 몸과 마음과 의지가 더 굳세다.
3) 여기와 다른 곳에서 세르주가 "자유"라는 낱말을 쓴 용법은 모호하다. 그는 비록 들끓는 대중과 자유로운 정치적 표현의 예를 프랑스 혁명과 파리 코뮌과 1905년 혁명에서 따와 인용하기는 하지만 마르크스주의의 자유 개념이나 아나키즘의 자유 개념과의 관련 속에서 스스로를 규정하지 않는다. 마르크스주의자에게 자유는 보통은 평의회 형태를 띠는 대중 민주주의의 제도와 구분되지 않는다. 한편, 아나키스트는 참여 민주주의와 공동체 통제를 선호하지만 민주주의적 제도를—심지어는 노동자 평의회도—경계하며 덜 구체적인 관점에서 자유를 서술하는 경향을 보인다.
4) 『우리 권력의 탄생』 마지막 장에서 세르주는 위험과 얼음 한가운데 있는 새로운 혁명의 분위기를 실감나게 묘사하는 데 아주 뛰어났다. 그는 페트로그라드에서 전직 제국자문관이 내버리고 떠나버린 아파트에 한 가족이 들어가 사는 이야기를 했다. 방은 휑하니 넓은데 방을 덥힐 땔감이 없었다. 그들은 가장 작은 방인 아기 방에 한데 모여들어 두툼한 『제국법률집』을 태웠다. 그 장면은 문학과 정치와 역사와 아이러니의 소재였다. 리처드 그리먼은 자기 논문 "'The Laws Are Burning': Literary and Revolutionary Realism in Victor Serge"(*Yale French Studies*, no.39, 1967), 146~159쪽에서 이 장면에 관해 통찰력 있는 분석을 가했다. 세르주는 자기가 쓴 『한 혁명가의 회상』(116쪽)에서 그 장면이 실제로 일어난 일이며 자기는 이제는 쓸모가 없어진 제국의 탄압 법규를 아주 즐겁게 불태웠다는 것을 확인했다.
5) 아이작 도이처(Issac Deutscher)는 만약 볼셰비키가 실상을 알았더라면 "기대를 아버지로, 혼돈을 어머니로, 우연을 산파로 해서 태어난" 인터내셔널을 창설하지 않았을지도 모른다고 넌지시 말한다. 또한 그는 볼셰비키는 자기들이 그랬던 것과 똑같이 진정한 혁명적 상황에서 유럽의 마르크스주의 소분파들이 영향력이 있고 지도력이 있는 존재로 급속히 대두하리라고 가정했다고 시사한다. Isaac Deutscher, *The Prophet Armed, Trotsky 1879~1921*(Oxford, Oxford University Press, 1970), pp.451~453.

6) 이것은 그들의 영웅인 알베르 리베르타드의 신조였다. 그는 워낙 부르주아적인 통례를 거부해서 아무도 그의 실명을 알지 못했고 자기 아이들에게 이름을 지어주지 않았다. 국가 등록을 해야 하기 때문이었다! 리베르타드는 1908년에 죽었다.
7) 리처드 패리(Richard Parry)는 자기 책 *The Bonnot Gang*(London, Rebel Press, 1987)에서 키발치치가 사실은 개인주의에서 사회 행동으로 돌아섰다는 데 이의를 제기한다. 그는 오히려 세르주가 비록 자기 자신은 지식인으로서의 활동을 빼고는 결코 참여하지 않기는 했어도 자기의 아나키스트 동지들이 한 행위를 일관되게 옹호했다고 역설한다. 패리는 빅토르와 리레트가 계속해서 커피와 차를 마시고 소금과 후추를 쓰지 않는 식단에 짜증을 냈다는 사실에 주목하면서 동지 폭력단원들과의 적대감이 커진 까닭을 과학과 식단을 둘러싼 더 사소한 견해차 탓으로 돌린다. 따라서, 적대감의 뿌리는 "비과학적 식단"이었지, 전략과 전술이 아니었다!(Parry, 57~60쪽). 『한 혁명가의 회상』에 나오는 세르주의 설명에는 "과학적 개인주의"와 그들의 "수학 공식"과 식단 규율을 둘러싼 견해차가 언급되어 있지만, 심지어는 자기 동지들과의 연대를 확인하면서도 정치적 견해차와 그들이 하는 정치 실천의 무익함이 강조된다.
8) Serge, *Memoirs*, p.34. 세르주는 프랑스의 전전(戰前) 아나키즘 운동에 관한 소설 『잃어버린 사람들』을 썼다. 소련에서 압수당한 이 소설은 결코 되찾지 못했다.
9) 세르주는 반혁명 세력과 혁명 세력 양쪽에 맞서 스스로를 지키면서 아나키즘 연방을 세우려는 시도를 했던 마흐노 휘하의 "아나키스트들"을 배반한 것이 볼셰비키의 끔찍한 범죄였으며, 그 범죄는 사기를 떨어뜨리는 효과를 가져와 크론시타트 반란이 일어난 기본 원인들 가운데 하나가 되었다고 여겼다(Serge, *Memoirs*, p.123). 그러나 그는 아나키스트들이 혁명에 대한 본연의 임무를 저버렸다고도 말했다(*Les Anarchistes et l'expérience de la révolution russe*, pp.17~26). 이런 견해 때문에 세르주는 *Red & Black Revolution* 제4호(1998)에 글쓴이 이름 없이 실린 「볼셰비키의 귀여움을 받은 아나키스트」(The Bolsheviks' Pet Anarchist)라는 논문에서 제목과 같은 별명을 얻었다.
10) 평당원으로 남겠다는 이 바람이 James Hulse의 *The Forming of the Communist International*(Stanford, California, Stanford University Press, 1964)을 뺀 초기 코민테른에 관한 어느 역사서에도 세르주의 이름이 없다는 것을 설명해줄지도 모른다. 그러나 세르주는 비록 "맨 밑바닥"에서 일을 했을지는 몰라도 최고위 볼셰비키 지도자들의 친우, 즉 지

노비예프와 레닌과 트로츠키 등의 동료이기도 했다.
11) 보르디가는 이탈리아 공산당의 창립자였으며, 연합전선 전술을 받아들이기를 거부했기 때문에 코민테른과 관계를 끊었다. 그는 전망과 조직의 문제에서 레닌과 견해를 달리하기도 했다. 그는 농민의 러시아가 국제 노동계급 운동을 이끌 수 있을지 의심했고, 타협과 부패의 유혹에 관해 걱정했다. 보르디가주의자들은 여러 해 동안 좌익반대파와 함께 일했다.
12) 이 짤막한 책들은 러시아 혁명 첫 해에 관한 그의 역사서인 『러시아 혁명의 첫 해』와 달리 내부 지식을 가진 한 참여자의 박진감 넘치는 목격담이다. 두 권은 일화가 더 많고 열정에 차 있지만 못지않게 솔직하거나 숨겨진 이야기를 말해준다. 사로잡힌 반혁명 분자들을 감옥으로 데려가는 일을 맡은 아나키스트에 관한 세르주의 묘사에서처럼 개인의 굳세지 못한 의지가 부각된다. 그 아나키스트는 자기 자신이 감옥에 있던 그리 오래 되지 않은 지난날의 감상성과 기억에 못 이겨 그 반혁명분자를 놓아주었다. 세르주는 이것을 "자유지상주의적인 미친 짓", 즉 "되풀이되면 혁명의 자살을 뜻했을 아량"을 베푸는 행위로 일컫는다. 세르주의 Lenin: 1917: La Defensa del Petrogrado, año Segundo de la revolución rusa(Mexico, Ediciones Transición, 1977) 118~120쪽에서 상세하게 설명되는 전체 이야기는 그 문체와 그 함축적인 시사점 때문에 읽어볼 가치가 있다. 그 시사점은 이상이 현실과 충돌할 때 아나키스트들이 부딪치는 문제를 보여줄 것이다.
13) 세르주는 *From Lenin to Stalin*(New York, Monad Press, 1973)에서 다음과 같이 지적했다. "당은 토론했고, 경향들이 나타났다가 사라졌고, 반혁명가들과 혼동해서는 안 되는 반대파 인자들이 내전기 내내, 즉, 1921년까지 백주 대낮에 끊임없이 선동을 했다. 반대파는 당에서 모든 내적 활동이 사라진 1925~1926년까지 완전히 사라지지는 않을 것이었다. (……) 사람들은 새로운 종류의 자유를 위해 싸우다가 죽었다"(22~23쪽).
14) 세르주는 *From Lenin to Stalin*의 16~19쪽에서 트로츠키의 역할을 서술했다. 또한 세르주는 1930~1931년에 자기가 쓰고 1932년에 파리에서 펴낸 내전 소설 『정복된 도시』에서 이름은 나오지 않지만 곧바로 누구인지 알 수 있는 두 혁명 지도자의 모습을 묘사했다. 『레닌에서 스탈린까지』에서 세르주는 그 두 사람에 관한 자기의 인물 묘사를 인용하면서, 자기는 비록 그것을 1919년에 쓰기는 했어도(그리하여 11년 뒤에 자기 소설에 집어넣기는 했어도) 그 소설을 쓸 때 레닌그라드에 있었다고 설명했다. 세르주는 만약 자신이 1930년에 그 이름들을 밝혔더라면,

"첩보부서가 내 원고를 넘겨주지 않았을 것이다"(p.22n)라고 했다.
15) 마흐노의 검은 근위대(아나키스트 부대—옮긴이)는 볼셰비키에 대항하면서도 반혁명군과 싸웠다.
16) 사회주의자-혁명가당은 신인민주의 온건 정당이었다. 멘셰비키는 온건한 사회민주당이었다. 이 당들에는 각각 좌익이 있었다. 그 좌익이란 사회주의자-혁명가 좌파와 멘셰비키 국제주의자였다. 카데트, 즉 입헌민주당은 러시아의 주요 자유주의 정당이었다.
17) 세르주를 비롯한 많은 볼셰비키는 브레스트-리톱스크 조약을 이렇게 불렀다.
18) 카(E. H. Carr)는 브레스트-리톱스크에 관한 레닌과 트로츠키 사이의 견해차가 강조에 관련된 것이었다고 주장하면서 다음과 같이 말했다. "브레스트-리톱스크 논쟁에서 트로츠키는 비록 세계혁명을 가장 설득력 있고 정교하게 옹호하는 사람이기는 했지만, 한 자본가 집단을 다른 자본가 집단과 싸우게 만들어 어부지리를 취하는 정책을 주창하는 사람이기도 했다. 그는 타협이나 편법에 때묻지 않은 순수한 혁명 원칙의 기반에 선 사람들과 상극에 섰다. (……) 한편, 레닌은 국가 방위의 필요성을 역설하면서도 자기가 끊임없이 자기 정책의 최고 목표로 강조한 세계혁명을 포기하는 것과는 거리가 멀었다." E. H. Carr, *The Bolshevik Revolution 1917~1923* vol.3, London, Macmillan, 1953, pp.55~56.
19) 트로츠키도 레닌 편에 서게 되었다.
20) Victor Serge, *Year One of the Russian Revolution*, New York, Holt Rinehart and Winston ; London, Allen Lane, 1972, pp.172~173. 다시 곰곰이 생각해본 다음, 세르주는 트로츠키가 당시에 취한 노선을 더 높이 쳤다. 그의 노선은 혁명적 가능성들을 모조리 다 타진해서 서유럽의 프롤레타리아트에게 볼셰비키가 오스트리아-독일 제국주의 앞에서 타협하지 않는다는 확신을 준다는 것이었다. 그러나 개인적으로는 세르주는 볼셰비키가 독일과 단독 강화를 맺으면서 혐오스러운 전쟁을 연장하고 있다고 믿는 프랑스 병사들의 태도를 기억했다. 협상을 벌이는 동안 트로츠키가 구사한 전술은 서유럽에서 많은 사람이 공유한 이런 태도를 불식하는 데 도움이 되었다.
21) Serge, *Year One*, p.182. 러시아로 돌아가기 전에 레닌은 「멀리서 보내는 세번째 편지」에서 다음과 같이 썼다. "핀란드 노동자들은 우리보다 조직하는 일을 더 잘하며 이 분야에서 우리를 도울 것이다. 그들은 **그들 나름의 방식으로 사회주의 공화국 수립을 향해 매진하는 전위를 형성할**

것이다."
22) (음력으로는) 11월 18일, (양력으로는) 12월 31일. 핀란드인은 핀란드의 의회인 에두스쿤타(Eduskunta)가 그 문제를 논의한 날짜를 반영해서 12월 6일을 독립일로 삼는다. Seppo Hentilä, "Finland Becomes Independent", in O. Jussila, S. Hentilä and J. Nevakivi (eds.), *From Grand Duchy to a Modern State*, London, Hurst, 1995, p.103.
23) 11월에 열린 핀란드 사회민주당 대회에서 소브나르콤을 대표해서 스탈린이 핀란드 동지들에게 권력을 잡으라고 호소하면서 그들에게 러시아 프롤레타리아트의 형제적 원조를 해주겠다고 약속했다. 핀란드 사회민주당은 권력 장악을 시도했지만, 약속 받은 원조는 브레스트-리톱스크 조약 조항 때문에 이루어지지 않았다. 카의 *The Bolshevik Revolution*과 보리스 수바린이 쓰고 제임스(C. L. R. James)가 옮긴 *Stalin : A Critical Survey of Bolshevism*(New York, Longmans Green, 1939) 100쪽을 볼 것.
24) 세르주의 *Year One* 184쪽에서 재인용. 이 구절은 인민단결(Unidad Popular) 연합이 정부 권력을 잡아 의회주의적 경로로 사회주의에 이르려고 시도했던 1970~1973년 칠레의 상황을 생각나게 만든다.
25) Hentilä, "Finland Becomes Independent", pp.109~110. 1918년 1월 29일에 제출된 이 강령은 "민주주의적 방법"을 써서 사회 개혁책과 사회주의를 도입하자고 호소했다. 헌법 초안은 미국 독립선언문과 프랑스 대혁명 이념의 혼합체였다. 이런 식으로 핀란드 노동운동의 혁명 시도는 성공을 거둔 볼셰비키 혁명으로 원기를 얻은 1919년의 다른 혁명들, 즉 베를린 스파르타쿠스단 봉기와 바이에른 소비에트 공화국과 벨라 쿤의 헝가리 코뮌과는 달랐다.
26) 핀란드인은 혁명 세력과 반혁명 세력 사이에 벌어진 이 전쟁을 "해방 전쟁", "혁명", "계급 전쟁", "봉기", "시민전쟁", "내전"으로 지칭한다. 다양한 용어들은 1918년에 일어난 이 전쟁에 대한 상반된 해석을 반영한다. 세포 헨틸리애(Seppo Hentiliä)에 따르면, 부르주아지가 지배하는 핀란드는 혁명 세력의 투쟁이 정당했음을 1960년대가 되어서야 인정했다(Hentilä, "Finland Becomes Independent", pp.113~115).
27) 스웨덴 혈통의 핀란드인인 만네르헤임 장군은 10월혁명이 일어난 뒤 핀란드로 돌아간 전직 러시아군 장성이었다. 핀란드 노동계급을 도살한 이 사람의 이름을 따서 헬싱키의 주요 대로들 가운데 한 가도의 명칭이 지어졌다. 만네르헤임은 계속 반소비에트 "애국자"로 남았다. 그는 국방위원회 의장이었고, 그 뒤에는 1940년대에 벌어진 전쟁들에서 총사령관이

되었으며, 1944년에는 핀란드 대통령으로서 핀란드를 전쟁에서 빼냈다.
28) 칠레에서 있었던 사회주의로의 평화로운 이행 실험(1970~1973년)은 "핀란드 인민공화국"의 경우와 놀라울 만큼 비슷했으나, 역시 비슷하게 피비린내 나는 결말을 맞이했다.
29) 세르주는 "조직화된 노동자들은 모조리 다 총살당하거나 감옥에 갇혔다"고 쓴 한 핀란드 공산주의자 그룹의 말을 인용했다. Serge, *Year One*, p.190.
30) 인도와 중국을 겨냥한 이 대회는 사회주의적이기보다는 반제국주의적이었고 나중에 스탈린의 코민테른 정책으로 말미암아 1927년의 중국 혁명의 패배에 뿌려진 씨앗의 일부를 마련했다. 세르주의 *Memoirs* 107~109쪽과 *Critique 1*, 101~102쪽에 있는 마이클 콕스(Michael Cox)의 *The First Congress of the Toilers of the East* documents 서평을 볼 것.
31) 체카는 원래 제르진스키의 제안에 따라 사건을 조사하는 제한된 권력을 가진 행정기관으로 만들어졌다. 체카는 소브나르콤에 종속되었다. 체카는 1918년 9월 5일자 포고령으로 포괄적 권력을 부여받았고 사실상 이 권력을 결코 잃지 않았다. 이 권력 확장은 "적색테러"로 알려지게 되었다. 1922년 말까지 체카가 대략 6만 명을 수감했다고 추산되었다. 또한 체카는 직접 처형으로 14만 명을 죽였고 같은 4년 동안 일어난 봉기를 진압하면서 14만 명을 더 죽인 책임을 안고 있었다. 이것은 역사가 레제트(G. H. Leggett)가 도출한 수치이며 Leonard Schapiro, *The Russian Revolution of 1917 : The Origins of Modern Communism*, New York, Basic Books, 1984, 183~187쪽에 인용되어 있다.
32) Serge, *Memoirs*, p.81. 제르진스키가 권고하고 레닌과 트로츠키가 인준해서 1920년 1월 17일 포고령으로 사형제가 폐지되었다. 세르주는 페트로그라드의 신문이 그 포고령을 찍어내던 그날 밤에 체카가 자기들의 재고품을 청산하고 있다는 말을 들었다고 이야기한다! 페트로그라드와 모스크바에서 그날 밤에 5백 명이나 되는 혐의자들이 총살되었다. 이에 책임이 있는 체카 대원들은 나중에 자기들이 저지른 끔찍한 학살을 다음과 같이 정당화했다. "인민위원회 의장이 인도주의자로 개종하고 있다면 그것은 그 사람들의 일이다. 우리 업무는 반혁명을 영원히 처부수는 것이다. 반혁명 세력은 나중에 우리를 총살할 수 있다. 그자들이 그렇게 하고 싶다면 말이다!" Serge, *Memoirs*, pp.98~99. 1920년 봄에 폴란드가 침공한 뒤 사형제가 재도입된 것이 이 사건의 결말이다.
33) 나중에 『새 인터내셔널』과 그 밖의 다른 지면에서 크론시타트 봉기를

놓고 트로츠키와 1938년에 벌인 논쟁에서 세르주는 체카의 설립이 러시아 혁명의 향후 진로에 치명적이었다고 주장했다.

34) Serge, *Memoirs*, p.119. 세르주의 이런 희망 섞인 생각은 권력이 어떻게 볼셰비키의 심성을 바꾸었는가를 서술해온 저자답지 않은 생각이었다.

35) Victor Serge, "Thirty Years after the Russian Revolution", Susan Weissman(ed.), *Russia Twenty Years After*, Atlantic Highlands, NJ, Humanities Press, 1996, pp.311~312. 도이처는 트로츠키도 적어도 사회주의 계열 반대당 정도는 공개 활동을 재개할 수 있도록 내버려둘 대내 휴전의 방향으로 가는 조처로서 체카 권력 축소와 사형제 폐지를 학수고대했음을 확인했다. 이 희망들은 "아직 지나간 일로 사라지지 않음"은 "전쟁의 공포"로 무색해졌다. Deutscher, *The Prophet Armed*, p.447.

36) 제1차 세계대전 이전에는 '렘베르크'라는 이름으로 통하는 오스트리아-헝가리의 도시였다. 1918년 뒤로는 폴란드령 도시 르부프가 되었다.

37) 이미 언급된 내전 소설 『정복된 도시』와 페트로그라드 봉쇄에 관한 책 두 권을 제외하고는 이 시기에 나온 그의 글은 혁명 분석 한 편("La Révolution d'Octobre à Moscou", *Bulletin Communiste*, 1921/9), 혁명에서의 중간계급의 분석 한 편("Les Classes moyennes dans la Révolution russe", *Clarté*, 1922), 러시아 작가들과 혁명에 관한 기사 한 편("Les Ecrivains russes et la révolution", *Clarté*, 1922), 귀향길에 바다에서 재난을 당해 목숨을 잃은 프랑스 코민테른 대표 네 사람에 관한 기사 한 편, 마진과 코롤렌코(Korolenko), 바쿠닌의 고백, 레몽 르페브르(Raymond Lefevre)에 관한 기사 한 편에 집중되어 있다.

38) 레프 크리츠만은 볼셰비키 경제학자이며 베센하(VSNKh, Vysshii Sovet Narodnogo Khoziaistva), 즉 국민경제 최고회의의 초창기 지도자들 가운데 한 사람이었다. 세르주는 *Inprecorr*(vol.2, no.108, 1922/12)에 실린 「최악의 반혁명」(The Worst Counter-Revolution)에서 베센하를 "겁내지 말고 훔쳐라, 주인이 없다"로 바꿔서 부르는 말장난에 관해서 썼다.

39) Serge, *Memoirs*, p.122. 마흐노 같은 아나키스트들이 반혁명군과 성공적으로 싸웠다가 볼셰비키에게 배반당함으로써 이 일이 훨씬 더 악화되었다.

40) 세르주는 골드만과 버크만을 밤에 만났지만, 중재 노력이 논의된 중대한 이 모임은 세르주의 장인인 알렉산드르 루사코프의 집에서 이루어졌다.

세르주는 두 미국인 아나키스트가 크론시타트 소비에트에서 지닌 위신과 영향력 때문에 그들만이 주도권을 발휘하리라고 판단되었기에 그 모임에 참석하지 않았다. 세르주는 크론시타트 문제 때문에 당을 떠나려는 참이었지만, 자기에게 "어디로 가려고? 자네는 마주 서야만 해. 우리 말고는 아무도 없다네"라고 말하는 동지들의 설득을 받아 결심을 거두었다. 분명히 세르주는 이중 의식 때문에 이 사건에서 양쪽의 불신을 받았다. 세지윅은 마르셀 보디(Marcel Body, *Un piano en bouleau de Carélie: mes années de Russie 1919~1927*, Paris, 1981)가 에마 골드만과 알릭잔더 버크만이 세르주를 적대시했다고 말했다고 지적했다 (Peter Sedgwick, "The Unhappy Elitist: Victor Serge's Early Bolshevism", *History Workshop Journal*, vol.17, Spring 1984, p.124, note 15). 중재 시도가 실패한 뒤 러시아인 중재자들이 체포되었고, 지노비에프는 "관찰하고 (……) 이해"하도록 골드만과 버크만에게 특별 열차로 러시아 전역을 여행할 기회를 제공했다. 세르주는 그의 평판과 "지노비예프와 조린(S. Zorin)과 다른 사람들의 호의" 때문에 화를 모면했다. Serge, *Memoirs*, pp.127~128. 빅토르 세르주가 안젤리카 발라바노바에게 보낸 1941년 10월 23일자 편지도 볼 것.

41) 쿠즈민은 크론시타트의 육해군을 담당한 지도위원이었다. 그가 크론시타트에 붙잡혀 있는 동안 가혹한 대우를 받았으며 반혁명 세력이 작성한 명령서에 따라 처형되기로 선정되어 있었다는 소문이 돌았다. 세르주는 쿠즈민이 "크론시타트에서 탈출"한 뒤에 스몰늬이에서 그를 보았을 때, 크론시타트 수병들이 그를 총살하려고 했다는 것을 믿지 않았다. 쿠즈민은 그것이 과장이었음을, 즉 이른바 반혁명 세력의 "처형 명령서"가 "위협적인 어조로 씌어진 종이쪽지 몇 장"에 지나지 않았음을 인정했다. 그는 가혹한 대우를 받지 않았고, "그저 혼이 좀 났다 뿐이지 그 이상은 아니었다". Serge, *Memoirs*, pp.126~127.

42) 세르주는 *Memoirs* 133~134쪽에서 대두하는 전체주의를 보는 자기 견해를 논했다. 그는 훗날의 "소련학의 전체주의 학파"와는 상당히 달랐다. 세르주의 분석은 정적이지 않았고 그는 오히려 갈등의 역학을 통해 사회를 바라보았다. 그는 프리드리히·브레진스키·콘하우저(Kornhauser) 학파의 전체주의론자들과는 달리 소련을 계급 없는 나라로 보지 않았다. 세르주의 분석을 이용하면 자본주의가 전체주의적이라고 주장할 수도 있다. 즉, 자본주의 체제는 전체화하고 있고, 누구도 이탈하겠다는 선택을 할 수 없고, 자본주의 이데올로기가 모든 곳에 미치고 모든 곳에 존재하며, 자본주의 정치권력은 실질적 의미로 그 권력의 안정을 위협하는 어떠

한 반대파도 용납하지 않는다.
43) 세지윅은 자기가 쓴 『한 혁명가의 회상』 서문에서 세르주의 미래상이 선진적인 생디칼리슴이라고 시사했다. 로버트 다니엘스(Robert Daniels)도 Conscience of the Revolution(New York, Simon and Schuster, 1960)에서 레닌주의의 아나르코생디칼리슴적 측면을 언급했다. 필립 스펜서(Philip Spencer)는 그것을 자기 논문 "On the Leninist Tradition"(Susan Weissman(ed.), The Ideas of Victor Serge : A Life as a Work of Art, Glasgow, Critique Books, 1997) 155쪽에서 "자유지상주의적 레닌주의"라고 불렀다. 불운하게도 스탈린주의는 민주적인 노동자 관리가 제시되었을 때 그것이 곧바로 생디칼리즘적이거나 아나키즘적인 퇴행의 산물로 여겨질 정도로 마르크스주의를 왜곡했다. 이 책에서 주장되었듯이 1917년 이후에 세르주의 영향력은 마르크스주의적이었고, 마르크스주의를 스탈린주의적 기형화에서 구해내어 대중의 인식에서 마르크스주의적 사회주의와 민주주의가 동의어로 여겨지는 상태를 회복하는 것이 그의 필생의 기획이었다.
44) 맹목적인 시장의 힘이나 권위주의적인 관료적 중앙집권주의로 뚜렷하게 쏠린 경제 운영에 관해 깊이 고민하는 사람은 세르주 혼자만은 아니었다. 이 쟁점은 '신항로'의 좌익반대파와 더불어 1923년에 등장한 쟁점과 똑같았다. 여기서 세르주는 그들의 관심사보다 두 해 앞선다.

1 Victor Serge, From Lenin to Stalin, New York, Monad Press, 1973, p.13. 최초의 프랑스어판은 1937년에 간행되었다.
2 Victor Serge, Lenin : 1917, Mexico, Ediciones Transición, 1977, pp.19~20. 처음에는 파리에서 Lénine, 1917(Librairie du Travail, 1925)로 간행되었고 머리말을 새로 달아 Vingt ans après(Spartacus Cahiers, 1937)로 재간행되었다.
3 Victor Serge, Memoirs of a Revolutionary, London, Writers and Readers, 1984, 67쪽. 처음에는 Mémoirs d'un révolutionaire(Paris, Editions du Seuil, 1951)로 발간되었다.
4 이 만남에 관한 세르주의 서술은 La Ville en danger : Petrograd, l'an II de la révolution(Paris, Librairie du Travail, 1924)에 있다. 내용이 조금 다른 서술이 Memoirs, 66쪽에 있다. 이안 버촐(Ian Birchall)이 영어로 번역한 Revolution in Danger(London, Redwords)가 1997년에 간행되었다.
5 Serge, La Ville en danger, p.86. 이 "영국군 병사들"은 세르주에게 깊은 감명을 주었다. 그는 『한 혁명가의 회상』(위의 '주 4'를 볼 것)과 Birth of

Our Power(London, Writers and Readers, 1967) 244쪽에도 이 만남에 관해 썼다. 여기서 우리는 세르주의 소설이 사실과 허구 사이에 있는 선을 어떻게 넘나드는지를 본다.

6 세르주가 프레시네에서 부친 편지 한 통이 없어지지 않고 남아 있다. 1918년 4월 30일에 세르주는 자원해서 프랑스 육군과 외인부대(Légion étrangère)에 들어가 싸우겠다는 편지를 써서 파리에 있는 내무장관에게 보냈다. 그는 퇴짜를 맞았다. (이 편지를 보여준 브루에게 감사한다.) 세르주가 프레시네에서 겪은 바를 서술한 것은 그의 두번째 소설인 『우리 권력의 탄생』의 중간 부분을 이루며, *Memoirs* 63~69쪽에도 묘사되어 있다. 모스크바에서 살면서 세르주의 처제와 결혼한 프랑스 공산당원 피에르 파스칼은 나중에 『나의 러시아 일지』라고 불리는 4부작 회고록을 썼다. *Mon Journal de Russie*(Lausanne, L'Age d'Homme) 제2권(107쪽)에서 파스칼은 프레시네에 있던 세르주의 공부 모임에 관해 서술했다.

7 Serge, *Memoirs*, pp.63~64.

8 1947년 11월에 프랑스 생디칼리스트 알프레드 로스메르가 운영하는 자그마한 프랑스 좌익 간행물 『프롤레타리아 혁명』에 실린 세르주의 「러시아 혁명 뒤 30년」 3~4쪽. 이 회고는 세르주가 죽은 달에 간행되었다.

9 Serge, *Memoirs*, p.71.

10 Ibid., p.69.

11 Ibid., pp.70~71.

12 Ibid., pp.71~72.

13 Ibid., p.74.

14 Ibid.

15 Ibid., p.11.

16 Ibid., p.9.

17 이 시기에 관한 사료에는 리처드 패리(Richard Parry)의 *The Bonnot Gang*(London, Rebel Press, 1987), 에즈라 브렛 멜(Ezra Brett Mell)의 *The Truth about the Bonnot Gang*(London, Coptic Press, 1968), 필자(Susan Weissman)가 엮은 *The Ideas of Victor Serge*(Glasgow, Critique Books, 1997)에 실린 뤽 네메스(Luc Nemeth)의 글 "On Anarchism", 에밀 베커(Emile Becker)의 *La "Bande à Bonnot"*(Paris, Les Nouvelles Editions Debresse, 1968), 버나드 토마스(Bernard Thomas)의 La Bande à Bonnot(Paris, Claude Tchou, 1968), 파리 경찰청 문서고에 있는 키발치치-세르주 서류철 *L'Anarchie*에 있는 세르주의 글들이 포함된다.

18 Le Rétif, 「벨기에에 관한 기록」, 『아나키즘 인터내셔널 회보』, no.7,

1908/11, p.5.
19 패리의 *The Bonnot Gang* 50쪽에서 재인용.
20 Le Rétif, 「불법에 관하여」, *Le Communiste*, no.14, 1908/6/10.
21 Nemeth, "On Anarchism", p.125. 페사르 거리에 있는 사무실은 세르주와 리레트의 집이기도 했다.
22 Mell, *The Truth*, p.13.
23 Parry, *The Bonnot Gang*, p.156.
24 Ibid., p.153.
25 Victor Serge, *Les hommes dans la prison*, Paris, 1931 ; *Men in Prison*, London, Writers and Readers, 1977, p.250.
26 Serge, *Memoirs*, p.36.
27 Ibid., p.47.
28 Ibid., pp.27~31.
29 Ibid.
30 세르주의 당 문서는 모스크바의 RGASPI, fond 495, opis' 19에 있다.
31 Serge, *Memoirs*, p.151.
32 세르주는 『아나키』 1912년 1월 4일자에 실린 "Les Bandits"에 "나는 그 갱단과 함께한다"고 썼다.
33 그 가운데에서도 세르주의 *Les Anarchistes et l'expérience de la révolution russe*(Paris, Cahiers du Travail, 1921), 『한 혁명가의 회상』, 『레닌에서 스탈린까지』와 『공산주의 회보』, 『빛』에 실린 그의 무수한 기사, 폴 애브리치(Paul Avrich)의 *Anarchists in the Russian Revolution*(London, Thames and Hudson, 1973), 트로츠키의 *History of the Russian Revolution*(London, Sphere Books, 1967), 특히 알프레드 로스메르의 *Moscow under Lenin*(New York, Monthly Review Press, 1971) 97~101쪽을 볼 것.
34 Serge, "La Pensée anarchiste", *L'Anarchie & Le Crapouillot*, 1938, 특별호, p.12.
35 1940년대에 씌어진 (날짜가 적혀 있지 않은) 세르주의 미간행 시론 "L'Anarchisme", Serge archive, Mexico.
36 *History Workshop Journal*(vol.17, Spring 1984) 150~156쪽에 실린 피터 세지윅의 유고 "The Unhappy Elitist : Victor Serge's Early Bolshevism".
37 Ibid., p.151.
38 세지윅은 아나키즘에 관한 게랭의 책에서 인용한다. 그 책에서 세르주는

분명하게 가스통 르발에게 공산주의자들이 외국에서 친(親)정권 간행물을 펴내는 동시에 "프롤레타리아트 위에서 군림하는 독재"를 세우고 있다고 말했다. 세지윅의 "The Unhappy Elitist" 152쪽과 156쪽의 주를 볼 것.

39 1986년 2월에 멕시코시티에서 블라디와 나눈 대화 녹음 기록.
40 세르주가 시드니 후크에게 보낸 1943년 5월자 편지 「마르크스주의와 민주주의」. Serge archive, Mexico.
41 당 내 분파가 금지되기 앞서 씌어졌다. 세지윅은 금지된 분파들이 세르주의 입장과 밀접하게 상응하는 입장을 가지고 있었다고 시사한다. 세르주의 *Memoirs*에 세지윅이 쓴 머리말, xii쪽을 볼 것.
42 날짜 없는 미간행 타자원고 *L'Anarchisme*, Mexico, archives.
43 세르주는 *Esprit*(1937/3, Paris)에 실린 "Meditation sur l'anarchie"에서 이 명백한 역설을 설명했다.
44 Serge, *Les Anarchistes et l'expérience de la révolution russe*, p.29. 인용된 문구는 세르주가 피할 수 있는 국면과 피할 수 없는 국면을 식별하기 위해 러시아 혁명과 그 뒤의 퇴보를 분석하는 데 어떻게 신중을 기했는지를, 세르주의 분석이 구체적인 상황에 어떻게 뿌리를 내리고 있는지를 보여준다.
45 Serge, *Memoirs*, p.104.
46 Serge, *Les Anarchistes et l'expérience de la révolution russe*, pp.81~119.
47 Serge, ibid., p.104.
48 Serge, Memoirs, pp.71~72.
49 Ibid., p.73.
50 Ibid., p.76.
51 Ibid., p.77.
52 Leon Trotsky, "Manifesto of the Communist International to the Proletarians of the World", March 1919.
53 Serge, *Memoirs*, p.89. 로스메르는 자기의 저서 *Moscow under Lenin*(35~36쪽)에서 세르주가 정치 배경, 어학 지식, 유럽의 여러 나라에서 쌓은 노동운동 경험, 서유럽 민주주의 국가에서 정확히 무슨 일이 벌어지고 있는지에 관한 호기심, 코민테른 방문단에게 러시아 혁명을 그 내부에서 보여주려는 의욕 때문에 "있을 수 있는 최고의 길라잡이"였다고 서술했다.
54 Serge, *Memoirs*, p.83.
55 1987년 5월에 멕시코시티에서 블라디 키발치치와 한 인터뷰 녹음 기록.

56 Serge, *Memoirs*, p.88.
57 Greeman, pp.181~200. 제임스 헐스(James Hulse)는 *The Forming of the Communist International*(Stanford, California, Stanford University Press, 1964)에서 "사실상 징발되어 코민테른 일을 맡은" 세르주와 마진은 "자기들이 선발되어 세계혁명을 조직하고 계획해야 했다는 것이 얄궂다고 여겼다"고 지적한다(26쪽). 코민테른에 관한 헐스의 책은 코민테른의 초창기 역사에서 세르주가 한 역할을 언급한 거의 유일한 책이며, 헐스의 사료는 세르주 자신(『한 혁명가의 회상』)과 세르주가 *L'nernationale Communiste*, 1919년 11~12월 7/8 합본호(Stockholm reprint)에 쓴 첫 기사들이다. 공산주의 인터내셔널의 형성 같은 중요한 주제에 관해서 세르주의 『한 혁명가의 회상』(그리고 헐스의 책)을 확인해줄 다른 권위 있는 사료가 없다니 이상한 일이다.
58 Hulse, *The Forming of the Communist International*, pp.24~29.
59 모스크바의 코민테른 문서고, RGASPI, fond 495에는 세르주가 1919년 6월 7일에 코민테른 페트로그라드 사무국에 들어갔음을 보여주는 문서들이 있으며, 1921년에 세르주가 프랑스어, 영어, 에스파냐어, 러시아어, 폴란드어, 독일어로 일할 수 있었다고 지적한다.
60 Serge, *From Lenin to Stalin*, p.35.
61 Serge, *Memoirs*, p.90.
62 프랑스 경찰이 1960년대 동안 "직원"들에게 쓰기 위해 내부 교육용 문건으로 이 책의 해적판을 재간행했다. 1978년의 영문판에 장 리에르(Jean Riere)가 단 주를 볼 것.
63 Ibid.
64 Serge, *Memoirs*, p.92.
65 그가 안톤 칠리가에게 보낸 편지를 볼 것. 그 편지는 *New International*, 54쪽에 있다.
66 Victor Serge, from the Foreword, *Year One of the Russian Revolution*, New York, Holt, Rinehart and Winston, 1972, p.18. 런던의 '책갈피'(Bookmark)사와 '플루토 출판사'(Pluto Press), 그리고 뉴욕의 '작가와 독자'(Writers and Readers)사가 1922년에 펴낸 합동간행판에 재수록되어 있다. 맨 처음에는 *L'An I de la révolution russe*, Paris, 1930으로 간행되었다.
67 Serge, *Year One of the Russian Revolution*, 글쓴이 머리말, p.19.
68 스탈린주의식 역사서술에서 트로츠키는 스탈린과 역할이 바뀌어져 권력 장악에 반대한 인물이 되었다. 이것은 찬사를 받는 에이젠스테인

(Eizenshtein)의 영화 〈10월〉(Oktiabr')에서 널리 대중화했다. *Year One* 380쪽의 주와 67쪽도 볼 것.
69 Ibid., p.56.
70 Ibid., pp.56~61.
71 *Bulletin Communiste*, vol.II, nos. 36~37(합본호), pp.612~620.
72 Serge, *From Lenin to Stalin*, p.23.
73 Ibid., p.15.
74 세르주가 쓴 레닌 전기인 *Lenine 1917*(Paris, 1925)을 볼 것. *Victor Serge : The Century of the Unexpected, Essays on Revolution and Counter-Revolution, Revolutionary History*(vol.5, no.3 autumn 1994) 3~53쪽에 앨 리처드슨(Al Richardson)의 영문 번역이 "Lenin in 1917"로 실려 있다.
75 1990년에 리처드 파이프스(Richard Pipes)의 두툼한 *The Russian Revolution*(New York, Knopf)이 간행되면서 이 사고가 되살아났다.
76 Serge, "Trente ans après la révolution russe", pp.3~4. 영어로는 필자가 엮은 *Victor Serge : Russia Twenty Years After*(Atlantic Highlands, NJ., Humanities Press, 1996) 302쪽에 실렸다.
77 Serge, *Year One*, pp.88, 381n.
78 Ibid., p.100.
79 Serge, *Memoirs*, p.245.
80 *Critique*(제1호, 1973년 봄) 95쪽에 실린 타마라 도이처(Tamara Deutscher)의 『러시아 혁명의 첫 해』 서평.
81 Serge, *Memoirs*, p.349. 타마라 도이처도 *Critique*, no.1에 실린 세르주의 책 서평에서 이 모순을 지적한다. 그는 다음과 같이 세르주에게 대답한다. "세르주의 진실하면서도 절망에 찬 이야기를 읽으면 그 '혁명 첫 해'에 자신의 — 그리고 볼셰비키의 — 드높은 포부와 희망을 현실로 바꿀 기회도, 가망도 없었다는 모든 증거가 다 나온다"(95쪽).
82 Leon Trotsky, *Between Red and White : Social Democracy and the Wars of Intervention in Russia, 1918~1921*, London, New Park Publications, 1975. 처음에는 1922년에 *Mezhdu imperializmon i revoliutsiei*(Moskva, Gosizdat)으로 간행되었다.
83 이를테면, 로버트 다니엘스(Robert V. Daniels)의 *The Conscience of the Revolution*(New York, Simon and Schuster, 1960), 그리고 1917년 8월부터 1918년 2월까지 볼셰비키 당중앙위원회 회의록을 영어로 재간행한 *The Bolsheviks and the October Revolution*(London, Pluto Press,

1974)를 볼 것. 일부가 로버트 다니엘스의 *A Documentary History of Communism*, vol.1(Hanover, NH., University Press of New England, 1984)에도 포함되어 있다.
84 세르주, 『러시아, 스무 해 뒤』.
85 Marcel Liebman, "Was Lenin a Stalinist", Tariq Ali(ed.), *The Stalinist Legacy*, Harmondsworth, Penguin Books, 1984, p.140.
86 Serge, *Russia Twenty Years After*, p.305.
87 첫 호가 모스크바에서 발행된 간행물인 『공산주의자』(*Kommunist*)에 1918년 4월 20일에 실렸고, 1977년에 *Critique*에서 번역해서 실은 「좌익 공산주의자 테제(1918년)」를 볼 것. 그 「테제」의 절반이 로버트 다니엘스의 *A Documentary History of Communism*, vol.1, 98~102쪽에 번역되어 있다.
88 *The Bolsheviks and the October Revolution : Central Committee Minutes of the Russian Social-Democratic Labour Party (Bolsheviks), August 1917 to February 1918*(London, Pluto Press, 1974)을 볼 것. 특히, 브레스트-리톱스크 강화조약의 조건에 관련된 회의록은 볼셰비키 내의 분열이 얼마나 깊었는지를 보여준다. 이 책을 읽으면 초기에 볼셰비키가 획일적이었다는 관념이 교정된다.
89 Serge, *Year One*, p.169.
90 Ibid., p.172.
91 세르주는 1928년과 1930년 사이 기간에 『러시아 혁명의 첫 해』를 쓰고 있었다.
92 Serge, *Year One*, p.175.
93 Serge, *Year One*, p.224.
94 Ibid., pp.220~226.
95 Leonard Schapiro, *The Russian Revolution of 1917*, New York, Basic Books, 1984, p.170. 제1차 전 러시아 국민경제위원회 대회에 카를 라덱이 제출한 보고서에서 세르주가 구한 수치는 "브레스트-리톱스크의 부담"에 관한 훨씬 더 큰 그림을 내놓는다. 그는 소비에트 공화국이 공업 프롤레타리아트의 40퍼센트, 연료 생산의 45퍼센트, 설탕 생산의 90퍼센트, 금속 공업의 64~70퍼센트, 밀의 55퍼센트를 잃었다고 썼다. *Year One*, p.199.
96 Serge, *Memoirs*, p.68.
97 Seppo Hentilä, "Finland Becomes Independent", O. Jussila, S. Hentil and J. Nevakivi(eds.), *From Grand Duchy to a Modern State*,

London, Hurst, 1995, p.103.
98 Ibid., p.105.
99 E. H. Carr, *The Bolshevik Revolution, 1917~1923*, vol.1, London, Macmillan, 1953, pp.287~289.
100 Ibid., p.105.
101 Carl Erik Knoellinger, *Labor in Finland*, Harvard University Press, 1960, p.46.
102 Ibid., pp.47~50.
103 세르주, 『러시아 혁명의 첫 해』.
104 Hentilä, "Finland Becomes Independent", pp.110~112.
105 핀란드에서 일어난 사태에 관한 세르주의 논의는 *Year One* 182~191쪽에서 찾을 수 있다.
106 세르주는 핀란드의 경험에 관해 『빛』에도 기사를 한 편 썼다. "Une Grande Experience oubliée : La Commune finlandaise de 1918", *Clarté*, vol.XVI, no.8, 1926~1927, pp.237~241.
107 내전에 관한 그의 저술들은 모두 다 비슷하다.
108 Serge, *Portrait de Staline*, Paris, Editions Bernard Grasset, 1940, pp.57~58.
109 Serge, *Memoirs*, p.80.
110 Serge, *Russia Twenty Years After*, p.310.
111 Serge, *What Everyone Should Know about State Repression*, London, New Park Publications, 1979, p.62.
112 Serge, *Memoirs*, p.118.
113 Serge, *Russia Twenty Years After*, p.307.
114 제임스 페트라스(James Petras)가 *Socialist Register*(1986)에 실린 "Authoritarianism, Democracy and the Transition to Socialism"에서 이행기의 탄압과 민주주의의 관계라는 문제를 논의한다.
115 리처드 그리먼은 이 소설의 영문번역본에 자기가 단 머리말에서 세르주가 혁명이 탄압을 행해야 할 필요성이 내놓은 어려운 문제에 대해 패배 속의 승리와 승리 속의 패배라는 아이러니를 제기하는 이 비극적 소설의 형태로 답변했다고 썼다. *Conquered City*, London, Writers and Readers, 1978, pp.xiv~xv.
116 Isaac Deutscher, *The Prophet Armed, Trotsky 1879~1921*, Oxford, Oxford University Press, 1970, p.465.
117 Serge, *Memoirs*, p.108.

118 세르주는 *Portrait de Staline*(Paris, Editions Bernard Grasset, 1940) 49~56쪽에서, 보리스 수바린은 *Stalin : A Critical Survey of Bolshevism*(New York, Longman, 1939) 222~253쪽에서, 트로츠키는 *My Life*(Harmondsworth, Pelican Books, 1975)에서, 아이작 도이처는 자신의 스탈린 전기인 *Stalin : A Political Biography*(Harmondsworth, Penguin Books, 1966)에서 스탈린의 공훈을 논한다.
119 Serge, *Memoirs*, pp.108~109.
120 Serge, *From Lenin to Stalin*, pp.33~34 ; *Russia Twenty Years After*, pp.12~13 ; *Memoirs*, pp.108~109.
121 세르주, 『한 혁명가의 회상』.
122 Ibid., p.112.
123 위의 각주 36도 볼 것.
124 Ibid., p.113.
125 Serge, *Russia Twenty Years After*, p.312.
126 모리스 돕(Maurice Dobb)이 *Soviet Economic Development*(London Routledge and Kegan Paul, 1966), 123쪽에서 인용한 레닌의 말.
127 Serge, *Memoirs*, pp.115~118.
128 Ibid., p.117.
129 Ibid., p.118.
130 세르주의 *Year One* 357쪽과 410~411쪽의 주에서 재인용. 이 표현은 크리츠만의 *Geroicheskii period Velikoi Russkoi Revoliutsii*(Moskva, 1926)에서 나왔다. 세르주는 이 책을 "대단"하고 "전시공산주의를 진지하게 분석하는 유일한 책"으로 일컬었다.
131 Serge, *Year One*, p.360.
132 Ibid.
133 Ibid., pp.368~371.
134 Ibid., p.118.
135 세르주는 연대출판사(Solidarity Press)가 런던에서 재판을 찍어낸 *Memoirs* 124~132쪽, 레닌과 트로츠키의 *Kronstadt*(New York, Monad Press, 1979)에서 재간된 "Once More : Kronstadt"(*New International*, July 1938) 211~212쪽, "A Letter and Some Notes"(*New International*, February 1939, 53~54쪽), "La Tragique d'une révolution"(*La Vie ouvrière*, no.152, 1922/3/31), "Le Problème de la dictature"(*La Vie ouvrière*, no.159, 1922/5/19), "Dictature et contre-révolution économique"(*La Vie ouvrière*, no.182, 1922/11/3)에서 크론시타트에 관

해 썼다. 또한, *La Révolution prolétarienne* 254호(1937/9/10)와 257호(1937/10/25)에 "La Vie et les faits"라는 표제로, 277호(1938/8/25)에 "Sur Cronstadt 1921 et quelques autre sujets"로, 281호(1938/10/25)에 ("La Vie et les faits"라는 표제로) "Cronstadt 1921 : Defence de Trotsky, résponse à Trotsky"로 실은 기사들과 1947년 11월의 "Trente ans après la révolution russe"와 *Portrait de Staline* 55쪽, 그리고 나탈리야 세도바와 함께 쓴 *The Life and Death of Leon Trotsky*(New York, Basic Books, 1975), 106~108쪽에 있는 논문들도 볼 것.

136 *Pravda o Kronshtadte*(82~84쪽)에 실려 있고 폴 애브리치가 번역해서 *Kronstadt 1921*(Princeton University Press, 1970), 241~243쪽에 부록으로 넣은 크론시타트 혁명위원회의 1921년 3월 8일자 선언문, 「우리는 무엇을 위해 싸우는가」(*Za chto my boremsia*).

137 Serge, 「허구와 사실 : 크론시타트」, *La Révolution prolétarienne*, no.254, 1937/9/10, pp.702~703.

138 Avrich, *Kronshtadt*, p.4.

139 Ibid., pp.95~116.

140 Serge, *Russia Twenty Years After*, p.313.

141 Ibid., p.313.

142 Serge, "Once More : Kronstadt", *New International*, July 1938, p.211.

143 Serge, 「허구와 사실 : 크론시타트」, *La Révolution prolétarienne*, no.254, 1937/9/10, p.703. D. J. Cotterill(ed.), *The Serge-Trotsky Papers*, London, Pluto Press, 1994, p.165.

144 Serge, *Memoirs*, pp.125~126.

145 Ibid., pp.128~129.

146 Serge, *Russia Twenty Years After*, p.314.

147 Serge, *Memoirs*, p.135.

148 Serge, *Russia Twenty Years After*, p.314. 세르주는 비록 비판적 관점에 입각해서 목소리를 내고 조직을 만들 권리를 옹호하기는 했지만 그 또한 다른 경우에는 다른 정당들이 러시아 혁명과 내전을 거치면서 파산했다고 판명되었으므로 1921년이 되면 모든 혁명가가 이미 볼셰비키 당 안에 들어와 있음을 인정했다. 그렇다고는 해도 세르주는 당 내에서 자라나는 계엄 심리 상태의 영향을 비판했다.

149 세르주는 얄궂게도 10월혁명 10주년인 1927년 11월에 테르미도르에 이르렀다고 생각했다. 이것은 당 내에서 좌익반대파가 패하고, 뒤이어 좌익반대파 구성원들이 당에서 제명되어 체포되고 유형을 가고, 중국의 프

롤레타리아트가 스탈린의 위신과 권력을 위해 희생된 것과 동시에 일어
났다. Serge, *Memoirs*, pp.213~225.
150 Serge, *Memoirs*, p.131.
151 Ibid., p.132.
152 날짜 없는 미간행 타자원고, 「사회주의의 정의」(Définition du socialisme), Serge archive, Mexico. 멕시코에 있던 세르주의 문서 자료들은 1996년 9월에 예일 대학교 베이네케 희귀문서 도서관으로 이전되었다. 이 타자원고는 Victor Serge Papers, Box 5, Folder 276에 있다.
153 Serge, Memoirs, p.134.
154 Ibid.
155 Ibid. p.147.
156 Ibid.
157 Ibid., pp.147~148.
158 Ernest Mandel, "In Defence of Socialist Planning", *New Left Review* 159, September-October 1986, pp.22~32.
159 이 책의 제4장과 제6장을 볼 것.
160 Serge, Memoirs, p.148.
161 Ibid., pp.138, 146.
162 Ibid., p.150.
163 Serge, *Memoirs*, pp.155~156.
164 『인프레코르』(*Inprekorr*)는 '인터내셔널 언론통신(International Presse-Korrespondenz)'의 머리글자를 합쳐 만든 낱말이다.

제2장 베를린에서 봉쇄되고, 빈에서 무력해지고

1) 세르주는 파시즘의 진전을 면밀하게 주시하고 이 문제에 관해서 인터내셔널 지도부의 입장에 반대했다. 인터내셔널 지도부는 반동의 위협을 얕잡아보았지만, 세르주는 이 "새로운 변종의 반혁명은 억압과 정치선전을 통한 대중 조작에서 러시아 혁명을 스승으로 삼아 (……) 환멸에 빠지고 권력에 굶주린 과거 혁명가들의 무리를 신입대원으로 모집하는 데 성공했다. 따라서 그 지배는 여러 해 동안 지속될 것이다"라고 말했다. Victor Serge, Memoirs of a Revolutionary, London, Oxford University Press, 1963, pp.160~163.

2) Ibid., pp.163~164. 세르주는 제2인터내셔널에 소속된 사람들이 결코 사회주의를 위해 싸우지 않으리라는 부하린의 생각에 분명히 동의했다. 그는 독일에서 그들이 어떻게 해서 부르주아지보다 더 자본주의를 믿었는지, 그리고 권력을 쥐고 있는 자로서 리프크네히트와 룩셈부르크의 살해에 책임이 있는지를 빈번하게 언급했다.
3) 알베르트 슐라게터는 1923년 5월 26일 루르에서 프랑스 군대에게 총살당한 젊은 민족주의 선동가였다. 카에 따르면, 슐라게터는 민족주의자들에게 순교자이자 하나의 상징이 되었다(E. H. Carr, *The Interregnum 1923~1924*, London, Macmillan, 1954). 그의 이름은 독일의 국가 명예 부활의 상징과 "침공자 프랑스에 대항하는 새로운 폭력 행위를 (……) 고무하는" 투쟁 구호가 되었다(pp.170~177). 코민테른 집행부 확대회의에서 라덱이 한 연설은 다음과 같다. "오늘날 민족 볼셰비즘은 모든 사람들이 오직 공산주의자에게서만 구원을 찾을 수 있다는 느낌을 강하게 갖는다는 것을 뜻합니다. 요즘에는 우리가 유일한 출구입니다. 독일에서 민족을 힘주어 강조하는 것은 식민지에서 민족을 강조하는 것과 마찬가지로 혁명적 행위입니다." *International Presse-Korrespondenz*, no.103, 1923/6/21, p.869. Carr, 같은 책, 177쪽에서 재인용.
4) 1923년에 독일에서 일어난 사건들은 독일 공산당과 코민테른과 소련 공산당 안에서 일어난 위기를 보여주었다. 소련 공산당은 네프, 공업화 논쟁, 국제 혁명의 퇴조, 레닌의 병환, 지도자 승계로 발생한 분파 논쟁에 이미 휩쓸려 들어가 있었다. 지노비예프와 카메네프와 스탈린의 삼인방 체제가 트로츠키에 대항하고 간접적으로는 레닌에 대항해서 조직되었다.
5) Isaac Deutscher, The Prophet Unarmed, Trotsky 1921~1929, Oxford, Oxford University Press, 1959, pp.142~145. 도이처는 브란틀러가 그의 표현에 따르자면, 자기는, 독일의 레닌이 아니라고 느끼고는 망설였고 봉기를 지휘하는 임무를 트로츠키에게 맡기라고 정치국에게 요청했다고 지적한다. 정치국은 그 임무를 트로츠키 대신에 라덱과 파탸코프에게 맡겼다. 세르주는 그 두 사람과 아주 가까웠다. 만약 트로츠키가 가서 혁명을 지도해서 성공했더라면, 그는 러시아 혁명과 독일 혁명 양자의 지도자가 되었을 것이며 그 결과 스탈린으로서는 대적할 수 없는 권력자가 되었을 것이다. 다른 한편으로 만약 트로츠키가 독일 혁명을 이끌다가 실패해서 살해되었더라면 체 게바라(Che Guevara)처럼 순교자가 되었을 것이다. 스탈린으로서는 트로츠키를 소련에 붙잡아 두는 것이 더 나았다.
6) 트로츠키와 라덱은 권력을 장악한 순간이 되었는지 여부를 둘러싸고 마

슬로우 및 피셔와 (트로츠키의 지지를 받는) 브란틀러 사이에 일어난 독일 공산당 내 분열을 걱정했다.
7) 카가 쓴 것처럼, 독일 공산당 중앙위원회 위원인 텔만(Thälmann)과 레멜레(Remmele)가 저지른 불가사의한 비극적 대실수 때문이었다. 봉기 성공이 확실하다는 인상을 받은 두 사람은 헴니츠(Chemnitz)에서 열린 노동자 조직 대회가 끝나기 전에 그 대회를 떠나 함부르크에서 봉기를 시작하라는 명령을 내렸다. 만약 대회가 끝날 때까지 머물렀더라면 두 사람은 봉기가 취소되었다는 전갈을 받았을 것이다. E. H. Carr, Interregnum, pp.221~222.
8) "Victor Serge and Socialism"(*International Socialism*, no.14, 1963)에서 피터 세지윅은 "모든 사람이 (······) 다른 모든 이의 지도가 극히 변변치 않았음을 증명했다"고 지적했다(20쪽). 이 인용은 내가 엮은 *The Idea of Victor Serge : A Life as a Work of Art*(Glasgow, Critique Books, 1977) 190쪽에도 들어 있다.
9) 자기 윗사람에게 잘 보이고 싶어하는 관료화한 투사들이 서류상 무기 수집의 인플레이션을 만들어냈고, 그다음에는 그 윗사람이 실제로는 당이 봉기 준비가 안 되어 있는데도 서류상으로는 마치 그런 것처럼 보일 때까지 이를 감추었다. 역시 자기 윗사람에게 잘 보이기 위해서였다. R. Albert, "Au Seuil d'une révolution", *Clarté*, 1924/2/15, p.97. 체제 마비를 가져오는 관료제의 행태와 독일의 사태에서 부정확한 정보를 가지고 행동에 나섰다가 빚어진 후속 결과에 관해 세르주가 분석한 바는 소련에서 뒤이어 전개된 일련의 사건에도 거의 동일하게 적용된다.
10) 프레오브라젠스키와 세레브랴코프(Serebriakov)와 브레슬라프(Breslav) 등 지도자급 당원 마흔네 명이 서명해서 1923년 10월 15일에 나온 이 선언문은 커다란 간극이 "간사의 위계제"와 "침묵하는 군중", 즉 "당의 일반 대중"을 갈라놓는다고 비판했고, 당 지도부의 경화 현상에 관한 불만을 표출하면서 "당 중앙위원회가 깊은 생각 없이 되는 대로 비체계적으로 결정을 내리는 성격"이 나라를 "중대한 경제 위기"에 빠뜨렸다고 선언했다. 그 선언문, 즉 「46인 강령」의 전문은 카의 *Interregnum* 367~373쪽에 실려 있다.
11) 대중 의식의 위기와 코민테른의 관료화 둘 다 트로츠키가 혁명 지도부의 위기라고 부른 현상의 표현이었다. 따라서 세르주의 견해는 더 섬세해진 트로츠키의 견해였다.
12) 지노비예프는 독일의 패배를 받아들이기를 거부하면서 권력을 잡을 목적으로 탈린 공격을 주도했다. 세르주는 사람들이 지노비예프가 "레닌의

최대 실수"라고 말하곤 했다는 것을 인정했다. Serge, *Memoirs*, p.177.
13) 스탈린은 오르조니키제(Ordzhonikidze)를 이용해서 그루지야에서 자기의 의도를 드러냈다. 세르주는 오르조니키제를 "양심의 위기가 도져서 고통 받는 정직하고 성실한 사람"이라고 불렀다.
14) 세르주는 루카치를 다음과 같이 묘사했다. "루카치는 헤겔(Hegel)과 마르크스와 프로이트의 저작에 흠뻑 빠진 철학자였으며, 어느 것에도 얽매이지 않았고 신중한 마음을 가졌다. 그는 결코 빛을 보지 못할 뛰어난 책을 여러 권 쓰는 데 열중했다. 그에게서 나는 권위주의 권력과 연대하는 운동으로 타락하는 대신 사회운동으로 발전했더라면 공산주의에 진정한 지적 위대성을 줄 수 있었을 일급 두뇌를 보았다. 루카치의 사고는 그를 마르크스주의의 전체주의적 미래상으로 이끌었으며, 그는 그 미래상 안에서 인간의 삶의 모든 양상을 결합했다. 그의 당 이론은 상황에 따라 최상으로도 받아들여질 수 있었고 재앙으로도 받아들여질 수 있었다. 이를테면, 그는 역사를 정치로부터 떼어놓을 수 없으므로 당 중앙위원회에게 봉사하는 역사가가 역사를 써야 한다고 판단했다." Serge, *Memoirs*, p.187.
15) 안토니오 그람시는 세르주를 빈에서 만나기 전부터 알고 있었다. 그는 세르주가 쓴 『1917년의 레닌』과 『빛』에 실린 세르주의 기사들 가운데 몇 편을 번역해서 자기가 펴내는 신문 『새 질서』(*L'Ordine Nuovo*)에 실었다. 그람시의 옥중서신 이탈리아어판 편집자가 세르주와 그람시의 관계를 검토한다. 그람시도 1931년 9월 13일자 서신에서 세르주를 언급한다. 그람시의 *Lettre del carcere*, Sergio Caprioglio & Elsa Fubini(ed.), Torino, 1965, 487쪽 이하(리처드 그리먼의 미간행 박사학위 논문 "Victor Serge : The Making of a Novelist, 1890~1928", Columbia University, 1968, 344쪽에서 재인용)를 볼 것. 『한 혁명가의 회상』에서 세르주는 그람시를 "늦게 잠자리에 들고 늦게 일어나는 부지런한 집시 망명객"으로 묘사하면서 다음과 같이 썼다. "그람시는 나날의 일상생활에는 나사 빠진 사람처럼 들어맞지 않아서 밤에는 낯익은 거리에서도 길을 잃고 기차를 잘못 잡아탔으며, 하숙집 잠자리의 편안함과 끼니의 질에 관심을 두지 않았다. 그러나 그의 지성은 극히 왕성했다. 논리를 직관으로 간파하는 데 익숙하고 오류를 드러내어 신랄한 아이러니로써 움짝달싹하지 못하게 하는 데 빠른 그는 세계를 극히 명쾌하게 인식했다. (……) 그람시는 러시아의 위기가 악화하기 시작하자 그 과정에서 꺾이고 싶어하지 않았다. 그래서 그는 그가 속한 당이 자기를 이탈리아로 되돌려 보내도록 만들었고 (……) 파시스트 정권의 감옥에 갇혀서, 거의 모든 곳에서 자

기 세대의 투사들을 제거하는 결과를 가져온 분파 투쟁의 영향을 받지 않았다. 암울한 우리 시대는 그가 끈질기게 저항하는 시대였다." Serge, *Memoirs*, pp.186~187.
16) 그는 자기의 첫 소설 『감옥에 갇힌 사람들』을 쓰기 시작했고 레닌의 전기인 『1917년의 레닌』을 썼고 『빛』에 문화와 혁명에 관해 연재 기사를 썼다. 이 연재 기사는 세르주가 1932년에 『문학과 혁명』이라는 제목으로 펴낸 작은 책의 근간이 되었다.
17) 감옥에 있을 때 루카치는 모범을 보일 책임을 진 당 중앙위원회 위원으로서 자기에게는 자살할 권리가 없다고 판단했다. Ibid., p.188.
18) 프롤레트쿨트는 내전이 한창이던 1918~1921년에 등장해서, 프롤레타리아 문화를 위해 싸우고 소도시에 동아리를 만들고 시 담벽을 포스터로 도배하고 연극을 상연하고 시인을 배출하고 강좌를 열고 이론을 다듬고 국제위원회를 세웠다. *Clarté* 제72호(1925/3/1)를 번역한 Victor Serge의 글 "Is a Proletarian Literature Possible?"(*Yale French Studies*, no.39, 1967) 137쪽을 볼 것.
19) 마야콥스키는 『빛』에 실린 세르주의 기사에 아주 속이 상해서 그에게 "당신은 왜 나의 미래주의가 과거주의에 지나지 않는다고 말하는 거죠?"라고 물었다. 세르주는 "왜냐하면요, 당신의 과장법과 고함이, 심지어는 당신의 가장 대담한 이미지까지도 모두 다 가장 지겨운 양상으로 과거에 흠뻑 젖어 있기 때문입니다. 그리고 당신은 '인간의 영혼에서/증기와 전기'라고 썼습니다. 당신은 정말로 이것이 아주 좋다고 생각하나요? 이것은 유별나게 시대에 뒤떨어진 종류의 유물론이 아닐까요?"라고 대답했다. 세르주는 자기와 마야콥스키가 감정 상하지 않고 헤어졌다고 말했지만, 마야콥스키가 관변 인사가 되어서 세르주는 결코 그를 다시 만나지 못했으며 마야콥스키가 젊었을 때 사귄 친구들도 대부분 그와 절교했다. Serge, *Memoirs*, pp.267~268.
20) 루카치의 책 『역사와 계급의식』(*History and Class Consciousness*)이 사람들의 비위를 건드렸고 루카치는 당에서 쫓겨났다. 나중에 그는 전향했다. 즉, 최악의 시기를 거치면서 "혼이 없는 저작"을 펴내며 스탈린을 추종했던 것이다. 그는 1956년에 다시 "역사의 부름"을 받았는데, 이번에는 자기 나라인 헝가리를 침공하는 소련 탱크에 반대해서였다. 그는 이때 헝가리의 문화부 장관이었다. 그는 루마니아로 유배되었지만, 나중에 헝가리로 되돌아가도 좋다는 허락을 받았다.

1 그의 가족은 아내 류바와 아들 블라디로 이루어져 있었다.

2 Victor Serge, *Memoirs of a Revolutionary*, London, Oxford University Press, 1963, pp.157~158.

3 Ibid.

4 세르주는 『한 혁명가의 회상』에서 날짜를 엄밀하지 않게 적는 경우가 잦았다. 그는 자기가 1921년 가을에 소련에서 활동했다고 썼고, 도이칠란트에 관한 논의를 1922년의 사건들로 시작했다. 세르주는 『빛』에 실은 1923년 12월 1일자 기사에서 자기가 "1921년 연말에" 도착했다고 말했다.

5 Serge, *Memoirs*, pp.159~160.

6 R. Albert, "Devant la révolution allemande : les riches contre la nation", *Clarté*, no.46 (1923/11/1), p.428.

7 Serge, *Memoirs*, p.160.

8 Ibid., p.159.

9 Ibid., p.162.

10 코민테른은 다양한 간행물을 가지고 있었고, 보통 대여섯 개 언어로 동시에 발간했다. (1919년에 나오기 시작한) 『공산주의 인터내셔널』(*Kommunisticheskii Internatsional*)은 러시아어, 독일어, 프랑스어, 영어로 간행되었다. 러시아어판이 가장 정기적으로 나왔다. (1921년 9월에 나오기 시작한) 『인터내셔널 언론통신』은 독일어와 영어와 프랑스어로 간행되었는데, 영어판과 프랑스어판은 독일어판보다 분량이 적었다. 세르주는 '인터내셔널 통신'이라고 불린 프랑스어판을 편집했다. 이 간행물들에 관한 서술로는, E. H. Carr, *The Bolshevik Revolution 1917~1923*, vol.3, Bibliography, 580~582쪽과 Franz Borkenau, *World Communism : A History of the Communist International*, Ann Arbor, University of Michigan Press, 1962, bibliographical notes, 430~431쪽을 볼 것.

11 멕시코에서 세르주와 절친했던 동료인 훌리안 고르킨이 1964년에 파리에서 리처드 그리먼과 가진 인터뷰에서 한 말에 따른 것. Richard Greeman, "Victor Serge : The Making of a Novelist, 1890~1928"(미간행 박사학위 논문), Columbia University, 1968, 286쪽에서 재인용.

12 이 책의 참고문헌에 그가 쓴 기사들의 목록은 있다. 트로츠키의 전기를 쓴 피에르 브루에가 독일어로 된 세르주의 기사들을 모아 엮어서 주를 달아 세르주 탄생 1백 주년인 1990년에 세르주의 이름으로는 맨 처음으로 간행했다. Pierrre Broué, *Victor Serge : Notes d'Allemagne (1923)*, Montreuil, La Breche, 1990.

13 Serge, *Memoirs*, p.161.

14 알렉세이 베를롭스키는 독일에서 지낸 러시아인 포로였다. Serge, *Memoirs*, p.161.
15 Serge, *Memoirs*, p.158.
16 흔히 "빈(Wien) 동맹"으로 알려진 사회주의 정당 국제연맹에 그 적들이 붙인 이름. 세르주는 이것을 "개량주의자와 볼셰비키 사이에서 어정쩡하게 뭉쳐 무리를 이룬" 중도파 집단들을 일컫기에 알맞은 이름이라고 생각했다. E. H. Carr, *The Bolshevik Revolution*, vol.3, pp.407~408 ; Serge, *Memoirs*, pp.163~164.
17 Ibid.
18 Victor Serge, *Year One of the Russian Revolution*, New York, Holt Rinehart and Winston, 1972, chapter 10 : "The German Revolution", pp.312~349.
19 Ibid.
20 *Theses, Resolutions and Manifestos of the First Four Congresses of the Third International*, p.462n.
21 Serge, *Memoirs*, p.168.
22 Alfred Rosmer, *Moscow under Lenin*, New York, Monthly Review Press, 1971, 167~172쪽과 *Theses, Resolutions and Manifestos of the First Four Congresses of the Third International*, 309~436쪽.
23 Rosmer, *Moscow under Lenin*, p.196.
24 Serge, *Memoirs*, pp.147~148.
25 Victor Serge, *From Lenin to Stalin*, New York, Monad Press, 1973, p.40.
26 Serge, *Memoirs*, p.165.
27 Ibid.
28 E. H. Carr, *The Interregnum, 1923~1924*, London, Macmillan, 1954, 174~185쪽과 Helmut Gruber, *International Communism in the Era of Lenin : A Documentary History*, Greenwich, Conn., Fawcett Publications, 1967, 437쪽을 볼 것. 세르주는 『한 혁명가의 회상』에서 비록 그(세르주)가 참석한 회의와 연관해서는 아니었어도 라덱이 밀어붙인 "슐라게터 노선"을 언급한다. Serge, *Memoirs*, p.169.
29 Rosmer, *Moscow under Lenin*, 196~198쪽을 볼 것.
30 Serge, *Memoirs*, p.169.
31 R. Albert, "L'Allemagne en 1923 : l'Inflation catastrophique", *La Vie ouvrière*, 1925/12~1926/6, 310~370호와 R. Albert, "Notes

d'Allemagne", *La Correspondence Internationale*, 1923/7~11.
32 Serge, *Memoirs*, p.169.
33 Ibid.
34 R. Albert, *Clarté*, nos. 52&53, 1924/2/1&15.
35 Serge, *Memoirs*, p.169.
36 Carr, *The Interregnum*, p.174.
37 이 논설기사는 L. Trotsky, *The First Five Years of the Communist International*, vol.2, New York, Monad Press, 1972, 347~354쪽에 나온다.
38 Serge, *Memoirs*, p.170.
39 Carr, *The Interregnum*, 218쪽과 Isaac Deutscher, *The Prophet Unarmed, Trotsky 1921~1929*, Oxford, Oxford University Press, 1959, 142~145쪽.
40 Serge, *Memoirs*, p.171.
41 Ibid., p.172.
42 Ibid., p.174.
43 Deutscher, *The Prophet Unarmed*, pp.142~144 ; Borkenau, *World Communism*, pp.247~248 ; Gruber, *International Communism*, p.441 ; Carr, *The Interregnum*, pp.210~215.
44 Gruber, *International Communism*, p.442n.
45 Ibid.
46 LCI, no.61 (1923/7/31), no.63(1923/8/7), no.77(1923/9/28), no.78(1923/10/2), no.89(1923/11/9), no.90(1923/11/13)과 BC, no.41(1923/10/11), no.47(1923/11/22)에 있는 "R. Alert" 서명의 기사들을 볼 것.
47 Albert, *La Vie ouvrière*, no.60, 1926.
48 그는 지방 당 기구에서는 이미 자기의 권력 기반을 다져놓았지만, 당 전체에서는 그렇지 못했다.
49 "Greetings to *La Vérité, Writings of Leon Trotsky, 1930*". Trotsky, *The Challenge of the Left Opposition (1923~1925)*, New York, Pathfinder Press, 1975, 163쪽에서 재인용.
50 이 진술은 로스메르의 뛰어난 책 *Moscow under Lenin*, 208~209쪽에서 찾을 수 있다.
51 Serge, *Memoirs*, pp.174~175.
52 Serge, Ibid. ; Gruber, *International Communism*, p.441.

53 Trinadtsataia Konferentsiia Rossiiskoi Kommunisticheskoi Partii (Bol'shevikov) (M., 1924), p.173. Carr, *The Interregnum*, 236쪽에서 재인용.
54 세르주는 빈에서 『인프레코르』 편집부원으로 일하겠다는 자기 계획에 관해 편지를 써서 1924년 초기에 코민테른 집행부에게 보냈다. 모스크바의 RGASPI, f. 495, op.19, d. 23. l. 5.
55 Serge, *Memoirs*, p.177.
56 Ibid., p.181.
57 Ibid., p.182.
58 Ibid., p.194.
59 Ibid., p.187.
60 Ibid., pp.188~189.
61 "레닌 추모 당원 모집"을 일컫는다. Serge, *Memoirs*, p.186.
62 Victor Serge, "Le Fascisme en Autriche", *La Vie ouvrière*, 1925/10~11.
63 Serge, *Memoirs*, p.190.
64 Ibid.
65 나중에 세르주는 "사보타주가 있을 법"하니 면밀한 감시를 받으며 레닌 연구소에서 레닌 번역 작업을 계속해도 좋다는 허가를 받았다. Serge, *Memoirs*, p.273.
66 1986년 1월에 멕시코시티에서 인터뷰한 세르주의 아들 블라디에 따르면.
67 Serge, *Memoirs*, p.176.
68 Ibid.
69 리처드 그리먼은 이 책을 "따분하다"고 평하지만, 그 따분한 성격은 세르주가 당의 굴레에 묶인 충성스러운 당원으로서 처한 객관적 입장(사실은 좌익반대파 전체의 입장)을 가리켜준다고 말한다. Greeman, "Victor Serge : The Making of a Novelist", p.308.
70 원래는 '노동출판사(Librairie de Travail)'가 파리에서 1925년에 발간한 Victor Serge, *Lenin 1917*. 여기서는 에스파냐어판인 Ediciones Transición, Mexico, 1977, 26쪽에서 인용한다. "Victor Serge : The Century of the Unexpected", *Revolutionary History*, vol.5, no.3, autumn 1994, 3~53쪽에 영어로 "Lenin in 1917"로 실려 있다.
71 Serge, "Lenin 1917", p.24.
72 V. I. Lenin, *Marxism and Insurrection, Selected Works*, Moscow, Progress Publishers, p.380. "Lenine 1917"의 60쪽에 있는 세르주의

인용은 원문을 약간 축약한다.
73 이 책의 제1장, 76쪽을 볼 것.
74 A. Belyi, "Christ est ressuscit?", *Clarté*, no.27, 1923, p.77. 번역자는 빅토르 세르주.
75 "Les Ecrivains russes et la révolution", *Clarté*, 1922, p.388.
76 "Le Nouvel écrivain et la nouvelle littéraure", *Clarté*, 1923, p.160.
77 Ibid.
78 이 작가들의 약력은 *Clarté*, no.36, 1923(보리스 필냐); no.56, 1924(리베딘스키 "주간(週間)"); no.74, 1925(프세볼로드 이바노프); 1925(혁명의 서사문학: 티호노프와 세라피모비치(La Littérature épique de la révolution: N. Tikhonov et Serafimovitch)에 있었다.
79 Victor Serge, "Mayakovsky", *Clarté*, 1924, pp.504~508.
80 *Clarté*, 12(1925/3/1)에서 추려내 번역해서 *Yale French Studies*, 1967, 138~139쪽에 실은 Victor Serge, "Is a Proletarian Literature Possible?".
81 *Krasnaia nov'*, no.4, 1925, pp.271~272. Stephen Cohen, *Bukharin and the Bolshevik Revolution*, Oxford University Press, 1973, 205쪽에서 재인용.
82 Cohen, *Bukharin*. MAPP(모스크바 프롤레타리아 연맹), 그리고 프롤레타리아 문학의 볼셰비키 당파를 위한 작가 조직인 VAPP는 문학 분야의 공산당 독재를 요구했다.
83 Victor Serge, "Is a Proletarian Literature Possible?", pp.142~143.
84 Serge, *Clarté*, 12(1925/3/1), p.144(영어 번역).
85 Donald Filtzer, *Soviet Workers and Stalinist Industrialization: The Formation of Modern Soviet Production Relations 1928~1941*, New York, M. E. Sharpe, 1986, 18쪽, 276n쪽에서 재인용된 Evgenii Preobrazhenskii, *O Morali*를 볼 것.
86 Ibid., 18~19쪽을 볼 것.
87 Serge, *From Lenin to Stalin*, pp.40~42.
88 A. Podshchekoldin, "1922 god: Fabrkiki—rabochii privilegii—partapparatu", *Argumenty i Fakty*, no.27, 1990.
89 Serge, *Memoirs*, p.190.
90 Ibid., p.191.
91 Ibid., p.192.
92 Ibid.

제3장 소련으로 되돌아가서

1) 레닌이 죽은 뒤 페트로그라드의 이름이 레닌그라드로 바뀌었다. 레닌은 이렇게 이름을 바꾸는 데 찬성하지 않았을 것이다. 비록 스탈린이 자기가 살아 있는 동안 차리친의 이름을 스탈린그라드(Stalingrad)로 바꾸고 엘리자베트그라드(Elizavetgrad)가 지노비옙스크(Zinov'evsk)로 바뀌고 공장과 배와 학교에도 당 중앙위원회 위원들의 이름이 붙여졌지만 말이다. 레닌이 죽자 스탈린은 레닌 숭배를 주도했고 그다음에는 자기 자신의 숭배를 주도했다. 제임스가 번역한 보리스 수바린의 *Stalin : A Critical Survey of Bolshevism*(New York, Longmans Green, 1939) 303~304쪽을 볼 것.
2) Victor Serge, *Memoirs of a Revolutionary*, London, Oxford University Press, 1963, pp.205~207. 세르주는 수십 년 뒤에 표면에 떠오를 문제, 즉 정치적 목표나 사회적 목표나 종교적 목표가 없는 소외되고 무관심한 소련 젊은이들 사이에 만연한 정신적·도덕적 공허함을 언급했다. 세르주는 소비에트 통치의 조건에서 비롯된 이데올로기의 위기를 1926년에 감지할 수 있었다.
3) 비록 세르주가 그 시점까지 모든 혁명가들이 이미 볼셰비키당 안에 있음을 자주 시인하기는 했지만 말이다.
4) 세르주는 비록 최상급을 사용했지만 다른 데에서는 체카 창설이 볼셰비키의 가장 "이해하기 힘든" 잘못이라고 선언했다. 크론시타트 반란을 다루는 행태는 세르주에게 "권력의 잘못과 실수"의 절정이었다. Victor Serge, "Thirty Years After the Russian Revolution", Susan Weissman(ed.), *Russia Twenty Years After*, Atlantic Highlands, NJ, Humanities Press, 1996, pp.313~315.
5) 리드와 루이스 코리(Lewis Corey)는 코민테른 미국 지부 자격을 따려고 다투는 두 조직의 대표였다. 리드가 미국의 경우는 특수하다고 주장해 보았지만, 지노비에프는 두 사람이 견해 차이를 수습하고 한 지부로 통합해서 논쟁을 끝내야 한다고 고집했다.
6) *Victor Serge : Twenty Years After*, Susan Weissman(ed.), New York, Humanities Press, 1996, p.153. 해제된 1920년대 자료들은 세르주의 분석을 뒷받침한다. 소련 공산당 문서고를 이용한 알렉산드르 포드셰콜딘(Aleksandr Podshchekoldin)은 『주장과 사실』(*Argumenty i fakty*) 1990년 27호에 실린 한 기사에서 스탈린이 당 총간사 업무를 맡은 첫 아홉 달 뒤에 당료들에게 높은 봉급과 엄청난 특권을 주어 그들의

충성을 얻었음을 보여준다.
7) 세르주의 *Russia Twenty Years After* 154쪽과 수바린의 *Stalin* 제8장과 제9장. 세르주는 수바린의 책을 아주 꼼꼼하게 읽고서 그가 내세운 공식 가운데 여러 공식에 동의했다. 세르주가 쓴 저작에는 수바린에게서 따온 인용문이 곳곳에 들어 있다. 세르주는 수바린에게 동의하지 않는 부분이 있으면 *Russia Twenty Years After* 162쪽에서처럼 긴 각주에서 동의하지 않음을 밝히곤 했다. *Russia Twenty Years After* 162쪽에서 세르주는 수바린이 좌익반대파의 패배를 좌익반대파 스스로가 저지른 실수의 결과로 쉽게 단정했다고 비판했다. 세르주는 좌익반대파에게 현실감각이 없었다는 수바린의 비판을 반박했다. 세르주는 다음과 같이 썼다. "프롤레타리아트에게 더 큰 이익이 된다는 이유로 마차 바퀴 아래 제 몸을 던질 필요가 있다고 여기는 혁명가의 현실감각은 노동계급이 크게 패한 이튿날에 자기들이 권좌에 오를 더없이 소중한 기회를 얻는 벼락출세자의 현실감각과는 사뭇 다르다. 수바린은 이것을 알아야 한다. 어쨌거나, 그 역시 위대한 시대에 인터내셔널에 헌신했기에 '경험론자'에게 패하는 '공리론자'이기 때문이다."
8) Serge, "Thirty Years After", p.320. 세르주는 언제나 내전기의 혁명적 볼셰비키 세대와 그 뒤를 이은 "벼락출세자"를 구분했다.
9) 트로츠키는 트로이카의 반트로츠키 운동을 "레닌의 이데올로기 유산에 맞선 싸움"이라고 불렀다. Leon Trotsky, *My Life*, Harmondsworth, Pelican Books, 1975, p.508.
10) 수바린은 트로츠키의 『신항로』를 번역해서 출간했다는 이유로 제명되었다.
11) 코민테른 소속 정당들의 "볼셰비키화"는 1924년 6월에 열린 제5차 코민테른 대회에서 벨라 쿤이 내놓은 테제였다. 지노비에프는 코민테른을 "단일 세계당"으로 보았다. 독일 공산당 지도자인 루트 피셔는 지노비에프의 말을 그대로 되풀이해서 코민테른을 획일화하자고 요구했다. 코민테른 소속 정당들은 볼셰비키당의 내부 구조를 흉내 내어, 견해가 다른 사람을 내쫓고 지도자들 입장의 1백 퍼센트 찬성을 요구했다. 세르주는 이것을 관료주의 기구의 완성이라고 불렀다. *Russia Twenty Years After* 153~154쪽을 볼 것. 다음 역시 참고. Isaac Deutscher, *The Prophet Unarmed, Trotsky 1921~1929*, Oxford, Oxford University Press, 1959, pp.146~147 ; "Theses and Resolutions of the Communist International", Jane Degras(ed.), *The Communist International 1919~1943 : Documents*, vol.2, 1923~1928, London,

Cass, 1971, pp.98~107.

12) Panaït Istrati, *Soviets 1929*, Paris, Les Editions Rieder, 1929, p.115. 이 책은 실제로는 세르주가 쓴 책이었다. 그가 저자라는 사실은 대여섯 가지 출처에 명시되어 있다. 그런 출처로는 마르셀 메르모스가 쓴 서문을 달아 파나이트 이스트라티 재단, 연합총서(Union Générale d'Editions)가 1980년에 파리에서 재간행한 이스트라티의 3부작 『또 하나의 불길을 향하여』의 제1권, 29~30쪽이 있다. 그 3부작의 제2권이 『1929년의 소비에트』(*Soviets 1929*)였고, 제3권은 비록 이스트라티를 저자로 목록에 올려 간행되기는 했어도 보리스 수바린의 저작이었다.

13) 더욱이 안톤 칠리가는 트로츠키가 나라 전체에서 스탈린보다 더 인기가 좋았으며 그가 3대 주요 도시에 있는 공장에 모습을 보이기만 해도 승리가 확보되었으리라고 주장했다. 그러나 트로츠키는, 칠리가가 이어서 주장한 바에 따르면, 당에서 공공연한 결렬을 피하고 싶어했다. Anton Ciliga, *The Russian Enigma*, London, The Labour Book Service, 1940, p.86.

14) Serge, *Russia Twenty Years After*, p.279. *Russia Twenty Years After*에 붙인 결론에 따르면, 그 책을 빨리 펴내기 위해 세르주의 저술은 여기서 다급하게 이루어졌다. 그렇지만 그가 소콜니코프를 좌익반대파의 경제 강령이라는 맥락에서 프레오브라젠스키와 퍄타코프와 한데 묶어 취급한 것은 오해를 불러일으킬 소지가 매우 크며 역사적 사실에 대한 부주의로 간주될 수밖에 없다. 소콜니코프는 소비에트 국가를 지도부의 (반민주주의적이고 관료주의적인 경향은 제쳐두고서라도) 주요 결함 때문에 체제가 효율적으로 돌아가지 못하는 "국가자본주의"로 규정했다. 그는 프레오브라젠스키의 경제 처방과 직접 충돌하면서, 공업을 확장하기에 앞서 농업 생산을 확대하는 쪽을 선호했고, 관료제 같은 정치 문제와 당 민주주의 요구에서는 좌익반대파와 공감을 이루었다.

15) 스탈린은 마르크스와 엥겔스가 결코 그런 착상을 품지 않았음을 시인해야만 했으며, 그 착상은 "1915년에 레닌이 처음으로 정식화"했다고 말했다. 이 레닌 인용은 레닌의 저술 중 압도적 다수가 정반대의 것을 분명하게 말하기 때문에 전혀 근거가 없다. 레닌은 "한 나라의 노력, 특히 러시아 같은 농민의 나라의 노력은 사회주의가 최종 승리를 거두는 데, 즉 사회주의 건설을 조직하는 데에는 불충분하다. 이것을 해내려면 여러 선진 국가 프롤레타리아트의 노력이 필요하다"고 주장했다. 비슷한 레닌의 다른 많은 인용은 그가 사회주의의 국제적 성격을 이해했음을 보여준다. 샤트만(Max Shachtman)의 *Genesis of Trotskyism : The*

First Years of the Left Opposition(London, IMG Publications, 1973) 18~19쪽을 볼 것.
16) 이 어구는 트로츠키의 *The Permanent Revolution*(New York, Pathfinder Press, 1969) ix쪽에 등장한다.
17) 부하린은 1918년 초창기의 좌익 공산주의자로서, 그리고 전시공산주의 시기의 조직 양식이 "최종적인 것"이라고 선언한 1919~1920년의 열렬한 전시공산주의 옹호자로서의 모습에서 크게 변신했다. 제1장의 102쪽과 122쪽을 볼 것.
18) 프레오브라젠스키는 자기가 "사회주의 시초 축적"이라고 부른 것과 자본주의 축적의 차이점을 『신경제』에서 논했다. 자본주의 축적은 "노동력을 무자비하고 가혹하고 마구잡이로 쓰는 입장"을 취한다. "자본주의 축적은 노동력을 생산 요소들 가운데 하나를 구성하는 다른 모든 구매 상품과 마찬가지로 취급하려 든다. 이 분야에서 착취와 억압의 한계는 (노동자도 자고 먹어야 하니까) 순전히 생리적 한계이거나 그렇지 않으면 노동계급의 저항이다." 그러나 "노동계급은 승리한 순간부터 그저 수탈당하는 객체에서 수탈하는 주체로도 바뀐다(지은이의 강조). 노동계급은 자기의 노동력, 건강, 노동, 조건에 자본가와 똑같은 태도를 가질 수는 없다. 이 때문에 사회주의 축적 속도에 분명한 장벽이 세워진다." Evgenii Preobrazhenskii, *The New Economics*, Oxford, Oxford University Press, 1965, p.122.
19) 프레오브라젠스키의 생각은 소련 안에서 단독으로, 또는 다른 저개발 국가들과 연대해서 사회주의 시초 축적을 이룩할 수 있다는 뜻으로 해석될 수 있었다. 트로츠키는 그의 생각이 비현실적이라고 여겼을 뿐만 아니라 일국사회주의와 이론상의 타협이 이루어지는 통로를 열었다고 보았다. 트로츠키는 공업화 속도를 놓고도 프레오브라젠스키와 견해차를 보였다.
20) 1915년에 레닌은 세계혁명이 전개되면서 일어나는 단속적 격변에 관해서 "사회주의는 우선 두어 개 자본주의 국가들이나 심지어는 격리된 한 국가에서 승리할 수 있다"고 언급했다. 레닌은 러시아를 지칭하고 있지 않았다. 그러나 스탈린은 "일국사회주의는 전적으로 가능하며 유망하다"는 결론으로 비약했다. 로버트 다니엘스(Robert V. Daniels)의 *The Conscience of the Revolution*(New York, Simon and Schuster, 1960) 252쪽을 볼 것.
21) 야코빈은 독일에 있었고 세르주가 독일에 관한 뛰어난 책이라고 부른 것을 썼다. 그는 여러 해를 좌익반대파 활동을 하며 보내다가 감옥을 전

전했고 1937년에 사라졌다. 딘젤시테트는 1917년 발트해 함대 항명 사태 배후에 있었던 볼셰비키 선동가들 가운데 한 사람이었다. 그는 『인도의 농지 문제』라는 책을 펴냈고, 세르주는 그를 사프로노프와 마찬가지로 정권의 악화가 이제 완료되었다고 여기는 극좌 경향을 대표한다고 서술했다. 세르주는 딘젤시테트가 야코빈과 마찬가지로 결코 꺾이지 않았다고 말했다. Serge, *Memoirs*, pp.207~208.

22) 세르주의 친구이며 좌익반대파에서 그의 협력자이며 『붉은 신문』(*Krasnaia gazeta*) 내 같은 당 세포 조직원인 차다예프는 그들의 동아리 가운데 처음으로 죽임을 당했다. 차다예프는 1928년에 감옥에서 여섯 달을 보낸 뒤 쿠반에 있는 콜호스(집단농장)들을 조사하라는 『붉은 신문』의 지시를 받고 파견되었다. 그는 쿠반에 가자마자 건설과 공업과 농업에 있는 부정부패에 관해 글을 썼다. 분명히 그는 너무 오지랖이 넓어서 지나치게 질문을 많이 했다. 1928년 8월 26일에 지역 당국은 그가 다른 도시로 가는 차를 잡아타야 한다고 고집했다. 경찰관 한 사람이 그 차에 같이 탔지만, 그는 "강도 떼"가 차다예프가 탄 차를 잡아 세우자마자 슬쩍 빠져나갔다. 차다예프는 총신을 짧게 자른 산탄총으로 얼굴과 가슴에 총격을 당했다. 그를 죽인 자들은 결코 색출되지 않았고, 레닌그라드 당위원회는 (혁명을 위해 싸웠던) 그를 위한 공개 장례식을 금했으며, 그의 묘석은 깨뜨려져 산산조각 났다. 세르주의 *Memoirs* 214~215쪽과 242~243쪽을 볼 것.

23) 고참 볼셰비키 당원이자 오렌부르크에서 세르주와 함께 오랜 시간을 보낸 좌익반대파 지도자이며 세르주의 소설 『캄캄한 시대일지라도』에 나오는 등장인물이 되는 보리스 미하일로비치 옐친의 아들이자 트로츠키의 비서, "전술가의 냉철한 기질"을 가진 빅토르 보리소비치 옐친은 감옥에서 다섯 해를 보낸 다음 아르한겔스크로 유배되었다. 도이처는 그를 트로츠키의 "재기 있는 비서들" 가운데 한 사람으로 불렀다. 도이처의 *The Prophet Unarmed* 431쪽과 세르주의 *Memoirs* 209쪽, 307쪽을 볼 것.

24) 코민테른 임무를 띠고 빈으로 출장을 가 있는 동안 세르주가 한 이 여행은 코민테른 사업 출장이었을 가능성이 극히 크다. 그가 소련으로 되돌아오라는 분명한 요청을 받은 것은 십중팔구 그가 빈으로 되돌아간 직후였을 것이다.

25) Ibid., p.210. 세르주가 예전에 보여준 정치적 통찰력을 고려하면 그가 저지른 이 실수는 이상하게 보인다. 세르주는 지노비예프와 연합하는 데 반대하는 므라치콥스키(Mrachkovskii)를 인용했다. 지노비예프는 "결

국에 가서는 우리를 버릴 것이며 스탈린은 우리를 속일 것이라는 것"이었다. 1925년 12월에 세르주가 취한 입장은 연합이 더 영속적인 계파로 아직 굳어지지 않은 상태에 있던 당 내부 상황을 반영한다.

26) 러시아 혁명에서 "두드러지는 인물"(Serge, Memoirs, p.136)인 아돌프 아브라모비치 요페는 트로츠키에게 보내는 정치 유언장을 남기고 스스로 목숨을 끊었다. 게페우는 처음에는 그 유언장을 훔쳤다가 나중에 트로츠키에게 내주었다. 요페의 경험에는 투옥, 유형, 1905년 혁명과 1917년 혁명, 브레스트-리톱스크 조약, 독일 혁명, 중국 혁명, 도쿄(東京) 주재 대사직과 빈 주재 대사직이 포함되어 있다. 그는 마흔일곱 살이었다. 요페(Nadezhda Ioffe)의 *Moi otets : Adol' f Abramovich Ioffe-Vospominaniia, dokumenty i materialy*, Moskva, Izdatel'stvo Vozvrashchenie, 1997을 볼 것.

27) 사실상 세르주는 국민당이 소련 공산당의 엄격하고 획일화된 내부 구조를 채택하고 이런 행보에서 코민테른의 후원을 받았다는 점을 지적했다. 중앙집권화된 비민주주의적 내부 기구를 기회주의적으로 채택한 것은 중국 공산주의자들을 겨눈 행동이었다. Serge, "La Revolución China", *Clarté*, no.13, 1927/9/15, pp.125~127.

28) 나중에 트로츠키는 이 평가가 너무 과격했다고 말하게 된다.

29) 스탈린의 정책은 국민당이 부르주아지, 프티부르주아지, 농민, 프롤레타리아트의 "4대 계급 블록"의 구현체이며 따라서 사회 계급들 위에 올라서 있는 정부가 될 수 있다고 보았다. 부하린에게서 영감을 얻은 스탈린은 국민당 안으로 침투해 들어가는 방법으로 이 정책이 중국의 사회주의 혁명을 촉진하리라고 주장했다. 그러기는커녕 이 정책 때문에 혁명가들이 파멸할 운명에서 헤어나지 못했다. 혁명가들의 피가 흥건하게 흘렀는데, 그 주된 이유는 그다지 중요하지 않은 중국의 민족 부르주아지, 좌익반대파와의 싸움, 재앙과도 같은 코민테른 지도부에 관한 스탈린의 고려 때문이었다. 수바린의 *Stalin* 440~443쪽, 도이처의 *The Prophet Unarmed* 323~327쪽, 세르주의 *From Lenin to Stalin* 중 "La Revolución China" 45~49쪽, *Russia Twenty Years After* 255~257쪽을 볼 것.

30) 세르주는 "거물급은 아닌" 로미나제와 노이만이 중국에서 복무한 대가로 융숭한 대접을 받지 못했다고 지적했다. 로미나제는 중국 사태 뒤에 좌익반대파의 일원이 되었다가 1935년에 스베르들롭스크에서 체포되기 전날 스스로 목숨을 끊었다. 노이만은 나치를 피해 소련에서 피신처를 찾았다가 1937년 숙청 때 사라졌다. 노이만의 아내는 나치와 소련이 불

가침조약을 맺은 뒤 게슈타포에게 넘겨졌다. Serge, *From Lenin to Stalin*, p.49 ; *Memoirs*, p.173.
31) 이 공식은 우연히 생겨난 것이 아니다. 세르주와 좌익반대파가 내놓은 프롤레타리아트의 헤게모니라는 분명한 개념이 스탈린의 "쌍둥이 독재"에서 뒤죽박죽이 된다.

1 Victor Serge, *Memoirs of a Revolutionary*, London, Oxford University Press, 1963, p.193.
2 Ibid., p.199.
3 Ibid., p.205.
4 Ibid., p.199.
5 Ibid., p.195.
6 Ibid.
7 Susan Weissman(ed.), *Victor Serge : Russia Twenty Years After*, Atlantic Highlands, NJ., Humanities Press, 1996, 314쪽에 영어로 실린 Victor Serge, "Trente ans après la révolution russe".
8 Ibid., p.315.
9 Ibid., p.24.
10 Ibid., p.25.
11 Geoffrey Hoskings, *The First Socialist Society : A History of the Soviet Union from Within*, Cambridge, Mass., Harvard University Press, 1985, 140쪽에서 재인용.
12 Victor Serge, *Retrato de Stalin*, Mexico, Ediciones Libres, 1940, p.71.
13 Boris Souvarine, *Stalin : A Critical Survey of Bolshevism*, New York, Longmans Green, 1939, 432쪽과 제9장 전체를 볼 것.
14 Robert Daniels, *The Conscience of the Revolution*, Cambridge, Mass., Harvard University Press, 1960, p.233.
15 Isaac Deutscher, *The Prophet Unarmed, Trotsky 1921~1929*, Oxford, Oxford University Press, 1959, p.132.
16 Ibid., pp.75~77.
17 Serge, *Russia Twenty Years After*, p.153.
18 여기서 지칭되는 사람들은 트로츠키가 이론 논쟁을 할 수 있는 부하린과 지노비예프와 카메네프가 아니라 스탈린과 한패인 칼리닌과 보로실로프, 그리고 세르주가 "그저 그런 사람들"이라고 일컬은 사람 등이다.

19 트로츠키는 지루함을 없애려고 지도층의 다른 구성원들과 함께 사교 "오락"을 하는 일에 끼지 않았으며, 더욱이 자기가 나타나면 여러 사람이 주고받던 이야기가 멈추고 이야기를 하던 사람들이 트로츠키를 향해 떨떠름해하거나 부끄러워하는 표정을 지었다고 설명했다. L. Trotsky, *My Life*, Harmondsworth, Pelican Books, 1975, p.525.
20 이 구절은 세바 볼코프(트로츠키의 손자)가 한 말. 1987년 5월에 멕시코 시티에서 나눈 사적인 대화.
21 Trotsky, *My Life*, p.532.
22 Ibid., p.534.
23 Ibid.
24 Deutscher, *The Prophet Unarmed*, p.241.
25 Ibid., p.242.
26 1924년에 열린 제13차 소련공산당 협의회에서 트로츠키가 한 선언. Deutscher, *The Prophet Unarmed*, 161쪽에서 재인용.
27 Serge, *Russia Twenty Years After*, pp.155~156.
28 Ibid., p.150.
29 Geoffrey Hoskings, *The First Socialist Society : A History of the Soviet Union form Within*, Cambridge, Mass., Harvard University Press, 1985, p.143.
30 Serge, *Russia Twenty Years After*, p.151.
31 세르주가 메닐에게 보낸 편지. 이 편지는 *Russia Twenty Years After*, 151~152n쪽에 인용되어 있다.
32 Serge, *Russia Twenty Years After*, pp.147~148.
33 Ibid.
34 1936년에 쓰어진 그의 입장은 여기서 1923~1925년의 입장보다 덜 완곡하며 트로츠키의 입장과 딱 들어맞는다. Ibid., p.148.
35 Victor Serge, "Reply to Ciliga", *New International*, February 1939, p.54.
36 Serge, *Russia Twenty Years After*, pp.278~289.
37 그리고리 소콜니코프는 카메네프와 크룹스카야와 함께 제14차 소련 공산당 대회에서 지노비예프 계파의 지도자였다. 재무인민위원으로서 그는 "우파적" 경제 정책을 주창하면서 자영업을 격려했지만, 당내 민주주의와 정치개혁, 그리고 관료주의와 대두하는 스탈린의 권력에 대항하는 투쟁이라는 쟁점에서는 좌익과 함께했다. Deutscher, *The Prophet Unarmed*, 247쪽 ; Daniels, *The Conscience of the Revolution*, 291

쪽 ; E. H. Carr, *Socialism in One Country*, London, Macmillan, 1958, part II, 73~74쪽을 볼 것.

38 Donald Filtzer, *Soviet Workers and Stalinist Industrialization : The Formation of Modern Soviet Production Relations 1928~1941*, New York, M. E. Sharpe, 1986, 13~15쪽을 볼 것.

39 Victor Serge, *From Lenin to Stalin*, New York, Monad Press, 1973, p.40. Carr, *Socialism in One Country*, 59~74쪽과 Deutscher, *The Prophet Unarmed*, 244쪽도 볼 것.

40 Victor Serge, "Vers l'industrialisation", Partie II, *Clarté*, XVI-10 (1927/11/29), p.486.

41 Ibid.,

42 Ibid., p.488. 세르주는 자기가 쓴 논설기사의 이 부분에서 지노비예프, 트로츠키, 카메네프, 라콥스키, 퍄타코프, 스밀가 등이 쓰고 1927년 11월 17일자 『프라브다』의 토의문건에 실린 (리코프와 크리야놉스키가 쓰고 당중앙위원회가 인준한 테제에 대항하는) 「좌익반대파의 대항테제」를 인용했다.

43 Serge, *From Lenin to Stalin*, p.41.

44 도이처는 트로츠키와 프레오브라젠스키 사이에 있는 견해차를 *The Prophet Unarmed*, 237~238쪽에서 논한다.

45 프레오브라젠스키는 주로는 신생 소비에트 국가에서 배분 체계가 제대로 갖춰져 있지 않기 때문에 사적 자본이 잉여 생산물의 일부를 상인의 이윤이라는 형태로 거머쥔다는 점을 인정했다. 그는 네프만이 내부 대출로 이윤을 얻고 있다는 점도 받아들였다. 그러나 그는 새로운 부르주아지가 손에 넣은 부의 규모의 관점에서는 세르주만큼 나아가지 않았다. Evgeny Preobrazhensky, *The New Economics*, Oxford, Oxford University Press, 1965, 189~190쪽을 볼 것.

46 Kondoruchkin, *Le Capital privé devant la justice soviétique*, Librairie de l'état, 1927을 인용하는 Victor Serge, "Vers l'industrialisation".

47 Victor Serge, "Vers l'industrialisation", Partie I, *Clarté*, XV-8(1927/10/20), p.440.

48 Ibid., p.441.

49 세르주는 소련에 돌아오자마자 1921년 이후로 본 적이 없는 사람들을 만날 때면 "이렇게 되려고 우리가 혁명을 일으키지는 않았는데"라고 말했다.

50 L. Trotsky, *Writings*, New York, Pathfinder Press, 1973, Supplement

to 1929~1933, p.70.
51 1987년 5월에 멕시코시티에서 나눈 사적인 대화에서.
52 Serge, *Memoirs*, p.207.
53 Trotsky, *My Life*, p.111.
54 Serge, *Memoirs*, p.208.
55 Ibid.
56 Ibid., p.212.
57 Ibid.
58 Ibid., p.213.
59 Ibid.
60 Ibid., p.214.
61 Ibid., p.215.
62 Ibid., p.218.
63 Ibid., p.219.
64 Ibid., p.220.
65 Ibid., p.221.
66 Ibid., p.220.
67 Ibid., pp.220~221.
68 Ibid., p.222
69 Ibid., p.225.
70 『러시아, 스무 해 뒤』에서.
71 도이처는 *The Prophet Unarmed*, 372~376쪽에서 이 시위를 거론한다.
72 Serge, *Memoirs*, p.226.
73 Ibid.
74 Louis Fischer, *Men and Politics : An Autobiography*, London, Jonathan Cape, 1941, pp.91~92.
75 이를테면, Victor Serge, *From Lenin to Stalin*, 86쪽 ; *Portrait de Staline*, Paris, Editions Bernard Grasset, 1940, 제21장 "La Troisième procès de Moscou", *La Révolution prolétarienne*, 1938/3 ; *Seize fusillés*, Paris, Spartacus Cahiers Mensuels, 1936, 19쪽, 31~34쪽 ; (나탈리야 세도바와 함께 쓴) *The Life and Death of Leon Trotsky*, New York, Basic Books, 1975, 181쪽 ; *Memoirs*, 333~334쪽을 볼 것.
76 Serge, *Memoirs*, p.227.
77 Ibid., p.228.

78 Fischer, *Men and Politics*, pp.92~93.
79 Deutscher, *The Prophet Unarmed*, pp.381~384. 피셔도 자기 자서전 *Men and Politics*, 93쪽에서 그 장례식과 트로츠키를 보호하는 군중을 서술했다.
80 세르주는 *Memoirs*, 231쪽에 있는 부하린의 말을 인용했다.
81 Ibid., p.232.
82 Ibid.
83 Ibid., pp.234~235.
84 Ibid., p.235.
85 Trotsky, *My Life*, 562~571쪽을 볼 것.
86 Serge, *Memoirs*, p.233.
87 이 표제는 레닌의 문구에서 나왔다. 이 간행물은 핍박의 대공세에 맞서 좌익반대파를 굳건하게 옹호했다. 프랑스의 파즈 그룹은 나중에 세가 자라나서 『프롤레타리아 혁명』이라는 신간 격월간지가 『시류역행』의 자리를 대신했다. 이 간행물의 기고자들은 조르주 뒤아멜, 샤를 빌드락, 조르주 피옥(Georges Pioch), 레옹 베르트, 마르셀 마르티네, 앙리 풀레유를 비롯한 혁명적 생디칼리스트와 문예계 인사가 주를 이루었다. 이 프랑스 지식인들은 훗날 스탈린의 감옥 수용소에서 세르주가 풀려나도록 국제 구명 운동을 벌였다.
88 Serge, *Memoirs*, p.234. 세르주는 아홉 해 동안 더 파리에 가지 못했다. 그는 그 아홉 해 가운데 세 해를 감금 상태로 보냈다.
89 Alfred Rosmer, *Moscow under Lenin*, New York & London, Monthly Review Press, 1971, pp.35~37.
90 로젱탈(1903~1992년)은 트로츠키의 변호사가 되었고, 나빌은 평생 동안 프랑스에서 트로츠키주의 활동가로 남았다.
91 Serge, *Memoirs*, p.231.
92 *Clarté*, Partie I, no.15, 1927/11, pp.436~442 ; Partie II, no.16, 1927/12, pp.485~491.
93 논설기사는 모두 일곱 편이었다. 여섯 편은 『빛』에 실렸다. 첫번째 기사는 "Le Bolshevisme et l'Asie", *Clarté*, Série Nouvelle, no.7, 1927/3/15, 195~199쪽이었고, 「중국혁명에서 벌어지는 계급투쟁」이라는 5부작 연속기사로 *Clarté*, Série Nouvelle, no.9, 1927/5/15, pp.259~266 ; no.11, 1927/7/15, 323~329쪽 ; no.12, 1927/8/15, 356~362쪽 ; no.13, 1927/9/15, 382~392쪽 ; no.14, 1927/10/15, 406~412쪽에 실렸다. 맨 마지막 논설기사인 「광둥」(廣東)은 *La Lutte*

des classes, no.1, 1928/2~3에 실렸다. 『빛』은 공산당에 종속되지 않은 마르크스주의·공산주의 계열 간행물이었지만 공산당의 통제를 받았다. 두 논설위원, 즉 마르셀 푸리에(Marcel Fourier)와 피에르 나빌은 둘 다 모두 공산당원이었다.

94 『빛』에 실린 세르주의 기사를 모아 엮은 책의 프랑스어판과 에스파냐어판에 단 머리말에서 피에르 나빌은 『빛』에 실린 모든 중국 관련 기사는 1926년 내내 코민테른 노선을 무비판적으로 반영했다고 썼다. 이런 사정은 트로츠키와 지노비예프의 글들이 소련에서 새나오기 시작하면서, 그리고 "'중국혁명에서 벌어지는 계급투쟁'의 진정한 성격을 규명"하고 "코민테른의 오류를 명확하게 밝힌" 세르주의 기사들이 실리면서 바뀌었다. 나빌은 세르주의 기사로 말미암아 『빛』이 일련의 오류를 저질렀음을 깨닫게 되었고 프랑스 좌파가 관심을 중국혁명으로 돌렸다고 평했다. 피에르 나빌이 Victor Serge, *La Revolución China 1926~1928*, Mexico, Editorial Domes, 1984에 쓴 머리말(8~10쪽).

95 프랑스에서는 *La Révolution chinoise, 1927~1929*, Paris, Savelli, 1977로 간행되었고, 멕시코에서는 블라디가 *La Revolución China 1926~1928*, Mexico, Editorial Domes SA., 1984로 펴냈다. 이탈리아어판은 1971년에 '사모나 에 사벨리(Samonà e Savelli)'사가, 독일어판은 1975년에 노이에 크리티크사(Verlag Neue Kritik)가 간행했다. 영어 번역본은 그레거 벤튼(Gregor Benton)이 옮긴 "The Class Struggle in the Chinese Revolution", *Revolutionary History*, vol.5, no.3 autumn 1994 ; *Victor Serge : The Century of the Unexpected, Essays on Revolution and Counter-Revolution*, 55~141쪽으로 나왔다.

96 훗날 중국에 관해 광범위하게 글을 쓴 나빌은 세르주가 쓴 중국 관련 논설기사집의 프랑스어판과 에스파냐어판에 달린 머리말을 썼다.

97 Serge, *Memoirs*, p.220.

98 "Le Bolshevisme et l'Asie", *Clarté*, Série Nouvelle, no.7, 1927/3/14. 세르주는 코민테른의 간행물들과 프랑스 공산당 잡지인 『뤼마니테』를 이용하기도 했다.

99 Victor Serge, *Clarté*, no.12, 1927/8/15, 에스파냐어 재편찬물의 105쪽. 세르주는 레닌의 말을 인용하면서 공산주의가 쑨원주의에, 공산당이 국민당에 종속되어서는 안 된다고 강조했다.

100 Serge, *La Revolución China*, 141쪽, 에스파냐어판.

101 Ibid., pp.141~145.

102 Ibid., p.147.
103 毛澤東, "中國社會各階級的分析"(1926년 3월)과 "湖南農民運動考察報告"(1927년 3월).
104 Serge, "La Lutte des classes dans la Révolution chinoise", *Clarté*, no.12, 1927/8/15, 358쪽에서 재인용된 毛澤東. 필자의 번역.
105 Ibid.
106 Serge, *Memoirs*, p.216.
107 Serge, *From Lenin to Stalin*, p.45.
108 Serge, *Russia Twenty Years After*, p.256.
109 Serge, *From Lenin to Stalin*, p.45.
110 Serge, *Russia Twenty Years After*, p.256.
111 Serge, *Memoirs*, p.217.
112 *Writings of Leon Trotsky 1938~1939*, New York, Pathfinder Press, 1969, pp.261~264.
113 Souvarine, *Stalin*, p.471.
114 Serge, *Russia Twenty Years After*, pp.159~160.
115 Trotsky, *My Life*, p.552.
116 *Writings of Leon Trotsky*, p.262.
117 Ibid., 263.
118 Trotsky, *My Life*, p.553.
119 Souvarine, *Stalin*, p.472.
120 Ibid., p.474.
121 Serge, *Russia Twenty Years After*, p.162n.
122 Serge, *Memoirs*, p.239.
123 Serge, *Russia Twenty Years After*, p.160n.
124 Serge, *Memoirs*, pp.239~240.
125 Ibid., pp.242~243.
126 이 좌익반대파 구성원들의 운명에 관한 이야기는 Serge, *Russia Twenty Years After*, 94~114쪽에 있다.
127 RGASPI, f. 495, op.2, d. 83(모스크바)에는 세르주가 소련에서 처음으로 당한 체포에 관한 자료가 담겨 있다.
128 1987년 5월에 멕시코시티에서 블라디와 한 인터뷰 녹음 기록.
129 Serge, *Memoirs*, p.240.
130 "Victor Serge en prison", *Clarté*, 1928, no.4, pp.89~90. 이 사설의 전문은 Richard Greeman, "Victor Serge : The Making of a

Novelist, 1890~1928"(미간행 박사학위 논문), Columbia University, 1968, 400~401쪽에 인용되어 있다.
131 Serge, *Memoirs*, p.238.

제4장 스탈린주의화, 1928~1933년

1) 그는 어린 시절에 지극히 못살았다. 세르주는 딱딱하게 말라붙은 빵을 커피에 적셔 먹는 끼니를 서술했다. 그의 동생은 쫄쫄 굶는 생활을 견디지 못하고 아홉 살에 굶어 죽고 말았다. Victor Serge, *Memoirs of a Revolutionary*, London, Oxford University Press, 1963, p.5. 프랑스 감옥에서 보낸 다섯 해도 나중에 오렌부르크에서 보낸 시기와 마찬가지로 세르주의 몸 상태가 약해지는 데 한몫했다.
2) 1987년 5월 17일에 멕시코시티에서 나눈 사적 대화. 얄궂게도, 카잔차키스는 자기와 세르주가 더 가까운 교감을 얻지 못했다고 안타까워하며 러시아를 떠났다. (카잔차키스의 아내인) 헬렌 카잔차키스는 자기가 쓴 니코스 카잔차키스 전기에서 그가 세르주를 "트로츠키의 저술을 번역하고 (……) 이른 시일부터 레닌과 그의 동지들을 모두 다 잘 알고 있었던 (……) 시련을 통해 검증된 혁명가"라고 생각했다고 썼다. Helen Kazantzakis, *Nikos Kazantzakis : A Biography Based on His Letters*, Berkeley, California, Creative Arts Books, 1983, pp.222~223.
3) Serge, *Memoirs*, p.262. 독일 혁명 기간 동안 『인프레코르』에 실린 세르주의 기사가 이 "불일치"의 좋은 예이다.
4) 세르주 스스로도 관료주의적 순응의 산물인 마리에타 샤기냔(Marietta Shaginian)의 소설 『중앙 수력발전소』(*Gidroelektrotsentral*')를 번역했다.
5) 평화로운 시대였다면 해마다 2백만~3백만의 성장이 이루어졌을 것이다. 이 시대에는 세계대전, 혁명, 내전, 기아가 있었다.
6) Serge, *Memoirs*, p.246. 라스 리(Lars Lih)는 *Slavic Review* 1986년 겨울호에 실린 글 "Bolshvik Razverstka and War Communism"에서 전시공산주의 시기 동안 '라즈보르스트카'의 번역어로 그가 선호하는 "할당량 산정"이 어떻게 이루어졌는가, 그리고 많은 역사가가 어떻게 해서 그 용어를 세르주가 쓴 용어인 '징발'이나 '몰수'로 오역해왔는가를 논했다.

7) Serge, *Memoirs*, p.247. 소련 농민에 관한 연구에서 모셰 르윈이 5백만 농민 가구가 유형에 처해졌다고 제시한 세르주의 수치를 확인했다. 르윈은 5백만 농민 가구와 1천만 농민이 영향을 받았다고 확언했다. 비록 이 수치가 농민 가구가 평균 2인 가족이었을 뿐이라고 가정한 것이기는 하지만 말이다. Moshe Lewin, *Russian Peasants and Soviet Power : A Study of Collectivization*, Evanston, Northwestern University Press, 1968, pp.507~508. 서유럽[인위적으로 조성된 기아에 관한 로버트 콩퀘스트(Robert Conquest)의 연구서 *The Harvest of Sorrow*(New York & Oxford, Oxford University Press, 1986)]과 구소련 양쪽에서 이루어진 더 최근의 연구는 훨씬 더 큰 수치를 내놓는다. 1988년에 보고된 한 소련 연구에서는 소련 측 자료가 (2인 이상) 농민 가정 1천만 가구가 영향을 받았음을 가리킨다. 이를테면, 이고르 베스투제프-라다(Igor' Bestuzhev-Lada)의 "Pravda i tol'ko pravdu"(*Nedelia*, 1988/2/1~7) 14~15쪽을 볼 것.

8) *Victor Serge, Russia Twenty Years After*, Susan Weissman(ed.), New York, Humanities Press, 1996, pp.168~169. 이 잔혹한 일화에 붙은 각주가 있는데, 벌거벗은 여자들을 가축 수송차량에 태우려고 몰고 가다가 소총 개머리판으로 때렸다는 혐의를 받은―셰볼다예프(Sheboldaev)라는―당 중앙위원회 위원이 그 열성 때문에 1937년에 총살당했다는 것이다. Serge, *Memoirs*, p.247.

9) 이고르 베스투제프-라다(역사학 박사, 러시아 학술원 산하 사회학 연구소 과장, 모스크바 국립대학 교수)는 『일주』(*Nedelia*), 1988년 4월 11~17일자(pp.10~11)에 "그 논문 「성공으로 머리가 어지럽다」는 틀림없이 그저 전술적 기동일 뿐이었다"고 썼다. 따라서 그는 일단 그 정책의 재앙과도 같은 "파국적" 성격이 확연해지자 그 정책이 왜 지속되었는가 하는 물음을 내놓았다. 베스투제프-라다 교수는 같은 기사의 나중 부분에서 야고다(Iagoda)와 예죠프(Ezhov)의 총살이 두 건 모두 어떤 실질적 후퇴라기보다는 "진행 과정을 조절하"는 시도였다고 주장하면서 스탈린이 두 사람을 총살한 것이 또다시 논문 「성공으로 머리가 어지럽다」식 기조의 "성동격서(聲東擊西)의 기동"이 아닐까 의심했다.

10) Lev Trotskii, *Biulleten' oppozitsii*, IX(1930), p.3. 리처드 데이(Richard Day)의 논문 "Leon Trotsky on the Problems of the Smychka and Forced Collectivization"(*Critique* 13, 1981) 55~68쪽에서 재인용. 칠리가는 트로츠키의 약간 다른 형태의 흥미로운 발언을 인용했다. "고기잡이 배 여러 척을 합친다고 해서 대형 증기선 한 척이

만들어지지 않는 것과 마찬가지로 농부의 초라한 쟁이들과 빈약한 말들을 합친다고 해서 대형 농장이 만들어지지는 않는다." [처음에는 1938년 파리에서 『거대한 거짓의 나라에서』(Au Pays du grand mensonge)로 간행되었던] 안톤 칠리가의 The Russian Enigma(London, The Labour Books Service, 1940) 270쪽. 끝으로, 세르주는 From Lenin to Stalin의 66쪽에서 트로츠키의 말을 다음과 같이 인용했다. "콘스탄티노플(Constantinople)의 망명지에서 트로츠키는 자기가 '치명적인 경제적 모험 행위'로 간주한 것에 격하게 항의하기를 결코 멈추지 않았다. 그는 통렬하게 비꼬면서 다음과 같이 썼다. 어선 수백 척이나 수천 척을 한 군데 모은다고 해서 대서양 횡단 정기선을 만들 수 없는 것과 마찬가지로 소농들을 강제해서 그들의 쟁기와 황소와 닭을 공동 자산으로 만든다고 해서 현대식 대규모 농업을 만들어낼 수는 없다. (……) 농부에게 기계화와 계획이 의문의 여지없이 이롭다는 것을 보여주면 그 농부에게 정말로 사회주의적인 농업집산화가 다가갈 것임에 틀림없다."

11) 트로츠키는 도처에서 농업집산화가 이루어지면 동기가 없어져서 "들판 도처에 잡초가 우거지"리라고 예측한 적이 있다. Biulleten' oppozitsii, XXXI(1932), p.6. 데이(Day)가 쓴 Leon Trotsky 67쪽에서 재인용.

12) 기아 발생 50주년인 1983년에 『뉴욕 타임스』의 월터 듀란티(Walter Duranty)와 『뉴 리퍼블릭』의 루이스 피셔 같은 저명한 서유럽 저널리스트들이 사실을 덮어서 감춘 행위에 관한 이야기의 전모가 나왔다. 듀란티가 돈을 받고 주장을 굽혔는지, 아니면 소련에게 무언가 약점을 잡혀서인지는 몰라도 기아에 관한 진실을 보도한 특파원은 거의 없었다. 그 예외들 가운데 하나가 『맨체스터 가디언』(Manchester Guardian)의 말콤 머거리지(Malcolm Muggeridge)의 보도였다. 그는 카프카스 북부와 우크라이나에서 일어난 기아의 참상을 묘사하는 연재 기사를 썼다. 앤드류 스미스는 자기의 회고록 I was a Soviet Worker(New York, E. P. Dutton Inc., 1936)에서 볼가 강을 배로 여행하다가 굶주리는 농촌 마을을 지나치면서 본 것을 소름이 끼치도록 상세하게 묘사해놓았다. 그 기아에 관한 서유럽의 보도는 콩퀘스트의 The Harvest of Sorrow 308~321쪽에서 논의된다.

13) 게페우 첩자들 가운데 한 사람인 트베르스코이(Tverskoi)는 세르주의 소설 여러 편에 옐킨으로 등장하게 될 고참 볼셰비키 당원 보리스 미하일로비치 옐친을 비롯한 모스크바 좌익반대파를 모조리 붙잡았다. 트베르스코이는 모스크바의 공장에 있는 좌익반대파 동조자들을 유도해 체포당하도록 만드는 데 성공한 뒤, 레닌그라드 좌익반대파에게—겉으로

는 "재조직화"를 돕겠다고 하며—봉사했다. 알렉산드라 브론시테인과 세르주는 트베르스코이의 "도움"을 거절했지만, 그런데도 그는 "노동자 쉰 명쯤"을 조직해서 두 달 안에 그것(실체가 없는 조직)이 "일반 노선"으로 요란스레 재집결하도록 만들었고, 저항하는 사람들은 투옥되었다. 경찰의 이 술수는 모든 노동계급 중심 조직에서 되풀이되었다. Serge, *Memoirs*, p.245.

14) 실제로 1929년이 되면 비록 불안정하더라도 자유롭게 남아 있는 이름난 좌익반대파 구성원이 소련 전체를 통틀어 겨우 세 사람, 즉 모스크바의 안드레스 닌과 레닌그라드의 알렉산드라 브론시테인과 빅토르 세르주였다. 그들은 유배된 좌익반대파 구성원들의 아내들과 마찬가지로 감시를 받았다. 세르주와 나탈리야 세도바 트로츠키의 *The Life and Death of Leon Trotsky*(London, Wildwood House, 1975) 161쪽을 볼 것.

15) 아이작 도이처는 자기가 쓴 트로츠키 전기 제2권에서 스탈린은 부하린 추종자에게 승리를 거두고 쿨라크를 상대하는 데 도움이 필요했으므로 "왼쪽으로 선회"해서 이들 좌익반대파 구성원을 유혹해 자기편으로 끌어들였지만 트로츠키와 화해하는 것이 트로츠키가 승리했다는 뜻이 될까 두려워했다고 시사했다. 헷갈려하는 이들 좌익반대파 구성원에게 스탈린이 한 비밀스러운 호소는 그가 이제 그들의 강령의 원리를 이행하고 있으므로 좌익반대파가 활동할 필요가 없다는 것과 맞물려 있었다. 실제로, 트로츠키는 부하린과 쿨라크와 네프만에 맞서 스탈린을 비판적으로 지지하라고 호소한 적이 있다. 핍박받고 유배되고 사기가 바닥에 있는 좌익반대파 구성원들은 자기들을 핍박하는 자가 자기들의 "대의명분"을 부분적으로 채택했으므로 좌익반대파를 지지할 이유들이 사라지는 것을 보았다. 그들의 사고 과정을 규명하려고 시도한 도이처에 따르면, 그들의 싸움은 목적을 잃었다. 도이처의 *The Prophet Unarmed* 407~411쪽을 볼 것. 전향과 투항이 모든 좌익반대파 구성원에게 영향을 미치지는 않았다. 세르주는 대체로 더 젊고 구당(舊黨)에 덜 묶여 있고 으뜸가는 의미를 가진 프롤레타리아 민주주의 원칙으로 혁명에 이끌린 "비타협파" 집단에 속했다. 이 집단에게 민주주의의 내용이 조금도 없는 스탈린의 좌파 항로는 호소력이 없었다.

16) 한 소련 외교관은 칠리가에게 "레프 다비도비치의 유럽식 문명"보다는 "칭기즈칸과 스탈린의 방식"이 아시아적인 러시아에게 더 잘 어울린다고 말했다(*The Russian Enigma*, p.85). 칭기즈칸 인용 부분은 스탈린을 칭기즈칸에 비유한 부하린에게서 나온 것이다. 칭기즈칸과 스탈린 둘 다 양심에 구애받는 사람이 아니었다. 다른 좌익반대파 구성원은 다음과

같이 말했다. "노동자 민주주의는 러시아에서는 가능하지 않다. 여기서 노동계급은 너무 미약하고 사기가 떨어져 있어서 그들에게 자유를 주는 것은 혁명을 아예 완전히 망치는 짓이다. 혁명을 구하는 것은 교육받은 소수의 독재일지도 모른다." Ibid.
17) 갖가지 경험을 한 뒤 글을 쓰게 된 사람인 이스트라티는 세르주가 "이론적인 추론을 할 능력이 없었고, 그래서 제 편한 궤변의 덫에 빠질 수 없었던" 진정한 시인으로 여긴 사람이었다. 세르주는 사람들이 파나이트에게 "파나이트씨, 달걀을 깨뜨리지 않고서는 오믈렛을 만들 수 없는 법입니다. 우리 혁명이 그렇지요."라고 말하자 파나이트가 소리 높여서 "좋습니다, 나는 깨진 달걀을 볼 수 있습니다. 그런데 당신들이 말하는 오믈렛은 어디 있나요?"라고 말하는 것을 들었다. 이 문구는 소련이 간 행로를 묘사하는 것으로 유명해졌다. 세르주의 *Memoirs* 278쪽을 볼 것.
18) 분명히 세르주는, 왕년의 다른 좌익반대파 구성원들과는 달리, 곡물 위기와 뒤이은 공업 집산화와 공업화가 일어나는 동안 스탈린이 1928~1929년에 좌익반대파의 몇몇 강령을 겉으로 채택했다고 속거나 이끌리지 않았다. 1929년에 세르주는 스탈린의 정책이 "실패가 예정된 우스꽝스러운 처방"이며 "노동자 문제도 당내 체제 문제도 진지하게 제기되지 않은 데 주목하라"고 썼다. Panaït Istrati, *Soviets 1929*, Paris, Les Editions Rieder, 1929, p.35.
19) 사태가 전개되는 1929년에 세르주가 책을 쓰고 있었다는 점을 기억해야 한다. 좌익반대파는 생산수단의 국유화가 생산수단의 사회화의 기반을 제공하지만 권력욕이 강하고 지배권을 쥐겠다고 결심한 새로운 특권 계층이 프롤레타리아 국가의 목을 조른다고 주장했다. "발렌티노프(Valentinov)에게 보내는 편지"에서 라콥스키는 소비에트 국가가 "노동계급이 잔존한 관료주의 국가"이며 노동계급의 냉담을 크게 우려한다고 서술했다. 트로츠키는 "관료주의로 뒤틀린 노동자 국가"라는 레닌의 정식에 더 밀착하면서 대중의 무관심은 일시적이라고 생각했다. 그들은 좌익반대파의 "소비에트 개혁" 강령과 혁명적 방식으로의 귀환은 우선 당에서, 그런 다음에는 노동조합에서, 마지막으로는 소비에트에서 실시되는 비밀투표로 이루어질 수 있다고 생각했다. 비밀투표는 이 세 조직 모두의 지도부가 진정으로 민주주의적인 투표로 뽑히도록 보장한다는 것이었다. Serge & Sedova Trotsky, *The Life and Death of Leon Trotsky*, pp.167~169.
20) 세르주가 자기의 소련식 "계획 경제" 이해에 관해 나중에 쓴 저술에서 이 주제에 관해 이루어지는 더 충실한 논의는 제7장을 볼 것.

21) 세르주가 『한 혁명가의 회상』(321쪽)에서 얄궂게 평했듯이, "우리는 지하 궁전을 만드는 방법은 알지만 일을 마치고 집으로 가는 노동계급 여성이 이런 보석 아래 앉을 수 있기를 원하리라는 점을 잊어버리곤 한다."
22) 실제로, 나중에 나온 회고록과 연구서는 더 정밀하고 사실적이다. 이를테면 안톤 안토노프-옵세옌코의 저작 The Time of Stalin : Portrait of a Tyranny(New York, Harper/Colophon, 1981)가 그렇다. 옵세옌코와 세르주는 정치적 입장이 같지 않았는데도, 옵세옌코의 책을 읽는 것은 세르주가 1929년에 내놓은 뼈대에 살을 붙이는 것과 같다.
23) 블랙리스트에 오른 미국인 공산주의자 노동자였으며 1929년에 공황에 찌든 미국을 떠나 소련의 "노동자의 낙원"에 합류한 앤드류 스미스는 1936년에 돌아오자마자 『나는 소련의 노동자였다』라는 주목할 만한 회고록을 썼다. 이 책에는 강요된 생산 속도와 조건이 어떻게 소련의 인적·물적 자원을 낭비하고 그뿐만 아니라 불량품을 생산하는가를 보여주는 예가 가득 들어 있다.
24) 세르주는 대개의 젊은이들이 "간단명료한 현실주의 쪽으로 움직여가고 있다"면서 "기술에 푹 빠져 있고 편하고 아늑한 삶을 갈구하며 유연하게 적응하고 고통과 굶주림을 못 견딘다. '미국식'(Amerikanizm)이라는 낱말이 그들의 기질을 여전히 가장 잘 표현한다. 일반 이념도 거의 없고, 정식화된 윤리도 없고, 의식적인 이상주의도 없고, 정치 혐오가 존재한다"고 지적했다(Russia Twenty Years After, p.34). 전투적인 젊은이들은 체제에 순응하는 기질이 없었고, 세르주가 말하기로는 투쟁과 수용소와 감옥의 "분위기를 정했다".
25) 이것이 소련 시기를 통틀어 노동자의 저항에 대응하는 표준적인 행태가 되었다.
26) 사실상 세르주는 마르크스가 "무자비한 자본주의 시초 축적 메커니즘"을 서술한 『자본』(Das Kapital)의 페이지를 상기하게 되었다. 세르주는 현재의 축적이 그에 못지않게 잔혹하며 "그 방법과 사람을 대하는 대우면에서 반(反)사회주의적"이라고 지적했다(Russia Twenty Years After, p.177).
27) 러시아 혁명가 동아리에서 잘 알려진 속담으로, Russia Twenty Years After의 64쪽에서 세르주가 인용했다.
28) 1928년 5월에 돈바스(Donbass) 지역에서 공학기사 53명이 설비를 파괴하고 사고를 일으키고 예전에 탄광 소유주였던 부르주아와 연계를 가졌다는 혐의로 기소되었다. 새 노동자들이 경험이 없고 생산 속도가 감당할 수 없게 높아서 설비를 잘못 사용하는 바람에 광산에서 불이 나고

폭발이 일어났다. 구실을 얻은 정권은 기술자들을 탄압하고 그들을 희생양으로 이용해서 다른 사람들에게 겁을 주었다.
29) 세르주는 자기가 '시민 비신스키(El Ciudano Vichinsky)'라는 제목을 붙인 미간행 비신스키 소묘를 썼다. 세르주는 1933년에 루뱐카(Lubianka)에서 감방 동료 네스테로프(Nesterov)가 어떻게 비신스키가 우크라이나에서 파업을 조직해서 소비에트의 작동이 마비되었는지를, 그리고 비신스키가 반혁명가로 유명했다는 사실을 자기에게 말해주었다고 이야기했다. 역설은 이제 비신스키가 이제는 비록 당과 소비에트 정권의 명령을 받아서라고는 해도 혁명가를 죽음의 길로 보내는 법정을 주재한다는 것이었다! "El Ciudano Vichinsky"(에스파냐어), 1947, 3pages, Mexico. 또한 Gen MSS 238 Box 3, Folder 129, Victor Serge Papers, Binecke Books and Manuscript Library, Yale University에도 있다.
30) 그 지질학자들은 "심토(心土)의 질을 고위층에서 바라는 것과 다르게 해석"해서 감옥에 갇혔다. "나라의 천연자원을 잘 모르니까 사보타주고, 사보타주니까 반역이었다." Serge, *Russia Twenty Years After*, p.53. 이 저작에서 세르주는 지적 자유가 완전히 소멸되었을 때 소련 문학에, 그리고 검열 받고 금지되고 숙청당한 거장급 작가에게 무슨 일이 일어났는지도 상세히 서술했다.
31) 로이 메드베데프(Roy Medvedev)는 자기가 쓴 책 *Let History Judge*(New York : Vintage Books, 1973)에서 가감 없이 받아 적은 증언과 피고의 공술을 인용해서 이 재판을 상세히 서술한다. 메드베데프는 혐의가 "터무니없"을 뿐만 아니라 제1차 5개년 계획이 1929년 4월에 열린 제16차 당협의회에서 전혀 상세하게 논의되지 않았고, 인민위원회를 "공산당원이 이끌지 않고 파괴자들이 경제기구와 국가기구를 완전히 장악하고 있다"는 느낌을 주었음을 보여준다(111~139쪽). 메드베데프의 1989년도 개정증보판의 248~289쪽도 볼 것.
32) 그래서 피고들 가운데 몇 사람, 이를테면 물리학자 라자레프(Lazarev)는 복권된 반면 (멘셰비키"라고 알려진") 다른 사람들은 행방불명이 되었다. 세르주는 자기가 에너지학의 전문가 한 사람과 식사를 같이 했는데 그 사람은 모두 합쳐 20개월 사이에 사형선고를 받았다가 사면되어 집단수용소로 보내졌다가 복권되어 훈장을 받았다는 이야기를 썼다. Serge, *Memoirs*, pp.249~250.
33) 마르크스의 『자본』과 노동가치설의 역사에 관한 이사악 루빈의 해석 작업은 1920년대의 두드러진 이론적 기여로 남아 있다. 필처가 편역한 루

빈의 *The History of Economic Thought*(London, Ink Links, 1979)를 볼 것.
34) Medvedev, *Let History Judge*, pp.125~137(개정증보판에서는 274~284쪽). 야쿠보비치의 조서는 1967년 5월에 쓰어졌고, 루빈이 독방에서 지내고 끔찍한 고문을 당한 시기에 관한 설명을 쓴 사람은 그의 누이인 루비나(B. I. Rubina)였다. 이들 가운데, 수하노프는 1937년에 다시 체포되어 총살당했고 랴자노프는 1938년에 목숨을 잃었다. 루빈이 언제 어디서 죽었는지는 아직 알려지지 않았고, 야쿠보비치는 1980년까지 살아남아 있었다.
35) Serge, *Memoirs*, p.253. 우익반대파가 누린 폭넓은 지지는 상당 부분 전시공산주의 다음에 농업과 예술에서 상황이 개선된 덕분이었다. 이것은 네프의 결과였으며, 네프는 부하린과 널리 동일시되었다.
36) 카메네프가 이때 대화를 요약했고, 이것을 모스크바 트로츠키주의자들이 외국에서 흘렸다. 도이처가 *The Prophet Unarmed*의 440~442쪽에서 전모를 설명한다. 이 모임은 부하린이 스탈린을 물리치려고 좌파와 블록을 형성하려는 시도를 할 때 열렸다. 세르주는 알마아타에서 트로츠키가 우파가 자본주의를 향해 전락할 위험을 대표하므로 이에 맞서 중도파를—즉, 스탈린을—지지해야 한다는 편지를 좌익반대파 구성원들에게 어떻게 써 보냈는지 상세히 설명했다. 이것이 믿기지 않을지도 모르지만, 트로츠키주의자들이 "원칙 없는 결합 행위", 즉 지도부를 제거할 목적을 가지고 정견이 다른 집단과 블록을 형성하기를 거부했기 때문에, 이는 사실이다. 세르주는 스탈린이 이때 우파에 맞서 자기를 지지해주면 복권을 해주겠다고 약속하면서 감옥에 있는 좌익반대파의 지도자들의 의중을 떠보았다고 썼다. 세르주는 자기가 속한 좌익반대파 그룹이 "반신반의하며" 이 문제를 논의했고 보리스 미하일로비치 옐친이 수즈달(Suzdal')에 있는 감옥 감방에서 (트로츠키를 포함한) 좌익반대파 구성원들의 회의를 열어 결의문을 채택해야 한다고 요구했다고 말했다. 이 회의는 열리지 않았다. Serge, *Memoirs*, p.253.
37) 훗날 앤드류 스미스는 자기 책 『나는 소련의 노동자였다』에서 1934년에 공장에 있는 좌익반대파 비밀 조직원들이 가장 요란한 스탈린 지지자였다면서 자기들과 자기들의 활동으로부터 관심을 딴 데로 돌리려고 좌익반대파를 맹비난했다고 말했다(268쪽).
38) 실제로, 쇠르초프와 그 밖의 사람들은 성장 목표치가 지나치게 높지 않느냐는(스탈린은 제시된 목표치를 두 배로 올리곤 했다), 그리고 가축의 재앙에 정권이 무관심하지 않느냐는 의구심을 표명했다.

39) 아돌프 요페의 두번째 부인. 마리야 요페는 극북 지방에서 수십 년 동안 중노동과 끊임없는 심문을 견디고 기적과도 같이 살아남았다. 그의 회고록 *One Long Night*(London, New Park Publications, 1977)을 볼 것.
40) 제19차 공산당 협의회의 1988년 6월 28일자 결정사항. 발의를 한 사람들은 "메모리알"(Memorial) 그룹이었다. 학자와 법률가와 아마추어 역사가로 이루어진 "메모리알" 그룹은 탄원서를 들고 거리로 나섰다가 구류를 살고 벌금을 물고 괴롭힘을 당하고 위협을 받았다. 이 그룹은 박물관, 즉 희생자의 체포, 그 희생자를 심문한 자의 이름, 그 희생자가 최후를 맞이한 시간과 방식, 또는 이에 관해 알려진 것만이라도 추적할 수 있게 해줄 탄압 관련 자료보존소의 부속물로 기념비가 세워져야 한다고 요구했다. 1988년 7월 2일자 *New York Times*.
41) 세르주는 죽기 얼마 앞서 자기 아들 블라디에게 비록 자기는 살아서 그것을 볼 수는 없겠지만 블라디는 틀림없이 그것을 보게 되리라고 말했다. 그것이란 러시아의 여러 도시의 공공 광장에 선 트로츠키와 스탈린의 기념비였다. Serge, *Memoirs*, p.xxii.
42) 루사코프는 1905년 혁명 때 로스토프(Rostov)에서 싸웠고, 마르세유에서 러시아인 선원 노동조합 간사였으며, 1918년에 백계 반혁명군에게 가는 군수품이 실린 배에서 파업을 조직했다 하여 1918년에 프랑스에서 쫓겨났다. 세르주는 1918년에 루사코프 일가와 같은 배를 타고 러시아로 향했다. 그는, 루사코프의 딸 류바와 결혼했고, 프랑스인 좌익반대파인 피에르 파스칼(Pierre Pascal)은 루사코프의 딸 제니(Jenny)와 결혼했다. 소련에서 루사코프는 염색 노동자였다.
43) 이 칙칙한 사태에 유일하게 있는 그런대로 밝은 면 하나는 노동자·농민 감사단이 자체 심의를 해서, 루사코프에게 비록 일자리를 찾아주지는 못했어도 노동조합원 자격을 되찾아준 것이다. 노동자·농민 감사단 조사관은 "남다른 정직성을 보여주는" 니콜라예프라는 젊은이였다. 세르주는 그가 1934년에 키로프를 죽인 니콜라예프와 같은 사람인지는 알아내지 못했다. Serge, *Memoirs*, p.278.
44) 그의 자녀들 가운데 유일하게 소련을 떠나는 그의 손자 프세볼로드 볼코프(Vsevolod Volkov, 애칭으로 세바(Seva))가 살아남는다. 트로츠키의 아들인 세료자에게는 살아남은 딸이 한 사람 있었으며, 세바의 배다른 누이가 1988년에 나타났다가 석 달 뒤에 죽었다. 친족 36명이 목숨을 잃었다.
45) 구소련의 외교관이자 방첩대 수장이었던 알렉산드르 오를로프는 알릴루

예바가 자기 남편의 정책이 나라에 불러온 상황, 특히 사람들이 먹을 것이 없어서 사람 고기를 먹게 된 우크라이나의 상황에 충격을 받았다고 썼다. 알릴루예바는 이것을 둘러싸고 스탈린과 싸웠고, 스탈린은 아내를 보고 "트로츠키주의자의 소문을 주워듣고 다닌다"며 비난했다. 스탈린의 경호대장 파우케르(Pauker)에 따르면, 스탈린은 아내를 대할 때 욕설과 상스러운 말을 하고 고통을 주었다. 오를로프는 "알릴루예바에게 죽음이란 상스러움과 야비함 (……) 그리고 그의 인간으로서의 존엄성에 '스탈린이' 가한 막돼먹은 타박에서 벗어나는 유일한 길이었다"고 썼다. Alexander Orlov, *The Secret History of Stalin's Crimes*, New York, Random House, 1953, pp.314~326. 세르주는 1944년 8월 10일자 사건일지에서 '자기의 친척이며 나데즈다 알릴루예바와 친하게 지낸 율랴 고구아(Julia Gogua)와 칼리스트라트 고구아(Kalistrat Gogua)에게서 들은' 알릴루예바의 자살에 관한 정황을 거론했다. Victor Serge, *Carnets*, Paris, Julliard, 1952, Avignon, Actes Sud, 1985, p.128.

46) 세르주는 프레오브라젠스키와 가진 만남에 관해 다음과 같이 말했다. "우리는 나뭇잎이 다 떨어진 나무들 아래 있는 어두컴컴한 작은 마당에서 가슴을 털어놓았다. 그는 '나는 우리가 어디로 가는지 모르겠어요. 그들은 우리가 숨도 쉬지 못하게 막고 있어요. 나는 어떤 일이든 일어나기를 바랍니다'라고 말했다. 세계의 위기에 관한 그의 경제학 저작에서 정신적 반역의 조짐이 드러나고 있었다. 손을 주머니에 넣고 차가운 밤공기를 쐬며 우수에 젖어 구부정하게 움츠린 그는, 설명할 수는 없지만 내가 느끼기에는, 죽을 사람이었다." 프레오브라젠스키는 그 뒤 사라졌다. Serge, *Memoirs*, p.281.

47) 세르주는 당이 자기를 불렀을 때 가지 못했는데, 이 모임에 참석한 모든 손님이 체포되었다. 세르주는 게페우가 급습할 때 두 차례 가까스로 동지의 집에서 탈출했다. Serge, *Memoirs*, p.275.

1 Victor Serge, *Memoirs of a Revolutionary*, London, Writers and Readers, 1984, p.244.
2 Ibid., p.161.
3 Ibid., pp.263~264.
4 Ibid.
5 Ibid.
6 Ibid.

7 Ibid.
8 오랜 친구이자 지노비에프 계파의 반대파였으며 이 당시 국립출판사 문헌인쇄소 소장이던 일랴 요노프(Il'ia Ionov)가 세르주에게 한 말. Serge, *Memoirs*, p.262.
9 비록 『감옥에 갇힌 사람들』이 번역되고 교정되고 페이지에 들어가기는 했지만 말이다. Ibid. 세르주의 소설 가운데 몇 편이 마침내 1989년에 소련의 지방 문예지에 실리기 시작했고, 『툴라예프 사건』과 『캄캄한 시대일지라도』가 1991년에 러시아에서 한 권으로 묶여 다음과 같은 책으로 간행되었다. Viktor Serzh, *Polnoch' veka, Delo Tulaeva*, Cheliabinsk, Iuzhno-Ural'skoi izdatel'stvo, 옮긴이 블라디미르 바빈체프(Vladimir Babintsev), 엘렌 그레이(Elen Grey).
10 데이비드 크레이그(David Craig)의 명문 선집 *Marxists on Literature*, Harmondsworth, Penguin Books, 1973, 439쪽에 있는 『지금』의 재판 「작가의 양심」(The Conscience of the Writer). 원래의 프랑스어 기사는 *Masses*, 1947/1, no.6, *Les Egaux*, 7쪽에 부록으로 실렸다.
11 Serge, Memoirs, p.272.
12 Ibid., p.173.
13 1927~1928년의 전반적인 네프의 위기로 말미암아 일어나 1929~1930년의 무자비한 전면적 농민 집산화로 이어지는 사태에 관한 유용한 논의를 모셰 르윈(Moshe Lewin)의 저서인 *Russian Peasants and Soviet Power : A Study of Collectivization*, Evanston, Northwestern University Press, 1968에서 찾을 수 있다.
14 (세르주가 대필작가로 쓴) Panaït Istrati, *Soviets 1929*, Paris, Rieder, 1929, pp.22~23.
15 Susan Weissman(ed.), *Victor Serge : Russia Twenty Years After*, Atlantic Highlands, NJ., Humanities Press, 1996, 163쪽에 영어로 실린 Victor Serge, "Trente ans après la révolution russe".
16 Serge, *Memoirs*, p.246.
17 Lewin, *Russian Peasants and Soviet Power*, pp.217~218, p.532.
18 Serge, *Russia Twenty Years After*, p.163.
19 Serge, *Memoirs*, p.257.
20 Serge, *From Lenin to Stalin*, New York, Pioneer Publishers, 1937, p.58.
21 Ibid., p.167.
22 Ibid.

23 Serge, *Russia Twenty Years After*, p.168.
24 Stalin, "Golovokruzhenie ot uspekhov : K voprosam kolkhoznogo dvizheniia", *Sochineniia* 12, pp.191~199. 논설기사 「성공으로 머리가 어지럽다」는 1930년 3월 2일자 『프라브다』에 실렸다.
25 Serge, *From Lenin to Stalin*, p.64.
26 Serge, *Russia Twenty Years After*, p.169.
27 Ibid., p.170. 또한 Bohdan Krawchenko, "The Famine in the Ukraine in 1933", *Critique* 17, 1986, 137~147쪽과 Robert Conquest, *Harvest of Sorrow*, Oxford, Oxford University Press, 1986도 볼 것.
28 Serge, *Russia Twenty Years After*, p.163.
29 Ibid.
30 Ibid., p.244.
31 Serge, *From Lenin to Stalin*, p.53.
32 트로츠키가 라콥스키에게 보낸 1928년 7월 13일자 편지. Isaac Deutscher, *The Prophet Unarmed, Trotsky 1921~1929*, Oxford, Oxford University Press, 1959, 447n쪽에서 재인용.
33 Anton Ciliga, *The Russian Enigma*, London, The Labour Book Service, 1940, pp.84~85.
34 Serge, *From Lenin to Stalin*, pp.53~54.
35 블라디는 카잔차키스가 1927~1928년에 그들과 함께 여섯 달 동안 같이 살았다고 회고했다. 1987년 5월에 멕시코시티에서 가진 인터뷰 녹음기록.
36 Panaït Istrati, *Vers l'autre flamme : Après seize mois dans L'U.R.S.S. 1927~1928*, Paris, Union Générale d'Editions, 1980, pp.113~114. 또한 Serge, *Memoirs*, 277쪽에도 있다.
37 Serge, *Memoirs*, p.279.
38 그는 소련에 두 차례 갔다. 첫 방문은 1927년 12월까지 석 달 동안 계속되었고, 그런 다음 그와 카잔차키스는 아테네로 갔다가 두 달 뒤 되돌아와 한 해 동안 소련을 돌아다녔다. 두 사람은 1928년 5월 초에 비코보로 갔다. 이스트라티는 1929년 2월 15일에 소련을 떠나 프랑스로 갔다. Marcel Mermoz, "Introduction", *Vers l'aure flamme*, Fondation Panaït Istrati, 10/18, Paris, Union Générale d'Editions, 1980, 11쪽과 Istrati, *Vers l'aure flamme*, 199~202쪽을 볼 것.
39 비록 1986년 봄에 나오기는 해도, Victor Alba, "Boris Souvarine :

Logic and Indignation", *Journal of Contemporary Studies*, vol.VIII, no.4, fall/winter 1985.

40 Mermoz, "Introduction", pp.23~24. 리처드 그리먼은 자기가 쓴 논문 "Victor Serge : Writer and Witness", *New Politics*, vol.1, no.2(New Series), winter 1987, 214쪽에서 빌릴리가 자기 블라우스 안에 원고를 넣어서 가지고 나온 이야기를 확인해주고 Monique Jutrin-Klener, *Panaït Istrati*, Paris, 1970, 9쪽을 인용한다.

41 Anton Antonov-Ovseyenko, *The Time of Stalin : Portrait of a Tyranny*, New York, Harper/Colophon, 1981, p.56.

42 Istrati, *Soviets 1929*, p.139.

43 Ibid., p.203.

44 Ibid., p.209.

45 Ibid., pp.205~207.

46 Victor Serge & Natalia Sedova Trotsky, *The Life and Death of Leon Trotsky*, New York, Basic Books, 1975, p.167.

47 Ibid., pp.47, 59.

48 Istrati, *Soviets 1929*, p.55.

49 Ibid., pp.47~49.

50 Ibid., p.51.

51 Ibid., p.56.

52 Ibid., pp.54~55.

53 Christian Rakovsky, "The Five Year Plan in Crisis", *Critique* 13, 1981, 13~53쪽을 볼 것.

54 이 이론적 조류는 라콥스키의 논문 「위기에 처한 5개년 계획」에 도널드 필처가 단 발문(跋文)에서 논의된다. 라콥스키의 논문 「대회에서, 나라에서」(Na s'ezde i v strane)는 원래 *Biulleten' oppozitsii* 25/26, 1931, 9~32쪽에 실렸다.

55 소련은 이 명령 체제를 고르바초프 시기 동안에 서술하기 시작했다. 힐렐 틱튼은 "The Contradictions of Soviet Society and Professor Bettelheim", *Critique* 6, 1976, 17~44쪽에서 위계 구조로 운영되는 경제를 서술했다.

56 Serge, *Russia Twenty Years After*, p.13.

57 세르주는 1936년의 상황을 일컬었다. Ibid., p.14.

58 Ibid., p.8.

59 Ibid., p.166.

60 Serge, *Russia Twenty Years After*, part II, chapter 3, "Industrialization and Collectivization (1928~1934)", 163~177쪽과 chapter 4, "The Great Wretchedness (1931~1934)", 174~185쪽을 볼 것.

61 Ibid., p.172.

62 Ibid., chapter 2.

63 Ibid., p.18.

64 Ibid., pp.15~16. *Sotsialisticheskii vestnik*은 이 파업이 1931년이 아니라 1932년 4~5월에 일어났다고 본다.

65 Ibid., p.178.

66 Christian Rakovsky, "The 'Professional Dangers' of Power"(Letter to Valentinov), collected in Rakovsky, *Selected Writings on Opposition in the USSR 1923~1930*, London, Allison and Busby, 1980, p.128.

67 Serge, *Memoirs*, p.248.

68 Ibid.

69 Ibid.

70 Serge, *Russia Twenty Years After*, p.174.

71 Robert Conquest, *The Great Terror*, Harmondsworth, Penguin Books, 1968, p.733.

72 세르주는 이렇게 평했다. "소련에서 단 한 명뿐인 비(非)마르크스주의 저명 역사가인 학술원 회원 타를레는 감옥에서 여러 달을 보내고 알마아타로 유배되었다. 오늘날[1942년] 그는 소련의 모든 역사가 가운데 최고의 관변 역사가이다." Serge, *Memoirs*, p.250.

73 *The First Socialist Society : A History of the Soviet Union from Within*, Cambridge, Mass., Harvard University Press, 1985, chapter 6, 특히 149~153쪽과 172~174쪽에 있는 호스킹(G. Hosking)의 짤막한 요약을 볼 것.

74 Serge, *Memoirs*, p.249.

75 Hosking, *The First Socialist Society*, p.151

76 Serge, *Russia Twenty Years After*, p.173.

77 Serge, *Memoirs*, p.248.

78 Ibid.

79 Ibid., pp.248~249.

80 Ibid., pp.250~252.

81 Ibid. 세르주는 랴자노프가 죽은 시기를 잘못 알았다. 랴자노프는 1938

년에 죽었다.
82 세르주의 *Thirty Years After*가 들어 있는 *Victor Serge : Russia Twenty Years After*, edited & introduced by susan Weissman, Atlantic Highlands Nj., Humanities Press, 1996, p.320.
83 Stalin, *Sochineniia*, XI, p.287. Roy Medvedev, *Let History Judge*, New York, Vintage Books, 1973, 68쪽에서 재인용.
84 Serge, *Memoirs*, p.258. 좌익반대파는 그 두 문건(부하린과의 만남에 관한 카메네프의 비밀 요약문과 지노비예프를 위한 카메네프의 비망록)을 1928년에 외국에서, 그리고 불법으로 모스크바에서 발간했다. 세르주는 *From Lenin to Stalin*, 95~100쪽에 있는 중요한 문단을 평을 달아 인용했다.
85 Serge, *Russia Twenty Years After*, pp.320~321.
86 Ibid.
87 Serge, *Memoirs*, p.258.
88 류틴 사건은 여러 문헌에서 널리 거론된다. 칠리가, 세르주, 트로츠키, 도이처, 콩퀘스트(Conquest), 호스킹, 게티 등을 볼 것. 칠리가는 자기가 쓴 *Russian Enigma*, 279~280쪽에서 그 강령을 요약한다. 칠리가의 정보는 그가 갇혔던 베르흐네-우랄스크 격리감호소로 보내진 류틴 그룹 구성원에 토대를 두고 있다.
89 Ciliga, Ibid.
90 Serge, *Memoirs*, p.254.
91 Ibid., p.257. 이 책은 다행히도 없어지지 않았다.
92 아이작 도이처는 *The Prophet Outcast, Trotsky 1929~1940*, Oxford, Oxford University Press, 1963, 84~91쪽에서 블륨킨의 삶과 그에게 사형선고를 안겨다 준 일화를 설명한다. 비록 그가 세르주의 설명을 인용하기는 했지만, 그것은 네댓 군데에서 세르주의 설명과 다르다. Serge, *Memoirs*, 255~257쪽을 볼 것.
93 Ibid., p.260.
94 Deutscher, *The Prophet Outcast*, p.163. 자기 저서인 *Soviet Industrialization 1928~1952*, Chicago, Chicago University Press, 1961을 블라디미르 구스타보비치 그로만(Vladimir Gustavovich Groman)에게 바친 나움 야스니(Naum Jasny)는 그로만을 회상하면서 그가 공업화에 관해서 트로츠키에게 반대하면서 1928년까지 스탈린과 부하린을 지지했음을 확인해주었다. 스탈린이 "좌회전"을 했을 때, 멘셰비키는 재판에 회부되었다.

95 Serge, *Memoirs*, p.260.
96 더 정확히 하자면 다음과 같다. 트로츠키의 가장 가까운 협력자들과 지노비예프 추종자들의 운명과 유언을 상세히 담은 『레닌에서 스탈린까지』는 샅샅이 뜯어보아도 끄떡없을 것임에 틀림없는 사실을 알고 있는 헌신적인 문필가 겸 역사가의 열정과, 독자의 의식에 얼얼한 자극을 주는 말을 구사하는 시인의 산문으로 쓰여졌다. 이 책은 세르주가 서신 교환이 아직은 가능했던 기간 동안에 받았던 편지들에서 따온 긴 인용문으로 가득 차 있다. 나중에, 세르주는 감옥과 수용소에서 몰래 반출된 보고서를 인용했다. 혁명의 여러 글쟁이들을 모두 다 알고 있거나, 이들을 아는 다른 이들에게 다가갈 기회를 가졌던 세르주는 이들의 강렬한 성격을 드러내 보여주었다. 그러지 않았다면 블룸킨이 회고록을 썼다는 것을, 또는 손체프가 어떻게 죽었는지를, 또는 무랄로프가 끝까지 투항을 거부했다는 것을 우리가 어떻게 알았겠는가? 『러시아, 스무 해 뒤』는 다음과 같은 사람의 개인 기록을 제공한다. 트로츠키주의자 타로프(A. Tarov) ; 사회주의자-혁명가들인 아브라암 고르츠(Avraam Gorts), 레프 게르시테인(Lev Gerstein), 보리스 체르노프(Boris Chernov), 볼켄시테인(Volkenstein) ; 사회민주주의자들(멘셰비키-옮긴이)인 게오르기 쿠친(Georgii Kuchin), 소메르(Sommer), 골덴베르크(Gol'denberg), 라미시빌리(Ramishvili), 에바 브로이도(Eva Broido), 브라운시테인(Braunstein), 리베르(Liber), 체데르바움(Tsederbaum, 마르토프의 동생) ; 아나키스트들인 니콜라이 로그다예프(Nikolai Rogdaev), 아론 바론(Aaron Baron), 블라디미르 바르마시(Vladimir Barmash), 게라심칙(Gerassimchik), 알베르트 이나운(Al'bert Inaun), 산도미르스키(Sandomirskii), 차이늘 뮈잠(Zeinl Mühsam), 토스카나(Toscana)의 생디칼리스트 오텔로 가지(Otello Gaggi)와 다른 사람들 ; 좌익반대파 구성원들인 알베르트 게인리호센, 바실리 차다예프, 게오르그 부토프, 야코프 블룸킨, 실로프(Silov), 라비노비치(Rabinovich), 요셸레비치(Ioselevich), 블루멘펠드(Blumenfel'd), 소스높스키, 레프 파페르메이스테르(Lev Papermeister), 옐레나 출루키제(Eelena Tsulukidze), 고참 볼셰비키 당원인 코테친차제(Kote Tsintsadze), 옐레아제르 손체프, 트로츠키, 알렉산드라 브론시테인, 그레고리 야코빈, 바실리 판크라토프, 샤난 페브즈네르(Shanan Pevzner), 소크라티 게보르키얀(Sokratii Gevork'ian), 드빈스키(Dvisnkii), (트로츠키의 딸 니나와 결혼한) 만 네벨손(Man Nevel'son), 그린시테인(Grinstein), 니콜라이 고를로프(Nikolai Gorlov), 아론(Aaron), 파벨 파페르메이스테르(Pavel

Papermeister)와 사무일 파페르메이스테르(Samuil Papermeister), 안나 얀콥스카야(Anna Iankovskaia), 마리 이바노브나(Marii Ivanovna), 이다 레멜만(Ida Lemel'man), 보리스 미하일로비치 옐친, 빅토르 옐친, 마리야 미하일로브나 요페, 라도 둠바제, 라도 예누키제(Lado Enukidze), 요시프 크라스킨(Iosif Krasskin), 블라디미르 코시오르(Vladimir Kossior), 미하일 안드레예비치 폴레보이(Mikhail Andreevich Polevoi), 트루하노프(Trukhanov), 니콜라이 무랄로프, 미하일 보드로프(Mikhail Bodrov), 도라 자크(Dora Zak), 이다 슘스카야(Ida Shumskaia), 보리스 일리치 라호비츠키(Boris Il'ich Lakhovistskii), 알렉세이 세묘노비치 산탈로프(Aleksei Semenovich Santalov), 리다 스발로바(Lida Svalova), 야코프 벨렌스키, 야코프 비크, 파냐 엡스테인, 레오니드 기르첵(Leonid Girchek), 바실리 미하일로비치 체르늬흐 ; 셰바 겐키나(Sheva Genkina), 나데즈다 알마즈(Nadezhda Almaz), 아니타 루사코바, 그리고 중도 반대파 구성원들인 블라디미르 스미르노프, 티모페이 사프로노프 ; 투항한 사람들인 지노비예프, 카메네프, 이반 스미르노프, 에이스몬트(Eismont), 톨마쵸프(Tolmachev) ; 붉은 교수들인 슬렙코프, 아스트로프, 마레츠키, 에이헨발드(Eikhenval'd) ; 볼셰비키 노동자인 카유로프, 노동자 반대파인 실랴프니코프, 메드베데프, 그리고 더 많은 사람들…….

97 세르주, 『러시아, 스무 해 뒤』.
98 블라디와 1988년 7월 3일에 나눈 사적인 대화.
99 세르주는 자기 코무날카의 상황을 여러 저작에서 언급했다. 『한 혁명가의 회상』, 그가 『왈룬』에 쓴 기사 「소련에서 꾸며지는 음모」, 『러시아, 스무 해 뒤』를 볼 것. 여기서 세르주는 자기 처가 식구들(루사코프 집안 사람들)이 같은 코무날카에서 살았다고 썼다.
100 Serge, *Memoirs*, p.274.
101 세르주 가족에 관한 이야기는 *Memoirs*, 277~278쪽, 294~295쪽, 322쪽 ; *Russia Twenty Years After*, 111~114쪽 ; Attilio Chitarin, "Una Voce dal gulag : letter inedite di Victor Serge", *Revista di Storia Contemporanea*, no.3, 1978, 426~445쪽 ; Panaït Istrati, Vers l'autre flamme, 149~194쪽 ; Pierre Pascal, *Mon Journal de Russie*, vol.III & vol.IV, Lausanne, L'Age d'Homme, 1922~1927에 있다.
102 Serge, *Memoirs*, pp.279~280.
103 표제는 "La Profession de foi de Victor-Serge", *La Révolution*

prolétarienne, 1933, no.152, 193쪽. 세르주의 *Seize fusillés : où va la révolution russe?*, Paris, Spartacus Cahiers, série nouvelle, no.1, 1936에서 재간행.

104 Serge, "1933, Tout est mis en question", *Seize fusillés*, p.47.

제5장 1933~1936년의 오렌부르크, 심문과 추방

1) 세르주가 인용한 자료에는 1928년 초에 3천~4천 명 체포, 1929년 10월에 1천 명 이상 체포, 1930년 1월에 모스크바에서 3백 명 체포, 1930년 5월에 모스크바에서 제16차 당대회가 열릴 때 4백~5백 명 체포, 1930년 8월에 "수백 명" 이상의 체포가 이루어졌다고 되어 있다. 1928년에 체포된 사람들은 1933~1934년에 5년 형기를 마쳤지만, 대개는 이때 다시 체포되어 키로프 사건과 연계되었고 기소된 뒤 형기가 자동적으로 두 배가 되었다. 세르주와 알렉산드라 브론시테인과 안드레스 닌을 빼면, 대체로 1931~1932년 뒤에는 남은 반대파가 더는 없었다. 1932년에 기근과 테러의 여파 속에서 탄압이 재개되었고, 1934년에 키로프가 암살되면서 테러의 강도가 극적으로 고조되었다. Victor Serge, *Russia Twenty Years After*, Susan Weissman(ed.), New York, Humanities Press, 1966, pp.105~115.

2) 라콥스키는 사실은 병이 들었지 죽지는 않았다. 그러나 어떤 실질적인 연락 수단도 없었으므로 풍문이 마구 나돌았다. 세르주는 *Russia Twenty Years After*(104쪽)에서 여러 달 동안 동지들이 그 특정한 풍문이 사실인지 알아낼 수 없었다고 썼다. 살아남아 있는 좌익반대파의 사기를 꺾으려고 풍문이 고의로 퍼뜨려졌을 가능성도 있다. 이것은 라콥스키의 경우에는 사실인 듯하다.

3) 영국의 영화제작자이자 세르주를 열렬히 흠모하는 존 이든이 1992년에 오렌부르크 카게베(KGB, 그때에는 엔카베데)의 세르주 관련 서류철을 손에 넣었다. 그 서류철에는 세르주의 정치 전기를 약술하는 문제를 중심으로 구성된 공술 문서가 들어 있다. 심문관의 이름은 카르포비치로 적혀 있다. 세르주는 빠짐없이 답변하려고 무진 애를 쓴 듯한 반면, 문건의 밑바탕에는 잡아내기 어려운 비판적 시각이 있다. 이를테면, 세르주는 자기가 이의를 제기하는 대상은 당 강령이 아니라 일상의 존재라고 말한다. 그는 일국사회주의 문제를 중요하지 않고 추상적인 것으로 보이도록 만

들려고 애쓰면서 슬쩍 넘어간다. 엔카베데의 세르주 관련 서류철, 「수감자 설문과 심문 기록」, 오렌부르크, 1933년 3월 7일.
4) 소볼레비치우스는 〔로만 웰(Roman Well)과 로버트 소블렌(Robert Soblen)이라는 이름으로도 활동한〕 형제 루벤(Ruben)과 함께 유럽에서 암약한 게페우의 주요 첩자였다. 에이브러햄/잭(Abraham/Jack)은 프린키포(Prinkipo)와 코펜하겐에서 트로츠키와 만났고 1933년에 독일 트로츠키 분파의 붕괴에 일조를 했으며, 나중에는 미국 정부를 상대하는 자기의 활동 영역을 넓혀서 미국에 소련 간첩망 하나를 만들어냈다. 그는 1957년에 간첩죄로 체포되었다. 로버트 소블렌은 1950년 로젠버그(Rosenberg) 부부 사건 재판에 결부되었다. 그 가운데에서도 특히 트로츠키에게 보낸 세르주의 1936년 5월 23일자 편지와 세르주가 쓴 "Obituary : Leon Sedov", D. J. Cotterill(ed.), *The Serge-Trotsky Papers*, London, Pluto Press, 1994, 56쪽, 203~204쪽 ; *Hearing before the Subcommittee to Investigate the Administration of the Internal Security Act*, US Senate, 21 November 1947, 875~876쪽 ; George Vereeken, *The GPU in the Trotskyist Movement*, London, New Park Publications, 1976, 29~31쪽, 345쪽 ; Harvey Klehr, John Earl Haynes & Fridrikh Igorevich Firsov, *The Secret World of American Communism*, New Haven, Yale University Press, 1995, 142쪽을 볼 것.
5) 세르주의 체포와 심문에 관한 서술은 *Memoirs*의 285~296쪽에서 찾을 수 있다. 그의 범죄 서류철, 즉 모스크바에 있는 러시아 연방 안전기획부 중앙문서고의 조사 서류철 번호 P-3567에 〔『한 혁명가의 회상』에서는 보긴(Bogin)으로 나오는〕 보겐과 루트콥스키가 세르주를 심문한 기록이 들어 있다.
6) 류바 키발키치의 젊은 여동생인 아니타 루사코바는 세르주가 번역을 해서 입으로 불러주면 받아적는 등 세르주의 비서 일을 여러 차례 했다. 세르주는 아니타 루사코바를 "정치에는 관여하지 않고 오로지 음악에만 관심이 있고 모든 면에서 갓난아기처럼 순진무구한 여자"로 서술했다(Serge, *Memoirs*, p.294). 세르주는 아니타에게서 고문을 해서 받아낸 거짓말을 사실이라고 확인해주기를 거부하고 그 고백이 근거가 없다는 것을 입증하도록 아니타를 만나게 해달라고 요구했다. 『한 혁명가의 회상』에 세르주가 쓴 바에 따르면 그가 계속 뜻을 굽히지 않아서 게페우가 사건을 취하하고 아니타를 풀어주었지만, 아니타는 세르주가 풀려난 때와 같은 1936년 4월에 (그들이 만나서 세르주를 해치려다가 실패한 거짓말이 들통 나지 않도록 막으려고) 다시 체포되어서 굴라그에서 25년을

보냈다. Serge, *Memoirs*, pp.293~296, *Russia Twenty Years After*, p.112 ; Victor Serge, *From Lenin to Stalin*, New York, Monad Press, 1973, pp.77~78 ; 1987년 5월에 멕시코시티에서 블라디와 가진 인터뷰.

7) 블라디와 나는 1989년 3월에 모스크바로 가서 아니타와 전화 통화를 했지만, 레닌그라드에 있는 아니타를 방문하기에 적합한 비자를 얻을 수 없었다. 1989년 9월에 영국의 영화 제작자 두 사람, 즉 레스 스미스와 로이 바터스비(Roy Battersby)가 아니타를 만났고, 아니타는 그들에게 『한 혁명가의 회상』에 쓰어진 바와는 달리 자기는 1933년에 결코 체포되지 않았다고 말했다. 따라서 아니타는 세르주에게 제시된 허구에 찬 기소문에 서명을 할 수가 없었다. 아니타는 그것을 본 적도 없었던 것이다. 그러나 아니타는 자기가 1936년에 체포되었을 때 루트콥스키가 자기에게 한 심문은 이 문서의 내용에 근거를 둔 것이었다고 이야기했다! (아니타 루사코바, 레스 스미스와 로이 바터스비와 1989년 9월에 레닌그라드에서 한 인터뷰). 아니타 루사코바가 1990년 여름(날짜 미상)에 블라디에게 써 보낸 편지에서 아니타는 루트콥스키가 자기에게 사실무근의 문서를 내놓았을 때 그에게 거짓말쟁이라고 말한 경위를 서술했다.

8) 실제로 그의 동지들은 그가 체포되었다는 소식을 듣자마자 곧바로 행동에 나서서 빅토르 세르주 위원회를 만들어 그를 풀어주라는 구명운동을 벌이고 그가 귀양살이를 하는 동안 그를 지원할 돈을 모았다. 특히 자크 메닐과 막들렌 파즈가 『프롤레타리아 혁명』과 다른 좌파 잡지에 글을 쓰고 집회에 참석하고 인권위원회, 즉 국제법률협회의 진보적 법률가들을 귀찮도록 쫓아다니는 등 이 문제에 여러 해 동안 매달려 지칠 줄 모르고 일했다. 이 구명운동에 관련된 자료는 아주 많다. 1933~1936년에 간행된 *La Révolution prolétarienne*을 볼 것.

9) Anton Ciliga, *The Russian Enigma*, The Labour Book Service, 1940, pp.563~565. 솔로반의 형제인 모우체그 솔로반(Moucheg Solovian)은 적극적인 좌익반대파였으며, 1928년에 유배되어 1937년에 총살당했다.

10) 유형수가 만약 노동자였다면 그에게는 "책임지는 일자리"가 주어지지 않았고, 만약 지식인이었다면 그에게는 가르치거나 연구를 지속하는 것이 허용되지 않았다. 또한 충분한 보수가 주어지는 어떤 일도 금지되었다. 우편물은 툭하면 압수당했고, 유형수는 대개 시민권을 박탈당했다. 그는 비밀 부서의 끊임없는 위협을 받으며 제멋대로 행해지는 체포와 수색을 당했다(Serge, *Russia Twenty Years After*, pp.75~76). 유형

수는 빈털터리였고, 염탐을 당했으며, 사생활을 박탈당했고, 보통은 혐의가 무엇인지도 전혀 모른 채 이 외딴 곳에서 저 외딴 곳으로 옮겨졌다. 그러나 유형의 조건은 아무리 끔찍하다고 해도 감옥보다는 나았다. 많은 회고록이 세르주의 증언을 증명하고 보강해준다. 이를테면, 다음과 같은 회고록이 그렇다. Ciliga, *The Russian Enigma* ; Valentin Gonzalez & Julian Gorkín, *El Campesio : Life and Death in Soviet Russia*, New York, G. P. Putnam's Sons, 1952 ; Nicholas Prychodko, *One of the Fifteen Million*, Boston, Little Brown, 1952 ; Alexander Weissberg, *The Accused*, New York, Simon and Schuster, 1951.

11) 파리의 빅토르 세르주 위원회는 세르주를 위해 『프롤레타리아 혁명』을 통해 돈을 마련했다. 기부금을 받으면 매 호마다 기부자의 이름과 기부금 액수를 실었다. *La Révolution prolétarienne*, "Souscription pour Victor Serge", no.122~123, 1933, p.2.

12) 주민은 온기를 유지하려고 잘 지어진 큰 집을 내버렸다. 어쨌든 간에 큰 집은 게페우에게 징발당했다. 주민은 그보다 못하고 더 작은 집을 짓고, 더 큰 집은 내버려두어 폐가가 되었다. 더 큰 집의 상태가 못쓰게 될 일정한 단계에 이르르면, 그 집을 허물어서 땔감으로 쓸 나무를 팔아도 괜찮다는 허가가 나오게 된다. 이런 식으로 세르주와 다른 거주민들이 온기를 유지할 수 있었던 반면, 주택의 양은 줄어들고 인구는 늘었다. 세르주의 *Memoirs* 306~307쪽과 리처드 그리먼이 번역한 *Midnight in the Century*(London, Writers and Readers, 1982)를 볼 것.

13) Serge, *Memoirs*, p.309. 1989년에 모스크바에서 블라디와 나는 바실리 판크라토프의 아내인 리사 세냐츠카야가 생존해 있음을 알았다.

14) 이를테면, 좌익반대파 집단은 강가에서 소비에트 국가의 성격에 관해, 그리고 헤겔과 변증법에 관해 토론을 벌였다(67~71쪽). 1933년 끝 무렵에 베르흐네-우랄스크 격리감호소와 중앙 감옥에 있는 좌익반대파 구성원들에 관한 보고서가 71~72쪽에서 논의된다. 그들이 독일의 상황과 연합 전선의 필요성, 그리고 소련에서 새로운 당을 만들 때가 왔는지에 관한 문제를 논의하는 이야기가 75~76쪽에 나온다. 이 논의는 스탈린과 히틀러의 일치점에 관한 다음과 같은 전반적인 이론 토론으로 발전한다. "이 무덤 파는 자들은 천성적으로 서로를 이해했다. 적이면서 형제인 것이다. 한 사람은 독일에서 낙태당한 민주주의, 즉 낙태당한 혁명의 아이를 묻고 있다. 다른 한 사람은 러시아에서 힘 약한 프롤레타리아트에게서 태어나 세계의 나머지 프롤레타리아트가 키워 홀로 우뚝 선 승리한 혁명을 묻고 있다. 두 사람 다 자기들이 섬기는 자들-독일에서

는 부르주아지, 그리고 여기 우리 나라에서는 관료들—을 파국으로 이끌어가고 있다." 심문에 관한 아주 유용한 묘사와 어떻게 해서 어떤 좌익반대파 구성원은 저항해서 공격을 물리쳤고 어떤 구성원은 저항을 갑자기 그쳤는가를 비롯하여 더 유용한 논의가 많이 있다(41~50쪽, 165~167쪽, 169~171쪽).

15) 이들 가운데에는 다음과 같은 사람들이 있다. 트로츠키의 조수인 빅토르 보리소비치의 아버지이자 레닌의 오랜 볼셰비키당 동지인 보리스 미하일로비치 옐친, 베르흐네-우랄스크 격리감호소에 있는 혁명 지도자인 바실리 판크라토프의 아이를 밴 아내 리사 세냐츠카야, 어린 시절을 유형지에서 보낸 페름(Perm') 출신의 젊은 노동자 리디야 스발로바(Lidiia Svalova), 오데사(Odessa)의 지식인 투사 파냐 엡스테인, 우랄 체카 수장을 지냈고 이제는 모든 사상을 다시 생각해보는 것이 필요하다고 생각하는 "수정주의자"인 바실리 체르늬흐(Vasilii Chernykh), 역사학 교수 야코프 벨렌스키, 노동자반대파의 일원이었던 노동자 이반 비크, 술집에서 스탈린을 "혁명의 무덤을 파는 자"로 불렀다고 체포된 푸틸로프 공장 출신 프롤레타리아 알렉세이 산탈로프. 이 동지들은 세르주의 『캄캄한 시대일지라도』에서 옐킨, 바르바라(Varvara), 아벨리(Avelii), 코스트로프(Kostrov), 로디온, (블라디가 소설에 나오는 세르주 자신이라고 주장한) 릐지크 같은 등장인물이 되었다.

16) 좌익반대파는 (세 차례에 걸쳐 나온) 투항파와 (스미르노프와 사프로노프가 이끄는) 민주집중파, 수정주의파, 교조파로 나뉘었다. 교조파는 다시 정통파와 극좌파와 국가자본주의파로 나뉘었다. 안톤 칠리가와 아이작 도이처도 좌익반대파에는 온건한 조류와 좌익 경향이 강한 조류가 있었음을 확증한다. 안톤 칠리가는 "극좌 반대파"에 속했다. 이 반대파는 소련의 특징을 퇴보한 노동자 국가로 보는 트로츠키의 주장에 반대해서 소련을 새로운 착취 계급사회로 부르면서 좌파를 트로츠키주의자들과 구분했다. 칠리가는 "민주집중파"와 "노동자반대파"와 "노동자 그룹"을 포함하는 반대파 진영에 속했다. 그들은 트로츠키가 당을 놓고 스탈린과 싸우고 있으며 이 싸움에서 프롤레타리아트와 그들이 처한 조건은 수동적인 객체에 지나지 않는다는 우려에 공감했다. 칠리가의 *The Russian Enigma*, 특히 제3권 8장 261~274쪽을 볼 것.

17) 세르주는 극좌파 다수가 그랬던 것과는 달리 소련의 계급적 성격을 결코 국가자본주의로 정의하지 않았다. 소비에트 국가의 계급 특성에 관한 그 나름의 견해는 뒤에 나올 그의 마지막 저술에 관한 장에서 다뤄진다.

18) 이른바 "우익"반대파는 반민주적 일당 체제가 자기들에게 불리하게 되

었을 때에야 비로소 그 체제의 위험을 알아챘다. 1927년에 부하린은 "프롤레타리아트 독재 아래서, 당이 두 개나 세 개, 아니면 네 개 있을 수도 있다. 하지만 그 가운데 한 당이 권력을 잡고 있고 다른 당들은 감옥에 있다는 유일한 조건에서 그렇다"고 썼다(*Trud*, 1927/11/13). 세르주는 "얼토당토않은 이 이론의 필연적 결론은 다음과 같다. 단 하나뿐인 당에서 단 하나뿐인 견해, 이것이 곧 단 한 사람의 견해가 된다."

19) 세르주와 블라디는 이틀 동안 얼마 안 되는 검은 빵과 수영풀로 만든 수프 한 그릇과 달걀 한 개를 먹고 살았다. *Memoirs*, p.311.

20) 세르게이 키로프는 레닌그라드의 스몰늬이에서 레오니드 니콜라예프라는 격분한 한 젊은 공산주의자가 쏜 총에 등을 맞았다. 스탈린이 질문을 하자, 니콜라예프는 엔카베데 경비원들을 가리키면서 "저들이 내게 이 일을 시켰다"면서 표적 쏘기 연습을 하라고 자기에게 넉 달이라는 시간을 주었다고 자백했다. 목격자인 필립 메드베드(Filipp Medved') 레닌그라드 엔카베데 대장은 수용소에 있는 자기 친구들에게 니콜라예프의 취조 광경에 관해 말해주었는데, 그러면서 니콜라예프가 "그 사람들이 나를 넉 달 동안 졸랐습니다. 그 사람들은 그것이 당을 위해 꼭 해야 할 일이라고 말했습니다"라고 외쳤다고 강조했다. Anton Antonov-Ovseyenko, *The Time of Stalin : Portrait of a Tyranny*, New York, Harper/Colophon, 1981, pp.90~93. 로이 메드베데프의 *Let History Judge*(New York, Vintage Books, 1973) 157~166쪽에서도 키로프 암살의 전모가 이야기된다.

21) 세르주는 10만 명에 이르는 사람이 레닌그라드에서 볼가 강, 우랄 산맥, 중앙아시아, 시베리아로 유배되었다고 추산했다. 그는 레닌그라드에 살고 있던 베르제(Berger)라는 프랑스인 기술자의 말을 인용했다. 베르제는 1935년 9월 25일자 『프롤레타리아 혁명』에 실린 「1935년의 소련」(URSS 1935)에서 유형에 관해 썼다. 세르주는 유형에 처해진 레닌그라드 주민 가운데 1천2백 명 내지 1천5백 명이 오렌부르크로 왔으며 이 사람들 가운데 많은 이가 여자와 아이와 늙은이였다고 확언했다. *Russia Twenty Years After*, pp.200~201. 세르주는 *From Lenin to Stalin* 81쪽에서 경제가 회복되는 해인 1935년 한 해에만도 레닌그라드 주민 10만 명이 유형에 처해졌다고 덧붙였다.

22) 알렉산드르 오를로프는 자기 저서 *The Secret History of Stalin's Crimes*(New York, Random House, 1953)에서 처음으로 스탈린이 연루되었다고 주장했으며, 그의 주장은 보리스 니콜라옙스키의 *Power and the Soviet Elite : "The Letter of an Old Bolshevik" and Other*

Essays(New York, Praeger, 1965)에 수록된 그의 1956년 논문들로 뒷받침되었다. 알렉산드르 바르민의 의견도 일치했는데, 그는 스탈린만이 키로프의 죽음에서 득을 보았다고 썼다(*One Who Survived : The Life Story of a Russian under the Soviets*, New York, G. P. Putnam's Sons, 1945, pp.251~253). 흐루쇼프(Khrushchev)는 제22차 당대회 동안 여러 사실을 내놓았는데, 이것들을 훗날 메드베데프의 *Let History Judge*와 안토노프-옵셰옌코의 *The Time of Stalin : Portrait of a Tyranny*에서 확증하고 다듬었다. 고르바초프 시대에 키로프 사건에 관한 새로운 논란과 관심이 생겨났다. 로버트 콩퀘스트의 *Stalin and the Kirov Murder*(New York & Oxford, Oxford University Press, 1989)와 아담 울람(Adam Ulam)의 소설 *The Kirov Affair*(San Diego, Harcourt Brace, 1988)를 볼 것. 아치 게티는 스탈린이 연루자라는 증거는 편견에서 나왔다고 주장하면서 니콜라예프는 어쩌면 경찰과 짜고 행동했을 수 있지만, 스탈린을 포함하는 고위층이 연루되지 않은 상태에서 그랬다고 쓰고 있다(*Origins of the Great Purges*, Cambridge, Cambridge University Press, 1985). 울람과 게티 두 사람 다 키로프 살해 명령을 내리는 데에서 스탈린이 역할을 했음을 시사하는 사료를 받아들이지 않는다. 게티의 연구는 공식 사료에 국한되어 있는데, 소련의 맥락에서 공식 사료는 위조 관행이 제도화되었다는 점을 고려하면 조심스럽게 다뤄야만 한다. 게티는 회고록과 개인의 진술도 사료로 받아들이지 않는다. 아나톨리 리바코프(Anatolii Rybakov)의 『아르바트의 아이들』(*Deti Arbata*)이 나오고, "S. M. 키로프 암살을 꾸민 중심 인물들 가운데 한 명"이 겐리흐 야고다였다고 고발하는 기사가 1988년 2월자 『일주』(一週)에 실리고, 아나스타스 미코얀(Anastas Mikoian)의 회고록에서 1934년에 스탈린을 대신해서 키로프가 총간사가 거의 될 뻔한 경위를 서술한 대목이 예전에는 공개되지 않았다가 1987년 12월자 『오고뇨크』(*Ogonek*)에 실리면서 이 주제가 소련에서 공론화되었다. 그러고 나서 극작가인 미하일 샤트로프(Mikhail F. Shatrov)의 『다음에······ 다음에······ 다음에!』(*Dal'she··· dal'she··· dal'she!*)가 스탈린이 키로프 피살 음모를 꾸몄다고 고발했다. 키로프 암살은 대량 탄압이 제멋대로 이루어지는 출발점이 되는 소련사의 전환점이었으므로 그것에 관한 사실을 밝히려는 관심이 널리 퍼져 있었다. 미하일 솔로멘체프(Mikhail Solomentsev)가 이끄는 소련 공산당 정치국 산하 위원회는 키로프 사건을 조사하는 특별소위원회를 만들었다(1988년 8월 19일자 『프라브다』). 그 소위원회가 스탈린이 결백했다고 밝힌 것은 놀라운 일이 아니

다. 스탈린의 책임을 밝히면 정권, 그리고 사실상은 소련의 파산이 드러날 것이기 때문이다. 1999년에 에이미 나이트(Amy Knight)가 *Who Killed Kirov?*(New York, Hill and Wang)를 펴냈다. (비록 몇몇 핵심 사료는 아직 기밀 자료이기는 해도) 새로 기밀 해제된 문서고 문서를 이용해서 나이트는 오랫동안 의혹의 대상이 되어온 것, 즉 스탈린이 키로프 살해를 배후에서 조정했다는 것을 많은 부분 밝힌다.

23) Antonov-Ovseyenko, *The Time of Stalin*, p.80. 2백92표는 당대회 대의원의 4분의 1에 해당한다. 안토노프-옵세옌코의 사료는 제17차 당대회 선거위원회 기록이었다. 이 기록은 정치국 산하 특별위원회가 제20차 당대회 뒤에 설치되어 문서고를 조사한 1957년까지 언제나 잠겨 있었다. 같은 사건을 보고하면서 로이 메드베데프는 스탈린에 반대하는 표를 22표 적게 계산했다. Medvedev, *Let History Judge*, pp.154~157.

24) Serge, *Memoirs*, p.314. 다른 작가들도 니콜라예프가 혼자서 일을 저질렀다는 세르주의 견해에 동조했다. 흐리호리 코스튜크와 빅토르 크랍첸코는 니콜라예프가 단독 암살범이었으며 그의 행위는 정치적인 것이 아니라 질투 어린 분노의 결과였다고 썼다. 키로프가 니콜라예프의 아내와 애정 관계를 맺었다는 소문이 있었다(Hryhory Kostiuk, *Stalinist Rule in the Ukraine*, New York, Praeger, 1960). 크랍첸코는 역시 살해 동기가 애정의 삼각 관계였다는 주장을 되풀이하면서도 레닌그라드의 학생들은 그 암살이 새로운 대중운동이 테러로 표현되었다는 낭만적인 희망으로 가득 차 있었다고 덧붙였다. 학생들이 학교에서 사라지기 시작했고, 크랍첸코는 키로프가 피살된 뒤 학생 수천 명이 체포되고 수백 명이 총살되었다고 썼다(Victor Kravchenko, *I Chose Freedom*, New York, Scribner's, 1946, pp.168~169). 앤드류 스미스는 노동자들의 반응에 관해서, 자기가 일한 직장인 엘렉트로자보드(Electrozavod) 공장에서 노동자들은 키로프 암살 소식에 충격을 받았지만 일부 노동자들은 "정치선전원들의 눈길에서 벗어나 있다고 확신할 때면 서로 의미심장한 미소를 주고받았다. (……) 바실리라는 이름의 한 기계공은 더 나아가서 나에게 '키로프 대신 스탈린이 죽었더라면 훨씬 더 좋았을 텐데'라고 말하기까지 했다"고 썼다(Andrew Smith, *I Was a Soviet Worker*, New York, E. P. Dutton, 1936, p.265).

25) Serge, *Russia Twenty Years After*, pp.203~204. 세르주는 자기 이해관계에 따른 행동이 스탈린주의 관료제의 속성이라면서, 다음과 같은 트로츠키의 말을 인용했다. "스탈린이 관료 기구를 만들었다기보다는 관료 기구가 자기 형상에 따라 스탈린을 만들어냈다." Leon Trotsky,

"The Terrorism of Bureaucratic Self-Defence", *Bulletin of the Opposition*, September 1935.
26) 바르민은 그 선택을 "회유"와 "전체주의적 반혁명" 사이에 있는 것으로 논했다. 그는 스탈린이 지배 엘리트를 파괴하고 있는 동안 나라 전체에서는 빵 배급카드 폐지와 식량 사정 개선이라는 형태로 상당한 회유가 이루어졌다고 썼다. 바르민은 스탈린 숭배와 식량 사정 개선을 테러를 시행하는 동안 "정치의식이 없는 대중"의 지지를 얻으려는 스탈린의 책동으로 보았다. Barmine, *One Who Survived*, pp.249~255.
27) 세르주는 루블화를 곡물 1킬로그램으로 고정해놓은 것이 노동자들에게서 부담을 엄청나게 경감해준 동시에 "점점 수가 늘어나는 국가 개설 상점의 형태로 이루어지는 소비에트 거래의 재탄생, 그리고 자유 시장의 활성화"라는 또 다른 효과를 보았다고 평하기도 했다. 더 나아가서 세르주는 "노동 착취의 비밀은 어디에 있을까? 당신은 관료제 메커니즘과 관리되는 경제가 지닌 커다란 이점들 가운데 하나를 단번에 알아챈다. 거기에서 착취는 첫눈에 알아볼 수 있다"고 지적했다. Serge, *Russia Twenty Years After*, p.193.
28) 1997년에 간행된 야고다의 문서들에서는 엔카베데가 프랑스 아나키즘 운동에 관한 소설의 사본 첫 3부를 압수했으며 네번째 사본이 분실된 뒤 오렌부르크 엔카베데가 모스크바 엔카베데에 그 책이 분실되었다고 알렸다고 되어 있다. Genrikh Iagoda, *Narkom vnutrennikh del SSSR, General'nyi komissar gosudarstvenno bezopasnosti, Kazan', Sbornik dokumentov*, 1997, p.431. 이 사본을 롤랑에게 보내라는 공식 허가 명령은 보그로프(Bogrov) 문예총국 외국문학부 부장의 서명을 받았으며 보그로프의 1934년 9월 29일자 등기우편 #949에 기록되어 있다. 세르주는 멕시코의 자료보관실에 있다가 지금은 Victor Serge Papers, Gen. MSS 238, Box 17, Folder 625, Beinecke Library, Yale University에 있는 1936년 6월 9일자 성명서에서 위의 사실을 확인했다. 롤랑은 소련 당국이 세르주 원고의 공개를 막고 있다는 데 분개했다. 그 원고가 자기 앞으로 우송된 것이었으므로 특히 그랬다. *L'Indépendence de l'ésprit*(*Cahiers Romain Rolland*, no.23, Paris 1975) 314쪽에 있는, 장 게에노(Jean Guéhenno)에게 보내는 롤랑의 1934년 10월 24일자 편지를 볼 것. 1935년 소련 방문을 설명하는 한 글에서 롤랑은 전쟁 이전 프랑스 아나키즘 운동에 관한 세르주의 소설(『잃어버린 사람들』) 사본 한 부를 받았고 이것을 하룻밤 만에 읽어야 했다고 썼다. 문예총국이 중간에 가로챈 그 사본을 야고다가 롤랑에게

주었으며, 그는 그것을 야고다에게 돌려주었을 것이다. Rolland, *Voyage de Moscou, Cahiers Romain Rolland*, p.196. 젠리호 야고다에게 보내는 (1935년 7월 18일자) 편지에서 롤랑은 자기가 그 원고를 가지고 프랑스로 갈 수 있도록 해주는 것이 소련에게 득이 되리라고 야고다를 설득하려고 시도했다. Iagoda, *Narkom vnutrennikh del SSSR*, pp.428~429.

29) 쟁점을 "우아하게 피해 간" 앙드레 브르통은 예외이다. 빅토르 세르주 위원회에는 살베미니(Salvemini), 막들렌 파즈, 앙리 풀레유, 플리니에가 들어가 있었다. Victor Serge, *Carnets*, Paris, Julliard, 1952, p.31.

30) 세르주는 1935년 1월에 오렌부르크에서 앙드레 지드에게 자기와 지드가 문학의 다원주의와 자유의 개념을 공유하고 있다는 편지를 써 보낸 적이 있다. 바로 이 접촉 때문에 지드는 작가대회에서 파즈와 플리니에가 세르주 문제에 관한 발언을 하도록 허용해야 한다고 고집하게 되었다. 그 편지는 『에스프리』(*Esprit*) 1936년 6월자 45호, 435~440쪽에 실렸다.

31) 세르주는 이 사람이 "말을 잘 들어서 하라는 대로 하기"로 이름난 자였다고 말한다(*Memoirs*, p.318).

32) 지드는 세르주 사건이 작가대회에서 논의되지 못하도록 막으려고 드는 소련 대표단의 행위에 특히 격분했다. 윌리엄 마셜의 박사학위 논문인 "Ideology and Literary Expression in the Works of Victor Serge"(Oxford University, 1984) 228~229쪽에는 드 반 리셀베르그 부인(Mme. de van Rysselberghe)이 지드가 소련 대사와 담판을 벌인 것이 세르주가 결국은 풀려나는 데 중요한 몫을 했다는 글을 훗날 썼다고 지적되어 있다. M. de van Rysselberghe, *Les Cahiers de la petite dame 1929~1937, Cahiers André Gide*, no.5, Paris Gallimard, 1974, pp.462~471.

33) 세르주도 롤랑에 관해 착잡한 감정을 가지고 있었다. 그는 간디(Gandhi)에 관한 롤랑의 저작을 내버렸다. 그 까닭은 그 저작이 "숨이 턱턱 막히는 독재의 특성에 관한 가장 정확하고 앞날을 가장 잘 내다보는 통찰력을 담고 있으면서도 가차 없는 행동이라는 부단한 기적의 힘으로만 활기를 유지하는 자연발생적인 혁명의 가공할 현실을 잘못 이해했"기 때문이었다. 그렇지만 세르주는 롤랑이 수즈달에서 프란체스코 게치를 위해 개입했고 그를 위해서는 "중용을 지켰다"고 인정했다(*Carnets*, 영어로는 "The Tragedy of Romain Rolland, From the Diary of Victory Serge—Part IV", *The New International*, May~June 1950, 177쪽에 실려 있다).

34) 적어도 *Memoirs*의 319쪽에 있는 세르주의 말에 따르면 그렇다. 훗날 트로츠키와 다른 이들은 스탈린이 세르주를 풀어준 것은 오로지 자기에게 세르주가 쓸모 있을 수 있다고 생각했기 때문이라고 추측했다. 후버 문서고(Hoover Archive)의 보리스 니콜라옙스키 문고(Boris Nicolaevsky Collection)에 있는, 롤라 달린에게 트로츠키가 보낸 1936년 4월자 편지와, 포레츠키〔Elizabeth(El'za) Poretsky〕의 *Our Own People*(Ann Arbor, University of Michigan Press, 1969) 245~246쪽을 볼 것.
35) Iagoda, *Narkom vnutrennikh del SSSR*, p.429. 롤랑은 세르주에게 자기가 풀려난다는 것을 알려주는 것이 가장 좋다고 생각했고, 야고다에게 세르주가 계속 글을 쓸 수 있도록 허락하고 적절한 검열 통제 뒤에 그의 책이 외국으로 보내지도록 허락해서 소련의 적들이 지피는 불길에 부채질을 하는 일을 피하라고 말했다.
36) 블라디는 자기 아버지가 신문에 실린 그 사진을 보고 지은 표정이 자기 기억 속에 또렷이 아로새겨져 있으며 몇 달 뒤 세르주가 그 신문을 다시 읽고 모스크바 재판 보도를 보았을 때 브뤼셀에서 일종의 기시감(既視感)이 있었다고 말했다. 블라디는 두 경우 모두 숨을 멈춘 세르주의 입에서 "우리는 구원을 받았다!"는 말이 새어나왔다고 회상했다. 1989년 6월 3일 존 이든과 레스 스미스가 멕시코시티에서 블라디와 가진 인터뷰.
37) 1989년 3월에 모스크바에서 블라디와 나는 세르주의 외사촌 조카인 이리나 고구아에게 게치의 죽음을 전해 들었다. 게치는 뱌트카에서 지치고 굶주리고 몸이 약해져 죽었다. 뱌트카의 수용소 소장은 게치에게 무슨 일이 일어났는가를 세르주의 처제이자 역시 뱌트카에 있었던 아니타 루사코바에게 말해주었다. 수용소에서 25년을 보낸 뒤 살아남아 아직 레닌그라드에서 지내고 있는 루사코바는 그 수용소 소장의 집에서 하녀로 일했다. (소장은 루사코바가 교육을 받았고 프랑스어를 할 줄 알았기 때문에 루사코바를 골랐다.) 그는 어느 날 루사코바에게 게치를 아느냐고 물었고, 루사코바는 "예, 그 사람은 대단한 인물이에요"라고 말했다. 그러자 수용소 소장은 이 "대단한 인물"이 "쇠약해지고 굶어서" 얼마 전에 죽었다고 말했다. 아니타 루사코바는 자기가 세르주 때문에 감옥에 갇혀 있던 1935년에 게치가 가까스로 자기를 찾아와서 세르주와 블라디가 "지방의 어느 도시"로 유배를 갔고 루사코바를 돌보는 사람이 있으므로 참고 기다리라고 말했다는 이야기도 해주었다.
38) 세르주는 "Pages of His Diary", part III, *The New International*,

March~April 1950 in the section "In a Time of Duplicity", 119쪽에서 페시코바와 연관해서 마침내 "줄리"(Julie, 율랴의 프랑스식 이름—옮긴이)를 언급한다. 세르주가 말한 것은 사실 사람을 매우 헷갈리게 한다. 즉, 그는 줄리와 예카테리나 페시코바를 고리키의 오랜 친구로 언급한다. 맞기는 하지만, 페시코바는 고리키의 아내이기도 하다. 줄리, 즉 율랴 콜베르크-고구아(Kolberg-Gogua)는 세르주의 외사촌이며, 이리나의 어머니였다. 그의 어머니는 니즈니-노브고로드 출신의 폴란드 양반인 파데렙스키(Paderewski) 가문의 베라 파데렙스카야(Vera Paderewskaia)였다. 율랴는 1910년에 파리로 가서 이미 러시아 작가들의 작품을 번역하고 있던 세르주를 만났다. 빅토르 세르주의 사촌인 조르진 에르방(Georgine Hervenz)과 벨기에에서 인터뷰를 해서 율랴가 빅토르 세르주의 외사촌이 아니라 배다른 누나라는 이리나와 블라디 두 사람의 잘못된 생각을 바로잡아준 리처드 그리먼에게 고마움을 표한다. (혼동은 워낙은 확대가족에 관련된 복잡한 용어에서 비롯되었다.)

39) 세르주와 블라디는 책방에서 1919년에 세르주와 함께 프랑스에서 러시아로 여행을 했던, 나이 든 아나키스트 니콜라옌코(Nikolaenko) 박사와 마주쳤다. 그 이후로 니콜라옌코는 수도에서 멀리 떨어진 곳에서 살았기 때문에 목숨을 부지했고, 이따금 세르주 가족을 찾아와서는 지리학 원정에서 가지고 온 최상품 짐승 가죽과 값비싼 물건을 류바에게 가져다주었다. 블라디는 이 우연한 만남을 그날 일어난 커다란 일화로 기억한다. 세르주는 자기가 스무 해 동안 간직해온 값나가는 책들을 팔 수 없었기 때문에 오랜 친구에게 선물, 즉 기념품을 줄 수 없었다.

40) 즈베레바는 *Conquered City* 103~105쪽과 *The Case of Comrade Tulayev*(London, Penguin Books, 1968) 245~246쪽에 나온다. 블라디는 어렸을 때 그 여자를 여러 차례 보았다고 기억했고, 그 여자가 『툴라예프 사건』에서 릐직을 심문하는 소설 속의 즈베레바를 꼭 빼닮았다고 말했다.

41) 블라디도 나도 이 우카즈(ukaz, 법령)가 선포되고 시행되는 사이에 모스크바에 있었는데도 이에 관해 들어보지 못했다. 그 우카즈는 야고다의 문서인 *Narkom vnutrennikh del SSSR* 431쪽에 있는 주(註)에 기록되어 있다.

1 Victor Serge, *From Lenin to Stalin*, New York, Pioneer Publishers, 1937, pp.68~69.
2 Victor Serge, *Memoirs of a Revolutionary*, London, Writers and

Readers, 1984, p.286.
3 Ibid.
4 Serge, *Memoirs*, p.288.
5 Ibid., p.190.
6 세르주의 범죄 서류철, P-3567, 러시아연방 안전기획부 중앙문서고, 모스크바, 알렉세이 구세프가 작성한 요약문.
7 루트콥스키는 나중에 모스크바에서 마르크 즈보롭스키의 상관이 되었다. Dmitri Volkogonov, *Trotsky : The Eternal Revolutionary*, New York, The Free Press, 1996, p.334.
8 Serge, *Memoirs*, pp.284~296 ; *From Lenin to Stalin*, pp.77~78. 세르주의 소설 『캄캄한 시대일지라도』에 나오는 등장인물인 릐직과 엘킨은 똑같이 대담하고 거리낌 없이, 그리고 무모하다 싶게 행동해서, 1907년 이후로 스탈린의 정치 행위를 공격하고 그의 범죄와 혁명의 무덤을 파는 역할을 규탄한다. 우리는 이것이 심문을 받는 동안 세르주가 가진 입장이었다고 본다. *Midnight in the Century*, London, Writers and Readers, 1982, 65쪽, 143쪽, 특히 165~167쪽, 169~171쪽을 볼 것.
9 Evgenii Ambartsumov, 「유독한 안개가 걷히다 : 모스크바 재판의 희생자들이 복권되었다」, 『모스크바 소식』(*Moskovskie novosti*), 1988/6/19, 10쪽. 이 기사는 영문판 『모스크바 소식』 제25호(1988년 6월 26일자)에 "The Poisonous Mist Disperses"로 실렸다.
10 Ibid.
11 Serge, *Memoirs*, pp.296~297. 세르주의 범죄 서류철에 있는 1933년 5월 28일자 「오게페우 위원단 특별심의회 회의록 발췌문」도 볼 것.
12 Ibid.
13 Ibid.
14 Serge, *Midnight in the Century*, p.102.
15 Serge, *Memoirs*, p.299.
16 Ibid., p.303.
17 Ibid.
18 Susan Weissman(ed.), *Victor Serge : Russia Twenty Years After*, Atlantic Highlands, NJ., Humanities Press, 1996, p.75.
19 블라디가 제공한 정보, 1987년 5월에 멕시코시티에서 한 인터뷰.
20 리처드 그리먼이 번역하고 '작가와 독자'사가 펴냈다.
21 Ibid., p.307.
22 Serge, *Midnight in the Century*, pp.117~118.

23 William Marshall, *Victor Serge : The Uses of Dissent*, New York and Oxford, Berg, 1992, pp.140~141.
24 Serge, *Memoirs*, p.307.
25 1987년 5월에 멕시코시티에서 블라디와 한 인터뷰 녹음 기록.
26 Serge, *Memoirs*, p.311.
27 Ibid., p.312.
28 Ibid., p.315.
29 Robert Conquest, *The Great Terror*, Harmondsworth, Penguin Books, 1968, p.73.
30 Serge, *Memoirs*, p.313.
31 *Biulleten' Oppozitsii*, no.41, 1935/1.
32 Boris Nicolaevsky, *Power and the Soviet Elite*, New York, Praeger, 1965, 71쪽에 수록되어 있는 같은 저자의 "The Murder of Kirov", *Sotsialisticheskii vestnik*, 1956/5, 10, 12.
33 Nicolaevsky, "The Murder of Kirov", p.92. 니콜라옙스키는 제17차 소련 공산당 대회에 관한 자기의 분석을 부하린이, 더 뒤에는 1964년 2월 7일자 『프라브다』에 실린 기사에서 샤우먄(Shaumian)이 공유했다고 밝혔다.
34 Roy Medvedev, *Let History Judge*, New York, Vintage Books, 1973, pp.159~160.
35 Serge, *Russia Twenty Years After*, p.197.
36 Ibid., p.314.
37 *Ural*, nos. 1~3, 1989. 그런 뒤 이 소설은 1991년에 세르주의 『캄캄한 시대일지라도』와 한 권으로 묶여 간행되었다. 블라디미르 바빈체프가 번역하고 머리말을 쓴 Viktor Serzh, *Polnoch' veka, Delo Tulaeva*, Cheliabinsk, Iuzhno-Ural'skoi izdatel'stvo, 1991. 『툴라예프 사건』의 옮긴이는 엘렌 그레이이다.
38 1989년 3월에 모스크바에서 세르게이 자바로트늬이와 가진 인터뷰.
39 Serge, *Russia Twenty Years After*, p.203.
40 Serge, *Memoirs*, p.315.
41 Ibid.
42 이 협의는 막들렌 파즈가 국제법률협회의 마르셀 윌라르(Marcel Willard)에게 보낸 1934년 11월 19일자 편지에서 설명되었다. 이 편지는 *La Révolution prolétarienne*, 1934/11, 12~13쪽에 실렸다.
43 Serge, *Memoirs*, pp.313~314.

44 Ibid., p.315.
45 빅토르 세르주 사건과 1935년 작가 대회를 둘러싸고 일어난 사태는 특히 *Memoirs*, 317~319쪽과 William Marshall, "Ideology and Literary Expression in the Works of Victor Serge"(박사학위 논문), Oxford University, 1984, 228~229쪽, 그리고 1933년과 1936년 사이에 *La Révolution prolétarienne*에 실린 기사 26편에서 논의된다. 발신지와 수신인이 브뤼셀과 막들렌 파즈로 되어 있는 1936년 5월자 편지 2통도 *Seize fusillés : où va la révolution russe?*, Paris, Spartacus Cahiers Mensuels, no.1, 1936, 1972, 51~58쪽에 실려 있으며, 자크 메닐이 『신문학』(*Les Nouvelles Littéraires*) 1933년 7월 22일자에 「빅토르 세르주를 위하여」(Pour Victor Serge)를 실었는데, 같은 호에 막들렌 파즈의 화답도 실었다. 그 사건은 Herbert Lottman, *Left Bank : Writers, Artists, and Politics from the Popular Front to the Cold War*, London, Heinemann, 1982와 Richard Greeman, "The Victor Serge Affair and the French Literary Left", *Victor Serge : The Century of the Unexpected, Revolutionary History*, vol.5, no.3 autumn 1994, 142~174쪽에서도 다뤄진다.
46 이를테면, *La Révolution prolétarienne*, no.122-2, 1933에 있는 기부자 명단을 볼 것.
47 Serge, *Memoirs*, p.317.
48 Ibid.
49 Victor Serge, *Carnets*, Paris, Julliard, 1952.
50 Jacques Mesnil, "Au Pays de la dictature bureaucratique : Les menteurs officiels contre Victor Serge", *La Révolution prolétarienne*, no.184, 1934와 Magdeleine Paz, "L'Affair Victor Serge n'interresse pas l'Association juridique internationale", *La Révolution prolétarienne*, 1934, pp.12~13.
51 세르주는 *Pages of a Diary*에 다음과 같이 썼다. "그는 1935년에 스탈린을 보러 와서 '빅토르 세르주 사건'에 종지부를 찍어달라고, 즉 나에게 형을 선고하든지 아니면 풀어주든지 하라고 부탁했다. 스탈린은 자기가 '그 문제를 잘 알지 못한다'고 말하고는 가능하다면 나를 석방하겠다고 약속했다. 내게는 바로 이 특별한 청탁이 내 목숨을 구했다고 보인다." Serge, *The New International*, May-June 1950, "The Tragedy of Romain Rolland, Pages from the Diary of Victory Serge IV", p.178.

52 Tamara Motylyova, "Romain Rolland : I am Defending the USSR, Not Stalin", *Moscow News weekly* no.13, 1988, 22 March 1988, p.16.
53 Romain Rolland, *Voyage de Moscou*, Cahiers Romain Rolland, no.29, Paris, Albin Michel, 1992. 또한 Richard Greeman, "The Victor Serge Affair", 142~174쪽도 볼 것.
54 Victor Serge, *Mémoirs d'un révolutionaire 1901~1941*, Editions du Seuil, Paris, 1951, p.337. 이 특정 구절은 분량이 프랑스 원본보다 8분의 1 짧은 영문판에는 없다.
55 1989년 3월에 모스크바에서 블라디와 한 인터뷰 녹음 기록.
56 여기에서는 두 설명이 다 제시되어 있다.
57 소련에서 지낸 마지막 시기에 관한 세르주의 설명은 pp.321~322에서 찾을 수 있다.
58 Ibid., p.322.
59 1989년 3월에 블라디와 가진 인터뷰.
60 그의 사촌 이리나 고구아에 따랐다. 1989년 3월 10일에 모스크바에서 한 인터뷰.
61 1989년 6월 3일 멕시코시티에서 존 이든과 레스 스미드가 들은 바대로.
62 이 설명은 다음과 같은 사료를 이용했다. 세르주의 저술, 리처드 그리먼의 미간행 논문 "Liberation", 블라디의 회고.
63 "Lettre à André Gide", Brussels, 1936/5, *La Révolution prolétarienne*, 13-157, 14-158.
64 Serge, *Carnets*, p.21.
65 Ibid.
66 세르주가 쓴 시들의 첫 영문판 『저항』(*Resistance*)은 1989년에 제임스 브룩스의 번역으로 샌프란시스코의 City Lights Books사가 펴냈다.
67 조지 오웰이 드와이트 맥도널드에게 보낸 1945년 4월 4일자 편지와 1946년 2월 14일자 편지. 이 편지들을 내게 보내준 데이비드 코터릴에게 감사한다.
68 옙투셴코가 와이스만에게 보낸 1987년 6월 18일자 편지.
69 1989년 3월에 모스크바에서 블라디와 문서관리원 사이에 이루어진 전화 통화.
70 이든이 세르주의 원고를 찾는 이야기와 오렌부르크에 빅토르 세르주 박물관이 세워진 이야기는 "The Search for Victor Serge", Susan Weissman(ed.), *The Ideas of Victor Serge : A Life as a Work of*

Art, Glasgow, Critique Books, 1997, 27~33쪽에 있다.
71 그 두 편지는 *Victor Serge Centenary Group Newsletter*, January 1991, 9쪽에 실렸다. 그 찾기에 관한 설명은 Murray Armstrong, "The Searchers", *The Guardian Weekly*, Saturday-Sunday, 22-23 September 1990도 볼 것.
72 1993년, 1996년, 1997년, 1999년에 필자가, 1992년과 1994년에 리처드 그리먼이, 1993년에 존 이든이 개인적으로 요청을 했다. 모스크바에서 알렉세이 구세프가 러시아연방 안전기획부 서류철을 제한적으로 이용하면서 찾기를 계속했다.
73 Genrikh Iagoda, *Narkom vnutrennikh del SSSR*, Kazan', Sbornik dokumentov, 1997, p.431.

제2부 또 한 번의 망명, 그리고 두 번 더 : 마지막 시기

서문

1) 유배된 다른 공산주의자 다섯 사람과 함께 보트를 탄 것에 관해 1935년 5월 20일에 오렌부르크에서 세르주가 쓴 시 「우랄 강의 배」에서 발췌. 이것은 빅토르 세르주가 오렌부르크에서 썼다가 게페우에게 몰수당하고 서유럽에서 기억을 되살려 다시 쓴 빅토르 세르주의 시집인 『저항』(25~27쪽)에서 나온 시이다. '서민 평론'이 이 시집을 1938년에 처음으로 펴냈고 제임스 브룩스(James Brooks)가 영어로 번역해서 1989년에 샌프란시스코의 City Lights Books사가 펴냈다.
2) 카르데나스의 아들인 쿠아우테목(Cuauhtemoc)은 "트로츠키의 피가 흘러 우리 나라의 땅이 비옥해졌다"는 자기 아버지의 말을 인용했다. 1987년 5월 18일에 멕시코시티에서 열린 토론회에서 쿠아우테목 카르데나스가 한 개막 연설, 「카르데나스 집권기 멕시코의 저항 정치가 트로츠키」(Trotsky, revelador político del Mexico Cardenista).
3) 로레트가 일자리를 얻고 세르주가 미국의 좌파 잡지에 기사를 몇 편 실을 수 있게 될 때까지 드와이트 맥도널드와 낸시 맥도널드 부처가 세르주에게 이따금이나마 재정 지원을 해주었다. 예일 대학 도서관 맥도널드 문서실(McDonald Papers)에 있는 금품 수수 관련 세부사항이 담긴 여러 통의 편지와 전문(電文)을 볼 것.

4) 블라디의 표현.
5) 1990년 8월 20일에 코요아칸에서 블라디와 나눈 사적인 대화. 블라디와 나는 그와 그의 아버지가 1941년에 했던 것과 똑같이 산책을 했다.
6) 좌익반대파에 가담했다는 죄목으로 1929년부터 1957년까지 기간을 콜리마에서 보낸 나데즈다 요페(Nadezhda Ioffe)처럼 소련에 있는 마지막 생존자들이 1988년에 모습을 나타냈다. 그의 양어머니인 마리야 요페도 목숨을 부지해서 죽을 때까지 이스라엘에서 살았다.
7) 에스파냐의 마르크스주의 통합노동당(Partido Obrero Unificado Marxista, POUM) 국제 간사를 지낸 사람이었으며, 에스파냐와 트로츠키 암살에 관한 책을 여러 권 썼다.
8) 전쟁 이전 시기 프랑스의 노동자농민사회당(Parti Socialiste Ouvrier et Paysan, PSOP) 지도자. 중도파, 즉 인민전선에서 레옹 블룸의 동지로서, 1939년에 트로츠키의 논쟁 상대였다.
9) 『비자 없는 세상』(*Planète sans visa*)과 다른 작품을 쓴 프랑스 작가로, 세르주와 한 차례 다투었다. 특히 세르주의 "Malaquais, 17 Oct. 44", *Carnets*, Paris, Julliard, 1952, 133쪽을 볼 것.
10) 1987년 5월과 1990년 8월에 멕시코시티에서 마누엘 알바라도와 가진 인터뷰. 블라디는 마누엘을 "경직되고 교조적이지만 이론이 치밀한 트로츠키주의자"로 기억한다. 그는 트로츠키가 암살된 뒤 멕시코의 은행 체계에서 경제학자로 일했다.
11) 여러 첩보 기관과 기구에 흩어져 있는 이 서류철은 아직도 심한 검열을 받는다. 이 시기에 관한 다른 중요한 사료로는 생존자들과의 인터뷰, 멕시코에 있는 세르주 문서보관실에서 나온 자료, 『새 지도자』와 『정치』(*Politics*)에 실린 그의 기사들이 있다.
12) 영국 독립노동당의 신문. 같은 이름의 미국 신문과는 다른 신문이다.
13) 1943년 2월 27일 토요일자 『새 지도자』 4~5면에 실린 (무기명) 기사 「프랑스와 에스파냐의 사회주의자들을 위협하는 오게페우」(OGPU Threatens French and Spanish Socialists)와 「멕시코의 오게페우」(The OGPU in Mexico). 오토 카츠는 유럽에서 소련을 위해 활동하다가 변절한 주요 첩보원을 추적해서 몰래 죽이는 일을 돕는 자로 악명이 높았다. Allen Weinstein & Alexander Vassiliev, *The Haunted Wood*, New York, Randon House, 1999, 46쪽을 볼 것.
14) 폴란드의 유대인 분드 사회주의자들의 지도자였던 빅토르 알테르와 헨릭 에를리흐는 1939년 9월에 러시아의 손아귀로 들어갔다. 두 사람은 사형선고를 받았지만, 그 뒤에 반파시즘 유대인 위원회를 조직하기 위해

사면을 받았다. 그런 다음 소련은 그들을 "독일군의 진격에 저항하기를 멈추도록 소련군을 설득하려고 시도했다"는 죄목으로 처형했다. 미 연방수사국은 그 이야기의 일부를 바로잡지만 크게 빗나간다. 미 연방수사국 기록(no.SA 153916, 4/6/43)에서 미 연방수사국 조사관은 "빅토르 알테르와 헨릭 에를리흐가 유대인 국제위원회에 나치즘과 싸우자는 제안을 한 뒤 얼마 되지 않아 러시아에서 처형된 폴란드 사회주의자라는 말이 있다"고 서술한다. 카를로 트레스카는 이탈리아인 아나키스트이며, 뉴욕의 이탈리아어 신문 『망치』(*Il Martello*)의 논설위원이었다. 그는 1943년 1월에 뉴욕에서 피살되었다. 이 의문의 암살은 게페우의 소행이었던 듯하다.

15) Jeanine Kibalchich, "My Father", Susan Weissman(ed.), *Victor Serge : A Life as a Work of Art*, Glasgow, Critique Books, 1997, p.14. 로레트도 그 난투극이 벌어지는 와중에 도착해서 그 자리에 있었다. FBI file no.SA 153916에서 요원은 "계속해서 작가〔추측컨대 세르주〕는 공격자들 가운데 한 사람이 로레트에게 그〔삭제〕이 안에 있다는 퍽 회한한 말을 했다고 말한다"는 평을 달았다. 그 공격자는 로레트가 아는 사람이었을까?

16) (1973년 8월 1일에 기밀 해제된) 13쪽짜리 FBI file, NY 100-31551. 카를로스 콘트레라스는 미국에서 에네아 소르멘티(Enea Sormenti)라는 이름으로 못된 행위를 해온, 비토리오 비달리(Vittorio Vidali)라는 이름의 트리에스테(Trieste) 출신의 이탈리아인 공산당원이었다. 안토니오 미헤와 후안 코모레라도 에스파냐의 적극적인 공산당원이었다. 특히 빅토르 알바(Victor Alba)와 스티븐 슈워츠(Stephen Schwarz)가 쓴 *Spanish Marxism versus Soviet Communism : A History of the POUM*(New Brunswick and Oxford, Transaction Books, 1988)을 볼 것.

17) 세르주에 관한 이런 견해는 그 뒤 50년간 지속되었다. *Workers' Liberty* 25호(1995년 10월)에 실린 캐시 뉴전트(Cathy Nugent)의 글 ("Victor Serge was a revolutionary … but") 32~33쪽을 볼 것.

18) 1948년 1월 31일자 *Le Rassemblement*. 세르주는 말로에게 자기는 프랑스국민연합과의 연합을 지지하는 프랑스 사회주의자들 가운데 속하게 되리라고 말했다. 피터 세지윅〔빅토르 세르주의 *Memoirs of a Revolutionary*(London, Oxford University Press, 1963), 383~385쪽에 있는 부록〕과 윌리엄 마셜(*Victor Serge : The Uses of Dissent*, New York and Oxford, Berg, 1992, pp.28~29) 두 사람이 세르주의

입장을 충분히 설명했다. 말로는 세르주의 편지에서 그 행들을 기회주의적으로 발췌했고, 세르주는 죽었으므로 자기 의도를 변호할 수 없었다.
19) 훗날 블라디는 트로츠키 암살을 소재로 자기가 그린 3부작의 둘째 작품에 세르주가 죽는 순간을 잡아 그려 넣었다. 트로츠키가 얼음 깨는 도끼에 찍힌 유명한 서재에는 책 한 권이 펼쳐진 위에 구멍이 난 신발 한 켤레가 머리 위에 둥둥 떠 있다.
20) 제2차 세계대전이 끝날 무렵 사용된 원자폭탄에 붙여진 암호명.

1 제4인터내셔널은 1938년에 트로츠키와 그의 생각에 동조하는 사람들이 혁명적 마르크스주의의 세계 조직으로 세웠다. 이들은 코민테른이 철저하게 스탈린주의화해서 개혁을 하기가 불가능하며 어느 곳에서도 혁명의 선봉에 설 수 없으리라고 믿었다.
2 그 가운데에서도 특히, Leon Trotsky, "Victor Serge and the Fourth International", 2 December 1938 ; "Intellectual Ex-Radicals and World Reaction", 17 February 1939 in L. D. Trotsky, *Writings 1938~1939*, New York, Merit Publishers, 1969 ; Pierre Frank, Introduction to *Kronstadt* by V. I. Lenin & L. D. Trotsky, New York, Monad Press, 1979를 볼 것. 그리고 간행물 *Quatrième Internationale*, 1947/11~12, Paris에 실린 세르주의 굳긴 소식에는 다음과 같이 써 있었다. "세르주는 중도주의 정치를 추구했다. (……) 우리는 이 전투적 혁명가가 (……) 참혹하고 힘든 그의 개인적 스탈린주의 경험에서, 그리고 혁명적 마르크스주의에 대한 진지한 근거 없는 의심에서 풀려 났다는 것을 아쉬워할 것 같다."
3 트로츠키가 캐넌에게 보낸 1937년 12월 24일자 편지, "Les 'leçons d'Espagne' et le Menchevisme dans les rangs des Partisans de la IV Internationale". 멕시코에 있는 Serge archive에서 발견된 이 편지는 트로츠키의 영문판 *Writings*에 실리지 않았다.
4 빅토르 세르주가 포들랴크(흐리호리 코스튜크의 가명)에게 보낸 1947년 6월 22일자 편지. 이 편지를 내게 준 코스튜크가 1985년 11월에 인터뷰를 하는 동안 가명을 밝혔다. 러시아어 원문은 다음과 같다. "Ia ostaius'—nepokolebimo—sotsialistom, storonnikom demokraticheskogo sotsializma. Sistemu protiv kotoryi ia borolsia i borius'—kot. vy znaete po opytu,—ia rassmatrivuiu kak raznovidnost' totalitarizma t.d. nechto novoe, po kraine beschelovechnoe i antisotsialisticheskoe".

5 멕시코에서 1990년 8월 20일과 1996년 8월 7일에 블라디와, 그리고 1990년 9월 6일에 로레트 세주르네와 한 인터뷰 녹음 기록.
6 로레트와 자닌은 1942년 3월에 두 사람에게 합류했다. 라우라(Laura)〔sic.〕와 빅토르 세르주가 낸시 맥도널드에게 부친 1942년 3월 6일자 미 국무선전신연합(RCA) 전보. 이 전보는 "라우라"와 자닌이 베라크루스(Veracruz)에 도착했다고 알렸다.
7 Victor Serge, *Carnets*, Paris, Julliard, 1944/1/15. 세르주의 딸인 자닌 키발치치도 아버지와 함께 나탈리야 세도바의 집을 매주 찾아간 것을 즐거이 기억했다. Jeannine Kibalchich, "My Father", Susan Weissman(ed.), *Victor Serge : A Life as a Work of Art*, Glasgow, Critique Books, 1997, p.13.
8 정보자유법으로 공개된 서류철에는 수신인과 (적어도 아직 살아 있는 사람들의) 이름 대부분이 지워져 있지만, 다양한 편지를 쓴 사람으로서 세르주의 이름과 주소는 지우지 않고 남겨두었다. FOIA, Office of Censorship, USA, Registered no.125, Serial no.5967, 우체국 소인이 1943년 4월 2일로 찍혀 있는 편지(사진으로 찍히지 않았지만 ONI, SDC, MID, DR의 분국에 배포되었으며 1943년 4월 5일에 검열한 3장짜리 편지 ; 우체국 소인이 1944년 3월 16일로 찍혀 있고 1944년 3월 20일에 가로채서 검열했고 〔미 연방수사국이〕〔멕시코에 있는 러시아인 작가가 멕시코로 이주한 유럽 정치인들을 논한다〕는 제목을 붙인, 〔삭제〕에게 보낸 세르주의 4장짜리 편지.) 이 문서에서 우리는 러시아인 이주민이 나탈리야 세도바와 세르주, 그리고 안드레스 닌의 미망인이라는 것, (유대인 노동자당이며 러시아 최초의 마르크스주의 대중 정당이었던) 분드가 유대인 이주민 속에서 활동했다는 것, 루마니아인 이주민과 체코인 이주민이 반유대주의에 반대하는 사상과 민주주의를 적극적으로 북돋고 있었다는 것, 코민테른 대표들이 멕시코에서 활동을 했다는 것을 알게 된다. 이 정보 교환의 결과로 에드가 후버는 "빅토르 나폴레옹 키발치치, 빅토르 나폴레옹 르보비치, 빅토르 키발치치, 빅토르 세르주, 페데렙스키〔세르주 모친의 결혼 이전 성〕-간첩-R"이라고도 하는 세르주에 관해 서신 한 통(1944년 5월 25일, FBI file 100-36676-20)을 멕시코 주재 미국 대사관에 있는 버치 오닐(Birch O'Neal)에게 보냈다.
9 1990년 9월 6일에 멕시코시티에서 로레트 세주르네와 한 인터뷰.
10 1990년 8월에 코요아칸에서 블라디와 한 인터뷰. 블라디는 그날 자기와 자기 아버지가 뒤에 숨었던 바로 그 나무를 지나가면서 그 사건을 이야기해주었다.

11 Paul Castelar, "GPU Terror Starts in Mexico, Former Agent Killed, Opponents in Peril", *New Leader*, 24 January 1942, 1쪽을 볼 것.
12 발신지가 멕시코시티로 되어 있는 Owen, Roche (ALN), 「철도 운송을 위험에 빠뜨린 멕시코의 트로츠키 추종자들」(Mexico Trotskyites Peril Rail Transport). 이 기사는 미 연방수사국의 세르주 파일, 즉 색인이 1944년 5월 21일로 되어 있고 1984년 6월 1일에 기밀 해제된 document file 100-36676(Victor Serge)에 있다. 불운하게도 미 연방수사국은 이 기사의 출처를 삭제했다. 기사는 비록 정확한 출처가 삭제 때문에 불명확하기는 해도 『노동자』(*Worker*) 1부 3면에서 오려낸 듯하다.
13 Macdonald Papers, 1942, Yale Collection.
14 아빌라 카마초에게 보낸 편지의 부본. 드와이트 맥도널드가 세르주에게 보낸 1942년 2월 10일자 편지, Yale Collection도 볼 것.
15 FBI Memorandum 57958, 1 February 1942.
16 FBI Memorandum 57955.
17 *New Masses*, 24 March 1942, p.15.
18 FBI file 161-9182-1, 16 April 1942에 재수록된 *New Masses*, 24 March 1942.
19 낸시 맥도널드가 빅토르 세르주에게 보낸 1942년 3월 6일자 편지, Macdonald Papers, Yale University Library.
20 FBI file, Record no.SA 153916, Serial no.5967, 3pp. Declassified 6/1/84.
21 (영어로 *Tina Modotti : A Life*, New York, St. Martin's Press, 1999로 간행된) Pino Cacucci, *Tina Madotti*, Barcelona, Circe Bolsillo, 1995, 281쪽. (인용된 페이지 번호는 에스파냐어판의 번호이다.)
22 세르주에 관한 훌리안 고르킨의 간략한 전기, Mexico archive.
23 1986년 1월에 멕시코에서 한 인터뷰.
24 이를테면, *Seize fusillés : où va la révolution russe?*, Paris, Spartacus Cahiers Mensuels, 1936, 125쪽을 볼 것.
25 Cacucci, *Tina Madotti*, pp.281~282.
26 Ibid.
27 1996년 8월에 멕시코시티에서 아우스트리치의 미망인과 한 인터뷰. 그의 남편은 내가 그와 이야기를 나누기 바로 몇 달 앞서 죽었다.
28 Cacucci, *Tina Madotti*, p.282.
29 로레트 세주르네는 나중에 멕시코의 저명한 인류학자가 되었다.
30 Victor Serge, *Memoirs of a Revolutionary*, London, Oxford

University Press, 1963, p.177.

제6장 러시아에서 빠져나와, 유럽에서 구석에 몰려

1) 세도프가 소블에 관해 경고하려고 세르주에게 보낸 편지 한 통이 도착하지 않았다. 세르주가 세도프에게 보낸 편지("Piatnitsa, 1936", 231 : 63, Nicolaevsky Collection, Hoover Archive)를 볼 것.
2) 벨기에의 위클(Uccles)에서 세르주는 1936년 7월 1일에 파리에 있는 세도프에게 자기에게는 프랑스 비자가 있다는 편지를 써 보냈다(세르주가 세도프에게 보낸 1936년 7월 11일자 편지, Nicolaevsky Collection, Hoover Archive). 그러나 프랑스 비자는 여행증이 아니었다. 벨기에 주재 소련 영사관 관리는 세르주에게 그의 지위 변화를 알려주지 않으려 했고 그가 여행증을 얻을 수 없게 만들었다(빅토르 세르주가 레프 트로츠키에게 보낸 1936년 8월 10일자 편지). 따라서 세르주는 소련에 남겨진 동지들을 위한 정치 활동을 더 효과적으로 벌일 수 있는 파리로 갈 수 없었다.
3) 소련에 있는 세르주의 가족은 그의 누나, 장모, 처제 둘, 처남 둘, 이들의 자식, 사촌들이었다. 이들은 모두 다 정치와는 무관했다. 다른 반대파 구성원들의 가족들과 똑같은 고초를 겪었다. 세르주는 자기의 개인 사건일지인 *Carnets*(Paris, Julliard, 1952)에 굴라그로 들어가 행방이 묘연해진 반대파 구성원들의 아내와 아이들의 운명에 관해 썼다. 1946년 7월 6일자 사건일지에 그는 수용소 가운데서도 가장 열악한 수용소로 들어가 행방이 묘연해진 카메네프의 아내(트로츠키의 누이)와 라콥스키의 딸의 운명을 언급했다. 세르주의 "Pages from a Journal"(*The New International*, vol.5, no.5, November/December 1950) 369쪽을 볼 것.
4) 본명이 발터 포레츠키(Walter Poretsky)인 이그나티 레이스는, 월터 크리비츠키가 그랬듯이, 세르주를 경계했다. 포레츠키의 아내인 엘자의 주목할 만한 회고록인 *Our Own People*(Ann Arbor, University of Michigan Press, 1969) 244~246쪽을 볼 것.
5) 세르주는 바르민의 책들을 쓴 대필작가였다.
6) 세르주가 연출재판과 숙청에 관한 자기 소설 『툴라예프 사건』에 임시로 붙인 원제목은 "땅이 흔들리기 시작했다"(La terre commençait a trémbler)였다. 저자의 내용안내문 역할을 하는, 같은 제목의 날짜 미상

의 원고가 멕시코시티의 세르주 문서보관실에 있을 것이다.
7) 비록 편지에서 나타난 대로 세르주가 이미 세닌을 의심하기는 했어도 세도프는 세닌에 관해 경고를 해주는 편지 한 장을 세르주에게 써 보냈다. 세르주는 이 편지를 결코 받지 못했다(Victor Serge, *Memoirs of a Revolutionary*, London, Oxford University Press, 1963, p.328). 아돌프 세닌과 로만 웰은 리투아니아에서 태어난 아브라함 소볼레비치우스와 루빈(Ruvin) 소볼레비치우스 형제의 가명이었다. 세닌은 자기와 자기 동생이 좌익반대파 독일 지부에서 몇몇 회원을 데리고 떨어져 나가 독일 공산당으로 들어가기 바로 전인 1932년에 코펜하겐에 있는 트로츠키를 찾아갔다. 세닌/소볼레비치우스는 미국에서 소련 간첩으로서 재판을 받았고 자기와 자기 동생이 1931년 이후로 게페우 요원으로서 활동해왔다고 시인했다. 세닌은 1940년에 미국으로 보내져서 잭 소블렌이라는 이름을 썼다. 그가 처음 한 일은 "트로츠키주의자들, 그리고 유대인 조직과 시온주의 조직을 살펴서 그들에 관해 보고하"는 것이었다. 그는 뉴욕에 "트로츠키주의" 그룹이 세 개 있고 러시아인 첩자가 각 그룹에 한 사람씩 배치되어 있다는 말을 들었다. 나중에 그에게 첩보요원을 감독하고 모집하는 일이 맡겨졌다. "Exhibit no.528"(entered as testimony) by Jack Soblen, written with Jack Lotto, "How I Spied on US for the Reds", (*Journal-American*, 10-20 November 1957), United States Senate, *Scope of Soviet Activity in the United States*, Hearing before the Subcommittee to Investigate the Administration of the Internal Security Act and Other Internal Security Laws of the Committee on the Judiciary, Eighty-Fourth and Eighty-Fifth Congresses, 1956~1957, pp.4875~4891을 볼 것.
8) 세르주가 세도프에게 보낸 1936년 4월 21일자 편지. 그 뒤에 세르주가 세도프에게 편지를 써 보냈는데, 날짜가 (1936년) "금요일"이라고만 되어 있는 이 편지에서 세르주는 다음과 같은 말을 덧붙였다. "세닌에 관해서는, 개인적으로, 그가 첩자인지, 아니면 첩자에게 완전히 속아 넘어가 (체포되어) 투항한 자인지 아직 마음을 정하지 못했습니다. 그에게 무슨 일이 일어났을까요? 그에 관한 정보를 제공하는 것이 가능할지도 모르지만, 저를 언급하지는 마십시오. 시베리아에서 사람들이 꽤 설득력이 있는 근거를 가지고 그가 첩자라는 편지를 써서 제게 보냈습니다." Serge to Sedov, "Piatnitsa", 1936, 231 : 63, Nicolaevsky Collection, Hoover Archive.
9) 세르주가 트로츠키에게 보낸 1936년 4월 29일자 러시아어 편지. (세르

주의 편지는 대부분 프랑스어로, 트로츠키의 편지는 러시아어로 되어 있다.) D. J. Cotterill(ed.), *The Serge-Trotsky Papers*, London, Pluto Press, letter 6, pp.47~49.
10) 트로츠키가 세르주에게 보낸 1936년 5월 8일자 편지(Cotterill, *The Serge-Trotsky Papers*, letter 8, p.52). 그런 다음 트로츠키는 반대파가 받는 대우와 스탈린 헌법에 관해서 트로츠키의 *Writings, 1935~1936*, New York, Pathfinder Press, 1973, 324~328쪽에 나오는 「소련의 정치 탄압」(Political Persecution in the USSR)이라는 속보를 써서 1936년 5월 22일에 연합통신사(Associated Press)로 보냈다. 트로츠키는 세르주를 정치적으로 보호하려고 그의 이름을 언급하지 않은 채 그의 자료를 통째로 이용했다. 그 속보는 미국의 수천 개 신문사로 보내졌다. 트로츠키가 세르주에게 보낸 1936년 5월 19일자 편지에 붙은 1936년 5월 20일자 후기(Cotterill, *The Serge-Trotsky Papers*, letter 10, pp.54~55).
11) 특히 세르주가 벨기에에 살면서 프랑스어로 책을 펴낼 경우에 가해질 제한. 트로츠키가 세르주에게 보낸 1936년 5월 8일자 편지(Cotterill, *The Serge-Trotsky Papers*, letter 10, p.52).
12) 이를테면, 둠바제는 사라풀에서 치료도 받지 못한 채, 심지어 옷을 제힘으로 입지 못할 만큼 두 팔이 마비되었고 매달 30루블로 연명하려고 애쓰고 있었다.
13) 트로츠키는 기분이 좋아서 세르주에게 "나는 당신보다 더 실력 있는 번역자를 꿈에서도 얻지 못할 거요"라고 써 보냈다. 트로츠키가 세르주에게 보낸 1936년 6월 3일자 편지. 나중에 트로츠키는 세르주에게 다음과 같이 말했다. "내 책의 번역에 관한 당신의 평은 당신이 이 과업에 지극정성으로 공을 들였다는 것을 입증해줍니다. 당신의 문체는 워낙 뛰어나서 당신이 나와 함께 당신 번역의 '의역'을 검토할 필요가 없어요. 나는 당신의 표현을 미리 전적으로 승인합니다." 트로츠키가 세르주에게 보낸 1936년 8월 18일자 편지. 이 편지는 조금 다른 번역으로 Cotterill, *The Serge-Trotsky Papers*, dated 19 August 1936, letter 29, 95쪽에 나온다.
14) 이를테면, 세르주가 세도프에게 보낸 (일부는 타자기로 친 프랑스어로 되어 있고 페이지 밑에 손으로 쓴 러시아어 주가 달린 날짜 미상의) 편지(Nicolaevsky Collection 231 : 21, Hoover Archive). 또한 세도프가 세르주에게 보낸 1936년 7월 13일자 편지와 1936년 7월 31일자 편지(231 : 78 ; 231 : 80). 세르주에게 번역료가 지급되어서 어려웠던 경

제 사정이 크게 나아졌다. 세르주는 때로 번역자 겸 편집자가 되었다. 세르주는 료바 세도프에게 (날짜는 프랑스어로 "수요일(mercerdi)"이라고만 적혀 있고 몸말은 러시아어로 된) 편지를 보내서 자기가 느끼기에는 공연장(Hippodrome) 연설문이 되풀이되는 것이므로 책에 포함되어서는 안 되므로 그 연설문을 줄였다고 말했다. 세르주는 책이 연설문과 주를 그저 모아놓은 구조이며 같은 말이 되풀이된다고 비판한다. 그는 이런 되풀이가 책을 망치리라고 말했다. 세도프가 세르주에게 보낸 편지에는 세르주가 번역을 하고 주가 보태져서 책이 더 나아지고 더 효과적으로 되었다는 트로츠키의 견해가 그대로 되풀이되어 있다. 세도프가 세르주에게 보낸 1937년 6월 19일자 편지와 1937년 7월 20일자 편지(231:92, 231:93, Nicolaevsky Collection, Hoover Archive).

15) 세르주가 세도프에게 보낸 1936년 8월 18일자 편지의 후기. 세르주와 트로츠키가 1936년에 위험한 망명을 하고 있을 때 두 사람 사이에는 동지적인 협조가 이루어졌다. 트로츠키의 저작 번역을 놓고 두 사람 사이에 오간 편지에 관한 더 충실한 논의로는 Susan Weissman, "Predannaia revoliutsiia L. Trotskogo i sud'ba Revoliutsii i V. Serzha", M. Voeikov(ed.), Kniga L. D. Trotskogo "Predannaia revoliutsiia": 60 let spustia(Moskva, 1997)를 볼 것. 비밀경찰 서류철들을 다른 사람과 비교할 수 없을 만큼 자유로이 이용해서 스탈린과 레닌, 그리고 트로츠키의 전기를 쓴 러시아 학자 드미트리 볼코고노프(Dmitrii Volkogonov)는 비밀경찰 문서고에 있는 편지 한 장을 인용했는데, 세르주가 세도프에게 보낸 그 편지는 트로츠키의 책을 "분량만 많고 급히 써서 문학적 가치가 적다"〔강조는 지은이〕고 평했다. 니콜라옙스키 문서(The Nicolaevsky Collection)에 있는 세르주-세도프 편지에는 그런 편지가 없지만, 세르주가 세도프에게 자기는 그 저작에 근본적인 가치가 있다고 여긴다고 말한 편지가 한 장 있다. 비밀 문서고에는 세도프가 본 적이 없는 편지가 있거나, 아니면 그 편지에서 따온 인용문은 가장 좋은 경우에는 실수이고 가장 나쁜 경우에 날조이다. D. Volkogonov, *Trotsky: The Eternal Revolutionary*, New York, Free Press, p.364.

16) 트로츠키가 세르주에게 보낸 1936년 4월 29일자 편지(Cotterill, *The Serge-Trotsky Papers*, pp.44~47). 트로츠키는 자기가 훑어보기만 한 스탈린에 관한 수바린의 책이 "이론적·정치적 관점에서 (……) 가치가 없다"는 내용의 편지를 써 보냈다.

17) 트로츠키의 전기를 쓴 피에르 브루에에 따르면, 트로츠키는 세르주가

『프롤레타리아 혁명』에 글을 썼다는 데 격분했다. 왜냐하면 그 간행물 편집자들이 스탈린주의가 볼셰비즘의 연속이라고 믿었기 때문이었다. 트로츠키는 세르주가 부르주아 언론에 협력했으면 차라리 더 좋아했을 것이다. 이 시기의 『프롤레타리아 혁명』 편집자는 모나트와 루종(Louzon)이었다. 이들은 세르주의 석방을 위해 싸웠던 이들과 이름은 같지만 다른 사람이었다. 1987년 5월 22일에 피에르 브루에와 멕시코 시티에서 가진 인터뷰.

18) 레프 트로츠키가 롤라 달린에게 보낸 1936년 5월자 편지, Nicolaevsky Collection, Hoover Archive. 트로츠키는 달린에게 세르주를 아주 면밀히 감시하라고 경고했다. 그의 몸짓과 생활양식, 그리고 그가 첩자로 활동하고 있음을 보여주는 일체의 기미를 지켜보라는 것이었다.

19) 엘자 포레츠키는 과연 구명운동이 벌어졌기 때문에, 또는 심지어는 고리키가 개입했기 때문에 세르주가 풀려났을까 의심하면서 소련이 스스로 그 구명운동을 부추겼을지도 모른다는 가능성을 제기했다. 포레츠키는 자기가 '되 마고 카페'(Café des Deux Magots)에서 남편과 크리비츠키와 함께 앉아 세르주가 풀려났다는 소식을 읽었다고 기억했다. 포레츠키는 처음에는 그 소식을 소련에서 상황이 더 좋은 쪽으로 바뀌고 있다는 뜻으로 받아들였지만, 루드빅과 크리비츠키는 포레츠키에게 "엔카베데에게 이용되지 않을 사람이면 아무도 소련을 떠나지 못한다"고 말했다. 루드빅은 세르주가 반대파 단체와 갖는 접촉이 모스크바에게 아주 값어치가 있으리라고 생각했다. Poretsky, Our Own People, p.245.

20) 트로츠키는 세르주가 『프롤레타리아 혁명』 편집자에게 써 보낸 편지를 『혁명가 사회주의자의 행동』(L'Action socialiste-révolutionnaire)의 1936년 5월 16일자에서 보았다. 세르주에게 보낸 1936년 5월 19일자 편지에서 트로츠키는 세르주가 오로지 한 생디칼리스트 그룹에만 글을 쓴다는 데 짜증이 난다고 하면서 "만약 당신이 정치적으로 마르크스주의보다는 생디칼리슴에 더 가깝다고 느낀다면, 우리 사이에 있는 이 깊은 견해차에 주목하는 것이 오로지 내가 할 일로 남아 있습니다"라고 덧붙였다.

21) 그 행동들 사이에 있는 유일한 차이는 트로츠키 그룹은 부하린의 간담회를 방해하려고 밖에서 난입해 들어간 반면, 막들렌 파즈과 그의 동지들은 강당 안에서 끊임없이 대회를 방해했다는 것이었다.

22) 세르주는 료바 세도프에게 보내는 1936년 9월 4일자 편지에서 두 사람이 (파리와 암스테르담과 브뤼셀 등) 모든 곳에 "아나키스트들, 『프롤

레타리아 혁명』, 사회주의자 좌파(피베르), 다양한 다른 이들과 우리와 함께 (우리 자신은 빼고!) 탄압에 맞서 꾸준히 싸우는 위원회"를 세워야 한다고 썼다. 또한 세르주는 프랑스 위원단을 구성할 저명한 지식인들을 추천해서 당파에 얽매이지 않고 모스크바 재판의 진상을 조사할 유사한 위원회를 지체 없이 세우는 일을 도와달라고 세도프에게 부탁했다(세르주가 세도프에게 보낸 1936년 9월 4일자 편지, Nicolaevsky Collection 231 : 85, Hoover Archive). 이것이 앙드레 브르통, 펠리시앙 샬라예(Félicien Challaye), 마르셀 마르티네, 막들렌 파즈, 앙드레 필립, 앙리 풀레유, 장 갈티에-보시에르(Jean Galtier-Bossière), 피에르 모나트, 알프레드 로스메르, 조르주 피옥(Georges Pioch), 모리스 빌랑이 참여하는 '모스크바 재판의 진상을 조사하고 혁명에서 자유 언론을 지키는 파리 위원단'이 되었다. 세르주는 말로와 지드 등과 같은 다른 프랑스 지식인들이 참여해야 한다고 했지만, 그들은 참여하지 않았다. 그 위원회가 "에스파냐 혁명 내부에서 소련 전체주의가 마드리드와 바르셀로나에서 거짓말과 살인이라는 똑같은 방법으로 없애버리려고 시도할 사람들을 지키는" 과업도 맡아야 한다는 세르주의 주장 때문에 위원회의 이름이 길어졌다(Serge, *Memoirs*, p.331). 세도프는 세르주에게 보내는 1937년 2월 14일자 편지에서 그 프랑스 위원회는 미국 위원회와 멕시코 위원회만큼 일을 잘하지 못한다고 썼다(367 : 90, Nicolaevsky Collection 231 : 85, Hoover Archive).
23) 1923년 한여름 밤에 스탈린이 제르진스키와 카메네프에게 한 말. *Portrait de Staline*, Paris, Grasset, 1940, 177쪽에 있는 세르주의 말을 재인용. 각주에서 세르주는 수바린도 그가 쓴 스탈린 전기의 446쪽에서 이 말을 인용했으며 트로츠키도 대여섯 편의 저술에서 이 말을 인용했다고 적어놓았다. 고참 볼셰비키가 이 말을 자주 되풀이했다.
24) Serge, *Memoirs*, pp.330~331. 세르주는 비록 『한 혁명가의 회상』에서 숙청의 무계획성을 서술하기는 했지만 자기가 쓴 소책자 『소총 열여섯 자루』에서는 연출재판의 사전계획성을 논하면서 재판 결과가 미리 정해지고 준비되고 예행연습 되었다고 말했다. *Seize fusillés : où va la révolution russe?*, Paris, Spartacus Cahiers Mensuels, Série Nouvelle, no.1, 1936, pp.4~5.
25) 이것은 『한낮의 어둠』에서 나타나는 쾨스틀러의 접근 방식과는 사뭇 다르다. 『한낮의 어둠』에서는 자백에 이르는 사고 과정을 사실상 당은 잘못을 저지를 리 없다는, 그리고 당이 자백을 요구하니까 자기는 자백을 함으로써 당에 순응해야 한다는 단일한 진리를 발견하는 단 하나의 등

장인물인 루바쇼프(Rubashov)의 정신적 곡예를 통해서 보인다. 쾨스틀러의 견해는 이질적 요소 없이 획일적인지라 마르크스주의, 레닌주의, 볼셰비즘, 스탈린주의를 같다고 보는 냉전의 전사들이 취한 입장과 완벽하게 맞아떨어진다. 미묘함과 섬세함이 없는 이런 견해에서 공산주의는 반(反)인간적이다. 즉, 당은 인민과 대결하고, 생각은 없고 오로지 복종만이 있으며, 혁명가에게는 측은지심이 없다는 식이다. 쾨스틀러가 일단 소련을 거부하자 반공주의자들의 "기대를 저버린 신"의 하나가 된 까닭을 알기란 어려운 일이 아니다. 그의 책은 스탈린주의식 사고의 순수한 선언이다. 쾨스틀러는 세르주의 『툴라에프 사건』에 들어 있는 갖가지 다양한 목소리들과 대비할 때 폭이 매우 좁다는 인상을 준다.

26) 1938년 3월 20일자 『왈룬』에 실린 기사 「소련에서 꾸며지는 음모」 (Complots en URSS)에서 세르주는 당에 봉사하기 위해 "자기 주검을 디디고 넘어"갈 사람들이 "진군하는 사회주의"에 큰 애착을 가지고 있다고 말했다. 아무리 뒤틀렸다고 해도 당은 그들에게 아직도 사회주의의 미래상을 대표했던 것이다.

27) 윌리엄 마셜은 자기가 쓴 *Victor Serge : The Uses of Dissent*(Oxford, Berg, 1922)에서 이 총격을 "지옥의 파문, 또는 휘저어놓은 연못에 이는 파문처럼 (……) 그 총격의 대격동에서 밖으로 퍼져 나가는 일련의 동심원"에 비유했다(144쪽).

28) 터키에 있는 엔카베데 비밀부서 최고 기관원이었던 아가베코프는 1929년에 모스크바와 관계를 끊었다. 그는 세르주가 1935년의 "배반과 밀고에 관한 아주 색다른 문서"라고 일컬은 책을 한 권 펴냈다. 그는 1923년에 반대파에 속했던 적이 있다. 그는 벨기에에서 피살되었고, 오를로프에 따르면 "스탈린의 독재와 관계를 끊고 외국에 머물 의도를 가지고 있다는 의심이 든다는 이유만으로 소리 없이 제거된" 사람들 가운데 한 명이었다. 레이스와 크리비츠키의 암살과는 전혀 달리, 그의 암살은 경보가 울리기 전까지 주목을 받지 못하고 지나쳤다. 그의 경우는 "엔카베데 관리가 소련으로 되돌아가기를 거부한 이후로 얼마나 많은 시간이 지났"는지 상관없이 "스탈린의 부하들이 조만간 그를 붙잡아 죽일 것"임을 보여주었다. Alexander Orlov, *The Secret History of Stalin's Crimes*, New York, Random House, 1953, pp.227~228 ; Serge, "The Diary of Victor Serge's entry for 20 February 1938", *The New International*, January-February, 1950, pp.54~55.

29) 에르빈 볼프는 노르웨이에서 트로츠키가 둔 비서들 가운데 한 사람이었다. 그는 에스파냐로 가기 바로 전에 브뤼셀에 있던 세르주를 찾아가 만

난 적이 있다. 그는 세르주에게 한 혁명이 목숨을 걸고 싸우고 있는 동안 편안하게 마르크스주의를 공부하고 있자니 견딜 수가 없다고 말했다. 세르주는 그가 살해당할 것이라고 경고했다. (세르주에 따르면, "그에게는 싸울 태세가 된 젊은이의 자신감이 있었다.") 결국 볼프는 에스파냐로 갔고, 체포되어 풀려났다가 거리에서 납치되어 행방불명이 되었다. Serge, *Memoirs*, 337쪽과 Victor Serge & Natalia Sedova Trotsky, *The Life and Death of Leon Trotsky*, New York, Basic Books, 1975, 225쪽.

30) Victor Serge, *Carnets*, Paris, Julliard, 1952, p.89. 다른 한편으로 엘자 포레츠키는 크리비츠키가 스스로 목숨을 끊었다고 믿었다(1999년 5월에 파리에서 엘자 포레츠키의 아들 로망 베르노(Roman Bernaut)와 가진 인터뷰).

31) 세르주는 중국에서 늙은 중국인 노동자들이 보내온, "트로츠키는 개다! (……) 우리는 위대한 스탈린을 우리 장남, 친애하는 우리 어버이로 사랑한다. 이 괴물들을 쓸어내 없애버리자!"고 선언하는 전신문을 인용했다. Serge, *Seize fusillés*, p.24.

32) "Pages from a Diary of Victor Serge", *The New International*, vol.15, no.10, September 1949, pp.214~216. 그의 처남인 폴 마르셀(Paul Marcel)은 감옥에서 여섯 해를 보냈고, 처제인 에스피르 루사코바(Esfir' Russakova)는 수용소에서 죽었다(1989년에 모스크바에서 이리나 고구아와 한 인터뷰). 누이인 베라 블라디미로브나 프롤로바(Vera Vladimirovna Frolova)에 관해서는 알려진 것이 없다.

33) Victor Alba & Stephen Schwarz, *The Communist Party in Spain*, New Brunswick, New Jersey, Books, 1983, 221쪽을 볼 것. 슈워츠는 엔카베데의 "살생부"가 존재했고 세도프의 이름 다음에 스네블리트와 세르주의 이름이 있었다는 증거를 찾아냈다고 주장해서 논란을 불러일으킨 "스탈린의 자객" 관련 연재기사를 『뉴욕 서평』(*New York Review of Books*)과 다른 지면에 썼다. 1989년 4월에 샌프란시스코에서 스티븐 슈워츠와 한 인터뷰. 헨드리쿠스(Hendricus), 또는 헨크 스네블리트는 1942년에 나치에게 죽임을 당했다. 세르주의 아들 블라디는 자기 아버지를 57세에 거둬간 "자연사"에 아직도 의문을 제기한다.

34) Victor Serge, "Reiss, Krivitsky, Bastisch and Others", December 1937, in "The Diary of Victor Serge", *The New International*, January-February 1950, p.51. 헨크 스네블리트는 국회의원이자 철도 노동자 노동조합 지도자였다. 그는 인도네시아 공산당을 세웠고 1920

년에 중국 공산당의 탄생에 일조를 했다. 그는 제2차 코민테른 대회에서 "마링"(Maring)이라는 이름으로 자바 사회당을 대표했다. 1927년에 그는 네덜란드 공산당을 떠나 1929년에 RSAP(Revolutionair Socialistiche Arbiders Partij, 네덜란드 혁명 사회주의 노동자당)를 만들었다. 스네블리트는 1933년부터 1938년까지 좌익반대파와 함께했다. 1942년에 게슈타포에게 붙잡혀 총살당했다.

35) 훗날 트로츠키는 레이스의 죽음이 "한 사람의 상실일 뿐만 아니라 하나의 교훈"이라고 쓰게 된다. 그 교훈이란 레이스는 자신을 공개했어야 했지만 유럽의 좌익반대파도 레이스와 제때 연계를 확립해서 그가 스탈린의 거대한 간첩 기구에 맞서 혼자서 관계를 끊도록 해서는 안 되었으리라는 것이었다. 또다시 트로츠키는 "스탈린에게 고용된 살인자들에게 대항하는 가장 진지하고 유일한 방어책은 철저한 **공개**"라고 강조했다. Leon Trotsky, "A Tragic Lesson", 21 September 1937, in *Writings 1936~1937*, pp.448~451.

36) 레이스는 자기의 공개서한을 파리의 소련 대사관을 통해서 소련 공산당 중앙위원회로 보냈다. 이 편지는 그가 1927년에 받았던 붉은 기 훈장에 싸여 있었다. 물론, 그가 잘 알고 있었듯이, 사람들이 소련의 비밀경찰에서 사직하는 일은 없다.

37) 레이스가 유럽에서 쓴 여러 이름 가운데 하나가 체코인 한스 에버하르트(Hans Eberhard)였다. Poretsky, *Our Own People*, pp.235~236.

38) 알렉산드르 오를로프 장군이 파리의 좌익반대파 동아리에 첩자인 즈보롭스키가 있다고 트로츠키에게 경고해주려고 트로츠키 앞으로 보낸 비밀 편지의 전문이 *Hearings before the Subcommittee to Investigate the Administration of the Internal Security Act and Other Internal Security Laws of the Committee on the Judiciary*, US Senate, Eighty-Fifth Congresses, First Session on Scope of Soviet Activity in the United States, 14~15 February 1957, part 51, pp.3425~3426에 있는 오를로프의 선서 증언에 인쇄되어 있다. 포레츠키는 백위계 러시아 이주민들이 내부에 알력은 있지만 러시아에서 공산주의를 타도한다는 목표에서는 단결하는 대여섯 개 단체로 이루어져 있다고 서술했다. 이들은 엔카베데가 사람을 포섭하기 쉬운 단체들이었고, 모든 백위계 단체는 스탈린의 "혁명 제거 행위"에 즐거워했다. Poretsky, *Our Own People*, pp.237~238.

39) 안톤 그릴레비츠(Anton Grylewitz)는 프라하에서 모스크바 재판을 조사하는 위원회를 세운 전직 독일 국회의원이었다. 스탈린이 직접 관심

을 보였다고 하는 게페우 음모가 벌어진 뒤에 나치 독일에서 빠져나온 정치 난민인 그릴레비츠는 체포되어 바람직하지 않은 외국인으로서 체코슬로바키아에서 추방되었다. Victor Serge & Natalia Sedova Trotsky, *The Life and Death of Leon Trotsky*, New York, Basic Books, 1975, p.220.

40) Victor Serge, Maurice Wullens & Alfred Rosmer, *L'Assassinat d'Igance Reiss*, Les Humbles, Paris, 1938년 4월. 레이스의 메모에 바탕을 두고 세르주가 밝혀낸 사실들은 크리비츠키가 쓴 *I Was Stalin's Agent*의 151쪽과 168~173쪽에서 확인되었다. 크리비츠키는 그릴레비츠 사건이 에스파냐와 체코슬로바키아와 미국에서 비슷한 재판이 진행되도록 해서 모스크바 재판이 진실이라고 세계를 납득시키려는 게페우의 시도의 일부라는 말을 들은 적이 있다. 에스파냐에서는 마르크스주의 통합노동당을 프랑코에, 체코슬로바키아에서는 (트로츠키주의자인) 그릴레비츠를 히틀러에 연결한다는 착상이었다. 이 시도는 실패했다. 뉴욕에서 오게페우는 한 술책을 통해서 "트로츠키주의자-파시스트" 재판을 벌인다는 계획을 세웠다. 이 술책은 미국의 반스탈린주의자들이 히틀러의 게슈타포 요원이었음을 입증하게 된다. 이 노력은 미국 공산당원인 줄리에트 스튜어트 포인츠(Julliette Stuart Poyntz)의 행방불명과 모스크바에 있는 소련의 미국인 첩자 도널드 로빈슨-류벤스(Donald Robinson-Rubens)와 그의 아내의 체포로 이어졌지만, 이 노력은 물거품이 되고 더는 알려진 것이 없다(Krivitsky, ibid.). 전모는 카게베 문서고가 열려야 드러나겠지만, 포인츠의 행방불명에 관한 설명이 Hugo Dewar, *Assassins at Large*, London, Wingate, 1951, 97~110쪽에 있으며, Allen Weinstein & Alexander Vassiliev, *The Haunted Wood*, New York, Random House, 1999, 88~89쪽에 스튜어트 포인츠의 신분이 1937년 6월에 뉴욕에서 사라진 비밀요원이자 당원으로 밝혀져 있다. 다른 요원들은 이 여자가 모스크바의 지시에 따라 피살되었다고 추측한다.

41) 1989년 3월에 모스크바에서 이리나 고구아와 가진 인터뷰. 고구아의 어머니인 율랴는 1920년에 그루지야에서 스탈린이 사모한 대상이었고, 나중에 결혼한 멘셰비키의 일원이자 쥬가시빌리의 초기 친우인 칼리스트라트 고구아와 결혼했다. 이리나는 바르민의 첫번째 아내였고, 두 사람은 1934년에 이리나가 체포될 때까지 친구로 남았다. 바르민은 이리나와 율랴, 그리고 고리키의 아내인 예카테리나 페시코바(율랴의 가장 친한 친구―제5장을 볼 것)에 관해 서술했지만, 그가 이리나와 결혼했

다는 것은 인정하지 않고 그 여인들을 친한 친구로만 서술했다. 그는 굴라그에 있는 이리나를 보호하려고 노력하고 있었던 것일까?(Alexandre Barmine, *One Who Survived : The Life Story of a Russian under the Soviets*, New York, G. P. Putnam's Sons, 1945, pp.265~266.) 그는 이리나가 체포된 뒤 그와 연락이 끊겼다. 이리나는 1989년 3월에 모스크바에서 필자를 통해 그가 1987년에 죽었다는 사실을 알았다. 이리나 고구아는 모스크바에서 1990년 설날에 숨을 거두었다.

42) 그의 궂긴 소식이 『뉴욕 타임스』에 나타났다. 바르민은 코네티컷(Connecticut)주에서 살았고, 1950년대와 1960년대에 미 중앙정보부를 위해 일한 적이 있다. "소환" 대상으로 찍힌 또 다른 엔카베데 요원이었던 알렉산드르 오를로프는 자기를 죽이려는 사형집행인을 피해서 미국으로 갔으며, 미국에서 스탈린의 모든 범죄를 낱낱이 적고 만약 자기(오를로프)가 피살된다면 변호사가 자신의 증언을 발간하리라고 말하는 편지를 스탈린에게 써 보냈다. 오를로프는 비록 14년 동안 쫓겨 다녔지만 목숨을 부지하다가 1973년에 자연사했다. 즈보롭스키는 1990년에 자연사한 유럽인 엔카베데 요원이었다. 비록 1945년 이후에 엔카베데로부터 어떤 임무도 받지 않았다고 단언하기는 했어도 스탈린과의 관계를 결코 끊지 않았다. Orlov, *The Secret History of Stalin's Crimes*, pp.x~xvi. 그리고 United States Senate, *Scope of Soviet Activity in the United States*, 29 February 1956, part 4에 있는 즈보롭스키의 증언을 볼 것.

43) 결혼 전 이름이 긴즈부르그(Ginzburg)인 롤라(Lola), 또는 릴랴 달린(Lilia Dallin)은 처음에는 사무엘 에스트린(Samuel Estrine), 그다음에는 다비드 달린과 결혼했다. 롤라 달린은 파울젠(Paulsen)과 야코블레프(Iakovlev)라는 가명으로 활동하기도 했다. 그는 이 이름들을 다양하게 섞어 쓰면서 문서상에 나타난다. 후버 문서고는 그를 릴랴 야코블레브나 에스트리나(Lilia Iakovlenvna Estrina)로 부른다. 그의 친구들은 그를 롤라 달린으로 알고 있었고, 나는 이 책에서 쓸 이름으로 이 이름을 골랐다.

44) Poretsky, *Our Own People*, p.274. 세르주 자신은 자기의 의심에 관해 쓰지 않았다. 도이처는 클레멘트가 죽은 뒤 세르주가 공개적으로 에티엔이 자기들 사이에 있는 엔카베데 첩자라는 의심이 간다고 말했고 에티엔은 걱정하면서 트로츠키에게 어떻게 해야 하느냐고 물었다고 썼다. 트로츠키는 세르주와 스네블리트가 심의권이 있는 위원회에 고발을 해야 한다고 대답했지만, 도이처는 이어서 트로츠키 자신은 그 고발을

믿지 않았다고 말했다(Isaac Deutscher, *The Prophet Outcast, Trotsky 1929~1940*, Oxford, Oxford University Press, 1963, p.408).
45) 이 조사가 이행되었다는 증거는 없다. 그 뒤에 당시 스네블리트와 세르주에게 가까웠던 벨기에 트로츠키주의자인 조르주 베레켄(Georges Vereeken)이 책을 한 권 썼는데, 이 책에서 그는 즈보롭스키가 그 못된 일을 해내기 전에 그의 정체를 밝힐 수도 있었을 조사를 하지 않았다고 제4인터내셔널을 비난했다. 베레켄의 The GPU in *the Trotskyist Movement*(London, New Park Publications, 1976)를 볼 것.
46) Ibid., pp.396~397. 미의회 상원에 한 증언에서 즈보롭스키는 게페우에게 알렸다고 기억했지만, 자기가 앰뷸런스를 불렀는지는 확신하지 못했다. 그는 세도프의 죽음을 둘러싼 이해하기 힘든 상황이 있다고 말했지만, 사인이 복막염이라고 한 최종 검시해부와 부검과 같은 견해를 가졌다. Zborowski testimony the Committee on the Scope of Soviet Activities, 29 February 1956, part 4.
47) 미 상원에 증언하면서 즈보롭스키는 자기가 맡은 임무는 엔카베데에 프랑스 트로츠키주의자의 활동에 관한 정보를 주고 세도프에게 접근해서 엔카베데가 (즈보롭스키와 함께) 그를 납치할 수 있는 곳으로 그를 꾀어 들여 두 사람을 러시아로 돌려보내고 트로츠키주의자들을 겨냥해서 문서를 쓰고 그들과 히틀러의 연관에 관한 정보를 얻고, 나중에는 크리비츠키의 경호원으로서 그에게 일어날지도 모를 모든 일을 지켜보는 것이었다고 보고했다.
48) 유난스레 독하게 세르주를 공격하면서 트로츠키는 제4인터내셔널의 창설을 비판하는 세르주의 편지에 다음과 같은 답장을 보냈다. "제4인터내셔널이 문인, 예술애호가, 회의론자 양반들의 눈에 '이름값을 하'게 될 때에는, 제4인터내셔널을 고수하는 것이 어렵지 않은 일일 것이다. 그러면 (이런저런) 빅토르 세르주류의 사람은 책을 한 권 써서 제4인터내셔널의 가장 뛰어나고 가장 영웅적인 시기는, 힘을 빼앗긴 채로 프티부르주아 회의론자들을 비롯한 무수한 적에 맞서서 투쟁을 벌인 시기였음을 (서정적으로, 눈물을 흘리며!) 입증할 것이다."(Leon Trotsky, "'Trotskyism' and the PSOP", *Writings of Leon Trotsky, 1938~1939*, New York, Merit Publishers, 1969, p.134.)
49) 1974년에 제4인터내셔널 영국 지부의 주요 구성원들이 나에게 세르주가 "중도론자"였다고 말하면서 그의 글을 읽을 가치가 없다는 뜻을 내비쳤다. 1990년 8월에 멕시코에서 저명한 제4인터내셔널 지도자인 에

르네스트 망델은 자기가 세르주가 뒤집어쓴 오명을 벗겨서 세르주 탄생 1백 주년 기념 토론회에서 "폭탄을 한 발 떨어뜨리겠다"고 필자에게 말했다. 1991년 3월에 브뤼셀에서 열린 그 토론회에서 망델은 세르주를 혁명적 문필가로 기렸지만, 세르주가 트로츠키와 제4인터내셔널과 벌인 논쟁은 언급하지 않았다.

50) 이 과정에 대한 내부자의 설명으로는 제임스 캐넌(James P. Cannon)의 *The History of American Trotskyism*(New York, Pathfinder Press, 1972)을 볼 것.

51) 그러나 1936년에는 세르주의 열성보다 트로츠키가 보인 열성이 더 컸다. 1936년에 트로츠키는 대규모 파업으로 "프랑스 혁명의 산통(産痛)"이 시작된 파리로 갈 세르주를 부러워하면서 그에게 편지를 써 보냈다. 트로츠키가 세르주에게 보낸 1936년 6월 9일자 〔러시아어〕 편지. 세르주는 경계조로 다음과 같은 답장을 보냈다. "프랑스와 여기에서 일어나는 엄청난 파업은 노동계급이 침체와 극심한 피로의 국면을 겪은 뒤에 회복되고 있으며 새로운 투쟁기로 접어들고 있음을 뚜렷하게 보여줍니다. 즉각적인 전면적 고조를 기대하지 않는 한 이런 상황에서라면 무엇이라도 이룰 수 있다는 희망을 가져도 됩니다." 세르주가 브뤼셀에서 트로츠키에게 보낸 1936년 6월 16일자 〔러시아어〕 편지. Cotterill, *The Serge-Trotsky Papers*, letters 17 & 18, pp.69~75.

52) 트로츠키는 "크론시타트 봉기자들이 특권을 요구했다"고 말한 적이 있고, 세르주는 자기가 당시에 지노비예프와 함께 페트로그라드에 있었고 아주 가까이에서 사태를 주시했다고 논박했다. 나라는 굶주리고 있었고 크론시타트 봉기자들은 "자유로운 소비에트 선거"를, 그리고 주민이 자기가 먹을 식량을 찾아 농촌을 돌아다니지 못하도록 막는 경찰 검문대(zagraditel'nyi otriad)의 철폐를 요구했다. 더군다나, 세르주는 만약 당 중앙위원회가 크론시타트 봉기자들의 불만을 귀담아 들었더라면 봉기와 진압을 모두 다 피할 수 있었으리라고 주장했다. Victor Serge, "Les Ecrits et les faits : Kronstadt", *La Révolution prolétarienne*, no.254, 1937/9/10.

53) 레프 르보비치 세도프가 자기 어머니인 나탈리야 세도바 앞으로 쓴 1936년 4월 16일자 편지. 자기 아버지인 트로츠키가 프랑스의 트로츠키주의자들에게 일일이 참견하는 데에서 오는 좌절감을 터뜨린 세도프는 이 편지를 결코 부치지 않았으며, 공개적으로는 자기 아버지를 가장 열렬하게 지지하는 사람으로 남았다. 이 편지는 The Nicolaevsky Collection, series 231에서 발견되었다. 이 편지는 데일 리드(Dale

Reed)와 마이클 제이콥슨(Michael Jakobson)이 쓴 "Trotsky Papers at the Hoover Institution : One Chapter of an Archival Mystery Story"(*The American Historical Review*, vol.92, no.2, April 1987) 366쪽에서도 인용되었다.
54) Serge, *Memoirs*, pp.348~350. 이런 생각은 세르주가 트로츠키에게 보낸 1936년 5월 27일자 편지에서 되풀이되었다. 좌익반대파의 사고에 있는 요소를 논의하면서 세르주는 "우리가 단결을 어떻게든 유지한 것은 게페우 덕분이었다"고 인정한 옐친의 말을 인용했다.

1 Victor Serge, *Memoirs of a Revolutionary*, London, Oxford University Press, 1963, p.324.
2 Ibid.
3 Ibid., p.326.
4 Ibid.
5 Ibid., p.328.
6 "*Vykhozy iz Sov. Posol'stva : Tam mne soobshchili chto na postanovleniem VTsIKa, ia lishen Sov. Grazhdanstva.*" 세르주가 세도프에게 위클에서 파리로 보낸 1936년 7월 13일자 편지, Series 231 : 78, Nicolaevsky Collection, Hoover Archive, Stanford University.
7 *L'Humanité*, 1937/2/2 & 14. 세르주와 트로츠키 사이에 오간 편지에서 논의되었다. D. J. Cotterill(ed.), *The Serge-Trotsky Papers*, London, Pluto Press, 1994, pp.33, 102.
8 Pierre Broué(ed.), *Le Mouvement Communiste en France (1919~1939)*, Paris, Editions du Minuit, 1967에 처음으로 실린, 레프 다비도비치 트로츠키가 빅토르 세르주에게 보낸 1937년 3월 5일자 편지 「자크 사둘 문제에 관하여」(On the Subject Jacques Sadoul). *Writings of Leon Trotsky (1936~1937)*, New York, Pathfinder Press, 1979, 218~220쪽에서.
9 세르주가 세도프에게 보낸 1936년 10월 18일자 편지 : "나는 26일에 거기〔파리〕에 가겠습니다〔Budu 26-go i khotel by vas budet v gorode 27-go ili 28-go nepremenno〕. 231 : 18, Nicolaevsky Collection, Hoover Archive.
10 『왈룬』, 『사회주의의 부름』, 『프롤레타리아 혁명』 등에서.
11 Serge, *Memoirs*, p.331.

12 *The Case of Leon Trotsky*, New York, Merit Publishers, 1937, pp.43~44. 카메네프의 아내 올가(Olga, 트로츠키의 누이), 라콥스키의 가족 등과 같이 저명 볼셰비키의 친인척의 운명에 관해서는 *Carnets*, Paris, Julliard, 1952에 세르주가 적어놓은 것도 볼 것.

13 1936년 한 해 동안 세르주가 트로츠키에게 보낸 편지가 열여섯 통, 트로츠키가 세르주에게 보낸 편지가 열여섯 통, 세르주가 세도프에게 보낸 편지가 스물다섯 통, 세도프가 세르주에게 보낸 편지가 일곱 통이다.

14 M. Dreyfus, *La Lutte contre le Stalinisme*, Paris, Maspero, 1977. 빠진 부분 없이 더 충실한 단행본이 1994년에 영어로 나왔다. 데이비드 코터릴이 엮고 머리말을 달고 필립 스펜서와 수잔 와이스만이 서문을 쓴 *The Serge-Trotsky Papers : Correspondence and Other Writings between Victor Serge and Leon Trotsky*, London, Pluto Press가 그 책이다.

15 1988년에 스탠포드 대학 산하 후버 연구소는 1982년까지 봉인되었던 보리스 니콜라옙스키 문서실 안에서 예전에는 알려지지 않았던 트로츠키 문서집을 발견했다고 밝혔다. 장 반 헤이예노르트(Jean van Heijenoort)와 피에르 브루에가 그 문서집을 열람해도 좋다는 허가를 받았으며, 브루에는 나에게 자기가 그 문서집에서 세르주의 편지를 몇 통 보았다고 알려주었다. 엘레나 다니엘슨 박사와 캐롤 리드넘 박사가 마다하지 않고 도와주어서 필자는 1936~1937년에 세르주와 세도프가 주고받은 편지의 복사본을 검색할 수 있었다. 상태가 좋지 않은 감광 사진을 베껴 쓰고 번역해준 로버트 윌과 마이클 베일에게 고마울 따름이다.

16 브뤼셀에서 세르주가 세도프에게 보낸 1936년 4월 21일자 프랑스어 편지.

17 세르주가 트로츠키에게 보낸 1936년 4월 22일자 편지. Cotterill, *Serge-Trotsky Papers*, 40~41쪽에 있는 1번 편지.

18 Ibid.

19 세르주가 트로츠키에게 보낸 1936년 4월 29일자 편지. Cotterill, *Serge-Trotsky Papers*, 49쪽에 있는 6번 편지.

20 트로츠키가 세르주에게 보낸 1936년 4월 24일자 러시아어 편지.

21 세르주가 트로츠키에게 보낸 1936년 6월 3일자 편지. Cotterill, *Serge-Trotsky Papers*, 62쪽에 있는 13번 편지.

22 세르주가 트로츠키에게 보낸 1936년 4월 24일자 편지. Cotterill, *Serge-Trotsky Papers*, 41~42쪽에 있는 1번 편지.

23 트로츠키가 세르주에게 보낸 1936년 4월 29일자 편지. 트로츠키가 세르주에게 써 보낸 편지들 가운데 열한 통이 *Writings of Leon Trotsky :*

Supplement (1934~1940), New York, Pathfinder Press, 657~683쪽에 있다. 남겨져서 알렉산드라의 보살핌을 받은 트로츠키의 손주들은 지나의 딸과 니나의 두 아이, 그리고 료바의 아들 륨릭(Liulik)이었다. Pierre Broué, *Trotsky*, Paris, Librairie Artheme Fayard, 1988, pp.551, 691, 804.

24 트로츠키가 세르주에게 보낸 1936년 4월 29일자 편지. 그러나 한 해 뒤에 세도프는 막들렌 파즈가 무척이나 바쁜데도 자기들의 동지인 타로프가 취업허가증을 얻는 데 친절하게 도움을 주고 있었다는 편지를 써서 세르주에게 보냈다. 세도프가 세르주에게 보낸 1937년 6월 4일자 편지 (367 : 19, Nicolaevsky Collection, Hoover Archive).

25 세르주가 마르셀 마르티네에게 보낸 1936년 5월 15일자 편지. Dreyfus, *La Lutte contre le Stalinisme*, pp.157~159.

26 이 책의 제5장을 볼 것.

27 브뤼셀에서 세르주가 트로츠키에게 보낸 1936년 5월 27일자 편지. Cotterill, *Serge-Trotsky Papers*, 59~60쪽에 있는 12번 편지.

28 트로츠키가 세르주에게 보낸 1936년 5월 19일자 편지.

29 Ibid.

30 세르주가 세도프에게 보낸 1936년 8월 5일자 러시아어 편지. 231 : 82, Nicolaevsky Collection, Hoover Archive.

31 Adolfo Gilly, "El Jefe de la VI Internacional : Apuntes y Reflexiones", conference paper in "Trotsky : revelador Politico del Mexico Cardenista (1937~1987)", 1987/5/22, UNAM, Mexico City. 같은 학술대회에서 나눈 대화에서 피에르 브루에가 필자에게 트로츠키가 날마다 자기와 일을 같이 하는 정치적 동료를 대하는 태도와 동지가 될 가능성이 있는 노동자를 대하는 태도 사이에 있는 대비에 관해 같은 주장을 했다.

32 존 이든과 레스 스미드가 1989년 6월에 블라디와 한 인터뷰.

33 *The Case of Leon Trotsky*, Merit Publishers, New York, 1937을 볼 것. 트로츠키는 세르주에게 목격자로서 파리에서 증언을 하라는 제안을 했다(43쪽).

34 빅토르 세르주가 드와이트 맥도널드에게 보낸 1940년 1월 16일자 편지. Macdonald Papers, Yale University Library.

35 Serge, *Memoirs*, p.333.

36 Julian Gorkín, "Adios a Victor Serge", *Mundo*, no.15, 1948/1~2, Santiago de Chile, p.6.

37 Ibid.
38 *La Révolution prolétarienne*, 1937/3.
39 세르주의 미간행 원고, "Le Dernier livre de Trotsky : Staline", 1946, Serge archive, Mexico City.
40 Victor Serge, *Portrait de Staline*, Paris, Editions Bernard Grasset, 1940, p.175.
41 Susan Weissman(ed.), *Victor Serge : Russia Twenty Years After*, Atlantic Highlands, NJ., Humanities Press, 1996, 297~298쪽에 영어로 실린 Victor Serge, "Trente ans après la révolution russe".
42 세르주가 멕시코에서 써서 『진로』 1941년 10/11월 합본호의 9쪽과 30쪽에 실린 「스탈린 반동의 결산」(Balance de la Reacción Staliniana)이라는 기사에서.
43 이것은 *Résistance*, 18~24쪽에 수록되어 있는 세르주의 장시(長詩)인 「러시아의 역사」 중 3절 「자백」이다.
44 세르주는 자백의 수수께끼를 다음과 같은 다양한 저술에서 설명했다. *From Lenin to Stalin*, p.86 ; *Portrait de Staline*, 제21장 ; "La Troisième procès de Moscou", *La Révolution prolétarienne*, 1938/3/10 ; *Seize fusillés*, 19쪽, 31~34쪽 ; (나탈리야 세도바와 함께 쓴) *The Life and Death of Leon Trotsky*, New York, Basic Books, 1975, 233~239쪽 ; *Memoirs*, 333~334쪽.
45 Serge, *From Lenin to Stalin*, p.86.
46 Walter Krivitsky, *In Stalin's Secret Service*, New York & London, Harper Brothers, 1939, p.190.
47 Serge, *Russia Twenty Years After*, p.321.
48 Ibid.
49 Victor Serge, *The Case of Comrade Tulayev*, London, Penguin Books, 1968, pp.360~361.
50 Serge, *Carnets*, 1946년 11월 15일 기재분.
51 Serge, *Russia Twenty Years After*, part III, chapter 7.
52 세르주는 이것을 *Soviets 1929*, Paris, Rieder, 1925와 *Russia Twenty Years After*, 그리고 Mexico archive에서 나온 시론들에서 논했다.
53 그 가운데에서도 특히 세르주가 쓴 『1929년의 소비에트』, 『러시아, 스무 해 뒤』, 『레닌에서 스탈린까지』를 볼 것. 세르주는 스탈린의 정책이 과학과 예술과 문학에 끼친 영향에 관해 폭넓은 글을 쓰기도 했다.
54 Serge, *Russia Twenty Years After*, pp.297~298.

55 Victor Serge, *The Case of Comrade Tulayev*, Harmondsworth, Penguin Books, 1968, pp.167~168.

56 Serge, *Russia Twenty Years After*, p.185.

57 Victor Serge, "Russia"(날짜가 없는 미간행 원고), Serge archive, Mexico.

58 Serge, *Russia Twenty Years After*, p.204.

59 외국에 체류하는 소련 요원들의 운명과 그 자신이 "소환"에서 아슬아슬하게 탈출한 일에 관해서는 Elizabeth Poretsky, *Our Own People*, Ann Arbor, University of Michigan Press, 1969 ; Walter Krivitsky, *In Stalin's Secret Service*, New York & London, Harper Brothers, 1939, 외국 공산주의자들에게 가해진 탄압에 관해서는 Roy Medvedev, *Let History Judge*, New York, Vintage Books, 1973을 볼 것. 알렉산드르 오를로프는 *The Secret History of Stalin's Crimes*, New York, Random House, 1953에서 1937년 여름 동안 마흔 명의 요원들이 소환되었고 이들 가운데 다섯 명만이 되돌아가기를 거부했다고 썼다.

60 에스파냐에서 엔카베데가 자행한 살인 역할에 관한 뛰어난 서술은 Victor Alba & Stephen Schwarz, *Spanish Marxism versus Soviet Communism : A History of the POUM*, New Brunswick & Oxford, Transaction Books, 1988에서, 특히 제6장과 제7장에서 찾을 수 있다.

61 마르크 즈보룝스키(에티엔)가 이슬랜드(Eastland) 미 상원의원의 "Scope of Soviet Activity in the United States" Hearings before the Subcommittee on the Internal Security of the Committee on the Judiciary, Eighty-Fifth Congress, in the Session held 14 and 15 February 1957, part 51, 그리고 알렉산드르 오를로프가 같은 위원회에서 한 증언, 특히 3464쪽을 볼 것.

62 『이즈베스티야』와 『프라우다』에는 신지 못할 만큼 터무니없는 혐의란 없었으며, 이것은 서방의 공산당 기관지들에서 때맞춰 되풀이되었다. 「세번째 모스크바 재판」(La Troisième procès de Moscou)이라는 장편 기사에서 세르주는 트로츠키와 좌익반대파에 걸린 혐의들과 프랑스의 스탈린주의자들이 이에 보인 반응을 열거했다. *La Révolution prolétarienne*, 1938/3/10에 실렸다.

63 Krivitsky, *Stalin's Secret Service*, pp.187~188.

64 Serge, *Memoirs*, p.331.

65 Ibid., pp.333~334.

66 Ibid.
67 *Biulleten' Oppozitsii*, no.51, 1936, 9~11쪽에 "Pis'mo Viktora Serzha Andre Zhidu"로도 실렸다.
68 대회에서 지드가 취한 행동에 관한 서술은 Herbert Lottman, *Left Bank : Writers, Artists, and Politics from the Popular Front to the Cold War*, London, Heinemann, 1982, 95쪽에서 찾을 수 있다.
69 Serge, *Memoirs*, p.338.
70 Poretsky, *Our Own People*, pp.183~203.
71 Serge, *Memoirs*, p.340.
72 이그나티 포레츠키의 가명은 루드빅이었다. 레이스는 그가 엔카베데와 관계를 끊었을 때 그의 아내인 엘자가 그 성이 모스크바에 알려지지 않았다고 확신했기 때문에 사용한 먼 친척의 성이었다. 그런 다음 엘자와 스네블리트는 그가 암살당할 때 사용하고 있던 위장명인 "한스 에버하르트"의 주검에 '레이스'라는 이름을 사용하기로 결정했다. 그 뒤 이그나티 포레츠키는 바로 이 이름으로 알려졌다. Poretsky, *Our Own People*, p.241.
73 이 두 사람의 이야기는 다음과 같은 자료에 잘 기록되어 있다. Poretsky, *Our Own People* ; Krivitsky, *Stalin's Secret Service* ; Isaac Deutscher, *The Prophet Outcast, Trotsky 1929~1940*, Oxford, Oxford University Press ; Serge, *Memoirs, Carnets*, (모리스 빌랑과 알프레드 로스메르와 함께 쓴) *L'Assassinat d'Igance Reiss*, Paris, Editions Pierre Tisné, 1938 ; Alba & Schwarz, *Spanish Marxism* ; Pierre Broué, *Trotsky*, pp.868~882 ; 즈보롭스키와 롤라 달린과 알렉산드르 오를로프가 미국 의회 상원의 '미국 내 소련의 활동 규모' 청문회에서 한 증언 ; *L'Espionnage soviétique*, Paris, 1981을 쓴 키릴 헨킨(Kirill Khenkin, 파리와 에스파냐에서 활동한 소련 첩자) ; Hede Masisng, *This Deception*, New York, Duell, Sloan and Pearce, 1951 ; 타리크 알리(Tariq Ali)의 소설, *Fear of Mirrors*, London, Arcadia Books, 1999.
74 Poretsky, *Our Own People*, p.210.
75 Louis Fischer, *Men and Politics : An Autobiography*, London, Jonathan Cape, 1941, pp.479~482.
76 Serge, "Reiss, Krivitsky, Bastich and Others", December 1937, in "The Diary of Victor Serge", *The New International*, January-February 1950, p.51.

77 Serge, *Memoirs*, p.342.
78 Poretsky, *Our Own People*, p.241.
79 Ibid., p.236.
80 Serge, *Memoirs*, p.343.
81 Serge, Diary entry, *The New International*, January-February 1950, p.52.
82 Krivitsky, *Stalin's Secret Service*, p.261.
83 Serge, Wullens, & Rosmer, "L'Assassinat d'Ignace Reiss", *Les Humbles*, 1938/04.
84 Serge & Sedova Trotsky, *The Life and Death of Leon Trotsky*, p.226.
85 Ibid.
86 가지고 있는 레이스 사건 관련 프랑스 경찰 서류철을 보여준 루악 다밀라 빌에게 감사한다. Dossier Ignace Reiss : Archives de al Préfecture de Police, no.E.246-731-Police judiciaire-et E.133.740.
87 Lola Dallins' testimony to the Hearings before the Subcommittee to Investigate the Administration of the Internal Security Act and other Internal Security Laws of the Committee on the Judiciary, Eighty-Fourth Congress, Second Session on the Scope of Soviet Activity in the US, 29 February 1956, part 4. 달린 부인은 프랑스와 스위스 경찰의 보고서를 자기의 정보원으로 인용했다.
88 Poretsky, *Our Own People*, p.234.
89 Serge, Wullens, & Rosmer, "L'Assassinat d'Ignace Reiss", p.19.
90 Zborowski's testimony on the Scope of Soviet Activity in the US, 2 March 1956, Washington DC., US Senate, Subcommittee to Investigate the Administration of the Internal Security Act. 즈보롭스키는 자기의 변호사인 허먼 그린버그(Herman A. Greenberg)를 대동했고, 이것이 그 회기에서 그가 물은 첫 질문이었다.
91 Alexandre Barmine, *One Who Survived : The Life Story of a Russian under the Soviets*, New York, G. P. Putnam's Sons, 1945.
92 Max Eastman, "Introduction" to Barmine, *One Who Survived*, p.xi.
93 이 책의 프랑스어판은 프랑스어 번역과 함께 빅토르 세르주의 저작이다. Alexandre Barmine, *Vingt ans au service de l'U.R.S.S. Souvenirs*

d'un diplomate soviétique, traduction français de Victor Serge, Paris : Editions Albin Michel, 1939.

94 Serge, "Le témoignage d'Alexandre Barmine", *La Wallonie*, 1939/3/4~5, p.14. 바르민의 책은 맨 처음에는 『한 소련 외교관의 회상』(*Memoirs of a Soviet Diplomat*)이라는 표제로 프랑스와 영국에서 간행되었다.

95 Eastman, "Introduction", p.xi.

96 Poretsky, *Our Own People*, pp.244~246.

97 Ibid., p.246. Serge, *Memoirs*, 265쪽에서 인용.

98 파리에서 크리비츠키가 니콜라옙스키에게 보낸 1938년 10월 25일자 편지. 이 문서를 번역해준 개리 컨(Gary Kern)에게 감사한다.

99 Deutscher, *The Prophet Outcast*, pp.391~392. 도이처는 료바가 자기 아버지에게 보낸 1937년 11월 19일자 편지들과 트로츠키가 료바에게 보낸 1938년 1월 22일자 편지, 그리고 Harvard archives에 있는 에티엔이 트로츠키에게 보낸 편지들을 인용했다.

100 Poretsky, *Our Own People*, p.274.

101 Zborowski's testimony to Senator Eastland's Subcommittee on the Scope of Soviet Activity in the US, 29 February 1956, part 4.

102 Krivitsky, *Stalin's Secret Service*, p.267.

103 Poretsky, *Our Own People*, pp.252~254.

104 Ibid., p.255.

105 FBI Secret Files, Internal Security Act of 1950, 「결혼하기 전의 성이 긴즈부르그(Ginzburg)이며 다비드 달린(David J. Dallin) 부인이라고도 하는 리디아[sic.] 달린은 릴랴 에스트린, 릴리 에스트린, 롤라 에스트린, 사무일 에스트린 부인이었다」, 1956년 5월 23일, 3장짜리, no.240, 376. 롤라 달린은 운동권 안에서 롤라 파울젠이나 롤라 야코블레프로 불렸고, 릴랴 긴즈부르그로 태어나 멘셰비키의 일원인 사무일 에스트린(Samuil Estrin)과 처음 결혼했고 멘셰비키의 일원인 다비드 달린과 재혼했다. Broué, *Trotsky*, pp.1051~1052.

106 Orlov's testimony to Senate Committee on the Scope of Soviet Activities, pp.3423~3429.

107 Testimony of Lola Dallin, Senator Eastland's Subcommittee on the Scope of Soviet Activities in the US, 29 February 1956, part 4.

108 Leon Trotsky, "A GPU Stool Pigeon in Paris", 1 January 1939, signed "Van", Leon Trotsky, *Writings*, Supplement 1934~1940,

New York, Pathfinder Press, 1979, pp.818~819.

109 Broué, *Trotsky*, p.876.

110 세르주는 자기가 크리비츠키를 만난 일을 *Memoirs*, 343~345쪽; *Carnet*, 1937년 12월자, *The New International*, 1950년 1·2월호, 51~55쪽에서 서술했다.

111 와이스만이 즈보롭스키에게 보낸 1986년 10월 22일자 편지, 1987년 7월 26일자 편지, 1988년 4월 2일자 편지; 1986년 1월부터 1988년 9월까지 무수히 걸었던 전화. 그는 나에게 세 마디가 넘는 말을 하지 않고 전화를 끊었다. 나는 1988년 3월 19일에 샌프란시스코에 있는 그의 집으로 찾아갔으나 들어오라는 허락을 받지 못했다. 그의 아내인 레지나 즈보롭스키(Regina Zborowski)는 더 성의가 있어서, 계속 시도를 하라며 나를 격려했다. 그러나 스티븐 스워츠에 따르면, 레지나는 "즈보롭스키를 주의 깊이 감시했고 그가 어느 누구에게도 말을 하지 못하도록 막았다"(1989년 10월의 인터뷰). 즈보롭스키는 1990년 4월 30일에 81세로 죽었다.

112 1987년 5월에 멕시코시티에서, 1989년 10월에 로스앤젤레스에서 피에르 브루에와 한 인터뷰.

113 드미트리 볼코고노프는 자기가 가진 엔카베데의 즈보롭스키 서류철을 미 의회도서관에 기증했다.

114 그 의사의 이름은 보리스 기르문스키(Boris Girmunsky) 박사였다 (Pierre Broué, *Trotsky*, 876쪽). 세도프가 죽은 정황과 기르문스키에 관한 논의로는 Lequenne, Krivine, & Kahn in *Cahiers Leon Trotsky*, no.13, 1983/3, 25~55쪽도 볼 것.

115 1989년 10월에 샌프란시스코에서 스티븐 스워츠와 한 인터뷰. 같은 정보가 Alba & Schwarz, *Spanish Marxism versus Soviet Communism*, 221쪽에 인용되어 있다.

116 Guenther Reinhardt, *Crime Without Punishment : The Secret Soviet Terror against America*, New York, Hermitage House, 1952, p.58n. 피에르 브루에는 자기가 쓴 트로츠키 전기에서 "독이 든 오렌지"에 대한 설명을 되풀이한다. Pierre Broué, *Trotsky*, p.876.

117 Dmitri Volkogonov, *Trotsky : The Eternal Revolutionary*, New York, The Free Press, 1996, pp.359~360.

118 John Castello & Oleg Tsarev, *Deadly Illusions : The KGB Orlov Dossier*, New York, Crown Publishers, 1993, appendix III, pp.406~411.

119 1999년 6월 4일에 모스크바에서 올레그 차료프와 한 인터뷰.
120 Castello & Oleg Tsarev, *Deadly Illusions*, pp.469~470.
121 Serge, *Memoirs*, p.345.
122 Ibid., p.344.
123 Serge, *Carnets*, p.44.
124 피에르 브루에는 자기가 쓴 *Trotsky*, 878쪽에서 클레멘트의 행방불명을 서술했다. 조르주 베레켄은 클레멘트가 누가 첩자인지를 알았거나, 어쩌면 그 스스로가 첩자였기 때문에 죽음을 당했을 가능성을 제기했다. Georges Vereeken, *The GPU in the Trotskyist Movement*, London, New Park Publications, 1976, chapter 17 : "Rudlof Klement : An Agent? Certainly a Coward", pp.238~318.
125 Serge, *Memoirs*, p.336.
126 Ibid., p.337.
127 Zborowski testimony, US Senate Hearings, 29 February 1956, part 4, pp.88~89.
128 Serge, *Carnets*, '비타협성, 관용, 갈등'이라는 표제의 1944년 10월 2일자 일지.
129 Ibid., p.146.
130 Ibid.
131 세르주가 코스튜크에게 보낸 1947년 6월 22일자 편지.
132 Serge, *Carnets*, p.146.
133 *Biulleten' Oppozitsii*, no.73, 1939/1, p.16.
134 파리에서 세르주가 트로츠키에게 보낸 1939년 3월 18일자 편지. Cotterill, *Serge-Trotsky Papers*, 108~110쪽에 있는 39번 편지.
135 Leon Trotsky, *Their Morals and Ours*, New York, Merit Publishers, 1969, p.37.
136 세르주가 마르셀 마르티네에게 보낸 1939년 3월 30일자 편지.
137 *Leur morale et la nôtre*(『그들의 도덕과 우리의 도덕』), Paris, Editions du Sagittarire, 1939년판의 「판매촉진용 내용안내문」(영문) 1969년도 판, New York, Merit Publishers, 1969의 부록 C.
138 Leon Trotsky, "The Moralists and Sycophants against Marxism", *Their Morals and Ours*, p.41.
139 Ibid., p.45.
140 Ibid., p.50.
141 Serge, *Memoirs*, p.349.

142 세르주가 맥도널드에게 보낸 1939년 10월 22일자 프랑스어 편지, Macdonald Papers, Yale University Library.

143 빅토르 세르주가 안젤리카 발라바노바에게 보낸 1941년 10월 23일자 편지, Serge archive, Mexico.

144 L. D. Trotskii, *Biulleten' Oppozitsii*, no.79~80, 1939/8~9, p.31. 영어 번역문인 "Another Refutation by Victor Serge"가 메리트 출판사판 『그들의 도덕과 우리의 도덕』에 부록 B로 실려 있다.

145 Trotskii, *Biulleten' Oppozitsii*, no.79~80, p.31.

146 트로츠키가 세르주에게 보낸 1939년 5월 6일자 편지. *Writings of Leon Trotsky : Supplement 1934~1940*, 836쪽에 실려 있다.

147 Victor Serge, "Secrecy and Revolution—A Reply to Trotsky", *Peace News*, London, 27 December 1963, p.5.

148 Ibid.

149 1986년 1월에 멕시코시티에서 나눈 사적인 대화.

150 이 책의 452쪽과 위의 주 111을 볼 것.

151 1989년 10월에 로스앤젤레스에서 나눈 사적인 대화.

152 (엔카베데 안에서 튤립으로 알려진) 즈보롭스키를 관리한 파리 거주민이며 스미르노프(V. Smirnov)로도 알려진 글린스키(S. M. Glinskii)의 암호명 올레그-표트르(Oleg-Petr)에게서 나온 엔카베데 서류철 104, 19.4.37.

153 브루에는 그 결과에 만족하지 않는다고 밝혔다. 1987년에 멕시코에서, 1989년에 로스앤젤레스에서 피에르 브루에와 한 인터뷰.

154 Serge, "Ma rupture avec Trotski", 1936/7, *Carnets*, pp.44~47.

155 Trotsky, *Writings 1935~1936*, New York, Pathfinder Press, 1973, 32~35쪽에 실려 있다.

156 Victor Serge : "Observations on the Theses of the July Conference of the Fourth International, Sections 1, 5, 9", 19 July 1936, Serge archive.

157 Serge, "Ma rupture avec Trotski", p.44.

158 브뤼셀에서 세르주가 트로츠키에게 보낸 1936년 7월 27일자 편지. Cotterill, *Serge-Trotsky Papers*, 83쪽에 있는 24번 편지.

159 트로츠키가 세르주에게 보낸 1936년 7월 30일자 편지. Cotterill, *Serge-Trotsky Papers*, 86~90쪽에 있는 25번 편지.

160 Serge, "Ma rupture avec Trotski", pp.44~47.

161 Serge, *Memoirs*, p.348.

162 Serge, "Ma rupture avec Trotski", p.48.
163 Ibid.
164 트로츠키가 세르주에게 보낸 1938년 4월 15일자 러시아어 편지. Cotterill, *Serge-Trotsky Papers*, 107~108쪽에 있는 38번 편지.
165 세르주가 트로츠키에게 보낸 1939년 3월 18일자 편지. Cotterill, *Serge-Trotsky Papers*, 108~110쪽에 있는 39번 편지.
166 세르주가 세도프에게 보낸 1937년 1월 21일자 편지, 231 : 100, Nicolaevsky Collection, Hoover Archive.
167 이 논쟁의 주요 부분은 다음과 같은 논문으로 이루어졌다. 트로츠키 : 「마흐노와 크론시타트에 관하여」(1937년 7월 6일) ; 세르주 : 「허구와 사실, 크론시타트」(La Révolution prolétarienne, 1937/9/10) ; 세르주 : 「1921년의 크론시타트 : 종파주의, 볼셰비즘, 아나키즘에 맞서서」 (La Révolution prolétarienne, nos. 257, 1937/10/25) ; Trotsky, "Hue and Cry over Kronstadt" 1938년 1월 15일(The New International, April 1937) ; Serge : "Once More : Kronstadt" 1938년 4월 28일(The New International, July 1938) ; Trotsky, "Again on the Kronstadt Repression" 1938년 7월 6일 ; Serge : "A Letter and Some Notes" 1939년 2월 ; Serge, "More on the Suppression of Kronstadt", 1938년 7월 6일(The New International, August 1938).
168 Trotsky, "Hue and Cry over Kronstadt".
169 Ibid.
170 Ibid.
171 Serge, "A Letter and Some Notes", p.53.
172 Victor Serge, "Reply to Ciliga", *The New International*, February 1939.
173 이 주제는 모스크바 재판에 관한 듀이 위원회가 열리는 동안 논제가 되었다.
174 Victor Serge, "Marxism in Our Time", *Partisan Review*, vol.V, no.3, August-September 1938, pp.26~32.
175 *Writings 1938~1939*, 194~196쪽에 실려 있는 Trotsky, "Intellectual Ex-Radicals and World Reaction", 17 February 1939.
176 Trotsky, *Writings*, Supplement 1934~1940, p.872.
177 "레프 다비도비치 트로츠키의 추억에 바치며" 1942년 8월 1일에 멕시코에서 썼고 Serge & Sedova Trotsky, *The Life and Death of*

Leon Trotsky, 4쪽에 실려 있는 Serge, "The Old Man".
178 Serge & Sedova Trotsky, *The Life and Death of Leon Trotsky*, pp.2~5.

제7장 파리에서 마르세유로, 마르세유에서 멕시코로

1) 세르주의 일생에서 이 시기는 아주 잘 기록되어 있다. 세르주가 *Memoirs of a Revolutionary*(London, Oxford University Press, 1963)에서 이 시기에 관해 썼고, 물질적 원조와 자신과 자기 가족, 그리고 다른 난민의 비자를 얻으려고 뉴욕의 드와이트 맥도널드와 낸시 부처와 주고받은 수많은 편지가 있으며, 이 경험에 관한 기억이 메리 제인 골드와 버라이언 프라이와 다니엘 베네디트의 책들에 들어 있다. 이 세 사람은 모두 다 마르세유의 에르-벨에서 세르주와 함께 지낸 사람들이다. 낸시 맥도널드도 에스파냐 난민을 구출하는 위원회를 설명하면서 자신의 "첫 난민"인 빅토르 세르주와 맺은 인연에 관한 글을 썼다.
2) 제2차 세계대전의 첫 해는 별다른 일이 벌어지지 않다가 프랑스가 급히 항복했기 때문에 "말뿐인 전쟁"으로 불렸다. 메리 제인 골드는 이 "말뿐인 전쟁"을 "전선에서는 아무 일도 일어나지 않았고 후방에서는 할 일이 전혀 없었다. 〔그렇기 때문에〕(……) 꽤나 따분했다"고 서술했다. Mary Jayne Gold, *Crossroads Marseilles 1940*, New York, Doubleday, 1980, p.viii. 장 말라케는 세르주에게 보내는 편지에서 전선에 있는 군인들이 전혀 하는 일 없이 빈둥거리며 여자와 술 이야기만 한다고 썼다 (Serge, *Memoirs*, p.354).
3) 세르주의 두번째 아내인 류바 루사코바가 마침내 정신병에 걸려서 세르주는 아내를 프랑스 남부에 있는 한 요양원에 남겨두어야만 했다. 류바 루사코바는 1985년에 죽을 때까지 그 요양원에서 지냈다. 세르주는 로레트와 만났다. 로레트는 이탈리아와 파리에서 일했던 프랑스 여배우였다. 메리 제인 골드는 로레트를 "루이니(Luini)의 성모"를 닮은 "아주 앳되어 보이는 서른 살 먹은 여인"으로 묘사했다(Mary Jayne Gold, *Crossroads Marseilles*, p.245). 로레트 세주르네는 세르주가 죽은 뒤 아르놀도 오르필라(Arnoldo Orfila)와 결혼했고 아직도 멕시코시티에서 살고 있다. 오르필라는 1998년에 죽었다. 세주르네는 인류학 저서를 여러 권 펴냈다.
4) (마르세유에서 세르주의 동지였던) 다니 베네디트는 『한 혁명가의 회상』

에서 성이 아닌 이름으로 언급된 나르시소를 마르크스주의 통합노동당 집행위원회 전(前) 위원이자 블라디의 친구로 서술한다. Daniel Bénédite, *La Filière marseillaise : Un chemin vers la liberté sous l'occupation*, Paris, Editions Clancier Guénaud, 1984, p.97.
5) 세르주는 *Partisan Review* 제9권 제1호(1942년 1·2월)의 「전야에」(On the Eve) 23쪽에 이 친구가 "어저께만 해도 사회주의자 저널리스트였는데 (……) 지금은 강력한 군사 정부를 옹호한다"고 썼다.
6) 이 정서는 진 코널리(Jean Connolly)가 번역해서 *Partisan Review* 9권 제1호에 실은 『한 혁명가의 회상』의 일부분인 「전야에」(On the Eve)라는 글에 밝혀져 있다. 이 부분은 『한 혁명가의 회상』이 드디어 1951년에 프랑스에서 발간되고 1963년에 영어로 번역될 때 바뀌었다. "삼중의" 패배와 사기 저하, 그리고 동시에 "전야에" 있다는 자신감에 찬 희망에 관한 더 기다란 성찰이 빠져버렸다(23~33쪽).
7) Serge, *Memoirs*, p.374. 혁명의 시대 동안의, 즉 이제는 먼 옛날이 된 1920년대의 명확한 정치의식이라고 서술될 수도 있는 역사 인식에 관해 세르주가 더 앞선 시기에 쓴, "우리가 살아가는 목표로 삼은 것은 역사에 통합되는 행동이었다. 우리 역할을 다른 사람들이 할 수도 있었다"(177쪽)는 서술도 기억할 것.
8) Victor Serge, *Carnets*, Paris, Julliard, 1952. 세르주는 트로츠키가 이 "역사 인식"을 지녔고 "최악의 비극을 밝은 눈으로 지켜볼" 수 있으며 "심지어는 최대의 패배를 당하는 와중에서도 그는 이해하는 능력, 행동하고 저항하는 의지로 스스로가 커지는 느낌을 받는다"고 믿었다(Serge, *Partisan Review*, vol.V, no.3 , 1938, p.27). 세르주가 의식적으로 각성된 역사적 도구의 예로 트로츠키를 든 데에는 어느 정도 얄궂은 점이 있다. 왜냐하면 세르주는 크론시타트 문제를 놓고 트로츠키와 벌인 논쟁에서 트로츠키에게 역사 인식을 발휘하라고 간청하고 있었기 때문이다.
9) 가명이 빅토르 세르주인 빅토르 키발치치에 관한 미 연방수사국 서류철, 날짜가 1940년 1월 5일로 되어 있는 Item 2-293과 날짜가 1940년 8월 13일로 되어 있는 Item 2-259. 여기서 미 연방수사국이 날짜에서 실수를 했음이 분명하다. 두 문건 다 발신지가 마르세유로 표시되어 있지만, 세르주는 1940년 1월에 아직도 파리에 있었기 때문이다. 비록 그랬다는 증거가 없기는 해도 그가 1월에 파리에서 멕시코 비자를 얻으려고 했을 수도 있다.
10) 알마는 독일의 가장 재능 있는 남자 세 사람, 즉 작곡가인 구스타프 말

러(Gustav Mahler), 바우하우스(Bauhaus) 건축학교의 창립자인 발터 그로피우스(Walter Gropius), 소설가이자 극작가인 베르펠과 결혼했다(Mary Jayne Gold, *Crossroads Marseilles*, pp.180~181). 메리 제인 골드의 관찰이 있기는 해도, 말러는 독일인이 아니라 오스트리아인임을 짚고 넘어가야 한다.
11) 세르주와 나탈리야는 소련 밖에서 아직 살아 있는 유일한 러시아인 좌익반대파였다.
12) 나치 치하 독일과 파시즘 치하 이탈리아와 프랑코 치하 에스파냐의 비밀경찰. 버라이언 프라이의 *Surrender on Demand*(Random House, New York, 1945) ix~x쪽을 볼 것.
13) 실제로, 세르주는 멕시코에서 1946년 6월 22일에 써서 다니 베네디트에게 보낸 편지에서 "아름다운 출발이었어요! 사실, 그것은 그 말이 나타나기 훨씬 전에 있었던 최초의 레지스탕스였습니다"라고 평했다. 빅토르 세르주가 다니 베네디트에게 보낸 1946년 6월 22일자 편지. *Carnets*, Paris, Julliard, pp.157~163.
14) 프랑스 함락에 관한 세르주의 소설은 마르세유에 있던 사람들과 그곳에서 얻은 경험에서 나온다. 베네디트 부처, 즉 다니와 디오의 레지스탕스 경험은 『마지막 시간』의 마지막 장에서 재현되고, 버라이언 프라이와 메리 제인 골드 두 사람은 세르주가 야콥 카덴(Jacob Kaaden)의 활동과 "원조위원회"를 서술하는 250쪽에 등장한다. 카덴은 비자를 얻어내는 일을 했고, 망명객을 빼낼 배 한 척을 사려고 흥정을 벌이고 있는 "금발의 젊은 드골주의자 한 사람"을 만났다.
15) 세르주는 안드라데가 비시 정부가 통치하는 프랑스 영토에 있는 몽토방(Montauban) 감옥에서 결핵에 걸려 고생하고 있다는 편지를 써서 낸시 맥도널드에게 보냈다. 세르주는 『마지막 시간』에서 안드라데의 곤경을 허구의 소재로 삼았다. 1940년 10월 7일자 편지와 낸시 맥도날드의 *Homage to the Spanish Exiles*(New York, Insight Books, 1987) 45쪽을 볼 것.
16) 에스파냐 내전기에는 마르크스주의 통합노동당 청년단장이었고, 1947년부터 1963년까지는 마르크스주의 통합노동당 총간사였다. 솔라노는 1937년에 파리에서 세르주를 방문했다.
17) Macdonald-Serge correspondence, Yale University : 세르주가 맥도널드에게 보낸 1940년 8월 30일자 편지. 낸시 맥도널드가 세르주에게 보낸 1940년 9월 9일자 편지와 1940년 10월 30일자 편지. 세르주는 맥도널드 부처에게 처음 편지를 썼을 때에는 엘자 포레츠키에 관해서 이

루어진 일이 아무것도 없었지만, 1940년 10월 7일이 되었을 때에는 엘자가 미국으로 가려고 리스보아(Lisboa)에 있다는 편지를 써서 맥도널드 부처에게 보낼 수 있었다. 비록 그다지 큰 성공을 거두지는 못했어도 멘셰비키가 엘자를 돕는 데 적극적으로 나섰다. 세르주는 엘자 포레즈키가 "큰 슬픔에 차 있고 퍽 지쳐 있습니다[만] 다시 살아 돌아와서 전혀 쓸모없는 동지들과 접촉하는 가운데에서도 희망을 되찾을 정도로 총명함과 용기를 보여줄 수 있었습니다"라고 썼다. 세르주가 맥도널드에게 보낸 1940년 10월 7일자 편지.

18) 미리엄 데이븐포트(Miriam Davenport)와 모리스(Maurice) 씨와 귀시(Gussie) 같은 사람들. 모리스는 젊은 루마니아인 의사 마르셀 베르제뉘(Marcel Verzeanu)가 택한 이름이었다. 그는 그들의 "지식인 손님들 가운데 신경쇠약을 앓고 있는 사람들이" 아주 많았으므로 프라이가 의사를 한 사람 직원으로 두고 이들을 치료하는 것이 좋겠다고 생각해서 불려와 비상구출위원회 직원으로 일했다(Fry, *Surrender on Demand*, p.103). 버라이언 프라이의 이름을 살리고 반유대주의와 싸우기 위해 1992년에 세워진 유대인 그리스도교 성직자 위원회인 '배려하는 그리스도교인 위원회'(Committee of Concerned Christians)가 주는 제1회 버라이언 프라이 상이 1997년 6월에 마르셀 베르제뉘 박사에게 주어졌다. 1997년 6월 5일자 *LA Times*, B3. "귀시"는 비상구출위원회의 "사환"이 된 단치히(Danzig) 출신의 15세 소년이었다. 그의 본명은 유스투스 로젠베르크(Justus Rosenberg)였다. 그는 나중에 레지스탕스에 참여해서 여러 번 붙잡혔지만 탈출했고 미 육군에 들어가 두 차례 부상을 입었으며 전투에서 무용을 떨쳐 군 표창장을 여러 차례 받았다. 그는 현재 바드 대학(Bard College) 외국어·문학 교수이다.

19) 'Espère-visa'는 '비자를 받고픈 소망'이란 뜻이다.

20) 이 인용문은 프라이 책의 두 가지 판, *Surrender on Demand*, 115쪽과 *Assignment : Rescue*, New York, Four Winds Press, 1968, 120쪽에서 추려내 합친 것이다.

21) 메리 제인 골드는 블라디가 열정적이고 광적인 마르크스주의자였지만 생존술에도 능통했다고 썼다. (블라디가 오렌부르크에서 세르주와 함께 지냈음을 기억하라!) 먹을 것을 구하기가 아주 힘들어지자, 블라디는 말린 과일과 견과류를 모아서 롤빵을 만들어 팔았다. 메리 제인 골드는 "우리의 마르크스주의 이론가는 공공연하게 소규모 자영업에 종사했다. 거의 굶어 죽을 뻔한 시기에 그의 과일 롤빵은 내 기억에 미각의 즐거움으로 또렷이 박혀 있다"고 썼다(Mary Jayne Gold, *Crossroads Marseilles*,

pp.308~309). 블라디는 작업실로 개조한 한 아파트에서 모딜리아니 (Modigliani, 화가 모딜리아니의 형)와 함께 그 롤빵을 만들었다고 기억한다. 알랭 페르(Alain Paire)가 "Octobre 1940~Décembre 1942, Sylvain Itkine et les 'croquet-fruits' : Imagination sociale, théatre et résistance"에서 그 "과일 크로케"(croquet-fruits) 이야기를 했다. (이 미간행 논문을 보여준 피어 소비지에게 감사한다.)

22) Mary Jayne Gold, *Crossroads Marseilles*, pp.246~247. 비록 메리 제인 골드가 그 멘셰비키 저명인사의 이름을 대지는 않지만, 보리스 니콜라예비치와 그의 절친한 동료인 롤라 달린일 수 있다. 보리스 니콜라예비치는 세르주와 함께 파리에 있었고, 파리에서 엘자 레이스 포레츠키에게서 그에 관한 의심도 나왔다.

23) 세르주는 킬러에게 자기가 보노 갱단과 일을 벌이다가 수감형을 받았다는 이야기를 해주었다. 이 때문에 킬러는 언제나 세르주를 좋아했다. 세르주는 메리 제인 골드에게 "킬러가 나의 젊은 시절을 생각나게 만들어 주기" 때문에 그를 좋아한다고 말했다(Mary Jayne Gold, *Crossroads Marseilles*, p.286). 킬러는 나중에 세르주의 소설 『마지막 시간』에 나오는 로랑 쥐스티니앙이라는 인물의 모델이 되었다.

24) Mary Jayne Gold, *Crossroads Marseilles*, pp.273~276. 세르주는 선상에서 받은 "험악한" 음식에 메리 제인 골드가 적응하도록 돕기도 했다. 메리 제인 골드가 그 음식을 먹기를 어려워하자, 세르주는 "감옥에서는 입에 넣을 수 있는 것은 무엇이든지 모두 다 먹어야만 하며, 버텨야만 한다"고 역설하고는, "당신은 힘을 유지해야 해요. 당신은 자기가 얼마나 오래 갇혀 있을지 절대 모릅니다"라고 말했다.

25) Daniel Bénédite, *La Filière marseillaise*. 이것이 마지막으로 세르주가 말로를 본 것이었으며, 유쾌한 저녁 모임은 아니었다. 1947년에 세르주는 말로에게 멕시코를 떠날 테니 도와달라고 부탁했고, 말로는 자기에게 온 세르주의 편지를 세르주가 드골주의자가 되었다고 보이게끔 일부만 지면에 실었다. 말로는 아마도 이 저녁 모임에서 받은 질책 때문에 세르주에게 앙갚음을 하고 있었을 것이다. 세르주가 말로에게 보낸 그 편지의 발췌문이 미 연방수사국 세르주 파일에 있다.

26) 1940년 9월 12일에 드와이트 맥도널드는 뉴욕 비상구출위원회가 세르주의 "생사가 걸린" 비자 문제를 다루는 일에서 "욕이 튀어나올 만큼 느슨하다"고 불평하는 편지를 써서 프레다 커치웨이에게 보냈고, 아마도 세르주가 "파시즘과 스탈린주의에 반대하는 좌익"이기 때문에 비상구출위원회가 게으름을 피우는 것이리라고 시사했다. 1940년 9월 18일에 커

치웨이는 비상구출위원회가 과중한 업무에 짓눌려 있지만 할 수 있는 모든 일을 다 하고 있다는 답장을 보냈다. 커치웨이는 정치는 비상구출위원회의 세르주 건 처리의 "지연과 아무런 연관이 없다"는, 그러나 세르주가 아무리 "스탈린주의에 반대하는 공산당원"이더라도 "공산당원"은 공산당원인지라 그에게 미국비자가 거부되었을지 모른다는 뜻을 내비쳤다.

27) 세르주와 이스트만 사이에서 별도로 오간 편지가 있고, 이 편지들은 필자에게 열람이 허가된 미 연방수사국 서류철에 들어 있었다. 발신지가 마르세유로 되어 있고 세르주가 이스트만에게 보낸 1940년 8월 14일자 편지는 물질적 원조를 해주고 세르주와 블라디의 비자 문제를 도와달라고 이스트만에게 호소한다. 세르주는 자기가 "러시아 혁명의 마지막 망명객들 가운데 한 사람"이라고 말하며 그들이 "처한 암울한 시기가 지난 뒤에는 좋은 시절이 오리라"는 신념을 표명했다. Item 2-257, declassified Victor Kibalchichalias Victor Serge memorandum for Mr. Foxworth, signed P. J. Wacks, Washington, DC., 23 September 1941.

28) 이를테면, 맥도널드가 필요한 진술서와 서류를 뉴욕에 있는 비상구출위원회에 제출했지만, 이 문서들은 갖가지 내부 위원회를 거칠 필요가 있어서 공식 비자신청서로 시 법무부장에게 전해지는 일이 지연되었다. 낙담한 드와이트 맥도널드는 비상구출위원회를 거치지 않고 변호사에게 의뢰했고, 그 변호사는 시 법무부장에게 직접 편지를 썼다. 예일 대학 맥도널드 문서실에 있는 1940년 9월자, 10월자 편지를 볼 것. 맥도널드의 난민위원회는 1941년에 국제구출연합(International Rescue Association, IRA)과 합쳐졌다. 국제구출연합은 오로지 좌익 망명객에 활동을 집중한 반면, 비상구출위원회는 활동의 초점을 지식인과 예술가들에게 더 맞추었다.

29) 블라디의 비자는 세르주의 비자와 함께 곧바로 나오지 않았다. 세르주는 1940년 9월 16일자 편지에서 맥도널드 부처에게 자기는 블라디와 함께 갈 수 없다면 상황이 극히 위험하더라도 가지 않겠다고 썼다. 세르주는 스무 살인 블라디가 전쟁 때문에 유럽에 있기에는 위험한 연령대에 있다고 설명했다. 다른 한편으로, 여섯 살이 다 된 자닌은 퐁타블리에에 있는 한 가정에서 안전하게 지내다가 나중에 올 수 있었지만, 세르주의 "삶에서 자닌은 유일한 기쁨"이었으며 세르주는 한 해 동안 자닌을 보지 못했다. 세르주는 맥도널드 부처에게 자닌을 데리고 올 수 있도록 로레트를 위한 비자를 얻어내달라고 간청했다. McDonald Papers, Yale

University Library. 또한 필자가 엮어 *The Ideas of Victor Serge : A Life as a Work of Art*(Glasgow, Critique Books, 1997)로 발간된 자닌 키발치치의 「나의 아버지 빅토르 세르주」(Victor Serge, mi padre)도 볼 것.

30) 1941년 6월 2일에 드와이트 맥도널드는 세르주가 디스 위원회(Dies Committee)에서 증언하는 데 동의해야만 미국 통과비자를 얻을 수 있다는 편지를 써서 세르주에게 보냈다. 디스 위원회는 미 하원 산하 비미행동위원회(House Un-American Activities Committee, HUAC)에 앞서서, 스탈린-히틀러 조약이 맺어진 뒤 1940년에 공산당 활동을 조사했다. 세르주가 증언을 할 생각을 해보도록 만들려고 맥도널드는 그 '영감'이 기꺼이 증언을 하려고 했었음을 거론했다. (트로츠키는 스탈린주의자의 비방중상에서 자기 이름을 건져내려고 증언하기를 고려했던 적이 있다.)

31) 세르주는 통과비자를 결코 얻지 못했지만 미 연방수사국의 세르주 건이 공개된 채로 남아 있으며 세르주는 여생 동안 집중조사를 받았다.

32) 이것은 겉보기처럼 경솔한 언사가 아니다. 미국 첩보부가 바르민과 니콜라옙스키 두 사람과 이미 접촉한 상태였기 때문이다. 바르민은 더 나아가서 제2차 세계대전에서 미군에 복무한 뒤 (소련 문제 자문으로서) 미중앙정보부를 위해 일했고, 니콜라옙스키는 1945년에 미국 첩보부를 따라 독일로 가서 도난당한 자기의 문서들을 회수했다.

33) 이 시련 내내 맥도널드 부처와 주고받은 편지는 두 사람의 후한 배려와 연대를 보여주는 증거이다. 이 두 사람은 돈이 많이 드는 난관투성이의 구명운동을 계속해나가서 세르주와 다른 난민에게 나치 치하 유럽에서 빠져나오는 도항권을 확보해주었으며 비관론이 팽배하도록 내버려두지 않았다. 낸시 맥도널드의 편지는 정치적 기민성과 미국식 순수함의 유쾌한 혼합체여서, 기운을 북돋고 언제나 공감을 일으켰다. 세르주와 블라디는 돈이 한 푼도 없고 배가 고팠고 신변의 안전을 갈망했으며 아직 유럽에 있는 로레트와 자닌, 그리고 다른 많은 친구들을 크게 걱정했다. 낸시는 지원과 변호의 일정을 정하고 처리하면서 필요할 때 돈과 도항권을 보내는 데 대단히 유능한 한편, 편지에서 그는 편도선염을 앓는 자기 아들을 보살피며 롱아일랜드(Long Island)에서 피아노를 치고 수영을 하고 해변으로 소풍을 가면서 보낸 주말 이야기를 정치 토론에 곁들인다.

34) 맥도널드가 세르주에게 보낸 1941년 6월 14일자 편지, Macdonald Archive, Yale University. 맥도널드의 견해는 그가 다니엘 게랭의 책 *Fascism and Big Business*(New York, Pioneer, 1939)에 머리말을

쓰고 이 책의 분석을 1938년에 미국의 정세에 적용한 1938년 이후로 확연하게 바뀌었다.
35) 세르주가 맥도널드 부처에게 보낸 1941년 6월 7일자 편지. 1941년 6월 12일에 낸시 맥도널드는 로레트와 자닌과 르네의 비자가 나왔다는 답장을 보냈다. 로레트의 아들인 르네는 전쟁 때문에 로레트가 이탈리아에서 그를 찾아 데려가기가 너무 위험했으므로 실제로는 여로에 오르지 않았다. 그는 이탈리아에 남겨져 할머니의 보살핌을 받고 컸다. 마침내 그는 어른이 되어 어머니가 "자기를 내팽개쳤다"는 한을 가득 품고 멕시코로 갔다. 멕시코에서 1990년 9월과 1996년 8월에 자닌 키발치치와 한 인터뷰.

1 Victor Serge, *Memoirs of a Revolutionary*, London, Oxford University Press, 1963, p.352.
2 Ibid., p.356.
3 Ibid., p.364.
4 프랑스어 원본 *Les Dernier Temps*를 랄프 만하임(Ralph Manheim)이 번역한 Victor Serge, *The Long Dusk*, New York, Dial Press, 1946, 317~318쪽.
5 Serge, *Memoirs*, p.357.
6 Ibid., p.359.
7 Ibid.
8 Serge, *The Long Dusk*, p.356.
9 Ibid., pp.61~62.
10 Serge, *Memoirs*, pp.366~367.
11 Ibid., pp.357~358.
12 Ibid., p.358.
13 Serge, *The Long Dusk*, pp.72~73.
14 Victor Serge, *Carnets*, Paris, Julliard, 1952 ; Avignon, Actes Sud, 1985, p.53.
15 Ibid.
16 이 책의 제6장을 볼 것.
17 Victor Serge, "Marxism in Our Time", *Partisan Review*, vol.V, no.3, August-September 1938, p.27.
18 드와이트 맥도널드가 빅토르 세르주에게 보낸 1939년 11월 14일자 편지, Macdonald Papers, Yale University Library.

19 Nancy Macdonald, *Homage to the Spanish Exiles*, New York, Insight Books, 1987, 55쪽에 실려 있는 빅토르 세르주가 맥도널드 부처에게 보낸 편지.
20 Ibid., p.15.
21 낸시 맥도널드가 미국 영사에게 보낸 1940년 7월 20일자 편지, Macdonald Papers, Yale University Library.
22 Serge, *Memoirs*, p.360.
23 Mary Jayne Gold, *Crossroads Marseilles 1940*, New York, Doubleday, 1980, p.169.
24 Serge, *Memoirs*, p.361. 세르주가 언급하는 비자 명단은 버라이언 프라이의 비상구출위원회의 비자 명단이 아니라 프랭크 본(Frank Bohn)이 프랑스에서 작성한 비자 명단이었다. 우익 사회주의자이며 마르세유의 미국노동총동맹(AFL) 대표인 본은 비상구출위원회와 함께 일했고, 사실상 프라이의 첫번째 연줄이었다. 프라이는 본이 미국으로 돌아간 뒤에 업무를 넘겨받아 크게 확장했다. 세르주가 맥도널드 부처에게 보낸 1940년 8월 19일자, 8월 30일자, 9월 7일자, 10월 8일자 편지(Yale Collection) ; Varian Fry, *Surrender on Demand*, Random House, New York, 1945, 7~12쪽, 51~59쪽, 93쪽을 볼 것.
25 "친애하는 친구들", 즉 맥도널드 부처에게 보낸 이 편지들에는 세르주의 주소가 마르세유, 오라스 베르탱(Horace Bertin) 거리 123번지, 소스놉스키(Sosnovski) 부인 댁으로 되어 있다.
26 Serge, *The Long Dusk*, p.307.
27 Serge, *Memoirs*, p.362.
28 Fry, *Surrender*, pp.5~6, 168~171 ; Gold, *Crossroads Marseille*, pp.178~199, Serge, *Memoirs*, pp.371~372.
29 Serge, *Memoirs*, p.365.
30 세르주가 브루프바허에게 보낸 편지, Brupbacher Papers, Zürich. Richard Greeman, "Victor Serge y Leon Trotsky (1936~1940)", Vuelta, vol.6, no.63, 1982/2, 31쪽에서 재인용.
31 세르주가 맥도널드 부처에게 보낸 1940년 8월 26일자 편지, Macdonald Papers, Yale University Library.
32 낸시 맥도널드가 빅토르 세르주에게 보낸 1940년 9월 30일자 편지. 이 편지는 암호식 문체로 쓰여졌지만, 세르주에게 가지 않았음이 틀림없다. 적어도 이 부본은 그랬다. (똑같은 편지 두 통이 마르세유와 리스본으로 부쳐졌다.) 그 편지는 1940년 12월에 리스본에서 맥도널드 부처에게 반

송되었다.
33 그 가운데에서도 특히, Victor Alba & Stephen Schwarz, *Spanish Marxism versus Soviet Communism : A History of the POUM*, New Brunswick and Oxford, Transaction Books, 1988, 220~221쪽을 볼 것.
34 세르주가 맥도널드 부처에게 보낸 1940년 10월 7일자 편지(Macdonald Papers, Yale University Library).
35 Daniel Bénédite, *La Filière Marseillaise : Un Chemin vers la liberté sous l'occupation*, Paris, Editions Clancier Guénaud, 1984, pp.1~2.
36 Serge, *Memoirs*, p.362.
37 그들의 운명에 관한 설명으로는 Gold, *Crossroads Marseille*, 302~305쪽 ; Serge, *Memoirs*, 364쪽 ; Fry, *Surrender*, 170~178쪽을 볼 것.
38 Fry, *Surrender*, pp.176~177 ; Serge, *Memoirs*, p.365 ; Gold, *Crossroads Marseille*, p.305.
39 Gold, *Crossroads Marseille*, p.242.
40 Bénédite, *La Filière Marseillaise*, p.54.
41 Ibid., p.58.
42 Fry, *Surrender*, pp.113~122.
43 자닌 키발치치, 수잔 와이스만에게 보낸 1990년 9월 21일자 편지.
44 Gold, *Crossroads Marseille*, p.244.
45 Ibid., p.247.
46 Ibid., p.248.
47 1989년 7월에 존 이든이 메리 제인 골드와 한 인터뷰.
48 Gold, *Crossroads Marseille*, pp.254~255.
49 Fry, *Surrender*, p.121.
50 Bénédite, *La Filière Marseillaise*, pp.116~128.
51 Ibid., p.128.
52 Ibid., pp.116~117.
53 Ibid., p.116.
54 Ibid., p.118.
55 Gold, *Crossroads Marseille*, p.251. 프라이도 *Surrender*, 125~156쪽에서 그 경연을 서술했다.
56 Gold, *Crossroads Marseille*, pp.253~255.
57 낸시 맥도널드가 로레트 세주르네에게 1940년 12월 6일에, 그리고 1940

년 12월 내내 보낸 편지. (Macdonald Papers, Yale University Library.)
58 세르주가 맥도널드 부처에게 보낸 1941년 1월 5일자 편지.
59 Gold, *Crossroads Marseille*, p.307.
60 Ibid., p.266.
61 Ibid., pp.266~267.
62 Bénédite, *La Filière Marseillaise*, pp.143.
63 프라이의 설명은 그의 책, *Surrender*, 136~149쪽에 있다.
64 Bénédite, *La Filière Marseillaise*, pp.145~147.
65 Fry, *Surrender*, p.146.
66 Bénédite, *La Filière Marseillaise*, p.214.
67 Ibid., p.191.
68 Serge, *Memoirs*, p.364.
69 밀드레드 애덤스(Mildred Adams) 뉴욕 비상구출위원회 실무간사가 드와이트 맥도널드에게 보낸 1940년 9월 24일자 편지. Macdonald Papers, Yale University Library.
70 맥도널드가 워렌(Warren) 씨에게 보낸 1940년 9월 30일자 편지. Macdonald Papers, Yale University Library. 미 연방수사국의 세르주 서류철도 볼 것.
71 이것은 모두 다 예일 대학교에 있는 맥도널드 문서실에 정리되어 있으며, 미 연방수사국의 세르주 서류철에 매우 충실하게 기록되어 있다.
72 정보자유법 민원실과 여러 해 동안 편지를 주고받은 뒤 미 연방수사국의 세르주 서류철이 1987년부터 1996년까지 천천히 해제되어 필자에게 공개되었다. 빅토르 세르주 관련 서류철은 다음과 같은 미국 정보부서 지부의 문서고에서 발견되었다. 1. 국무부 비자국 ; 2. 국무부 외교안보국, 1954년 4월부터 5월까지 멕시코시티에서 조사를 하면서 세르주를 꼬박 일곱 해 멕시코에서 살고 있는 이름난 화가로 보고한 월터 페디고(Walter S. Pedigo) 요원 ; 3. 육군부 미 육군 첩보·안보사령부 ; 4. 포트 샘 휴스턴(Fort Sam Houston) 남부 방어사령부 ; 세르주의 멕시코 그룹을 언급하고 있는 "트로츠키주의 기관지" 『정치』 1946년 12월 6~13일자에 체제전복 활동인자가 들어 있다. 드와이트 맥도널드에 관한 정보와 더불어 세르주와 멕시코에 있는 그의 동료 전원의 이름과 주소가 약력과 함께 담겨 있다 ; 6. 방어 첩보청(Defense Intelligence Agency) ; 7. 미 연방수사국 법무처 ; 8. 미 육군 첩보·안보사령부 ; 9. 미 연방수사국 법률정책처 ; 10. 뉴욕 연방수사국 ; 11. 워싱턴 연방수사국 ; 12. 해군부 해군 첩

보사령부, 1941년 8월과 9월, 도미니카 공화국 시우다드 트루히요 주재 해군무관이 "정치 세력, 외국의 침투"에 관해 보고한다. 멕시코의 『세계』, 세르주, 「사회주의와 자유 운동」에 관한 1946년 1월 24일자 첩보 보고서 63215 ; 13. 미 중앙정보부에는 1950년부터 1975년까지 작성되었고 열람이 거부되는 비망록이 있다 ; 14. 이민·중립 사무국 ; 15. 워싱턴의 전쟁부 산하 군 첩보사무국 ; 16. 미국 법무부 법무차관실.
73 이를테면, Item 2-344, 프랑스 공화국 내무장관이 보건장관에게 보낸 편지(발신일 1937년 2월)를 볼 것.
74 미 연방수사국의 빅토르 세르주 서류철, Item 65-8336.
75 Serge, *Memoirs*, p.366.
76 "On the Eve", *Partisan Review*, vol.9, no.1, January-February 1942, pp.30~31. 요약본이 *Memoirs*, 366~367쪽에 있다.
77 1986년 1월에 멕시코시티에서 블라디와 한 인터뷰.
78 Ibid.
79 세르주가 시우다드 트루히요에서 메리 제인 골드에게 보낸 1941년 8월 1일자 편지. Serge archive, Mexico City.
80 해군부 해군 첩보사령부가 정보자유법에 따른 요청에 따라 필자에게 내주었다. 이 서류철에는 칠레, 콜롬비아, 쿠바, 도미니카 공화국, 페루, "제15 해군관구"에 있는 요원들이 보내온 첩보 보고서들이 담겨 있었다. 1941년 8월 14일로 정리된 문서에는 "'기밀', 일련번호 0871716, 1940년 9월 30일자 문서 #100-36676-5"라고 표시되어 있었다.
81 1987년 5월에 멕시코시티에서 블라디 키발치치와 한 인터뷰.
82 해군 첩보부서 기밀 첩보 보고서, Serial R-194-41, 1941년 8월 14일 시우다드 트루히요.
83 세르주가 드와이트 맥도널드에게 보낸 1941년 6월 18일자 편지. Macdonald Papers, Yale University Library.
84 세르주가 시우다드 트루히요에서 메리 제인 골드에게 보낸 1941년 8월 10일자 편지. Serge archive, Mexico.
85 1996년 8월에 멕시코의 케르나바카에서 블라디 키발치치와 한 인터뷰.
86 Serge, *Memoirs*, p.369.

제8장 멕시코로부터, 소련은 어디로 가는가? 세계는?

1) 블라디에 따르면, 대립은 주로 아버지의 슬기와 경험에 맞서 자기 나름의 길을 가려고 시도하는 아들의 설익은 반항이었다(1990년 8월의 인터뷰). 이 망명자 그룹의 다른 분열 요소는 프랑스 소설가 장 말라케였다. 그는 이 경험을 자기 소설 『비자 없는 세상』에 집어넣었다.
2) 소련 비밀경찰은 이름이 1934년에 '엔카베데'로 바뀌기는 했지만 여전히 '게페우'로 널리 알려져 있었다.
3) 이 책의 마지막 절은 추방된 이 혁명가들과 함께 개인과 단체들이 표명하는 연대를 과시하는 문서로 가득 차 있었다. 『네이션』, 『파르티잔 평론』, 『투사』, 『새 지도자』, 『부름』(The Call)을 비롯한 미국의 모든 진보 언론이 지지에 나섰다. 노먼 토머스(Norman Thomas)는 자기가 진행하는 30분짜리 라디오 방송 프로그램을 그들에게 할애했고, 뉴욕의 이스라엘어 신문들은 『뉴욕 타임스』를 비롯한 다른 여러 신문과 잡지와 마찬가지로 옹호에 나섰다. 둘 다 공산당 기관지인 『노동자 일보』와 『신대중』만이 그들을 공격했다. 미국의 저명 지식인 수백 명이 아빌라 카마초 대통령 앞으로 편지를 보냈고, 이 편지는 『게페우여, 새로운 범죄를 준비하라!』(54~57쪽)에 들어갔다. 이 호소문의 서명자 명단에는 미국의 캘리포니아주 지사, 그리고 영국에서는 노동당 정부 장관 세 명, 무소속 장관 세 명, 유명한 작가와 노동조합 지도자 여러 명, 독립노동당 지도부가 들어있었다.
4) 소련에 관해서 *The Real Soviet Russia*(New Haven, Yale University Press, 1944), 그리고 보리스 니콜라옙스키와 공저로 *Forced Labor in Soviet Russia*(New Haven, Yale University Press, 1947)를 비롯한 무수한 책을 쓴 다비드 달린은 저명한 멘셰비키 인사였으며, 롤라 달린과 결혼했다.
5) 세르주는 너무 가난한 나머지 가지고 있는 『한 혁명가의 회상』이 단 한 권뿐이어서, 그 책을 해외에 우송하기를 당연히 꺼렸다. 그가 오웰과 주고받은 편지의 상당 부분이 어떻게 하면 그 책을 오웰에게 무사히 보낼 수 있을까를 다룬다. 런던에서 조지 오웰이 드와이트 맥도널드에게 보낸 1945년 4월 4일자 편지를 볼 것. 드와이트 맥도널드도 똑같이 『한 혁명가의 회상』을 펴낼 미국 출판사를 찾아보려고 애쓰고 있었다. 『한 혁명가의 회상』의 간행은 1963년에 옥스퍼드 대학 출판부가 피터 세지윅의 번역본을 펴냈을 때에야 비로소 이루어졌다.
6) Serge, *Politics*, February 1945, p.62. 마오가 이 시기에 모스크바에

있었다는 세르주의 말은 틀렸다. 정치와 대중문화에 관한 이 간행물은 드와이트 맥도널드가 트로츠키주의에서 아나키즘으로 가는 여정에서 『파르티잔 평론』을 떠난 뒤에 편집해서 펴낸 잡지였다. 이 간행물은 1944년에서 1949년까지 나왔다.

7) 동물성에서 인간성으로 나아가는 진화.
8) 사실, 세르주는 했던 말을 되풀이하며 같은 사례와 같은 구절을 사용하는 경향을 자주 보였다.
9) 이론가들은 자기들의 미래상을 살아 움직이는 사회주의 운동 철학으로 통합하지 않았다.
10) 이탈리아인인 브루노 리치와 미국인인 막스 샤트만이 가장 잘 제시한 관료주의적 집산주의 분석은 스탈린주의가 사회주의도 아니고 자본주의도 아니며 독특한 형태의 계급 착취와 억압을 구성하는 새로운 사회질서를 대표한다고 본다. 이 이론에서 새로운 지배계급의 권력은 생산수단의 소유권이 아니라 공산당을 통해 경제를 지배하는 국가의 "소유권"에서 비롯된다. 이 형태의 전체주의 정치권력은 심지어는 사회권력의 근간을 재산 소유권에 두는 자본주의 아래서도 존재하는 대중의 정치 통제를 어떤 형태로도 용납할 수 없다. 샤흐트만의 *The Bureaucratic Revolution : The Rise of the Stalinist State*(New York, The Donald Press, 1962)와 애덤 웨스토비(Adam Westoby)가 쓴 머리말이 달린 영어본 초판인 브루노 리치의 *The Bureaucratization of the World, 1939*(New York, The Free Press, 1985)를 볼 것.
11) *Franz Neumann, Behemoth : The Structure and Practice of National Socialism 1933~1944*, Oxford, Oxford University, 1942, 1944. 프랑크푸르트(Frankfurt) 학파의 일원인 프란츠 노이만은 나치 독일에 관한 이 고전적 설명서를 1944년에 썼다. 노이만은 전체주의의 경제적·정치적 근간을 산업자본주의에서 찾아내는 한편으로 독일의 특수한 역사적 조건에 주의를 기울인다. 그는 "국가사회주의는 한결같이 가학적·피학적인 인물을 만들어내려고 안간힘을 쓴다. 별 볼일 없는 존재로 따돌림을 받는 상태로 결정되는 이런 유형의 사람은 바로 이 사실에 내몰려 집합체 안으로 들어간다"고 지적했다. 노이만은 노동계급의 원자화, 법적·민주적 규범의 효력 정지, 반유대주의의 중심 역할을 모두 다 자본이 중앙집권화한 결과로 이해했다.
12) Serge, "L'URSS a-t-elle un régime socialiste?", six pages, Mexico 1946, Serge archive, Mexico, p.2. 실제로 1943년 7월에 세르주는 "나치 경제는 자본주의적인가?"(Es capitalista la economía Nazi?)라

고 수사적인 의문문으로 제목을 붙여 『세계』 편집장 앞으로 보낸 편지에서 다른 사람의 지지를 받지 못한 채 나아갔다. 세르주는 직접적인 답을 하지 않은 채로 이 질문의 주위를 맴돌았다. 세르주가 『세계』 운영자 동지에게 보낸 1943년 7월자 편지, Serge archive, Mexico.

13) 버넘이 마르크스주의 방식을 내버리고 속류 마르크스주의를 택하고 스탈린주의를 섣불리 볼셰비즘과 동일시했다는 공격이 이 글의 첫 부분에서 일관되게 이루어지기는 했지만 말이다. 버넘의 정견에 대한 세르주의 비판은 멕시코의 세르주 문서실에 있는 「레닌의 상속인?」(Lenin's Heir?)이라는 다른 미간행 시론과 1943년에 시드니 후크에게 보낸 편지에서 계속되었다.

14) 경영자가 자본주의 생산에서 점점 더 큰 역할을 한다는 세르주의 관찰은 마르크스도 언급한 것이었다. 마르크스는 "자본가를 쓸모없는 존재로 만드는 주식회사"에 관해 말했다.

15) 다른 한편으로, 『파르티잔 평론』 편집진에 보낸 편지에서 세르주는 "압정에서는 새로울 것이 없"으므로 파시즘을 "새로운 질서"로 부르는 것은 잘못이며 "나치즘은 자본주의와 맺는 관계에서만 새로우며 우리가 미워하는 낡은 것으로 이루어진 질서이며 참으로 엄청난 퇴행이고, 전쟁은 세계에서 가장 낡았다"고 썼다. *Partisan Review*, September-October 1941, p.422.

16) 이런 의미에서 세르주는 트로츠키보다 더 나아갔다. 트로츠키는 이 문제를 고찰할 능력을 분명히 갖추고 있었고 고찰하기 시작했어야 했지만, 소련에 있는 국유화 재산 형식을 옹호하는 데 여전히 너무 집착한 나머지 이 재산 형식의 내용을 제대로 분석할 수 없었다.

17) 엄밀성이 떨어지는 것은 세르주의 서툰 영어 실력에서 비롯되었을는지 모른다. 8장짜리 미간행 원고, "On the Russian Problem" 1945, Serge Archive, Mexico.

18) Serge, "Socialism and Psychology", *Modern Review*, vol.1, no.3, May 1947, p.195. 세르주는 1945년에 『정치』에 실린 브루노 베텔하임(Bruno Bettelheim)의 「극한 상황의 행위」(Behavior in Extreme Situations)와 에리히 프롬(Erich Fromm)이 1941년에 펴낸 『자유로부터의 도피』(*Escape from Freedom*)(New York, Rinehart, 1941)를 둘 다 읽었고, 두 연구 모두 다 새로운 분야를 파헤치는 역작임을 알아차렸다. 두 연구는 그가 관찰한 바를 확인해주었고 "전체주의 아래에 있는 인간", 그리고 모든 현대 사회의 땅속에 있는 전체주의의 사회심리학적 씨앗을 이해하는 데 도움을 주었다. 그는 "행동주의" 접근방식을 옹

호하고 있는 것이 아니라 기존의 사회주의 문헌이 인간의 개성을 너무 단순하게 본다는 점을 지적한 것이다.

1 위의 "Another Exile and Two More : The Final Years", 180~181쪽을 볼 것.
2 Victor Serge, Julian Gorkín, Marceau Pivert & Gustav Regler, *La GPU prepara un nuevo crimen!*, Serie "Documentos" Edición de "Analisis", Revista de Hechos e Ideas, Mexico DF, 1942, p.16.
3 Ibid., p.21.
4 세르주가 마르셀 마르티네에게 보낸 날짜 없는 편지, Serge archive.
5 Victor Serge, 「글쓰기의 어려움, 러시아 작가들」, 1944/9/10, *Carnets*, Paris, Julliard, 1952, p.134.
6 이것들은 1980~1981년까지 영어로 간행된 발췌문일 뿐이었다. 1980~1981년에 국제 문학·예술·사건을 다루는 스코틀랜드(Scotland)의 잡지인 『센크라스터스』(Cencrastus)에 존 맨슨(John Manson)의 번역으로 발췌문 11편이 실렸다. 맨슨의 세르주 일지 1944년도분 영어 번역이 http://www.victorserge.net에 올려져 있다.
7 길베르토 곤살레스 이 콘트레라스(Gilberto Gonzalez y Contreras)가 쓴 *Bohemia*, La Habana, 1941/9/7, vol.33, no.36.
8 Victor Serge, Julian Gorkín, Marceau Pivert & Gustav Regler, *Los Problemas del socialismo en nuestro tiempo*, Mexico, Ediciones Ibero-Americanas, 1944.
9 Ibid., pp.11~41.
10 Ibid., pp.19~20.
11 Serge, 「이데올로기 논쟁」, 1944/9/13, *Carnets*, pp.117~120.
12 Serge, 「사회주의의 문제들」, 1944/11/25, *Carnets*, p.168.
13 Ibid.
14 Ibid., p.170.
15 1990년 9월 6일에 멕시코시티에서 로레트 세주르네와 한 인터뷰.
16 Serge, *Carnets*, p.181.
17 "Stalinism and the Resistance—A Letter from Victor Serge", *Politics*, February 1945, pp.61~62. 이 편지에서 세르주는 체제를 거스르는 이견을 용납하지 않는 공산당의 전체주의적 속성을 미국의 좌파에게 경고하려고 노력했다.
18 Serge, *Carnets*, p.171.

19 Ibid.
20 Serge, "The Socialist Imperative", *Partisan Review* discussion, "The Future of Socialism : V", September-October 1947, vol.XIV, no.5, p.515.
21 Serge, *Partisan Review*, September-October 1947, p.516.
22 Serge, *Politics*, February 1945, p.62.
23 Serge, *Carnets*, 1944/12/10, p.177.
24 Ibid., p.182.
25 Serge, "Necesidad de una renovación del Socialismo", *Mundo, Libertad y Socialismo*, 1945/6, p.18. (이 글은 씌어지기는 1943년 4월에 씌어졌다.)
26 Ibid.
27 1946년에 작성되었고, Serge archive, Mexico. *Masses*, Paris, 1947에 실렸다.
28 Victor Serge, "L'URSS a-t-elle un régime socialiste?", *Spartacus*, Série B, no.50, 1972/10~11, p.20.
29 Ibid.
30 Ibid.
31 빅토르 세르주, 날짜와 제목이 없는 2장짜리 미간행 타자원고, Serge archive, Mexico. (이 미완성 원고는 제2차 세계대전 직후에 씌어진 듯하다.)
32 Victor Serge, "Economie dirigée et démocratie", 날짜 없는 36장짜리 문서, Serge archive, Mexico. *Revolutionary History*, vol.5, no.3, autumn 1994, 177~198쪽에 실렸다.
33 Ibid., p.4.
34 Ibid.
35 Ibid., p.12n.
36 Ibid., p.15.
37 Georgy Konrad & Ivan Szelenyi, *The Intelligentsia on the Road to Class Power*, New York, Harcourt, Brace Jovanovich, 1979를 볼 것.
38 Serge, "Economie dirigée", pp.21~22.
39 Serge, "What Is Fascism?", *Partisan Review*, vol.VIII, no.5, September-October 1941, p.420.
40 Ibid., pp.420~421.

41 이것은 멕시코의 세르주 문서자료에서 발견된, 날짜와 제목이 없는 세르주의 2장짜리 미간행 시론을 대충 요약한 것이다. 같은 시사점들 가운데 여러 개가 드와이트 맥도널드에게 보낸 세르주의 1943년 9월 10일자 편지에 제기되어 있다.

42 세르주가 맥도널드에게 보낸 1943년 9월 7일자 편지. (Macdonald Papers, Yale University Library.)

43 Susan Weissman(ed.), *Victor Serge : Russia Twenty Years After*, Atlantic Highlands, NJ., Humanities Press, 1996, p.326.

44 Ibid., p.328.

45 세르주가 시드니 후크에게 보낸 1943년 7월 10일자 편지, "Marxism et démocratie".

46 Serge, *Memoirs*, p.376.

47 제목과 날짜가 없는 2장짜리 타자원고, Serge Archives.

맺음말

1 "In Memoriam : Victor Serge", *Modern Review*, vol.II, no.1, January 1948, pp.6~7.

2 Nicholas Krasso, "Revolutionary Romanticism", *New Left Review*, no.21, September-October 1963, pp.107~111.

3 날짜 없는 미간행 원고 "Définition du socialisme", Serge archive, Mexico. 또한 Box 5, Folders 276~278, Serge Papers. Yale University Beinecke Library.

4 Susan Weissman(ed.), *The Ideas of Victor Serge : A Life as a Work of Art*, Glasgow, Critique Books, 1997, pp.99~118.

5 Serge, "What Is Fascism?", *Partisan Review*, vol.VII, no.5, September-October 1941.

6 1944년 12월 4일자 일지, 「소설의 종결에 관하여」, *Carnets*, p.173.

7 *Resistance*, San Francisco, City Light Books, 1989, 34~35쪽에 실려 있는 "Constellation of Dead Brothers"(1935), Orenburg.

|연보|

1881년
러시아 제국 황제 알렉산드르 2세가 암살되다.
빅토르 세르주의 아버지인 르보프 키발치치가 러시아에서 서유럽으로 망명하다.

1890년(1세)
벨기에 브뤼셀에서 세르주가 태어나다.

1905년(15세)
벨기에 사회당 청소년 단체인 청소년 사회주의 근위대 회원 자격으로 러시아에서 진행되고 있는 혁명 과정에 관한 내용의 첫 대중 정치 연설을 하다.

1909년(19세)
벨기에에서 쫓겨나 프랑스로 가다.

1911년(21세)
아나키즘 계열 간행물 『아나키』의 논설위원이 되다.
세르주는 『한 혁명가의 회상』에서 이 시기에 이르러 러시아에서 펼쳐지고 있는 혁명적 격변에 이끌리기 시작했다고 설명하였다.

1913년(23세)
보노 갱단 사건에 연루되어 5년 수감 형을 받고 1917년까지 독방에 갇혀 지내다.
악몽 같은 수감 기간 동안 유일하게 세르주의 정신적 위안이 되었던 첫 소설 『감옥에 갇힌 사람들』을 쓰다.

1914년(24세)
제1차 세계대전이 일어나다.

1917년(27세)
1월에 감옥에서 풀려나 에스파냐로 가다.
2월 러시아 혁명에 전제정이 무너지다.
10월 볼셰비키당이 권력을 잡고 사회주의 정부 수립을 선포하다.
러시아 볼셰비키에 깊은 인상을 받은 세르주는 프랑스를 거쳐 러시아행을 시도하다가 추방 명령을 어긴 혐의로 체포되어 10월, 프랑스 포로수용소에 갇히다

1918년(28세)
덴마크 적십자의 주선으로 영국 정보요원 브루스 록하트Bruce Lockhart 등과 세르주를 비롯한 혁명가들의 교환 교섭이 진행되다.

1919년(29세)
세르주가 러시아로 들어가다.
5월 볼셰비키 당원이 되다. 지노비예프에게 발탁되어 제3인터내셔널 집행부원으로 일하기 시작하다.
류바 루사코바와 결혼하다.

1920년(30세)
아들 블라디를 얻다.

1921년(31세)
독일의 베를린으로 가다.

코민테른 간행물 『인프레코르』의 프랑스어판 간행물인 『인터내셔널 통신』La Correspondance Internationale을 편집하는 직책을 수락하다.

1923년(33세)
오스트리아의 빈으로 가다.
좌익반대파에 가담하기로 결정하다.

1925년(35세)
소련으로 돌아가 좌익반대파와 함께 스탈린에 맞서 싸우다.
레닌의 전기 『1917년의 레닌』을 쓰다.

1928년(38세)
소련 공산당에서 쫓겨나다.
딸 자닌을 얻다.

1929년(39세)
스탈린이 제1차 5개년 계획을 시행하다.

1930년(40세)
『러시아 혁명의 첫 해』를 펴내다.
스탈린이 농업집산화 정책을 시행하다.

1931년(41세)
『우리 권력의 탄생』을 펴내다.

1933년(43세)
체포되어 감옥에 갇히다.
시베리아의 오렌부르크에서 유형 생활을 하다.

1934년(44세)
키로프가 암살된 뒤, 스탈린의 테러가 시작되다.

1935년(45세)
프랑스의 작가 로맹 롤랑이 소련으로 들어가 세르주 구명 운동을 펴다.

1936년(46세)
유형에서 풀려나 프랑스로 가다.
『레닌에서 스탈린까지』를 펴내다.
소련에서 스탈린의 테러가 절정에 이르다.
트로츠키와 함께 본격적인 반(反)스탈린 활동에 나서다.

1937년(47세)
『한 혁명의 운명』을 펴내다.

1938년(48세)
시집『저항』을 펴내다.
트로츠키와 갈등을 빚다.

1939년(49세)
『스탈린의 초상』을 쓰다.
제2차 세계대전이 일어나다.

1940년(50세)
독일군이 프랑스를 점령하고, 체포를 피해 멕시코로 피신하다.
스탈린의 테러를 다룬『툴라예프 사건』을 쓰기 시작하다.
『스탈린의 초상』을 펴내다.
트로츠키가 암살당하다.

1942년(52세)
자서전『한 혁명가의 회상』을 쓰기 시작하다.

1943년(53세)
소설『마지막 시간』을 쓰기 시작하다.

1946년(56세)
소설 『용서 없는 세월』을 쓰다.

1947년(57세)
11월 17일에 멕시코시티에서 심장마비로 숨을 거두다.

| 옮긴이의 말 |

Susan Weissman, *Victor Serge : The Course Is Set on Hope*의 한국어판인 이 책은 혁명과 전쟁의 회오리바람이 휘몰아치던 20세기 전반기 유럽에서 활동한 빅토르 세르주라는 혁명가의 치열한 삶을 조명한 평전이다. 세르주는 우리나라에서는 거의 알려져 있지 않은 인물이다. 10년 전에 세르주의 저작 한 권이 우리말로 옮겨져 출간되었고 두 해 전에 박노자 선생이 그에 관해 쓴 짤막한 칼럼이 있기는 하지만, 우리나라에 세르주의 삶과 그가 살아간 시대를 넓고 깊게 소개하는 시도로는 이 평전이 처음일 것이다.

*

두 해 전에 〈실천문학사〉로부터 수잔 와이스만의 『빅토르 세르주 평전』을 우리말로 옮겨달라는 부탁을 받았을 때, 작은 글씨가 빼곡한 페이지가 무려 400쪽에 이르는 원본의 분량에 질려 꽁무니를 뺄 만도 했는데 세르주가 어떤 인물인지 자세히 가늠해보기 좋은 기회가 아니겠냐는 생각이 들어서 선뜻 번역 제의를 받아들였다. 번역 작업을 해나가면서 책의 엄청난 두께보다는 두 사람이 내뿜는 열정에 질리고 말았다. 그 두 사람이란 이 평전의 주인공 빅토르 세르주와 지은이 수잔 와이스만이다. 세르주의 열정이 얼마나 엄청났는지는 온갖 현란한 꾸밈말을 동원해서 서술하지 않아도, 이 책을 읽으며 세르주가 거쳐온 인생 항로를 차근차근 좇아온 독자라면 이미 가슴으로 충분히 느낄 수 있었을 것이다. 세르주의 파란만장한 삶을 재구성하는 역사학자 수잔 와이스만의 열정도 못지않게 뜨거웠다. 옮긴이는 지은이가 그 재구성에 필요한 자료와 정보를 모으려고 얼마나 많은 시간과 품을 들여서 얼마나 먼 거리를 움직이고 얼마나 많은 사람을 만났는지 설명주와 후주를 통해 감을 잡을 수 있었다. 지은이가 세르주를 존경하고 흠모하는 마음 없이 그저 자기 경력을 치장할 실적을 한 건 보태려는 생각으로 진행한 연구였다면 그런 여정과 노고를 견뎌내지 못했을 것이다. 세르주에 버금가는 지은이의 열정과 의지에 경의를 표하고 싶다.

*

옮긴이가 빅토르 세르주라는 인물을 안 지는 꽤 오래되었다. 러시아 혁명사를 연구해보겠다고 마음먹은 뒤 이런

저런 글을 섭렵하다가 피터 세지윅이 쓴 학술논문을 통해 세르주를 처음 알게 되었다. 그 논문을 읽은 뒤 세르주란 이가 널리 알려지지는 않았어도 꽤나 흥미를 자아내는 혁명가라는 느낌을 가졌다. 그러나 그 뒤로는 혁명을 선도한 쟁쟁한 인물이나 흔히 계급으로 표현되는 인간 집단의 사고와 행동 양태에 관심이 쏠리다 보니 옮긴이의 머릿속에서 관객의 시선이 쏟아지는 무대 앞보다는 어두컴컴한 뒤켠에 머무르기를 좋아했던 세르주라는 혁명가의 이름은 희미해져 갔다. 그 뒤 영국에서 공부를 하게 된 옮긴이가 밋밋한 유학 생활에서 맛을 들인 취미가 런던에 있는 헌책방에 들러 역사서 서가를 이 잡듯이 뒤지는 "짓"이었다. 어느 날 그 "짓"을 하는데 먼지가 뽀얗게 내려앉은 책들 사이로 『한 혁명가의 회상』이란 표제가 눈에 들어왔다. 기억 저편에 아스라이 있던 이름 하나가 뇌리를 휙 스쳤다. '흠, 이게 바로 빅토르 세르주가 쓴 자서전이구나!' 망설임 없이 그 책을 뽑아 들고 값을 치른 다음 가방에 넣었다. 집으로 돌아오는 길에 '오늘은 하나 건졌네!'라는 생각이 들어 가슴이 적잖이 뿌듯했다.

『한 혁명가의 회상』를 읽으려고 책장을 넘기게 된 때는 그로부터 꽤 세월이 흐른 뒤였다. 박사학위 논문 주제의 시기와 공간을 러시아 내전기의 페트로그라드로 잡았으니, 그때 그곳이 어떠했는지를 머릿속에 재구성해야 했다. 신문, 잡지, 사료집, 회고록 등 산더미 같은 사료에 파묻혀 손에 잡히는 대로 읽기 시작했다. 지쳐갈 무렵 머리에 퍼뜩 떠오르는 책이 있었다. 그리고 『한 혁명가의 회상』을 펼쳐 들면서 세르주에게 조금은 미안했다. 명색이 러시아 혁명사 전공자란 사람이 헌책방 한켠에서 먼지를 뒤집어쓰고 있던 노혁명가의 회고록을 손에 넣고서도 한동안 책꽂이에 처박아둔 채 먼지도 털어주지 않았으니 말이다.

이 평전 첫머리에서 수잔 와이스만은 『한 혁명가의 회상』을 길동무 삼은 런던행 열차 여행 여섯 시간이 한순간에 지나갔다고 밝히고 있다. 옮긴이도 논문에 필요한 부분만 골라 읽으려다가 책 내용에 빨려 들어가는 바람에 죽 내리 읽어버렸다. 힘찬 문장에서 오는 매력 때문만은 아니었다. 한 장 한 장 넘길 때마다 세르주의 파란만장한 삶이 배어나오는 듯했다. 세르주의 인생 역정을 터벅터벅 따라가는 기분이 아니라 그와 더불어 시대의 회오리바람에 함께 휩날려 들어가는 아찔한 느낌이었다.

*

러시아 혁명을 일으킨 이들은 인간의 주체적인 의지로 세상을 바꿀 수 있다고 믿는 사람들이었다. 그런 믿음이 없는 사람은 혁명가가 될 수 없고 혁명을 꿈꿀 수 없을 것이다. 세상을 바꿀 수 있다는 꿈을 많은 사람이 함께 꾸면서 그 꿈은 현실 세계에서 실현되어 혁명이 된다. 그런데 묘하게도 일단 혁명으로 역사의 물줄기가 바뀌면 인간의 주체적인 의지로는 어찌할 수 없는 어떤 힘이 작동하면서 거대한 역사의 소용돌이가 일어 주체적인 의지의 힘을 믿는 혁명가들을 휩쓸어가곤 한다. 그 소용돌이에 빨려 들어가 심연으로 사라진 혁명가가 한둘이 아니었다. 살아남은 혁명가들도 "변절"한 지난날의 동지들에게 이루 말할 수 없는 모욕을 겪었다. 견디지 못하고 투항하는 혁명가가 속출했다. 그러나 시대의 역류를 거슬러가며 끝까지 꿋꿋하게 저항하는 이들이 있었다. 이들 가운데 우뚝 선 이가 바로 빅토르 세르주였다. 세르주의 삶이 펼쳐진 시대가 얼마나 심한 격동기였는지, 그의 의지와 신념이 얼마나 굳셌는지, 그가 그 혹독한 시련을 견뎌내는 버팀목이 된 희망이 무엇이었는지 옮긴이가 다시 구구절절이 되풀이할 필요는 없을 듯하다. 이 평전을 읽으면서 수잔 와이스만의 손에 이끌려 세르주라는 혁명가가 거친 삶의 궤적을 따라왔다면 말이다.

*

세르주의 삶은 출생부터 평탄하지 않았다. 러시아 제국의 근위기병대원이었으면서도 전제정에 저항하는 지하 혁명단체의 조직원이었던 세르주의 아버지는 폭탄 전문가인 친척 니콜라이 키발치치가 1881년에 러시아 황제 알렉산드르 2세를 암살하는 거사에 가담한 뒤 체포되자 위험을 느끼고는 경찰의 총격을 무릅쓰고 국경을 넘어 서유럽으로 도주했다. 폴란드계 귀족 가문의 딸로 태어난 세르주의 어머니는 페테르부르그 상류사회의 가식에 질려 안락한 삶을 박차고 낯선 서유럽으로 유학을 떠난 당찬 아가씨였다. 스위스에서 만나 사랑에 빠져 결혼한 두 남녀는 생활비를 벌고 공부를 하려고 유럽 각국을 돌아다니다가 1890년에 브뤼셀에서 빅토르 세르주를 낳았다. 세르주가 20대 후반의 청년이 되었을 때, 러시아에서 혁명이 일어났다. 그는 혁명의 현장에 서고자 온갖 고난을 겪으면서 두 해 뒤에 러시아로 들어갔다. 핏줄로 따져서 러시아가 결국은 그의 조국이어서였을까? 그렇기보다는 러시아 혁명이 새로운 세상을 여는 세계 혁명의 불결을 일으킬 첫 불꽃이라고 생각했기 때문일 것이다. 러시아인 아버지와 폴란드인 어머니를 두고 벨기에에서 태어나 프랑스에서 자라며 러시아어와 프랑스어를 모국어로 삼은 세르주는 진정한 세계인이었다. 국적과 민족이 아무런 의미가 없는 세르주에게 러시아 혁명은 노동계급을 국경으로 갈라놓는 국민국가의 틀을 부정하고 세계인의 연대를 통해 신천지로 나아가는 관문이었다. 세르주가 러시아 혁명에 뛰어들지 않는 것이 오히려 더 이상한 일이었을지 모른다.

러시아 혁명의 찬란한 이상을 믿은 세르주는 모든 것을 바쳐 그 이상을 이루려고 애썼지만, 끝내는 실패를 맛보았다. 안팎에서 타격을 입고 휘청거리며 원래 궤도에서 벗어난 혁명이 우여곡절을 거듭하다가 결국에는 스탈린으로 대표되는 폭압 체제로 귀착된 것이다. 러시아 혁명이 오늘날 우리에게 던지는 물음은 다음과 같다. 더 나은 세상을 바라는 대중의 에너지가 솟구치던 1917년의 러시아 혁명에서 비롯된 소비에트 사회주의 체제가 왜 1930년대에 이르러 인간의 자유 의지를 짓누르는 스탈린주의 체제로 변질되었을까? 어떤 이들은 이 수수께끼에 아주 간단한 답을 내놓는다. 억압과 굴종을 씨줄과 날줄로 해서 엮어져 온 러시아 역사의 산물인 볼셰비즘의 본질이 자유의 부정이었으므로 볼셰비즘이 낳은 러시아 혁명은 스탈린주의를 향해 일직선으로 갈 수밖에 없었다는 것이다. 그러나 이런 식의 답은 1917년에 일어난 혁명이 인간을 옥죄는 억압과 굴레가 사라지고 모든 이에게 자유와 평등을 보장하는 체제를 바라는 염원이 화산의 용암처럼 분출한 민주주의 혁명이었다는 사실을 놓치고 있다.

혁명과 볼셰비즘과 스탈린주의의 상관관계는 인생의 후반기에 빅토르 세르주가 늘 씨름하던 문제였다. 한 논객과 논쟁을 벌이던 세르주는 러시아 혁명과 스탈린주의의 관계를 다음과 같이 주장했다.

오직 스탈린주의에만 비추어 러시아 혁명을 판단하는 것보다 러시아 혁명에 대한 더 부당한 대우를 상상할 수 있을까요? …… 흔히 "전체 스탈린주의의 씨앗은 애초부터 볼셰비즘 속에 들어 있었다"고 말합니다. 그렇다면 저로서는 이의가 없습니다. 하지만 볼셰비즘에는 다른 여러 씨앗, 즉 수많은 다른 씨앗도 들어 있었으며, 승리를 거둔 첫 사회주의 혁명 초기의 열정을 겪으며 살았던 사람들은 이것을 잊어서는 안 됩니다. 살아 있던 사람을 부검으로 주검에서 나타난—그 사람이 태어난 이후로 지니고 다녔을지도 모를—치명적인 병원균으로 판단하는 것이 그리 온당할까요?

지은이는 "권위주의의 씨앗이 볼셰비키의 사고 속에 존재했고 스탈린 아래에서 잡초로 자라나 우거졌……지만, 또한 싹이 트기에 알맞은 상황이 존재했더라면 꽃이 피어 성숙한 민주주의가 될 수도 있었을 다른 씨앗이 많이 있었다"는 말로 세르주의 생각을 요약한다. 그의 생각이 옳은지는 독자가 판단해야 할 몫으로 남는다. 그러나 세르주가 볼셰비즘을 열렬히 옹호하면서도 한편으로는 그야말로 매섭게 비판한 혁명가였음을 염두에 두고 판단을 내려야 한다는 점을 강조해두고 싶다. 사상 편력을 아나키즘에서 시작한 세르주였기에 그는 개인의 자유와 집단의 규율 사이에 존재하는 긴장과 갈등을 다른 어떤 볼셰비키보다 더 예민하게 감지해내는 감수성을 지니고 있었다. 러시아 혁명사에서 빠지지 않는 굵직굵직한 주제어인 레닌주의, 볼셰비즘, 스탈린주의, 트로츠키주의의 상관관계를 규명하는 작업에서 매우 믿음직한 길라잡이가 바로 세르주다.

*

비판적 독서는 독자의 권리이자 의무일 것이다. 독자는 읽는 책에서 정보와 지식을 얻어내야 하지만 그 책에 허점은 없는지 긴장을 늦추지 말고 요모조모 따져보아야 한다. 이 세르주 평전에는 아쉬운 구석이 없지 않다. 지은이는 스스로 제1부 서문에서 밝히기는 했지만 세르주가 영위한 삶의 모든 측면을 두루 살펴보기보다는 주로 그의 지성 활동과 정치 활동에 초점을 맞추었다. 이런 집중 전략은 강점이면서도 한편으로는 약점이기도 하다. 우리가 이 평전에서 처음 마주치는 세르주는 이미 나이 서른에 접어드는 노련한 혁명가이다. 따라서 그의 인성과 사고의 형성에 중요했을 그의 유소년 시절의 모습을 알려주는 서술을 충분히 찾아볼 수 없다. 세르주의 개인 생활도 너무 소략하게 처리되었다. 지은이는 이 평전이 폭로물 장르로 전락하지 않도록 "은밀한 삶을 추정해서 드러내려는 시도도 하지 않고 독자들의 흥미를 돋울 목적으로 격정적인 사건에 관한 어림짐작도 전혀" 하지 않았다고 했지만, 내밀한 세르주의 개인 생활도 알고 싶은 마음을 누를 길이 없다. 이를테면 아내가 험난한 삶과 핍박에 배겨내지 못하고 정신질환에 걸려 폐인이 된 상태에서 세르주가 나이 어린 프랑스 여배우와 사귀고 결혼을 하게 된 경위가 궁금한데, 이 평전에는 이에 관한 설명이 전혀 없다. 세르주의 인간적 면모를 더 깊이 이해하는 데 도움이 될 일화를 놓쳤다는 아쉬움이 새나온다.

다른 한편으로 지은이 수잔 와이스만은 세르주에게 남달리 크나큰 존경과 흠모의 마음을 품었기에 이런 대작을 쓸 수 있었겠지만, 때로는 그 존경과 흠모의 마음이 지나쳐

평정을 잃은 나머지 평전이 일종의 성자전聖者傳이 되어버렸다는 느낌을 지우기 힘들다. 주요 등장인물들이 너무나 단선적으로 처리된 감도 없지 않다. 지은이의 구도 속에서 레닌과 트로츠키는 선지자, 세르주는 사도, 스탈린은 사탄에 가깝다. 지은이는 세르주의 시각을 대체로 받아들여 러시아 혁명의 변질을 주로 관료배의 선택을 받아 권력의 자리에 올라 관료주의의 대변자가 된 스탈린의 권력욕 탓으로 치부하는 경향을 보인다. 이런 설명은 레닌과 트로츠키는 옳았는데 스탈린이 모든 것을 다 망쳐놓았다는 식의 편리한 이분법에 빠질 소지를 안고 있다. 레닌주의와 스탈린주의 사이에는 불연속성도 존재하지만 분명 연속성도 존재하며, 이 점에 눈을 감으면 안 된다. 또한 트로츠키와 스탈린을 보는 지은이의 시선도 공정하지 못할 때가 드물지 않다. 지은이는 스탈린의 인성을 때로 지나치게 사악하게 묘사한다. (비록 설명주로 처리했지만) 스탈린이 아내를 학대해서 자살로 몰고 갔다는 뉘앙스가 섞인 설명은 스탈린의 딸 스베틀라나 알릴루예바Svetlana Alliluyeva가 자기의 회고록에 남긴 기록과 일치하지 않는다. 지은이는 (역시 설명주에서) 스탈린이 키로프 암살 사건의 배후 조종자였다고 단정하고 있지만, 이 문제는 그렇게 단순하지 않다. 스탈린이 키로프를 죽이라고 지시했다는 주장은 대개 정황근거에 입각해 있으며, 그 정황근거의 타당성에 의문을 제기하는 학자들이 적지 않다. 한편 트로츠키는 러시아 혁명에서 실로 대단한 위상을 차지하는 인물이지만, 그가 과연 지은이의 서술대로 스탈린의 대척점에 있는 인물인지는 논란의 대상이다. 지은이는 트로츠키를 스탈린에 대한 대안으로 지나치게 과대평가하고 그의 권위주의적 행태를 숨기는 듯한 모습을 보인다. 이를테면 지은이는 트로츠키의 경쟁자들을 관료주의자로 몰아붙이면서도 트로츠키가 내전 기간 동안에 관료주의 비판에 맞서 관료 체제를 적극 옹호했다는 사실을 말하지 않는다. 또한 고위 당지도자의 이름을 따서 도시 명칭을 정하는 소련의 행태를 비판하면서도 트로츠키가 권력의 정점에 서 있을 때 그의 이름을 딴 트로츠크Trotsk라는 도시가 있었다는 사실도 언급되지 않는다. 역사에는 또렷한 흑백보다는 회색인 지대가 의외로 많다. 이런 점을 염두에 두고 지은이의 러시아 혁명 서술을 따라가기를 독자들에게 권하고 싶다.

*

 이 평전으로 물꼬가 트여 빅토르 세르주의 치열한 고민과 굳센 희망과 기름진 사상이 고스란히 담겨 있는 그의 자서전과 시론, 소설과 시가 우리말로 옮겨져 많은 사람이 읽었으면 하는 바람이 간절하다.

 번역 작업의 진행이 예정보다 늦어졌는데도 참을성 있게 기다려준 〈실천문학사〉의 김영현 대표와 편집부에 고마울 따름이다. 빅토르 세르주가 유럽 전체를 활동 무대로 삼고 온갖 국적의 사람들과 사귀었던 만큼 이 평전에는 유럽에서 쓰이는 거의 모든 언어로 된 고유명사가 나온다. 익숙하지 않은 나라말에 마주칠 때마다 옮긴이 주위에 있는 선후배나 동료를 꽤나 귀찮게 했다. 이들의 도움이 없었다면, 땅 이름과 사람 이름에서 잘못이 적지 않을 뻔했다. 유럽 각국 역사의 전문가들과 같은 공간을 쓰면서 지내는 것이 이렇게 즐거웠던 적이 없다. 번역을 하는 동안 아들 도희가 훌쩍 컸다. 큰일을 하나 마무리했으니, 저녁에 축구공을 들고 아빠 주위를 맴도는 도희에게 바쁘다며 손사래를 치지 않고 같이 동네 공터로 나갈 만한 여유가 조금은 생길 듯해 유쾌하다.

지은이 수잔 와이스만 (Susan Weissman)
캘리포니아 세인트 메리 대학의 정치학 교수. 권위 있는 상을 받은 방송 저널리스트이며 『비판』(Critique)과 『시류역행』(Against the Current)의 편집위원이다. 『빅토르 세르주 : 러시아, 스무 해 뒤』와 『빅토르 세르주의 사상』등을 엮어 펴냈다.

옮긴이 류한수
1966년생. 서울대학교 인문대학에서 석사학위를 받았으며, 영국 에식스 대학 역사학과에서 박사학위를 받았다. 쓴 논문으로 「러시아 혁명과 노동의 무제」, 「여성 노동자인가, 노동하는 바바인가?」 등이 있으며 역서로는 『스탈린과 히틀러의 전쟁』, 『투탕카멘』이 있다.

역사인물찾기 21
빅토르 세르주 평전

2006년 11월 14일 초판 1쇄 찍음
2006년 11월 24일 초판 1쇄 펴냄

지은이 | 수잔 와이스만
옮긴이 | 류한수
펴낸이 | 김영현
편집 | 박문수, 정은영, 김혜선, 박유진
디자인 | 여현미, 이선화
관리·영업 | 김경배, 김태일, 이용희, 정재영

펴낸곳 | (주)실천문학
등록 | 10-1221호(1995.10.26.)
주소 | (121-820) 서울시 마포구 망원1동 377-1 601호
전화 | 322-2161~5 팩스 | 322-2166
홈페이지 | www.silcheon.com

ⓒ 수잔 와이스만, 2006

ISBN 89-392-0553-7 03860